劉真編

師道

中華書局印行

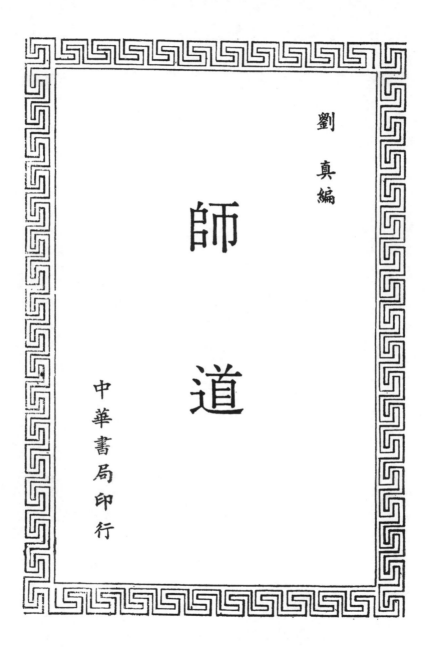

例言

一、本書正文合計五十篇，介述中外足以爲人師表之人物五十有一（中國部份以已逝世者爲範圍）。除我國宋代二程合佔一篇外，餘皆人各一篇。

二、本書分上下兩編，上編爲中國部份，計三十一人，下編爲外國部份，計二十人，均按其出生先後以定篇次。

三、本書所述諸人，其有畫像、塑像及照像者，均廣爲搜集，冠於各篇之首。我國人物畫像，明代以前者，主要係採自國立中央圖書館珍藏明人王圻所編之「三才圖會」（明萬曆三十七年原刊本），清代諸人則採自各舊籍之中。

四、本書係由各執筆人分別撰寫，各篇體例及內容詳略，難期一致。凡係比較珍貴之資料，縱篇幅稍長，亦均予採用，以供今後編撰教育史者之參考。

五、中外古今足以爲人師表之人物甚多，本書初編因資料搜集不易，自難一一列入，甚盼讀者惠示卓見，並提供此類稿件，俾再刊時予以增補。

六、「中國的教育思想」、「中國的師道」及「師道與儒行」三文，因與本書內容有關，特附錄於後，以供參考。

序

劉　眞

最近我們一些教育界的朋友，共同合作寫成了一本書，名之曰「師道」。我們撰寫的主要動機，就是想把中外許多足以爲人師表的聖哲和先進的生平事蹟與獨特風範，作一種扼要而平實的介紹，使目前正在學校服務的教師以及準備從事教育工作的青年，能夠見賢思齊。從這本書裏，對於「爲師之道」，獲得若干啓示。因爲我們覺得：這種具體的範例，當較空洞的說教，更易產生激勵的作用。

教師地位的重要，已爲舉世所公認。第二次世界大戰以後，各國無不力謀提高學校師資的水準。從前中等教育程度的師範學校畢業生卽可充任小學教師，現在則已將小學教師的資格，逐漸提高到專科或大學以上的程度。不過教師資格的提高，並不能絕對保證教師服務精神的增進。而所謂「合格的」教師，也不一定卽是「優良的」教師。因爲一個教師教學之能否成功，固然與其所具有的教材知識和教學方法有關；但更重要的，還在於他是否具有對學生的愛心與服務的熱誠。可惜今日世界各國的師資訓練機構，由於種種客觀條件的限制，大都只能使受教者獲得一些教學有關的知識與技能；至對教師應有的專業道德的陶冶，則甚難收到預期的效果。因此，今日世界各國學校教師的資格雖已普遍提高；然而一般教師服務的精神却並未能隨其資格的提高而有顯著的增進。

凡對教育工作稍具經驗的人，大都承認要做一個優良的教師實在極不容易。古人常說：經師易得，人師難求。如果嚴格講來，不僅人師難求，經師又何嘗易得？卽令把所謂經師解釋爲偏重於傳授知識技能的教師，而知識技能的傳授依然需要付出很大的心力與時間。一個教師倘若在課前不肯對教材作充分的準備，授課時不能有效的運用教學的時間，課後又不願細心批閱學生的作業，則縱使這位教師每日按時教學，從不請假曠課，恐仍不能算是符合了所謂「經師」的條件，更不配稱爲「人師」了。因此，我常以爲：教育工作實在是一種「良心」工作，自己是不是一個負責盡職的教師，只有自己知道。而今日所謂教師專業精神的培養，主要的亦卽在如何激發做教師者一種良心的自覺，使能自動自發地去做一個優良的教師。

無可諱言地，現在一般人甚至做教師者，大都把教育工作視爲一種普通的職業。如果把教育工作僅僅當作一種普通的職業，而與其他行業毫無不同，那自然無法完全消除功利主義的思想。試想做教師的人一旦充滿功利主義的思想，則教育界安得不逐漸變爲販賣知識的「學術市場」？所以我以爲要想消除功利主義的思想，樹立師道的尊嚴，則社會上一般人尤其我們教育工作者，必須眞正了解我們中華文化傳統中所謂「教育神聖」的意義。

何謂教育神聖？我想不妨把神聖兩個字分開來講。所謂「神」，可以說含有宗教的意味。普通稱神父、牧師、修女等爲擔任「神職」的人，而這班人無不抱有獻身的精神。他們犧牲個人的自由和享受，爲傳佈宗教教義，救人救世，摩頂放踵，在所不辭。古今中外這種宗教家的偉大事蹟，眞是不勝枚擧。就我個人在臺灣所親眼看到的，便有一位義大利籍的青年神父，二十年前遠自羅馬前來臺灣傳教，當他初到臺灣時，這裏的總主教因爲顧及語言文字和生活習慣的關係，原想派他在本省幾個大都市的教堂服務；但是這位年僅二十餘歲的外國神父，認爲傳教應該到最偏僻最困難的地區才有眞正的意義，於是自行選定桃園新竹之間的一個山胞區域爲他的教區，從頭學習山地語言，和山胞共同生活。後來不到幾年的時間，靠他那種傳教的熱誠，居然感動山胞爲他建立一座小小的教堂，於是他的傳教工作，總算初步成功了。此外，我也看見有許多外國的神父、牧師、修女們，在花蓮、臺東兩縣荒僻的地區，開設醫院教堂，爲山胞醫病傳教，積年累月，樂而不倦。這不都是一般宗教家所表現的偉大的獻身精神嗎？

其次，談到所謂「聖」，自然是一個人的修養所達到的最高的境界，我想最好以我們中國儒家的「樂道」精神來說明。從儒家思想的一部代表著作論語中，我們可以看到中國歷史上一個典型的教師——孔子的樂道精神。例如論語述而篇孔子自述說：「其爲人也，發憤忘食，樂以忘憂，不知老之將至云爾。」又說：「飯疏食，飲水，曲肱而枕之，樂亦在其中矣。不義而富且貴，於我如浮雲。」又在雍也篇讚揚顏回說：「賢哉回也，一簞食，一瓢飲，在陋巷，人不堪其憂，回也不改其樂，賢哉回也。」再如里仁篇中說：「士志於道，而恥惡衣惡食者，未足與議也。」綜觀論語一書中提到樂字和道字的話特別多，孔子一生所以能「學而不厭，誨人不倦」，可以說便是由於具有這種「樂道」的修養。因此，我認爲這「樂道」二字，乃是中國儒家理想中教師人格最具體的表現。而所謂「樂道」，亦卽對於自己理想的實踐（卽儒家所謂傳道、行道、殉道之意），從容自在，毫不勉強。一個做教師的人，應該重視教學過程中所獲得的心靈上的滿足，以教育天下英才爲人生一大樂事，不斤斤於物質的享受，不戀戀於世俗的浮華。這種心安理得的樂道精神，不就是我們中國古代聖賢所必須達到的修養境界嗎？

一個做教師的人，如果能夠確實了解教育神聖的眞義，具備宗教家的獻身精神和儒家的樂道精神，我想不僅不會再把教育工作當作普通的職業，更不會認爲做教師是沒有出息的職業，而且他的人生觀也會根本改變了。所以我以爲談到學校師資問題，我們固然要注意改善教師的物質待遇，使能獲得一種安定的生活環境；但更重要的，恐怕還是要使教師在觀念上，能自覺的具有這種「教育神聖」的認識。

我國自孔子以來儒家所建立的「師道」，可以說便是這種獻身精神與樂道精神的具體表現。而我們中華五千年文化之所以能歷久彌新，實與這種傳統的師道具有密切的關係。因爲數千年來政治上的朝代（政統）雖不斷更迭；但我們民族文化的一貫道統，却賴歷代大師宿儒的薪火相傳得以綿延不絕。今天我們大家所熟知的孟子、韓愈、朱熹及其他一些聖哲，他們最偉大的貢獻，也就是對中華文化完成了繼往開來的歷史使命。

至於西方歐美各國，如菲希特，如裴斯塔洛齊，如杜威，無論是講學上庠或施教鄉曲，亦莫不對其本國乃至舉世發生深遠的影響。由此足見一代大師的傳道授業，與人類文化的延續發展，具有何等密切的關係了。

昔王陽明有詩云：「起向高樓撞曉鐘，尚多昏睡正懵懵，縱令日暮醒猶得，不信人間耳盡聾。」

目前世界人類的危機，不是物質的匱乏，而係精神的虛脫。在這舉世徬徨人心陷溺的時代，我們負有創造人類心靈的神聖任務的教師們，還不應效法前代聖哲弘道淑世的志節，起向高樓撞曉鐘嗎？

我們相信：只要中國傳統的師道存在一天，中華文化便會不斷地發榮滋長；只要世界上所有的教師們都能眞正奉獻其愛心與熱誠，人類文化便會永遠放出燦爛的光芒！

民國六十一年八月於政大教育研究所

師道目錄

上編

下編

附　錄

上編

孔子（西元前五五一—西元前四七九）

陳大齊

一　傳略

孔子是一位偉大的實踐道德家，亦是一位偉大的教育家。其德行與思想，滋潤了我們中華民族的精神，提高了我們中華民族的品德，餘波所屆，且亦澤及了鄰近諸國。教澤之廣被深入及其歷久不衰，世間甚少其匹，尊爲萬世師表，不失爲至當的稱謂。

孔子名丘，字仲尼。父名叔梁紇，母姓顏，名徵在。孔子的生年，古來有不同的說法。一說謂生於周靈王二十年，卽魯襄公二十一年，亦卽民國紀元前二四六三年。一說謂生於周靈王二十一年（西元前五五一年），卽魯襄公二十二年，亦卽民國紀元前二四六二年。兩說相差一年，現在通行後說。孔子的卒年爲周敬王四十一年（西元前四七九年），卽魯哀公十六年，亦卽民國紀元前二三九零年。故孔子卒時、依生年的第一說，爲七十四歲，依第二說，則爲七十三歲。孔子的誕辰，亦有異說。民國四十一年經教育部邀集專家研究，依據曆法，推定爲國曆九月二十八日，並定爲教師節，一以永誌景仰，一以鼓勵教師們多多取法。

孔子是殷人的後裔，其先世居於宋國，曾祖防叔始遷於魯。孔子生於魯國的郰邑，在今山東省曲阜縣南八十里。

「子入大廟，每事問，或曰：『孰謂郰人之子知禮乎！』」（論語八佾）

孔子生於郰，故當時的魯國人稱之爲郰人之子。

孔子家貧，青年時代嘗爲貧而仕。孟子萬章下篇云：「孔子嘗爲委吏矣，曰：會計當而已矣。嘗爲乘田矣，曰：牛羊茁壯長而已矣」。委吏主管出納，只想把賬目整理得清楚確實，乘田主管飼養，只想把牛羊飼養得壯健肥碩，其盡忠職守有如此者。

「子聞之曰：『……吾少也賤，故多能鄙事。』」（論語子罕）

其言「多能鄙事」，殆卽指會計飼養等技能而言。其後約在孔子五十一歲時，魯定公任命孔子爲中都宰，在職一年，治績卓著，各地奉爲模範。繼由中都宰遷司空，更由司空遷大司寇。定公十年，齊魯修好，魯定公與齊景公會於夾谷，孔子攝行相事。會見的正式儀節既畢，齊人搬來了殺伐與淫靡的樂舞，孔子責其不合於禮，義正辭嚴，景公懾服，乃悉罷去。景公返國後，深自愧悔，乃將前所侵佔的魯國土地歸還魯國，以表歉意。這是孔子在外交上以正義贏得的一次成功。當時孟孫氏叔孫氏季孫氏三家擅政，各於其封邑築有都城。孔子以大夫不當有百雉之城，輔佐定公，終於毀了三都。這是孔子在內政上的一大成就。定公十四年，孔子五十六歲，以大司寇攝行相事，爲政三月，教化大行，齊國甚怕魯國從此強盛，於己不利。

「齊人歸女樂，季桓子受之，三日不朝，孔子行。」（論語微子）

「子曰：『……所謂大臣者、以道事君，不可則止。』」（論語先進）

孔子看到政治理想的無法繼續推行，乃本其素所主張，不得已而忍痛離國。

孔子三十五時、因國內有亂，曾赴齊國。

「齊景公問政於孔子。孔子對曰：『君君，臣臣，父父，子子。』」（論語顏淵）

景公頗善其言，欲以尼谿田封孔子，爲晏嬰所阻止。景公終不能用孔子，孔子居齊二年，復回魯國。及五十六歲致仕以後，又出國他遊。最初到衛國，居十月，欲赴陳國，途經匡地，匡人誤以爲陽虎，拘留五日。其後又到過曹國宋國。在宋國時、司馬桓魋曾欲殺孔子。既而到陳國，住了三年。此後時或住衛，時或住陳，又遷於蔡，嘗受困於陳蔡之間，爲楚國迎去。楚昭王欲以書社地封孔子，爲令尹子西所阻，於是又返衛國。孔子周遊列國，雖受到禮遇，但其所懷理想終不爲時君所採納而付諸實施。孔子在國外僑居了十四年，始由季康子迎歸魯國。自是以後，孔子不再出仕，專心從事於文物的整理。

孔子早年已以知禮見稱於世，故從學者甚衆，開創了私人傳道講學的風氣。弟子多至三千人，身通六藝亦即學養深厚者、達七十二人。弟子之中、有父子先後受教的，有自遠方來學的。就弟子的家世而言，有貴族，有平民，有富人，有貧人。就弟子的資質而言，有領悟力甚高的，有領悟力較差的，有性情急躁的，有性情遲緩的。

「子曰：『自行束脩以上，吾未嘗無誨焉。』」（論語述而）

只要其人有志上進，能自己檢束修飭其言行，孔子無不樂於施教。孔子的教誨弟子、誠摯而無所隱，懇切而不知倦。

「顏淵喟然歎曰：『夫子循循然善誘人……欲罷不能，既竭吾才。』」（論語子罕）

能把學生教到「欲罷不能」，其教育的效用、眞達到發揮盡致無可復加的境地了。

孔子爲人，非常謙虛，總以爲自己的知識不夠充實，自己的行爲不夠高潔，自己在改過遷善方面的努力不夠積極。

「子曰：『吾有知乎哉！無知也。』」（論語子罕）

「子曰：『……躬行君子，則吾未之有得。』」（論語述而）

「子曰：『德之不脩、學之不講；聞義不能徙，不善不能改，是吾憂也。』」（論語述而）

正唯不自滿足，且引以爲憂，故樂於爲學，不敢厭怠，力求精進，不敢鬆懈。

「子曰：『默而識之，學而不厭，誨人不倦，何有於我哉！』」（論語述而）

「葉公問孔子於子路，子路不對。子曰：『女奚不曰：其爲人也，發憤忘食，樂以忘憂，不知老之將至云爾。』」（論語述而）

孔子勤於學，至老不衰，持之以恒，積之以久，故其成就之大、遠非常人所能及。孔子在少年時代，已覺察爲學之可貴，已立志從事於學。

「子曰：『吾十有五而志于學，三十而立，四十而不惑，五十而知天命，六十而耳順，七十而從心所欲，不踰矩。』」（論語爲政）

孔子立志既早，爲學又勤，歲歲有所悟，年年有所成。修養到七十歲，瀰漫於胸中的、盡是正理，盤踞於腦際的、絕無邪念。一念之起、不煩再思三思而後始即於正。沒有一念不善，沒有一欲不正，其全部心境已與道德融合而爲一，道德所要求的、已成了心境的自然狀態。故孔子之尊爲萬世師表、有其理所必至的由來。

孔子的日常生活、雖小節，亦求其有合於道德的氣氛，不願見其流於苟且，例如論語鄉黨篇所載的「割不正不食」與「席不正不坐」。「割不正」，未必有害於肉味，「席不正」，未必有害於舒適。孔子之所以不食不坐、惡其爲邪曲的象徵。養生之道、亦爲孔子所注意，故衣着必求其有合於氣候，飲食必求其有合於衞生。孔子日常自處及接人的態度、有兩則記載，足以令人見其梗概。

「子之燕居，申申如也，夭夭如也。」（論語述而）

「子溫而厲，威而不猛，恭而安。」（論語述而）

前一則所記、是閒居時自處的態度，後一則所記、是接人的態度。自處則安祥愉悅，胸懷坦蕩，不亂打主意，不自尋煩惱。接人則溫和而不盡去圭角，令人不敢輕侮，威嚴而不兇狠，令人不生畏懼，謙恭而不局促，令人覺其出於至誠。孔子的生活、並非專主嚴肅，亦有其輕鬆的一面。

「子與人歌而善，必使反之，而後和之。」（論語述而）

「子釣而不綱，弋不射宿。」（論語述而）

孔子愛好音樂，深通樂理，遇到善歌的人，必請其一唱再唱，並且與之合唱。孔子亦嘗釣魚，只是不張大綱，亦嘗射鳥，只是不射睡中的鳥。故康樂活動之無違於禮的、孔子未嘗鄙視而不爲。

孔子未有所著作，其思想之流傳於後世的、都出於弟子及再傳弟子所紀錄。這些紀錄、後經結集爲一書，名曰論語。紀錄者似乎互不相謀，結集者似亦未細心校核，故全書之中、同樣內容而重複錄入的、計有十一條之多。論語雖非孔子自作，但其傳述之眞、當在其他儒書之上。弟子們的紀錄、得自親聞，再傳弟子們的紀錄、得自其師親聞的轉述。口說與耳聞、耳聞與手錄、其間固難免發生參差，但因其所紀錄的、僅係所說的大意，數語而止，故其保存所說的眞相、尙較容易。且觀重錄諸條，有詳略雖異而所記及的却無不同，有文字稍異而義理全同的，有不但義理全同而文字亦毫無差異的。由此可見：紀錄雖出自不同的人之手，紀錄的忠實、可以不必多所懷疑。故欲研究孔子思想，自應以論語爲主要資料，其他諸書至多足供參證而已。

孔子行事之盛傳於後世且爲一部分人士所樂道的、非可盡信，誅少正卯、卽其一例。論語未載此事，孟子亦未言及，始載此事者、似爲荀子的宥坐篇，史記及孔子家語亦因襲其說。誅、不一定是殺字的意思，如論語公冶長篇所載「於予與何誅」的誅字、只是責字的意思。荀子宥坐篇是否已把誅字用作殺字，不易斷言。孔子家語雖亦用誅字，却已用作殺字的意思，因爲其下文明言：「戮之于兩觀之下，尸於朝」。孔子殺少正卯之是否實有其事、按諸孔子思想，殊難置信。

「子曰：『道不同，不相爲謀。』」（論語衛靈公）

「季康子問政於孔子曰：『如殺無道以就有道，何如？』孔子對曰：『子爲政，焉用殺。』」（論語顏淵）

孔子對於不同的道、只主張不理睬而已，絕未主張用激烈的手段以剷除其人。孔子不贊同季康子「殺無道」的想法，自己若果會殺少正卯，能不感到所言與所行的不相一致！荀子有坐篇的記載、疑係荀子弟子中傾向於法家思想者所製作，欲借孔子以提高自家思想的聲價。

二　基本思想

孔子的基本思想、是實踐道德哲學，適用於教育，則成教育哲學，適用於政治，則成政治哲學。故在闡述孔子教育思想之前、有簡述其基本思想的必要。

孔子是一位入世主義者，不是一位出世主義者，故其所懷的究竟理想、只打算把塵世改造爲樂土，並不計劃在塵世以外另創天國。樂土的特徵、是社會國家的安定，是個人的安全，一個安字足以盡之。此在孔子答覆子路的言論中表示得非常明顯。

「子路問君子。子曰：『脩己以敬。』曰：『如斯而已乎？』曰：『脩己以安人。』曰：『如斯而已乎？』曰：『脩己以安百姓。脩己以安百姓，堯舜其猶病諸。』」（論語憲問）

孔子答語的含義、逐層推進，一層深一層，一層高一層。「安人」、謂使與我接觸的人莫不感到安全而獲得安寧。所安的人數較少，故其事較易。「安百姓」、謂使國內乃至舉世的一切人莫不感到安全而獲得安寧。所安的人數較多，故其事較難。「脩己以安百姓，堯舜其猶病諸」、謂「安百姓」那樣的偉大事業，雖聖如堯舜，猶恐不能完全做到，正表示了「安百姓」之應爲全力以赴的究竟理想。「安百姓」而能竟其全功，則人人不愁吃，不愁穿，不愁受人欺騙，不愁遭人蹂躪，熙熙皞皞，形成一片祥和景象。

孔子之重視安寧、在他處言論中、亦有所表示。

「子路曰：『願聞子之志。』子曰：『老者安之，朋友信之，少者懷之。』」（論語公冶長）

「孔子曰：『……丘也聞有國有家者……不患貧而患不安。蓋……安無傾……故遠人不服，則修文德以來之。既來之，則安之。』」（論語季氏）

孔子的志願、對於老者、欲使其獲得安寧而不感到困擾。對於朋友與少者、雖未用有安字，但守信與懷念、不失爲致安之道。故「安人」與「安百姓」、亦爲孔子個人所懷抱的究竟志願。國家的最大憂慮、在於不安，不安到了極點，便會傾覆。遠人不服，則須勵行文德，使其來歸。既經來歸，更須謀所以使其安定。凡此所說、都表示了安之應爲施政的根本指針。

孔子言論中用到安字而視爲不足道的、誠亦有之。但孔子所視爲不足道的安與其所重視的安、名雖相同，其義則異，不得因其有時視爲不足道以證其實未重視。

「子曰：『君子食無求飽，居無求安，敏於事而愼於言，就有道而正焉，可謂好學也已。」（論語學而）

「居無求安」、並非教人：屋漏不要補，牆倒不要修，一任風雨與蛇蝎的侵襲。只是教人：不要專貪舒適，不要專圖享受，不要把「敏於事而愼於言」與「就有道而正焉」等緊要事情反置諸腦後。故此一安字、只是舒適或享受的意思，不是安全或安寧的意思。

「宰我問三年之喪……期可已矣。子曰：『於女安乎……女安，則爲之。」（論語陽貨）此中的安字、實已用作忍字的意思。「於女安乎」、責問其是否有短喪的忍心。「女安，則爲之」、謂你若有此忍心，你去實行吧，以表示其不可敎誨之意。故此一安字與「安百姓」的安字、其義大異，不可混同。

安是終極理想。欲實現此理想，必須勵行仁義。仁義是通往安域的唯一大路，遵行此路，一定會進入安域，不遵行此路，絕沒有到達安域的希望。故仁義、對安而言，只是手段，就人而言，却不失爲次極理想。因爲仁義一經徹底實行，安寧已與之俱來，亦即次極理想一經實現，終極理想亦同時實現了。安寧是人人所知道企求的，求致安寧之須經由仁義的實行、則爲許多人所忽視，或雖明知而不肯努力遵行。孔子爲了救正人們的疏忽與懈怠，提倡仁義的言論多於提倡安寧的言論，一若終極理想之爲仁義而非安寧。此下試就孔子所說的仁義、闡述其意義及其相互間的關係。

孔子非常重視仁，謂爲高尙人格所不可須臾離去。

「子曰：『……君子無終食之間違仁，造次必於是，顚沛必於是。』」（論語里仁）一飯之頃的短短時間、不可有離於仁，縱在忙迫乃至流離的時候，亦必有依於仁。此一須臾不可有離的仁、試就孔子言論加以分析與探索，可以見其既有集體概念的意義，亦有個別概念的意義。解作集體概念，仁是衆德的總稱，是衆德的集合體。此於弟子們問仁時孔子所作不同的答語中、可以見之。

「樊遲……問仁。（子）曰：『仁者先難而後獲，可謂仁矣。』」（論語雍也）

「司馬牛問仁。子曰：『仁者、其言也訒。』」（論語顏淵）

「樊遲問仁。子曰：『居處恭，執事敬，與人忠。』」（論語子路）

「子張問仁於孔子。孔子曰：『能行五者於天下，爲仁矣……恭、寬、信、敏、惠。』」（論語陽貨）

「仲弓問仁。子曰：『出門如見大賓，使民如承大祭，己所不欲、勿施於人，在邦無怨，在家無怨。』」（論語顏淵）

孔子因材施教，故對於弟子們同一問題、不同其答語，有擧一事以爲仁的，有擧數事以爲仁的。計其所擧，有先難而後獲，有訒，有恭，有敬，有忠，有寬，有信，有敏，有惠，有恕，有無怨。由此可見：仁中攝有恭敬諸德，但恭等任何一德不足以盡仁的整體，必待衆德畢集，無所短缺，而後始成其爲仁。

解作個別概念，就其本質而言，則仁即是愛。

「樊遲問仁。子曰：『愛人。』」（論語顏淵）

「子曰：『……夫仁者、己欲立而立人，己欲達而達人。』」（論語雍也）

孔子對樊遲的答語、只說及愛人的一面，亦即只說及立人與達人的一面。但仁者所應爲的、還有其另一面，即「己欲立」與「己欲達」。立己達己、是自愛。故仁之爲德、兼攝自愛與愛人，一個愛字、即足以當之。自愛與愛人、可說是一事的兩面。對人盡忠，令人不抱誤事的恐懼，對人守信，令人不嚐空等的苦楚，是愛人的表現，同時亦是自愛的表現。自愛的人、受人之託，不肯不盡忠，與人約諾，不肯不守信。不自愛的人、纔會受託而不善盡其責，纔會約諾而不如期履行。故愛人正所以自愛，自愛必形諸愛人。

仁的這兩層意義、關係密切，仁之所以能爲衆德的總稱、正因其本質之爲愛。同此一愛，施諸不同的對象，便成不同的德目，爲了兼示其對象，乃予以不同的德名。例如持此愛以事父母，則稱之爲孝，持此愛以事長上，則稱之爲悌，持此愛以爲人任事，則稱之爲忠，持此愛以與人約諾，則稱之爲信。孝悌忠信、莫不出於愛，莫不爲仁所統攝，故仁得爲衆德的總稱。

孔子思慮淸明而周到，故雖極度好仁，但不爲愛好的情感所蔽，能够透視到仁所可能有的流弊。

「子曰：『……好仁不好學，其蔽也愚。』」（論語陽貨）

一味好仁而無所節制，流弊所極，甚易發爲愚蠢的行爲。故欲仁而不流於愚，必須有所節制。愚與智相反，有了智，自不會愚。故救愚莫善於智，自是應有的結論。與其救愚於旣然，不如防愚於未然。故用智以範圍仁，不任其橫溢，實爲先務之急。孔子有些言論，確曾表示了此意。

「子曰：『……未知，焉得仁！』」（論語公冶長）

「子曰：『……知者利仁。』」（論語里仁）

「未知，焉得仁」、謂沒有清明而充實的智，不能成其爲仁，反映了仁之有待於智爲其設定範圍。「知者利仁」、謂智有利於仁的實行，意卽有了智的幫助，行仁纔不患其有失，正面表示了仁之有賴於智的範圍。故孔子於重仁以外、亦甚重智，仁者與智者時常並稱。智是義所從出，故以智範圍仁，卽是以義範圍仁，其詳且俟下文再說。

孔子重視義，不亞於仁。

「子曰：『君子喻於義，小人喻於利。』」（論語里仁）

「子曰：『君子義以爲上。君子有勇而無義，爲亂，小人有勇而無義，爲盜。』」（論語陽貨）

「子曰：『……君子義以爲質，禮以行之。』」（論語衞靈公）

「子曰：『君子有九思……見得思義。』」（論語季氏）

孔子以懂得義爲君子的特徵之一，故若不懂得義，便算不得君子。此其重義、已可見一斑。進而要「義以爲上」，不但要懂得義，而且要尊重義。更進而要「義以爲質」。質是實質，亦卽事物所由以構成的材料。「義以爲質」、要在精神上脫胎換骨，變成義的化身。其推崇義、眞可謂推崇得無以復加了。「見得思義」、謂遇到有利可得、必須訴諸義以決定其取捨，合義則取，不合義則不取。「君子有勇而無義，爲亂，小人有勇而無義，爲盜」、謂有地位的人、敢爲而無視於義，則作亂，沒有地位的人、敢爲而無視於義，則爲盜，反映了義之足以止亂止盜。此兩則言論、點明了義之引導人們趨向正路與遏止人們走入邪途，亦說明了義之所以不可不崇。

義是人之所賴以趨正避邪的，故是一切言行的準則，有合於義，則可言可行，不合於義，則不可言不可行。然則義字的意義究屬如何？中庸所說的「義者、宜也」、雖足表達義字的大意，但說得不够詳切，有待於依據孔子自身的言論作進一步的分析。

「子曰：『君子之於天下也，無適也，無莫也，義之與比。』」（論語里仁）

孔子此則言論、可據以推定義字的意義，且可見其成自消極與積極兩層因素。「無適也，無莫也」、指出了義的消極因素，謂不可執某一事以爲無往而不宜，亦不可執某一事以爲無往而宜。世間事物、有宜於此而不宜於彼的，有宜於彼而不宜於此的。一條痲繩、用以捆紮物件則宜，用以支撐危牆則不宜。一支鐵桿、用以支撐危牆則宜，用以捆紮物件則不宜。故柔與剛、各有所宜，亦各有所不宜，不是偏宜的，亦不是偏不宜的。任何事物，都應作如是觀。

「子曰：『君子……學則不固。』」（論語學而）

「微生畝謂孔子曰：『丘何爲是栖栖者與！無乃爲佞乎！』子曰：『非敢爲佞也，疾固也。』」（論語憲問）

「子絕四……毋固。」（論語子罕）

固、是孔子所疾所絕的，不固、是積學所達成，爲孔子所讚許。故不固二字、正足用以概括義的消極因素。「義之與比」、指出了義的積極因素，謂須依從事物的所宜以決定其用途，亦卽要用當其宜。例如欲有所捆紮，則用麻繩而不用鐵桿，欲有所支撑，則用鐵桿而不用麻繩。用當其宜，則成效可期，用違其宜，則必終於失敗。

「子曰：『……禮樂不興，則刑罰不中。列罰不中，則民無所措手足。』」（論語子路）

此中所說的「中」、係就效用而言，意卽處理得恰到好處而收穫了甚大的成果。此一作用、亦爲孔子所讚許。故此中字、可用以形容義的積極因素。綜上所述，孔子所說的義、可解釋爲不固而中。處理事情而有所固執，勢必阻礙另作多方的考慮。不作多方的考慮，雖亦時或倖中，不能期其必中。故必先有所不固，而後始有所能中。不固、淸除阻礙，誠屬重要，但功效畢竟得自能中，故能中尤爲重要。義是不固而中，故其爲用、必須隨應變遷，不能有定型。微生畝譏孔子爲佞，徒見其不識義的精髓之所在。

義與智、有其密切的關係，因爲要做到不固與能中，都須依賴智的指導。處理事情，一方面有待處理的對象，另一方面有用以處理的方法。在着手處理之前，必先觀察處理對象的性能如何與處境如何，同時又須瞭解通常所用方法的作用如何與影響如何。然後將方法與對象合起來考慮，以覘該一方法之是否有對症之藥的資格。若發見其無此資格，便捨棄而不用。觀察、瞭解、考慮等、都是理智作用。

故必經歷了理智作用的階段，而後始能到達不固。通常所用的方法旣遭捨棄，便須進而設計其他若干種方法，相與比較，預測其可能獲致的結果，選取其收效可能最大的，以從事處理。故又必經過設計等理智作用，而後始有能中的希望。故智與義、有如源與流，源不深，則流不長，智不足，則義不明。

「子曰：『務民之義，敬鬼神而遠之，可謂知矣。』」（論語雍也）

「務民之義」、謂智以講求民之所宜爲要務，正透露了智之爲義所自出。智與義、具有源與流的關係，故言智、有時可以攝義。孔子有關智的言論、其中若干、儘可認爲說義的言論。

義與禮、關係更密，簡直可認爲一事。上文曾引孔子語：「君子義以爲質，禮以行之」，謂君子滿腔所懷的、是義，而藉禮以見諸實行。故禮是義的表現，亦卽義之所可，則制爲禮儀，供人共同遵行。由此言之，義是裏而禮是表，義與禮是一事的兩面。表裏不可分割，說到表，必牽及其裏，說到裏，亦必牽及其表。故說義，可以兼禮，說禮，可以兼義，義字與禮字可以互相代替。泰伯篇說：「勇而無禮，則亂」，陽貨篇說：「君子有勇而無義，爲亂」，一用禮字，一用義字，其所說道理、則完全相同。卽此二例，可以窺見孔子言論中義字與禮字相代爲用的實況。

義的本義、是不固而中，其重心在於能中，亦卽在於能收預期的效果。但能收預期的效果，不一定是有價値的事情。想盡種種方法，把逃犯藏匿得非常隱密，使警方終於無從搜獲。如此行徑、確亦不失爲不固而中。故黑社會中人加以盛譽，稱之爲義。常人不察，亦有以盜匪的禍福相共爲尊重義氣的。義字若果可以如此濫用，則義又何足貴！孔子別有止濫的提示，可用以預作防範。

「子曰：『君子成人之美，不成人之惡，小人反是。』」（論語顏淵）

成、謂使其事底於成就，故與義的重心所在的中、可謂同其意義。所成的、只許是美，不許是惡，則所中的、亦當以美爲限。故所中而美，方足以稱爲義，所中而惡，不得僭用義的名稱。

「子曰：『人而不仁，如禮何！』」（論語八佾）

此中的禮字、兼義而言，易作義字，其理不會因而有所變異。人而不存仁心，則禮不成其爲禮，義亦不成其爲義。故爲義設立範圍而遏止其傍馳的、當卽是仁。

綜上所述，孔子的終極理想、是衆人的安寧，其能使此一理想實現的、唯仁與義，外此別無他途。仁是一腔求安的心，義是一套致安的術。人人能以仁存心，以義行事，則舉世的安寧可立而待。仁的本義是愛，徒愛而無所節制，則可能流於愚，而爲之節制的、則爲義。義的重心在於中，徒中而無所節制，則可能成惡，而爲之節制的、則爲仁。故仁必待有合於義，而後始爲眞仁，義必待有合於仁，而後始爲眞義。孔子所提倡的、是合義的仁與合仁的義，故孔子的基本思想、可以簡稱爲仁義合一主義。

三　教育的任務

教育的基本任務、在於把每一個人養成爲實行仁義的人，以維護安寧，增進安寧，乃至創造安寧。孔子有一句在教育思想史上具有無量價値的名言，爲達成此一任務，提供了原則性的辦法。

「子曰：「有教無類。」（論語衞靈公）

類、指智愚賢不肖乃至富貴貧賤等區別而言。「有教無類」、謂不論其人屬於何類，只要是人，都須施以教育，以發展其實行仁義的潛能。孔子此言、揭示了國民教育的基本原則。

教育的任務、在於發展個人實行仁義的潛能，故教育能否達成任務，其主要關鍵、在於人性中有無此一潛能及其能否發展。人性如何、孔子甚少說及，在論語全書所載孔子言論中、說到人性的、只有一章。

「子曰：『性相近也，習相遠也。」（論語陽貨）

「性相近也」、謂各人天生的性、原屬互相近似，並無多大的差異，只說到人性的近似，至於是善是惡，則未有所說及。「習相遠也」、謂受了社會的薰陶以後，各人的爲人、纔逐漸不同，形成甚大的距離而不復相近。故在爲人上造成差異的、是習不是性。「習相遠也」、亦未說及善惡。不過孔子是道德哲學家，其時刻縈繞於胸中的、是善惡問題。故其所云「相遠」、縱或兼攝他事，亦必以善惡上的相遠爲重點。依此說來，爲人的有善有惡、起於習染，非出於人性的本然。習染於善，則成善人，習染於惡，則成惡人。習染能引人趨向於善，亦能引人趨向於惡。人的爲善爲惡、其決定權、操諸習而不操諸性。故就性而言，應當是可善可惡的，既不固着於善，亦不固着於惡，其善其惡、隨習染而轉移。故孔子的人性觀、如實言之，應稱爲人性可善可惡說。人性既可善可惡，則其所儲潛能、應是雙向的，可發展以爲非作歹，亦可發展以存仁行義。所以實行仁義的潛能、不是人性所無。潛能雖原屬雙向，但習染力能令其專趨一向而不趨他向，故實行仁義的潛能、有其發展的可能。習染所包甚廣，教育是其中有計劃的設施，以發展實行仁義的潛能爲專務。習染既有發展潛能的力量，教育亦當有力量以完成其任務。

教育以發展實行仁義的潛能爲任務，易辭言之，亦可謂爲以發展理想的人格爲任務，故孔子所講求的教育、其重心在於人格教育。孔子在論述理想人格時、用有三個名稱，卽聖人仁者與君子，其中君子一名、用得最多。此外亦嘗用到善人、成人、大人、賢者等名稱。但此諸名、似乎只用以表示理想人格某方面的特徵，非必在聖人等以外別成爲類。君子一名、有時用作狹義，有時用作廣義。用作狹義時、理想人格分爲高下三級，聖人最高，仁者次之，君子又次之。用作廣義時、君子爲理想人格的通稱，兼攝聖人與仁者。教育的任務、在於發展理想人格，而君子爲理想人格的通稱，故孔子所講求的、又可稱爲君子教育。

孔子教育思想的重心、固在人格教育，却未可因此輕斷孔子爲蔑視技藝教育。

「子曰：『君子不器。』」（論語爲政）

「子聞之曰：『……吾少也賤，故多能鄙事。君子多乎哉，不多也。』」（論語子罕）

「不器」卽是「多能」。「君子多乎哉，不多也」、不但未以「多能鄙事」爲多餘，且寓有多多益善之意。孔子既未以鄙事爲不足道，自亦不會蔑視技藝教育。孔子是道德哲學家，關於人格教育、心得甚多，故論列不厭其詳，不是應用科學家，本其不知則不作的精神，關於技藝教育、不敢輕率論列。

故無所說、不能推定其爲蔑視。

教育的任務、在於發展人格以成實行仁義的君子。然則如何纔能實行仁義？如何始得稱爲君子？君子的特徵何在？試就孔子論君子的諸般言論，擇其強調爲君子所應備的性行，除了依仁與喻義屬於總綱、不再擧及以外，列爲八目，以見理想人格的特徵。八目之中、有近於理想的整體的，有僅屬理想的一面的。又此八目、互有關聯，並非各自孤立。

（一）情智並茂　此一特徵、爲實行仁義的理想人格所最不可或缺。仁屬於情，故必情感豐富而又堅實，仁心纔能始終旺盛，不致衰頹。義出於智，故必理智淸明，知識充實，而後義否始能分明，無所失誤。仁義要合一，故情智又須並茂，設或偏枯，必會釀成仁而不合於義或義而不合於仁的情形。孔子時常仁智並稱，可以見其情智並重的至意。

「子曰：『知之者不如好之者。』」（論語雍也）

容或有人依據此言，以爲孔子重情而輕智，則未免有失孔子立言的本意。「知之」、雖可解作知而不好，「好之」、當解作知而又好，不當解作不知而好。不知而好、是盲目的好，很可能不合於義，應爲孔子所不取。知而不好，不發爲行動，雖能澄淸觀念，但無補於事實。知而又好，則必發爲行動，使現狀得以維持或得以改進。故在效用的觀點下、知而不好，不若知而又好之有價値。故孔子此言、正在要求理想人格之必須情智並茂。孔子關於情感、主張作適當的發洩，試以恕爲例。

「子曰：『不怨天，不尤人。』」（論語憲問）

「子曰：『小子！何莫學夫詩！詩……可以怨。』」（論語陽貨）

孔子固不以一味怨天尤人為然，但如詩經所詠那樣有分寸的怨、則認為可以則效。故在孔子之意、不當怨而怨，是不可容許的，當怨而怨，是值得鼓勵的。推而廣之，不必問情感之屬於何類，只須問其當發與不當發。

「子曰：『……見義不為，無勇也。』」（論語為政）

見到義之所在，便應敢作敢為。故孔子所欲養成的、不是心如死灰而暮氣沉沉的人，是朝氣蓬勃而見義敢為的人。

（二）**學思相濟**　欲仁義實行得順利而有效，又須養成學思相濟的人格。學思相濟、意即又學又思，相輔為用。

「子曰：『學而不思則罔，思而不學則殆。』」（論語為政）

孔子此言、指出了學思偏廢的弊病，反映了學思的必須相濟。「學而不思則罔」的罔字、原是羅網的意思，引申後則成拘束的意思。只知做傚前人而不自加思索，則為前人的言行所拘束而無以自拔。前人的言行、有正而是的，亦有誤而非的。所做傚的、是正而是的，固有裨於仁義的實行，不幸而為誤而非的，則大有害於自己的人格了。故必濟之以思，判別其正誤是非以定從違。

「子曰：『三人行，必有我師焉，擇其善者而從之，其不善者而改之。』」（論語述而）

「子曰：『……多聞，擇其善者而從之。』」（論語述而）

擇善而從，正是以思濟學，爲孔子所屢屢稱道。「思而不學則殆」、謂不參考前人所已言已行，只想憑藉自己的智慧以獨闢蹊徑，則有走入歧途的危險。前人有所處理時、曾經試行過多種方法，曾經走入過走不通的途徑，積聚了許多經驗，而後始獲成規。故當取爲參考，以學濟思，庶免重蹈前人所嘗蹈的覆轍。

「子曰：『吾嘗終日不食，終夜不寢，以思，無益，不如學也。』」（論語衞靈公）

這是孔子自述其某次親身的經驗，謂苦苦思索，想不出更好的辦法，只好做傚前人的所爲，意在爲「思而不學則殆」舉示實例，不在揚學而抑思。

（三）能好能惡　好惡是行爲的動力，沒有好惡，不會有行動發生，好惡不得其正，則其所引發的行動、亦必因而失當。故能好能惡、又是理想人格所不可或缺的因素。

「子曰：『唯仁者能好人，能惡人。』」（論語里仁）

孔子此言、原只說及對人的好惡，現在推廣其意，去其人字，令其兼攝對事的好惡。好惡是人人莫不具有的情感，無所用其提倡。孔子此言所注重而提倡的、只是一個能字。此一能字的意義、可以析爲三層。第一層：要分別善惡以異其好惡，善者好之，惡者惡之。不要濫充好好先生，對於任何人任何事、不論善惡，一律表示喜歡。亦不要妄學憤世嫉俗以自鳴高的人，不論善惡，一律視爲可鄙而表示憎惡。第二層：要好惡與善惡相當。在理智上確認其爲善的，則必加以愛好，確認其爲惡的，則必加以憎惡，不因個人間的恩怨而好所不當好或惡所不當惡。

子曰：『……以直報怨。』（論語憲問）

對於所怨的人、仍應報之以直；不曲不枉，正表示了好惡之必恰如其善惡所應得，不可稍有偏差。第三層：好惡必須適度，不可過當。

「子曰：『……人而不仁，疾之已甚，亂也。』（論語泰伯）

「子曰：『……愛之欲其生，惡之欲其死。旣欲其生，又欲其死，是惑也。』（論語顏淵）

此二則言論、正表示了好惡之必須適可而止，無使發生過猶不及的弊病。

（四）言不苟且　理想人格的此一特徵、亦稱愼言，謂說話必須有所節制，謹守分寸，不可隨便，不可放肆。

「子曰：『……君子於其所不知、蓋闕如也……故君子……言之必可行也。君子於其言、無所苟而已矣。』（論語子路）

孔子這一番話、雖係對子路的敎戒之辭，但類此的言論、在論語中屢見不一見，故可視爲君子所當共同遵守。且因其總攝類似言論的含義，故引以爲代表。依孔子此一言論，說話所須接受的節制、來自兩個方面。「君子於其所不知、蓋闕如也」、謂必須知道得很確切的，方可發爲言論，在言與知的關係上提示了言所應受的節制。故此一方面的不苟、意卽言必有據，不說未經證實的話以自炫見聞的廣博。「君子……言之必可行也」、謂必須人所能做到的，方可發爲言論，在言與行的關係上提示了言所應受的節制。故此一方面的不苟、意卽言必能行，不說大而無當的話以自炫識見的高超。關於此二種不苟、孔子所說甚多，現在各引二則，以資印證。

「子曰：『蓋有不知而作之者，我無是也。』」（論語述而）

「子曰：『多聞闕疑，愼言其餘，則寡尤。』」（論語爲政）

此二則由知看言，說其不可苟。孔子不知則不作，作則必出自其所知。孔子所稱的知、是很嚴格的，必有憑有據，且無絲毫可疑，稍有可疑，便捨棄而不採以爲依據。

「子曰：『其言之不作，則爲之也難。』」（論語憲問）

「子曰：『君子恥其言而過其行。』」（論語憲問）

此二則由行看言，說其不可苟。放言高論，無法做到，勢且釀成言過其行的情形。君子應以言過其行爲可恥，教戒得何等深切！

（五）過不憚改　人人都不免偶犯過失，貴在能夠隨犯隨改，不任其轉成累犯。孔子對於改過、甚爲重視，自常人憚於改過的心理說起，說到憚改的最後惡果，以勉人過不憚改。

「子曰：『已矣乎！吾未見能見其過而內自訟者也。』」（論語公冶長）

「子曰：『過而不改，是謂過矣。』」（論語衞靈公）

「孔子對曰：『有顏回者好學，不遷怒，不貳過。』」（論語雍也）

「子曰：『君子……過則勿憚改。』」（論語學而）

「能見其過」、卽是自己承認過失，「內自訟」、卽是心中自己譴責過失。常人有了過失，只想推卸，不肯自己承認，到了無可推卸的地步，又飾辭寬恕，謂比諸他人所犯過失，微不足道。此種不健全的心理、實爲人格進展的極大障礙。因爲不自承認，不會引發改過的念頭，不自譴責，不能鞏固改過的決心。「過而不改，是謂過矣」、謂每一過失、初犯不知改，再犯猶不知改，三犯四犯，逐漸轉成習慣，及其根深柢固，欲改亦不易爲力，卒至終身生活在過失之中。故必須取法顏淵的「不貳過」，一經發覺自己犯了某種過失，乘其軌跡尚未深入之際，立即填平，以杜絕其爲重犯的故道。如此勤於改過，舊過自不致復萌，新過自不致生根。改過是寡過的重要法門，故孔子殷殷以「過則勿憚改」爲教。

（六）處窮不濫　理想的人格、不是要安於窮困而不謀所以消除，是要不以胡作妄爲充消除的手段。通觀下引的孔子言論，可以見之。

「子曰：『君子固窮。小人窮，斯濫矣。』」（論語衛靈公）

「子曰：『不仁者不可以久處約。』」（論語里仁）

「子曰：『……貧與賤、是人之所惡也，不以其道，得之不去也。』」（論語里仁）

「子曰：『……邦有道，貧且賤焉，恥也。』」（論語泰伯）

「君子固窮」、非謂君子應當固守窮困，不謀消除，僅謂君子的遭遇窮困、乃意中事，非意外事。因爲君子不肯曲學以阿世，不肯枉道以取容，自不免所如不合而陷於窮困。至於消除窮困，則爲孔子所許。孔子洞察人情，且亦尊重人情，未以「貧與賤、是人之所惡也」爲可鄙，更進而以「邦有道，貧且賤焉」爲可恥。是則孔子不但未嘗提倡人們固守窮困，且嘗鼓勵人們消除窮困。「不仁者不可以久處約」、謂沒有修養的人久處窮困，便生不耐，不耐的結果、便會步上「小人窮，斯濫矣」的途徑，只求消除窮困，不惜濫用手段，於是曲學阿世，枉道取容，無所不用其極。君子則不然，「不以其道，得之不去也」，雖非無意於消除窮困，但決不出以不正當的手段。孔子不教人處窮不去，只教人處窮不濫，使情與理各得其所。

（七）內省不疚　理想的人格應當擁有內省不疚的心境。此種純潔的心境、必待積久修養，到了內無惡念，外無惡行，而後始能達成。

「司馬牛問君子。子曰：『君子不憂不懼。』曰：『不憂不懼，斯謂之君子已乎？』子曰：『內省不疚，夫何憂何懼！』」（論語顏淵）

「子曰：『君子坦蕩蕩，小人長戚戚。』」（論語述而）

「不憂不懼」卽是「坦蕩蕩」。司馬牛懷疑不憂不懼之未足爲君子、出於誤解孔子當時所說的「不憂不懼」。司馬牛的誤解與懷疑、不爲無因。

「子曰：『德之不脩、學之不講：聞義不能徙，不善不能改，是吾憂也。』」（論語述而）

「子曰：『……君子憂道不憂貧。』」（論語衛靈公）

君子明明是有所憂的，今言不憂不懼，字面上確有自相牴觸之嫌。但究其眞義，可以見其不相牴觸。「是吾憂也」、係就「德之不脩」當時而言，「君子不憂不懼」、是就德之已修以後說的。合而言之，謂原來因為尚未做到而憂懼不止的，及至做到以後，不復有所憂懼了。

「子曰：『知者不惑，仁者不憂，勇者不懼。』」（論語子罕）

仁者所為、莫不合於仁，故無所可憂，勇者見義敢為，故無所可懼。君子的不憂不懼、即指此種不憂不懼而言，不是不知道可憂可懼而懵然不憂不懼，亦不是明知可憂可懼而悍然不以為憂不以為懼，是經過深切的憂懼以後力謀補救所到達的不復可憂與不復可懼。內省不疚、正是無復可憂可懼的坦蕩心境。

（八）和而不同　此為理想人格對人對事所應具的態度。

「子曰：『君子和而不同，小人同而不和。』」（論語子路）

和與同、義相近似，都是贊同乃至協助的意思，其分別處、在於是否以義為準。只要義之所在，縱使於己不利，亦贊同而予以協助，這是和。只要於己有利，縱為義所不許，亦贊同而予以協助，這是同。故和、可解作和衷共濟，同、可解作同流合汚。理想的人格、遇事都應和衷共濟，却不可同流合汚。孔子尚有其他言論，與和而不同的主張具有密切關係。

「子曰：『君子成人之美，不成人之惡，小人反是。』」（論語顏淵）

此則所說、可謂指出了君子之所以和而不同的原由。其和、是為了成人之美，其不同、是為了不成人之惡。

「子貢問曰：『鄉人皆好之，何如？』子曰：『未可也。』『鄉人皆惡之，何如？子曰：『未可

也。不如鄉人之善者好之、其不善者惡之。』」（論語子路）

此則所說、可謂指出了和而不同所必至的結果。因其和，故鄉人之善者好之，因其不同，故鄉人之惡者惡之。善者所好而惡者所惡的人、孔子視為可取，亦反映了為人之必須和而不同。

「仲弓問仁。子曰：『……在邦無怨，在家無怨。』」（論語顏淵）

「在邦無怨，在家無怨」、昔人大都解釋為無所取怨，實難謂為的解。因為必待做到八面玲瓏，事事取悅於人，方能無所取怨。和而不同而為惡者所惡的人、絕不會是八面玲瓏的人。

四　教學的要件

任何事業，其能成功與否、莫不受條件的影響。條件具備而又優良，其事易於成功，條件不備或備而不優，則其事易於失敗。教育事業、亦非例外。教育成功的要件、依孔子諸般言論推之，可分為三事：一為受教者確有求學的誠意與耐力，二為施教者確有誨人的資格與風度，三為教授方法的能切中需要。本節僅述受教者與施教者所應備的要件，有為孔子明說其為要件的，有以孔子言行為資料推定其應為要件的。

先述受教者所應備的要件。搜羅所得，計有七事。

（一）**不自滿足**　滿足於自己已有知識的人、不會再想在知識上更求發展，滿足於自己已備德行的人、不會再想在德行上更求進步。所以自己滿足的人，不會懷有再加充實的意念，必自視未能滿足的人，纔會覺得有求足的必要。

「子曰：『吾有知乎哉？無知也。』」（論語子罕）

「子曰：『……躬行君子，則吾未之有得。』」（論語述而）

「子曰：『德之不脩、學之不講：聞義不能徙，不善不能改，是吾憂也。』」（論語述而）

孔子自承「無知也」，不滿足於已有的知識，故能力求知識上的發展。孔子自承「躬行君子，則吾未之有得」，不以已備的德行爲滿足，故能在德行上力求進步。孔子以「德之不脩、學之不講：聞義不能徙，不善不能改」爲憂，故能力求修德講學。孔子這些示範的心情、應爲受教者人人所取法。有了不自滿足的心情，纔會引發接受教育的要求。故不自滿足、可說是受教者應備的基本要件。

（二）立志上達　懷了不自滿足的心情，又須更進一步立定充實自己的志願。否則空有心情，還是得不到實益。

「子曰：『吾十有五而志于學。』」（論語爲政）

孔子在少年時代已經立定爲學的志願，逐年上達，卒能進入聖域。故及早立志，亦爲人人所當取法。

「子曰：『自行束脩以上，吾未嘗無誨焉。』」（論語述而）

束脩二字、後世解釋不一。通常解作進見贄物的一種，亦有人解作行爲上的約束修飭。後一解釋、其義較長。依照此釋，則「自行束脩以上」、即是立志進修的表現。孔子重視立志，故只要有此表現，未有不竭誠教誨的。

「子曰：『三軍可奪帥也，匹夫不可奪志也。』（論語子罕）

「子曰：『士志於道而恥惡衣惡食者，未足與議也。』（論語里仁）

「子曰：『朝聞道，夕死可矣。』（論語里仁）

任何事情、立定了志願要做，不論遭遇如何重大的阻礙與挫折，都要堅守不移，達到不可奪的境地，否則所志必難有成。有志於道而不甘受惡衣惡食的挫折，勢難與道接近。必須具有「朝聞道，夕死可矣」的決心，以維護其志願，使之永保不墜。故爲學不但要立志，尤須堅守其志。

（三）自信不餒　有志向學，要有自信心，自信只要盡其所能，一定可以有成，不可以存自餒心，不要以爲仁義高遠而非己力所能及。

「子曰：『有能一日用其力於仁矣乎！我未見力不足者。蓋有之矣，我未之見也。』（論語里仁）

「冉求曰：『非不說子之道，力不足也。』子曰：『力不足者、中道而廢，今女畫。』（論語雍也）

人人都能用力於仁，其眞正無力從事於仁的、縱或有之，如不移的下愚，其數甚少，一般人都不是力不足的。至若冉有的自以爲力不足，只表示其自畫而怠於求進，並非眞正力有不逮。

「子曰：『仁遠乎哉！我欲仁，斯仁至矣。』（論語述而）

孔子又提示了仁的近邇而非高遠，只要肯求，未有不得，以鼓勵人的自信。

（四）悅而不厭　爲學要引以爲樂，不可久而生厭。引以爲樂，則日有進展，一旦生厭，則不但精進無望，且可能前功盡棄。

「子曰：『默而識之，學而不厭……何有於我哉！』」（論語述而）

「子曰：『若聖與仁、則吾豈敢！抑爲之不厭……則可謂云爾已矣。』」（論語述而）

「葉公問孔子於子路，子路不對。子曰：『女奚不曰：其爲人也、發憤忘食，樂以忘憂，不知老之將至云爾。』」（論語述而）

此三則所說、都是孔子自述爲學不厭的情形。其勤學不厭、至於發憤忘食，且老年猶復如是，眞可謂樂此不疲了。正唯孔子能學而不厭，故能成其大。如何始能學而不厭，孔子且嘗有所指點。

「子曰：『學如不及，猶恐失之。』」（論語泰伯）

「子曰：『學而時習之，不亦說乎！』」（論語學而）

孜孜爲學，還怕失落。有了如此怕失的心情，則力圖保持之不暇，自不會發生厭惡之心。以「學而時習之」爲可悅，自會加緊從事而不肯放鬆了。

（五）自動求正　爲學又貴自動提出問題以求指教，不可專賴施教者爲之塡充。自動求正，其所得更能深入於心而有益於身，被動以待塡充，其所得容易有食而不化的惡果。

「子曰：『不憤不啓，不悱不發。』」（論語述而）

「子曰：『不曰如之何如之何者，吾末如之何也已矣。』」（論語衛靈公）

不憤不悱的人、即是不能自動提出問題以求正而專待施教者予以塡充的人。此種人、孔子視爲不足造就，故不爲之啓，不爲之發。「不曰如之何如之何者」、謂其人臨事不自想辦法而專待他人爲之解決。「吾末如之何也已矣」、謂對於此種人眞沒有辦法，亦表示其爲不堪造就。自動求正、爲孔子所甚重視，其高材弟子莫不具有此種精神。依論語所載，諸弟子不僅問仁問孝以求指點，且有提出自悟所得以就正的。試舉一事，以見其例。

「子貢曰：『貧而無諂，富而無驕，何如？』」（論語學而）

（六）恆久不歇 爲學所應具備的精神、都須持之以恆，不可任其稍有間歇。若今日開始，明日中止，後日重新開始，則今日的辛勤、勢且等於白費。間歇復間歇，完成更將遙遙無期了。

「子曰：『善人、吾不得而見之矣，得見有恆者，斯可矣。』」（論語述而）

「子曰：『南人有言曰：『人而無恆，不可以作巫醫』、善夫！』」（論語子路）

孔子所最欲得而見的、誠然是善人，既不可得而見，不得已而思其次，得見有恆者，亦可感到相當滿足。孔子所欲見的、有恆者僅次於善人，可見孔子之重視有恆。沒有恆心，欲作巫醫，尚且不可能，欲養成理想的人格，自更無由實現了。

「子曰：『譬如爲山，未成一簣，止，吾止也。』」（論語子罕）

恆久不歇的精神、且須堅持到最後關頭，不可任其有一簣的未成。孔子的「不知老之將至」、正垂示了此一方面的模範。

（七）篤實踐履 教育的任務、在於養成理想的人格，受教的目的、在於使自己的人格日卽於理想，而人格之得稱理想、在於能夠實行仁義。故學知了為人之應當以仁存心，便須時時存仁，學知了行事之應當以義為準，便須事事循義。知而不行，徒托空言，人格無所改善，等於未學而已。

「子曰：『法語之言、能無從乎！改之為貴。巽與之言、能無說乎！繹之為貴。說而不繹，從而不改，吾末如之何也已矣。』」（論語子罕）

「子曰：『知之者不如好之者，好之者不如樂之者。』」（論語雍也）

「說而不繹，從而不改」、即是口頭上表示心悅誠服，行為上依然故我，不稍改變。如此的人、孔子亦歎為「吾末如之何也已矣」，視為難於救藥的人。「改之為貴……繹之為貴」、謂於既從既悅之後、繼之以改變，以修飭其人格，纔是可貴的。「知之者不如好之者」、如上節所曾釋，知而不好、不如知而又好，亦即知而不行、不如知而又行。樂、是好之甚者。好到了樂的程度，雖有阻礙，亦不能已於行。故孔子此一言論、亦在於提倡所知之必須付諸實行。知而又行，教育的任務方可謂為完成。

次述施教者應備的要件，就孔子的言行及弟子受教所得的感想而分析之，亦可列為七事。

（一）**大願立人**　施教者第一應備的要件、是許下一個擔當大責重任的宏願。許下了如此的宏願，奠定了健全的基礎，其他要件纔會受到鼓舞，隨以俱來。

「子曰：『……夫仁者、己欲立而立人，己欲達而達人。』」（論語雍也）

立人達人、即是就尋常的人格、雕刻琢磨，改造為理想的人格。改造人格、能不說是一件大責！人性本是雙向的，可善亦可惡。立人達人、要引導其走入向善的正路，防止其走入向惡的邪途，能不說是一件重任！如此大責重任、不是輕易肩負得起來的。當肩負之初，能不許下大願，預作準備，以期善盡其任務！許下了大願而牢記於心，自會竭智盡能，不敢有所怠慢，自會謹愼周到，不敢掉以輕心。見到受敎者在學行上日有進展，則喜形於色，見到受敎者在學行上依然故我，則寢食難安。如此關切，敎育定能收穫偉大的效果，而施敎者亦可躋入仁者之列了。

（二）**溫故知新**　理想的人格要知行並茂，既要理智明通，又要行爲修飭。故人格敎育的首要、在於誘導受敎者明理而修身。欲誘導他人明理修身，必先自己明理修身。故明理與修身、爲施敎者所應備的要件。茲分段言之，先說明理方面。

「子曰：『溫故而知新，可以爲師矣。』」（論語爲政）

「故」、是今日以前所已知的。「新」、是今日以前所未知的，不僅包括新近發生的事實與新近發表的學理，亦包括舊日早經發生的事實與舊日早經發表的學理而爲迄今所未及知的。溫故，則舊有的知識不致淡忘，知新，則知識的積聚日益豐富。故必溫故與知新並進，而後知識始能達於充實。施敎者要爲受敎者解答問題，必知識充實，而後解答始能無誤。施敎者要領導受敎者走上向善的正路，又必知識充實，而後領導始能無誤。故知識充實、是施敎者善盡其責的一件利器。

（三）**正身作則**　培養理想的人格，於誘導其理智明通以外、尤須誘導其行爲修飭。施敎者在此一方面所應備的要件、孔子說得非常剴切。

「子曰：『苟正其身矣，於從政乎何有！不能正其身，如正人何！』」（論語子路）

「子曰：『其身正，不令而行，其身不正，雖令不從。』（論語子路）

孔子此二則言論、自其所說「於從政乎何有」看來，似爲從政者而發，但適用於教育，尤爲切當。教育正是正人的工作，施教者正居於主持此一工作的地位。受教者的言行、一旦踰矩，施教者諄諄爲之說明其踰矩的不當，自屬教誨的要道。當此之時、施教者若從來未有類似的踰矩言行，受教者易於心悅誠服而樂於受教，反之，受教者縱不反唇相稽，亦且覺其言不由衷，不思所以努力遵從。故施教者必須居常謹言愼行，不稍苟且，受教者敬佩其人，自會事事學步，達到「其身正，不令而行」的境地。身教效用之大於言教、應爲施教者所深切注意。

（四）誠摯無隱　施教必須如孔子的教人，竭其誠摯，盡其所知。

「子曰：『二三子以我爲隱乎？吾無隱乎爾，吾無行而不與二三子者、是丘也。』（論語述而）

「陳亢問於伯魚曰：『子亦有異聞乎？』對曰：『未也……學詩乎……學禮乎……聞斯二者。』陳亢退而喜曰：『問一得三：聞詩，聞禮，又聞君子之遠其子也。』（論語季氏）

孔子教人，知無不言，言無不盡，未嘗有所保留，未嘗有所隱匿。孔子教其子伯魚，不過教以學詩，教以學禮。學詩與學禮、孔子亦嘗屢以教其弟子，並非特別的秘寶。孔子用以教其子的、即是孔子用以教其弟子的，可見孔子對於弟子確未有所隱匿。陳亢所云「君子之遠其子也」、意卽孔子教人未嘗因親疏而有所不同。

（五）勤懇不倦　施教者又須學孔子的教人，以勤懇爲樂，不以辛勞爲苦。

「子曰：『……誨人不倦，何有於我哉！』」（論語述而）

「子曰：『若聖與仁、則吾豈敢！抑……誨人不倦，則可謂云爾已矣。』」（論語述而）

孔子教人，不厭煩，不倦怠。唯其不厭煩，不倦怠，故能有問必答，講解詳明，縱或所問無甚價值，亦不稍露不豫之色。施教者的態度、是對於受教者的一種刺激。怎樣的刺激引起怎樣的反應、有其一定的軌道。施教者懶於講解，受教者會應以不求甚解。施教者面有不豫之色，受教者便會怯於質疑問難。如此教育，收效必不能宏。孔子的誨人不倦、不僅勤於講解而已，平素且對弟子們的言行、細加觀察，以認識其個性，以設計適宜的教法。

（六）秩然有序　孔子施教，不夾雜其辭，不含混其義。必須說的則說，不必說的則不說，應當先說的、則說在前，應當後說的、則說在後。務使義理的主從一目了然，俾人易於把握其要領，不致有釀成誤解之憾。此一特色、見於顏淵所述受教的感想。

「顏淵喟然歎曰：『……夫子循循然善誘人，博我以文，約我以禮。欲罷不能，既竭吾才……』」

（論語子罕）

「循循然善誘人」、是顏淵歎服孔子施教的總感想，茲分為二事述之，先說「循循然」。「循循然」、註家都釋為「有次序貌」，亦即說話先後有序，絕不凌亂，試引孔子教人的實況以見其例。

「子曰：『參乎！吾道一以貫之。』曾子曰：『唯。』」（論語里仁）

「司馬牛問仁。子曰：『仁者、其言也訒。』曰：『其言也訒，斯謂之仁已乎？』子曰：『為之

難，言之得無訒乎！」（論語顏淵）

孔子敎人，先提結論，以明要領之所在，遇有必要，始進而舉示理由。孔子告曾子以「吾道一以貫之」，曾子敬諾，表示其已徹底了悟，無復爲之細說的必要，孔子遂不再說下去。司馬牛問仁，孔子告以「仁者、其言也訒」，司馬牛有所懷疑，孔子乃爲之說明其故。

「子貢問政。子曰：『足食，足兵，民信之矣。』子貢曰：『必不得已而去……』曰：『去兵……去食。』」（論語顏淵）

孔子初告以要政的總體，謂三者同應重視。及子貢請示：必不得已而去，應當孰先孰後，孔子始告以先去兵繼去食。類似的例尚多，不再贅引。孔子施教時所說、層次井然，易於領悟，負有施教責任者、均應引以爲模範。

（七）善於誘導　孔子的誘導、是多方面的，凡有裨於理想人格的培養的、莫不在其所欲誘導之列，而尤致力於受教者的自動求正及其辨別是非能力的發展。孔子又設爲種種方法，以便利誘導，眞可謂盡了善誘的能事。

「林放問禮之本。子曰：『大哉問！』」（論語八佾）

「樊遲……曰：『敢問崇德脩慝辨惑。』子曰：『善哉問！』」（論語顏淵）

孔子這些讚美之辭、意在鼓勵弟子們勇於發問，亦卽在於誘導弟子們自動求正。自動求正、固應出自受教者本身，施教者能予以鼓勵，更可以加強其發展。

「顏淵季路侍。子曰：『盍各言爾志！』」（論語公冶長）

「子路曾皙冉有公西華侍坐。子曰『……如或知爾，則何以哉？』」（論語先進）

孔子之囑弟子們各自言志、可說是誘導自動求正的另一方式。各人所言的志、若有欠妥之處，則可乘機糾正，若已妥善，則可作有言或無言的讚許以堅定其自信。

「子謂子貢曰：『女與回也孰愈？』對曰：『賜也何敢望回！』」（論語公冶長）

孔子此問、意在誘導子貢自省其才智，以啓發其自知之明。

「子曰：『賜也！女以予爲多學而識之者與？』對曰：『然，非與？』」（論語衞靈公）

孔子此問、意在誘導子貢自省其見理已否明確，於應然應否之間能否無所猶豫。顏淵所歎服的「博我以文，約我以禮」、描述了孔子誘導其走上求知的大道。「博我以文」、即是教顏淵多多搜集資料，「約我以禮」、即是教顏淵在雜多的資料中整理出一個頭緒來，以充力能貫通雜多現象的統一原則。孔子善於誘導，使顏淵欲罷不能。能把學生教到欲罷不能的境地，教育的成效、可謂登峯造極了。故善於誘導、尤爲施教者所當發憤取法。

五　因材施教

教育成功的要件、依孔子言行推之，計有三類。其第一第二兩類，已見前述，茲述其第三類：所教必須切中受教者的需要。所教而能切中需要，纔足以資其最大的受用。需要、有屬於一般的，有屬於特殊的。一般的需要、指人人所同需者而言。特殊的需要、則因人而異，爲此一人或其同類的人所需要的，不定爲彼一人與其同類的人所亦需要。特殊的需要、且因時而不無轉變。爲此一人所不斷需要的，則爲經常的特殊需要，爲此一人此一時所需要而非彼一時所亦需要的，則爲一時的特殊需要。教育既須切中一般的需要，亦須切中特殊的需要，不容顧此而失彼。爲了滿足一般的需要，所教自當從同。爲了滿足特殊的需要，則所教不可以執一。孔子思想周密，既有從同的教誨，亦有別異的教誨。教育的任務、在於培養實行仁義的理想人格，故對於任何人都教以依仁循義，如「君子無終身之間違仁」與「君子義以爲質」，所採取的、是從同的教法。及弟子們個別問仁時，則改採別異的教法，所答未有完全相同的。樊遲三次問仁，所答且先後不一。孔子不僅顧及經常的特殊需要，且亦顧及一時的特殊需要了。孔子教仁，不一其說，有人因而懷疑仁德之本無固定的內容，甚或有人因而懷疑孔子思想之沒有定見。實則兩皆非是，孔子只是隨問者需要的不同而異其所答，以期其各可獲得最大的受用，此外別無他意。孔子教育成就之大、其基本正在於此。

孔子施教之顧及受教者的特殊需要、後世總稱爲因材施教，頗能顯示其特色。孔子的思想、是仁義合一主義，因材施教，正是此一主義在教育上的表現。施教、即是誘導受教者立己達己，原屬仁者之事，自可謂爲仁行。但若教誨不得其道，不教以其所需要或可能接受的，反教以其所不需要或不可能接受的，則不但不足以舉愛之之實，或且反足以害之。故必衡之以義，其所需要或可能接受的，則教之，其所不需要或不可能接受的，則不教，庶幾受教者不白費精力而可以獲得實益。施教是仁，因材是義。故必因材以施教，仁義始克兼盡。因材施教、是一種辛苦的教法，既須認淸受教者的材質，又須爲不同的材質設計不同的教材。兩者均非易事，必具有孔子那樣誨人不倦的高貴精神，方能勝任愉快。因材施教，事雖辛苦，收效則宏，實應採爲教育的理想方式，所可惜的、在現行合班教授且每班學生人數甚多的制度下、不易見其實行。

因材施教、首先認淸受教者的材質而後施以各適其宜的教誨。材質的不同、或表現於性情的不相一致，或表現於智力的參差不齊。所以說到材質，可以大別爲性情方面的材質與理智方面的材質，因材施教亦因而可分爲性情方面的因材施教與理智方面的因材施教。孔子並重性情教育與理智教育，故關於此兩方面的因材施教、各有所指示。

先述性情方面的因材施教。孔子在此一方面的施教實況及理論、在其訓誨子路與冉有時、表現得最明白。

「子路問聞斯行諸。子曰：『有父兄在，如之何其聞斯行之！』冉有問聞斯行諸。子曰：『聞斯行之。』公西華曰：『由也問聞斯行諸，子曰有父兄在，求也問聞斯行諸，子曰聞斯行之。赤也惑，敢問。』子曰：『求也退，故進之，由也兼人，故退之。』」(論語先進)

子路與冉有所問、是同一問題，都是「聞斯行諸」，而孔子所作的答語、則兩正相反。答覆子路的、是「如之何其聞斯行之」，答覆冉有的、是「聞斯行之」。「如之何其聞斯行之」、意在阻止子路，教其不要卽聞卽行。「聞斯行之」、明明係鼓勵冉有，教其卽聞卽行。以兩相矛盾的話分別教誨兩個弟子，然則卽聞卽行這件事，究竟是好還是不好，實足令人迷惑，所以引起了公西華的質疑。孔子解釋道：「求也退，故進之，由也兼人，故退之」，說明其所以異答之故。「進之」、卽是鼓勵其卽聞卽行，「退之」、卽是阻止其卽聞卽行。依此一解釋看來，卽聞卽行、其本身不一定是好，亦不一定是不好，其好與不好、要依所教者的受用如何而定，不可以作籠統的論斷。教以卽聞卽行而有益於其人，則卽聞卽行是好的而值得鼓勵，教以卽聞卽行而於其人不但無益，甚或有害，則卽聞卽行是不好的而應當加以阻止。

「冉有曰：『非不說子之道，力不足也。』子曰：『力不足者、中道而廢，今女畫。』」（論語雍也）

「子路有聞，未之能行，唯恐有聞。」（論語公治長）

冉有是一個自畫的人，屬於退的一型，唯有進之，方能矯治其弱點，方能令其受益。子路是「唯恐有聞」的人，屬於兼人的一型，若亦進之，適足以助長其弱點，唯有相反地退之，始能有所矯治，始能令其受益。故若拘執一定不易的教法，一律進之，則受益者只有退的人，而兼人者蒙其害。又若一律退之，則受益者只有兼人的人，而退者蒙其害。故對於性情不同的人、必施以不同的乃至相反的訓誨，方能使受教者各得救正其弱點，普徧受益，無一蒙害，而教育作用亦於此始能收其功效。孔子既愛子路，亦愛冉有，各欲其矯正弱點而益精進，因其弱點相反，對症下藥，故施以相反的教誨，其爲仁至義盡的教法、甚屬顯然。於此又可見：孔子所推崇的中、只是作用上中肯的中，不是方位上中間的中。「進之」與「退之」、是進退的兩端，不是進退的中間。兩端各能有所中，亦卽各能有所救，不因其非中間而放棄不用。

次述理智方面的因材施敎。孔子此一方面的因材施敎、或就智慧的高下立說，或就知識的豐嗇立說。就智慧的高下立說的、謂施行敎育，必須適合受敎者天賦智慧的程度，亦卽必須適合其領悟的能力，就知識的豐嗇立說的、謂施行敎育，必須適合受敎者旣有知識的儲量，亦卽必須適合其同化的能力。

關於適合智慧程度的因材施敎、孔子說得非常明白而有力。

「子曰：『中人以上、可以語上也，中人以下、不可以語上也。』」（論語雍也）

孔子依天賦智慧的高下，分人爲三級：一爲中人以上，二爲中人，三爲中人以下，並進而主張：對於這三級智慧高下不一的人、施以深淺不同的敎育。中人以上、智慧程度高，領悟能力強，足以理解高深的道理，故可授以高深的敎材。中人以下、智慧程度低，領悟能力弱，不足以理解高深的道理，故不可授以高深的敎材。因爲對於中人以下而敎以高深的道理，敎者雖盡力講解，學者雖用心聽講，終以限於天資，無從理解，食而不化，不能受益。不但無益，或且有害。因爲學習而不能理解，興趣索然，足以阻礙其向學的志願。故對於中人以下、只可敎以卑淺的道理，俾其力能理解而獲得學習的實效。至若對於中人之應如何施敎、孔子雖未明說，其應敎以不過高深不過卑淺的道理以適應其智慧程度，是不難推知的。

「子曰：『可與言而不與之言，失人，不可與言而與之言，失言。知者不失人，亦不失言。』」（論語衞靈公）

孔子此言、雖未必專爲教育而發，但至少亦可適用於教育，且可與上引的「中人以上」章兩相發明。「中人以上」章從正面說，指示施教之應如何適合各級智慧，「可與言」章就反面說，指出施教而不適合智慧程度之有如何弊害。中人以上、可以語上，若不教以高深的道理，正成了「可與言而不與之言」，其結果埋沒了可造之材，故其弊爲失人。中人以下、不可以語上，若竟教以高深的道理，則成「不可與言而與之言」，其結果必浪費教育的精力，故其弊爲失言。「知者不失人，亦不失言」，故智者教人，必須審察受教者智慧的高下，施以各適其宜的教育。必如此因材施教，而後可以提高教育的效果。

關於適合知識儲量的因材施教、孔子有一則言論，粗看似與因材施教無關，細按實亦爲因材施教的一種指示。

「子曰：『民可使由之，不可使知之。』」（論語泰伯）

孔子此言、有人據以詆毀孔子爲提倡愚民政策，這實在是誤解了孔子此言的本意。欲明孔子此言的眞義，須把其中所用的民字知字及不可二字的意義探索明白。論語用民字，往往與上字相對，係指現代語所云老百姓而言。其立言內容、謂可教民由之，不可教民知之，故是有關教民的一則言論，涉及廣義的教育。道理之中、有高深的，有淺近的，其程度相去甚遠。淺近的道理是人人所能知的，高深的道理則非人人所能知，愈高深，則能知的人愈少。道理有深淺的不同，知識亦隨以有高下的分別。卑淺的知識爲人人所共有，高深的知識則爲少數人所獨有。「不可使知之」的知字之必係專指高深的知識而言、可由「民可使由之」一語推而得之。「由之」、意卽依樣實行。依樣實行，必須先了解如何依樣，然後始能實行。若併如何依樣而亦不知，一定無從行起，亦卽無從「由之」。故「由之」必以知其如何由爲起點。知其如何由、亦不失爲知識的一種，不過屬於卑淺的一層而已。故「由之」中不能不攝有知。「由之」屬於「可使」，而「由之」中又必攝有知，則「不可使」的「知之」、其不兼攝「由之」所必攝的知而僅攝「由之」所不必攝的知、應屬當然。若亦兼攝「由之」所必攝的知，則此「知之」又屬「可使」，又屬「不可使」，豈不自相矛盾！「不可使知之」的知字、朱註釋爲「知其所以然」，可謂得其正解。知其如何由、只是知其然，是較卑淺的知識，知其所以然，則更進一步知其爲什麼要如此由，是深一層的知識。知其然的知識、是由時所不可或缺的，知其所以然的知識、則由時有之固有利於由，無之亦無礙於由，是由時所可有可無的。故「不可使知之」的知字、專指由時所可有可無的較高知識，不兼攝由時所必不可缺的較淺知識。不可二字、在論語中、雖有用作不許可或不應該等意義的，亦有用作不可能一義的。此處的「不可」、若解作不許可，其義殊覺不順。「民可使由之」，既已許可老百姓知道由時所不可不知道的事情，又何必禁止他們進一步知道其所以要如此由的道理！故此處的「不可」、應當解作不可能。「不可使知之」、謂不可能使老百姓理解較深的道理，非謂不許可老百姓有所知道。老百姓爲什麼不可能理解高深的道理呢？因爲理解、除了需要相當的智慧來領悟外，還需要相當的既有知識來同化當前的經驗。故對於高深的道理、雖有優異的智慧，倘無充足的知識，依然不能理解。老百姓中、誠然亦有智慧很高的，但孔子當時教育未普及，一般老百姓未受教育，其所存儲的知識、既少且淺，不足以同化高深的道理，故只可能使之知其然而依樣實行，不可能使之知其所以然。故孔子此言的宗旨、在於闡明因材施教之亦當適用於教民事業。

孟子（西元前三七二—西元前二八九）

程運

一　孟子的生平及其時代

孟子名軻，生於周烈王四年（西元前三七二年）四月，父名激，母仇氏，本魯公族孟孫之後。後遷居鄒地（今山東鄒縣）故史記孟荀列傳說他是鄒人。

孟子從小聰慧，善模仿，以家近墓地，乃學做墳墓埋葬之事。孟母認爲這不是教養他兒子的地方。乃遷住到市場旁邊，孟子又仿作商賈販賣之事，他母親又以爲這裏也不是教養他兒子的地方。於是再徙居學宮的旁邊，孟子耳濡目染，乃設俎豆，爲揖讓進退諸事，孟母以爲這才是他兒子居住的好地方，遂定居在那裏。

孟子少時不肯用功讀書，孟母乃斷織訓子，孟子始發憤勤學不輟。史記孟荀列傳說他受業於子思之門人，趙歧孟子題辭則說他長師孔子孫子思，治儒術之道，通五經，尤長於詩書。考諸子思卒年及孟子生年，則以前說爲可信。孟子受到了慈母良師的雙重教誨，遂成爲天下名儒。孟子學成以後，一面爲他的學生授業解惑，一面則周遊列國，想獲得一個得君行道，實現他政治理想的機會。

孟子降生的時代，爲中國的戰國時代，是一個「爭地以戰，殺人盈野，爭城以戰，殺人盈城」（孟子離婁篇）的時代，是一個「強凌弱，衆暴寡，智詐愚，勇苦怯」的時代，是一個「父子不相見，兄弟妻子離散，老弱轉乎溝壑，壯者散而之四方」的時代，更是一個一面「庖有肥肉，廄有肥馬」一面則「民有飢色，野有餓莩」的時代（孟子梁惠王篇）。在這個時代裏，因爲聖王不再出現，諸侯任性胡爲，士子也就亂發議論，楊朱墨翟的邪說，佈滿天下。在這個時代裏，諸侯均窮兵黷武，所需要的是能合縱連衡，爲他們擴張土地的權謀之士，如秦用商鞅，楚魏用吳起，齊威王、宣王用孫子田忌之徒，孟子守着先王之道，不肯阿世取容，稱堯舜，崇孔子，發而爲中正和平王道民本的言論，被諸侯視之爲迂濶而不獲見用，周遊列國三十餘年，找不到一個實現他理想主張的機會，乃束裝回國，和他的門弟子萬章、公孫丑等講學論道，著書七篇，二百六十一章，三萬四千六百八十五字，在思想學術上發揚儒學，薪火相傳以保衛聖賢之道統。卒於周赧王二十六年（西元前二八九年）正月，享年八十四歲。

二　孟子對心性之分析及修己之道

孟子繼承子思率性之說，而爲性善之論。他指出：凡人都有不忍害人的心，古時候帝王就爲了有不忍害人的心，所以有不忍傷民的政事施行出來。推不忍害人的心，行不忍傷民之政，以是治天下，易於運丸於掌上。爲什麼要說人都有不忍害人的心呢？照孟子的解釋：譬如現在有人忽然看見一個小孩子，快要跌到井裏去，那是無論心腸怎樣硬的人，都會有驚駭和憐憫傷痛的心情表現出來，這種心情完全出於自然，並不是想藉此結交那孩子的父母，也不是想博得鄉族朋友的稱讚，更不是憎惡那求救的呼聲纔會如此的。

從這點看來，可見沒有憐憫傷痛的心，就不算人；沒有羞恥憎惡的心，也不算人；沒有辭謝退讓的心，更不算人；沒有是非的心，更是算不得人。這憐憫傷痛的心，便是仁道的發端；這羞恥厭惡的心，便是義理的發端；這辭謝退讓的心，便是禮節的發端；這是非的心，便是智識的發端；一個人的心，具備了這四端，就如同身體具備着四肢一樣。假使具備了四端，自己却說沒有能力爲善，那便是自賊害其性，使不爲善，謂其君不能爲善而不匡正者，則是賊其君，使陷於惡。

仁義禮智四端，是我們每個人都有的，有了這四端，又知道擴充的，那就好像火在開始燃燒，泉水在開始湧出，有日新又新，不能自已的情形。能够擴充這四端的，就足够保有天下，如不能擴充，便要連父母也不能够事奉得完善了。（以上參見孟子公孫丑篇）

孟子認爲人祇要順着本性所發動的心情，就可以爲善，這也就是他所說人性本來是好的道理，至於做不好的事，並不是本來材質不好的罪。譬如憐憫傷痛的心，是人人都有的；羞恥厭惡的心，也是人人都有的；恭敬的心，也是人人都有的；是非之心，也是人人都有的。這憐憫傷痛的心，便是仁愛；這羞恥厭惡的心，便是道義；這恭敬的心，便是禮法；這是非之心，便是理智。照這樣看來，仁愛、道義、禮法、理智這四端，並不是從外面煉成這樣的，原是自己本來就有的，不過人不去思考罷了。所以說，用心去研求，就可以得到它，不用心去研求，就把它失掉了。到後來所做的事，好壞的不同，竟有相隔一倍到數倍甚至不能計算者，這都是不能充分發揮他本來材質的緣故(參見孟子告子篇)。

孟子以性善是人天賦之本能，內心之自然，與生俱來。不論賢愚，性是相同的，而結果有善惡不同者，便是後天能否確保而擴充的問題。就是順其性而擴充之則爲善，受環境物質的誘惑支配而汨滅其本性則爲惡。人皆有仁義禮智之四端，此四端若能擴而充之，則爲聖人。人之不善，即不能就此四端擴而充之，並不是他的本「性」與善人不同的緣故。

孟子認爲人之所以爲人，亦即人之所以別於禽獸者，在能思想，在能依理義而行，在能「從其大體」以保守其心志。能思之心爲人所特有，是「天之所以與我」者，所以是「大體」，耳目之官，是人與禽獸所同具，所以是「小體」。若只從「小體」，則不僅爲小人，而且爲禽獸。

孟子認爲人之所以不善，是由於不知操持保守而放失牿亡其良心，由於良心放失之易、而保守之難，因此不可頃刻即失其養，更當無時不用其力，使神清氣定，常如平旦之時，則此心常存、無適而非仁義矣。

「孟子曰：『仁、人心也；義、人路也；舍其路而弗由，放其心而不知求，哀哉！人有雞犬放，則知求之；有放心，而不知求：學問之道無他，求其放心而已矣。』」(孟子告子篇)

這是說仁道，就是人的本心；義理，就是人的大路；人拋卻了大路不去走，放棄了本心，不知道尋回，眞是可憐。人有鷄犬放到外面去，則曉得去找牠們回來，放了心出去，倒不曉得去找牠回來。

所以學問之道，沒有其他的方法，祇要把放失的心求回來就好了。

孟子教人凡事要反求自心，保守存養，勿因私欲而失其本心。設使人無良心，而但有利害之私情，則凡可以偸生免死者，皆將不顧禮義而爲之。假使人所想保全的沒有再比生命更要緊，那末，凡是能保全生命的，就不論什麼卑鄙的手段，都肯使出來了。假使人所憎恨的沒有再比死亡更厲害的話，那末，凡是能够逃避死亡與禍患的，就不論什麼違反大義的事，都肯做出來了。不過話說回來，人還是有良心的，爲了大義的緣故，人所想保全的，有比生命更可貴者。人所憎惡的，有比死亡更厲害者。因爲人是有良心的，所以人就能捨生取義，這不僅有道德的人，才有這存心，實在是人人都有的，不過有道德的人，能够不喪失罷了。（以上均參見孟子告子篇）

關於孟子的修己之道，孟子曾自己說過：「我四十不動心。」（孟子公孫丑篇）當他的弟子公孫丑問：老師的不動心的工夫，與告子的不動心有什麼分別？又怎樣才能達到老師所說不動心的境界時？孟子則回答說：「我知言，我善養吾浩然之氣。」（孟子公孫丑篇）

孟子所講的不動心，也就是心有所主，能當大任而不惑不懼。「知言」是說凡天下之言，無不有以究極其理；「養氣」是指順養此至大至剛的浩然之氣，以復其初。能知言，則有以明夫道義，而於天下之事無所疑惑；能養氣，則有以配夫道義，而於天下之事無所畏懼，這就是能當大任而心有所主的原因。而告子之學則與此恰恰相反，告子的不動心是冥然無覺，悍然不顧的意思。

孟子養氣的步驟有四：第一是養勇，第二是持志，第三是集義，第四是寡欲。茲分述之：

㈠養　勇

養勇是培養勇氣，能培養勇氣，才能不畏怯，不動心。孟子指出，北宮黝與孟施舍，養勇的方法不同，照朱熹的解釋：北宮黝蓋刺客之流，以必勝爲主而不動心；孟施舍蓋力戰之士，以無懼爲主而不動心；黝務敵人，舍專守己。子夏篤信聖人，曾子反求諸己，故二子之與曾子、子夏，雖不能相比，然論其氣象，則各有其相似之處。（孟子公孫丑篇朱注）論二子之勇，則未知誰勝，論其所守，則舍比於黝，爲得其要。不過二人都是血氣之勇，雖能不動心，而未必合乎理義。孟子指出從前曾子告訴他的弟子子襄說：我曾經聽到我的夫子說過的大勇是這樣的：自己反省一下，若是理不直，對方雖是一個穿粗布寬大衣服的平常人，我應畏避而讓他；倘若自己的理直，雖千萬人在前，我也要勇往直前的與之對敵。（參見孟子公孫丑篇）孟施舍雖似曾子，然其所守，乃一身之「氣」；曾子反身循理，所守則在「義」；故曾子所說的勇，才配算作大勇。

㈡持　志

孟子養氣的第二個步驟是「持其志，無暴其氣。」(孟子公孫丑篇)就是要持守其心志，更要使氣不致妄發，以免意氣用事而不可抑制。志是心的理智作用所定的行爲的動向，氣則是一種情感作用，所以應該以「志」爲「氣」之帥，也就是以「志」爲氣的主宰。但徒有「志」而無充塞全身之「氣」，則又因循退縮，無進取之勇。所以要志之所至，氣卽隨之，當敬守其志，而使氣能聽命於志。志動氣，則志爲主動，氣爲被動；氣動志，則氣爲主動，志爲被動。志出令而氣受令，則心便不爲氣所動了

㈢集　義

孟子認爲氣是配合義與道的，義是人心之當然，道是天理之自然，集義也可說就是積善。無道義，卽不能生浩然之正氣。若平時所爲，事事循理而行，皆合於義，則集合此義，自能生浩然之正氣。孟子認爲養氣必以集義爲事，而且要祇問耕耘，而勿預先期望其收穫。其或未充，則當從容涵蓄，不當揠苗助長。時時以不得於言不得於心者，求諸心，直養而無害，則心勿忘而義集矣。也就是說，一切言行，若能處處時時，循理合義，積義旣久，此氣自生，便能「不勉而中，不思而得，從容中道」（中庸），達到「浩然正氣，充塞於天地之間」（孟子公孫丑篇）的境界。

㈣寡　欲

耳目口鼻之欲，雖人所不能無，然多而不節，則未有不失其本心者。所以孟子說：「養心莫善於寡欲。其爲人也寡欲，雖有不存焉者寡矣；其爲人也多欲，雖有存焉者寡矣。」（孟子盡心篇）這是說要養自己的良心，最好是能減少嗜欲，做人如果嗜欲少，則外物不能誘之，故心存而不放。嗜欲多，則心爲外物所誘，放而不存。集義屬養氣的積極方面，寡欲屬養氣的消極方面，人有不爲而後可以有爲，有不欲而後可以有欲。唯其寡欲，始能安貧樂道，持守本心不失，「富貴不能淫，貧賤不能移，威武不能屈」（孟子滕文公篇）這才算是眞正的大丈夫。

孟子所講知言，是指能明辨別人言語之是非。孟子指出語言之病有四，第一爲詖辭，第二爲淫辭，第三爲邪辭，第四爲遁辭。他說：「聽了這人的說話是偏重一邊的，就知道他的心被利祿所遮隔了；聽了這人的說話是放蕩無禮的，就知道他的心被私欲所沉溺了；聽了這人說話不依正理，就知道他的心已離開道義了；聽了這人的說話處處逃避，就知道他的心已受着重大的困屈了」（參見孟子公孫丑篇）。蓋言爲心聲，就其言之病，可知其心之失。楊朱主張爲我，知有己不知有羣，其流弊至於無君、無政府。墨翟主張兼愛，視至親猶衆人，其流弊至於無父，無天倫。陳仲子避兄離母，亡親戚君臣上下，入於楊；白圭欲更稅法，二十而取一，其治水以鄰國爲壑，亦近楊。宋牼禁攻寢兵，欲以利說秦楚之王而罷其師，入于墨；許行欲平階級，齊物價，與民並耕而食，饔飧而治，亦近墨。孟子深知其皆生心害政，邪說誣民，故以理闢之。楊墨之道不息，孔子之道不著，能心通於道，乃能無疑於天下之理。

孟子修己之道，主張內養浩然之氣，不怵於禍福死生，而能見義勇爲；外衡天下之言，不眩於是非邪正，而能愼思明辨。拿先儒的學說來比，孟子所說的知言，相當於格物致知，養氣相當於誠意正心。拿後儒的學說來比，程伊川所說的「涵養須用敬」，相當於養氣，「進學則在致知」，相當於知言，二者如鳥之兩翼，車之兩輪，是相輔相成的。

三　孟子的待人處世之道

孟子的待人之道，可得而舉者，約有六事：一、爲不驕矜，不自滿；二、爲誠信待人；三、爲親君子，遠小人，與人爲善；四、爲反求諸己；五、爲篤於人倫；六、爲不爲已甚，不趨極端。現在略加申述於後：

㈠**不驕矜、不自滿**

「孟子曰：『附之以韓魏之家，如其自視欿然，則過人遠矣。』」（孟子盡心篇）這是說一個平常人忽然暴發如韓魏兩家這樣多的家財，如果他自己仍是看得很輕淡，不以富貴而驕縱自肆，反而謙虛自持，那末他這個人的見識高明，便勝過別人很遠了。「孟子曰：『舜之飯糗茹草也，若將終身焉；及其爲天子也、被袗衣，鼓琴，二女果，若固有之』」（孟子盡心篇）這是說舜做平民時吃乾飯和野菜，好像要貧窮一輩子的樣子；等到做了皇帝，穿起彩色的衣服，彈着五絃琴，有堯的兩個女兒侍奉他，又像本來應該有這樣的富貴一樣。

孟子認爲一個人應該不以貧賤而怨尤，不以富貴而驕矜，不能因境遇的不同，做人的態度也隨之改變。

㈡**誠信待人**

「孟子曰：『居下位，而不獲於上，民不可得而治也。獲於上有道：不信於友，弗獲於上矣。信於友有道：事親弗悅，弗信於友矣。悅親有道：反身不誠，不悅於親矣。誠身有道：不明乎善，不誠其身矣。是故誠者，天之道也；思誠者，人之道也。至誠而不動者，未之有也；不誠，未有能動者也。』」（孟子離婁篇）這是說居下位者不能得上面人的信任，百姓就不容易聽他管束了。要得那上面的人信任，預先須有一層工夫；假使不能够得朋友的信任；就不能得上面的人信任了。要得朋友的信任，預先也須有一層工夫，假使不能事奉父母到喜歡的地步，就不能夠得朋友的信任了。要得父母的歡心，預先也須有一層工夫，假使回頭省察自己的心地不誠實，就不能夠得父母的歡心了。要自己本身誠實，預先也須有一層工夫；假使不明白那天理良心的解釋，就不能使自己的本身誠實了。所以誠是天性，代表了天道，也就是天授於人的自然的道理，由於人皆實有此性，故人人能擇善固執以完成誠的工夫。所以說能够修到至誠的地步，以誠信待人，必能感動人心，如果不能誠信待人，則決不能有感動人心的效果的。

(三)親君子遠小人、與人爲善

「孟子謂戴不勝曰：『子欲子之王之善與？我明告子：有楚大夫於此，欲其子之齊語也，則使齊人傅諸？使楚人傅諸？』曰：『使齊人傅之。』曰：齊人傅之，一衆楚人咻之，雖日撻而求其齊也，不可得矣。引而置之莊嶽之間數年，雖日撻而求其楚，亦不可得矣。』『子謂薛居州善士也，使之居於王所。在於王所者，長幼卑尊，皆薛居州也，王誰與爲不善？在王所者，長幼卑尊，皆非薛居州也，王誰與爲善？一薛居州獨如宋王何？』」（孟子滕文公篇）用白話文來解釋是說：孟子對宋國的大夫戴不勝說：「你要你的國王成爲一個賢明的國王嗎？我明白告訴你：比方有一個楚國的大夫在這裏，要想使他的兒子學說齊國話，那末請齊國人教授他呢？還是請楚國人教授他呢？」戴不勝說：「當然請齊國人教授他。」孟子說：「一個齊國人教授他齊國的話，許多楚國人却說楚國話來混亂他，雖是天天鞭打他，要他把齊國話說得純熟，總是不可能的；如果帶了他，把他安置在齊國名叫莊嶽的市街間住上幾年，雖天天鞭打他，要他仍舊說楚國話，也是不可能的了。」「你說薛居州是個心地善良又有才幹的人，所以你舉薦到宋王面前，可以時時勸諫宋王行些善政，假如和宋王在一起的人，無論年紀大的小的，官位低的高的，都能像薛居州一樣心地善良又有才幹，那末，還有誰去和宋王做不善的事呢？假使和宋王在一起的人，無論年紀大的小的，官位低的高的，都不像薛居州那樣心地善良又有才幹，那末，還有誰和宋王做出善事來呢？祇有一個薛居州，究能使宋王怎麼樣呢？」

孟子這段話也可借用到朋友關係上，朋友中小人多，雖欲爲君子，不可得也，朋友中君子多，雖欲不爲君子，不可得也。所以要能親君子遠小人，與人爲善，才能進德修業，日就有功。

「孟子曰：『以善服人者，未有能服人者也。以善養人，然後能服天下；天下不心服而王者，未之有也。』」（孟子離婁篇）這裡孟子勉勵人君要誠心向善，以行動來表現善，假使祇是在口頭上談善，沒有事實證明，不能使人相信，而心悅誠服；如果能把善見諸行動，以實惠施諸他人，則天下所有的人都會信服他。

「孟子曰：『子路，人告之以有過則喜，禹聞善言則拜。大舜有大焉：善與人同，舍己從人。樂取於人以爲善；自耕稼陶漁，以至爲帝，無非取於人者，取諸人以爲善，是與人爲善者也。故君子莫大乎與人爲善。』」（孟子公孫丑篇）善與人同，則公天下之善而不爲私。也就是見人有善，如己有善，見人有過，如己有過，舍己從人，樂人有善，喜歡採取別人的長處而效法之，使人益進於善。所以拿別人的善言善行做榜樣，就是與人爲善，也就等於自己幫助別人爲善，君子的美德，實在沒有再大過幫助別人爲善的了。

親君子遠小人是爲善的起點，「取諸人以爲善」，「與人爲善」，則人我一體，同登善域，這裏可見聖人好善的誠心沒有窮盡，是更高一層的境界。

四反求諸己

「孟子曰：『愛人不親，反其仁；治人不治，反其智；禮人不答，反其敬。行有不得者，皆反求諸己；其身正，而天下歸之。詩云：『永言配命，自求多福。』』」（孟子離婁篇）這是孟子教人應該反求諸己。我愛人，別人却不親近我，如此我就應反省自己良心上愛人的工夫，是否不及；我管束別人，別人却不受我的管束，我就該反省自己用智的地方，是否不週到；我用禮貌去對待別人，別人却不用禮貌回答我，我就該反省自己的禮貌，是否不恭敬。大凡做的事，得不到良好反應時，絕不可魯莽的責備他人，而必須反省檢討自己有沒有錯誤。自己本身端正，則天下的人，自然都歸服你。詩經上說：常常思念自己行動合不合天理，便能爲自己求得圓滿的幸福。

「孟子又曰：『君子所以異於人者，以其存心也。君子以仁存心，以禮存心；仁者愛人，有禮者敬人。愛人者，人恒愛之；敬人者，人恒敬之。有人於此，其待我以橫逆，則君子必自反也：我必不仁也？必無禮也，此物奚宜至哉！其自反而仁矣，自反而有禮矣，其橫逆由是也；君子必自反也：我必不忠。自反而忠矣，其橫逆由是也；君子曰：『此亦妄人也已矣！如此則與禽獸奚擇哉？於禽獸又何難焉？』』」（孟子離婁篇）這是說：君子所以和衆人不同的地方，就在於他能省察自己的心，省察自己是否以仁待人，以禮律己。有仁道的人就能愛護人，有禮法的人就能敬重人；能夠愛護人的人，別人也常常愛護他；能夠敬重人的人，別人也常常敬重他。假定有個人在這裏，以強橫不講禮的態度對待我，君子必須先行自問有無不仁無禮與不忠的地方；不然，這種橫逆的事件，怎會不斷加到我的身上？如經兩次檢討反省，於仁於禮於忠，俱毫無缺陷，而那橫逆的行爲還是照舊襲來，君子便把他看作是個不講道理的妄人，這種狂妄無知的人，仁不能感動他，禮不能約束他，一直這樣妄作非爲，那和禽獸有什麼分別，對於禽獸，又何必與之校是非論曲直呢。

㈤篤於人倫

在人倫關係方面，孟子特別推崇舜的孝德，那時候天下的士人都來歸服他，妻堯帝之二女，使他獲得天下頂好的美女，富有天下，貴爲天子，而均不足以解憂，祇有能順父母的心，得到父母的歡愛，才可以解除他的憂愁。孟子指出一個常人，年紀小的時候，都想親近父母，長大後到曉得喜歡女色的時候，便想親近年輕的女人，等到有了妻子兒女的時候，就想親近妻子同兒女，到了做官的時候，便想親近國君，如果不能得志於國君，則躁急熱中。祇有舜的孝順父母，其心始終如一，情欲不能牽動，窮達不能改變。年少時思慕父母，五十歲時還是思慕父母，耕田在歷山時思慕父母，居天下之位時還是思慕父母，這就是舜比常人偉大的地方。（參見孟子萬章篇）

「孟子曰：『人之有道也，飽食煖衣，逸居而無教，則近於禽獸，聖人有憂之，使契爲司徒，教以人倫：父子有親，君臣有義，夫婦有別，長幼有序，朋友有信。放勳曰：勞之，來之，匡之，直之，輔之，翼之，使自得之，又從而振德之。聖人之憂民如此，……』」（孟子滕文公篇）孟子認爲做人必須講求道理，如果祇知道吃得飽，穿得暖，生活得安適，沒有教訓加以約束，那就和禽獸的行爲相近了；因此聖人非常憂愁，要契擔任司徒官，教導人倫大道，叫他們曉得父子要有親愛的感情，君臣要有相敬的禮義，夫婦要有內外的分別，長幼要有大小的次序，朋友要有信實的交誼。人民裏面，有已經明白人倫大道的要獎勵他，不明白的要引導他，有心違背的要匡正他，行爲乖悖的要糾正他，心力不足的便扶助他，鼓舞他，總要使他自己領悟得做人的大道，更時時去提醒他並施給恩惠。這是聖人憂民的表現。

「孟子曰：『君子有三樂，而王天下不與存焉。父母俱存，兄弟無故，一樂也；仰不愧於天，俯不怍於人，二樂也；得天下英才而教育之，三樂也。君子有三樂，而王天下不與存焉。』」（孟子盡心篇）以上一樂，爲有家庭幸福而樂；二樂，爲能修德潤身而樂；三樂，爲國家培育英才而樂。孟子認爲人倫道德較政治尤爲重要，故強調君子之三樂，重於「王天下」之樂。

㈥不爲已甚、不趨極端

孟子讚揚孔子的爲人，曾說：「仲尼不爲已甚者。」（孟子離婁篇）孔子主張中庸之道，凡事過與不及，皆所不爲。如稱人之善，不必有心說得太美；論人之惡，不必故意說得太壞，已甚就是太過，太過等於不及，孟子私淑孔子，深知孔子時中之義，要時人效法孔子，不趨極端，不爲已甚。

「孟子曰：『可以取，可以無取，取傷廉；可以與，可以無與，與傷惠；可以死，可以無死，死傷勇。』」（孟子離婁篇）這是孟子教人對於義理，應切實審辨，不要犯太過和不及之弊。有時表面看來似乎可取，後來仔細考慮後覺絕不能取，因爲取了，違背廉德。有時表面看來似乎可以給與人，後來仔細考慮後覺絕不能與，因爲給與了，有傷惠德。有時表面看來可以死節，經考慮後又覺得絕不能死，因爲死了有傷勇德。蓋苟取固傷廉，過分之「與」與無益之「死」，皆非「與」和「死」之正當行爲。可見天下事理，生死取與之間，必求合乎中道。傷廉失之不及，傷惠傷勇又失之太過，過與不及，俱是一種病態，爲聖賢所不取。

孟子的處世之道，可得而舉者約有五事。一、爲以天下爲公。二、爲以覺民救世維護道統爲己任。三、爲任勞任怨，不計毀譽。四、爲不同流合汚，隨波逐流。五、爲順天知命。茲再略加申述於後：

(一)天下爲公

孟子去見梁惠王，王站在池子邊，看着鴻雁麋鹿戲耍，惠王曰：「賢者亦樂此乎？」孟子對曰：「賢者而後樂此，不賢者雖有此，不樂也。」這是說賢者以仁義之道治國，國家安寧，所以能在這樣的地方玩樂，不賢者當國，國不可保，雖然有了這樣的地方，亦無法享樂。詩經上說：「經始靈台，經之營之；庶民攻之，不日成之，經始勿亟，庶民子來。王在靈囿，麀鹿攸伏，麀鹿濯濯，白鳥鶴鶴。王在靈沼，於牣魚躍。」這是說文王初造靈臺的時候，心裏正想怎樣佈置，怎樣營造，那些百姓就一齊前來，替他做工，沒有幾天工夫，就造好了。文王起初的意思，本不想很快完工，那些百姓却自願如兒子替父親做事一樣的趕工。文王在花園裏遊玩，看見小鹿優游自得的伏着不動，身上的毛非常光滑，鳥的羽毛很潔白，文王在池邊遊玩，欣賞着游魚活潑地跳躍着。古之人因爲與百姓同樂，所以能够得到快樂。夏桀自己曾經說過：他有天下，如天之有太陽，太陽喪亡，他才會滅亡。書經湯誓篇上，百姓乃引用桀的話說：「時日曷喪，予及女偕亡。」（孟子梁惠王篇）到了百姓寧願與之俱亡，則雖有臺池鳥獸，那裏還能一個人獨自享樂呢？

齊宣王見孟子於雪宮，孟子又反覆說明天下爲公，與民同樂的道理，孟子指出：人民不得其樂，因而非議其上者，固然是不合情理，君王不與民同樂者，也是不合情理。蓋君王以百姓的歡樂爲歡樂，百姓自然也將君王的歡樂，視同自己的歡樂了；君王以百姓的憂愁爲憂愁，百姓自然也將君王的憂患，視同自己的憂患了。（參見孟子梁惠王篇）

孟子認爲賢者處世，以公天下之心爲心，樂則與天下同樂，憂則與天下同憂，上下一心，然而不王者，未之有也。

㈡覺民救世、維護道統

萬章曾問孟子，有人說，伊尹用宰割烹調的手藝，要求商湯用他，有沒有這件事？孟子的回答是沒有這件事，更不是這樣說法。當初伊尹在有莘國的鄉間種田，就喜歡講唐堯虞舜的道理。凡不合仁義之道的，雖拿天下的俸祿給他，他也不回頭看的，把四千匹馬給他，他也不看一眼的。凡不合仁義之道的，雖一根草也不肯給別人，就是一根草也不向別人收取。商湯差人拿禮物去聘請他，他不肯收受，他覺得如去做官，就不能像現在這樣在田野裏，可以無憂無慮，享受講究堯舜之道的樂趣，到了湯第三次差人去聘請他，才改變態度，覺得與其住在鄉間種田，自由的講求堯舜之道，倒不如使現在的國君爲堯舜之君，現在的人民個個學做堯舜之民，使他能親見堯舜時代的盛世。天生養這些百姓，是要叫先曉得道理的人，去提醒那後來曉得道理的人，叫先明白道理的人，去提醒那後來明白道理的人。他認爲他就是天生百姓中先明白道理的人，所以應該用他所曉得的道理去提醒這時候的百姓，現在如果他不去提醒他們，還有誰去提醒他們呢？照這樣看來，伊尹是一個以覺民救世爲己任的人，他所思念的是如不以仁義之道化民，就像自己把他推倒陷在水溝裏面一樣，他自己願意擔任治理好天下的重責。故一到商湯那裏，就勸他征伐夏桀，拯救天下的百姓。孟子指出他沒有聽說過，有枉屈了自己的道，却還能匡正別人，汚辱了自己的身子，還能匡正天下的人。聖人的行爲，雖有不相同的地方，有的遠避國君去隱居，有的親近國君去爲政，有的因不合意辭官而去，有的雖不合意仍不肯辭走，但殊途同歸，都能保守住自己淸白的身心。他祇聽說伊尹要求商湯行堯舜之道，並沒有聽說靠宰割烹調的手藝來博得商湯的賞識。這是孟子辨明伊尹以覺民救世爲己任，要使天下之民，都受到堯舜之道的恩惠。（參見孟子萬章篇）

孟子離開齊國，他的弟子充虞在路上問孟子說：「夫子若有不豫色然，前日，虞聞諸夫子曰：『君子不怨天，不尤人。』」（孟子公孫丑篇）孟子告訴他，他並沒有因怨天尤人而表現不高興的意思，祇是有悲天憫人之意而已。孟子指出自古以來大約每隔五百年，一定有聖王興起，而且這其間一定有個名傳當世輔佐聖王的賢人。從周朝開基到現在，已經七百多年了，照現在的時勢考察，也該有聖賢出世，來平治天下。假使天意還不要天下太平，那就罷了。如果要把天下治理得太平，則當今之世，除了他還有那一個能擔當此一大任呢？」這裏可見孟子乃以覺民救世，維護道統爲己任。

㈢任勞任怨、不計毀譽

孟子說：「天將降大任於是人也，必先苦其心志，勞其筋骨，餓其體膚，空乏其身，行拂亂其所爲，所以動心忍性，增益其所不能。」（孟子告子篇）這裏孟子勉勵人不要怕憂愁勞苦及窮困，因爲仁人志士大都由挫折苦難中成長出來，挫折苦難愈多，其成就必愈大。所以要能任勞任怨，忍人之所不能忍，行人之所不能行。貉稽對孟子說他很不得衆人的稱道，孟子告訴他沒有什麼關係，士人本來就不易爲衆人所了解的。詩經上說：「憂心悄悄，慍於群小，」這是形容孔子生前見怒於小人，受盡悶氣的遭遇。詩經上又說：「肆不殄厥慍，亦不隕厥問，」這是描述文王的遭遇。孟子以上所言是在說明一個人要修其在我，任勞任怨，不計毀譽的意思。（參見孟子告子篇）

孟子又說：「有不虞之譽，有求全之毀。」（孟子離婁篇）這是說有人本不求良好的聲名，忽然得到意料之外的稱譽，叫做「不虞之譽。」又有人原要求自全其節，反而遭到極不能堪的毀謗。叫做「求全之毀。」一時過情的讚許，以此而定人之賢；一時無根的毀謗，以此而決人之不肖，都是不對的。蓋三代行直道，以善惡爲是非，後世多頹風，以好惡定毀譽。因此有本無可稱，而濫叨美譽，也有期爲完人，而不免受謗的。人若無作好作惡之私心，然後天下有公是公非之正論。處世之道，祇要修其在我，問心無愧，外來不切實際的毀譽，都可不必計較。

(四)不同流合汚

「孟子曰：『丈夫生而願爲之有室，女子生而願爲之有家；父母之心，人皆有之；不待父母之命，媒妁之言，鑽穴隙相窺，踰牆相從，則父母國人皆賤之。古之人未嘗不欲仕也，又惡不由其道；不由其道而往者，與鑽穴之類也。』」（孟子滕文公篇）這裏是說君子雖欲出仕，但他的做官不是爲個人的名利，而是爲了能救人救世，決不肯爲了做官而隨波逐流，與世俗同流合汚。

(五)順天知命

孟子說：「莫之爲而爲者，天也，莫之致而至者，命也。」（孟子萬章篇）這是說凡事情非人力所能做到，而他自然能做成，這就是天意安排；沒有人去使他這樣，他却自然這樣，這就是命運造成。孟子說舜、禹、雖有傳賢傳子之不同，都是順天命，沒有私意存在。孟子主張盡人事以待天命，是要人知命守命，執善而固執之的意思，沒有聽天由命，自暴自棄的意思在內。人事之努力，在於自我，而天命之早遲，則要順天知命，寧可終身不遇，斷不枉己求人。能知命則能安貧樂道，人與人才能寬容忍讓，和睦相處。

四　孟子對義利的看法與爲政之道

關於孟子對義利的看法，一般學者都說他論仁義，非功利，祇有陳百年先生闡明孟子思想時對此有不同的說法。百年先生認爲仁義與功利，並不互相牴觸，仁義不但不會妨礙功利，反足以促進功利的獲致而使其臻於鞏固。孟子有「何必曰利，亦有仁義而已矣」之語，後人不察，遂生誤解，以爲孟子忽視功利。其實孟子並未忽視功利，只是主張：欲致功利，必須實行仁義而已。齊王好貨，孟子並未加以諫止，只勉其「與百姓同之」，不要一方面「庖有肥肉，廄有肥馬」，而另一方面則「民有飢色，野有餓莩」。孟子且嘗主張：「明君制民之產，必使仰足以事父母，俯足以畜妻子」。又說：「養生喪死無憾，王道之始也」。凡此所說，都足以見孟子的並未忽視功利，且把爲人民謀求功利這件事情視作王道之始。孟子又稱頌文王，謂鰥寡孤獨「天下之窮民而無告者，文王發政施仁，必先斯四者」，且把爲人民謀功利視作仁政的要着了。孟子所以申說義利之辨，只是敎人遵循仁義的大道，以謀求功利。不要忘却了仁義而妄求功利。實行仁義，內則「樂歲終身飽，凶年免於死亡」，外則「可使制梃以撻秦楚堅甲利兵……仁者無敵」，其爲功利，豈不甚大！故居仁由義所獲致的功利，纔是眞實而永久的功利，急功近利所獲致的功利，只是虛幻而短暫的功利。故由仁義以求功利，纔是正路，由功利以求功利，則爲歧途。捨正路而由歧途，功利不可必得，縱或倖得，亦不能持久。（參見馬紹伯著孟子學說底新評價陳序。）

孟子爲政之道，可得而舉者，約有五事，一爲行仁政以仁義爲本；二爲選賢任能；三爲闢邪說，衞正道；四爲消除鄉愿習氣；五爲愛民而與民同樂。茲略加申述於後：

㈠行仁政，以仁義爲本

孟子的爲政之道在發政施仁，一切以仁義爲出發點，以仁義爲本，仁政的要領在保民、富民、愛民，其方法則在推恩，發揚仁義禮智四端；在制民之產，使之豐衣足食；在教民孝悌，愛有差等，嚴人獸之分。故孟子說：「老吾老，以及人之老；幼吾幼，以及人之幼；天下可運於掌。……故推恩，足以保四海，不推恩，無以保妻子。古之人所以大過人者，無他焉，善推其所為而已矣。」（孟子梁惠王篇）孟子又說：「是故明君制民之產，必使仰足以事父母，俯足以畜妻子，樂歲終身飽，凶年免於死亡；然後驅而之善，故民之從之也輕。」（同上）孟子又說：「人之所不學而能者，其良能也，所不慮而知者，其良知也，孩提之童，無不知愛其親也，及其長也，無不知敬其兄也。親親，仁也；敬長，義也。無他，達之天下也。」（孟子盡心篇）孟子又說：「親親而仁民，仁民而愛物」（孟子盡心篇）。

㈡選賢任能

孟子見齊宣王曰：「所謂故國者，非謂有喬木之謂也；有世臣之謂也；王無親臣矣，昔者所進，今日不知其亡也。」（孟子梁惠王篇）大意是說：所稱為故國者，並不是說有高大的樹木便算古老，乃是說要有累世勳舊的臣子。現在君王不但沒有累世勳舊的臣子，連親信的臣子都沒有，不久前所進用的人，到今天已不知逃亡到那裏去了。這裡孟子勸告齊宣王，進退人才要特別慎重，必須聽從大眾的公論，內不專任一己的獨見，外不偏徇一人的私情。孟子對齊宣王曰：「為巨室，則必使工師求大木；工師得大木，則王喜，以為能勝其任也；匠人斲而小之，則王怒，以為不勝其任矣。夫人幼而學之，壯而欲行之，王曰：『姑舍女所學而從我，』則何如？今有璞玉於此，雖萬鎰，必使玉人雕琢之。至於治國家，則曰：『姑舍女所學而從我，』則何以異於教玉人雕琢玉哉。」（孟子梁惠王篇）這裡孟子是說應該選拔賢才治理國事。孟子又指出：尊重有道德的人，任用有本事的人，再去羅致那頂有才幹的人，都給予大位，那末天下的讀書人，人人心裏高興，情願供事在他的朝廷上了。街上做買賣的，祇收房租，却不收那貨物的稅，或者規定法則，去平均他們的市價，而不收房租，那末天下的商人，都喜歡並且情願將貨物藏在他的市上了。關卡地方，祇稽查匪類而不收行人的稅，那末天下的出門人，人人心裏喜歡，情願出入在他的道路上了。種田的，祇叫他幫助耕種國家的公田，却不收取他私田的租稅，則天下的種田人，都情願耕種在他的田畝上了。（參見孟子公孫丑篇）這裏有些制度雖然跟現在的情形不同，但大原則還是一樣的，就是說能行仁政，使賢者在位，能者在職，使人民均能安居樂業，生活富足，應天順人，「然而不王者，未之有也。」（孟子公孫丑篇）

㈢闢邪說、衞正道

公明儀曾說：「庖有肥肉，廐有肥馬，民有飢色，野有餓莩，此率獸而食人也。」（孟子滕文公篇）孟子指出楊朱墨翟的邪說不能消滅，孔子的教化就不能大行，這就是拿邪說欺騙人民，遮蔽了仁義，仁義被邪說所遮蔽，不僅是率獸食人，而且人將相食。所以孟子要保持先聖之道，拒絕楊墨邪說，反對不合禮法的言論，使那些不依正道的人無法興起。也祇有能夠闢邪說衞正道的，才是聖人的門徒。

㈣消除鄉愿習氣

孟子跟孔子一樣，非常討厭「鄉愿」，鄉愿是一種圓滑、虛僞、自以為是，僞裝好人，冒充君子的小人，是「同乎流俗，合乎汙世，居之似忠信，行之似廉潔，衆皆悅之，自以爲是，而不可與入堯舜之道」（孟子盡心篇）的人。孟子主張闢邪說，衞正道，別善惡，明是非，所以對鄉愿習氣，深惡痛絕。一個國家鄉愿愈多，則政治必不能淸明，社會風氣必流於卑汚，所以消除鄉愿習氣，也是爲政之要圖。

㈤**愛民而與民同樂**

孟子認爲欲得天下，必須得民心；欲使人民歸心，必須與民同好，與民同樂，推己及人，以爭取人民的向心力。孟子說明文王之囿，方七十里，民以爲小，齊王之囿，方四十里，民以爲大。其故由於文王之囿，與民同樂，雖百里猶以爲小，而況七十？齊王之囿，不能與民同樂，故民視爲陷阱，雖十里猶以爲大，而況四十？孟子因齊王好樂好貨好色，乘勢利導，反覆說明愛民而與民同好同樂，推行王政要樂民之樂憂民之憂的道理，可惜齊王陷溺已深，沒有絲毫的覺悟。（參見孟子梁惠王篇）

五　孟子的爲學的態度與教育的方法

孟子時代，教育的目的，以明人倫爲本。洒掃應對，事親敬長，以至一切修己待人的大道，都是教育的範圍。「孟子曰：『仁言，不如仁聲之入人深也；善政，不如善教之得民也。善政，民畏之；善教，民愛之；善政，得民財；善教，得民心。』」（孟子盡心篇）這是說：仁愛的言論，不及仁愛的事實所形成的名聲感人深切，好的政事不如善的教化能得人民的信仰。人民對於善政是基於畏懼之心，而對於善教則由衷愛戴。善政不過能得到人民財賦的供給罷了，祇有好的教化，纔能得到人民的眞心悅服。可見孟子對教育的重視。

孟子爲學的態度可得而舉者，約有四事：一、爲虛心。二、爲專心。三、爲自得。四、爲有恆。茲略加申述於後：

㈠虛　心

「公都子曰：『滕更之在門也，若在所禮；而不答，何也？』孟子曰：『挾貴而問，挾賢而問，挾長而問，挾有勳勞而問，挾故而問，皆所不答也。滕更有二焉。』」（孟子盡心篇）孟子認爲爲學要虛心，要誠懇，孟子爲要矯正滕更炫己輕人的缺失，啓發他尊師重道的意念，所以用不屑教誨的態度來激發他。

孟子不僅要求學生虛心，而且要求教師亦要虛心。孟子說：「人之患，在好爲人師」（孟子離婁篇），這是孟子戒人勿以爲人師而自滿，要以多研究多學習的心情，充實自己的學養，方能樂育英才而無愧。

㈡專　心

「孟子曰：『無或乎王之不智也，雖有天下易生之物也，一日暴之，十日寒之，未有能生者也。吾見亦罕矣，吾退而寒之者至矣。吾如有萌焉何哉！』」（孟子告子篇）大意是說：卽使天下最容易生長的東西，假使只有一天溫暖它，倒有十天凍冷它，也就不能生長了。孟子認爲他去見齊王的機會本來就很少，當他退出後，那些小人便又到了齊王面前；他雖能使齊王暫時有點覺悟，又有什麼用呢？孟子又拿下棋的技能來作譬喻，指出那不過是很小的玩意罷了；但如不肯專心致志，就得不着訣竅。那奕秋是全國最擅長下棋的人，現在請奕秋教兩個人下棋，其中一個能專心，把奕秋所教的話，完全聽在心裏；另一個雖在聽着，心裏却以爲也許有雁鳥就要飛來，想拿起弓，用繩子拴上箭去射牠下來，因此雖和人家共同學習，總不能够比得上人家。是不是因爲他不够聰明？我可以說完全不是，只是不肯專心致志去學罷了。（參見孟子告子篇）孟子認爲爲學之道，不在聰明智慧，而在專心與努力。必須專心致志，切實努力，以全副精神去研究，困知勉行，才能有成。

㈢自　得

孟子說：「君子深造之以道，欲其自得之也。自得之，則居之安；居之安，則資之深；資之深，則取之左右逢其原。故君子欲其自得之也。」（孟子離婁篇）這是說爲學要學生自動而積極的反應，自己去做、去看、去想、去經歷，自己領悟其中的學理。教師的任務是指導學生學習，不是代替學生學習。

孟子又說：「梓匠輪輿，能與人規矩，不能使人巧。」（孟子盡心篇）這是說木匠與車匠，祇能傳授人法度，却不能使工徒心思靈巧。運用的巧妙，還要靠工徒自身的心悟，這也是學貴自得的意思。

㈣有　恒

孟子說：「有爲者，辟若掘井，掘井九軔而不及泉，猶爲棄井也。」（孟子盡心篇）這是孟子勉勵人爲學做事都要持之以恆，有始有終，不可半途而廢。從掘井看爲學，從爲學看齊家治國，均須如此。

「孟子謂高子曰：『山徑之蹊間，介然用之而成路；爲間不用，則茅塞之矣。今茅塞子之心矣。』」(孟子盡心篇)大意是說，一個人的心，要常常去用它，好比山上的小路，要常常去走，就自然會形成一條大路；若是隔了一陣子不走，茅草便要生長起來把路塞住，一個人的心好久不用，也會像給茅草塞住一樣。這裏孟子指出研究學問要常常用心，不可中斷，如不能有恆而中斷，雜念便會把心塞住了。

孟子教育的方法可得而舉者，約有五事：一、爲順應自然。二、爲注重啓發。三、爲因材施教。四、爲富有懷疑精神但不武斷曲解。五、爲注重由博反約。茲略加申述於後：

㈠順應自然

孟子說：「宋人有閔其苗之不長而揠之者，芒芒然歸，謂其人曰：『今日病矣，予助苗長矣。』其子趨而往視之，苗則槁矣。」（孟子公孫丑篇）孟子認爲當時的人，能够不像宋人這樣幫助稻苗長大的，眞是少得很。把養氣當作沒有益處，便放棄了的，那是不去拔草灌漑養苗的一類。用外鑠的方法，硬要幫助這個氣，使它生長的，更和拔起稻苗助長的沒有分別；那不但沒有益處，反而是害了它。孟子覺得人的善性，猶如一粒潛伏在心中的種子；「苟得其養，則無物不長」(孟子告子篇)，可以發揚爲「美」、爲「大」、爲「聖」、爲「神」(孟子盡心篇)；「苟失其養，無物不消」(孟子告子篇)，而「牿亡」，而如「牛山之濯濯」（孟子告子篇）。養的方法是順應自然，使它自己生長，而不是用「揠苗助長」的方法。

(二)注重啓發

「孟子曰：『敎亦多術矣，予不屑之敎誨也者，是亦敎誨之而已矣。』」（孟子告子篇）大意是說敎誨人的方法很多，我拒絕他不願意敎誨他的意思，其實也就是在敎誨他。這是孟子激勵學生的方法。孟子因齊王好樂好勇，好貨好色，乘勢利導，勸他與民同樂，啓發他推行仁政。孟子與齊王論王道，與告子論性，與陳相論許行的謬說，不憚煩瑣，反覆辯證，最後抽絲剝繭，使對方自己發現眞理，這都是孟子教育方法注重啓發的實例。

(三)因材施教

「孟子曰：『君子之所以敎者五：有如時雨化之者，有成德者，有達財者，有答問者，有私淑艾者；此五者，君子之所以敎也。』」（孟子盡心篇）君子敎人的方法有五種：一種是給他適當的點化，使他更進於善境，好像草木之能自然生長，但得了及時雨的潤化，使它更易欣欣向榮。一種是培養他的德性，使他有所成就。一種是使他的才能有所發揮，俾能通達而有用。一種是對他的疑問給予充分的解答。一種是雖未能直接及門受業，然能法其所敎而自治者。這五種都是孟子敎人的方法，由此小以成小，大以成大，各以其材質而使之均有所造就。就敎者言無棄才，就學者言亦不致自棄，這就是孟子因材施敎的方法。

(四)富有懷疑精神但不武斷曲解

孟子認爲如完全相信書上的話，倒還不如沒有書爲好。就以書經上武成這篇文字爲例，言武王誅紂，戰事慘烈，血流漂杵。武王以至仁伐至不仁，殷人簞食壺漿以迎王師，何乃至於血流漂杵乎？孟子教人讀書要愼思明辨，要有懷疑精神，但決不可武斷曲解。所以高子看到大禹的鐘紐被蟲蛀得很厲害，便認爲禹的鐘用的人多，而文王的鐘用的人少，因而推知禹之樂美於文王之樂。孟子則認爲這是一種武斷曲解，譬如城門口的車轍深，固爲城門祇容一車進出，但這不是一車兩馬之力所能致，而是車馬通行多，日子久的緣故。同樣此道理：禹的鐘紐有快斷的樣子，那是歷年長久的緣故，假使因此便說禹之聲優於文王之聲，當然是武斷曲解。（以上均參見孟子盡心篇）

㈤注重由博反約

「孟子曰：『博學而詳說之，將以反說約也。』」（孟子離婁篇）這是說求學問要博覽多讀，會通一切，然後由博反約，得其要旨。學不求之於「博」，便識見淺陋而不能精思旁通，但不反之於「約」，便工夫散漫而無所歸宿。由博反約，才能達到致廣大而盡精微的地步，否則不學無術，固步自封，既不能溫故，也不能知新，必致自誤誤人而後已。

六　孟子學說的時代意義

孟子生在人心動亂、邪說暴行有作、爭地以戰、殺人盈野的時代，以悲天憫人的心懷，抱覺民救世之宏願，以保衛傳統文化，維護道統爲己任。其思想學說中，洋溢着對國家民族的熱愛，頗合於現代民族主義之精神，玆就其要點略加申述於後：

㈠倡導民族自決

「齊人伐燕勝之，宣王問曰：『或謂寡人勿取，或謂寡人取之。以萬乘之國，伐萬乘之國，五旬而舉之，人力不至於此。不取，必有天殃，取之何如？』」（孟子梁惠王篇）孟子回答他，取燕與否，要以燕民的意見爲依歸。如果取了土地，燕國人民心裏高興，那麼可以去取，取之而燕民不悅，則勿取。這是孟子倡導民族自決之主張。

㈡不向強權低頭

「滕文公問曰：『滕小國也，間於齊楚。事齊乎？事楚乎？』孟子對曰：『是謀，非吾所能及也。無已，則有一焉：鑿斯池也，築斯城也，與民守之，效死而民弗去，則是可爲也。』」（孟子梁惠王篇）。這裏孟子主張有國者應守義而愛民、團結民衆、深溝高壘、與國家共存亡，不可僥倖而苟免，作「向強權低頭屈服」的打算。

㈢處變不驚、莊敬自強

滕文公因齊人想要在薛地築城，以其逼近滕國，恐怕齊國要來滅滕，所以很感恐慌，孟子告訴他不可倉惶失措，或存僥倖依賴心理，應處變不驚，莊敬自強，爲其所應爲，則自助人助，人助天助，循天理之正，則成功可期也。（參見孟子梁惠王篇）

㈣維護民族傳統文化與道德

孟子責備陳相道：我只聽說用中國文化去改變蠻夷的風俗，却沒有聽說拋棄了中國文化，反被蠻夷的風俗同化了的。你的師長陳良，本是南方楚國人，因爲悅服周公孔子的道理，到北方來研究中國學術；北方的學者沒有一個高過他的，他眞可算得是超羣拔類的人士了。你們兄弟，以師禮事之數十年，現在師長一死，怎麼就違背了他所教的道理了呢？從前孔子死後已經三年，弟子們守心喪的孝期滿了，要收拾行李回去，進來辭別子貢，大家還相對痛哭失聲，才分別回去。子貢還不忍去，就造了一間小屋在孔子墳墓旁邊，又獨自守了三年，然後才回去。又過了些時，子夏、子張、子游三人，因爲見有若的氣象有點和孔子相像，想拿從前事奉孔子的禮節去事奉他，要求曾子同意。曾子告訴他們，這是不可以的，夫子的道德學問，好比用江漢這麼多的水洗濯過，又經過秋天猛熱的太陽曝晒過。那一種潔白光輝，還有誰能比擬得上呢？現在許行是個南方的蠻子，說話像鳥叫一樣，講的又不是古時聖王的道理，你却違背了師長的教化去學他，這不是和曾子所說的恰恰相反嗎？（參見孟子滕文公篇）從這裏可以看出孟子對民族傳統文化的維護與堅持。

「孟子曰：『規矩，方員之至也，聖人，人倫之至也。欲爲君盡君道，欲爲臣，盡臣道，二者皆法堯、舜而已矣。不以舜之所以事堯事君，不敬其君者也；不以堯之所以治民治民，賊其民者也。孔子曰：『道二，仁與不仁而已矣。』暴其民甚，則身弒國亡；不甚，則身危國削。」（孟子離婁篇）大意是說：規矩是做方圓的唯一標準，古時的聖人，是做人道理最好的榜樣。要想做國君的盡自己做國君的道理，要想做臣子的盡自己做臣子的道理，這二件事都祗要取法堯舜就。是了！不依舜那樣事奉堯的道理去事奉國君，這就是不恭敬他的國君；不依堯那樣治理百姓的道理去治理百姓，這就是殘害他的百姓。從前孔子說過：治天下之道理，祇有兩種分別，就是能夠從良心上發揚愛人的思想和不能夠從良心上發揚愛人的思想。所以沒有愛人思想的國君，暴虐他的人民到極點時，其本身必被人所殺，國家必被人滅亡；卽使尚未到極點的地步，那末本身也很危險，國家也將被人侵犯。這裏孟子說明國家民族之根本，在重視倫理道德，推行仁政；「上無禮，下無學，賊民興」（孟子離婁篇）的國家，則難逃覆亡之命運。

(五)爲人類正義而戰

孟子說：「天時不如地利，地利不如人和。……」又說：「域民不以封疆之界，固國不以山谿之險，威天下不以兵革之利。」大意是限止人民不要靠封國疆土的界限，而以有恩澤可懷；鞏固國防不要靠高山深溝的險要，而以有仁惠可恃；威服天下不要靠兵器盔甲的堅利，而以有道德可感。「得道者多助，失道者寡助。寡助之至，親戚畔之；多助之至，天下順之。以天下之所順，攻親戚之所畔；故君子有不戰，戰必勝矣。」（孟子公孫丑篇）這是說全國有同仇敵愾之民心士氣、順天應人、爲人類正義而戰，則戰無不勝，攻無不克。

(六)實現世界大同之理想

當齊宣王問孟子和鄰近國家交際的方法時，孟子告訴他要以德服人，以大事小，要與各國和平相處，並濟弱扶傾，尊重國際道義，以實現世界大同的理想。

孟子生在「庖有肥肉，廐有肥馬，民有飢色，野有餓莩」（孟子梁惠王篇）的社會，專制統治，殘民自肥，率獸食人的社會，特提出「民爲貴，社稷次之，君爲輕」（孟子盡心篇）的觀念，這實在是人類意志自由的大覺醒，頗合於現代民權主義的精神，茲就其要點略加申述於後：

㈠民爲貴、社稷次之、君爲輕

孟子認爲人民最重要，祭祀五土五穀的神壇（社稷）爲次要，三者中國君最輕。因此，要能得全民的擁戴，纔能做天子。至於能得天子的心，不過被封爲諸侯，能得諸侯的心，不過被任爲大夫。假使諸侯無道，危害到社稷之存在，則要改立另一個諸侯。假使牛羊豕三牲齊備，祭祀的飯食祭品都已清潔，祭祀也按時舉行，然而社稷之神，却不能保佑人民，而有水旱之災，那末就當毁壞舊壇，另立新壇以奉祀之。（參見孟子盡心篇）以前的說法是神權在君權之上，君權又在民權之上，而孟子却說社稷爲民而立，可變置改造，國君則須得人民擁護，經人民之認可而始存在。

㈡爭取民心

孟子說：「桀紂之失天下也，失其民也；失其民者，失其心也。得天下有道，得其民斯得天下矣。得其民有道，得其心斯得民矣。」（孟子離婁篇）所以孟子認爲爲政之道，一面要發政施仁，保民而王，一面則推己及人，重視民心之向背，以爭取人民之擁戴。

㈢尊重民意

「萬章曰：『堯以天下與舜，有諸？』孟子曰：『否，天子不能以天下與人。』『然則舜有天下也，孰與之？』曰：『天與之。』『天與之者，諄諄然命之乎？』曰：『否，天不言，以行與事示之而已矣。』」（孟子萬章篇）這是說天不說話，不過用舜的行爲及他的事功，暗地指示堯將天下給舜就是了。因爲天不說話，所以天意還是藉人民的謳歌，也就是民意來表現。因此所謂「天與之」實在也就是「人與之」，書經泰誓篇說：「天視自我民視，天聽自我民聽」（引見孟子萬章篇），故天視天聽實以國君能否尊重民意爲準。

㈣人民有革命之權利

「齊宣王問曰：『湯放桀，武王伐紂，有諸？』孟子對曰：『於傳有之。』曰：『臣弑其君，可乎？』曰：『……聞誅一夫紂矣未聞弑君也。」（孟子梁惠王篇）。孟子指出傷害仁道的，叫做賊；毀壞義理者，叫做殘；賊仁殘義的人，叫做獨夫。他只聽說武王誅殺了一個獨夫名紂的，沒有聽說武王弑君啊！孟子引用書經上所說的獨夫紂，說明國君如不能稱職或危害人民，致衆叛親離的時候，人民有發動革命，推翻暴君之權利。

㈤君臣是對等關係

「孟子告齊宣王曰：『君之視臣如手足，則臣視君如腹心；君之視臣如犬馬，則臣視君如國人；君之視臣如土芥，則臣視君如寇讎。』（孟子離婁篇）孟子認爲君臣是一種對等關係，應各盡其職分，爲君者應盡君道，爲臣者應盡臣道，爲君者並無欺壓臣民的特權。

㈥崇尚法治

孟子雖然說過：「徒善不足以爲政，徒法不能以自行」（孟子離婁篇），但我們不能以此曲解他不重法治。當孟子的學生桃應問他舜爲天子，皐陶爲法官，舜的父親瞽瞍殺了人，那末應該如何處理呢？孟子回答說：皐陶依法拘拿瞽瞍就是了。桃應道：舜不會阻止嗎？孟子說：舜怎麼可以去阻止呢？皐陶本有這拘捕人的權柄啊！（參見孟子盡心篇）另外在孟子其他篇章裏我們都可看到孟子這種崇尚法治，守法護法的精神。

孟子雖然要求豪傑之士，即使沒有恆產，也應該有恆心。對一般庶民則主張應制民之產，使他們生活安定，「仰足以事父母，俯足以畜妻子，樂歲終身飽，凶年免於死亡」（孟子梁惠王篇）他明白建國之首要在民生的意義，頗合於現代民生主義之精神，玆就其要點略加申述於後：

㈠制民之產、使足衣足食

孟子指出一般庶民因爲沒有固定不動的恆產，也就沒有固定不移的恆心；假如沒有恆心，那就會放蕩越軌胡做非爲，一切犯法的事，都幹出來了。等到他犯了罪，然後再用刑罰去處治他，這便等於拿着羅網去網羅人民一樣。豈有仁德的國君，把網民政策認爲可以實行的？所以賢明的國君制定人民的產業，必使他們上能事奉父母，下能養活妻子，豐年一年到頭吃得飽，荒年也可免饑餓而死，然後施行教化，督促他們向善，這樣人民服從起來也就容易了。（參見孟子梁惠王篇）這就是制民之產，使足衣足食，先養而後教的道理。

㈡充裕國民生計、發展生產

孟子所提出的制民之產的辦法是：「五畝之宅，樹之以桑，五十者可以衣帛矣；鷄豚狗彘之畜，無失其時，七十者可以食肉矣；百畝之田，勿奪其時，八口之家，可以無飢矣；謹庠序之教，申之以孝悌之義，頒白者不負戴於道路矣。老者衣帛食肉，黎民不飢不寒，然而不王者，未之有也。」（孟子梁惠王篇）從這段文字，可知當時人民極爲貧窮困苦，僅能維持最低限度的生活，衣帛食肉在當時視之爲老人才能有的享受。不違農時，充裕國民生計，發展生產，實爲當時施政之要圖。

㈢**輕傜薄賦、愛惜民力**

孟子說：「有布縷之征，粟米之征，力役之征，君子用其一，緩其二，用其二而民有殍，用其三而父子離。」（孟子盡心篇）這是孟子主張輕傜薄賦，愛惜民力，反對苛征暴歛的意思。不過孟子也不贊成白圭欲二十取一之稅則，（參見孟子告子篇）爲了政事能推行盡利，稅收太少也是不够支應實際需要的，所以孟子主張取民有制，量出爲入，過與不及，都是聖賢所不取的。

㈣**使民養生送死而無憾**

孟子指出文王能善養老者，所以天下歸心。鰥寡孤獨，此四者乃天下之窮民而無告者，文王發政施仁，必先斯四者。孟子認爲使人民養生送死沒有缺憾，便是用王道治國的開始。（參見孟子梁惠王篇）君王能切實負起責任來，解決民生問題，就可使天下的人民都來歸服了。

七　結　語

孟子生當擾攘戰亂之世，以「正人心，息邪說，距詖行，放淫辭」（孟子滕文公篇）覺民救世，保衛儒家道統爲己任。當其周遊列國時「後車數十乘，從者數百人，傳食於諸侯」（孟子滕文公篇），其聲勢之壯大，實超邁前賢而過之。惟孟子歿後，其學說湮沒而不彰；一直到唐代韓愈出，才認爲：自孔子歿後，僅孟子得孔子的正傳；求觀聖人之道者，必自孟子始。**韓愈一倡，此說大行。宋儒之極力推崇孟子，溯其源流，實自韓愈啓之。**

北宋程伊川曾說：「周公歿，聖人之道不行；孟軻死，聖人之學不傳。道不行，百世無善治；學不傳，千載無眞儒。……無眞儒則天下貿貿然莫知所之，人欲肆而天理滅矣。」（伊川語錄）於是宋儒乃對孟子推崇備至，尊之爲亞聖，以之配享孔子。南宋朱熹更將孟子著作與大學、中庸、論語同列合稱「四書」，加以註釋。宋元明清各朝政府均以四書取士，孟子學說乃得昌明於後世。

孫奭曰：「孟子挺名世之才，秉先覺之志，拔邪樹正，高行麗辭，導王化之源以救時弊，闢聖人之道以斷羣疑，其言精而贍，其旨淵而通，致仲尼之教獨尊於千古，非聖賢之倫，安能致於此乎？」（引見陳森甫孟子學術思想探原第一章）

孟子說：「聖人，百世之師也。」（孟子盡心篇）這是說才德絕世的聖人，用德行感化人的深遠，可以做百世的師表。這句話，除至聖先師孔子外，惟孟子的才德，始足以當之。

本文參考書

一、錢穆：孟子傳略。

二、黃建中：孟學述要。
三、戴君仁：孟子知言養氣章，刊大陸雜誌第八卷第五期。
四、許叔彪：孟子今義類編，中華叢書編審會印行。
五、淸焦循焦琥：孟子正義。
六、孫雲遐：孟子分類選注，正中書局印行。
七、馬紹伯氏：孟子學說底新評價及陳百年先生序。
八、陳森甫：孟子學術思想探原。
九、王偉俠：孟子分類纂註，中華文化出版事業委員會出版。
一〇、金體健：四書通義，商務印書館發行。

荀　子（西元前三三四—西元前二三〇）

劉潤濤

一　中國的亞理斯多德

我們如果細心研究中西哲學史，不難發現在兩千餘年以前，荀卿與亞理斯多德(Aristotle)這東方西方兩大哲人，不僅時代相近，且其學說亦大多不謀而合，堪稱學術史上的一段佳話。荀子是一位博學而有創見的儒家大師，其生年距希臘大哲學家亞理斯多德的卒年，大約不超過三十年。兩人的學說甚多相同的地方，例如：荀子認爲「有辨」、「有義」、「能羣」是人的三大特色，此一意見，可於下引的言論中見之：

「人之所以爲人者，何已也？曰，以其有辨也，……然則人之所以爲人者，非特以二足而無毛也，以其有辨也。……夫禽獸有父子，而無父子之親，有牝牡，而無男女之別。故人道莫不有辨，……。」（非相篇）

「人有氣有生有知，亦且有義，故最爲天下貴也。力不若牛，走不若馬，而牛馬爲用，何也？曰

，人能羣，彼不能羣也。」（王制篇）

荀子非相篇所說的「有辨」，就是有所辨別的意思。要淸楚地辨別是非，必須具有理性。亞理斯多德曾說：「人是理性動物」。又荀子在王制篇中所說的「能羣」，和亞理斯多德所說的「人類生來是社會的動物」，其意義可謂不謀而合。兩大哲人幾乎並世而出，其學術思想不但相互輝映，且對後代都有深遠的影響，眞是學術史上少有的佳話。因爲荀子與亞理斯多德諸多地方相同，故有人稱之爲中國的亞理斯多德。

二　荀子的生平

荀子的一生大事和年代，很難確定，大致以史記孟子荀卿列傳最爲可信。近人的考證，比較可採信的有胡適所著中國哲學史大綱的荀子略傳，還有陳登元在荀子哲學中所列的荀子大事與年代。筆者參照古今典籍及其他資料，詳加探究，所得到的結論如左：

荀子名况，字卿，戰國時趙國人。古書稱荀子爲孫卿者，當因「荀」和「孫」二字古時同音，本可通用的緣故。荀子約生於西元前三三四年，卒於西元前二三〇年左右。幼年治儒學。他推崇的人除孔子外，又稱道冉雍（子弓）。荀子非十二子篇說：「今夫仁人也將何務哉？上則法舜禹之制，下則法仲尼、子弓之義。」荀卿對其他的儒家，如子張、子夏等，則頗有微辭，稱他們爲賤儒。他最不贊成孟子和子思，攻擊不遺餘力。荀子曾說：「是則子思、孟軻之罪也。」約二十歲時曾遊燕國（約西元前三一四年）。五十歲那年遊學齊國。他在到齊國以前做過什麼事，古籍未曾記載，無法考證。

齊國當時喜愛文學遊說之士，齊宣王尤其如此，因而從威王到宣王，四方學者，常千數百人聚集在稷下（地名，在今山東省臨淄縣北，齊古城西），其中有當時著名學者騶忌、孟軻、田駢、騶奭等人。荀卿遊齊時，田駢和騶奭等都已去世，故荀子三爲祭酒。（古代宴會時，必先請年高德劭的人，舉酒祭於地；故當時的「祭酒」可能不是專有的官名。）他在齊國，雖然三爲祭酒，受時人尊崇，但並不負擔實際的政治責任。後因遊說不見重用，且受齊人讒言，就去齊往遊楚國。

楚考烈王八年，楚相春申君以荀子爲蘭陵（戰國楚邑，在今山東省嶧縣境）令，荀子因而遷居蘭陵。考烈王在位二十五年卒，春申君爲李園所殺，荀子亦被廢棄。晚年著書講學，其弟子如李斯、韓非、毛亨、浮丘伯等，皆爲名儒。約於西元前二三〇年，荀子在蘭陵去世。

三　學記、勸學篇先後輝映

禮記第十八篇學記與荀子一書的勸學篇，同爲古代儒家教育思想的代表作。在荀子書裏其他各篇，雖然偶或見到一些教育學說，但仍是東鱗西爪，不如勸學篇完備詳盡。學記談教的方面居多；而勸學篇則偏重於學；二者互爲表裏，前後相映成趣，實爲千古不朽的傑作。雖然在二十世紀教育思想發達的今天，教與學的方法及學理等日有精進，但那兩篇傑出的作品，仍是從事教育者的重要參考資料。勸學篇的內容與價值，後當詳加論列，茲先介紹學記的概略。

學記中的教育思想，約有左列十項：㈠教育對國家社會的重要。㈡教與學不可分離。㈢古代學制及大學之道。㈣大學施教的原理。㈤教學須重程序，並使教育與生活打成一片。㈥教育興廢的原因。㈦教學方法須重誘導、鼓勵、啓發。㈧師嚴道尊的道理。㈨教與學均須講求方法。㈩記問之學不足爲人師。

上述的原理原則，多與當今教育家的言論主張相符合，確是一篇條理井然系統分明的教育學說。

四　荀子教育思想的要點

荀子的教育思想，大多集中在勸學篇內。在荀子書裏的其他各篇，如性惡篇主張有教無類，教育機會均等。在修身篇和儒效篇，曾提到尊師重道及教育環境。此外尚有「化性起僞」和「學可以爲聖人」的觀點，分別見於性惡與禮論兩篇。勸學篇的要旨，係說明爲學之重要及目標，另外尙有治學之方法等，都是教育重要環節。

五　尊師重道的傳統美德

西洋社會上尊師的心理，不如中國遠甚。從前希臘的塾師是一般遊行的樂師，家庭的保傅是老成的奴隸（Pardagogos，教僕），教育學（Pedagogy）的名稱，即由「教僕」這個名詞演變而來。羅馬的教師是希臘的俘虜。十八世紀末期，一般教師還是由木匠、裁縫、老婦業餘充任。貴族的宮廷師傅，雖然比較受社會人士的重視，但仍不及我國尊師重道的傳統美德。中國自古君師並尊，學記上說：「能爲師然後能爲長。」由人們家堂內常供奉「天地君親師」牌位，可見尊師的一般社會心理。荀子書的各篇裏，有關尊師重道的言論屢見不鮮，撮要列舉於後。

「故非我而當者，吾師也，……故君子隆師而親友，以致惡其賊，……禮者所以正身也，師者所以正禮也。無禮何以正身？無師吾安知禮之爲是也？」（修身篇）

「夫人雖有性質美而心辯知，必將求賢師而事之，擇良友而友之。得賢師而事之，則所聞者堯舜禹湯之道也。」（性惡篇）

「國將興，必貴師而重傳。貴師而重傳，則法度存。」（大略篇）

「心知道，然後可道；可道，然後能守道以禁非道……故治之要在於知道」。（解蔽篇）

師長本身必先明經修行，且能竭盡職責，始克受人尊敬。關於前者，荀子以爲師長應當志於禮義，言行合宜。在朝則使政治修明；在野則修養品德，所謂窮則獨善其身，達則兼善天下。荀子說：

「志以禮安，言以類使，則儒道畢矣。」（子道篇）

「儒者在本朝，則美政，在下位，則美俗。」（儒效篇）

關於竭盡職責方面，荀子雖然認定人性是惡的，但是可以化導。教師應做到下列各點：①責備要恰當。②引導人做好事。③監護平凡懶散的。④化性起僞。他說：

「故非我而當者吾師也。……以善先人者謂之教。……庸衆駑散，則劫之以師友。」（修身篇）

「故聖人化性而起僞。」（性惡篇）

我們舉孟子的話來互相參考。孟子說：「人之患，在好爲人師。」此乃警惕爲人師表的要小心謹愼的反省自己。

六　重視學習與教育功能

人生不僅要維持個體的生活，保全自我的生命，且要增進全體人類的生活，創造宇宙繼起的生命。蔣總統說：「生活之目的，在增進人類全體之生活；生命之意義，在創造宇宙繼起之生命。」一個人爲要達成上述的任務，必須由學習以增進智能，充實自己。荀子勸學篇，開宗明義卽強調學習的重要。他說：「君子曰：學不可以已。青，取之於藍，而青於藍；氷，水爲之，而寒於水。木直中繩，輮以爲輪；其曲中規，雖有槁暴，不復挺者，輮使之然也。故木受繩則直，金就礪則利；君子博學而日三省乎己，則知明而行無過矣。故不登高山，不知天之高也；不臨深谿，不知地之厚也；不聞先王之遺言，不知學問之大也。……吾嘗終日而思矣，不如須臾之所學也。」（勸學篇）

荀子強調教育的功能，曾以蠻夷的孩子爲例。他認爲吳越夷貉那些地方的小孩，出生的時候，啼哭的聲音都是一樣，可是到了長大以後，習俗便不相同了，這是教化的力量使他們這樣的。他說：「干越夷貉之子，生而同聲，長而異俗，敎使之然也。」（勸學篇）

七　教育環境關係重大

遺傳和環境，爲影響學習的兩大因素。兩種因素何者較爲重要，中外教育家意見不一。荀子和瓦特孫（美國教育家）特別重視後天的教育環境。瓦特孫曾說：「給我一打健壯的孩子，在我控制的環境裏敎養他們，我可以擔保任擇一個訓練他，可使成爲任何專家——醫師、畫家、企業者，同樣也可使成爲乞丐、盜賊，不管他的才能、嗜好、傾向、職業，以及他的祖先的種族怎樣。」

荀子左列的兩段話，特別強調環境對學習的重要性。

「居楚而楚，居越而越，居夏而夏，是非天性也，積靡使然也。」（儒效篇）

「故君子居必擇鄉，遊必就士，所以防邪僻而近中正也。」（勸學篇）

荀子所說的楚、越、夏、鄉等，就是環境。要收到預期的教育效果，先天的遺傳雖然不容易改變；但選擇適當的教育環境，應屬輕而易舉的事。

八　學貴專心有恒

求學必須專心致志，始克有成。荀子曾以蚯蚓的生活，說明用心專一的重要。又以螃蟹借住蛇、鱔魚的窟穴，證明浮躁之爲害。爲學如果心猿意馬，像孟子所說的：「一心以爲鴻鵠之將至，思援弓繳而射之。」自無學習成果可言。荀子在勸學篇說：「螾無爪牙之利，筋骨之強，上食埃土，下飲黃泉，用心一也。蟹六跪二螯，非蛇、蟺之穴，無可寄託者，用心躁也。……目不能兩視而明；耳不能兩聽而聰。……詩曰：『尸鳩在桑，其子七兮。淑人君子，其儀一兮。其儀一兮，心如結兮。』故君子結於一也。」（勸學篇）

凡事要想達到成功的目的，必須由漸而進，持之以恒，爲學尤應如此。荀子對於此一道理，曾有明確的闡釋。他說：「積土成山，風雨興焉；積水成淵，蛟龍生焉；積善成德，而神明自得，聖心備焉。故不積蹞步，無以至千里；……鍥而舍之，朽木不折；鍥而不舍，金石可鏤。」（勸學篇）

由上述的一段話，可以看出荀子如何苦口婆心的昭示後人，爲學之基本在有恒。

九　有教無類與機會均等

有教無類和機會均等，是我國古今教育上的重要主張，也就是儒家的基本教育思想。孔子講學時，弟子三千餘人，其中有大盜，有駔儈，有貴族，有平民。只要其人願意來學，一律予以接受。荀子也有同樣的理論與主張，曾說：「塗之人可以爲禹。」又說：塗之人皆有可以知之質，可以能之具。（性惡篇）

中華民國憲法第一百五十九條，明白規定國民受教育之機會一律平等，這無疑地是儒家教育機會均等的基本精神。

十　道德認識與實踐

荀子使用「道德」二字的處所不多，通常只泛稱爲禮義。禮義是正身之具，而正身卽是道德的修養。禮義之用以爲治國規範的，特別稱之爲政治；用以爲修養個人品格準繩的，特別稱之爲道德；可見道德屬於禮義。荀子曾於左列各篇中說：

「故學至乎禮而止矣，夫是之謂道德之極。」（勸學篇）

「不可少頃舍禮義之謂也。能以事親，謂之孝，能以事兄，謂之弟，能以事上，謂之順，能以使下，謂之君。」（王制篇）

「禮者，所以正身也。」（修身篇）

「故禮及身而行修。」（致士篇）

荀子理想中的人物是聖人和大儒，這兩種人具備道德上最高的品格。依據荀子書裏對這兩種人的描述，卽可推知道德的要義應爲：

「聖人也者，本仁義，當是非，齊言行，不失毫釐。」（儒效篇）

「志安公，行安修，知通統類，如是則可謂大儒矣。」（儒效篇）

道德的認識與實踐，爲道德生活的兩大條件。荀子在勸學篇及儒效篇，特別強調道德實踐的重要，但在大略篇裏却認爲二者應當並重：

「口能言之，身能行之，國寶也。口不能言，身能行之，國器也。口能言之，身不能行，國用也。」（大略篇）

「口能言之，身能行之，」這不但認識了道德，且又能實踐道德。「口不能言，身能行之。」是未能認識而能實踐。「口能言之，身不能行」，是雖認識了，却未能實踐。能認識又能實踐的人方為國寶，其餘的人，只不過國器與國用而已。可見荀子不是偏重道德的實踐或認識，而是兩者並重。教育工作者為人楷模，對道德的認識與實踐，自不宜偏廢。

十一　荀子言行影響深遠

往聖先賢教人經由立德、立功、立言的途徑，達到人生的不朽；而他們本身的言行卽對後代影響深遠，死而不朽。歐陽修說：「有聖賢者，固亦生且死於其間，而獨異於草木鳥獸衆人者，雖死而不朽，逾遠而彌存也。其所以為聖賢者，修之於身，施之於事，見之於言，是三者所以能不朽而存也。」（送徐無黨南歸序）

荀子在教育思想方面如：有教無類、尊師重道、以及重視教育環境、求學之方法和目標等，都具有極大的價值，近代很多教育原理與原則，皆和荀子的思想相脗合。

荀子學說影響後世最大的，要算關於心性的一部分。漢儒董仲舒春秋繁露實性篇，卽受了荀子性惡及人為主義的影響。其後李翺的復性書，邵康節的觀物外篇，陸象山、王陽明等討論心性的觀點，都脫離不了心性論的範圍。

荀子的禮治主義，對後代政治社會的影響也很大。大戴禮、禮記、賈誼新書保傅篇、朱子家禮等主張恢復禮治的言論，大多受了荀子的影響。荀子主張「分」與「別」的精神，完全爲他的學生韓非、李斯之流所承受，奠定了法治主義的基礎。也養成了中國崇法重紀的民族性。這雖不是荀子一個人的力量，但荀子的思想學說却發生了很大的影響。

董仲舒（西元前一七九—西元前一〇四）

黃振球

一 生平

董仲舒漢時河北廣川人，其生卒年月，漢書列傳未予提及。蘇輿作董子年表，則起自漢文帝元年（西元前一七九年），止於武帝太初元年（西元前一〇四年）（註一）。幼年專攻春秋公羊傳，景帝時任博士（註二）。其治學也，專心勤勉，「三年不窺園」（註三）。言雖有園圃，不窺視者凡三年。其為人也，「進退容止，非禮不行」。（註四）

武帝當國，廣求人才，指令天下郡國，選舉「賢良文學」，仲舒以對策取得第一，拜為江都相，事奉易王。王勇而驕，仲舒以禮義匡正之，故曰：「仁者、正其誼，不謀其利；明其道、不計其功。」（註五）惟著災異之記，天子「以有刺譏，……下董仲舒吏，當死，詔赦之」（註六）。仲舒因倡陰陽五行之說、幾致殺身。後公孫弘治春秋，不如仲舒，奏調仲舒相膠西王。蓋膠西王驕恣，弘圖借此以害之。幸膠西王素聞仲舒有行，亦善待之。仲舒亦規之以信義之道，如曰：「春秋之義，貴信而賤詐，詐人而勝之，雖有功，君子弗爲也。」(註七)善盡言責。仲舒恐久獲罪，乃棄官還鄉，著書修學以終。「其居家至卒，終不治產業」(註八)。著有春秋繁露、賢良對策、董子文集等。

二　人性論

仲舒論性，爲先天生成「自然之資」，故曰：「性之名，非生與？如其生之，自然之資謂之性，**性者質也。**」(註九)又曰：「性者天質之樸也。」(註一〇)自然之資，天質之樸，均謂之性，是視性爲**未雕琢之玉石。**

仲舒論人性之善惡，既非主善，亦非主惡，而謂人有善端，「善出於性，而性不可謂善」，「性有善質，而未能爲善」(註一一)，又曰：「或曰性也善，或曰性未善，則所謂善者，各異意也。性有善端，動之愛父母，善於禽獸，則謂之善，此孟子之言。循三綱五紀，通八端之理，忠信而博愛，敦厚而好禮，乃可謂善，此聖人之善也。是故孔子曰：善人吾不得而見之，得見有常者斯可矣。由是觀之，聖人之所謂善，亦未易當也。非善於禽獸，則謂之善也。使動其端，善於禽獸，則可謂之善，善奚爲弗見也。」(註一二)由上說以觀，孔子對善懸的甚高，人必需完全無瑕，始可謂善；孟子以善於禽獸卽爲善，爲仲舒所不取。故曰：「孟子下質於禽獸之所爲，故曰性已善，吾上質於聖人之所善，故謂性未善。」(註一三)又曰：「觀孔子言，此之意以爲善難當甚，而孟子以爲萬民性皆能當之，過矣。」(註一四)

仲舒爲主張性未善，列舉例證，以爲解說，玆分述於下：

(一) 以禾喻性，以米喻善

仲舒曰：「善如米，性如禾。禾雖出米，而禾未可謂米也。性雖出善，而性未可謂善也。」(註一五)又曰：「故性比禾，善比於米，米出禾中，而禾未可全爲米也。善出性中，而性未可全爲善也。」(註一六)

(二) 以繭與卵喻性，以絲與雛喻善

仲舒曰：「性如繭、如卵。卵待覆而爲雛，繭待繅而爲絲。性待教而爲善，此之謂眞天。」「繭有絲，而繭非絲也；卵有雛，而卵非雛也。」(註一七)

(三) 以瞑喻性，以覺喻善

仲舒曰：「性有似目，目臥幽而瞑，待覺而後見；當其未覺，可謂有見質，而不可謂見。今萬民之性，有其質而未能覺，譬如瞑者待覺，教之然後善。當其未覺，可謂有善質，而不可謂善；與目之瞑而覺，一概之比也。」又曰：「民之號，取之瞑也。使性而已善，則何故以瞑爲號。」(註一八)指民「萌而無識」，性卽民，亦萌而無識。民待王教而後有知識，性待教育而後漸於善。

(四) 以璞喻性，以玉喻善

仲舒曰：「玉出於璞，而璞不可謂玉。善出於性，而性不可謂善。」(註一九)

仲舒將人性分爲三等，上等乃聖人之性，下等乃斗筲之性，中等乃中民之性。故曰：「聖人之性，不可以名性，斗筲之性，又不可以名性，名性者中民之性。」（註二〇）亦如孔子所言，「上智與下愚不移」。

仲舒首謂人有性情、故曰：「天地之所生，謂之性情，性情相與爲一瞑，情亦性也。謂性已善，奈其情何？……身之有性情也，若天之有陰陽也，言人之質，而無其情，猶天之陽，而無其陰也。」（註二一）再論性仁而善，情貪而惡。故曰：「性者、生之質也；情者、人之欲也。」「質樸之謂性，性非教化不成；人欲謂之情，情非度制不節。」（註二二）人要「禁身有情欲」（註二三）。

仲舒以性與情對言，則性仁而善，情貪而惡；性與情合言，則情亦性（註二四）。

綜上所述，仲舒論人性有善端而未善，人性有三等，且有性、有情，力主人應長善禁惡。

三　教育論

仲舒既認人性有善端而非善，故重教化；蓋人性如善，則無需教育。故曰：「今謂性已善，不幾於無教。」（註二五）

（一）教育之重要

仲舒認爲：「人有善善惡惡之性，可養而不可改，可豫而不可去，若形體之可肥臞，而不可得而革。」（註二六）性待教而爲善，治國首重教化。故曰：「夫萬民之從利也，如水之走下，不以教化隄防之，不能止也。是故教化立而姦邪皆止者，其隄防完也。教化廢而姦邪並出，刑罰不能勝者，其隄防

壞也。古之王者明於此，是故南面而治天下，莫不以敎化爲大務。」(註二七)

(二) 教育之目的

仲舒認教育目的爲「化民成性」，使受敎者從仁義，遠利欲；前者爲向善，後者爲止惡。故曰：「天令之謂命，命非聖人不行；質樸之謂性，性非敎化不成；人欲之謂情，情非度制不節。是故王者，上謹於承天意，以順命也；下務明敎化民，以成性也；正法度之宜，別上下之序，以防欲也。」(註二八) 故教育之消極目的乃在防欲，而其積極目的乃在「漸民以仁，摩民以誼，節民以禮」(註二九)，使成爲仁義之士。

仲舒解釋仁義爲愛人、正我。故曰：「仁之爲言人也，義之爲言我也。……仁之法在愛人，不在愛我；義之法在正我，不在正人。我不自正，雖能正人，弗予爲義；人不被其愛，雖厚自愛，不予爲仁。……不愛胥是謂仁。……仁主人，義主我也。」要達到「仁治人，義治我」之修養工夫(註三〇)。

(三) 教育政策

仲舒教育政策爲設學校、養賢士、統一學術、改革選舉等。茲分述於下：

1. **設學校**：仲舒提倡美俗，防民利欲，主設學校以敎萬民。故曰：「立太學以敎於國，設庠序以化於邑。」如「敎化大行，天下和洽，萬民皆安仁樂誼，各得所宜，動作應禮，從容中道。」(註三一)

2. **養賢士**：仲舒主興太學，以養天下賢士，蔚爲國用。故曰：「養士之大者，莫大虖太學，太學者賢士之所關也，敎化之本原也。……興太學，置明師，以養天下之士，數考問以盡其材，則英俊宜

可得矣。」(註三二)

3.**統一學術**：戰國時，各家爭鳴，因有九流十家之學說。至漢時，九流中惟法、道、墨能與儒家相抗衡。如高祖用叔孫通等制定禮儀，法家勢力，盛極一時。然其有國無親，有公無私態度，不適於專制政體。文景之世，政尙黃老，無爲而治。然其絕聖棄智，不能尊君。墨主兼愛，打破階級，更與專制衝突。武帝圖用先賢駕御明智人士，得仲舒對策，倡罷黜百家，獨尊孔子儒術。蓋儒家尊君抑民，貴秩序，頗合當時政治及社會環境。仲舒曰：「春秋大一統者，天地之常經，古今之通誼也。今師異道，人異論，百家殊方，指意不同。是以上無以持一統，法制數變，下不知所守。臣愚以爲諸不在六藝之科，孔子之術者，皆絕其道，勿使並進，邪辟之說滅息，然後統紀可一，而法度可明，民知所從矣。」(註三三)武帝從其請，設五經博士，太學之以經籍爲教材，亦自此始。

4.**改革選舉**：官學出身者，可以量才授官、然私學出身者，人數多於官學，此項人才，國家應予羅致，不可喪失。仲舒主張用選舉制，補官學出身者之不足。乃建議令州郡，每年選舉秀才孝廉到中央錄用。其言曰：「使諸列侯郡守二千石，各擇其吏民之賢者，歲貢各二人，以給宿衛。」(註三四)選舉之制，文帝時已有之，惟以前選舉方法弊端甚多，且不公平。其言曰：「夫長吏多出於中郎吏二千石子弟，選郎吏又以富訾，未必賢也。」(註三五)而有改革選舉之議。

(四)教學原理

仲舒對教學主張，有個性適應、注意興趣、努力不懈、淨化環境、以及採導生制等。茲分述於下：

1. 個性適應

仲舒認教學須視學習者能力大小，以決定教材份量及教學進度，其言曰：「任多少，適疾徐。」淮南子曰：「太疾則苦而不入，太徐則甘而不固。」（註三六）學習進行，循序漸進。故曰：「造而勿趨，稽而勿苦。」（註三七）

2. 注重興趣

仲舒認教學須考察學生性情，凡天性所好而屬於善者則引導之，凡天性所惡而屬於惡者則除去之。能如此，則用力小，而成功大。故曰：「是知引其天性所好，而壓其情之所憎者也。如是則言雖約，說必布矣；事雖小，功必大矣。」（註三八）

3. 努力不懈

仲舒認學生學習成功，必須努力不懈。故曰：「事在強勉而已矣。強勉學問，則聞見博而知益明。強追行道，則德日起而有大功。此皆可使還至，而立有效者也。詩曰：夙夜匪懈，書云：茂哉茂哉。皆強勉之謂也。」（註三九）故主張嚴格督促學生，修學進德，令其勉強力行，勿使懈怠。

4. 淨化環境

仲舒重視社會環境對教學之影響，認社會無惡事，則環境優良，雖欲爲惡，亦不知所以爲惡，而自然趨於善。故曰：「天下者無患，然後性可善；性可善，然後清廉之化流，然後王道舉，禮樂興，其在此矣。」（註四〇）

5. 採導生制

教育型態之發展，可分爲三階段：即基本型態、班級型態、和企業型態。最早之教育型態爲基本型態，教師與學生面對面接觸，師生關係個別而單線(註四一)。教師爲學生個別講授教材，故所授生徒人數極爲有限。仲舒採導生制，新學者就其弟子受業，不必由仲舒親授。故曰：「下帷講誦，弟子傳以久次相授業，或莫見其面。」(註四二)如此可以大量教育，普及教育。導生制西方國家倡行於十八世紀末及十九世紀初。公元一七九七年，英國國教派僧侶柏爾博士(Dr. Andrew Bell)發表其在印度使用級長教學之實驗結果，此一計劃立爲當時慈善學校所仿用。同一時期，教友派一校長蘭加斯德（Joseph Lancaster)，因學校需助手，而無法支付增聘教員之薪金，乃採用級長制(monitorial system)，一八〇三年始公佈其計劃。此兩計劃，內容相似,故當時對計劃創始人問題，引起激烈爭論(註四三)。而仲舒遠在其一千九百年前，即創此制。馬融、鄭玄相繼效法，西漢私學之盛，此制之倡，關係至大。

四　結語

仲舒專攻春秋公羊傳，爲西漢一代大儒和教育家；然其最大抱負，尚在政治，尤重政治革新。其言曰：「琴瑟不調，甚者必解而更張之，廼可鼓也。爲政而不行，甚者必變而更化之，廼可理也。當更張而不更張，雖有良工，不能善調也，當更化而不更化，雖有大賢。不能善治也。」(註四四)漢書傳贊曰：「劉向稱董仲舒有王佐之才，……向子歆，以仲舒爲羣儒首。」誠非虛語。惜其陰陽五行之說，近於迷信，與其未能一展鴻圖，或不無關係。

附註：

一：范壽康：中國哲學史綱要，開明書局，一二六頁。
二：漢書董仲舒傳。
三：同註二。
四：同註二。
五：漢書本傳對江都易王語。
六：史記列傳董仲舒傳。
七：漢書本傳對膠西王語。
八：同註六。
九：春秋繁露深察名號篇。
一〇：春秋繁露實性論。
一一：同註十。
一二：同註九。
一三：同註九。
一四：同註十。
一五：同註十。
一六：同註九。
一七：同註九
一八：同註九。
一九：同註十。
二〇：同註十。
二一：同註九。
二二：賢良對策。
二三：同註九。
二四：黃建中：中國哲學史講義。
二五：同註十。
二六：春秋繁露玉杯篇。
二七：同註廿二。
二八：同註廿二。
二九：同註廿二。
三〇：春秋繁露仁義法篇。
三一：同註廿二。
三二：同註廿二。
三三：
三四：同註廿二。
三五：同註廿二。
三六：同註廿六。
三七：同註廿六。
三八：春秋繁露正貫篇。
三九：同註廿二。
四〇：春秋繁露盟會要。
四一：田培林編教育學新論一四〇頁。
四二：同註二。
四三：克伯萊著、楊亮功譯：西洋教育史下冊六六二—三頁。
四四：同註廿二。

鄭玄（西元一二七—二〇〇）

賈馥茗

鄭玄（康熙時避玄爲元，故清代版本中多作「鄭元」），字康成，後漢北海高密（後改爲山東省膠州縣）人。順帝永建二年（西元一二七年）生。自幼喜讀書數等學，八九歲時能計算乘除。十三歲攻讀五經、天文、占候，十六歲有神童之稱。及至二十一歲，已博覽羣書，精通曆法、數學、占算。爲尋求名師，先到兗州，從前任刺史第五元學京氏易，公羊春秋、三統歷、九章算數；又到東郡，從張恭祖學周官禮記、左氏春秋、韓詩、古文尚書。後因山東一帶再無名師，聞馬融之名，於是遊學陝西，歷經七年，盡得馬融之學。因母老回鄉，躬耕事親，教授生徒，從學者達千餘人。同時註解經傳，聞名於世。後被徵爲大司農，獻帝建安五年（西元二〇〇年）赴鄴行至元城卒，年七十四歲。

康成樸實好學，自幼已然。十二歲時隨母還家，適值臘會，在座者多爲康成同年輩十餘人，盡皆服飾炫美，語言典雅，獨康成沉默寡言，似乎不能相比。鄭母私下責備，康成答以：「我志不在此。」其時康成爲鄉嗇夫（秦官制，十里爲亭，設亭長。十亭爲鄉，設三老、嗇夫。），職掌查察鄉民善惡，分配徭役，扶助縣國，聽訟，並收賦稅。嗇夫的人選，須廉平而不苛擾百姓，得百姓之歡心，並慰問民間疾苦，以安撫百姓；康成之受鄉里重視可知。然而康成志不在爲吏，反常至學官處研問經傳，鄭父屢禁無效；終於辭去吏職，專心向學。

康成在馬融門下時，因生徒衆多，而採學長制，能升堂直接聽講者不過五十餘人，稱爲高門弟子，其餘則由高門弟子轉而授業。康成在馬融門下三年，未曾得見馬融，而自行苦攻，晝夜不懈。後馬融集合諸生研求圖緯，聞鄭玄精於易數，破格召見於樓上，是爲康成第一次得見馬融。古人計算天體者有三派：一爲周髀，二爲宣夜，三爲渾天。宣夜已失傳。渾天之術，以爲天形似卵，地爲卵黃，天包於地之外，故稱渾天。周髀之術，以爲天似覆盆，中間凸出，四周低下，卽蓋天之說。馬融相信渾天之說。却推解不出，召見鄭玄論及其久算不得的渾天術，康成一算便得，大爲馬融賞識。康成就便請問所積累的疑難問題，得馬融一一解答。由是馬融稱贊康成的學識，並與其高門弟子蔣幹評論，甚至自嘆不如。至康成辭歸時，並執康成之手，勸勉有加。康成走後，馬融與門下弟子說：「鄭生囘鄉，吾道得以東傳了。」馬融本出身貴族，頗有倨傲之意，而且不拘細節，獨對康成賞識，除贊美其學問外，尤重康成的人品。據說馬融在講學時，座後設女樂，以絳帳隔開；康成自得入堂聽講後，數年間唯專心聽講，目不他顧；所以馬融常說：眞心向學而又端方正直者，唯鄭玄一人而已。後來稱教師爲「設帳」或「設絳」，卽由馬融開始。

康成家素貧，由其任吏職可知。囘鄉後卽租田於東萊，躬耕事親。黨禍起後，康成亦被禁錮，至靈帝末年，黨禍解除，方得解禁。後大將軍何進聞康成之名，徵召進京。康成本無意仕進，推辭不行，而州郡官吏迫於何進權勢，強逼起行。及入，何進見康成體貌秀偉，極爲敬重，待以上賓之禮，並授與几杖。康成不肯居官，不受朝服，仍然穿着平民衣裝，對何進却多所勸諫，提供治國之道。及見何進無意採納，遂乘便逃去，復回東萊，躬耕教學度日。

其後羣雄蜂起，袁紹踞於河北，延攬才俊以自重。聞康成之名，遣使辟康成至軍中，並大會賓客，以示優寵。康成最後到，袁紹即延至上座。賓客見康成不過爲一介儒者，而受袁紹如此推崇，不免既藐且妬，故意提出異端百家之說，有意難倒康成。康成一一辯解，溫和有禮之中，不失嚴肅，衆人方才折服。坐客中一人名應劭，亦爲當時名士，向康成說：「先生學識過人，我乃前太山太守應中遠，願拜門下爲弟子，如何？」康成應道：「孔夫子以四科（德行、言語、政事、文學）考校門徒，如顏回、端木賜等弟子，並沒有以官職自稱的。」意在指斥應劭自稱官銜的虛榮，並暗示對尊長自稱其字的不當。應劭大慚。於是袁紹推舉康成茂才，表薦漢帝以康成爲左中郎將。康成不肯就，堅辭回鄉。袁紹乃設宴於城東，爲康成餞行，並命賓客輪流勸酒，欲康成盡醉方能離席。賓客三百餘人奉命敬酒，從早到暮，康成飲過三百餘盞，始終言辭溫和，毫無醉態或失禮之處。

漢末黃巾賊亂起，至於青州。康成避難遷至徐州。徐州牧陶謙對康成優禮有加，備極尊敬，待以師友之禮。時北海太守孔融以爲康成客居徐州，並非長策，屢次敦促康成返鄉。康成遂於建安元年自徐州回高密，途中遇黃巾賊數萬人，方將加害，聞說爲經學大師鄭公，盡皆下拜，並相約不侵犯鄭公鄉里。因而東萊附近，得因康成而未遭黃巾擾害。

自康成初回東萊後，歷經黨錮與黃巾之亂，除避居徐州時，生徒不能相隨而散去，其餘時間，始終躬耕與教學，從學生徒由數百人增至千餘人；其中賢者如崔琰、趙商等，皆學有所成，平日與康成之問答，一部分載在鄭志中。黨錮解除後，弟子益衆，多不遠千里而來。康成教學之餘，專心注經，使古書之謬誤者得有校正，艱澀者得有解釋。古籍得以流傳，康成厥功至偉，其爲漢代大儒，學問道德超出馬融之上，實非偶然。而鄭注古籍，爲研究國學者所依據之資料，亦自有其道理。

康成學問不但有承先啓後之功，其好學的影響，並及於家人奴婢。據說康成家婢女皆讀書，尤其通達毛詩。有一婢觸怒康成，被罰跪在泥地上。另一婢嘲笑說：「胡爲乎泥中（你怎麼會落到泥塘裏）？」跪婢回答：「薄言徒愬，逢彼之怒（一句話說錯，惹惱了他）。」二人都引用詩經語句，典雅而幽默，適被康成聽見，不覺怒氣全消，饒恕了犯錯的婢女。這件事流傳到後來，稱人家婢女常用「康成文婢」爲典。

康成病危時，戒其子益恩說：「我家原本貧寒，數代皆靠人力以謀生。而我自幼好學，棄去謀生的嗇夫職位，幸得父母與兄弟的諒解，得以遊學東西，歷經河北、河南、山西、陝西等地，尋訪有名學者，從而執經問道，受益頗多。因而通達六藝，悉心研討傳記，時常得見珍貴書籍，明悉書數奧秘。四十歲後，才回到鄉里。以賃耕所得，奉事尊親。後因宦官擅權，遭禁錮十四年。遇赦後被舉爲賢良方正，奉徵爲大將軍（何進）三司府，公車再召，與相輔聯名。然我自知不適任公職，寧願講述先賢之學，整理百家殘缺之籍，以竭盡我才，故而數次皆未奉召。至黃巾亂起，又漂泊南北，終於得回故鄉，也已到了古稀之年，健康欠佳。自認雖數十年向學，仍不免有疏失之處。你若能遵守禮典，仍然合乎傳家之道，我已衰邁，家事交你處理。我可安居以養性，深思以終業。除非拜帝命，弔問親友，遊覽風景，不願再出門跋涉。你掌理家務，却無兄弟為你扶助，應力求君子之道，努力不懈；敬慎自持，接交有德之人，自不患不得聲譽；若立志向善，自能建立德行。若能因慎交、敦品勵行而得到聲譽，父母也與有榮焉，必須慎記勿忘。我雖未受官階，却有謙讓之德，以注述而垂益後人，且以未曾貽羞於後輩為滿足。所遺憾者是祖父母墳塋未成。所愛的書籍已敝舊不堪，無法傳予眞正好學之人；今已衰邁，恐無時間以償此願。幸生活已優於昔日，但得勤儉持家，便不致有飢寒之憂。你必須節衣縮食，勿貪圖享受，以增加我的遺憾。」

益恩於孔融為北海太守時，已舉為孝廉。及孔融被困於黃巾，益恩馳救，死於戰亂。益恩有遺腹子，手文與康成相同，因取名為小同，後與康成弟子撰鄭記六卷。

康成所注解的經傳，計有周易、尚書、毛詩、儀禮、禮記、論語、孝經、尚書大傳、中候、乾象歷。又著天文七政、論魯禮禘祫義、六藝論、毛詩譜、駁許慎五經異議、答臨孝存周禮難等約百餘萬言。康成歿後，門生將其答諸弟子問五經，依論語作鄭志八篇。

康成論著雖少，仍可連同其所注各書看出其觀點。如六藝論中對易的解釋：「易者陰陽之象，天地之所變化，政教之所生，自人皇初起。」「易，一名而含三義：簡易一也，變易二也，不易三也。故繫辭云：……易則易知，簡則易從，此言其簡易之法則也。又云為道也屢遷，變動不居，周流六虛，上下無常，剛柔相易；不可爲典，要唯變所適。此言順時變易，出入移動者也。又云天尊地卑，乾坤定矣。卑告以陳，貴賤位矣。動靜有常，剛柔斷矣。此言其張設布列不易者也。」

康成以爲詩是弦歌諷諭之聲。詩譜序疏中說：「自書契之興，樸略尙質。面稱不爲諂，月諫不爲謗。君臣之接如朋友，然在于懇誠而已。斯道稍衰，姦謟以生，上下相犯。及其制禮，尊君卑臣。君道剛嚴，臣道柔順。于是箴諫者希，情志不通，故作詩者以誦其美而譏其過。」

康成所注爲毛詩。對隱晦者加以說明；對說法不同者，便以己意判斷，以便識別。所注尙書，係以馬融所傳者爲本，乃古文尙書，據說原自伏生。古文尙書爲後世學者疑係僞書；其眞僞姑且不論，曾經康成研注則是事實。

康成以爲禮乃是序列尊卑之制，以重敬讓之節。康成所注禮記，稱爲鄭注禮記；注解簡約，而切中奧秘，爲研究禮記者所必讀的資料。

康成解釋春秋意旨說：「春秋者，國史所記人君動作之事。左史所記爲春秋，右史所記爲尙書。」又說：「孔子以六藝題目不同，指意殊別，恐道離散，後世莫知根源，故作孝經以總會之。」

漢朝繼秦喪亂之餘，古籍淹沒散失。儒者受授經學，多本七十子所傳孔子之微言大義。但因師傳不同，文字間不免差別。如三易卽指夏易、商易、周易；三禮爲周禮、易禮、禮記；三詩原爲齊、魯韓，皆失傳，後唯大毛（亨）、小毛（萇），藉鄭玄而得傳；三傳爲左氏（丘明）、穀梁、公羊。傳說者或加以己意解釋，不免謬誤；康成秉其所學，在教授生徒時正誤指舛，故對古籍有存亡繼絕之功。

從他駁五經異義，可看出其學識獨到之處。如：「異義天號第六今尚書歐陽說春曰昊天，夏曰蒼天，秋曰旻天，冬曰上天，總爲皇天。爾雅亦然。古尚書說云：天有五號，各用所宜。稱之尊而君之，則曰皇天。元氣廣大，則稱昊天。仁覆愍下，則稱旻天。自上監下，則稱上天。據遠視之，蒼蒼然，則稱蒼天。謹按尚書、堯命羲和、欽若昊天、總勅四海，知昊天不獨春。春秋左氏曰：夏四月己丑孔子卒，稱昊天不弔，時非秋也。」康成駁曰：「爾雅者，孔子門人作以釋六藝之文，言蓋不誤矣。春氣博施，故以廣大言之。夏氣高明，故以遠大言之。秋氣或殺或生，故以閔下言之。冬氣閉藏而清察，故以監下言之。昊天者，其尊大號。六藝之中，諸稱天者，以己情所求言之，非必於其時稱之。浩浩昊天，求天之博施；蒼天蒼天，求天之高明。昊天不弔，則求天之殺生當得其宜；上天同雲，求天之所爲當順其時。此之求天，猶人之說事，各從主耳。若察於是，則堯命羲和，欽若昊天，孔子卒，稱昊天不弔，無可怪耳。」

又異義云：「公羊說：天子三，諸侯二。天子有靈台以觀天文；有時台以觀四時施化；有囿台觀鳥獸魚鼈。諸侯當有時台囿台。諸侯卑，不得觀天文，無靈台。皆在國之東南二十五里。東南少陽用事，萬物著見。用二十五里者，吉行五十里，朝行暮反也。韓詩說：辟雍者，天子之學。圓如璧，雍之以水，示圓。言辟、取辟有德。不言辟水、言辟雍者，取其雍和也。所以敎天下，春射秋饗，尊事三老五更。在南方七里之內，立明堂於中，五經之文所藏處，蓋以茅葦，取其潔清也。……」康成不以此說爲然，駁之云：「禮記王制、天子命之敎，然後爲學。小學在公宮之左，大學在郊。天子曰辟雍，諸侯曰泮宮。天子將出征，受命于祖，受成于學。出征執有罪，反、釋奠於學，以訊馘告。然則大學卽辟雍也。詩頌泮水云：旣作泮宮，淮夷攸服，矯矯虎臣，在泮獻馘，淑問如臯陶，在泮獻囚。此後與辟雍同義之證也。大雅靈台一篇之詩，有靈台、有靈囿、有靈沼、有辟雍。則辟雍及三靈皆同處、在郊矣。囿也、沼也、同言靈，於台下爲囿爲沼可知。小學在公宮之左，大學在西郊，王者相變之宜。衆家之說，各不昭晳當然，於郊差近之耳，在廟則遠矣。王制與詩，其言察察，亦足以明之矣。」

康成爲經學大師，其所以受重於當時，見稱於後世，從其立身處世、治學與教人，可以看出並非偶然。康成生具才稟，好學不倦，一經立志向學之後卽百折不撓。千里求師，投馬融門下，雖三年不得見，而無改於從學之初衷，可見其向學之誠。公車再召，不居祿位，寧貸田而耕，安守貧窮，可見其守身之堅。數十年以存往聖之絕學、敎後世才人爲職志，可見其以敎育爲己任之高。故其所以爲當時以及天下後世所尊崇者，固然由其終生注述敎學，有功於存亡繼絕，而其堅守不渝不以名利爲意之精神，實足爲學者之典範，亦爲師道之典範。

韓　愈（西元七六八—八二四）

「文人之雄」、理學的先驅者

程運

我國史學家錢穆先生在所著「中國近三百年學術史」中，曾特別指出：研究近代學術，必須從宋代開始；研究宋學，則必須從唐代開始，從研究唐代韓愈的思想開始。他說：「唐之學者，治詩賦，取進士第，得高官，卑者漁獵富貴，上者建樹功名，是謂入世之士。其遯跡山林，棲心玄寂，求神仙，溺虛無，歸依釋老，則爲出世之士。亦有既獲膴仕，得厚祿美名，轉而求禪問道於草澤枯槁之間者。亦有以終南爲捷徑，身在江海而心在魏闕者。獨昌黎韓氏，進不願爲富貴功名，退不願爲神仙虛無，而昌言乎古之道曰：『爲古之文者，必志乎古之道。』而樂以師道自尊，此皆宋學精神也。治宋學者首昌黎，則可不昧乎其所入矣。」

我們知道宋代理學之昌盛，可以說是衰落已久的儒學之復興；而儒學之復興，則在唐代已見萌芽。近人胡適之先生嘗以宋儒的「新孔學」，克服佛教束縛，爲中國文藝復興的起點。而眞可稱爲宋儒「新孔學」亦卽理學的先驅者，當推韓愈。

宋代的學者文人，幾乎異口同聲，對「文人之雄」的韓愈表示一致的推崇。如宋代的理學家石介就曾說：「孔子爲聖人之至，韓吏部爲賢人之至。不知更幾千萬億年復有孔子，不知更幾千百年復有吏部。孔子之易、春秋、聖人以來未有也。吏部原道、原人、原毀、佛骨表，自諸子以來未有也。嗚呼，至矣。」（徂徠集尊韓）又如宋代的蘇軾，平生自視頗高，但在其所作「潮州韓文公廟碑」中，獨推尊韓愈「匹夫而爲百世師，一言而爲天下法」。並指出從東漢以來，聖道淪喪，文風敗壞，佛老的邪說都流行起來。雖經唐朝貞觀、開元的盛世，有房玄齡、杜如晦、姚崇、宋璟等名臣的輔佐，也不能挽救；惟獨平民出身的韓文公，在談笑裏領導了大衆，天下的人就跟隨了他，重歸正路，到現在已經三百年了。他的文章，振起八代衰頹的文風；他的道理，拯救了天下人的沉溺；他的忠心，不怕觸怒皇帝；他的勇氣，能制伏三軍的統帥。這難道不就是能參與天地造化，關係天下盛衰機運，表現了浩然正氣嗎？對韓愈眞是推崇備至。再由於當時在政治上學術上都具有崇高地位的歐陽修出來鼓吹，尹師魯、梅堯臣、王安石、曾鞏等的推動，韓文遂大行於世，達到「天下學者非韓不學」的盛況。從宋儒的著作中，我們到處可以看到韓愈對他們的重要影響。正如新唐書「韓愈傳」中所說：學者敬仰他，好像羣山仰望泰山，衆星圍繞北斗星一樣。（參見新唐書卷一七六列傳第一〇一）

淒涼孤苦、顛沛流離

韓愈字退之，生於唐代宗大曆三年（西元七六八），他的原籍是河內修武（卽今河南南陽縣），先世曾居昌黎，所以也自稱昌黎人。三歲就父母雙亡，依靠着哥哥及嫂嫂鄭氏撫養。七歲就知道努力學問，出口便成文章。十一歲時，他哥哥因爲宰相元載得罪了朝廷，受到連累，貶官嶺南。他跟着哥哥嫂嫂遷徙到南方。十五歲時，他的哥哥死在韶州刺史任內，韓愈跟着嫂嫂，帶着哥哥的靈柩，萬里奔波，歸葬中原。又值中原多事，兵慌馬亂，全家又遷居到宣州（卽今安徽宣城）。命途坎坷，歷盡艱苦，一直過着顛沛流離的生活。

韓愈有三個哥哥，都不幸很早就死去；承接先人血脈的只有韓愈和他的侄兒十二郞。「兩世一身，形單影隻」（韓昌黎全集第二十二卷），淒涼孤苦的身世，顛沛流離的環境，更激發他刻苦自修、好學不倦的毅力。終於讀通了六經及諸子百家之學。

焚膏繼晷、兀兀窮年

韓愈曾在他「進學解」一文中，借學生的口氣說出他在治學方面所下的工夫。說他嘴裏不停地念着六經的文章，手裏不住地翻閱着諸子百家的書籍；記事的書一定要抓住綱要，言論的書一定要探求深意。「貪多務得，細大不捐」，是說他學不厭；「焚膏油以繼晷，恆兀兀以窮年」（見全集第十二卷），是說他非但白天苦讀，夜裏還要點油燈繼續用功，積年累月、努力不懈。

他在「答李翊書」中勉勵他在治學作文上下工夫，希望他能達到古人立言境地，不要企望趕快成功，不要爲權勢利祿所誘惑。要像種植果樹，施肥養根，等待它結果；像點油燈，加上油，期望它發光。他說樹根深厚的，果實一定豐美；燈油充足的，發光一定明亮。仁義的人，言論必定溫和淳厚。

他謙稱他自己也不知道他的工夫到家了沒有，不過他總算孜孜不倦的已埋頭學習了二十多年。當初，「非三代兩漢之書不敢觀」，「非聖人之志不敢存」（見全集第十六卷），在家忘掉一切，出外忘掉道路，專心苦讀思索，寢饋於古代的典籍之中。當搜索心思拿筆寫文章的時候，只求盡力躲開陳陳相因的濫調，開始時眞是很吃力，很難做到；在寫出來給人看的時候，常常受到別人的譏笑，卻不知道這是譏笑。這樣經過好些年，仍然不改變初衷，然後認識了古書裏的正道與邪說，和那雖屬正道但不純粹的，都像黑白兩種顏色那樣明顯易分了。再盡力剔除不純粹的，慢慢就更有所得了。於是他搜索心思拿筆寫文章，文思就像水流般湧出來了。寫出來給人看，有人鄙笑他，他就很高興；讚美他，反而使他憂慮，因爲他擔心文章裏還有迎合流俗討人喜歡的地方。這樣又經過好些年，然後下筆如江河流水般滔滔奔放了。他又恐怕還有駁雜的地方，再就勃發的文思，排除其不合於道的，平心靜氣地去考察，直到完全純粹了，然後充分發揮。還要在道德學識上有所涵養：立身行道方面，要走仁義的路；讀書明理方面，要從六經中探索其來源；並且要終身努力，在治學作文上用深厚工夫，才能有所成就。

韓愈的文章議論嚴正，規模宏大。邵博在河南邵氏聞見後錄卷十四中指出：「韓退之之文自經中來。」方東樹在昭昧詹言中也說：「文字要奇偉，有精采，有英氣、奇氣……但奇偉出之自然乃妙……此存乎其人，讀書深，志氣偉耳。若專學詩文，不去讀聖賢書，培養本源，終費力不長進。如韓公便是百世師。」這就是韓愈自己所講的「閎其中而肆其外」（語見進學解）「行之乎仁義之途，遊之乎詩書之源」（語見答李翊書）的意思。

操行堅正、鯁言無所忌

韓愈因爲讀書多，所以見事多，理足而識見有主，下筆爲文，遂能淺深反正，四通八達。韓愈爲學作文，更注重養氣：胸懷浩然，則能行乎其不得不行，言乎其不得不言，言行完全出乎眞誠。不徒托之以空言，且能見之於行事。持身立朝，乃能表現高風亮節，直言敢諫。新唐書本傳說他「操行堅正，鯁言無所忌」。人家講他的壞話，毀謗他，也不懼怕，好幾次得罪了執政，觸怒了皇帝，被貶官、被放逐，到蠻荒遠地亦不懊悔。韓愈就是這種不僅能知「道」，而且眞能切實行「道」的人。

唐德宗貞元八年（西元七九二），韓愈考取了進士，時年二十五歲。因爲生性耿直，不善奔競，直到三十一歲才得到入仕的機會。在做監察御史、職方員外郎、中書舍人的時候，前後三次貶官，都是因爲上疏奏陳政事，與朝廷議論不合而獲罪。在憲宗朝，上表論佛骨，出言亢直，氣勢磅礴，忘一己之利害，置生死於度外，義之所在，則強立而不回，這是因爲他平日集義養氣，所蓄深厚，才能達到此一境地。

韓愈在「答李翊書」中又說：氣像水，言論就像漂在水上的東西。水大了，那麼能漂的東西不論大小都會漂了起來。氣和言論的關係也是這樣：氣要是盛，那麼言論不論長短，聲音不論高低，都會恰當。雖是這樣，他自己還不敢說已接近圓滿成功的地步；即使接近成功，爲人所用，又有什麼可取的地方呢？不過，希求別人拔用，則必須迎合人的喜惡，自己好像是被動的器物，用與不用，完全操在別人手裏。君子却不是這樣，君子居心有一定道理，行爲有一定規矩；用他，就把大道行於世人；不用他，就把道傳給學生，或著書立說，留爲後人的模範。韓愈指出：當世學古文的人很少；立志學古文，就必被遺棄於今世。他眞喜歡這種人的志願，而悲哀這種人的遭遇。他所以常稱讚這種人，是勸勉他、鼓勵他的意思。(參見答李翊書)

韓愈在另一篇文章「進學解」中指出，從前孟軻長於雄辯，孔子的道因此昌明，可是他遊遍天下，奔走到老也沒有人用他。荀卿守着正道，發揮偉大的議論，爲了逃避讒言到楚國去，最後丟了官死在蘭陵。這兩位大儒，說出話來就是經典，一舉一動都可以讓人效法，且超過常人，達到聖人的境界，可是他們一生的遭遇却是如此。

上面韓愈所說的「言」與「文」，實在就是「道」，就是「理」。理直則氣壯，道盛則氣盛，氣盛則文昌。立志學「文」的人，也就是立志行「道」的人，這種人既不肯少貶其道以迎合時俗，更不肯自毀其道以盲從邪說。這種人服官受到貶黜，被投閒置散，原是本份，是理所當然的。所以韓愈能够屢挫不屈，不怨不悔。

特立獨行、舉世非之而不惑

韓愈在伯夷頌中曾說：「士之特立獨行，適於義而已，不顧人之是非，皆豪傑之士信道篤而自知明者也。一家非之，力行而不惑者寡矣；至於一國一州非之，力行而不惑者，蓋天下一人而已矣；若至於舉世非之，力行而不惑者，則千百年乃一人而已耳。若伯夷者，窮天地、亘萬世而不顧者也。」把伯夷推尊到比「作爲萬世標準的聖人」更上一等，眞可說是「推崇備至」的了。曾國藩在求闕齋讀書錄中指出：「舉世非之而不惑，此乃退之生平制行作文之宗旨，此自況之文也。」這實在是眞正了解韓愈志節與文章的人所講的話。

在韓愈以前一般人所寫的文體，大都注重辭賦及駢體文，文體呆板，多拘偶對，使作者的思想受到束縛，而且文格綺豔，陳陳相因。韓愈起來倡爲「古文」，解除束縛，恢復自由，改極呆板的駢文，爲較活潑的散文，表面看來是「復古」，實際是一種「革命」。由於韓愈不願迎合流俗，所以受盡別人的非笑。韓愈認爲作文「若與世沈浮，不自樹立，雖不爲當時所怪，亦必無後世之傳」（見答劉正夫書）。故豪傑非常之士，「信道篤而自知明」（見伯夷頌），不肯隨俗浮沈，以邀一時之譽。寧願寂寞當時，但求流名於後世。

韓愈雖好讀古書，學古人，但不爲古書所迷，更不讓古人牽着他的鼻子走。能「卓然不丐於古而一出諸己」（宋景文語），能盡力躲開陳陳相因的濫調，能溫故而知新，更能融古而創新。他諫佛骨之對人主的忠心，是人臣中少有的；他趨賊營宣撫王廷湊的勇敢，也是同僚中少有的。他講一般人所不敢講的話，作一般人所做不到的事，特立獨行，信道守道，確已達到「舉世非之而不惑」的境地。

以道弘文、以文貫道

韓愈在所著「原道」一文中指出：博愛叫做仁；做事合宜叫做義；照着仁義做叫去做道；修養自己的天性圓滿，無求於人叫做德。他又指出：他所講的道德，是合仁義來一起說的。也可以說韓愈所言之道，是仁義，是修己以安百姓，是不離乎人倫日用之間的。進一步講：韓愈所講的道，就修養說，則是正心誠意，以至修齊治平；就人生說，則是綱紀倫常，養生送死；就政治說，則是禮樂刑政，風俗教化；這就是孔子所講「道不遠人」（中庸第十三章）的意思。

韓愈在「題歐陽生哀辭後」一文中曾說：「愈之爲古文，豈獨取其句讀不類於今者邪，思古人而不得見，學古道則欲兼通其辭。通其辭者，本志乎古道者也。」（全集二十二卷）韓愈的意思是說：他是因爲好古道而爲古文，並不是爲古文而後好古道。這乃是「以道弘文」的意思；也就是「誠於中則形於外」，道盛則氣盛，氣盛則文昌的意思。

韓愈的女婿李漢，在昌黎先生集序中說：「文者，貫道之器也，不深於斯道，有至焉者不也。」

這不僅是說文章的好壞與入道的深淺有密切的關係，而是說「文」與「道」是一以貫之的東西。說「以文貫道」，與「以文明道」，及「以文載道」，有極大的距離。「以文明道」是說文章可以明道教人，可以記事傳世，是發揚道德的工具；文章的醇駁，看它見道的多少而有差別。「以文載道」則其境界較「以文明道」更深一層，是說文章要能直趨聖人之大道，能窺大道之全，乃可以言「載道」。「以文貫道」則又深一層，是說文道一貫，文以道爲內容，道以文爲形式，二者已發生不可分的關係，再進一步就可漸漸達到「文道合一」的境地。

古時候的聖人，能體道於身。道充於中，事觸於外，形乎言而成文。宣之於文，發之於功名事業，無非爲其道之外見。故其文卽道，其道卽文。韓愈一生學道好文，二者兼營：「行之乎仁義之途，游之乎詩書之源」，能約六經之旨以成文；其立身行事，出處進退，又能一合乎道；文以行立，行以文傳。所以宋朝的歐陽修說：「昔孔、孟惶惶於一時，而師法於千萬世；韓氏之文，沒而不見者二百年，而後大施於今，此又非特好惡之所上下；蓋其久而愈明，不可磨滅，雖蔽於暫，終耀於無窮者，其道當然也。」（記舊本韓文後）

以師自任、以道自任

韓愈作「師說」一篇，一開始卽說：古代求學問的人一定有老師，老師是傳道、授業、解惑的人；人不是生來就知道一切道理的，誰能沒有疑惑呢？有疑問不去跟老師學習，他的疑問就永遠不能解決了。

韓愈認爲：比他年歲大的，理解道比他早，他就跟着學；比他年歲小的，如果理解道也比他早，他也跟着學。他師法的是道、那裏管年歲比他大還是小呢？所以不管是富貴還是貧賤，是年長還是年幼，道在那裏，老師也就在那裏。

韓愈接着指出：由於師道之不傳，所以人多不學；一般人愛其子，故擇師而敎之，可是臨到他自己却見理不明，以找老師爲可恥。韓愈又指出：巫醫百工不恥相師，可是士大夫求師，則羣聚而非笑之；孔子大聖尚說「三人行，必有我師焉」（論語述而），而多方求師；士大夫不求師，則由於不知術業有專攻，不明見賢思齊的道理。

韓愈說：「師者所以傳道、受業、解惑也。」（見全集第十二卷師說）照曾國藩的解釋；傳道是傳修己治人仁義倫常之道，受業是受古文六藝之業，解惑卽指解此二者之惑。敎師的目的在明道、傳道，而道不外乎明五倫。師之名，雖不列於五倫之內，而五倫之名，實賴師以明。無師則亦無五倫，道不外乎明五倫，而五倫之外，別無所謂道，所以說「道之所存，卽師之所存也」。

柳宗元在「答韋中立論師道書」中指出：孟子曾說過，「人的毛病，在喜歡做老師」。從魏晉以後，人更不重視老師。現代沒聽說有作老師的；有了，大家就譏笑他，以爲是瘋子。只有韓愈奮然不顧時俗，冒着人家的譏笑侮辱，招收後進學者，發表「師說」，板着臉孔，要做老師。社會上果然有許多人奇怪，手指目視，一起責罵他，把他作爲談笑的資料。韓愈因此得了個「瘋子」的名號。

韓愈所以「召鬧取怒」，「抗顏而爲師」，並不是他「好爲人師」。他的「以師自任」，一方面是他不願隨俗浮沈、迎合時下的風氣，而要移風易俗，行古道，「獨爲所不爲」；一方面是他「古道熱腸」，基於對靑年後進的愛心與責任心之驅使，因此他要「以師自任」「敎之以相生相養之道」。所以韓愈「以師自任」的主旨，還是爲了傳「道」。他在「師說」中所講「弟子不必不如師，師不必賢於弟子」，仍是「聞道有先後」，「以道爲主」的說法。

韓愈卒於唐穆宗長慶四年（西元八二四），享年五十七歲。韓愈的學生皇甫湜，在所作「韓文公墓誌銘」中，說他爲人坦白明朗，胸無城府；宗族姻親朋友故舊不能自立的，穿衣吃飯嫁女娶妻治喪埋葬諸事，完全靠他幫忙。平日在家裏，就是睡覺吃飯也要帶着書，累了當做枕頭，吃飯用來提口味。講解論說，孜孜不倦，如此磨鍊學生，還恐怕不够完美。又用幽默的笑話及吟咏詩歌的方式來舒暢精神，終要想盡方法，使學生陶醉在義理裏，忘了回去。

在韓愈侄女婿李翶所作韓公行狀中指出：韓愈幼年由嫂鄭夫人撫養長大，嫂死之後，他穿一年喪服，以報答她的撫育之恩。在他所作祭鄭夫人文及祭十二郎文中，我們可以在字裏行間體會到他的哀慟，體會到他對家人的深厚的感情。他待人誠懇，與人相交，始終不變；於後進則愛護備至，提掖有加，惟恐失其成就，這就是「修身以道」、「修道以仁」（中庸第二十章）。他所說的「道」，不僅表現在他的言論上、他的文章上，也表現在他的性情之中，表現在他的立身行事上。

韓愈在所作「原道」一文中指出：他所講的這個道，由唐堯傳給虞舜，虞舜傳給夏禹，夏禹傳給商湯，商湯傳給周文王、武王、周公。周文王、武王、周公傳給孔子，孔子傳給孟軻；孟軻死了。就沒有人得到眞傳了。韓愈雖未明言「道統」由他而傳，而「以道自任」之意、則隱然可見。

文彥博、杜牧都說過：稱孔子之德，莫如孟子；稱孔子之尊，莫如韓愈。（參見樊川集及文潞公集絳州新修至聖文宣王廟碑記）我們假如說孔子之道，由孟子、韓愈之闡揚而益爲昌明，則是毫無疑問的。孟子距楊、墨而道以之傳；韓愈排老、佛而道亦因文以見。自孟子以後，韓愈以前，雖不乏尊孔孟，或闢佛老者，但可以說，其影響的深遠和鉅大，沒有一個人可以比得上韓愈的。

張植珊

張載（西元一〇二〇—一〇七七）

宋代諸子的思想，多尊儒家爲正統，但又融和了儒、道、佛三家的精髓，蛻變出異於道、佛的理學，開漢代以後思想統一的新時代與新境界。而締造這種局面的雖有前人的默默拓荒，但不可忽視的苦心耕耘者，卻是邵康節、周濂溪、張載、程明道、程伊川等「北宋五子」；其中眞正能夠把儒家大道理發揚開來的，應首推張載。

平凡而偉大的生平事蹟

張載字子厚，世居大梁（今山西省天鎮縣東北），寄籍於鳳翔府郿縣的橫渠鎮（今陝西省岐山縣東南），後世人尊稱他爲橫渠先生。他生於宋眞宗天禧四年（西元一〇二〇年），死於宋神宗熙寧十年（西元一〇七七年），論輩份他是二程兄弟的表叔，論年齡他和邵、周都屬同一時期的學人，而且他們五個人又都曾彼此見面談論過學問。

他少年志氣昂揚，才華橫溢，尤其好談用兵道理。在十八歲那年，他書謁范仲淹，暢論世局，並表白抱負，很得到賞識。范仲淹看他是俱有潛力的才俊之士，就指點他多讀中庸一書。受了這番鼓勵，使他醉心於眞理的追求；後來又研究佛老思想，反覆窮求，苦無心得，所以又轉而探討六經要義。

這時他已到京師，跟從他的門徒逐漸增多。他坐在虎皮上講學（講易經），傳爲佳話，就是後來「臯比」（虎皮）沿用爲講座之稱的典故。直到他和二程兄弟（明道、伊川）見面談論起易理的精奧，恍然自感所見之貧乏，卽時中輟講學，並且誠懇地告訴學生們說：「我所研究的易經，遠不及程家二兄弟的廣博深入，希望大家多跟他們學去。」這是何等虛心謙讓的襟懷。也正因此，他盡棄異學，潛心於儒家經籍的研修。

爲了實踐儒家的理想，他曾在三十七歲那年，考中進士，奉派爲雲巖縣令，在任內大大地經營一番，以「敦本善俗」爲施政目標，標榜孝悌尊老的精神，致力於倫理崇法社會的實現；爲時不久，果然政通人和，謳歌四起。他後來升調爲崇文院校書的官，因爲當時正是王安石厲行新法，他不願捲入新舊派黨爭的漩渦，於是託病罷官，靜居於終南山麓，鍥而不舍地繼續他思想學問上的鑽研工作。

宋代學者起初研究的經學，偏重於義理修養，故稱「宋學」。但由經學一變而爲理學，則是儒家思想的一大變革。當時理學約分濂、洛、關、閩四派。濂學以周敦頤爲代表；洛學屬程氏兄弟；閩學以朱熹爲重；關學當推張載。

張載的思想，概括言之，是「以易爲宗，以中庸爲的，以禮爲體，以孔孟爲極」。並深信周禮必定可以施行於後世。他常以「爲天地立心、爲生民立命、爲往聖繼絕學，爲萬世開太平」自任。其思潮澎湃、氣勢高昂，堪稱一代哲人。他的思想散見於東銘、西銘、正蒙及橫渠易說等書中。正蒙的精華來自易經；西銘的內容，多本於中庸；而以孔孟的仁爲主。至於東銘，則是戒戲言戲動與過言過動而作的。

一本萬殊的宇宙論

在「正蒙」一書中，可以窺見他對宇宙現象分析的全貌。他以「太虛」二字代表宇宙的本體，認爲太虛本是無形至靜而又和諧的狀態，但有它凝散的動力，就是自然的「大氣」。當它凝聚時，就成了形形色色的萬物，所以萬物只是太虛變化時呈現出的容貌而已。至於萬物分散之後，這些「大氣」像冰溶於水似的，回歸於本體，還原於太虛。憑着氣的規則循環，構成了宇宙的生成和變化。由此看來，太虛是含有永恆的活動性，由陰陽會合冲和而成各種現象。因而又稱之爲「太和」。現象雖有不同，來源却是一致的。他說：「造化所成，無一物相肖者，以是知萬物雖然，其實無一物無陰陽者，以是知天地變二端而已。」又說：「兩不立，則一不可見；一不可見，則兩之用息。兩體者虛實也、動靜也、聚散也、清濁也，其究一而已。」由此可知：太虛是「一本」，聚成萬物後成「萬殊」，再回歸於太虛。張載認爲宇宙就是這樣「一本萬殊」而生生不息，周而復始的循環變化。

天道性心的人性觀

張載的人性論，也是根據宇宙論而來，他以爲太虛既有凝散的動力，它的凝聚使萬物生成，人也是萬物之一，所以人也是太虛所凝聚而成的。由於太虛有陰陽清濁之分，所凝聚成的人，其氣質性心，也有賢愚善惡的不同。所以他對天、道、性、心四者的解釋，也是不脫其宇宙論的色彩。他說：「由太虛有『天』之名，由氣化有『道』之名，合虛與氣有『性』之名，合性與知覺有『心』之名。」張氏認爲宇宙之間，只有太虛循自然方式而運行，所謂天、道、性、心，都是由太虛所繁衍孳生而來的。太虛因有機靈，故能知覺外界，知覺外界又是心的作用。所以心是觸物而生的。張氏對心、性、情三者又作區別，認爲所謂心，應指我們精神界全體的總名稱；所謂性，就是指心的本體；所謂情就是心的發動。所以他說：「心，統性情者也。」他又說：「有形則有體，有性則有情，形而後有氣質之性。也就是說太虛基於凝聚所成的萬物，屬於純粹至善的狀態，叫做「天地之性」。但太虛凝成的人，因有賢愚善惡不同，故稱「氣質之性」。以上他提出之「天地」「氣質」兩性學說，且把天、道、性、心四者連貫起來，故對學術貢獻甚大。

民胞物與的仁者胸懷

張載在西銘中，對爲人之道，說得非常透徹。他以爲宇宙萬物都是天地所生；天就是父，地就是母，我們的軀體性能無一不是天父地母所給與的。因此所有人類和每一個小我之間，應該屬同胞兄弟般的關係，就是萬物和每一個小我也是相依爲命的。所謂「民吾同胞，物吾與也」，應該彼此愛護幫助。大家既是同根而生，理當休戚相關，彼此友愛。至於那些鰥寡孤獨殘廢等的不幸人們，就好比是我們的哀苦無告的弟兄，應該給予特別關懷照顧。至於富貴榮華的福祉，算是天地賜予我們的優遇；而貧賤憂戚，僅是天地給予我們的考驗。「生」和「死」只是「順境」和「安息」同一回事的兩面而已。他這種民胞物與天人合一的襟懷，畫出了標準人格的典型，簡直把儒家的「仁」光大發揚起來，供後人效法追隨。所以他論爲人之道，認爲：「心能盡性，人能宏道，性不能檢其心，非道宏人也。」又說：「天地合德，日月合明，然後能無方體；能無方體，然後能無我。」意卽爲人必須盡性宏道，變化氣質，祛除私慾，始能到達無私忘我的境界。至於爲學之道，則強調：「學者當立人之性。仁者人也，當辨其人之所謂人，學者學所以爲人。」亦卽學貴修身之意。其終極目的在於達到「仁」的境界。

行仁濟世的教育理想

前面說過，張載在論及人性時，最後提起的變化氣質問題，完全根據他宇宙論的一貫思想研究開來。因爲人具有氣質之性，氣質之性與天地之性不同，天地之性是和諧的至善的自然性，而氣質之性當中包涵有可善可惡、能善能惡的因素。變化氣質的目的，在於存誠去僞、存善去惡。至於怎樣變化他的昏、濁、劣、惡、趨向於良善純全，那就必須內外兼施：一方面要知禮，一方面要虛心。所以他說：「爲學大益，在能變化氣質，不爾，則卒無所發明，不能見聖人之奧。」又說：「居仁由義，自然心和體正，更要約時，但拂去舊日所爲，使動作皆中禮，則氣質自然全好。」難怪程伊川讚美他說：「子厚以禮教學者最善，使學者先有所據守。」變化氣質僅能說明是張載教育理想中的消極目的。至於他的積極目標應該在於求仁爲主，以達到仁的境界，實踐聖人的道理。他深感秦漢以後學者，最受詬病的，在於「知人而不知天，只求做賢人，而不求做聖人。」所以他總是告誡學生「學必如聖人而已」，「學以修身，所以爲仁」。他鼓舞大家朝向做聖人的大道去實踐，把修身爲仁作爲爲學求道的最高目標。

他認爲大丈夫要爲天地宏揚眞理，爲人類謀求福祉，爲往聖先賢承繼將要中斷的學術思想，爲爾後代代子孫開啓萬世太平的時代。這是多麼令人崇仰的抱負。從而我們知道張氏的整個思想體系中，充滿了尊天立人、善羣濟世的內聖外王的思想。

訓教合一的教育方法

張載主張的教育方法，歸納起來可以分爲下列幾點：

一、實踐生活規範：他認爲世間事事物物都有一定的秩序，維持其週行不息運轉。而禮就是自然的秩序，用以規範人們的生活言行。因爲人的氣質有善有惡，必須倚賴禮的力量，以便去惡存善。所以他常常告誡學生，日常生活必須合乎禮的要求。他說：「學者捨禮義，則飽食終日無所猷爲，與下民一致；所事不踰衣食之間、燕游之樂爾。」他認爲禮是變化氣質，祛除世俗惡習擾身的最好方法，所以又說：「某所以使學者先學禮者，只爲學禮，則便除去了世俗一副常習纏繞。」因此學禮成爲張氏教育主張的第一要點。其實張載的禮，就是我們今天所倡導的生活規範，學禮就是要實踐生活規範。

二、注意常規訓練：他認爲良好習慣的養成，要在幼年時期卽當開始注意，使不至浸漸敗壞。所以他說：「蒙以養正，使蒙者不失其正，敎人者之功也。」就是提示爲人師者，務必注意兒童的常規訓練。

三、強調因材施敎：他說：「敎人者必知至學之難易，知人之美惡。知至學之難易，知德也；知其美惡，知人也。知其人且知德，故能敎人使入德，仲尼所以問同而答異以此。」假使敎師平時都能注意分析敎材的深淺難易；又能洞悉學生個別差異與興趣。就能知道怎樣去從事敎學的活動了。

四、抱持懷疑態度：抱持懷疑態度是現代敎育學者的主張，也是科學求證的基礎。其實距今九百年前的張載，對此早有論見，他認爲存疑是治學的基本態度。有了懷疑，才能促使不斷的思考，能思考自必更有心得。所以他說：「所以觀書者，釋己之疑，明己之未達。每見每知所益，則學進矣。於不疑處有疑，方是進矣。」進而又說：「在可疑而不疑者，不曾學，學則是疑。」眞是中肯之言。

五、培養集中注意：張載的淸心、主靜，可以說都是主張集中注意的意思，所以他說：「心淸時常少，亂時多。其淸時，則視明聽聰，四體不待拘束，而自然恭謹，其亂時反是。」他又以爲心理淸平，毫無掛慮憂忿的時候，就能專心致志，最後達到公平的境界。所謂公平，卽是明辨事理是非曲直而不差。也就是頭腦最理智最淸醒的時候。

六、主張博文約禮：讀書可以明禮，溫故可以知新，鑑往可以知來，熟習可以生巧；往聖先賢的言行教訓，正可以啓導學子們的德術兼修。所以他說：「博文約禮，由至著入至簡；溫故知新，多識前言往行以畜德。」

承先啓後的民族哲人

綜上所述，張載的學說思想，對後世具有影響價値者頗多。爰舉一二以證之：

第一、他提出「天地」「氣質」兩性之說，並主張用禮去節制氣質的性，使惡的氣質，變爲善的氣質。於是調和了孟子的性善和荀子的性惡，一方面使儒家思想的綿延光大，接承重要的棒；一方面爲人師者提示了教育變化氣質的要途。正如朱熹說過：「氣質之說，極有功於聖門，有補於後學，前此未曾說到。」

第二、他的教育理想在於「爲天地立心，爲生民立命，爲往聖繼絕學，爲萬世開太平」。而其爲學宗旨，在於「以易爲宗，以中庸爲的，以禮爲體，以孔孟爲極」。教授學生，不但以學古力行爲主，且「所至捜訪人才，惟恐失其成就」。這完全由於他的民胞物與精神所發揮出的愛心，有以致之。至於他所倡導的教育方法，諸如蒙以養正、清心寡慾、問同答異、學則是疑、溫故知新等，幾與近代教育學說完全相符。

總之，張載悲天憫人的理想，與治學的方法，對宋代學風之樹立產生極大的影響，其成就實已凌駕二程之上，對後世教育尤有啓示作用。

程顥、程頤（西元一〇三二—一〇八五）（西元一〇三三—一一〇七）

伍振鷟

一　引　言

禮記學記中有一段話說：「凡學之道，嚴師爲難；師嚴然後道尊，道尊然後民知敬學。」由此可見，師道與教育的關係實在極爲密切；甚至可以說：教育的成敗決定於師道的是否尊崇，亦不爲過。在我國歷史上，舉凡尊師重道的時代，必定學術興盛，國運昌隆；反之師道凌替，亦便學術停滯，國

程顥

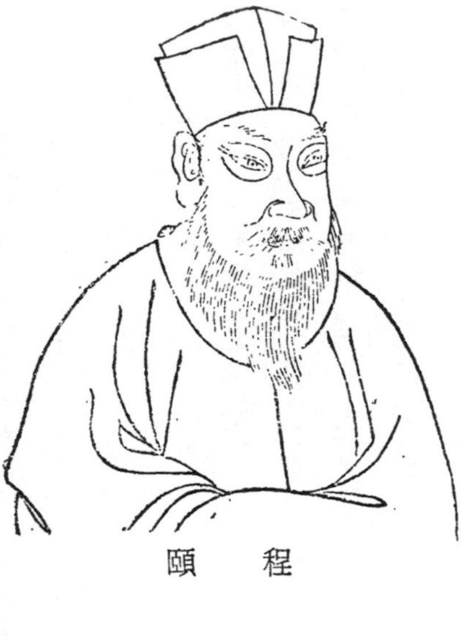

程頤

勢不振。我國教育史上一件有代表性的師道的事例——河南二程子（大程子明道程顥，小程子伊川程頤），槃槃大儒，足為尊師重道進其一解。

二　生　平

歷史上兄弟二人在學術方面同有成就，並為一代宗師，且又對於後世學術思想的發展有巨大而深遠的影響的，恐怕只有中國的河南二程夫子。程氏兄弟生當於北宋仁宗明道年間，正值理學（又名道學，亦稱性理之學）昌盛之際。北宋理學有濂、洛、關、閩四大派，而程氏兄弟即為洛學的領袖。據宋史道學傳、宋元學案的明道學案及伊川學案、伊洛淵源錄、明道先生行狀、暨伊川先生年譜諸書所載，明道及伊川兄弟二人的生平事蹟，略如左述：

明道生平：先生姓程，名顥，字伯淳。生於宋仁宗明道元年（西元一〇三二年），卒於神宗元豐八年（西元一〇八五），享年五十歲。幼誦詩書，強記過人；十歲能為詩賦；年二十一中進士第；調官京兆府鄠鄉主簿。嗣先後任江寧縣上元縣主簿、攝通事，澤州晉城令，所至有治績。神宗熙寧年間，呂公著薦為太子中允，權監察御史；極為神宗所重。時值王安石為相，與先生不合，乃出點京西刑獄。先生固辭，改鎮寧軍節度判官事。又遷太常丞，知扶溝縣。哲宗立，召為宗正丞，未行而卒。

伊川生平：先生名頤，字正叔，明道先生之弟。生於仁宗明道二年（西元一〇三三年），卒於徽宗大觀元年（西元一一〇七年），享壽七十有五。幼有高識，非禮不動；年十四五，與兄明道同受業於周濂溪。弱冠遊太學，受知胡安定（名瑗，字翼之）（註）。處以學職，鄰齋呂原明首以師禮事之；既而中進士。哲宗元豐八年，司馬光、呂公著上其行義於朝，授汝州團練推官西京國子監教授；尋召赴闕，充崇政殿說書。紹聖年間，以黨論放歸田里，復竄涪州。元符三年，徽宗卽位，赦歸還洛。崇寧二年，復隸黨籍；遷居龍門之南，四方學者，相從不捨。大觀元年、卒於家。

三　學問見解

明道與伊川雖屬親生兄弟，並同爲洛學的領袖，但二人在學問的成就與有關的見解方面，却不盡相同。據後人的批評，在學問的規模上，明道是自然和平，天人一體，以高明之資勝；而伊川則系統周密，內容詳盡，以學問之功顯。如劉蕺山說：「小程子大而未化，然發明有過於其兄。」（宋元學案序錄）又黃百家說：「大程德性寬宏，規模濶廣，以光風霽月爲懷；二程氣質剛方，文理密察，以峭壁孤峯爲體。」（明道學案附錄）都是此意。

談到明道與伊川兄弟二人在學術的主張方面有所不同的地方，析而言之，約有以下幾點：

（一）**理氣問題**：中國哲學史上第一部討論有關陰陽道器的著作爲易經。易繫辭有謂：「形而上者謂之道，形而下者謂之器。」又說：「一陰一陽之謂道。」道乃是宋明理學家說理氣問題的依據。宋代理學家關於理氣問題的討論，由周濂溪開其端；濂溪在太極圖說中以道（卽理，濂溪稱之爲太極）爲形而上者，氣爲形而下者，倡理氣二元之說。程氏兄弟二人關於這個問題的見解，伊川同於濂溪，如說：「離了陰陽更無道，所以陰陽者是道也，陰陽氣也；道是形而上者，形而下者則是氣也。」（遺書伊川語一）而明道則另有不同的說法，如他說：「繫辭曰：『形而上者謂之道，形而下者謂之器。』又曰：『一陰一陽之謂道。』陰陽亦形而下者，而曰道者，惟此語截得上下最分明，元來只此是道，陰陽亦形而下者。」（明道語一）由此看來，明道與伊川雖同以陰陽爲形而下之氣，但明道認爲形而上之道理卽在形而下之氣之中，而伊川則主張「所以陰陽者是道也」，卽在形而下之氣之外，尙有一個所以陰陽的形而上之道。所以他們兄弟二人在理與氣的問題上，顯有一元與二元不同的主張。

（二）**人性問題**：性理之學，亦名道學，或稱新儒學；新儒學以恢復孟子以後失傳的儒家學說爲宗旨。儒家的正統人性學說，以孟子的性善論爲代表。但兩宋的性理學家（主要爲程朱學派）對於孟子的性善主張，却有所補充與修正；而提出這種補充與修正意見的，就是二程兄弟的「天命之性」與「氣質之性」的說法。明道與伊川均主張人在「天命之性」之外，尙有所謂「氣質之性」，如說：

「生之謂性，性卽氣，氣卽性，生之謂也。」（二先生語一）

「人生氣稟，理有善惡，然不是性中元有此兩物相對而生。有自幼而善，有自幼而惡，是氣稟有然也。」（同右）

「性字不可一概而論，生之謂性，只訓所稟受也，天命之謂性，此言性之理也。」（伊川語十）

「論性不論氣，不備；論氣不論性，不明。二之則不是。」（二先生語六）

然而程氏兄弟，關於人性問題的討論，見解亦有相異之處。二人見解不同的地方，在於伊川認爲

「性卽是理，所謂理性是也」。（伊川語八上）理無不善，故性亦無不善。而明道却說：「善固性也，然惡亦不可不謂之性也。」（二先生語一）明道之所以認爲善惡都是性，乃是基於下述的論點：

「蓋生之謂性，人生而靜以上不容說；才說性時，便已不是性也。凡人說性，只是說繼之者善也，孟子言人性善是也。」（二先生語一）

「夫所謂繼之者善也，猶水流而就下也。皆水內，有流而至海而終無所汚，此何煩人力爲也；有流而未遠固已漸濁；有濁之多者，有濁之少者；清濁雖不同，然不可以濁者不爲水也。……水之淸，則性善之謂也。故不是善與惡在性中爲兩物相對，各自出來。」（同右）

（三）理欲問題：理學家最重理欲之辨；而關於天理人欲這個問題闡發得最爲精到的，應推伊川。伊川論天理與人欲說：

「視聽言動，非禮不爲卽是禮；禮卽是理也。不是天理，便是人欲。人雖有意於爲善，亦是非禮。無人欲卽皆天理。」（伊川語一）

伊川以人欲與天理相對，認爲要存天理，必須去人欲，人欲如盛，知天理必亡。但明道却主張「天下善惡皆天理；謂之惡者，但或過猶不及，便如此，如楊墨之類。」（二先生語二上）關於理欲的義界，似不如伊川那樣嚴格。這乃是由於明道認爲天地間萬事萬物之理，森然具在，如能將己身置於萬物中一例看，而無所容心（私意）於其間，便可體認出萬物一體的道理來，所謂「天人無間斷」，（明道語一）及明道所說的「吾學雖有所受，天理二字却是自家體貼出來。」（外書十二）都在說明天人本相通，而理欲亦非絕對對立。

以上三方面，是明道與伊川在見解上有所不同的地方；當然不足以了解二人學術思想的全貌。但明道的學問，以討論「仁」及「性」這兩個問題最有新意發明，而伊川的學問，最得力於「涵養須用敬，進學則在致知」兩句話。我們如能把握要點，並配合其二人見解不同的地方來看，那麼對於他們兄弟二人的學術思想的體認，就雖不中亦不遠了。

四　立身處世

明道與伊川不但在學問的規模及有關問題的見解方面，有所不同，就是在立身處世的氣象方面，兄弟二人亦頗有相異之處。後儒關於這方面會有很中肯的批評，例如黃宗羲說：「明道伊川大旨雖同，而其所以接人，伊川已大變其說。」（伊川學案附錄）朱子也說：「明道宏大，伊川親切；大程夫子當識其明皆中和處，小程夫子當識其初年之嚴毅，晚年又濟以寬平處。」（同上）

一般說起來，在待人接物的方式上，明道是和易近人，而伊川則以嚴毅著稱，由下面幾件事，就可以看出二人立身處世的氣象是多麼的不同：

「明道先生與人講論有不合者，則曰：『更有商量。』伊川則直曰：『不然。』」（外書十一）

「明道伊川隨侍太中知漢州，宿一僧寺；明道入門而右，從者皆隨之，伊川入門而左，獨行。至法堂上相會，伊川自謂：『此是頤不及家兄處。』蓋明道和易，人皆親近，伊川嚴重，人不敢

近也。」（外書十二）

「朱光棪見明道於汝州；歸謂人曰：『某在春風中坐了一月。』」（同右）

「韓持國與伊川善；……暇日與持國同遊西湖，令諸子侍行。行次有言貌不莊敬者，伊川回視厲聲叱之曰：『汝輩從長者行，敢笑語如此，韓氏孝謹之風衰矣。』」（同右）

明道和易，使人有如坐春風之感，故人皆樂於親近；在這方面伊川雖自歎不如，但伊川嚴肅，明道亦曾加稱讚，如伊川年譜載：「……其接學者以嚴毅，嘗瞑目靜坐，游定夫楊龜山立侍不敢去；既覺，顧謂曰：『賢輩尚在此乎？日既晚，且休矣。』二子者退，門外之雪深一尺。明道嘗謂曰：『異日能使人尊嚴師道者，吾弟也；若接引後學，隨人材而成就之，則予不得讓焉。』」這就是千古傳爲佳話的「程門立雪」的掌故。伊川不但對於學生嚴肅，甚至當他在崇政殿充任說書時，對於皇帝亦不稍爲寬假。據年譜的記載：「先生在經筵，……入侍之際，容貌極莊，於上前不少假借。時文潞公以太師平章重事，或侍立終日不懈，上雖諭以少休，不去也。或以問先生曰：『君之嚴，視潞公之恭，孰爲得失？』先生曰：『潞公四朝大臣，事幼主不得不恭；吾以布衣職輔導，亦不敢不自重也。』又「一日議罷未退，上忽起憑欄戲折柳枝，先生進曰：『方春發，不可無故摧折。』」伊川的立身處世氣象，由此不難想見。

五　影　響

最後談到洛學的傳播及其對於後世的影響。明道伊川兄弟當年講學，門下著籍甚衆，

「熙豐五年，太中公告老而歸，先生明道求折資監當以便養；歸洛歲餘，得監西京洛河竹木務。家數淸窶，僦居洛城殆十餘年，與弟從容親庭，日以讀書講學爲事，士大夫從遊者盈門。自是身益退，位益卑，而名益高于天下。」（明道學案附錄）

「伊川平生誨人不倦，故學者出其門最多，淵源所漸，皆爲名士。」（宋史道學傳一）

較爲有名的，有劉絢、李籲、謝良佐、楊時、游酢、呂大臨、尹焞、侯仲良、劉立之、朱光庭、邵伯溫、蘇昞、邢恕等數十人；其中上蔡（謝良佐）、龜山（楊時）、廌山（游酢）、和靖（尹焞）、藍田（呂大臨）數人爲尤著，謝、楊、游、呂在程門中並有四先生之號。在所有的學生中，明道最爲重視上蔡與龜山。

「謝良佐既見明道，退而門人問曰：『良佐如何？』子曰：『其才能擴而充之，吾道有望矣。』」（粹言二）

「明道先生曰：『謝子雖少魯，直是誠篤；理會事有不透，其額有泚，其憤悱如此。』」（外書十二）

「明道在潁昌，先生（龜山）尋醫調官京師，因往潁昌從學；明道甚喜，每日：『楊君最會得容易。』及歸，送之出門，謂坐客曰：「吾道南矣。』」（同右）

「游酢楊時是學得靈利高才也；楊時於新學極精，今日一有所問，能盡知其短而持之。介父之

學，大抵支離，伯淳嘗與楊時讀之數篇，其後盡能推類以通之。」（二先生語二上）也有人認爲當年在程門，明道喜龜山，伊川喜上蔡，因爲「楊時聰明，謝良佐爲人誠實」。（外書十二）而全謝山（祖望）則說：「楊得氣柔，謝得氣剛，其氣象亦各有所似也。」（宋元學案序錄）但不論如何，上蔡與龜山，爲程門高第之最，乃是不可否認的事實。特別是他們兩個下開性理之學的兩大宗派——程朱與陸王，對於中國學術思想的發展，影響極大。

所謂程朱學派，是以伊川與朱熹爲代表，而陸王學派則以陸象山與王陽明爲代表。朱子集理學的大成，是龜山的再傳弟子。象山之學，本無所承，黃東發以爲遙出於上蔡；宋元學案則謂象山與林艾軒（名光朝）方次雲（名翥）爲講友，艾軒從陸子正（名景瑞、尹和靖門人）得和靖之學，次雲受業王信伯（名蘋、曾師事伊川，後從龜山學），由龜山以窺二移。故象山之學，實淵源於程門，惟較爲接近明道。

不僅如此，全祖望宋元學案序錄更謂：「洛學之入秦也，以三呂；其入楚也，以上蔡司教荆門；其入蜀也，以謝湜、馬涓；其入浙也，以永嘉周劉許鮑數君；其入吳也，則以王信伯。」可見其傳播之廣。在中國歷史上，罕有像程氏兄弟那樣，旣同在學術方面有卓越的成就，又分別爲一個學派的創始人，並且其學說傳播如是之廣，影響如此之大者。

附註：據宋元學案：安定先生早歲教授湖州，立經義治事二齋，經義則選擇其心性疏通有器局可任大事者，使之講明六經；治事則一人各治一事，又兼攝一事。先生在太學，嘗以顏子所好何學論試諸生；得伊川作，大奇之，即請相見，處以學職，知契獨深。伊川之敬禮先生亦重，于濂溪雖嘗從學，往往字之曰茂叔，于先生非安定先生不稱也。又嘗語人曰：「凡從安定先生學者，其醇厚和易之氣，一望可知。」又嘗言：「安定先生之門人，往往知稽古愛民矣，于從政乎何有！」

朱熹（西元一一三〇—一二〇〇）

王煥琛

自南宋以來七八百年間，中國教育可以說受朱子師道的影響最深最大。他繼承了孔子之大道，處處以身作則，教人「格物致知，實踐居敬」。他不僅是宋朝的一位學而不厭，誨人不倦的偉大教師，同時他一生在儒學上的貢獻，眞可說是孔子以後的第一人了。

一

朱子名熹，安徽婺源人，字晦菴，一字仲晦；又先後自稱晦翁、雲谷老人、滄洲病叟、遯翁。生於宋高宗建炎四年（西元一一三〇年），死於寧宗慶元六年（一二〇〇年），享年七十一歲。他死後諡爲「文」，世稱「朱文公」，並曾歷受追封，從祀孔廟，爲士人所景仰欽崇。他的父親名松，字喬年，號建齋，爲人正直，對北宋周敦頤、張載、二程等人的哲學頗有研究；中進士後原在朝廷供職，因爲不附和秦檜對金人屈辱的和議政策，被排擠外調到福建尤溪縣，朱子就在尤溪出生，所以他後來開創的學派又稱爲閩學。

朱子幼時聰明。有一天，他的父親指著天，對他說「天也」，他接着問說「天之上何物」？他父親聽了，覺得不凡；就敎他讀孝經。朱子讀了以後，卽在書上題寫：「不若是，非人也。」

他幼年在父親指導下，養成勤奮好學的習慣，並且深受父親那種憎恨投降苟安的思想所薰陶，立下愛國報國的志願。十四歲時，父親去世，他依照父親的遺囑，向父執輩籍溪的胡憲（原仲），白水的劉勉之（致中），屏山的劉子翬（彥沖）三人求學，遵守遺訓，拜他們三人爲老師。他們視朱熹爲子姪；尤其是劉勉之，以女兒許配給他。他十八歲時中了鄉貢，十九歲便考取進士。

朱子考取進士之後，依然勤勉讀書，他在中年回憶起當時的情況說：「學者都不肯自去讀書，熹登科後要讀書，被人橫截直截，熹只是不管，一面自讀。」當時的儒生都以讀書作爲科舉的手段，達到目的後，一般人便放下書不讀，去鑽營官職，但朱子不願同流合汚，不管別人的嘲笑，一直埋頭研讀「論語」、「孟子」等經書，力求融會貫通，爲以後注釋經書打下了基礎。特別是他以後所編著的「四書集注」，可以說是我國最有權威的一部敎科書，其影響之大，實爲中外敎育史上所罕見的。

他二十二歲參加銓選考試，考取後被派到泉州同安縣當「主簿」，治績卓著，並且辦了一所規模頗大的縣學，他自己經常去講學。他求道心切，在二十四歲的時候，從同安徒步數百里，到延平縣拜李侗（愿中）爲老師。李侗是程頤的四傳弟子，也是朱子父親的同學。那時李侗已是六十六歲的老人了，是位淡於名利的思想家，他隱居苦學了四十年，每天靜坐，以體驗人生喜怒哀樂未發之前的「氣象」。他把洛學加以精研貫通，從體驗中實踐出來。所以朱子見到李侗之後，便歎息說：「自我拜見李老師以來，做學問才脚踏實地，才知以前研究佛老的學說都是錯誤的。」李侗對朱子非常器重，把自己一生的研究心得傳授於他。自此他不但承襲二程的洛學，並綜合了北宋各家哲學的思想，奠定了他一生學說的基礎。

朱子三十三歲那一年，升爲文學博士。宋高宗死，孝宗繼位（一一六二），新皇帝下詔要士大夫對國家政治提出意見。朱子上書給孝宗，勸他重視儒家的「帝王之學」，摒棄佛家和道家的思想，從「格物、致知」做起，「意誠、心正」來學習古代聖人之道，就可以「治國、平天下」；同時極力反對同金人講和。他說：「今日之計，不過修政事攘夷狄。然計不時定者，講和之說疑之也。今敵於我不共戴天之仇，決不可和也。」他這種痛惡和議的見解，正和他父親不滿於秦檜的和議一樣。但是，當時的權貴如湯思遠等力主和議，排斥了朱熹的主張。結果孝宗未能重用他，只叫他擔任一名武學博士，實際上並無實職。一年多以後，朱子便申請回家去從事研究和講學。

此後十幾年的家居生活，他一方面著書立說，教授生徒；一方面結識許多學者，共同討論學問，其間曾有中國學術史上著名的「鵝湖之會」。

鵝湖山原名荷湖山，在江西鉛山縣北，山上有一座鵝湖寺，（後人乃在鵝湖寺立四賢堂，理宗淳祐年間，（即西元一二四一——一二五一，朱子死後始稱爲文宗書院）「鵝湖之會」就是在這裏舉行的。其時朱子四十六歲（西元一一七五年），他的好友呂祖謙來探望他，講學於寒舍，兩個人合編近思錄。呂祖謙要走的時候，朱子送他一程。途中他倆談到陸九淵的學術見解，朱子認爲他的見解同

「中庸」所講的「思辨然後篤行」的宗旨相違背，表示不贊成。呂祖謙便提議邀請陸九齡、陸九淵兩兄弟同到鵝湖寺來討論。遂後在鵝湖寺上開會，討論了許多問題，但最主要的却是教育方法，朱子的見解，認爲指導學生讀書首先要「泛觀博覽，而後歸之約」；意思是說，先打下廣博的基礎知識，才能够進行專門的研究。陸九淵不同意，認爲應該「先發明人之本心，而後使之博覽」；意思是說，人的心靈本來具有先天的智慧，所以首先應該啓發他的靈感，等他的先天智慧充分展開了，才教他去廣泛地閱讀各方面的著作，加以分析研讀。

他們雙方對於教學方法的主張不同，因此在討論過程中彼此互相批評，朱子認爲陸九淵把教學看得太簡單，祇要發展靈感悟性而不學習基礎知識，恐怕結果旣感悟不出什麼東西而又弄到知識空虛，誤人子弟；而陸九淵却批評朱子的教學方法是支離破碎，東讀一點西抄一點，雜湊起來的知識沒有多太價值。他還提出一個理由反駁朱子說：「堯舜以前的人，並沒有什麼書可讀，爲什麼能够明白許多事理？顯然是依靠自己的心性智慧的能動作用。」鵝湖之會的論爭誰也不能說服誰，結果雖不歡而散，但表現了朱子注重研究的精神，使朱子的學術聲望遠播。

朱子五十歲的時候，第二次擔任正式的地方官，朝廷派他到江西南康軍（軍，是宋代行政區域的名稱，和淸代的「府」規模差不多）做知事。他在任四年左右，在政治上曾推行減輕老百姓役稅的政策，他一方面辦理平糶救濟，一方面以工代賑，興修水利，總算認眞做了些事情。並重建廬山的白鹿洞書院（宋代四大書院，卽白鹿、嵩陽、應天、嶽麓四大書院）（註一），對敎育上有很大的影響。

朱子在南康的第三年，曾應詔上書——卽有名的戊申封事，以忠實衛道者的立場對孝宗皇帝進言忠告。書文中有「人君正心術以立紀綱」的句語，孝宗看了，認爲這等於罵他心術不正和紀綱不立，勃然大怒。當時大臣趙雄對孝宗說：「這些書獃子無非沽名釣譽，如果皇上愈是責備他，他的名氣反而愈大，同他計較，反而助長他的聲勢，不如把他收容加以任用，慢慢再來收拾他。」孝宗聽了趙雄這番話，便派朱子到湘東主管茶鹽的事務。

朱子在孝宗傳位與光宗之後，曾奉派擔任福建漳州知府，在任約兩年。到他六十四歲，又出任湖南潭州（今長沙）知州，在任也是兩年左右。光宗死，寧宗繼位，朱子以六十六歲高齡，奉召擔任「煥章閣侍講」。朱子只當四十六天的侍講，對寧宗講解了「大學」，並編寫了講義給寧宗閱覽。當時韓侂冑把持政權，擴張私人勢力；朱子憂其擅權害政，警告寧宗提防他，遂觸侂冑之忌，任侍講僅四十六日卽被罷免。並反對朱子的學派，大事攻擊，妄指朱子的學術爲「僞學」，稱朱子爲「逆黨」；甚至誣陷朱子窺伺神器，主張刑斬以遏亂萌。這樣，朱學及朱子的同道就受了莫大的打擊，這就是所謂「慶元黨禍」。然而朱子却不屈不撓，仍在竹林精舍怡然講學。一以闡揚大道爲己任，其剛毅如此。慶元六年（西元一二〇〇年）三月，他於福建建陽考亭家，死在敎學崗位上，享年七十有一。同年冬十一月葬於建陽縣唐石里的大林谷。

二

朱子的一生，從十九歲登進士，到七十一歲去世，這五十多年中，做官的時候共爲十四年；惟因時逢衰亂，奸佞當道，或辭不就，或就亦無從遂其志。他在政治上的遭遇眞可說是不幸。然而他在教育上的成就，却是震爍千古，值得人們無限的景仰。

朱子死後，韓侂冑還不甘心，叫人到處造謠，說朱子的門徒將要利用送葬的機會，圖謀不軌；於是在出殯的時候到處戒嚴，如臨大敵，嚇唬他的學生。但是仍有毫不畏懼的朱子的追隨者成千人參加送葬的行列，可見朱子在他的學生心目中，是多麼受到崇拜敬仰啊！

他有一位學生名叫黃幹（字直卿，號勉齋），在所著朱子行狀中（註一），對老師一生誨人不倦的精神，作了如下的紀述：

「先生敎人以大學、論、孟、中庸爲入道之序，而後及諸經，以爲不先乎大學，則無以提綱挈領，而盡論、孟之精微；不參以論、孟，則無以融會貫通，而極中庸之旨趣。然不會極於中庸，則又何以建立大本，經綸大經，而讀天下之書，論天下之事哉？其於讀書也，又必使之辨其音釋，正其章句，玩其辭，求其義，研精覃思，以究其所難知，平心易氣，以聽其所自得，然爲己務實，辨別義利，毋自欺，謹其獨之戒，未嘗不三致意焉。蓋亦欲學者窮理反身而持之以敬也。」

「從遊之士，迭誦所習，以質其疑。意有未諭，則委曲告之，而未嘗倦。問有未切，則反覆戒之，而未嘗隱。務學篤則喜見於言，進道難則憂形於色。講論經典，商略古今，率至夜半。雖疾病支離，至諸生問辨，則脫然沉疴之去體。一日不講學，則惕然常以爲憂。」

「摳衣而來，遠自川蜀。文辭之傳，流及海外。至於荒裔，亦知慕其道，竊問其起居。窮鄉晚出，家蓄其書，私淑諸人者，不可勝數。先生既歿，學者傳其書，信其道者益衆，亦足以見理義之感人者深也。繼往聖將微之緒，啓前賢未發之機，辯諸儒之得失，闢異端之訛謬，明天理，正人心，事業之大，又孰有加於此者？至若天文、地志、律曆、兵機、亦皆洞究機微。文詞字畫，騷人才士，疲精竭神，常病其難，至先生未嘗用意，而亦皆動中規繩，可爲世法。是非資稟之異，學行之篤，安能事事物物，各當其理，各造其極哉？學修而道立，德成而行尊，見之事業者又如此。」

由此可見，朱子之所以得到學生深深的愛戴，實在不是偶然的了。

從朱子一生的教育思想、言行中，更可顯示出他的偉大，兹分述如下：（註三）

（一）他認爲教育的目的，主要在促使一般學者都能立志做聖賢。這種思想的背景，當然遠承孟子「人皆可以爲堯、舜」，「堯、舜與人同耳」的啓示，近採濂溪「希聖、希賢」，伊川「聖人可學」，以及横渠「爲天地立心，爲生民立命，爲往聖繼絕學，爲萬世開太平」的主張。朱子曾說：「凡人須以聖賢爲己任。世人多以聖賢爲高，而己别是一樣人，則早夜孜孜，别是分外事，不爲亦可，爲之亦可。然聖賢稟性與常人一同；既與常人一同，又安得不以聖賢爲己任？自開闢以來，生多少人，求其盡己者，千萬人中無一二。只是滚同枉過一世。」（語類）又說：「夫子之所志，顏子之所學，子思、孟子之所傳，皆是學也。」「學者要立志，纔學便要做聖人也。」「所謂學者，始乎爲士者所以學而至乎聖人之事也。」（語類）所以所謂教育，一言以蔽之，其目的在於培養聖賢。而培養聖賢，必須使學者恢復本然之性與夫變化氣質之性。朱子在心性論中，曾把人性分爲本然之性與氣質之性。他說：「有天地之性，有氣質之性。天地之性，則太極本然之妙，萬殊之一本也。氣質之性，則二氣交運而生，一本而萬殊者也。」（語類）又說：「論天地之性，則專指理言。論氣質之性，則以理氣雜而言之。」（語類）又說：「以理言之，則無不全。以氣言之，則不能無偏。」（語類）「人性本善，只爲嗜欲所迷，利害所逐，一齊昏了。」他在續近思錄中也說：「爲學用力之初，正當學問思辨而力行之。乃可以變化氣質而入於道。」

「大凡人心若勤謹收拾，莫令放縱逐物，安有不得其正？若眞個捉得緊，雖半月見驗可也。」

他解釋大學所謂「明明德」，也說：「明德者，人之所得於天，而虛靈不昧，以具衆理而應萬事者也。但爲氣稟所拘，人欲所蔽，則有時而昏。然其本體之明，則未嘗息者。故學者當因其所發，而遂明之，以復其初也。」

由此可見，朱子認爲敎育的最高目的在於培養聖賢，而以聖賢自任者，應以「復性」「復初」及「道心主宰人心」爲主要目標，也就是要養成完善無缺的人格。

（二）他敎學的方法，認爲敎師應該誘導青年按下列五個步驟去努力，就是：「立志」，「堅毅」，「居敬」（用敬），「窮理」，（求知），和「踐實」。

朱子在語類中論及「立志」說：

「爲學須先立志。志既立，則學問可次第着力。立志不定，終不濟事。」

「世俗之學所以與聖賢不同者，亦不難見。聖賢是眞個去做。說正心，眞要心正。說誠意，眞要意誠。修身、齊家，皆非空言。今之學者，說正心，但將正心吟詠一餉；說誠意，又將誠意吟詠一餉；說修身，又將聖賢許多說修身諷動而已。或掇拾言語，掇緝時文。如此爲學，却於自家身上有何交涉？這裏須用着意理會。今之朋友，固有樂聞聖賢之學而終不能去世俗之陋者，無他，只是心不立爾。」

「人之爲學，至於有以自立其心，而不爲物轉，則其日用之間，所以貫夫事物之中者，豈富貴所能淫，貧賤所能移，威武所能屈哉？」

這些都是朱子論立志的重要，同時他認爲青年學子須以「聖賢」自任。

朱子又論「堅毅」說：

「爲學要求把篙處着力。到工夫要斷絕處又更增工夫，着力不放令倒，方是向進處。爲學正如撑上水船：方平穩處，儘行不妨；及到灘脊急流之中，舟人來這一篙，不可放鬆，直須着力撑上，不得一步不緊。放退一步，則此船不得上矣。」

「且如項羽救趙，既渡，沈船破釜，持三日糧，示士必死，無還心。故能破秦。若瞻前顧後，便做不成。」

「進取得失之念放輕，却將聖人格言處研窮考究。若悠悠地似做不做，如捕風捉影，有甚長進？今日是這個人，明日也是這個人。」

他用各種譬喻，說明我們的立志工夫是需要堅決與持久，勇往直前，切忌鬆弛懈怠。

再就「居敬」言之：「居敬」也就是「用敬」。朱子把「居敬」列入人生的重要修養方法，他曾說：

「人能存得敬，則是心湛然，天理燦然，無一分着力處，亦無一分不着力處。」（朱子全書卷二）

「敬非是塊然兀坐，耳無所聞，目無所見，心無所思，則後謂之敬。只是有所畏謹，不敢放縱，如此則身心收歛。如有所畏，常常如此，氣象自別。」

由此看來，朱子所謂敬，是指主一無適，而所謂主一無適，是對於義理（或道德的至善）加以牢固的執着。換句話說，此心須經常爲主宰，不拘在動在靜，不拘思慮云爲，一切都須與義理相合，不容違背，這就是敬。

同時他認爲居敬的工夫，除了上述「知」「行」兩方面的修養，還要不斷做到「存養」及「省察」兩大工夫。朱子說：「心只是一個心，非是以一個心治一個心。所謂存，所謂收，只是喚醒。」

「人惟有一心是主，要常常醒。」

「心若不存，一身便無所主宰。」

「學者常用提省此心，使如日之升，則羣邪自息。他本是光明廣大，自家只着些子力去提省照管他，便了。不要苦着力，着力則反不是。」（朱子全書卷二）

「窮理」是朱子敎導學生「求知」的方法，也就是格物、致知的實際法則。他認爲：

第一，窮理務須週到、徹底。朱子說：「所謂窮理者，事事物物，各自有個事物的道理，窮之須要周盡。若見得一邊，不見一邊，便不該通。」又說：「格物二字最好。物，謂事物也。須窮極事物之理到盡處，便有一個是，一個非。是底便行，非底便不行。「致知」，所以求爲眞知。眞知，是要徹骨都見得透」。「致知、格物，十事格得九事通透，一事未通透，不妨。一事只格得九分，一分不透，最不可。」（朱子語類）

第二，窮理務須循序漸進，從切己處開始，逐漸推至疏遠處。朱子認爲：「格物，須是從切己處理會去。待自家者已安疊，然後漸漸推去，這便是能格物。」「遇事接物（按卽日常行事）之間各須一一去理會始得。……但隨事遇物，皆一一去窮極，自然分明。」

第三，窮理應以讀書爲重要手段。朱子說：「窮理之要，必在於讀書。」我們講到義理之精微，常一時不易徹底理解，我們自非加詳盡精密的思辨不可。而書籍乃係古來聖賢用以講說義理、啓示後人的。所以我們果欲窮理，先窮書中之理，乃是最適當、最近便的道路。

第四，窮理應繼續用力，期能達到豁然貫通的境地。天下事物之理多至無窮，所以我們想以個人有限的時間與能力一一地來加以窮究，實爲不可能的。因之，他認爲格物或窮理，只要用力長久，今天格一件，明日格一件，日累月積，久則久之，我們對於天下萬理自會達到一旦豁然貫通的境界。他曾說：「天理在人，終有明處。大學之道，在明明德，謂人合下便有此明德，雖爲物欲掩蔽，然這些明明底道理未嘗泯絕。須從明處漸漸推將去，窮到是處，吾心亦自有滿則。」（朱子全書卷七）他又在大學補述中說：「大學始教，必使學者卽凡天下之物，莫不因其已知之理而益窮之，以求至乎其極。至於用力之久，而一旦豁然貫通焉，則衆物之表裏精粗無不到，而吾心之全體大用無不明矣。此謂物格，此謂知之至也。」他這種豁然貫通說，當然是以他所主張的「性具萬理」以及「理一分殊」的理論做根據的。

關於「踐實」，朱子的學生黃幹在所撰朱子行狀裏面說：「其爲學也，窮理以致其知，反躬以踐其實，居敬所以成始成終也。謂：致知不以敬，則昏惑紛擾，無以察義理之歸，躬行不以敬，則怠惰放肆，無以致義理之實。」朱子認爲窮理之外，更主張踐實（卽躬行實踐）及居敬爲主要的修養工夫。他曾說：「大抵今日之弊，務講學者多闕於踐履，而專踐履者又遂以講學爲無益。殊不知因踐履之實，以致講學之功，使所知益明，則所守日固，與彼區區口耳之間者，固不可同日而語矣。」「知與行工夫，須著並到。知之愈明，則行之愈篤，行之愈篤，則知之愈明。」（朱子全書卷三與卷七）由此可見，朱子認爲，知而不行，卽證明所知還淺，所知不够透徹。他對於「踐實」與「力行」非常重視，決不如一般人所評論以爲朱子崇尙空談，不重實行。朱子又說：「人之一身，應事接物，……要在力行其所已知而勉求其所未至，則自近及遠，由粗至精，循循有序，而日有可見之功矣。」（朱子全書卷四）因此，我們可以這樣說：也許朱子學派的末流犯有「空談」這種錯誤，而朱子自己却是一個最重實踐力行的思想家。

三

其次，我們再從朱子創辦白鹿洞書院的情形，來認識他的敎育理想和敎育方法。他以這所書院作爲他自己的敎育理想的實驗所，他自己親自兼任「山長」（卽書院院長），釐定敎育目的，訓練綱目，學習程序和修養守則等各種規程。這些規程就是我國敎育史上著名的「白鹿洞書院學規」，玆將原文摘述於下：

（一）父子有親，君臣有義，夫婦有別，長幼有序，朋友有信。

——右**五敎之目**。堯使舜爲司徒，敬敷五敎，卽此是也。學者學此而已，而其所以學之序亦五焉。其別如左：

（二）博學之，審問之，愼思之，明辨之，篤行之。

——右**爲學之序**。學、問、思、辨四者，所以窮理也。若夫篤行之事，則自修身以至處事接物，亦各有要。其別如左：

（三）言忠信，行篤敬，懲忿窒慾，**遷善改過**。

——右**修身之要**。

（四）正其誼，不謀其利。明其道，不計其功。

——右**處事之要**。

（五）已所不欲，勿施於人。行有不得，反求諸己。

——右接物之要。

「熹竊觀古昔聖賢所以教人爲學之意，莫非使之講明義理，以修其身，然後推以及人；非徒欲其務記覽，爲詞章，以釣聲名，取利祿而已也。今人之爲學者，則既反是矣。然聖賢所以敬人之法，具存於經。有志之士，固當熟讀深思而問辨之。苟知理之當然，而責其身以必然，則夫規矩禁防之具，豈待他人設之，而後有所持循哉？近世於學有規，其待學者，爲已淺矣。而其爲法，又未必古人之意也。故今不復以施於此堂，而特取凡聖賢所以教人爲學之大端，條例如右，而揭之楣間。諸君其相與講明遵守，而責之於身焉。則夫思慮云爲之際，其所以戒謹而恐懼者，必有嚴於彼者矣。其有不然，而或出於此言之所棄，則彼所謂規者，必將取之，故不得而略也。諸君其亦念之哉！」（朱子全書卷七十四）由此可見朱子特別注重「力行踐履」之教育。

白鹿洞書院學規的內容，可說概括了我國正統教育的精神，成爲以後歷代教育的規範。正如明代顧憲成，在他的東林會約中會說：「朱子白鹿洞書院的教條，實在是至善、至美了，讀書人要爲聖爲賢，豈能越得出這個範圍，我們在東林書院所學的，也只是講明它的道理，而加以實行罷了。」其對後代之影響如此深長，朱子之所以成爲正統教育家的代表人物，與他在白鹿洞書院的辦學理想和特別注重踐履力行的教育方法，是大有關係的。

朱子創辦白鹿洞書院，開南宋書院之先聲。他時常親自給學生上課，課餘還帶學生到山中風景美麗的泉林散步，一邊觀賞，一邊討論學術問題。師生之間，其樂融融。

同時，從朱子的「大學章句序」中更可看出他的教育主張：

大學章句序：「大學之書，古之大學所以教人之法也。蓋自天降生民，則既莫不與之以仁義禮智之性矣，然其氣質之稟或不能齊；是以不能皆有以知其性之所有而全之也。一有聰明睿智能盡其性者，出於其間，則天必命之以爲億兆之君師，使之治而教之，以復其性。……三代之隆，其法寖備，然後王宮國都以及閭巷，莫不有學。人生八歲，則自王公以下，至於庶人之子弟，皆入小學；而教之以灑掃應對進退之節，禮樂射御書數之文。及其十有五年，則自天子之元子衆子，以至公卿大夫元士之適子，與凡民之俊秀，皆入大學；而教之以窮理正心修已治人之道。此又學校之教，大小之節，所以分也。夫以學校之設，其廣如此。教之之術，其次第節目之詳又如此。而其所以爲教，則又皆本之人君躬行心得之餘，不待求之民生日用彝倫之外。是以當世之人無不學。其學焉者，無不有以知其性分之所固有，職分之所當爲，而各俛焉，以盡其力。此古昔盛時，所以治隆於上，俗美於下，而非後世之所能及也。……若曲禮，少儀，內則，弟子職諸篇，固小學之支流餘裔，而此篇者，則因小學之成功，以著大學之明法，外有以極其規模之大，而內有以盡其節目之詳者也。……及孟子沒而其傳泯焉；則其書雖存，而知者鮮矣。自是以來，俗儒記誦詞章之習，其功倍於小學而無用。異端虛無寂滅之教，其高過於大學而無實。其他權謀術數，一切以就功名之說；與夫百家衆技之流，所以惑世誣民，充塞仁義者，又紛然雜出乎其間。使其君子不幸而不得聞大道之要；其小不幸而不得蒙至治之澤。晦盲否塞，反覆沈痼，以及五季之衰，而壞亂極矣。」

我們試將前述的「白鹿祠書院學規」和「大學章句序」，加以分析，更可見當時朱子的教育主張：

（一）爲什麼要有教育？因爲人性本善，由於氣稟不齊，以致性不能全，所以需要有教育。

（二）教育的本質是什麼？從本質上說，教育之所以爲教育，就是「復性」。復性就是要完成「仁德」。「仁」是代表「心性」的全德。朱子認爲「性包含着萬理」但其綱領只是仁、義、禮、智四德。仁是愛之理，義是宜之理，禮是恭敬之理，智是分別是非之理。（朱子全書卷四十七）因此所謂教育的本質乃是指不受氣質的拘束和人欲的蒙蔽，能夠把心性的全德，加以完全實現。

（三）教育的目的是什麼？教育的目的是「講明義理以修其身然後推以及人」，要人立志做聖賢。

（四）應當由誰來擔任教育？應當由聰明睿智能盡其性者擔任教育。

（五）怎麼樣教？從制度方面講，分爲小學和大學。從方法方面講，分爲窮理和躬行。窮理的程序，分爲博學、審問、愼思、明辨。躬行的要項，分爲修身、處事和接物。

（六）教什麼？從次第方面看，小學教的是「事」如：灑掃應對進退之節，禮樂射御書數之文。大學教的是「理」如：窮理正心修己治人之道。從德目方面看計分五教：「父子有親，君臣有義，夫婦有別，長幼有序，朋友有信」。

（七）正當教育下的學生怎麼樣？接受正當教育的學生，都自覺的知道自己「性分之所固有，職分之所當爲」，各自埋頭苦幹，努力學習。

（八）那些是錯誤的教育？記誦詞章的俗儒之教；虛無寂寞的異端之教，以及權謀術數的功利之教，都是走入歧途的錯誤教育。

四

朱子的一生，一方面盡瘁於教育，另一方面不斷進修研究，潛心著述，綜合了各家學說，開創了新的思想方法，留給我們博大的文化遺產。朱子不僅著作極多，而且他的著述態度，亦非常嚴謹。他曾說：「以前我用心良苦，思考一個道理，往往像過獨木橋一樣，相去雖在毫釐之間，但一失足，便有粉身碎骨的危險。」由於他對每一個小小的問題，都鄭重其事，不肯輕易放過，所以孜孜苦讀，未嘗一刻放鬆，因而得到的是既博大且精深的研究結晶。茲將其重要著作，列舉於下：

書名	卷數	書名	卷數
大學章句	一	論語集註	一〇
大學或問	二	論孟精義	論語二〇、孟子一四
中庸章句	一	孟子集注	七
中庸或問	三	周易本義	一二
中庸輯略	二	易學啓蒙	四（一說朱子指畫、蔡元定撰）
論語綱領	一		

書集傳	六（蔡沈補成）	程氏遺書（二程遺書）	二五
詩集傳	八	程氏遺書附錄	一
儀禮經傳通解	正三七黃揚補成、續二九	程氏外書（二程外書）	一二
		延平答問	一
古今家祭禮	二〇	近思錄	一四（呂東萊合撰）
家禮（疑）	二	玉山講義	一
孝經刊誤	一	白鹿祠書院招示	一
小學	六（朱子指畫、劉子澄撰）	記疑	一
		雜學辨	一
楚辭集注	八	周易參同奏考異	一
楚辭後語	六	陰符經注	一
楚辭辯證	二	韓文考異	一〇
太極圖說解	一	感興詩	一
道書解	二	資治通鑑綱目	五九
正蒙解	二	八朝名臣言行錄	前編一〇、後編一四
伊洛淵源錄	一六	論語要義（散佚）	未詳

論語訓蒙口義（散佚）	未詳	論語略解（未刊）	未詳
孟子要略（散佚）	五	論語或問（未刊）	二〇
國學恐聞編（散佚）	未詳	孟子或問（未刊）	一〇

此外後世學者所輯錄的關於朱子的著作如下：

書名	卷數	書名	卷數
朱子大全集	一二一	朱子錄要	一五
朱子全書	六六	朱子大全私抄	一二
朱子經濟文衡類編	七六	朱子心學錄	七
朱子學的	二	朱子語錄四纂	五
朱子文語纂編	一四	朱子語類纂略	八
參訂朱子語類	二五	朱子晚年全論	八
晦庵文鈔	六	朱子文集纂	三二
朱子書節要	二〇	朱子五種語類	八〇
朱子語錄類要	一八	朱子書抄略	三
文公先生經世大訓	一六	朱子禮纂	五
朱子語略	一〇	朱子文集	一八

朱子學歸　二三　朱子語類纂　一三
朱子論定文抄　二一　朱子遺書　一〇六

總之，朱子每一方面的影響，在我國文化上都是非常重要而深遠的。他的四書集注，成爲中國思想上的聖經；他的窮理學說，成爲宋明理學的靈魂；他的白鹿洞書院學規，成爲此後七八百年來教育思潮的濫觴。有人曾把他比之於西方哲學家康德（Immanuel Kant）；因爲沒有康德，西洋近代的哲學必然改觀；沒有朱子，東方的我國宋、元、明、淸七八百年的儒家思想亦將缺乏重心。的確，我國教育史上，能直追孔孟的，可說只有朱子一人而已。

附註：

一：白鹿祠在江西廬山五峯下，唐代李渤、李涉兄弟在山上讀書，養了一隻白鹿爲伴，因此得名。宋初在這裏辦了一院書院，後來停辦了，院舍都破殘不堪。朱子在南康軍任內，發起重建白鹿洞書院。他親自兼任「山長」講學。

二：黃幹（勉齋）所撰朱子的行狀：

「其爲寫也，窮理以致知，反躬以踐其實，居敬所以成始成終也。謂：致知不以敬，則昏惑紛擾，無以察義之歸；躬行不以敬，則怠惰放肆，無以致義理之實。持敬之方，莫先主一。既爲之箴以自警，又筆之書，以爲小學大學皆本於此。終日儼然，端坐一室，討論典訓，未嘗少輟。自吾一心一身，以至萬事萬物，莫不有理。存此心於齋莊靜一之中，窮此理於學問思辨之際。皆有以見其所當然而不容已其與所以然而不可易。然充其知而見於行者，未嘗不反之於身也。不睹不聞之前，所以戒懼者愈嚴愈敬。隱微幽獨之際，所以省察者愈精愈密。思慮未萌，而知覺不昧；事物相接，而品節不差。無所容乎人欲之私，而有以全乎天理之正。不安於偏見，不急於小成，而道之正統在是矣。其爲道也，有太極而陰陽分，有陰陽而五行具，稟陰陽五行之氣以生，則太極之理各具於其中。天所賦爲命，人所受爲性。感於物爲情，統性情爲心。根於性則爲仁、義、禮、智之德，發於情則爲惻隱、羞惡、辭讓、是非之端，形於身則爲手足耳目口鼻之用，見於事則爲君臣、父子、夫婦、兄弟、朋友之常。求諸人，則人之理不異於己；參諸物，則物之理不異於人。貫澈古今，充塞宇宙，無一息之間斷，無一毫之空闕。莫不析之極其精而不亂，然後合之盡其大而無餘。先生之於道，可謂建諸天地而不悖，質諸聖賢而無疑矣。故其得於己而爲德也，以一心而窮造化之原，盡性情之妙，達聖賢之蘊；以一身而體天地之運，備事物之理，任綱常之責。明足以察其微，剛足以任其重，宏足以致其廣，毅足以極其常。其存之虛而靜，其發之也果而確，其用之也應事接物而不窮，其守之也歷變履險而不易。本末精粗，不見其或遺；表裏初終，不見其或異。至其養深積厚，矜持者純熟，嚴厲者和平，心不待操而存，義不待索而精，猶以爲義理無窮，歲月有限，常歉然有不足之意，蓋有日新又新，不能自已者，而非後學之所可擬議也，其閑居也未明而起，深衣、幅巾、方履、拜於家廟以及先聖。退坐書室，几案必正，書籍器用必整。其飲食也，羹食行列有定位，匕箸舉措有定所。倦而休也，瞑目端坐；休而起也，整步徐行。中夜而寢，旣寢而悟，則擁衾而坐，或至達旦。威儀容止之則，自少至老，祁寒盛暑，造次顚沛，未嘗有須臾之離也。行於家者，奉親極其孝，撫下極其慈，閨庭之間，內外斬斬，恩義之篤，怡怡如也。其祭祀也，事無纖鉅，必誠必敬，小不如儀，則終日不樂，已祭無違禮，則油然而喜。死喪之禮，哀戚備至，飲食衰絰，名稱其情。賓客往來，無不延遇，稱家有無，常盡其歡。於親故，雖疏遠必致其憂；於鄉閭，雖微賤必致其恭。吉凶慶弔，禮無所遺；賙恤問遺，恩無所闕。其自奉則衣取蔽體，食取充腹，居止取足以蔽風雨，人不能堪，而處之裕如也。若其措諸事業，則州縣之設施，立朝之言論，經綸規劃，正大宏偉，亦可概見。雖達而行道，不能施之一時，然退而明道，足以傳之萬代。謂聖賢道統之傳，散在方策，聖經之旨不明，則道統之傳斯晦。於是竭其精力，以研窮聖賢之經訓。於大學、中庸，則補其闕遺，別其次第；綱領條目，燦然復明。於論語、孟子，則深原當時答問之意，使讀而味之者，如親見聖賢而面命之。於易與詩，則求其本義，攻其末失，深得古人遺意於數千載之上。凡數經者，見之傳注，其關於天命之微，人心之奧，入德之門，造道之域者，既已極深研幾，探賾索隱，發其旨趣而無遺矣。至於一字未妥，一辭未備，亦必沉潛反復，或達旦不寐，或累日不倦，以求至當而後已。故章旨字義，至微至細，莫不理明辭順，易知易行。於書，則疑今文之艱澀，反不若古文之平易。於春秋，則疑聖心之正大，決不類傳注之穿鑿。於禮，則病王安石廢罷儀禮，而傳記獨存。於樂，則憫後世律尺既亡，而清濁無據。是數經者，亦嘗討論本末，雖未能著爲成書，然其大者固已獨得之矣。若歷代史記，則又考論西周以來，至於五代，取司馬溫公編年之書，繩以春秋紀事之法，綱舉而不繁，目張而不紊，國家之理亂，君臣之得失，如指諸掌。周、程、邵、張之書，所以繼孔聖道統之傳，歷時未久，微言大義，鬱而不彰，爲之裒集發明，而後得以盛行於世。太極、先天二圖，精微廣博，不可涯涘，爲之解剝條畫，而後天地本原，聖賢蘊奧，不至於泯滅。程、張門人祖述其學，所得有深淺，所見有疏密，先生既爲之區別，以悉取夫其長。至或識見小偏，流於異端者，亦必研窮剖析，而不沒其所短。南軒，張公（栻），東萊呂公（祖濂），同出其時，先生以其志同道合，樂與之友，至或識見少異，亦必講磨辯難，以一其歸。至若求道而過者，病傳注誦習之煩，以爲不立文字，可以識心見性，不假修爲，可以造道入德，守虛靈之識而昧天理之眞，借儒者之言，以文佛老之說。學者利其簡便，詆訾聖賢，捐弃經典，猖狂叫呶，側僻固陋，自以爲悟。（按指陸象山之心學，即所謂「江西頓悟之說」）立論愈下者，則又崇獎漢、唐，比附三代，以便其計功謀利之私。（按指陳龍川之學說，即所謂「永康功利之說」）二說並立，高者陷於空無，下者溺於覇陋，其害豈淺鮮哉？先生力排之，俾不至亂吾道以惑天下，於是學者靡然向之。先生教人以大學、論、孟、中庸爲入道之序，而後及諸經，以爲不先乎大學，則無以提綱挈領，而盡論、孟之精微；不參以論、孟，則無以融會貫通，而極中庸之旨趣。然不會其極於中庸，則又何以建立大本，經綸大經，而讀天下之書，論天下之事哉？其於讀書也，又必使之辨其音釋，正其章句，玩其辭，求其義，精研覃思，以究其所難知，平心易氣，以聽其所自得，然爲己務實，辨別義利，毋自欺，謹其獨之戒，未嘗不三致意焉。蓋亦欲學者窮理反身而持之以敬也。從遊之士，迭誦所習，以質其疑。意有未諭，則委曲告之，而未嘗倦。問有未切，則反覆戒之，而未嘗隱。務學篤則喜見於言，進道難則憂形於色。講論經典，商略古今，率至夜半。雖疏病支離，至諸生問辨，則脫然沉痾之去體。一日不講學，則惕然常以爲憂。摳衣而來，遠自川蜀。文辭之傳，流及海外。至於荒裔，亦知慕其道，竊問其起居。窮鄉晚出，家蓄其書，私淑諸人者，不可勝數。先生既沒，學者傳其書，信其道者益衆，亦足以見理義之感於人者深也。繼往聖將微之緒，啓前賢未發之機，辯諸儒之得失，闢異端之訛謬，明天理，正人心，事業之大，又孰有加於此者？至若天文、地志、律歷、兵機，亦皆洞究機微。文詞字畫，騷人才士，疲精竭神，常病其難，至先生未嘗用意，而亦皆動中規繩，可爲世法。是非姿禀之異，學行之篤，安能事事物物，各當其理，各造其極哉？學修而道立，德成而行尊，見之事業者又如此。」

陸九淵（西元一一三九—一一九二）

鄧玉祥

一 引言

陸九淵，字子靜，號存齋，生於宋高宗紹興九年（西元一一三九年），撫州金谿人。嘗居貴溪象山，學者遂尊稱爲象山先生。兄弟六人，象山最幼。光宗紹熙三年（西元一一九二年）卒於官。享年五十有四。

象山與其兄九韶、九齡合稱三陸，同爲南宋時經學大家，兄弟間互爲師友，而象山則集諸兄之大成。因象山幼卽聰慧穎悟，爲諸兄之冠，三四歲時靜坐卽如成人，行遇事物，每疑必問。總角時誦經不寐。初讀論語，卽疑有子之言支離；其後讀古書，至宇宙二字，解者曰：「四方上下曰宇，往古來今曰宙。」忽大悟，乃援筆書曰：「宇宙內事，乃己分內事；己分內事，卽宇宙內事。」故其讀書最會疑，一疑便有覺，嘗謂學者：「小疑則小進，大疑則大進。爲學患無疑，疑則有進。」

宋代理學，自胡瑗（安定）、孫復（泰山）造其端，周敦頤（濂溪）、張載（橫渠）、程顥（明道）、程頤（伊川）繼其後。象山承濂溪、明道之緒，以繼往開來爲己任，以辨義利、別是非、明夷夏、正人心爲入手處。故其爲學常大處著眼，追求源頭。以爲宇宙卽是吾心，理具吾心，吾心卽理。理心合一，心正則一切皆正。此心此理，昭然宇宙之間，乃我固有，非由外鑠。故能存得此心，卽可明得此理；明得此理，卽可盡性知天，而爲堯舜。統觀象山全集，不外啓發人之本心，勉人明理知道。

二　教育思想

（一）教育目的

象山以理爲宇宙的原理，人事行爲的準則。教育目的卽在於明理，他嘗說：「塞宇宙一理耳，學者之所學，欲明此理耳。」（全集卷十二與趙詠書）「吾所明之理，乃天下之正理，實理，公理……學者正要明此理，窮此理。」（全集卷二十二）「凡欲爲學者，當先識義利公私之辨，學者所以爲學，學爲人而已，非有爲也。」學者不能明理，何貴學之有？此象山教人，所以欲先發明人的本心，擴充四端，明辨義利，以盡人道。惟理常爲物慾所蔽，成見所塞，而易陷溺不明，放失亡逸。故須賴教育以明之，能明得此理，卽可不失本心。自能辨義利，別是非，盡心盡性，成己成物。

（二）教育原則

甲、先立乎其大者——象山教人，要人先立乎其大者，意卽學者當先理會其所以爲人之道。因象山之學，原本於孟子擴充四端之教，最重義利之辨。以爲辨義利即所以盡人道，能盡人道，始能爲人。孟子說：「先立乎其大者，則其小者不能奪。」人因不能自立乎其大者，故常爲小者所奪。而「志道、據德、依仁、游藝乃學者之大端。」故「博學、審問、愼思、明辨、篤行亦爲此也。此須是有志方可。」因爲古人講學，首在敎人立志。而志又有大小之別，囿於一地，安於一方，是雖有志，實非大志，是以學者須先立志，並須先立大志。故曰：「學者須是有志，讀書只理會文義，便是無志。」（全集卷三十五）又曰：「無志則不能學，不學則不知道，故所以致道者在乎學，所以爲學者在乎志。」（全集卷二十一論語說）由此可知志不可不立，而立志又不可不堅，更不可不大。聖人之志，雖陵藉侵侮，危及其身，而不能稍止者，實因堅而且大之故。是以爲學貴先立志，尤貴先立大志。

乙、求放心——象山敎人要先求放心。嘗說：「人孰無心，道不外索，患在戕賊之耳，放失之耳。」孟子亦說：「仁，人心也。義，人路也。舍其路而弗由，放其心而不知求，哀哉。」蓋能收得精神，自作主宰，此心始不致流離放失於外，失其主一之用。否則如牆頭草，吹之東則東，吹之西則西，勢將一事無成。是以爲學處事，均須專一，不可二用其心；此學問之道，所以在求放心。

丙、辨義利——辨義利乃象山學說之核心，亦爲象山學說之入門，故其敎人以辨志爲先。其弟子傅子淵自象山歸，陳正己問他：「陸先生敎人何先？」答稱：「辨志。」正己復問：「何辨？」則答說：「義利之辨。」（語錄）又阜民（詹子南）初見象山，不能盡記所言，大旨云：「凡欲學者，當先識義利公私之辨。」（語錄）此言學者發足開端，不可不謹，養正涉邪，則當早辨。蓋能辨之於早，絕之於微，則易爲力。故學不可不辨，苟學非所學，養非其正，則如脫覊之馬，越軌之車，無舵之舟，愈鶩而愈遠，愈求而愈不可達。靜則隨處自省，見善卽遷；動則親師就友，有過卽改。自能與道日進，勉爲聖人。

丁、知恥——儒者教人，重在敦品勵行，讀書乃其次要。學者立身之道，須有廉恥。象山嘗曰：「人不可以無恥。」意謂人能有恥，則知有所貴，知有所貴，始能知有所賤。因人之患，莫大於無恥。人而無恥，將何以爲人？人有聖賢不肖之分，皆由有恥無恥而來。須知明廉知恥，乃人生大節，寡廉鮮恥之人，卽不能安貧樂道而篤行道義，終必無所不爲。所以象山教人，必先教以取舍之道，知恥之方。是以有志於學者，行有白璧之玷，必有終夜之愧，故不可不謹。

（三）教學要領

甲、不立學規——象山教人不用學規，而貴學者自悟。他深知學者心術之微，爲之條析其故，悉如其心；亦有相去千里，素無雅故，聞其大概，而能盡得其爲人。他嘗說：「某平時未嘗立學規，但常就本上理會，有本自然有末……，今既於本上有所知，可略略的順風吹火，隨時建立，但莫去起爐作灶。」（全集卷三十五語錄）由此可知象山教人之精微，意旨之深遠，使學者皆能善心自興，相觀而化，而不處處設規，時時發令。孟子說：「君子深造之以道，欲其自得之也。」此象山教人之所以不立學規，而貴學者自得。

乙、因材施教——象山對於學生，每隨其人而各有所啓發：或教以涵養之道，或曉以讀書之法。

對於狂妄猛進者，戒以安祥退讓；習於異端邪說者，戒以明理求道。嘗說：「某無他長，但能識病。」（全集卷三十五）因學者心志有病，皆昧而不覺，執以爲安，象山則能指出學者病處，令其深思痛省。因人之資質，得失深淺，各不相同，必須隨分用力，隨時考察，親書冊，就事理，觀摩體驗，各展所長。如其門人黃元吉善學，但不敢發問，象山常誘致之。是知象山教人，因材施教，隨分指點，而令學者各就血脈處善用工夫。

丙、親師近友——「師」者樹人之楷模，「友」者立人之規範。君子進德修業，止於至善，不可離於須臾。故爲學者，必擇良師益友而親之。韓愈嘗說：「古之學者必有師，師者所以傳道、授業、解惑也。人非生而知之者，孰能無惑？惑而不從師，其爲惑也，終不解矣。」學記亦說：「獨學而無友，則孤陋而寡聞。」人能得遇明師，則傳授之間，自有本末先後，不使學者雜亂無章，茫然無所從，白耗精神而無所至止。故象山教學者立志既定，就要訪明師，求賢友。嘗說：「道非難知，亦非難行，患人無志耳。及其有志，又患無眞實師友。」（全集卷一與侄孫濬書）又說：「萬物皆備於我，只要明理；然理不能自明，須是隆師親友。」（全集卷三十五語錄）以上乃象山反覆說明求師就友之重要。因苟無師友爲之指點講明，則必各執己見，各是其是，各非其非，道不易明，亦不易行。孔子說：「三人行，必有我師焉，擇其善者而從之，其不善者而改之。」楊雄亦說：「務學不如務求師。」故象山訓勉學者說：「人患無朋友，無聞見，與親不正之人，聞不正之言，則寧其無也。若見不賢而內自省，擇其不善者而改之，則皆吾師也。」俗謂「近朱者赤，近墨者黑。」亦在勉人交友不可不如己者。師友之道，於此大明，學者親師近友，得不謹愼？

丁、改過遷善——象山嘗說：「古人惟貴知過則改，見善則遷，今人自執己是，被人點破，便愕然，所以不如古人。」因人之過，初則甚小，其後漸大，人如改過，其初則易，其後則難。學者通病，在於「師心自用」。師心自用，卽不能克己，不能聽言，而常在胸中耿耿然爲「拒善之藩籬」，以致爲過益大，去道愈遠，而不能自知。又說：「苟能自省，雖才質下者，可免此病；苟不自省，雖才質高者，亦或有此病。」故應隨時小心謹愼，提高警覺，及時克制，繼而不絕，日新、又新，遷善改過，「仁」而後已。至於省察之道，象山認爲不宜過激，而應持之以恆。嘗說：「人之省過，不可激烈，激烈者必非深，至多是虛作一場節目，殊無長味。」此外他惟恐學者不够虛心，而又勉人虛心聽納人言，平心定氣與人辯論，務期虛懷若谷，截長補短。因爲人惟虛心取人之長，始能補己之短。

戊、存敬——宋代理學家，無論講學論道，均喜言存敬修養工夫。因敬則誠，誠則明，能敬而後能靜，能靜而後能定，能定而後能明。修「敬」至極，則心明如鏡，動靜周旋，均能中節，而與天地萬物同體。故學者只須靜守此心，卽可入得聖門。此象山所以常敎學者閉目靜坐，以存本心；意在收拾精神，不使輕浮騖馳，而使神思淸明，雜念不生。程明道見人靜坐，便嘆曰善學，是以學苟能靜，則得爲學之道。

（四）爲學方法

甲、循序漸進——大學上說：「物有本末，事有始終，知所先後，則近道矣。」又說：「欲修其身者，先正其心，欲正其心者，先誠其意，欲誠其意者，先致其知，致知在格物。」由此足證進德修業，均須循序漸進，不忽卑近，則必如水之就下，沛然莫之能禦。所以象山嘗說：「學者讀書，先於易曉處沉涵熟復，切己致思，則他難曉者，渙然冰釋矣。若先看難曉處，終不能達。」「聖人教人，只是就人日用處開端。」「道術之是非邪正，徐而論之未晚也。當局者迷，旁觀者審，用心急者多不曉了，英爽者用心一緊，亦且顛倒眩惑，沉昏者豈可緊用心耶？」此均在說明為學須循序漸進，不可急切，不可躐等，不可草率。

乙、精讀——象山論讀書方法，最要從容不迫，諷詠玩味，平淡讀之，從自已曉處開始，漸及於未曉處。嘗說：「讀書之法，須是平平淡淡去看，仔細玩味，不可草草……自然有渙然冰釋，怡然理順的道理。」（全集卷三十五語錄）又說：「所謂讀書，須當明物理，揣事情，論事勢，且如讀史，須看他所以成，所以敗，所以是，所以非處，優游涵泳，久自得力，若如此讀得三五卷，勝讀三萬卷。」又說：「見一字未曉，未可輕易，問是如何，何患不曉？」足見象山教人讀書，要能細讀精熟，勿忽易曉，勿恃已曉，識其可識，知之謂知。非但貴精不貴多，更要在血脈處痛下工夫。須知泛觀博取，不若熟讀精思。學者必須專心致志，反覆玩味體驗，以求精熟貫通。故不主張皓首窮年，鑽研古籍。而於古訓之中，亦惟理是視；以為千古聖人，心同理同，合於理者，雖非聖人之言，亦可取而讀之。

丙、深思好問細心——象山認為善解書者，要能深明大意，不必參加己見，以免傷及本旨原義，失其本眞。因聖人言語，皆含至理，如不深切思究，則不能知其意義所在。故痛責後世多在文字間探索，並以己意參雜附會，支離漫衍，轉爲藻繪。孔子說：「學而不思則罔，思而不學則殆。」孟子說：「心之官則思，思則得之，不思則不得也。」象山論學，亦多於此處著力，以便發明人之本心。學者爲學，思之愈久，反覆愈多，則其味愈深，所得亦愈多；苟思之不得，繼之以好問，則未有不可明之理，不能懂之事。嘗說：「後生有甚事，但遇讀書不曉時便問，遇事理會不得時便問，並與人商量，其他有甚事。」

丁、有恒——象山嘗對學者說：「涓涓之流，積成江河，泉源方動，雖只有涓涓之微，去江河尙遠，卻有成江河之理。」（全集卷三十四語錄）又說：「莫被枝葉累倒了，須用工夫，孜孜不懈乃得。若稍懈舊習又來。」又說：「學固不欲速，欲速固學者大患。」（全集卷四）這都在說明學貴有恒，欲速不達。因登高必自卑，行遠必自邇，爲大於微，積健爲雄，乃勢所必然，理所當然。

三　結　論

象山以孟子之「良知良能」爲其學說之根源，而倡「心卽理」說，故其講學施教無不以啓發人之本心，而復人之本心爲主，嘗說：「道問學，乃爲尊德性。」教人先立乎其大者，不爲小者所奪。親師近友，朝惕夕勵，知恥存敬，悔過遷善，使能辨義利，成聖賢。是「心卽理」，「復本心」，「辨義利」乃陸學之三面，而三者之中，尤以「辨義利」爲其學說之核心。象山一生，以教育天下英才爲最大樂事。每至一處，遠近聞風而來者輒數百人。甚至鄉曲長老，亦求親炙問道。象山悼時俗之通病，啓人心之固有，聽者無不惕然以懲，躍然以興，足見其思想學說對世人影響之鉅大。

陳白沙（西元一四二七—一五〇〇）

馬肇選

一 一顆雙目如電的慧星的誕生

陳白沙先生，名獻章，字公甫，廣東新會的白沙里人。生於中華民國紀元前四八五年（西元一四二七年），即明宣宗宣德二年，距離現在剛好是五四七年；死於民前四一二年（西元一五〇〇年），也就是孝宗弘治十三年二月十日，距離現在，剛好是四七四年，享壽七十三歲。

據明儒學案所載，他身材修偉，目光如星，給人印象至深，有一種極聰慧的儀表；右邊臉上，長了七顆好像北斗星座般的黑痣，從小就警悟非凡，過目不忘，而且很有志節，要做天地間的第一等人，卽孟子所謂的「天民」。

英宗正統十二年，擧於廣東鄉試，當時他纔二十歲。第二年，會試中副榜，因而有機會入京師進國子監讀書；這是他一生的轉捩點，因爲他從此能列入名師康齋先生之門，學問才得大進。康齋，卽吳與弼，江西撫州崇仁人，楊文定的學生；門下除了陳白沙，還有白鹿書院的山長胡居仁，以及婁諒、胡九韶、謝復、鄭伉、楊傑、周文等等，皆一代儒者，所謂「崇仁學派」是也。

白沙先生，經過這一段國子監的讀書生活，受了師友的薰陶，越發有志於學問。回歸故鄉之後，竟不假外求，在自己家裏築了一座陽春臺，時常靜坐其中，斷絕各方的來往，一意深思，這樣，學問自然更加精進。後來，在憲宗成化二年，卽民前四四五年，復遊太學，由於一首能表現他學養的「和龜山」詩（註一），被國子祭酒邢讓看見，颺言於朝，認爲眞儒復出，於是名動朝野；像羅一峯、章佩山、莊定山、賀醫閭輩，都恨相見太晚，其中賀醫閭甚至進執弟子之禮來受教。這一年，賀醫閭正以進士授戶科給事中，在朝任職，但聽了白沙先生的議論之後，卽抗疏解官；這在當時以及後來，都被傳爲美談。這次遊罷歸來，門下益盛，終於產生了白沙學派。憲宗成化十八年，又由廣東布政使彭韶、都御史朱英（時任廣東總督）交相薦譽，重至京師；可是朝中的閣臣們懷疑他的實學，令就試吏部，這時他已五十五歲，當然疾辭不赴。按當時的規矩，只好上疏要求終養，以全志節（註二）。最後，由朝廷授了他一個翰林院的檢討官職回家；此後他便屢薦不應，而專志於講學了。

白沙先生的才華是多方面的，工書法又善畫墨梅；在山居的時候，因爲筆的供應不便，於是束茅草作筆，遂另成一家，號爲茅筆字。他的字和畫，都被公認是高品，有很大的藝術價值，一直就爲時人所珍視。

他死後，在萬曆十三年，由朝命從祀孔廟，稱先儒陳子，追諡文恭。著有白沙子八卷、文集二十二卷、遺編六卷以及白沙詩教解等等（註三）。

二　天地間第一等人所行何事

據明史列傳第一百七十一，白沙先生的太夫人二十四歲就守節撫孤，母子相依爲命，所以白沙先生事母極孝。據說他母親在家想念他的時候，他竟會產生某種感應，於是立卽歸省；這可能是用來形容他至孝的一種傳說，不過他非凡的志節却是從這種至孝的性格中自小培養出來。他嘗說：「三代以降，聖賢乏人，邪說並興，道始爲之不明；七情交熾，人欲橫流，道始爲之不行。道不明，雖日誦萬言，博極羣書，不害爲末學；道不行，雖普濟衆生，一匡天下，不害爲私意。爲學莫先於爲己爲人之辨！此是擧足第一步！」（註四）此所謂「爲己」，和英哲柏德萊（Francis Herbert Bradley 1846-1924）所用的 Self-realization 一字，至少在某方面甚至大部分有相同的意思。這種自我人格的完成，理應係屬第一步，就這第一個大步的某一點意義講，它同時也就是屬於所謂最後的一步，從這裏走起，自自然然的，便是天地間第一等人的步伐。

白沙先生與林郡博函中嘗說：「此理干涉至大，無內外，無始終，無一處不到，無一息不運。會此則天地我立，萬化我出，而宇宙在我矣。得此覇柄入手，更有何事？往古來今，四方上下，都一齊穿紐，一齊收拾；隨時隨處，無不是這個充塞。」（註五）此卽程明道所說：「識得此理，以誠敬存之，不需用纖毫之力」之意，亦卽陸象山所說「先立乎其大者」之意。蓋白沙之學，乃由朱學轉而爲陸學也。既然要「先立乎其大者」，自然要從宇宙間第一等的工夫入手，就人講，這第一等的工夫，自然是了解並實際地去「做」天地間的第一等人。

白沙嘗自述爲學的經過：「僕才不逮人，年二十七，始發憤從吳聘君學。……然未知入處。比歸白沙，杜門不出，專求所以用力之方。……於是舍彼之繁，求吾之約，惟在靜坐。久之，然後見吾此心之體，隱然呈露，常若有物。日用間種種應酬，隨吾所欲，如馬之御銜勒也。……於是渙然自信曰：『作聖之功，其在茲乎？』有學於僕者，輒教之靜坐。」(註六) 白沙由靜坐中，悟得人人之同，因爲大家「都」是人；進而又悟得人人之異，因爲每個人對「人」的了解並不相同，境界既有大小，猶有高下。有各種各樣的人，這各種各樣的人，都可能有他最高的成就，譬如成功臣、成名將、成巨匠，成大師；但這各種各樣的人又同時都是人，就其「是人」這一方面講，他應該也可能有他一個最高的成就，便是成爲聖人。

白沙既由靜坐中「識得此理」，而後本此「先立乎其大者」以教人，才能讓黃黎洲在白沙傳中稱讚他：「有明儒者，不失其矩矱者，亦有之。而作聖之功，至先生而始明，至文成而始大。」(註七) 作聖，自然是天地間第一等大事；人能「同時在許多成就中」又成聖，自然是天地間的第一等人。此無怪白沙的學生姜麟要虔敬的，心儀誠服的，把他比作「活孟子」了。(註八)

三　如何完成天地間第一等人

白沙與羅一峯函有云：「伊川先生每見人靜坐，便歎其善學。此一靜字，自濂溪先生主靜發源。後來，程門諸公遞相傳授，至於豫章延平，尤專提此教人；學者亦以此得力。晦翁恐人差入禪去，故少說靜，只說敬。如伊川晚年之訓，此是防微慮遠之道；然在學者，須自度量如何，若不至爲所誘，仍多著靜，方有入處，若平生忙著，此尤爲對症之藥。」（註九）這個靜字，一向卽是陳門的第一個法訣。

爰考主靜之說，見於通書：「聖可學乎？曰：可。曰：有要乎。曰：有。請問焉。曰：一爲要；一者，無欲也。無欲則靜虛動直。靜虛則明，明則通；動直則公，公則溥。明通公溥，庶矣乎！」（註一○）據濂溪注主靜兩字，爲「無欲故靜。」借用黑格爾（Hegel）的話，這有兩層意思。第一層，是原始的無欲，卽所謂無知無識的無欲；及至由有欲「靜」「養」出來的無欲，才是第二層的無欲。白沙在這一方面，似乎要較濂溪更進一層，其說詳下。蓋前者，所謂第一次的純潔，只有票面價値，也祇能「取」其票面的價値；必待所謂第二次的純潔，才能構成「有湊泊脗合處也」（白沙語），才能一生受用不盡，以其如此，得之卽不易「復失」也！因此，濂溪的這句話，我們實又可以改成「靜故無欲」！白沙之所以以這個靜字，作爲陳門「不二」的法訣，其故在此。

伊川嘗說：「敬則自虛靜，不可把虛靜喚作敬。」（註一一）又說：「纔說靜，便入於釋氏之說也。不用靜字，祇用敬字。纔說著靜字，便是忘也。……」（註一二）這可視爲宋明理學由主靜到主敬的發展，但陳門對由靜用敬，則不只是「光光的」「先立乎其大者」，猶在以靜養敬，敬以復靜，實已把這個敬字「敬」入了靜之中，所謂「定而後能靜」是也。實已把這個靜字，「靜」入了敬之中，所謂「靜，而後能慮」是也。所以白沙說：「爲學須從靜坐中養出個端倪來，方有商量處。」（註一三）假如一個無知無識的人，徒叫他靜坐，怎麼能坐出個端倪來？因此，這個「第二層」的靜，才能眞正作爲反照，既有端倪，才有商量，也才能商量，所以陳門的這個靜，仍不過是一個由定到安的「中途站」，而且永遠是個中途站，就這一點講，這便是用敬的一番眞工夫了，所謂恆靜又恆敬，恆敬才恆靜，否則，這個中途站便是終點，將有什麼所得呢？

這裏還有一說，陳門的這個靜，祇是相對的，非同於禪學中絕對的靜。陳門的靜，重在證驗，不曾離開日用人生；禪門的靜，則在日用人生之外，別有一套，兩者極不相同。譬如白沙說：「人爭一個『覺』！纔覺便我大而物小，物盡而我無盡。」（註一四）這個「覺」，自然是由「靜」才較易悟得，然後再「敬以存之」，使他在這番「覺」的了解中，繼續的一層一層的「覺」下去，這樣才能產生較深的覺以及更深的覺；這樣才能昇華得了近人所謂的生活境界（此卽白沙所謂的氣象）。但這絕不是說，他只於此終日端坐，不做別的事；他還是要照常做別的事，照常做他所應該作的事。不過因爲他有了這番「覺」悟，所以這許多照常所應該做的事，對他便有了另一種意義。他無論做什麼事，都時時刻刻注意到這另一種意義，這便是普通所說的用敬；然後，反過來「商量」這個「端倪」，便愈見其靜以持敬的工夫與價值了。這或許是陳門主靜的一番眞正意思。

當然，在初初未曾爭得一個「覺」之時，也許要好端端的靜坐一番，及至有了個端倪，自然就不必如此刻板了。這實在是陳門與禪門最大的不同處；借用近代一句話，主靜，祇不過是陳門一個「常」用的方法，絕不像禪門那般以主靜來作爲「專」用的一個方法。

這個「覺」，在某一點上，實在有了不起的意思。我們甚至可以說，有了這個「覺」，人生才有眞正的意義，宇宙才眞正有意義。所以白沙說：「人具七尺之軀，除了此心此理，便無可貴！」（註一五）這豈不就是陳門完成天地間第一等人的一個起碼的條件嗎？

四 白沙學派的温馨和它的脈絡

據賈豐臻中國理學史第三章說：「吳與弼，……陳白沙來學。東窗僅白，康齋自簸穀，白沙未起。康齋大聲說道：『秀才若爲懶惰，他日何由到伊川門下？並何由到孟子門下？』」從這一段話，可以想見白沙在吳氏之門，知識的來源是離開不了日用倫常的，既不空疏，也無所謂支離，所以他本人以及他的學生才多有不凡的成就。譬如，明史湛若水傳：「弘治……，十八年會試，學士張元禎楊廷和爲考官，撫其卷曰：『非白沙之徒，不能爲此。』置第二；賜進士，選庶吉士，授翰林院編修。」是時白沙已去世五年，仍受到這般的賞識和尊敬。

白沙先生是一位有至性的人，我們可以從他的詩中看出來，如寫給他的得意弟子李承箕的兩首相憶詩：

「去歲逢君笑一回，經年笑口不曾開；
山中莫謂無人笑，不是眞情懶放懷。」
「衡岳千尋雲萬尋，丹青難寫夢中心；

人間鐵笛無吹處，又向秋風寄此音。」

想見他們師弟之間，「眞有相視而莫逆者」（黃黎洲語），所以李承箕曾從湖北嘉魚到新會，涉江浮海，水陸萬重，四度去探謁白沙，這是何等的孺慕之情！所以湛若水後來每到一處，必建書院以祀白沙，這又是何等的反哺之誠？即以賀醫閭而論，據明儒學案：「先生之事白沙，懸其像於書室，出告反面。而白沙謂先生篤信謹守人也；別三十年其守如昨，似猶未以凍解冰釋許之！」這豈是普通的師弟之誼？又如陳時周，克苦自勵，最屬難能，做監察御史，收入除了供母之外，匡床敝席，不辦一帷，眞是所謂寒介之士，所以白沙讚他「百鍊金孝子也」；當然他平日得自白沙的薰陶，自無庸多贅。總之，白沙之門，無論是及身受教的，無論是間接感化的，一時實無法俱書(註一六)，我們祇能大略的寫到這裏。我們由高忠憲的一句話，足以知道白沙在「明學」中的地位及其在中國思想史上的承啓關鍵。他說：「自古以來，聖賢成就俱有一個脈絡，陽明、象山與孟子一脈；白沙、康節與曾點一脈；敬齋、康齋與尹和靖一脈。」（明儒學案卷首）

至於「其胸次悠然，直與天地萬物上下同流」（論語曾點言志章朱子註），則正是白沙學派的又一番寫照了。

附註：

一：見明史列傳第一百七十一，原文是：「……復游太學，祭酒邢讓試和楊時『此日不再得』詩一篇，驚曰：『龜山不如也！』颺言於朝，以爲眞儒復出，由是名震京師。……」謹案：本傳敍述白沙，全文不足四百五十字，未引原詩，遍查白沙子全集亦未得；茲據四部叢刊續刊白沙子跋（近人張元濟先生題）：「史稱先生在太學時，祭酒邢讓試以……詩，……而是本（按指白沙子）獨不載，豈以其爲應試之作，體先生不欲入官之意而遺之歟？」又，全明詩、明詩紀事，俱未載錄這首詩，張說似有可信。而明詩紀事，每比先生詩「於陶淵明」，謂「時有妙得天然之載道語」。

二：見明史列傳第一百七十一考證，引獻徵錄：「按是時詔等乞以禮聘獻章，吏部尙書尹旻謂『獻章向聽選京師，非隱士比，安用聘？』遂檄召至京。」而傳文中有如下一段話：「……至南安，知府張弼疑其拜官與與弼不同，對曰：『吳先生以布衣爲石亨所薦，故不受職，而求觀秘書，冀在開悟主上耳。時宰不悟，先令受職，然後觀書，殊戾先生意，遂決去；獻章聽選國子生，何敢僞辭釣虛譽？』」足徵白沙先生的學養非凡，以及出處有分寸，是一位在小處猶見其大的人物！

三：此白沙詩教解，即係白沙門中的標準教材；大抵白沙的教材中，仍以六經爲主。

四：見明儒學案白沙語錄。

五：見白沙子全集卷四。（四部叢刊續刊本）

六：見白沙子全集卷三，復趙提學僉憲。

七：見明儒學案卷五。

八：見明史列傳第一百七十一。

九：見明儒學案陳白沙論學書。

一〇：見通書聖學第二十。

一一：見遺書卷十五。

一二：見遺書卷十八。

一三：見白沙子全集卷二，與賀克恭（即賀醫閭）黃門。

一四：同上卷三，與時矩（即何時矩）。

一五：見白沙子卷四，禽獸說。

一六：像明儒學案白沙傳所載：「先生疾革，知縣左某以醫來，門人進曰：『疾不可爲也。』先生曰：『須盡朋友之情。』飲一匙而遣之。」這是何等的情懷，這是何等的道義？使四百七十四載以下，猶想見其高風！

王守仁（西元一四七二—一五二八）

鄧玉祥

一　引言

王守仁字伯安，浙江餘姚人，生於明憲宗成化八年（西元一四七二年）九月三十日，卒於嘉靖七年（西元一五二八年）十一月二十九日，享年五十有七。以其曾結廬於會稽山陽明洞側，學者遂尊稱陽明先生。

陽明天生聰慧，自幼豪邁不羈，喜任俠，善騎射，慨然有經營四方之志，一生經多次艱苦的磨練，始能在學問事功方面有偉大的成就。故其門人錢德洪說：「先生之學，得之患難幽獨中。」（年譜卷二陽明先生年譜序）至其思想的要義，則爲「知行合一」、「靜坐澄心」、「存天理去人欲」及「致良知」等，自身構成了一貫的體系。

當明代中葉，正値朱陸末流互爭消長之際，黨同伐異，人心浮動，社會日趨不安；聖人之學，因之日遠而日晦。陽明置身其間，自不能無動於中，乃悉心研究其原因，獲知「後世人心陷溺，禍亂相尋，皆由於聖學不明之故。」（書錄卷三寄鄒謙之三）乃糾合同志，共倡聖學，以爲：「學絕道喪之餘，苟有興起向慕於是學者，皆可以爲同志。」（書錄卷三寄鄒謙之四）陽明救時之苦心於此可見。然於此世衰俗降，士風日偷之際，而欲立見奇效，自不可能。加之明自永樂任用太監之後，閹臣當權，威焰逼人，正人君子死者，難以勝數。武宗即位，終日走馬逐狗，荒蕩淫樂，國家大事悉委於此輩之手，由是專橫暴戾，變本加厲，以致元老重臣，一時紛紛求去。陽明因不滿時政，乃倡聖學以正人心，息邪說，挽頹風，救時弊。

二 教育理論

（一）拔本塞源

陽明認爲天下之患，莫大於士風之頹靡而不自覺。譬之潦水赴壑，浸淫泛濫；其始若無所患，而其末則奔馳潰決，不可收拾，天下因之而大亂。溯自科舉以來，士皆馳鶩於記誦辭章，師所教，弟所學，皆惟功利是圖。陽明有見於斯，以爲人心陷溺，乃由於心學不明，故力倡心性之學。求先盡己之心，以盡人之心。故立拔本塞源論，以爲教育之指針。

陽明所主張應拔本塞源者爲功利觀念，他曾痛陳功利觀念之積弊說：「功利之毒，淪浹於人之心髓，而習以成也幾千年矣。相矜以知，相軋以勢，相爭以利，相高以技能，相取以聲譽；其出而仕也。理錢穀者，則欲兼夫兵刑；典禮樂者，又欲與於銓軸；處郡縣，則思藩臬之高；居諫臺則望宰執之要。……嗚呼！以若是之積染，以若是之心志，而又講之以若是之學術，宜其聞吾聖人之教，而視之以爲贅疣枘鑿，則其以良知爲未足，而謂聖人之學爲無所用，亦其勢有所必至矣。」（傳習錄中答顧東橋書）他認爲「仁人者，正其誼，不謀其利，明其道，不計其功。」（書錄卷一與黃誠甫）然陽明之「非功利」，絕非教人不重事業，更非教人抹殺一切功利，而是教人無論做何事業，勿以滿足個人私欲爲主，須以大公爲要；能大公無私則自能合天乎理，而達天地萬物一體之仁。他倡導的致良知之學，卽所以去私欲存大公，以救當時深中功利之毒的頹靡士風。

（二）自然發展

陽明嘗謂：「爲學須有本原，須從本原上用力，漸漸盈科而進。」（傳習錄上）不能貪求速效，猶不能望初生之嬰兒卽爲成人之事然。須漸次培育其元氣，方能望其聰明日開。又如種樹，初植根時，不能卽有花實之想；必須栽培得宜，方能及時開花結果。因此，凡知識不長進，讀書不能明理，宜先反省是否已在本原上用功？所謂本原卽是良知良能，亦卽教育之可能性。

陽明此說頗近西洋教育家裴斯塔洛齊（Pesslalozzi 1749–1827）之潛能發展說。裴氏曾以「樹木」之法以喻「樹人」；以爲一粒種子包含一株樹之全型；一嬰兒包括一人格之潛能；只待逐漸展開、成長。二氏皆以人類生來卽具有種種能力，最初卽成爲「完全形式」，潛伏於心靈之中；教育使命卽將此種潛伏之完全形式或能力逐漸展開；教育任務僅在供給優良環境，使受教者在生長的各階段中，獲得圓滿調和的發展。教育非另外增加受教者的能力，而係使受教者的固有能力，遵循自然的順序得以充分發展；因此，教育之始卽應從本原處着力。

（三）蒙以養正

陽明以人之初，性本善；而惡由於習，習善則善，習惡則惡。故於孩提之時，卽宜導之習正防邪。因孩提之時，尙不能辨別善惡是非，苟不導之習正，則必趨之習惡。故於施教之始，卽須有所抉擇。主張德業並重，身心兼顧，鼓舞默化使之日進不已。反對拘責課讀，不顧兒童個性興趣之死教育。教育設施應注意兒童好動的天性，迎合兒童的興趣，選擇適當教材，循循善誘，使其身心德業，日進月修，而不拘檢、勉強，戕賊兒童天性。其說甚合近代心理學之趨勢。陽明認爲教育乃發展人類良知良能之過程，並不能自外給人增添能力；教育方法，只在順應自然，因勢利導，以啓發受教者的良知；童子只能格童子的物，致童子的知，而不能勉格成人之物，致成人之知。陽明曰：「洒掃應對，就是一件物，童子良知只到此，便教去洒掃應對，就是教他致這一點良知了。又如童子知畏先生長者，此亦是他良知處；故雖嬉戲中見了先生長者，便去作揖恭敬，是他能格以致敬師長之良知了。童子自有童子的格物致知。」（傳習錄下）

三 講學要旨

（一）學爲聖人

陽明認爲修道卽教育，教育卽致良知，因此講學施教，不在授人以知識技能，而在授人以成聖之道。意卽施教的意義在造就完美的人格，教育的功能在變化人的氣質，以復人的本性。蓋良知之學，發展至極，卽：人皆爲堯舜。他嘗說：「聖人的心，憂不得人人都做聖人。」（傳習錄下）憂不得人人都做聖人，此正陽明講學主旨。又嘗說：「個個人心有仲尼。」（詩錄卷三詠良知）意卽人皆可以爲聖人。陽明惟恐一般人以爲聖人高深莫測而不可及，自暴自棄，甘爲庸俗。故說：「自己良知原與聖人一般。」（傳習錄中）「心之良知是爲聖，聖人之學，惟是致此良知而已。」（別錄卷一書魏師孟卷）「人但得好善如好好色，惡惡如惡惡臭，便是聖人。」（傳習錄中）

由此可知，良知在人心，初無間於聖愚，天下古今皆同。凡良知皆能明察萬事萬物的天理，惟聖人能致良知，使無些許障蔽，而常人因間於有我之私，隔於物欲之蔽，而失心的本體。苟能好善如好好色，惡惡如惡惡臭，則必同爲聖人。因聖人之道，吾性自足，不假外求；聖人之所以爲聖人，只在「知天理」，而不在知識經驗的多寡，故謂：「聖人無所不知，只是知個天理；無所不能，只是能個天理。」（傳習錄下答黃以方）聖愚之別，只在此心能否去得障蔽，聖人能，而愚人則不能。良知之學爲心學，一切求諸心，聖人只是此心純乎天理之良。陽明講學施教，卽爲致此心之良，去此心之欲，而復心的本體。

（二）求得於心

陽明論學，不曰求之於心，卽曰得之於心，蓋以學乃存心。夫心者，萬事之本源也。天機自然，精精明明，無間於天人，無分於古今，苟盡吾心以求，則不中亦不遠。故謂：「夫學貴得之於心。求之於心而非也，雖其言之出於孔子，不敢以爲是也，而況其未出於孔子者乎？求之於心而是也，雖其言之出於庸常，不敢以爲非也，而況其出於孔子者乎。」（傳習錄中答羅整菴）又嘗說：「夫君子之論學，要在得之於心。衆皆以爲是，苟求之於心而未會焉，未敢以爲是也；衆皆以爲非，苟求之於心而有契焉，未敢以爲非也。」（書錄卷四答徐成之）

由此可知，爲學精神，貴在求眞求是。故無論其言出於孔子，或出於庸常，言而是，雖異於己，亦以爲是；言而非，雖同於己，亦以爲非。此種是是，非非的精神，非有得於心者則不易爲力。學既以存心爲主，故須於心體上用功，凡明不得，行不去，只反在自心上體會，卽可通。四書五經，不過是說此心體，體明卽是明道，此是爲學頭腦處，故不可不於此處着力。孟子嘗說：「學問之道無他，求其放心而已矣。」程明道亦嘗說：「心要在腔子裏。」蓋君子之學，惟在成性明心，外無他求。是以陽明說：「君子之學也，以成其性，學而不至於成性，不可以爲學。」（文錄卷二劉氏三子字說）「爲學須有個頭腦工夫，方有着落，縱未能無間，如舟之有舵，一提便醒。不然，雖從事於學，只做個義襲而取，只是行不着，習不察，非大本達道也。」（傳習錄上）又喻爲學云：「與其爲數頃無源之塘水，不若爲數尺有源之井水，生意無窮。」（傳習錄上）是知爲學要有頭腦，頭腦卽是重點，提綱挈領，如舟之有舵，車之有轅，順此前進，自能航上康莊大道。爲學工夫雖有淺深　初學時若不着實由頭腦處下手，心猿意馬，拴縛不定，其所思必多是人欲一邊。他又說：「種樹者必培其根，種德者必養其心；欲樹之長，必於始生時刪其繁枝；欲德之盛，必於始學時去其外好。」（傳習錄下）可知心卽爲學之根，學者苟能於此着實用功，則必能左右逢源，生意不絕。所謂：「能自植根，亦不患無長。」（傳習錄下）蓋日用之間，見聞酬酢，雖千頭萬緒，莫非心的流行。人孰無根？但一着私欲，則此根卽被戕賊蔽塞，不得發生；因此學問須從根本做起，良知乃天植靈根，致良知方爲學問之始。

（三）實踐良知

因良知之學，爲工夫之學，非辭章記誦之學可比，故重實踐工夫，而惡虛玄臆度。陽明嘗說：「爲學大病在好名，……名與實對，務實之心重一分，則務名之心輕一分；全是務實之心，卽全無務名之心，若務實之心，如飢之求食，渴之求飲，安得更有工夫好名。」（傳習錄上）又嘗說：「大抵工夫須實落做去，始能有見，料想臆度，未有不自誤誤人者矣。」（書錄卷二與薛尙謙二）是致良知之精神，不在講明，而在實踐。陽明惟恐學者不能時時去實踐致良知的工夫，又常提撕警覺說：「人不用功，莫不自以爲已知，爲學只循而行之是矣。殊不知私欲日生，如地上塵，一日不掃，便又有一層，着實用功，便見道無終窮，愈探愈深，必須精白無一毫不徹方可。」（傳習錄上）

爲學旣如掃塵，不可一日有間，須時時用功，而使天理日明，私欲日消，故尙省察克治；戒懼不忘。蓋「道之全體，聖人亦難以語人，須是學者自修自悟。」（傳習錄上）學者若不在自己良知上實實落落用功，則致良知之精義，卽無由體悟。此陽明所以敎人「爲學不可執一偏」。偏卽不正，不正卽有所染着，有所染着卽是私。省察克治工夫須能確實去做，時時去做，務將私欲障蔽掃除廓淸，不使一毫留存，直至無私可克，天理自然純全。

四　爲學步驟

（一）立　志

陽明因見學者多溺於詞章記誦，不復知有身心之學，故講學施教，每首勉學者，先立必爲聖人之志。他認爲：「志不立，天下無可成之事，雖百工技藝，未有不成於志者。……故立志而聖，則聖矣；立志而賢，則賢矣。志不立，如無舵之舟，無銜之馬，漂蕩奔逸，終亦何所底乎？」（文錄卷一教條示龍場諸生）又說：「大抵爲學緊要大頭腦只是立志，所謂困忘之病，亦只是志欠眞切。」（傳習錄中）

爲學頭腦既只是立志，苟能立志則卽如有源之活水，涓涓而成江河；聖賢之道，本來坦若大路，夫婦之愚可以與知；難在無必爲聖人之志。苟能立志爲聖，則必能聖。故陽明嘗語學者說：「諸公在此，務要立個必爲聖人之心，時時刻刻須是一棒一條痕，一摑一掌血，方能聽吾說話，句句得力。若茫茫蕩蕩度日，譬如一塊死肉，打也不知得痛癢，恐終不濟事，回家只尋得舊時伎倆而已，豈不惜哉？」（傳習錄下）可知有必爲聖人之志，始能爲聖人之學，故立志乃爲學之本，爲學乃立志之事，是立志與爲學乃爲一事。故程明道嘗說：「有求爲聖人之志，然後可與共學。」自古及今，有志而無成者有之，未有無志而能有成者。人苟誠有求爲聖人之志，則必思聖人之所以爲聖人者安在。聖人之所以爲聖人，必其心之純乎天理而無人欲，則我之欲爲聖人，亦惟在於此心之純乎天理而無人欲；能如此，則自能念念要存天理而去人欲。

志既立，則須持之以恆，持之以堅；不可稍事動搖，致使前功盡棄。學者之患，在無必爲聖人之志，以致碌碌終日，一無所成。故陽明嘗說：「總是志未切，志切目視耳聽皆在此，安有認不眞的道理？」（傳習錄上）又說：「持志如心痛，一心在痛上，豈有工夫說閒話，管閒事？」（傳習錄上）蓋習俗移人，如油浸麵，雖賢者不能免，而無眞爲聖人之志者，則更易挾有見小欲速之私，而致終身不得出頭，故學本於立志，志立而習氣漸消，志立則學問之功過半。

（二）立　誠

中庸說：「不誠無物。」大學說：「所謂誠其意者，毋自欺也。」此眞千古不磨的至理名言。蓋意誠則心正，心正則身修，身修則家齊國治而天下平。反之，意不誠，心不正，身不修，家不齊，國不治，天下不平，故陽明特重誠意一點。他嘗說：「僕近時與朋友論學，惟說立誠二字，殺人須對咽喉上着力；吾人爲學，當從心髓入微處用力，自然篤實光輝，雖私欲之萌，眞是洪爐點雪，天下大本立矣。」（書錄卷五與黃賢五）是誠意乃爲學之心髓，於此着力用功，則自爽然有得，故說：「誠意之說，自是聖門教人用功第一義。」（傳習錄中）蓋「惟天下之至誠，然後能立天下之大本。」（傳習錄下）此處所謂之大本，當指天理之大本良知而言。良知乃廓然大公，寂然不動之本體，其性質昭明靈覺，圓融洞徹，充塞天地，貫通古今；若能着實去致，則必能發現其本然之至善，此致良知之道所以惟誠而已。是以道之不明，皆由明之於口而不明之於身；徒騰頰舌，未能不言而信。所以他說：「爲學工夫有深淺，初學時若不着實用意去好善惡惡，如何能爲善去惡？這着實用意，便是誠意。」（傳習錄上）又說：「善能實實的好，是無念不善矣；惡能實實的惡，是無念及惡矣；如何不是聖人？

故聖人之學，只是一誠而已。」（傳習錄下）

善能否好，惡能否惡，則全在「誠意」二字。好善須實實去好，惡惡須實實去惡。實實之意卽眞實不二，純良無雜，誠摯不欺，直而不曲。故凡意念所在，不能去不正，以全其正，則其所全者必爲人欲。是則誠不誠之間，關鍵只在一念隱微之處。此一念隱微之處，卽陽明所謂己所獨知之地，亦卽陽明所謂之良知。是誠意之說，乃陽明教人如何獲見良知之法門。

（三）悔過遷善

陽明嘗謂：「夫過者，自大賢所不免，然不害其卒爲大賢者，爲其能改也。故不貴於無過，而貴於能改過。」（文錄卷一改過）是知過乃大賢所不能免，大聖亦惟改過不吝，可以無大過，古之聖賢，惟能時時自見己過而改之，故能無過。人之有過既所難免，故有過並不爲惡，惡在有過而不改；人若能有過卽改，見善卽遷，雖昔爲盜寇，今亦不害其爲君子。若謂吾昔己如此，今雖改過遷善，人將仍不我信，且無贖於前過，遂懷羞澀凝沮，餒於改過從善，此乃自暴自棄，「不可與有爲」，「不可與有言也」（孟子）。人苟能於過失中，知所悔悟，洗滌舊染，自不難進於聖人之境。幸勿以善小而不爲，勿以惡小而爲之。

（四）除傲存謙

人有過而不悔，悔而不改；知善而不遷，遷而不誠，實由於一個「傲」字。蓋傲則自高自是，不屑下人；人善不以爲善，己惡不以爲惡，於是積惡累過，終至不能自拔。陽明嘗說：「人生大病，只是一傲字，爲子而傲，必不孝；爲臣而傲，必不忠；爲父而傲，必不慈；爲友而傲，必不信。故象與丹朱俱不肖，亦只一傲字便結果了此一生。……人心本是天然之理，精精明明無纖介染着，只是一無我而已。胸中却不可有，有卽傲也。古先聖人許多好處，也只是無我而已。無我自能謙，謙者衆善之基，傲者衆惡之魁。」（傳習錄下）又說：「傲之反爲謙，謙字便是對症之藥，非但是外貌卑遜，須是中心恭敬，撙節退讓，常見自己不是；堯舜之聖，只是謙到至誠處，便是允公克讓，溫恭允塞也。」（別錄卷一書正憲扇）

由此可知，傲爲衆惡之魁，故應力戒。傲卽不能無我，不能無我卽不能謙，不謙則衆惡相引而來。反之，不傲則謙，謙則衆善之基立。故爲學首貴除傲存謙；能除傲存謙，自能致良知。堯、舜、禹、湯、文王、周公、孔子諸大聖所篤行者，惟謙恭而已。君子與人交，必有其道；委曲謙下相感以誠，則人皆可以爲友。「心同志協，工夫不懈，雖隔千里，不異几席。」（書錄卷五與郭善甫）君子所以不輕於絕俗，於不苟同之中而求通，於不遠俗之中而求異，所謂「安之而已」，亦卽謙恕之爲用。

（五）集義自修

集義乃事事衡之以義，爲其所當爲，行其所當行，以復心之本體。陽明嘗說：「孟子言必有事焉，則君子之學，終身只是集義一事。義者，宜也，心得其宜之謂義，能致良知，則心得其宜矣。故集義亦只是致良知。」（傳習錄中答歐陽崇一）又說：「毁謗自外來的，雖聖人如何免得？人只貴於自修，若自已實實落落是個聖賢，縱然人都毁他，也說他不着，却若浮雲揜日，如何損得日的光明？…

…孟子說有求全之毀，有不虞之譽。毀譽在外的，安能避的？只要自修何如爾。」（傳習錄下）

自修工夫即在集義。吾人事事依循良知去做，是者是，非者非，自能心安理得。縱受毀謗，亦無何損傷。所謂「小人閒居為不善，見君子而後厭然」；「君子坦蕩蕩，小人常戚戚」；是乃其行為義不義之心理的自然流露。陽明講學施教，無非要人致良知學為聖人。而良知之學，重工夫實修。故須時時集義，在心上用功，時時省察克治，以防人欲萌動，如此則心中之本體自明，而聖人可期。

五　教學原則與方法

（一）教學原則

陽明以為講學施教，應因材而異，猶如良醫治病，須對症下藥，初無一定之法，要在能去病而已。他嘗說：「君子養心之學，如良醫治病，隨其虛實寒熱而斟酌補泄之，要在去病而已，初無一定之方，必使人人服之也。」（年譜卷一年十五）「聖人憂不得人人都做聖人，只是人的資質不同，施教不可躐等，中人以下的人，便與他說性說命，他也不省得也；須慢慢琢磨他起來。」（傳習錄下）「因人而施之，教也；各成其材矣，同歸於善。仲尼之答仁孝也，孟氏之論貨色也，可以觀教矣」（文錄卷三別王純甫序）因天之生人各殊，才質有美有不美，故施教方法不能盡同，應量其質而施教，隨其材而成就，教材可隨受教者之需要，或增或減，務使適當，過與不及，均非所宜。所謂「狂者便從狂處成就他，狷者便從狷處成就他。」（傳習錄下）「今日良知見在如此，只隨今日所知擴充到底，如此方是精一工夫。」（傳習錄下）便是這個道理。

陽明論童子的教法說：「授書不貴徒多，但貴精熟。量其資稟，能二百字者，止可授以一百字，常使精神力量有餘，則無厭苦之患，而有自得之美。」（傳習錄中訓蒙大意）此教幼童所不可不注意者，應量其資稟，而不可逾限，以常保其精神活潑充沛，而有自得之樂。童子只能格童子之物，致童子之知，能洒掃卽教以洒掃，能應對卽教以應對，能敬師長卽教以敬師長。因此，「因材施教」乃教育最重要的原則。古今中外大教育家所精心研究探討者，無非是在環境所許可之下，如何去成就受教者之所長所能，而使之各盡其才，各成其德。

（二）教學方法

陽明對於學者施教，雖因人因時因地因事而異，要皆不外以點化，問答討論，函授等法，啓導學者的良知，使之自學反省，反觀自得。他所謂「點化」，卽開悟之意。學貴自解自得，舉一反三，始能隨事領悟，融會貫通。因此陽明教人，只在要點上着力；一言之下，便能發人深省，指人明路。玆舉陽明點化學者實例如下：

「門人錢德洪曰：今日要見人品高下最易。先生曰：何以見之？對曰：先生譬如泰山在前，有不知仰者，須是無目人。先生曰：泰山不如平地大，平地有何可見？」（傳習錄下）陽明一言之下，卽剖破學者外騖好高之病，其教法何等簡捷扼要！

「有一學者病目，戚戚甚憂，先生曰：爾乃貴目賤心。」是陽明直指本心之教，眞是妙不可言，學者自然折服。

可見陽明敎人，其精微偉大之處，卽在隨時隨事點化學者，啓其是非之心，復其良知本性，使能自覺自強。

傳習錄一書，幾全是陽明與其門人問答討論的記載。門人有疑必問，問必有答，答必有論。陽明而答問釋疑，均能就近取譬，啓導學者自發自勵，樹立信心。道本無窮盡，問難愈多，則精微愈顯；辯論愈詳，則義理愈明。聖人之言雖周遍，但不問難，則聖人將寂然無語；有問難，始可因之發揮精詳。昔顏子聞一而知十，胸中了然，故少問難。孔子因曰：「回也非助我者也。」是孔子所望於弟子者，問難也。蓋師生因互相討論問難，不僅敎者啓發學者，而學者亦可啓發敎者；所謂敎學相長是也。陽明認爲爲學如掃塵，如走路、地上塵一日不掃，便又有一層；走到岐路處，如不有疑便問，則必步入岐途而不自知。疑而不問，敎者亦無從指點。

陽明弟子遍天下，自不能日聚一堂；故常用函授方法，而敎天下弟子，析疑解惑，而使良知之學大明於天下。陽明全集語錄卷二（傳習錄中）及書錄五卷，皆陽明與其門人往復函件之實錄；或答疑，或解惑，要皆不外論道談學之事。因此四方學者，雖遠處邊地而亦能受敎不絕；其敎育精神之偉大，由此可見一斑。

孫奇逢（西元一五八四—一六七五）

梁尚勇

孫奇逢是明末清初的一位大儒。與其同時代的幾位大儒相較，他不如顧亭林、黃梨洲和王船山等人的學殖深厚，才氣縱橫；也不如顏習齋、李恕谷師徒的崇尚批判，具有創新精神。他是一位謙和禮讓的仁厚君子，承宋明理學的餘緒，先宗程朱，後則以闡發陽明致良知的學說自任。他雖然著述不多，但一生講學特重實踐，其立身處世，多有足爲社會表率者，故於當時人心風氣影響甚大，亦師道之又一楷模。

一　家世與生平

孫奇逢是河北容城縣北城村人，字啟泰，號鍾元；晚年講學河南輝縣之夏峯，學者因稱夏峯先生。生於明萬曆十二年（西元一五八四年），卒於清康熙十四年（西元一六七五年），享年九十二歲。先世係小興州人，明永樂內徙，遷容城縣東北賈家莊，至曾祖父廷寶，因生齒繁衍，始移居北城村。祖父敬所，爲嘉靖辛酉舉人，官至河東鹽運司運判，以清廉謹慎聞名。父名丕振，字肯軒，以生員授儒官，生平孝友爲鄉里所推重。母陳氏，生子四人，夏峯行三。弟啓美曾爲武城縣令，以耿直，不善事上官，在任僅年餘即告歸，能詩文，著有武城治略、怡怡軒詩數卷。夏峯元配槐氏，邑庠生槐大成女，早卒，夏峯誄詞贊之爲能甘貧識大體。繼室楊氏，賢淑寛厚，撫前配所遺子女一若已出。前配槐氏有母年老，楊氏迎養於家，事之如己母。夏峯有子六人，皆幼承庭訓，好學知禮，於學問各有所成。

夏峯剛毅木訥，幼時能言甚遲，秉賦似未必高於常人。十一歲始從師邑庠生張公鑑學文，十四歲入邑庠，十七歲舉順天鄉試，這是他平生唯一的功名，以後雖亦多次與試南宮，都告失敗。中庸說：「或生而知之，或學而知之，或困而知之，及其知之一也。」以他的天資來說，其治學大概是在學與困之間。夏峯的學問成就，除靠自己的努力和磨鍊外，受好友鹿伯順的影響甚大。伯順名善繼，河北定興縣江村人，萬曆四十一年進士，家距夏峯所居之北城村僅三十里。夏峯十四歲卽與伯順訂交，兩人過從極密。夏峯治學初守程朱甚篤，因伯順講次，每舉姚江王守仁語，遂研讀傳習錄，於知行合一之說躍然有得。自此不但寢食其中，且力予發揮。他一生治學講求實踐，蓋與此大有關係。

夏峯秉性至孝，二十二歲喪父，二十五歲喪母，居喪一準古禮，偕兄弟結廬墓側連續六年。崇禎元年，因御史李蕃疏表孝行，得旨建坊。爲提倡忠孝節義風氣，他乃邀族人建先祠合祀歷代考妣，其基地規度一以簡易肅穆爲尙，鄉里貧士皆可倣行；又曾爲孝子趙廷桂助婚，爲李之茂辨誣，爲節婦陳氏舉節，爲李氏助葬，表元義士魏敬益墓，爲邑前賢劉靜修建祠，對地方風氣多事倡導鼓勵。長女歸賈氏時，製布衣一襲謂之曰：「汝家漸貴盛，歸寧當着此服，勿忘吾家累世布素。」後女撫孤守節壽八十餘，臨終仍以此服殮。

夏峯三十歲三試南宮失敗，此後卽絕意仕途。惟以孝弟聞於時，明崇禎及清順治兩朝曾多次徵授官職，如明崇禎三年御史黃鶴嶺之疏奏，八年給事王正志之保舉，清順治元年巡按柳寅東之薦才，二年司馬劉餘佑之舉知，又同年祭酒薛所蘊之疏請讓賢，九年御史陳湋水之表舉隱逸等，他皆謙辭不就。後來世人稱他爲孫徵君，卽由此而來。

夏峯雖終身不爲官，惟所交遊者不乏朝廷廟堂之士，而其中尤以忠義耿直者爲多。如年少時卽與訂交之鹿伯順，初任高陽孫閣部軍務參贊，駐山海關多年，後擢太常寺少卿，功績卓著。及退休返里，闖賊李自成作亂，伯順遠居鄉村，本可避難，但毅然入城率衆抗禦，城破身殉。是役，夏峯次女亦隨其夫投井而死。夏峯因伯順而識孫閣部承宗，承宗知其賢，屢欲聘爲幕客，夏峯雖未接受，但頗有知遇之感。故崇禎十年冬李自成陷高陽，孫閣部闔門二十餘人殉難後，夏峯曾哭以詩，稱高陽述聞。夏峯所交朝廷忠義之士尙有左光斗、魏廓園、周順昌、金伯玉等。左、魏、周均以忤魏忠賢死於廠獄，當其受逮下獄時，他均先後冒險奔走營救，事雖不成，道義可風。伯玉於崇禎十一年李自成陷京師時殉國難，他曾爲之建祠於定興殉難處。此外，夏峯所交如太僕楊茂，御史王生洲亦耿介有識之士。夏峯講學，每以擇友勉諸生，他自己可謂確已做到。

崇禎以後，明祚已衰，盜匪群起，地方不靖。及李自成作亂，畿輔一帶受禍最深。夏峯時居容城，遠近親友聞警多舉家來依。崇禎二年匪亂，鄰邑親友百餘家來就夏峯，致所儲供一歲之用的糧食，十餘日而盡。崇禎九年匪亂更甚，夏峯協助守禦容城有功，獲巡撫張其平上奏得旨獎勵，他曾撰容城紀略述其事。崇禎十一年冬聞警，他攜家至百樓鄉避難，親友相依而至者數百家。崇禎十三年苦旱，歲大饑，地方益亂，他使各家子弟讀書於鄉之雲鶴軒，習射於東圃，修事武備。後賊來，鄰近村落皆焚掠一空，獨百樓得免。此後數年，曾再移居易州五峯山避難，爲應變亂，特組織鄉民，相約五事：一嚴同心，一戒勝氣，一備器具，一肅行止，一儲米豆；並修築山寨，熟悉路徑險阻，練習防守之術。崇禎十六年春，賊匪大批來襲，自辰至午鏖戰三時，終將賊匪擊退。夏峯一文人，避難五峯山時年已六十，而仍能堅毅克敵，其膽識殊可欽佩。

明亡，夏峯曾先回家鄉北城村居住數年，後因田園被徵供采地，遂移居新安，身無長物，生活顛沛。嘗自謂：「少不爲貧賤所困，老不爲貧賤所棄，今而後但求不負此貧賤耳。」對人生艱苦，極有體認。六十八歲，再遷居河南輝縣，因衞河使馬玉笋贈夏峯田廬，遂作爲棲身耕讀之所。八十六歲時，長孫瀾得孫，五世同堂，傳爲佳話。自居夏峯後，即息影山林，專事講學與著述，其一生學問成就多在此一時期。

二 論學與著述

夏峯一生不仕，專事講學與著述，一方面固因屢試南宮失敗，自認只有半截功名，不宜做官；另方面亦由於雙親相繼去世，受到打擊，感到心灰意懶。嘗自謂：「少年時妄意功名，自兩親見背，此念頓灰，始志於學。」夏峯二十九歲在京師，孝子賈三槐受學，此爲其首度爲人師。三槐天資魯鈍，而此時夏峯方準備再試南宮，並無意收徒講學，必感於三槐之孝，始成就之。及試南宮失敗，乃返容城家鄉，任文社教席數年，課子姪輩及鄉人子弟。文社爲夏峯祖父所創立，至夏峯已三世。夏峯主持文社，曾訂十約勗勉諸生。十約者，爲立志、知學、改過、求友、虛己、率眞、定操、尙齒、肅儀、固盟等，實生活教育、社會教育、與知識教育之結合，而以道德教育爲其重心。

明亡後，夏峯遷居新安，講學新安學宮，遠近來就學者甚衆，門人高薦馨、王五修、孫備九爲作語錄。他在新安居住四年，以生活較爲安定，故能埋首著述；曾編訂高陽孫文正公年譜，纂輯理學宗傳，並爲新安修縣志。修新安縣志時，自訂義例十則，法度嚴正，不稍假借。十則內容主要爲：「節婦義夫非蓋棺不得書。孝友義讓不可自爲乞請。子孫不得爲祖父過爲溢美。採訪不得以喜怒而加姘媸。立傳勿以不羈而掩大節。名宦須造福於地方。鄉賢務有裨於風俗。矢公矢愼。勿濫勿遺。」頗有史家筆法。

夏峯六十八歲再遷居輝縣之夏峯以後，卽定居於此。此後二十餘年，夏峯講學於兼山堂，聲名遠播，遠近來問學者絡繹不絕。又與諸弟子約文會於孟城，每月聚集兩次，使弟子就先儒異同或禮制祠祀錢穀之事提條議以質之，先由諸生討論，最後由夏峯解答。此種團體討論的教學方法，在今日仍稱爲最進步者，不知夏峯於三百年前卽已用之。夏峯弟子中，費此度來自成都，爲最遠者；耿逸菴爲翰林，官至大名道，爲最顯達者；馬玉筍與子禹錫、九錫，皆受學，是父子同爲弟子；戴嚴犖率子王綬與孫晏同往就學，是祖孫三代皆爲弟子，可知夏峯弟子之盛。他逝世後，仍有學者遠道而來，以未及親受教澤，深自悲痛。如靳闓然之來謁，自述以官羈滯不得受學，曾面對遺像以所學相質，泣下沾襟；又如李煉庵以數年奉教未得一面而拜像長號，觀者皆爲感動，卽其實例。夏峯在當時爲天下學者所敬重，於此可見一斑。

夏峯遷居輝縣後，年雖已老，而完成之著作較其以往任何時期爲多；計有：中州人物考、畿輔人物考、兩大案錄、四書近指、聖學錄、書經近指等。前三種爲傳記體裁之歷史性著作。兩大案錄者，一錄自古以來創業之君臣，一錄自古以來中興之君臣。後三種爲經學著作；其中聖學錄乃輯三代以下，孔孟以後，有關道統之眞言，使成一帙，俾後學者知諸儒之興起與列聖之精神，而有所感奮。夏峯懷傳道之宏志，爲往聖繼絕學，其人格與抱負，殊令後人敬仰。

夏峯之學術思想與在教育上之主張，均散見其著作，語錄，及函札。要而言之，有下列數點：

一、融通朱陸 夏峯嘗謂：「鵝湖之會，人皆咎其不同，余謂道一而已矣，不同宜求同，所謂南北海有聖人出焉，此心同此理同也。未至於同，萬不可強不同以爲同。由求不同於游夏，游夏不同於顏閔點。不同何病，皆足入道。」又曰：「道問學與尊德性原是一椿事，正不妨並存以見聖道之大。」由此可知夏峯對朱陸異同的看法，認爲是殊途同歸。至於入道之途所以不同，乃各人秉賦與氣質使然，不可強之同，亦不必使之同。夏峯認爲後學者每不明此義，妄論朱陸長短，專替古人爭是非，徒增浮氣，是學人大病。

二、講求實踐 夏峯少時讀陽明傳習錄，於知行合一極服膺其說。故主張「聖行須於日用飲食之間證之」。在覆弟子耿逸菴書中，曾謂：「心在事上見，己在人上見，離事物而虛談性命，性命何着？外性命而泛言事物，事物何歸？」對於求學與實踐的關係，則認爲求學在明理，明理在實踐，而實踐又可以幫助明理，使學更爲精進。其語錄有云：「讀有字書要識無字理，有不能領會處，試默默向自身上體驗便自了當。」卽含此意。

三、以性統情　性爲良知，情爲情慾，夏峯認爲聖人之所以爲聖人在能以性統情，故曰：「聖人之性與愚人之性一也，聖人能盡而愚者牿焉。聖人之情與愚人之情一也，聖人能制而愚者縱焉。盡性以制情，所謂性其情也，縱情而牿性，所謂情其性也。」此爲夏峯說明性與情之不同，聖人與愚人之不同，而愚人之欲進爲聖人須在性情上着手。

四、共學擇友　夏峯曾謂：「一生成就全借共學之人，與勝己者友則畏心生，不期收斂自無不收斂；與不勝己者友則忽心生，不期縱肆自不覺其縱肆矣。」夏峯自己治學卽受好友鹿伯順之影響甚大，此一主張，實由其個人體驗得來。

五、重視趣味　治學須有趣味始能進步，否則不能深入自得，徒然虛應故事而已。故夏峯語錄嘗謂：「學問不長進只爲眼前看得沒趣味，故冷冷淡淡不肯下手做功夫，若眞如饑而食，渴而飲，自然住足不得。」又謂：「學問之事要得趣於日用飲食，而有裨於綱常名教。」此卽說明趣味應自生活體驗中尋覓，以能有益於人生社會爲原則。

以上所述，不過要點而已，夏峯在學術與敎育上之主張尚多，限於篇幅，不能詳述。惟夏峯之偉大在其學者之人格與教育家之精神，而不在其文章與著作。吾人今日敬仰先賢，必須效法其人格與發揮其精神，始有眞正之意義。

孫奇逢

顧炎武（西元一六一三—一六八二）

蔡保田

明清之際我國學術思想界，治學嚴謹，忠貞耿介，勵節高蹈，堪爲各級教師示範者，首推顧亭林先生。先生初名繼紳，後更名絳，明朝亡後，改名炎武（註一）；字忠清，號寧人，自稱圭年，或自署「蔣山傭」，惟學者稱他爲亭林先生（註二）。先生於明神宗萬曆四十一年（西元一六一三年）五月二十八日生於崑山的花浦村；三歲曾患痘症，右目爲眇；七歲就塾，一目十行。十九歲娶太倉王氏；至清聖祖康熙二十一年（西元一六八二）正月九日，去世於曲沃，享年七十歲（註三）。一生受母教影響最大，十歲前卽被授以小學，並及明代政紀諸書，舉凡經史、典制、郡邑、掌故、金石、天文、輿地、儀象、兵農等，無所不通，故有「清代經學之開山祖」的美稱（註四）。

一　未婚守節斷指和藥的嗣母

顧氏的先世住在吳郡（現在的江蘇吳縣一帶），是江東四大姓之一，五代時遷居滁州。南宋時有名顧慶的，從滁州遷居海門姚劉沙（今崇明縣）。慶的次子伯善又從姚劉沙遷居崑山縣，於是顧氏就定居在崑山縣的花浦村。從伯善傳十一世到顧濟，乃亭林先生的高祖；曾祖章志字子行，號觀海，嘉靖癸丑的進士，做過南京兵部侍郎。本生祖紹芳，字實甫，號學海，是萬曆丁丑年的進士，做過左春坊左贊善。嗣祖紹芾，字德甫，是章志的次子，爲太學生。本生父同應，字仲從，官蔭生。嗣父同吉，早亡。嗣母王氏，乃太僕寺少卿王宇的孫女，太學生王述的女兒（註五）。

本來王述的女兒乃崑山儒生顧同吉的未婚妻，但至十八歲時，顧同吉尚未結婚，卽行病卒。這時王氏方十七歲，在徵得伊父母同意之後，卽前往顧府吊祭。奠畢，卽堅決不再返娘家，並謂「聞之禮：信，婦德也。曩已請期，妾身爲顧氏人矣，去此安往？」（註六）卽行決定與其太姑及姑相依爲命，終生不嫁，從一而終。如此未婚卽守節的婦德，在我國歷史上尚屬少見。

王氏到顧府後，平日不出大門，數年不回娘家。白天紡績，夜晚看書，每至深夜方才休息，對於史記、通鑑、明朝政紀諸書等，尤感興趣。有一次，其姑生病，晝夜服侍，極爲辛勞。姑憐其終日辛勞，實於心不忍，特予慰問並牽其手，王氏不願露指；其姑再三追問，方知伊爲姑病曾斷一小指而和藥煮之，遂不勝驚奇與感佩。於是斷指和藥以示孝心的感人實事，不脛而走，在我國歷史上平添一番佳話。崇禎九年，王氏年五十一歲，御史王一鶚奏旌其門曰「貞孝」，相傳迄今。

當清兵南下，先生曾糾合同志起義抗清，不幸失敗。他的母親對他說：「我雖婦人，身受國恩，與國俱亡，義也。汝無爲異國臣子，無負世世國恩，無忘先祖遺訓，則吾可瞑目於地下！」於是絕食十五天而亡，堪稱忠貞烈性的奇女子。

二　「歸奇顧怪」傳爲美談

明末，歸莊與顧亭林，兩人都有很高的才名，而且耿介絕俗，世人有「歸奇顧怪」的說法。

亭林先生有雙瞳子，右目微眇，其貌不揚，狀甚醜，然才氣不凡，生性耿介。先生自幼讀書極爲辛勤，然亦與衆不同。例如先生每年常於春夏溫經，屆時卽邀聲音宏大者四人，分坐左右，置注疏本於前，先生居中，亦置經本於前，請一人誦讀；遇有字句不淸時，卽詳加辨問，讀過二十頁再換另一人，四人輪流，週而復始。讀完十三經，再溫三史或南北史。平日不喝酒，偶遇友人飲宴終日，常感不快，並謂「可惜一日虛度矣」。此外，也常喜歡在馬上誦讀諸經注疏，有時且因而不愼墜落坑谷。先生入淸不仕，四處遨遊，隨居而安。一生中五謁明孝陵（南京明太祖墓），六謁明思陵（直隸昌平明懷宗墓），可見其故國情深，國族觀念極深，決非一般人所能輕易認識與瞭解者。他尤其對人人應當知恥一事，分析更爲深刻，曾謂：「恥之於人大矣，爲機變之巧者無所用恥焉。所以然者，人之不廉者至於悖禮犯義，其原皆生於無恥也，故士大夫之無恥，是謂國恥。」（註七）

歸莊字玄恭，乃明代大文學家歸震川的曾孫。平素爲人豪邁尙氣節，但有怪名，人皆奇之。例如他曾寫一聯於其草堂：「兩口寄安樂之窩，妻太聰明夫太怪；四鄰接幽冥之宅，人何寥落鬼何多！」並常自稱「歸妹」，「歸乎來」，或「普明頭陀」等名。他與亭林先生皆爲崑山人，常有交往，聲氣相投，友誼甚深。從以上簡略的事實來看，嚴格說來，相傳的「歸奇顧怪」，實乃由於偉大的思想家或學者的特立獨行之實際生活，引起了一般人的敬仰，成爲美談，更可激勵後世靑年的尊敬與懷念。

三　重視科學研究講求實學

亭林先生的學問，博大精深，學有專長，後世尤多稱述其音韻考據學最具權威。由於亭林先生的治學精神謹嚴，取材務求眞實，立論力求公正，故在學術研究上能有莫大成就。例如全祖望曾謂：「凡先生之遊，以二馬二騾，載書自隨。所至阨塞，卽呼老兵退卒，詢其曲折。或與平日所聞不合，則卽坊肆中發書而對勘之。或徑行平原大野，無足留意，則於鞍中默誦諸經注疏。偶有遺忘，則於坊肆中發書而熟復之」(註八)。如此認眞求實的精神，與治學嚴謹的態度，和當前所謂「言必有物」的科學研究 (Scientific research) 極爲相近。

亭林先生在親身調查研究，使用調查法 (Survey Method) 蒐集原始資料，以證明歷史事實方面，亦具成效。他僕僕邊塞二十餘年，多爲研究國防地理，以覓復國建國基地，一直不忘光復大漢河山。故嘗「遊覽於山之東西，河之南北」，「數次出國，五謁孝陵，六謁思陵」，最後定居於陝之華陰。先生認爲「華陰綰轂關河之口，雖足不出戶，而能見天下之人，聞天下之事。一旦有警，入山守險，不十里之遙，若志在四方，一出關門，亦有建瓴之便」(註九)，及「北方開山之利過于黎荒，畜牧之獲饒于耕耨」，都是經過實際勘查之後，所獲得的具體經驗與論斷。

先生的興趣是多方面的，但處處都富有研究精神，分類錄出，旁推互證，絕不輕意放過。他歡喜金石文字，凡走到名山，巨鎮、祠廟、伽藍的地方，便探尋古碑遺碣，拂拭玩讀，並抄錄大要，以備將來研究時作爲原始資料。其重要著作爲日知錄、音學、天下郡國利病書、金石文字記、求古錄、石經考、九經誤字、歷代帝王宅京記、五經同異、昌平山水記、京東考古錄、北平古今記等，影響以後學術研究風氣，極爲顯著。

四　日知錄爲家喻戶曉的名著

在清朝一代，亭林先生的日知錄，堪稱洛陽紙貴、家喻戶曉的名著；除其門人潘耒有日知錄閩中本外，尚有嘉定黃汝成集釋本、廣州本、湖本局本、朝宗書室活字本、及席氏刻集釋本。民國以來更有商務萬有文庫薈要本，乃是將「日知錄」三十二卷與「日知錄之餘」四卷合印而成。版本如此之多，可見世人需要閱讀之殷。日知錄經過亭林先生的多次增改，成爲博大精深與包羅萬象的名著。如果要想知道過往歷史與經國治世之道，日知錄可以提供很多寶貴的資料；這也正是成爲當時世人喜愛閱讀的主要原因之一。

日知錄本是亭林先生的讀書劄記，然而其中尙包括論說、考據等性質的雜文。此書在其生前已着手編輯，並有鈔本及刻本八卷。由其初刻日知錄自序中，更可知其內容廣泛無所不包，例如：

「某自五十以後，篤志經史。其於音樂，深有所得。今爲五書以續三百篇以來久絕之傳，而別著日知錄，上篇經術，中篇治道，下篇博聞，共三十餘卷。」其門人潘耒所刻日知錄，計三十二卷，共千餘條，自卷一「三易」起，至卷三十二「雌雄牝牡」止：其中充滿嚴肅的經世之學，也有輕鬆的文藝小品及歷史掌故，堪謂已達博雅與包羅萬象的境界了。

五　安貧樂道與公正嚴明的精神

亭林先生生於明末羣雄割據，異族侵略，外患日深的大動亂時代。當時人心墮落，世風日下，學人多尚空疏清談，趨附權門，寡廉鮮恥，追求個人榮利。眼見錦繡河山受異族鐵蹄踐踏，國人屢遭欺凌殺戮，暗無天日，無處伸怨；民族氣節損傷殆盡，傳統文化飽受摧殘。這時，幸賴亭林先生清風亮節，力排衆議，期挽頹風。先生以發揚其嗣母感人教義，與恢復我國禮義之邦爲己志，一生不事二姓，篤勤於學，自強不息，老而彌堅。從以下幾段話中，可窺見其一斑：

「愚所謂聖人之道如何？曰博學於文，曰行己有恥。自一身以至天下國家，皆學之事也；自子臣弟友，以至出入往來，辭受取與之間，皆有恥之事也。恥之於人大矣，不恥惡衣惡食，而恥匹夫匹婦之不被其澤。故曰：萬物皆備於我矣，反身而誠。嗚呼！士而不先言恥，則爲無本之人；非好古而多聞，則爲空虛之學。以無本之人，而講空虛之學，吾見其日從事於聖人，而去之彌遠也。」（註一〇）

先生對進德修業與爲學的方法，也提供很多原理與原則。例如：

「君子進德修業，欲及時也，故爲政者玩歲而愒日，則治不成，爲學者日邁而月征，則身將老矣。」（註一一）

「人之爲學，不日進則日退，獨學無友，則孤陋難成，久處一方，則習染而不自覺，不幸而在窮僻之域，無車馬之資，猶當博學審問，古人與稽，以求其是非之所在，庶幾可得十之五六，若既不出戶，又不讀書，則是面牆之士，雖子羔原憲之賢，終無濟於天下。」（註一二）

亭林先生曾歷覽二十一史，十三朝實錄，天下圖經，前輩文編說部，及公移邸抄之類，凡有關民生利害者，莫不熟讀精研。曾謂「讀書不多，輕言著述，必誤後學。」（註一三）故亭林先生惟恐學不足，辨析名物，必窮究原委，深切不苟。負責任，肯用功。其所以能成一代儒宗，而獲「清代經學之開山祖」的榮譽稱號，就是由於力求實學，言行謹嚴，不附貳臣門下，及不受異族延致的安貧樂道爲人師表的精神而然。

附註：

一：潘道根著亭林先生年譜。
二：蔣伯潛著理學纂要。
三：軍毅書著亭林先生年譜。
四：見蔣伯潛著經與經學第十八章。
五：唐敬杲選注，顧炎武文選注第一－二頁及第四十七頁。
六：同上，第五十頁。
七：見日知錄廉恥條。
八：全祖望著神道表。
九：見亭林文集卷二。
一〇：見亭林文集卷三。
一一：見日知錄卷七。
一二：見亭林文集卷四。
一三：見亭林餘集與潘次耕札。

顏　元（西元一六三五——一七〇四）

黃　發　策

聊存孔緒勵習行，脫去鄉愿禪宗訓詁帖括之套；
恭體天心學經濟，斡旋人才政事道統氣數之機。

——顏習齋書漳南書院習講堂對聯

壹　生平事略

顏習齋，名元，字渾然，又字易直，直隸博野縣人。弱冠之後，以爲「治不法三代，終苟道也」，因此把書房取名爲思古齋，並自號思古人。後來又覺得「思不如學，而學必以習」，於是改思古齋爲習齋，世人便稱他爲習齋先生。他生於明崇禎八年，死於清康熙四十三年（西元一六三五至一七〇四年），一共活了七十歲。

習齋的父親名昶，是蠡縣朱翁九祚的養子，所以習齋幼年冒姓朱。四歲的時候，滿州兵入關大掠，他父親被擄去關東，自此音信斷絕；到了他十二歲那年，生母王氏也改嫁了，所以習齋的童年，是非常不幸的。

習齋是一個很孝順的人，稍懂人事以後，便常常爲了想念父親而痛哭流涕，同時又知道侍候朱翁媪，年譜說他「晨昏安祖枕衾，取送溺器，冬炙衣，夏扇進，進祖食必親必敬。」到了二十歲，爲了擔負家庭生計，每天種田灌園，乾脆做起農夫來。不久朱媪病逝，習齋慟哭欲絕，一位朱族老翁可憐他，告訴他朱媪並非他的親祖母，習齋才知道自己的身世。這時候翁妾所生的兒子，趁機挑唆朱翁，把習齋趕出家門，習齋只好搬到鄰村去住。過幾年，朱翁也死了，顏氏族人迎習齋歸博野，這才復姓顏氏，可是他已經三十九歲了。

歸宗以後，習齋便想出關尋父，不巧碰上三藩之亂，蒙古響應，遼東戒嚴，一直拖到五十歲方才成行。他到處張貼尋父的報帖，經過一年多的艱難困苦，才在瀋陽找到亡父的墳墓，於是招魂奉主，躬自御車，哭導而歸。知道的人，沒有不稱贊嘆息的。

習齋本族的祖父母，死得很早。他元配張氏曾生過一個兒子，可惜因出痘而夭折；後來他雖納過側室，也沒有生育。想不到這麼一位偉大而孝順的教育家，竟會無兄姊、無弟妹、無子女、甚至無父母，難怪習齋時常有「窮於人倫」之嘆！

以上是說習齋的家世，現在再來說明習齋求學的經過和思想的轉變：八歲到十三歲，跟外傅吳洞雲、賈金玉求學。十四、五歲的時候，立意學仙，看寇氏丹法，習運氣術，以至娶妻不近。十六歲知仙不可學，於是放棄學仙，並漸漸習染輕薄，直到十九歲那年，受到賈端惠的薰陶，才改變習染，並且入了庠。二十一歲，因閱讀通鑑以至廢寢忘食，便決意拋棄舉業。二十二歲學醫。二十三歲學兵法和技擊。二十四歲，因受彭雪翁的影響，用心研究陸、王，並手抄要語一冊。二十六歲「得性理大全

觀之，知周、程、張、朱要旨，屹然以道自任，期於主敬存誠，雖躬稼胼胝，必乘間靜坐，人羣譏笑之，不恤也」。（年譜卷上）二十七歲，「得刁文孝所輯斯文正統，歸立道統龕，正位伏羲至周、孔，配位顏、曾、思、孟、周、程、程、張、劭、朱外及先醫虞龔。」（同上）三十歲作柳下坐記，時常靜坐觀喜怒哀樂未發時氣象，以爲修齊治平都在這裏；而且「定日功，若遇事寧缺讀書，勿缺靜坐與抄家禮，蓋靜坐爲存養之要，家禮爲躬行之急也。」（同上）足見習齋在二十四歲以前，什麼都學，可說是「雜學時期」。二十四歲以後，開始和陸、王的心學接觸，因而思想上有了第一次的轉變。二十六歲以後，研究性理大全，屹然以道自任，成爲理學的迷信者，程、朱的崇拜者，於是由陸、王而入於程、朱，這是思想上的第二變。可是在他三十四歲的時候，由於居朱媼之喪，「一遵朱子家禮，覺有違性情者，校以古禮非是，著居喪別記。茲哀殺思學，因悟周公之六德六行六藝，孔子之四教，正學也。靜坐讀書乃程、朱、陸、王爲禪學俗學所侵淫，非正務。」（同上）於是反過頭來，攻擊宋、明的理學，提倡堯、舜、周、孔的實學，思想上發生了一次大大的反動，這是第三變。

至於習齋的教學生活，大致是這樣的：從二十四歲起，就一面種田，一面設塾施教。自從悟得所謂「正學」「實學」之後，師生間天天習行詩書六藝，講究兵農水火，幹得十分起勁，因此聞風來學者日漸增多，其中以李塨恕谷，是他最得意的弟子，也是他最得力的助手。他們彼此質疑規過，身體力行，毅然以倡明聖學、挽回世運爲己任。可惜當時正是程、朱理學被滿清政府御用的時候，一般人對習齋的學說，了解得不多，附和的也不踴躍。習齋有見及此，覺得大有出遊的必要，於是在他五十七歲那年，動身南遊中州，一路訪問學界名流，研討學術，宣傳「實學」，並張醫卜肆於開封以閱人，可見用心之深。這次他在外一共七個月，所看到的是：「人人禪子，家家虛文」，所以歸來以後，愈益堅定了他的教育信念，以爲「必破一分程、朱，始入一分孔、孟。」（年譜卷下）六十二歲時，肥鄉郝公函聽到習齋的大名，聘他去主持漳南書院，習齋便設計了一套學校規模和教育計畫，正想逐步實現他的教育理想，不幸那一年的秋天裏，漳水大漲不退，書院都沒在水裏，他嘆道：「天也！」便辭聘回去。

習齋晚年的身體很壞，可是當他七十歲的時候，猶思「生存一日，當爲生民辦事一日，因自抄存人編。」這一年的九月裏，便生病不起，臨終的那一天，還遺囑門人道：「天下事尚可爲，汝等當積學待用。」這又是何等心情啊！

說到著作方面，我們知道習齋本來是不喜歡著書的，可是爲了「倡明聖學」和「宣傳實學」，他還是寫了一些，其中主要的是四存編：存治編一卷，作於二十四歲；存性編二卷，作於三十五歲的正月；存學編四卷，作於同年的十一月；存人編四卷，在四十八歲那年完成。有關習齋的教育思想，在存性和存學兩編裏，發揮得較多。此外，尙有四書正誤六卷、朱子語類評（不分卷）和習齋記餘十卷。至於習齋門人李塨所纂、王源所訂的顏習齋先生年譜，鍾錂所輯的顏習齋先生言行錄和顏習齋先生闢異錄，當然也算是有關習齋的重要著作。以上各書，都收在四存學會所刊印的顏李叢書裏，參閱非常方便。

貳　教育思想

習齋是明末清初的人，曾經身受亡國的痛苦和科舉的毒害，也親眼看到當時文盛武衰的局面、士風敗壞的情形，以及學術空疏的爲禍邦國，因而引起了提倡實學的動機。此外，習齋同時代的先輩學者，如孫奇逢的講學風氣，陸桴亭的六藝之教，黃梨洲、顧亭林的經世致用之學，也都影響着他，鼓舞着他。至於習齋清寒困苦的家境，農夫醫生的職業，我們也不能不承認是他教育思想形成的重要因素。前文提到他因居朱媼之喪，覺得朱子家禮有違性情，悟到周、孔之教才是正學，而反過來攻擊理學，恐怕只是「導火線」罷了！

現在試就「教育思想的哲學基礎」、「教育目的」、「教育內容」、「教育方法」及「學校教育」等五項，來分別說明習齋的教育思想。

一、教育思想的哲學基礎

教育家的思想，都有他的哲學基礎。習齋教育思想的基礎，主要的是在他的人性論和知行論。人性和知行問題是哲學上的兩大課題，教育者的態度、教育的目的，以及教材、教法……等等的教育設施，都取決於吾人對人性和知行的看法。習齋的看法是這樣的：

㈠論人性：宋儒程、朱，把人性分而爲二：一叫義理之性，是善的；一叫氣質之性，是惡的。因此程、朱的教育方針，便是以「變化氣質」爲歸宿。習齋大反對此說，特別著存性編來駁他們。

習齋認爲人性是天道之良能，所以人性無不善。而且，理氣一致、氣質非惡。他說：「若說氣惡，則理亦惡；若謂理善，則氣亦善。蓋氣卽理之氣，理卽氣之理，烏得謂理統一善，而氣質偏有惡哉！」（存性編卷一）

有一次，習齋又借水喻性，駁程子「淸濁雖不同，然不可以濁者不爲水」一語，道：「此非正以善惡雖不同，不可以惡者不爲性乎？非正以惡爲氣質之性乎？請問濁是水之氣質否？吾恐澄澈淵湛者水之氣質，其濁之者，乃雜入水性本無之土……，若謂濁是水之氣質，則濁水有氣質，淸水無氣質矣！」（存性編卷一）

習齋這樣的替氣質辯護，不但在說明義理之性和氣質之性都是善的，而且是因爲他認定氣質是性命的作用，是個人做人的本錢，是至尊至貴至有用的。他說：「若無氣質，理將安附？且去此氣質，則性反爲兩間無作用之虛理矣！」「不惟氣質非吾性之累害，而且舍氣質無以存養心性。」又說：「人爲萬物之靈……人皆可以爲堯、舜，其靈而能爲者，卽氣質也。」（以上均見存性編）可見習齋是如何的重視氣質了。不過氣質各有所偏的事實，習齋並不否認；相反的，他還是堅持「偏」並不是「惡」的主張，認爲這點偏處，正是各人個性的基礎，教育家應好好的利用它，而不該厭惡它。

那麼邪惡從那裏來呢？習齋認爲邪惡是從「引蔽習染」而來。引蔽習染乃是由外而入、日久而成，並非本性所固有，亦非氣質所宜負責的。所以習齋說：「必有外物引之，遂爲所蔽而僻焉。久之相習而成，遂莫辨其爲後起本來。」（存性編卷一）然而，人的稟賦到底有偏正厚薄的不同，所以習齋也承認各人引蔽習染的程度有深淺，因而去引蔽去習染的難易也就各不相同。

習齋的人性論已略如上述。他的着重點是極力替氣質洗刷，認爲氣質是善的。作者覺得這是習齋的一片苦心，而且有很大的教育意義：

第一，是讓天下爲惡的人知道：人性本善，氣質非惡，如果你做了壞事，便是「自點其光瑩之本體」，要自己負責，決不能歸咎於氣質。這是多麼有力的警惕啊！

第二，是讓天下爲善的人知道：人性本善，氣質非惡，只要你立志，便可以做堯、舜，做聖賢，決不能以氣質自諉。這又是多麼有力的鼓勵啊！

第三，因爲氣質非惡，所以性命和形體是一樣的重要：氣骨血肉並非分外，躬習其事也非粗迹，世人喜靜惡動的積習，便該努力糾正了！這也就是習齋主張勞動習行的理論根據之處。

㈡論知行：習齋對於知行問題的討論，是從解釋大學上「格物致知」一語而起。他認爲「知無體，以物爲體」，致知不在讀書、講問、思辨，而是在格物。格是「手格猛獸」、「手格殺之」的格，是「犯手搏弄」，是「犯手實做其事」。物是鄉三物的物，就是六德六行六藝。所以，格物的意思是：犯手實做六德六行六藝的事。

大學上「格物」兩字，是否如此解釋，是另一個問題，但是我們可以看出習齋的主張是：知識的獲得，必須經過「親下手一番」這個程序。換句話說：凡知識必從實行活動中經驗得來，才算是眞知識。簡單一點講，習齋只是主張：由行得知。

其次，習齋認爲「理在事中」，惟有習其事，始能見其理。因爲他認爲「理者，木中紋理也，指條理言」。（四書正誤卷六）把「理」解釋爲條理，而且以木中的紋理爲喻，則不能在事物之外求理是很明顯的。所以習齋不承認從書本上可以窮理，他以爲詩書只是窮理之文，光靠講讀詩書見不了理；正如琴譜只是學琴之文，只會讀熟琴譜學不了琴；必須在事上習練，在琴上習練，而後才能窮得理、學得琴。

宋儒喜歡靜坐。他們以爲靜坐可以悟道，可以體認天理，彷彿有一種「知識可以從靜坐中獲得」的想法。關於這一點，習齋曾經根據心理觀點和親身經驗，說明靜中所得境界靠不住。他說：「靜中了悟，乃釋氏鏡花水月幻學。」（年譜卷下）又說：「予……亦嘗從宋儒用靜坐功，頗嘗此味，故身歷而知其妄，不足據也。……今玩鏡裏花水裏月，信足以娛人心目，若去鏡水，則花月無有矣。」（存人編卷一）所以靜中之明，只是一種鏡花水月的境界，是很不實在的。習齋之主張「習事見理」、「由行得知」，想來便是因此。

至如宋儒所迷信的「一旦豁然貫通焉，則衆物之表裏精粗無不到，而吾心之全體大用無不明矣。」以及表示「一書不讀，則缺了一書道理；一事不窮，則缺了一事道理；一物不格，則缺了一物道理。須逐着一件與他理會過。」（朱子語）則是奢望「無不知能」，乃是一種即物窮理的博學主義，習齋認爲這是根本不可能的。雖然書本上見、心頭上思，或許可以無所不及，但是其結果必至精粗俱廢，自欺欺人，到頭來仍是一無所知一無所能。這便是習齋注重分科教學的理由。

二、論教育目的

習齋的教育目的論，作者想把它分兩部分來說明：第一部分姑名之爲一般的目的，乃是指的比較概括而抽象的教育目的而言；第二部分姑名之爲具體的目的，乃是指的準備造就何等人才而言。茲分述如下：

㈠一般的教育目的

1.明德親民：大學上所說的明親，是習齋主要的教育目的，所以說：「學者，士之事也，學爲明德親民者也。」（年譜卷上）

所謂明明德，習齋是指「修六德，行六行，習六藝」，不但把「德」包括在明德裏，就是「行」和「藝」也都在明德裏，可見習齋心目中的「明」，是要修養到各方面都非常健全，才肯罷休。所謂親民，習齋是指「布六德六行六藝於天下」，似是指齊家、治國、平天下，卽是出而用世，爲社會人類服務的意思。同時，他指出親民必以明德爲基礎，明德必以親民爲目的，可見習齋的教育目的，是「明親一理」的，是「明親兼盡」的。

2.變化習染：習齋認爲理氣一致，氣質是善的。惡不是由吾人本有的氣質來，而是由吾人本無的習染來。所以堅決反對宋儒的變化氣質之說，而主張教育的目的在變化習染。他說：「既知少時缺習善之功，長時習於穢惡，則爲學之要在變化其習染。」（存學編卷四）

習染是後天的，是由於外物引蔽而來，正如衣之着塵觸污，水之摻入雜物。污衣和臭水，都可用人爲力量，使之恢復淸潔，人的習染也正是如此，也是可以用教育的力量去改善它，變化它。習齋認爲極惡如盜蹠，出之孔子之堂，也可以使他復善。所以習齋是教育樂觀論者，認爲教育的可能性是很大的。

3.謀利計功：習齋有感於當時學術的空疏，並且想糾正數百年來讀書人鄙棄事功、不重效率、不講實用的觀念，因此他的教學以實利爲本，和董仲舒的動機論正好相反。他說：「以義爲利，聖賢平正道理也。……後儒乃云：正其誼不謀其利。過矣！宋人喜道之以文其空疏無用之學。予嘗矯其偏，改云：正其誼以謀其利，明其道而計其功。」（四書正誤卷一）可見習齋是站在功利的立場，要學生把學問和實利配合起來，把學問和生活配合起來，這便是他的實利主義的教育目的論。

(二)具體的教育目的

1.學作聖人：聖人是儒者的理想人物，學作聖人，自然是儒者教學的最高目的了。習齋的看法也是如此，所以說：「學者，學爲聖人也。」（言行錄卷下）

習齋認爲聖人是「能斡旋乾坤、利濟蒼生」的人，但「聖人亦人也，……惟能立志用功，則與人異耳，故聖人是肯做工夫庸人，庸人是不肯做工夫聖人。」（言行錄卷上）我們庸人，只要肯做工夫，自可利濟蒼生而作得聖人。

2.學作轉世人：習齋希望學生「但抱書入學，便是作轉世人，不是作世轉人。」（存學編卷四）又說：「我爲轉一世之人，必不爲一世之人所轉；我爲轉數世之人，必不爲數世之人所轉。」（習齋記餘卷六）可見習齋教育的目的，是造就轉移風氣、改造社會的「轉世人」，要有革命的精神，要能以天下爲己任，小者轉一世之人，大者轉數世之人。

3. 學作有司：習齋有一次對他的好友王法乾說：「人皆三公，孰爲有司？學正是學作有司耳。」（存學編卷一）此處所指有司，似是指精一節一藝的官吏，類似一種專門人才，例如學禮可作禮官，學農可作農官等是。不過習齋也並不是只希望學者以有司百執事爲限，所以有時候也把百執事和公卿並提，說：「儒者學爲君相百職。」「若聰明人也，……宜學爲公卿百執事。」（存人編卷一）只是公卿要從百執事往上升遷起來，不是一下子可以教育出來的，正如「棟梁亦自拱把尺寸長成」，因此習齋的教育目的仍是以百官有司爲本。

4. 學作辦事人：習齋心目中的人才，不是坐而言的人，而是起而行的人；不是袖手論心性的人，而是放手辦事的人。所以說：「聰明不足貴，只用工夫人可敬；善言不足憑，只能辦事人可用。」又說：「心有事則心存，身有事則身修，至於家之齊、國之治、天下之平，皆有事也。」「人不作事則暇，暇則逆，逆則惰則疲，暇逆惰疲，私欲乘之起矣，習學工夫，安可有暇？」（均見言行錄）

三、論教育內容

習齋論教育目的，既在培養經世致用的人才，所以他所施教的內容，自然是以實用爲依歸，而提倡所謂「實學」。

習齋的實學，主要是對宋學的反動。因此在習齋的著作裏，攻擊宋學的文字很多，而且極爲猛烈。現在作者先約略敍述一下習齋對宋學的批評，然後再來介紹他的實學。

㈠批評宋學：

1.一評宋學以心性爲教：習齋指出宋儒「動談性命，相推發先儒所未發，以僕觀之，何曾出中庸分毫。」而且談天論性，聰明者如「打諢猜拳」，愚濁者如「捉風聽夢」，因爲「性命之理非可言傳也，……能理會者，渠自理會，不能者雖講亦無益。」（見存學編卷一）

2.再評宋學以靜坐爲教：宋儒好教學生靜坐，例如朱子，就主張「半日靜坐，半日讀書」。其他宋儒，也大多把「靜坐」列爲學生的必修課程。習齋最反對這一點，因爲他認爲靜坐了悟，乃釋氏鏡花水月幻學，徒勞而無功；而且靜坐會使人病弱，使人厭事；既誤人才，又敗天下事。

3.三評宋學以讀講爲教：習齋認爲宋儒專以讀講爲教，而其中又以朱子最爲出色。朱子所說「不讀一書，則一書之理不明」及「凡書須讀取三百徧」之類的話，習齋極爲反感。他批評道：「吾夫子之學，學而時習之之學也……，故曰博學之。朱子則易爲博讀之……，是看理都只在此書矣！」（習齋記餘卷六）因而他認爲讀講造就不了人才，更嚴重的是讀書還會造成章句浮文之局，使天下生民受禍。

4.四評宋學以著述爲教：宋儒整天忙着纂輯注解，以此爲學，以此爲教，習齋認爲他們是誤解删述爲聖，誤認經書爲道，所以他們即使「另著一種四書五經一字不差，終書生也，非儒也」。（習齋記餘卷三）因爲習齋認定經書典籍只是經濟譜，而不能代替經濟；聖賢之言只可以引路，而不能代替走路。如果誤認注解經書爲經濟爲走路，便成爲「空言相續」「紙上加紙」之局，不但走不了路，而且無補於事、無補於世。

5.總評宋學無用：宋學的內容已經分評如上，於是習齋總評宋學空虛無用，以致「上不見一扶危濟難之功，下不見一可相可將之材，兩手以少帝付海，以玉璽與元」。（存學編卷二）

(二)提倡實學：習齋既然把宋學批評爲虛空無用，他自己便得提倡實用之學，所以說：「彼以其虛，我以其實。」（存學編卷一）可是他的實學到底是些什麼呢？原來是指尚書上所說的六府三事，周禮上所說的三物，以及孔子所施的四教。現在約略說明一下：

1.六府三事：六府就是水、火、金、木、土、穀；三事就是正德、利用、厚生。習齋非常重視六府三事，認爲「君臣朝野之修齊治平，和三事修六府而已，六府亦三事之目，其實三事而已。」（習齋記餘卷九）並且指出三事乃是「理天下之事」和「取天下之人」的準則，可見正德、利用、厚生等三事，實在是習齋所謂實學的三大總綱領、總目標。

2.三物：三物就是六德、六行和六藝。六德是指知、仁、聖、義、忠、和，六行是指孝、友、睦、婣、任、恤，六藝是指禮、樂、射、御、書、數。習齋以爲「六德卽所正之德也，六行所以厚其生也，六藝所以利其用也」。又說：「六德卽堯、舜所爲正德也，六行卽堯、舜所爲厚生也，六藝卽堯、舜所爲利用也。」（均見習齋記餘）念念不忘以正德、利用、厚生三事，去統攝諸項科目，這便是習齋論學注重實利之處。

在三物之中，習齋似是偏重六藝，因爲他認爲六藝可以「充實五倫」、「強壯身體」，也可以謀生，而且六藝是「三事的根本」、「氣質的作用」和「行道的材具」，是孔門的正學，所以他在三十四歲那年，思想轉變之後，便終身以此爲教，以此爲學。

3. 四教：孔門四教，是指文、行、忠、信。習齋對四教的解釋是：「文即六藝，行即六行，忠、信二者即記者隱括其六德也。」（習齋記餘卷三）可見他是把四教和三物打成一片，則說明三物即是說明四教。

總之，習齋所提倡的實學，是指的六府、三事、三物和四教。六府是三事的細目，其實只是三事；而且，六德相當於正德，六行相當於厚生，六藝相當於利用，所以三事和三物，是不能分、不可分的。至於四教，既和三物混而爲一，當然也就是三事之事。可見習齋的實學，各種科目都是體系聯貫，並統攝於正德、利用、厚生三大綱目之下的。

這種實學內容，相當廣泛，但也相當紮實，並且很具現代教育課程的規模。例如：六德是內在的修養，六行是外施的表現，禮樂可以陶冶性情，以上各科現在叫做「德育」。射是研究射擊術，御是研究駕駛術，都以「勇」爲目標，現在叫做「體育」和「軍訓」。書是先學六書，再學書教；數是先學干支日數，再學方田九數，都以「知」爲目標，現在叫做「智育」。其他如水、火、金、木、土、穀之學，屬於工學、水學、農學的範圍，現在叫做「專科職業教育」和「生產勞動教育」……。總而言之，習齋所倡的實學，既名之「事」，又名之「物」，所以他是以實際事物爲教材的，比起宋明儒以性命、讀講、靜坐、著述爲教的教育內容，當然是有用多了。不過，這一套也實在太龐雜了，因此習齋平常只喜歡說六德、六行、六藝和兵、農、錢、穀、水、火、工、虞諸科。——其實，這一些科目，也已經把六府、三事、三物、四教的重要內容都包括了。

四、論教育方法

習齋的教育方法，是本著他的人性論、知行論，以及他對於教育目的、教育內容的見解而實施的，所以有些地方跟宋儒截然不同，但也有些地方並無太大的出入，因爲基本的教育方法，其原則總是差不多的。茲分別說明如下：

㈠**輔導立志**：教育家教育學生，常常是先要輔導學生立志，然後協助他們向所定的目標前進。習齋也正是如此。他時時鼓勵學生要「志於正」、「志之久」，而且要志得眞切，志得熱心。至於習齋所希望學生立的志，乃是立遠大的志向，換言之，即是要學生立志做聖賢，所以說：「學貴遠其志。」又說：「不能作聖，不敢作聖，皆無志也。」（均見言行錄）

習齋自己是立志做聖人的。雖然他並沒有達成宏濟蒼生的素志，但是由於他的品德和學行的高超卓越，當時已經有很多人稱他爲「顏聖人」了。（年譜卷上）這也可以說是習齋教學生立大志的好榜樣。

㈡**下學上達**：「下學而上達」這句話是孔子說的，意思是說教學的方法，要由淺而深，由粗而細，由近而遠，由低而高，由人事而天命，由事物而原理。習齋大贊成此說，認爲「學教之成法固如是」。他以「闕黨童子」爲例，指出治童子之耳目，卽所以治童子之心性。學問不分精粗，因爲從粗中自能見到精處也。所以他強調「離下無上」，認爲從灑掃應對中可以見出敬，從紘指徽律中可以見出和。吾輩常人，只宜從下學做起，自會見到上面。如果違背此項原則，而「從程、朱倒學，先見上面，必視下學爲粗，不肯用力矣！」不但有失「下學上達」的成法，而且遺害天下蒼生。（以上見存學編）

㈢**鼓勵勞動**：習齋看出宋學主靜之誤，於是反其道而行，主張勞動。他說：「宋人好言習靜，吾以爲今日正當習動耳。」（年譜卷上）「一身動則一身強，一家動則一家強，一國動則一國強，天下動則天下強。」（言行錄卷下）

習齋鼓勵學生勞動，是從兩方面立論的。一是從生理觀點，說明勞動可以使「筋骨竦，氣脈舒」，而「日益精壯」，「但說靜息將養，便日就惰弱」。（言行錄卷上）一是從心理觀點，說明「人心動物也，習於事，則有所而不妄動，故吾儒時習力行，皆所以治心。」又說：「吾用力農事，不遑食寢，邪妄之念，亦自不起。」「人之心不可令閒，閒則逸，逸則放。」（均見言行錄）

可見習齋不但主張勞動身體筋骨，以力行來「治心」，而且要進一步，連心也要他常動。他最愛說：「提醒身心，一齊振起。」又說：「身無事幹，尋事去幹，心無理思，尋理去思。習此身使動，習此心使存。」（均見言行錄）這便是習齋的「身心並動論」。

㈣**提倡習行**：習齋以爲經書典籍不過是經濟譜，聖賢之言只可以引路，所以讀講爲輕、爲末，習

行爲重、爲本。他時常提醒學生說：「爲學爲教，用力於誦讀者一二，加功於習行者八九，則生民幸甚！吾道幸甚！」（存學編卷一）

習齋心目中的「習」，並非溫習書本文字的「習」，而是指的實習和練習。換句話說，「習」是實習事物、練習實務，也就是實地實習實務、實事和實物的意思。因此他要求學生要「實」下「習」工夫，譬如學了禮，便要去實習禮，便要如優人演戲般的拏腔作勢（見言行錄卷一）；又如學醫，必須實習診脈、製藥、針灸和摩砭的技術，以至十分熟練，然後才能療疾救世。（見存學編卷一）

至於「行」，則是「實行」、「實踐」的意思。那就是說：既然「學」過了，「習」過了，接著便應該努力去「實行」、「實踐」；否則，學得的知識和習得的技能又有什麼用呢？所以說：「書房習數，入市便差，則學而必習，習而必『行』固也。」「誦聖人之經，須心會其理而『力行』之。」「讀書無他道，只須在『行』字著力。」（均見言行錄）

總括的說，習齋所提倡的「習行」，就是：在實習中求知能，在實行中求應用。這也就是習齋學教的主要方法。

㈤文武並重：年譜記習齋在五十七歲那年，訪商水大俠李木天，爲了切磋武藝，曾「折竹爲刀，對舞不數合，擊中其腕。……木天傾倒下拜。」可見習齋武藝之精。

由於習齋本身不但允文，而且允武，是一個文武雙全的教育家，所以他教學生是文武並重的。他「帥弟子分日習禮、習射、習樂、習數、習書，考究兵農水火諸學。」（年譜卷下）晚年主教漳南書院時，乾乾脆脆地分有文事、武備兩齋，每齋又分若干科，更是文武並重的具體表現。

習齋說得好：「學校也，教文即以教武。」（存治編）想不到我們今天所高唱的「文武合一」教育，在三百多年前，已有大教育家顏習齋在竭力提倡並實行了。

㈥發展個性：習齋在討論個性的時候，承認氣質各有所偏，然而偏不但不是壞處，却正是各人個性的基礎。所以習齋是主張發展各人的個性的。他說：「人之質性各異，當就其質性之所近，心志之所願，才力之所能以爲學，則無齟齬扞格終身不就之患。」又說：「人之質性近夷者自宜學夷，近惠者自宜學惠。今變化氣質之說，是必平丘陵以爲川澤，塡川澤以爲丘陵也，不亦愚乎？」（四書正誤卷六）

以上是從氣質論個性的發展。此外，習齋又從智力的觀點，來勉勵學生各盡其智，各盡其能。他認爲「中人以下，則鑿井耕田，已無負於生我矣。或中人也，則隨世波流亦何負？儻中人以上也，則當……實求輔挽氣運，利濟生民。」（言行錄卷下）做一個兼善天下的人。

㈦循序漸進：習齋的教學方法，是很注意循序漸進的。他在存學編中，就曾發揮學記所謂時孫的原則，指出「躁速引進而不顧其安」，便是犯了「教人躐等而不誠」的教學錯誤。因而主張在某項教學告一段落之後，要「使之小息，得一受用，方可再進。」（存學編卷三）他時常告誡學生說：「如方學兵，且勿及農；習冠禮未熟，不可更及昏禮。」（年譜卷下）他的高足弟子鍾錂，也特別記述老師「循序漸進」的教學方法道：

「錂見先生教幼童數也，語之九數，不令知有因法，九數熟而後進之因，因法熟方令知有乘，乘法熟方令知有歸除。教禮、教樂亦然。所謂盈科後進也，所謂循循善誘也，先生不岔孔子路徑與？」（言行錄卷下）

㈧**改過遷善**：習齋認爲人的罪惡和過失，都是由於後天的引蔽習染，因此改過遷善，便成爲教育上的一件主要工作。他對於這一點，極爲重視，時時勉勵學生說：「吾學無他，只遷善改過四字。日日改遷，便是工夫；終身改過，便是效驗。」（言行錄卷下）

習齋教學生改過遷善，有下列三種方法：

1. 振刷自新：這是靠自己的力量去改過。條件有三：一是痛下決心，要「知一善則斷然爲之，知一惡則斷然去之」。（言行錄卷上）二是時時用功，要「時新，時時新，又時新」。三是體乎三物，要在習行三物中，以求達到改遷的目的，否則必流於空虛。（見言行錄卷下）

2. 規過納諫：這是指朋友同學乃至師生之間的規勸改過和虛心接納。所以他要求學生：「同學善則相勸，過則相警，卽師之言行起居有失，俱許直言，師自虛受。」（年譜卷上）

3. 寫作日記：習齋鼓勵學生每天寫日記，而且要「纖過不遺」，每過幾天還要交換著看，彼此相質，「功可以勉，過可以懲」。（年譜卷上）所以寫日記的目的，還是爲了改過遷善。

㈨**其他**：以上介紹了習齋八種主要的教育方法，此外還有三種方法，也值得提一提：

1. 注重獎勵：習齋認爲「數子十過，不如奬子一長」。而且，他感於提倡聖道，需要各方面的人才，「但有志者，卽宜互相鼓舞以相勉於聖道之萬一，有八長而二短，姑舍其二；有八短而二長，姑取其二」（見年譜），不能存心指摘人家的短處。

2.注重專科訓練：習齋旣已駁斥「無不知能」之誤，所以他教學生的原則是：「寧爲一端一節之實，無爲全體大用之虛。」（存學編卷一）換句話說，就是注重專科訓練。他在漳南書院時，分六齋來教學；平常又常常說他的學生，某也學禮，某也學樂，某也兵農，某也水火。這些便都是明證。

3.注重性教育：習齋時常教訓學生道：「制欲爲吾儒第一功夫，明倫爲吾儒第一關節，而欲之當制者，莫甚於色；倫之當明者，莫切於夫婦。近世師弟，以此理羞慙而不言，殊失聖賢教人之旨。且俗世但知婦女之汚爲失身，爲辱父母，而不知男子或汚，其失身辱親一也。爾等漸去童年，得無有情欲漸開，外物易引者乎？此處最宜著緊，立爲人之根基。」（言行錄卷上）

從這一段話，我們可以看出習齋注重制色欲，明夫婦之倫，並且已經注意到兒童後期卽所謂靑春發動期的情欲，而思所以教育之，這不能不說是他大膽的卓見。

五、論學校教育

習齋是一個終身從事學校教育的人，對於學校的重要有深切的體認，對於學校的制度也有一套主張，而且他曾經設計過學校的規模，訂定了學校的教條。這些都値得我們研究。玆說明如下：

㈠**論學校的重要**：習齋以爲一個國家的「本原之地」，不在朝廷，而在學校。因爲「人才爲政事之本，而學校尤人才之本也」。（年譜卷下）歸根究底，學校實爲政事之本。因此學校辦得好，然後朝廷才有經世濟民的人才，然後養民、敎民，以及興禮樂等政事，才有人去推動。可是自從隋、唐興辦科舉以後，學校遂成爲科舉的附庸，流而至於明、淸，朝廷以八股文字取士，學校敎育更是只知敎讀文字章句，完全失去敎養和實用的精神，習齋的著意學校，便是因此。他在存治篇裏感慨地說：「古之小學敎以灑掃應對進退之節，大學敎以格致誠正之功，修齊治平之務，民舍是無以學，師舍是無以敎，君舍是無以治也。迨於魏、晉，學政不修，唐、宋詩文是尙，其流毒至今日，國家之取士者，文字而已；賢宰師之勸課者，文字而已；父兄之提示，朋友之切磋，亦文字而已。……求天下之治，又烏可得哉！」（存治篇）

如此沈痛地檢討當時學政，正可看出習齋對學校的重視。

㈡論學校的制度：關於學校制度，習齋的想法是：「有國者，誠痛洗數代之陋，用奮帝王之猷，俾家有塾，黨有庠，州有序，國有學，浮文是戒，實行是崇，使天下羣知所向，則人材輩出，而大法行，而天下平矣。」（存治篇）

所謂「家有塾，黨有庠，州有序，國有學」，似是仿引西周的學校制度，所以習齋的主張，在表面看來，好像是提倡復古，但是他的主要目的，只是希望各級學校都能深體古人設敎的用意，顧到校有「敎民之義」，序有「習射之義」，庠有「養老之義」，而做到「浮文是戒，實行是崇」，培養眞正有用的人才。

此外，習齋又極力提倡社學，希望每村設立一所。他說：「安得有人焉，勸人村建一先師廟，印

設社學其中，爲聘一正儒教以德行道藝。」（習齋闢異錄卷上）

據王鳳喈教授的研究，「社學爲明代的特產，設於鄉社。……在中國教育史上，地方學校向無性質很明顯的小學，而社學則係小學，而且非全爲升學而設，頗有現代小學的意義，可惜行之未久，就被停廢。」（見氏著中國教育史一五二頁）滿淸入主中國以後，雖然恢復，但並不十分普遍，習齋提倡「村建一社學」，可見他是十分重視初等教育的。

至於私人團體設立的書院，習齋並不十分贊同，因爲書院也者，以「書」名院，而且以讀講爲教，都和習齋的主張不合。所以習齋有一次著文批評道：「嗟乎！何不曰道院，何不曰學堂，而直以書講名乎？……學習躬行經濟，吾儒本業也，舍此而書云書云，講云講云，宋明之儒也。」（習齋紀錄卷六）

㈢**論學校的規模**：習齋晚年應聘主持漳南書院時，由於學生比較多，經費比較充足，地方人士又十分的熱心，一切的一切，都在鼓舞著習齋的信心，所以習齋爲該院所設計的規模，可說是他教育思想中最富代表性的具體藍圖。這個「藍圖」在他所撰的漳南書院記中，描繪得非常淸楚。茲摘錄要點如下：

「儒道自秦火失傳，宋人參雜釋老以爲德性，獵戈訓詁以爲問學，而儒幾滅矣。今……力砥狂瀾，寧粗而實，勿妄而虛。請建正庭四楹，曰習講堂。東第一齋西向，牓曰文事，課禮、樂、書、數、天文、地理等科；西第一齋東向，牓曰武備，課黃帝、太公以及孫、吳、五子兵法，並攻守、營陣、陸水諸戰法，射、御、技擊等科；東第二齋西向，曰經史，課十三經、歷代史、誥制、章奏、詩文等科；西第二齋東向，曰藝能，課水學、火學、工學、象數等科。其南相距三五丈爲院門，懸許公漳南書院匾，不輕改舊也。門內直東曰理學齋，課靜坐，編著程、朱、陸、王之學；直西曰帖括齋，課八股舉業，皆北向。以上六齋，齋有長，科有領，而統貫以智仁聖義忠和之德，孝友睦婣任恤之行。……置理學、帖括北向者，見爲吾道之敵對，非周孔本學，暫收之以示吾道之廣，且以應時制……。」

（習齋記餘卷二）

現在再略加分析：

1.以「寧粗而實，毋妄而虛」爲辦學的原則。其實這正是習齋論學的一貫精神。

2.既分齋，又分科，如此專精，如此實際，足見習齋是以培養經世致用人才爲其主要目的。而且這樣分法，很有現代大專院校的規模。例如：文事齋和經史齋，便相當於文理學院（數、天文、地理等科，屬今日理學院的範圍）；武備齋相當於軍事學校，藝能齋相當於專科學校。

3.有文科，有武科，重藝能，又重德行，我們如果套用今日教育界的口號，如「文武合一」、「術德兼修」、「手腦並用」等語，來贊美習齋的學校教育思想，也不爲過分。

4.「齋有長，科有領」，如果指的是教師，則與今日學校行政的組織，有點相同；如果指的是學生，則與今日學生自治的組織，相當近似。

5.所謂「統貫以智仁聖義忠和之德，孝友睦婣任卹之行」，似是說六德六行被視爲各齋學生的必修科目。至於禮樂射御書數等六藝，則被分到文事齋和武備齋，學生似乎可以選修。

6.理學、帖括是習齋的死對頭，可是他還是「兼容並蓄」，可見習齋是很能顧到現實的。

7.一般書院的正庭，都叫做講堂，習齋對此很不滿意，所以他把漳南書院的正庭，取名爲「習講堂」，不但重視習行，而且也表明了他的教育方法。

8.該院仍稱「漳南書院」，習齋說是爲了「不輕改舊」，言下頗有不得已的意思；但在事實上，該院包括六齋、數十科，已經不是專以讀講爲教的「書院」了。

㈣**論學校的教條**：習齋在四十一歲那年，曾經訂了一種教條。這教條一共有二十條，包括的範圍很廣。臧廣恩教授曾經把它歸納爲四類：（見氏著教育史一一四至一一五頁）。

第一類是關於道德方面：包括孝父母、敬尊長、主忠信、申別義等條。

第二類是關於品格方面：包括禁邪僻、愼威儀、肅衣冠等條。

第三類是關於課業方面：包括勤赴學、重詩書、敬字紙、習六藝、習書、講書、作文、戒曠學等條。

第四類是關於社交方面：包括行學儀、序出入、輪班當値、尙和睦、貴責善等條。

作者覺得臧教授的分法大致恰當。至於每一教條的詳細內容，因限於篇幅，只好從略了。

叁　結　論

習齋的教育思想已如上述。現在再綜合起來說一說：

一、習齋的哲學思想：他是主張「理氣一致」、「理在事中」。因而在人性論上，肯定氣質非惡，並認氣質爲性命的作用、個人做人的本錢。至於邪惡，乃是由後天的引蔽習染而來。在知行論上，他反對宋儒靜坐悟道和無不知能的見解，而主張「由行得知」、「習事見理」，以爲眞知必須在事物中「親下手一番」，才有所得。這和近代實驗主義者(Pragmatists)重視動的、活的、直接的、經驗的知識論，頗爲相近。

二、習齋的教育目的論：就一般的教育目的而言，習齋有三大主張：一是明德親民，二是變化習染，三是謀利計功。就具體的教育目的而言，習齋是希望學生學聖人、學轉世人、學有司、學辦事人，即是做一個學有專長、能够放手做事、利濟蒼生的經世致用人才。

三、習齋的教育內容論：他對於以心性、靜坐、讀講、著述爲教的宋學，總評爲空虛無用，因而提倡以六府三事、三物、四教爲內容的實學。這種實學，各種科目都是體系聯貫，並統攝於正德、利用、厚生等三事之中。

四、習齋的教育方法論：他對教育方法的提示有八：一是輔導立志，二是下學上達，三是鼓勵勞動，四是提倡習行，五是文武並重，六是發展個性，七是循序漸進，八是改過遷善。此外，習齋還注重性教育和專科訓練，並以獎勵爲鼓舞人才的方法。

五、習齋的學校教育論：他視學校爲一國的「本原之地」，因而提倡去虛務實的社學，反對讀講詩書的書院。至於他理想中的學校規模，則是分有文事、武備、藝能、經史等四齋，每齋又分設若干科，頗具現代學校分科教學的精神。

作者對習齋教育思想的綜合敍述，到此處爲止。最後，作者要說一說習齋對我們教育界的偉大啓示：

第一，革命的勇氣——習齋否認讀講書本是學問，否認注疏古書是學問，否認靜坐悟道是學問，尤其否認空談哲理是學問。總之，自漢以後二千年所有學術，幾乎都被他否認了，這是何等魄力！何等勇氣！而且程、朱之學，在當時正爲淸廷所御用，習齋極力加以攻擊，乃是冒著「生命之虞」的。可見習齋實在是學術界的大革命家。

第二，求眞的精神——習齋冒著危險去批評宋學，絕不是爲了門戶之爭，而是由於對眞理的愛好。他說：「立言但論是非，不論異同。是，則一二人之見不可易也；非，則雖千萬人所同不隨聲也；豈惟千萬人，雖千百年同迷之局，我輩亦當以先覺覺後覺，不必附和雷同也。」（言行錄卷下）這種求眞的精神，是很值得我們效法的。

第三，實習的重視——習齋以爲「思不如學，而學必以習」，於是提出了「實習」兩個字，作者認爲這是習齋在教育方法上很大的貢獻。近代教育家杜威(John Dewey)也力倡「從做中學」(learning by doing) 的學說，指出了實習的重要。可是現在的學校，仍舊偏重文字的知識，而忽略了實習的工夫，如果從事教育者，知道三百年前已有大教育家如習齋者，在極力主張實習，教人從做中求知，大家也應該知所警惕和改進了。

第四，力行的倡導——習齋看出了一千數百年來，讀書人只知空口說白話、搖頭讀詩書的積習，因而提倡實踐力行。他說：「學者自欺之患，莫大於以能言者爲已得。」（言行錄卷上）又指出讀書「須心會其理而力行之」，要把書本子活讀，「要向身上打照」。譬如書裏叫人孝弟，便應勉力孝弟，否則，就是讀盡天下書又有什麼用？今天，在我們讀書人當中，只會說而不會做的，以及只肯坐而言不肯起而行的，還是非常普遍，眞該猛省了。

第五，勞動的精神——自來讀書人，都以勞心者自居，於是養成了一種階級觀念、喜靜的心理、怕事的作風，變成了多病的書生、無用的廢物。習齋有見於此，乃極力鼓吹勞動教育，以爲勞動可以健人筋骨，調人性情，小之却一身之疾，大之可以措民物之安，所以說：「一身動則一身強，一家動則一家強，一國動則一國強，天下動則天下強。」這種唯有勞動才能強身、強國、強天下的主張，是非常切中時弊的，我們是應該聞風奮起了！

李塨（西元一六五九—一七三三）

楊承彬

一　生平略歷

李塨、字剛主，別號恕谷。直隸（今河北省）蠡縣人。清朝順治十六年（西元一六五九年）生，雍正十一年（西元一七三三年）逝世，享年七十五歲。

恕谷先生的父親明性先生，曾是明朝的諸生，學識淵博，又以孝行稱於鄉里。當時大儒顏元（習齋）看過明性先生的著作，非常佩服，就以父輩奉他爲師；習齋先生曾說「生平父事者五人」，明性先生是其中之一，可見他當時在學術上的地位和德望。明性先生死後，顏習齋同好友們就贈他一個諡號，稱做孝慤先生，以表示對他崇敬與懷念之意。由於習齋師事明性，他自身又是飽學之士，所以恕谷先生少年時代卽受教於習齋，習六藝之學，並模仿習齋作日譜（日記），記載所學心得及言行得失之處，非常認眞。從此恕谷和習齋，亦師亦友。習齋的一言一行，影響他的一生；習齋的學問，也因他而得以廣播流傳。因此，後代的學者，談顏必談李，研究李必想到顏，並稱爲顏李學派。

恕谷先生習性勤儉，一生克苦耐勞。少年時代家境清貧，「食糠覆，衣鶉結」。稍長以後，耕田爲業，並且偕同妻兒一齊勞動，縱遇到荒年，他們仍然有收成。他雖然生活貧苦，可是好學不倦，跟從顏習齋求學時，相隔三四十里路，經常步行前往就教。他二十三歲便在家中設館教授學生，嚴格認眞；二十七歲到京城講學，受教的人很多，一時聲譽大噪；有些達官貴人，爭相延聘，但他並不以此爲榮而欣然接受，還是一派書生本色，抱持着淸高的風範與磊落的氣度。

他的講學，並不拘限於一地，喜歡雲遊四方，西至關中，南走蘇浙，足跡遍佈長江黃河流域；而且每到過的地方，便結交很多朋友，他曾經說：「凡海內道學才雋通儒文士，無不委曲納交者。」有些豪紳顯宦，也自動來向他求教釋疑，成爲知友。當時知名學者如鄞縣萬斯同、太原閻若璩（百詩）、武進惲鶴生（皋聞）、上元程廷祚、桐城方靈皋等，都很推重他。玆舉兩件事例：萬斯同在紹寧會館講學，恕谷先生南遊，某日到館拜訪，斯同卽刻施禮並向學生們介紹說：「此蠡縣李先生，負聖學正傳，非予敢望。」其受敬重如此！習齋死後，恕谷先生晚年遷居博野，重修習齋學舍，收徒講課，桐城大師方苞（靈皋），因爲素識恕谷的學問，便叫他的兒子道希來跟恕谷受業，可見當時他在學術上的顯著聲望。

恕谷先生的淵博學識，一方面固得自家訓，但主要的是承受了顏習齋的衣鉢，發揚而光大之。他曾說：「愚之所傳者，顏習齋之學也。」事實上，他的學識較習齋還要廣濶些，走的路比習齋遠，接納的朋友也比習齋多；從良師益友的切磋中，從論學問道的研討中，使他成爲一位飽學之士。另一方面，除跟顏習齋求學外，並且曾追隨幾位名家研習六藝，如淸史儒林列傳所載：「塨弱冠學禮於元，又學琴於張而素，學射於趙思光，學數於劉見田，學書於彭通，學兵法於王餘佑。……學樂於毛奇齡，盡得其舊所傳五聲二變四清七始九歌十二律諸遺法，並受其經學。」而毛奇齡還曾稱讚他是「蓋世一人」，非常賞識他的才華。由此，使我們瞭解到恕谷先生的學識確是淵博，在當時能夠精通六藝的實不多見，無怪顏習齋在他答李塨書裏曾說：「吾所望與於此道者，惟足下一人。」

恕谷先生天性耿介，好學務實，畢生的時間，大多都消磨在做學問上，對從政不感興趣，他雖然曾有數次做官的機會，但多是避而不就；最後一次在六十歲的時候，被選任通州學正，在位僅兩個多月就辭職還鄉了；從此深居簡出，專務教學和操持家事，直到暮年。

顏習齋在世時，常誡學生「減讀誦以專習作」，也不喜歡耗費太多精力去埋頭著書。然而恕谷先生的著作仍然很多。遺著有周易傳注七卷、筮考一卷、郊社考辨一卷、論語傳注二卷、大學傳注一卷、中庸傳注一卷、傳注問一卷、李氏學樂錄二卷、大學辨業四卷、聖經學規纂二卷、小學稽業五卷、論學二卷、詩集二卷、廖忘集一卷、恕谷後集十三卷、閱史郄視五卷、天道偶測一卷及所纂顏習齋年譜二卷等，流傳於世。

二　基本教育觀念

(一) 實　用：

恕谷先生和他的老師顏習齋，都注重實用價值，認事物的理則在能盡其用，盡用纔可產生那事事物物的作爲與效果。習齋曾說：「耳聰目明，肢體健，利吾身之用也。」（年譜上）又曾說：「人者天地之孝子也。其肖乎天地者，人之全體也；其孝乎天地者，人之大用也。……故曰人得天地之中以生，一體不全則爲不肖，一用不大則爲不孝。」（習齋記餘六）恕谷先生更進一步闡釋：「求學有用，當人先求有用。目盡明之用，耳盡聰之用，心盡睿之用，以至言貌皆然。若視聽言貌塊然頹然不端不靈，不大不遠，雖日講經濟無所用也。」（恕谷年譜五）

以上所引顏李兩位先生共同的看法，均以「體」「用」關係結構說明事物的理則。雖然他們都拿人的五官百骸爲例，但推諸世間其他事象，也莫不有體有用，無體則用無所施，無用則體成爲一具死體；萬事萬物凡對人生能够產生效用的，它纔眞正是一種有價値的事物或觀念；如就事物的本體來說，實用確是它的最大目的。譬如一支毛筆爲的用來寫字畫圖，一個茶杯爲的用來喝水解渴，一種法律爲的用來維持秩序或解決民困等等……都有它實用的目的。同樣道理，爲學在於致用，如何做到這一步？就必須建立讀書的正確觀念，和有效的讀書方法：反對靜坐、空談及誦讀、寫作，注重實用與習行，實用以見眞，習行以明理，這便是顏李共同持有的基本觀念。

美國的實用主義哲學，曾主張一切眞理建築在實用價値之上，凡對人生有用或經實驗而產生效果的知識纔是眞知；其應用於教育原理上，有所謂「做中學」，卽一切知識經驗是從實習實作中獲得的，惟有這種知識經驗，纔能對人生產生實用價値；所以教育的目的，無非獲得有用的知能，利於人類適應環境而已。這些觀念，如果拿顏李學派的思想來對照，幾乎東西如出一轍，相映成趣。

（二）盡　性：

中庸裏說：「唯天下至誠，爲能盡其性。能盡其性，則能盡人之性；能盡人之性，則能盡物之性；能盡物之性，則可以贊天地之化育。」（第二十二章）孟子則說：「盡其心者，知其性也；知其性，則知天矣。」（盡心上）前者是叫人本乎誠心而盡性，後者是盡其心智而知性；所謂盡性，指盡人性和盡物性，知性也是含有知人性與知物性的意思，最終都會達到一個「贊天地化育」或「知天」的至高境界。所以敎育的目的，是敎人盡性或知性，使成爲「天人相通」的完美人格。不過先聖未能具體而微的指出怎麼盡人之性和盡物之性或知人之性和知物之性，難免流於玄奧，到宋代以後，學者更誤解爲「存心養性」，倡「靜坐」以明理，於是脫離現實，尤令人莫測高深了。

清初學者，對於宋明理學家大肆評斥，顏李便是其中一派，有云：「試觀兩宋及今五百年學人，尙行禹、益、孔、顏之實事否？徒空言相續，紙上加紙。」（習齋記餘卷一）又如說：「三代以前不言性而性存，宋明以後日言性而性亡。」（李恕谷年譜卷二）兩人均抱繼絕舉廢的志向，力倡恢復古代文（文王）周（周公）孔（孔子）孟（孟子）的聖道，跳出空中樓閣裏的紙上談兵，而實事求是地走入現實人生討論問題，主張習行與實踐。所以他們對於「性」的解釋，一反宋明學者的態度，認爲「盡性」在於吾人形質的實踐。恕谷先生曾說：「聖學踐形以盡性。耳聰目明，踐耳目之形也；手恭足重，踐手足之形也；身修心睿，踐身心之形也。形踐而仁義禮智之性盡矣。」（年譜卷四）這段話正給予孟子的性善論下了一個註脚。

人要求得道德上的完美，必先實踐他的各個官能的形質（卽氣質。習齋曾說：「此形無他，氣質之謂也。」）：目盡其明，耳盡其聰，手足盡其恭重，身盡其修行，心盡其智慧。每種官能都達到圓滿的實踐，也就是恕谷先生所說的「踐形盡性」，非但成爲一個健全的人格，而且可以成聖，所以顏習齋說：「極神聖之善，始自充其固有的形骸。」所謂「充其固有的」，亦卽「充其本然之善」，孟子所說的「良知良能」者是。因此，我們認爲李恕谷要人踐形盡性，使能擴充固有的善端，也可以說是教育上的第二種目的。

三 教育方法

(一) 進德方面：

1. 立志：恕谷先生少負「狂志」，很想大事施展一番，曾自豪地說：「欲起而馳驅天下，建功立業。卽萬一蹉跎，亦必講學明道，大聲疾呼，以覺斯民。」（與溫載楣書）又曾說：「夫學而不以希聖希賢卓然千古爲志，雖行已無大錯迕，僅僅鄉黨自好者耳。」（贈劉生序）可惜他的抱負沒有完全實現，只是在「講學明道」方面，發生一些影響而已。

他教育學生，主張立志，而且志向要遠大，要堅定。某次他問一位學生馮生辰有甚麼志向，馮說：「修己及人，守先待後。」恕谷先生雖稱讚他一番，不過說這僅是「士人之志」，需要更進一層。譬如說：「志登千仞之臺，十仞百仞而止，志惡之矣！」（後集卷九）這段話含有兩種意思：其一、志向要高，例如登高，不當「十仞百仞而止」；其二、志向要堅，雖然標的立的很高，但是半途而廢，等於沒有立志一樣。

2.力行：中庸裏說：「好學近乎智，力行近乎仁，知恥近乎勇。」又說：「博學之，審問之，愼思之，明辨之，篤行之。」可見「行」在做人求知方面是何等的重要。恕谷先生教學生「好學」與「力行」並進，並認爲「不行不可謂眞知」，意思是說行有助於學，凡學寓於行中，必然會得到正確可靠的知識，所以一切學問應該從「行」中去探索體會。如果從道德實踐方面看，凡事身體力行，便可行仁得仁，行義得義。

恕谷先生承習齋之訓，一向反對空談，特重實踐，所以他對學生的督導或對朋友的勸勉，多少都含有鼓勵「篤行」的意義在內。例如說：「刻苦力行，安貧樂道，養親教後；嚴取予，愼幽獨。」（復王豐平書）「倖進者無功；欲速者多躓；矜長者易於見短；好諛者必受其愚。」（富平贈言）「喪不奪於人則仁；遇財色能斷則義；確不可拔則勇。」（贈張籲門序）凡此種種，無不示人以躬行實踐來修身養性，完成一種道德的人格，這和宋儒「靜坐」「存養」的主張是不同的。

(二) 修業方面：

1.格物致知：大學裏說：「致知在格物」，含有「行以致知」或「先行而後知」的意思。恕谷先生雖主張知與行並進，但仔細察考他的觀念，仍偏重「行」的方面，認爲「習行」乃是治學的根本方法。恕谷說：「格、至也，學習其事也。」這個「學習其事」就已經含有了「行」在內，我們若從顏習齋的解釋：「格物之格，如之謂親手習其事也。」更爲具體明瞭。至於說格甚麼物？他說：「蓋物卽身心家國天下之物也。……格物而後誠正修齊治平，各有功力節候也。」（恕谷後集卷五）由此可知他所指的「格物」，不是僅就紙上「卽物窮理」，而是實際去習行「誠意、正心、修身、齊家、治國、平天下」的知能，所以說「學習其事」。

恕谷先生更進一步解釋格物之「物」應以周禮「三物」爲內容，卽所謂「六德」、「六行」及「六藝」，他說：「蓋六德卽仁義禮智也；六行卽子臣弟友也；六藝卽禮樂兵農也。」（氏著：大學傳註問）又說：「惟以仁義禮智爲德，子臣弟友五倫爲行，禮樂兵農爲藝。請問天下之物，尚有出此三者外乎？吾人格物，尚有當在此三物外者乎？……」（後集卷四與方靈皋書）他以這「三物」涵概了世間一切道理，顏習齋註釋爲「正德」、「利用」、「厚生」，歸根結底，也就是「誠正修齊治平」的大學之道。

2.先學後講：恕谷先生對於治學的態度與方式，不贊成一般人解釋以「讀」爲學，或是以「講」爲學；認爲前者易沉于翻閱，後者易流于空言，都有礙於習行實作。他主張「學、學其所行；行、行其所學。」（後集卷五）所以「學」與「講」，應有先後的次序，他說：「古人先學而後講。……後人則以講爲學，多事空言，鮮敦事實。且古聖賢講學，如學禮則講禮，學樂則講樂。子游問孝，講以『敬』；子夏問孝，講以『色難』。皆因學而辨，因人而發。」（後集卷四、與朱可亭學史書）從這裏我們可以看出恕谷先生的教學方法，注重啓發，因學而講，因人而教，因行而學，一種實用的教學方法。

3. 少讀寫多習事：顏習齋教學生，減靜習動，因爲主靜必沉於閱讀寫作，不務實際；主動則可習事見理，學以致用。他的「存學篇」裏說：「儒者用力於誦讀者一、二，用力於習行者八、九。」於此可見。恕谷先生從習齋求學時，曾受命三減：「減冗瑣以省精力；減讀作以專習作；減學業以却雜亂。」（顏習齋年譜）減去一些不必要的負擔，好專務實用之學，如禮樂兵農射御書數等知能。

恕谷先生一如其師，主張減少讀寫，多用於習事，他曾例舉人的身體，來批評主靜一派讀書人的浪費。如說：「今儒墮形以明性，耳目但用於誦讀，耳目之用去其六七；手但用於寫字，手之用去其七八；足惡動作，足之用去九；靜坐玩弄而身不喜事，心遇事迂板，身心之用亦去九。……」（恕谷年譜四）這裏所指「墮形以明性」跟他主張「踐形以盡性」，正是背道而馳的，「靜」與「動」成爲顯明的對比。他更嚴厲地評擊宋代學者，說：「自宋儒以主靜讀書立教，杜門繙經，閉目視內，疑於緇羽。而但期明理，不求辦事。將經濟民物如孔孟所謂『期月三年，大人事備』之道，一概削落。流至今日，滋以贋詐。」（後集卷二。贈張籥門序）

上引兩段話，都是針對宋明理學家而發，主要評論他們靜坐明理而不從事習作明理，致生流弊。恕谷先生較習齋稍微緩和一些，習齋晚年（七十歲，是年逝世）仍舊誡告恕谷「力斷文墨，愛惜精神」，但恕谷著書立說，未曾完全斷絕文墨。他雖也說：「讀閱久則喜靜惡煩，而心板滯迂腐矣。」可是却又說：「然則誦讀可廢歟？曰：何可廢也，但勿爲所溺耳！」（與樞天論讀書）由此可知，恕谷先生並非完全不重視誦讀與寫作，祇是不要過於沉溺，節省精力多習「辦事」而已。

4.立日譜、考察得失：「日譜」亦卽日記。顏習齋先生設學傳道，規定學生撰寫日記，記載終日所學所行，從中考察得失進退，以便督責警省。恕谷先生跟隨習齋受教，立日譜自我考察，他說：「塨感先生（按指顏習齋）改過之勇，立日譜，自考自此始。」（見顏習齋年譜卷上）又說：「予自弱冠庭訓外，從顏習齋先生遊，爲明德親民之學。其明德功課，則日記年譜所載是也。」（詩經傳註題辭）恕谷並曾很具體地說明日記的功用，指出日記考察有三：

「心之存日密否？身之視聽言動中禮否？時覺其進否？一也。禮樂兵農射御書數之學或諸藝，或祇一藝，月考年計有加否？二也。身心就範，學問不懈，則天理日有所悟，人情日有所照，經濟之術日有所閱歷，果變動日新乎？抑乃舊乎？將灰塌不靈乎？此甚可以驗吾學之消長，三也。」（後集卷四，復黃宗夏書）

按這段話的意思，日記第一考察思想行爲有無精進；第二考察治學習藝有無增加；第三考察所思所學所知所行，是否日新又新，或板滯守成，就此檢討俾有所改進。恕谷既認爲日記有如上三種功用，所以要求學生寫日記，並親自過目察考，以明瞭其學行進退。

茲舉一事爲例。雍正六年二月，他偕同學生去祭奠顏習齋先生，將要上車，忽然接到從縣城寄來一包東西，拆開一看，原來是常州一位學生的日記，等到祭畢返家後，便很細心地披閱，好幾天纔閱完。恕谷先生很興奮地說：「天下之不喪斯文也，幸矣哉！孫生得顏先生書及拙著於惲子臯聞（按：

惲皐聞從顏習齋學，與恕谷先生甚密），遂篤嗜。晝有作，夜有思，瞬有存，息有養。省躬改過，力行德行。……」（後集十一、孫生日記序）由此可見，恕谷先生對於學生寫日記是如何重視，教者可從考察中瞭解受教者的功課與品行，做爲施教的參考；而受教者亦可從日記中「自考功過」，反省得失，對治學敦品有很大的幫助。這種指導學生寫日記的方法，確是值得今日擔任中小學「輔導」課程的教師們採取的。

本文參考書：

顏習齋年譜、習齋記餘、李恕谷年譜、恕谷後集、大學傳註問、清史列傳、中國歷代學術家列傳。

鄭世興：李恕谷的教育思想（開明出版「現代教育論叢」）

王筠（西元一七八四—一八五四）

吳鼎

王筠，字貫山，號菉友，山東省安丘縣人。生於清朝乾隆四十九年（西元一七八四年），歿於咸豐四年（西元一八五四年）。他在道光年間中舉，曾任山西省寧鄉縣知縣。他又是一位小學教育專家，對於中國舊式的小學教育，有許多創造性的見解，的確是一位了不起的人物。可惜在王鳳喈的中國教育史、陳青之的中國教育史上都沒有王氏的傳記，只有中國人名大辭典及陳東原的中國教育史上曾載有他的小傳，其他教育書上提到他的教育主張的也杳不可見，致使這位偉大的小學教育家，竟淹沒而不彰。

王氏博涉經史，對「說文」更有精到的研究。他所著「說文句讀」一書，折衷段玉裁與桂馥二人的學說，而獨闢門徑，發揮創見，論者稱王氏爲二家勁敵。又著有「說文釋例」「說文繫傳校錄」諸書，足徵王氏對說文研究的湛深。此外王氏著作尚有「禹貢正字」「儀禮鄭注句讀刊誤」及「四書說略」等諸書行世。

王氏對於小學教育，著有「教童子法」「文字蒙求」二書，前者介紹教兒童的各種原理與方法，創見甚多；後者爲兒童初學最佳的文字學讀物。

中國歷代教育家輩出，多數是對於教育哲學及一般教育等方面提出卓見，而對小學教育能提出原理原則與具體方法者，王氏殆爲第一人。

二

王氏在所著教童子法一書中，提出的教學兒童的原理原則，有下列各項：

一、**注重兒童興趣**　王氏認爲教兒童，首應注意兒童興趣。有了興趣，兒童自能願意學習。如果沒有興趣，兒童視學習爲一大苦事。王氏云：「學生不是豬狗，讀書而不講，是念經也；嚼木札也。鈍者或俯首受驅使，敏者必不甘心。人皆尋樂，誰肯吃苦。讀書雖不如嬉戲樂，然書中自有樂趣，亦相從矣。」又說：「小兒無長精神，必須使之有空閒，空閒卽教以典故，但典故有死有活。死典故日日告之，如十三經何名，某經作註者誰，作疏者誰，二十四史何名，作之者姓名爲誰，日告一事，一年卽有三百六十事。師雖枵腹，能使弟子作博學矣。如聞一典，卽逢人宣揚，此卽有才矣。然間三四日，必須告以活典故，如問之曰：『兩鄰爭一雞，爾能知其是某家物否？』能知者卽爲大才矣。不能知者而後告之：先問兩家飼雞各用何物，然後剖膆驗之。弟子大喜者，亦有用人也。自是心思長進矣。」這是王氏注重教學興趣之證明，他認爲教兒童讀書，應注重講解，使兒童了解書中的意思，兒童學習就有興趣；如果不加講解，專門注重兒童念誦，這和小和尙念經有什麼兩樣？兒童不明書中意思而強迫念誦，其痛苦有如嚼木札；所以王氏主張教兒童學習，先要培養兒童學習的興趣。王氏又說，兒童的注意力不能持久，所以要用典故來教他們。他所說的「死典故」，是訓練兒童的記憶力；他所說的「活典故」，是培養兒童的思考力。這都是深合小學教育原理的。

二、注重發展天賦　現代教育家，認爲教育的功能在發展兒童天賦才能。所以杜威(John Dewey)說：「教育是發展。」王氏早有這樣的主張。他說：「教子弟如植木，但培養澆灌之，令其參天蔽日。其大本可爲棟梁，卽小枝亦可爲小器。今敎之者，欲其爲几也，卽曲折其木以爲几，不知器是做成的，不是生成的。迨其生機不遂而夭閼，以至枯槁，乃猶執夏楚而命之曰：『是棄材也，非敎之罪也。』嗚呼，其果無罪耶？」教育之大弊，惟在以範鑄人，而不能發展人之天賦，俾其自進。當時科舉制度盛行，教學的目的，在作好應試文章，敎者敎此，學者學此，此卽所謂「欲其爲几卽曲折其木以爲几也」。故有人以學八股比之裹小脚者，卽僥倖得售，亦僅一偏之器，未能使其天賦健全發育。此種教育無異戕賊人性。而王氏所論，實極合於新教育的原理。蓋教育本應發展兒童的天賦，換言之，卽教育旨在幫助兒童把他天賦的材能發展出來，教育並不能爲兒童增添什麼。王氏在科舉時代，能倡導發展天賦理論，誠不可多得。

三、注重專心踏實　在學習理論上有兩個重要的原則：一是「專心」，一是「踏實」。蓋不專心則視而不見，聽而不聞，食而不知其味，根本談不上學習；不踏實則雖視而不明，雖聽而不聰，雖學習而無成效。所以訓練學生的學習方法，只要能養成學生「專心」與「踏實」的習慣，學習的功夫就能達成大半了。王氏對於此點，甚爲注重。他說：「截得斷才合得攏，教子者總要作今年讀書明年廢學之見，則步步著實矣。識字時，專心致志於識字，不要打算讀經；讀經時專心致志於讀經，不要打算作文。然所識之字，不過積字成句，積字成章也。所讀之經，用其義於文，爲有本之文；用其詞於文，亦炳蔚之文也。如其牽腸掛肚，瞻前顧後，欲其雙美，反致兩傷矣。」王氏此語，爲注重效果的明證。蓋爲學習應事事專心，步步踏實；學完此一階段，再學另一階段，每一階段均須學得徹底，達到完全可以應用的地步，才算得是眞學問。

四、注重教學技術　教學應注重教學技術，引發學生學習動機，然後鼓勵學生學習，效果自能顯著。王氏說：「孔子善誘，孟子教亦多術，故過笨拙執拗之弟子，必多方以誘之；既得其機之所在，即從此鼓舞，蔑不歡欣，而惟命是從矣。若日以夏楚爲事，則其弟子固苦，其師庸樂乎。故觀其弟子歡欣鼓舞，侈談學問者，即知是良師也。若疾首蹙額，奄奄如死人者，則笨牛也；其師將無同。」這是說教師教學，應注重教學技術，明瞭學生個性，得其機之所存，即從此鼓舞，學生自願欣然學習。如果教師不從教學技術去研究，專以夏楚來威嚇學生，學生視學習爲苦事，如此教師又有什麼快樂可言呢？他認爲良師與庸師的分別，可以從學生行爲上反應出來，如果學生遊戲時活潑，讀書時認眞，這便是良師教導出來的。如果學生愁眉苦臉，呆若木雞，形同笨牛，這便是庸師教導出來的。故王氏主張誘導啓發，反對體罰。學生雖愚笨，先誘發其動機，再加以鼓舞，這是有效的教學技術，對愚笨的學生更爲有效。

五、注重健全人格　教育的目的，本在發展學生健全的人格。在科舉時代，教育只在獵取功名，而王氏能有此種基本觀念，甚爲難得。王氏說：「功名、學問、德行三者，本三事也。今人以功名爲學問，幾至並以爲德行。教子者當別出手眼，應對進退，事事教之；孝弟忠信，時時教之；讀書時常爲之提倡正史中此等事，使之印證，且兼資博洽矣。學問既深，坐待功名，進固可戰，退有可守；不可癡想功名，時文排律之外，一切不學。設命中無功名，則所學者無可以自娛，無可以教子，不能使鄉里稱善人，士反稱博學；當此時而回想：數十年之功，何學不就，何德不成？今雖悔恨，而無及矣。」教學必須增進學生知能（學問），培養學生品性（德行），發展學生才幹（功名），事事教之，時時教之，學生亦應本此觀念去學習，使知能豐富，品性高尙，材幹出衆，自能表現其優美的人格。

六、注重心理衞生　學生心理衞生，爲身心健康之基礎，故兒童教育，首應注意兒童心理健康。王氏對於心理衞生，早經注意。他說：「人才之不一，有小才而鋒穎者，可以取快於一時，終無成就；有大才而汗漫者，須二十年功，學問既博，收攏起來，方能成就。——此時則非常人所能及矣；須耐煩。」這是說教學時應注意學生的心理衞生，養成學生沉着穩健的氣魄，不屈不撓的精神。現代「心理衞生學」的學者們，也承認「心理衞生」是人格發展的要素，也是學習成就的重要條件。如果學生心理不健康，則情緒不穩定，精神不專一，視而不見，聽而不聞，食而不知其味，如何談到學習呢？**一個心理健康的兒童，情緒平衡，能忍苦，能耐煩，其學習效果優良，成年後如不遭遇其他影響**

，必有良好的成就。王氏在一百五十年前，卽能注意到心理衞生的重要，實爲難得。

三

王氏對於敎學的敎材和敎法方面，也有特出的見解。玆就其卓見擧要如下：

一、識字　識字爲小學敎學初步工夫。王氏主張指導兒童識字，必使之了解字義。他說：「蒙養之時，識字爲先，不必遽讀書。先取象形、指事之純體字敎之。識『日』『月』字，卽以天上之日月告之；識『上』『下』字，卽以在上在下之物告之；乃爲切實。純體字旣識，乃敎以合體字；又須先易講者，而後及難講者。講不必盡說正義，但須說入童子之耳；不可出我之口，便算了事。如弟子鈍，則識千餘字後，乃爲之講。」

又云：「識字必裁方寸紙，依正體書之。背面寫篆。獨體字非篆不可識，合體則可略。旣背一授，卽識此一授之字。三授皆然。合讀三授，又總識之。三日溫書，亦仿此法，可以無不識者矣。卽逐字解之，解至三遍，可以無解者矣，而后令其自解。每日一包，此無上下文，必須逐字解，則茁實。異日作文，必能逐字嚼出汁漿，不至滑過。旣能解則爲之橫解：同此一句，在某句作何解，在某句又作何解，或引伸，或假借；使之分別劃然，卽使之展轉流通也。」

此爲王氏對於指導兒童識字之方法。如敎什麼字，指導兒童看什麼，這是康美紐斯(Comenuis)與裴斯泰洛齊（Pestalozzi）等所倡導的「直觀敎學法」。因爲人類知識的來源，耳朵聽來的終不如眼睛看來的印象更淸楚明白。近代教學法主張多用教具，就是根據這個原理而來的。「講不必盡說正義，但必須入童子之耳。」這是說教師教學，必須適合兒童程度和經驗，並且宜用兒童口吻（兒童語），使兒童聽得懂，了解字的意思。「不可出我之口，便算了事。」這是說教師不能只圖自己方便，高興說什麼，就說什麼；只顧自己講出來，不管兒童能不能了解，便算盡了責任，這是不對的。王氏此種指導兒童識字的方法，以及所選識字教材的原則，如先教「純體字」然後再教「合體字」，也是合於現代學習心理上「先易後難」「先簡單後複雜」的原則的，都是深合學習原理的。

二、讀書 讀書爲小學教學第二步工夫。王氏說：「能識二千字，乃可讀書，亦必講解。然所識之二千字，前已能解，則此時合爲一句講之。若尙未解，或並未曾講，只可逐字講之。八九歲時，神智漸開，則四聲虛實韻部，雙聲疊韻，事事都須教，兼當教之屬句。且每日教一典故，才高者『經』及『國語』『國策』『文選』盡讀之，卽才鈍者亦『五經』『周禮』『左傳』全讀之，『儀禮』『公、穀』（筆者按：公穀指春秋公羊傳、穀梁傳。）摘抄讀之。才高者十六歲可以學文；鈍者二十歲不晚。初學文，先令讀唐宋古文之淺顯者，卽令作論，以寫意爲主，不許說空話；以放爲主，越多越好。但於其虛字不順者，少改易之，以圈爲主。等他知道文法，而後使讀隆萬文，不難成就也。」

這是王氏規劃有系統的讀書教材，在科舉時代，不以時文（八股文）爲重，而以「國語」「國策」「文選」「五經」「周禮」「左傳」「儀禮」「公羊傳」及「穀梁傳」等，爲精讀教材，是具有獨到眼光的。他主張所讀的書，一律經過教師的講解，也是卓越之見。談到作文，他主張以寫意爲主，不許說空話；初學作文，以放爲主，擴展學生思想，使他們敢說話，越多越好。這也是指導兒童作文的有效方法。

三、作詩和文法　科舉時代，讀書效率只求其能作詩文。故王氏主張初讀書時，即教以四聲虛實韻部。既能讀經，即主張多讀古文，習作文章。而不論作詩或作文，王氏皆主張先放後束，此頗得習作中國文章之三昧。王氏論學詩方法有云：

「讀書一兩年，即教以屬對。初兩字，三四月後三字，漸而加至四字，再至五字，便成一句詩矣。每日必使作詩，然要與從前所用之功，事事相反；前既教以四聲、此則不論平仄；前既教以雙聲疊韻，此則不論聲病；前既教以屬對，此則不論對偶。三字句亦可，四字句亦可，五字句也算一首，十句也算一首，但教以韻部而已。故初讀詩亦只讀漢魏詩，齊梁以下近律者不使讀。吾鄉非無高才，然作詩必律，律又多七言，七言又多詠物。通人見之，一開卷便是春草秋花等題目，知其欠通也，掩卷不觀矣。以放爲主，以圈爲主，等他數十句一首，而後讀五七言律，束之屬對，聲病不難改也」。這是王氏指導兒童學習作詩之法，他主張初學應以放爲主，然後收束，容易作得好。學作文亦係如此。王氏特述由放而收的過程云：

「作詩文必須放，放之如野馬，踶跳咆嘷，不受羈絆，久之必自厭而收束矣。此時加以銜轡，必俯首樂從。且弟子將脫換時，其文必變而不佳，此時必不可督責之。但涵養誘掖，待其自化，則文境必大進。譬如蠶然，其初一卵而已，漸而有首、有身，蠕蠕然動，此時勝於卵也。至於作繭，而蛹又復塊然，此時不如蠶也。徐俟其化而爲蛾則成矣。作文而不脫換，終是無用才也。屢次脫換，必能成家者也。若遇鈍師，當其脫換而夭閼之，則戚矣。諸城王木舟先生（名中孚，乾隆庚辰會元）十四歲入學，文千餘字；十八歲鄉魁第四，文七百字；四十歲其文不足六百字矣。此放極必收之也。」

這是王氏主張指導作文的方法，首先宜放，後必脫換而收斂，此大概爲學作文章之自然歷程。其理由王氏雖未言明，然以文章而言，立意修辭爲其體，組織結構爲其用，初學儘放，可收充辭達意之效；迨無意不可以其文字表出之時，卽應練習結構上的藝術，刪滌繁蕪，自然的趨於簡約了。

本文參考書：

一、吳鼎：教學原理，部定大學用書，國立編譯館。
二、中國人名大辭典：王筠小傳，商務印書館。
三、王筠：教童子法（刊於靈鶼閣館叢書，四書說略之後。）
四、王筠：文字蒙求。
五、陳東原：中國教育史，商務印書館。

馬 良（西元一八四〇—一九三九）

方豪

一 一門英才

馬良先生字相伯，亦作湘伯、薌伯。原名建常。兄建勳，字少良，曾入曾國荃幕，禦太平軍有功，任湘軍糧臺。弟建忠，字眉叔，早年赴巴黎留學，歸國後，協助李鴻章辦理新政。最著名的一件事功，是平朝鮮政變，並將大院君李昰應拘捕歸來；其次則為中法戰爭時，與美商其昌行締結協定，將招商局船隻懸掛美旗，乃獲保全。至所著「馬氏文通」，實經兄相伯先生刪訂而作；相伯為提掖其弟，不願分享盛譽，故未署名。建勳卒於光緒八年（一八八二），建忠則以光緒二十六年庚子（一九〇〇）義和團起事後，為李鴻章譯俄國長電，因公勞瘁而卒。

二 早歲事蹟

先生生於道光二十年（西元一八四〇年），江蘇丹陽人，寄籍丹徒。著「文獻通考」之宋馬端臨，爲先生二十世祖。先生自云馬氏在明末利瑪竇入華後不久，卽信奉天主教。

自幼聰慧異常，童年時卽問太陽說：「我認識你，而你不認識我，你不如我。」十二歲入上海徐滙公學（後改名徐滙中學）。徐滙公學有兩等學生，凡教中子弟，教會認爲可造之才，能吸收其未來進神學院的，加授拉丁文，施以嚴格訓練。當時在公學執教的，有後爲名漢學家的義大利神父晁德蒞(Angelo Zottoli)，對先生特爲器重。先生自幼愛好天文，嘗自問：「月亮是死的呢？活的呢？它能大能小，必然是活的，但它從何處出生？」到了月晦日，又必問父兄：「月往何處去？」入公學後，對當時所謂度數之學，尤爲喜愛。

十五歲讀拉丁文及法文，十九歲，法國駐上海領事卽欲聘爲秘書，先生辭不就，義正詞嚴的說：「我學法文，是爲中國用的。」

三　神職的接受與脫離

二十歲以後，先生進入大修道院，亦卽神哲學院，先後凡十年。其間，並加入了耶穌會。依會規，必經過一段名爲「出試」的時期。先生在「出試」時期，曾以家庭私產在蘇州、太倉等處賑災，因不合會中的手續，遭受申斥。施賑時，又染上時疫，病愈後，所讀書竟至全部遺忘；因此乃更勤奮向學，甚至在睡眠時，帳頂上所瞥見的盡是數目字，而夢中所遇到的亦無非測算公式。

先生晉司鐸（神父）時日待考，約在三十歲左右。曾派往宣城、徐州等地傳教。但先生脫離神職，進入仕途，則確知爲光緒二年（一八七六），所以他任司鐸的時期極短。

先生脫離神職，和他以後辦教育的關係極大。當時神父還俗，爲一極不名譽之事，亦爲教會絕不能寬恕之事。還俗者惟有私自出走，且必遭受開除教籍的嚴罰；卽或悔改，亦必降爲普通教友，入苦修院終身贖罪；或受相當懲處後，仍不許結婚，而應行之義務，則不能稍予寬免。

先生脫離神職原因，教內過去絕口不提，先生亦諱莫如深。晚年曾云其時在南京，隨侍者爲一外國修士，所作伙食，幾於不能下咽。凡此云云，疑爲解嘲之辭。或云乃其兄之友好慫恿而成。另一說法，則爲先生所著「度數大全」一百二十餘卷，呈教會付梓，竟被棄置不顧，乃憤而離去。以當時上海教會情形而言，徐家滙等處重要文化事業盡由西人主持，先生若不脫離神職，勢必埋沒終身。

四　教育事業的發端

從光緒二年（先生三十七歲）到二十二年（五十七歲），先生在宦途上的經歷，以及三十三年、三十四年（六十八、九歲）先生應梁啓超先生約，出任政聞社總務員；還有辛亥革命時，在江浙聯軍總司令部、江蘇都督府、南京留守府等處任職等，均詳拙著「馬相伯先生事略」「辛亥革命時期之馬相伯先生」二文，均收入「方豪六十自定稿」，以與教育無關，玆不贅。

先生的教育事業，實開始於爲梁啓超先生傳授拉丁文。時在光緒二十二年（一八九六）。那年七月，梁先生正在上海辦「時務報」，位於跑馬廳泥城橋西新馬路梅福里，馬先生和弟眉叔同住，與梁先生寓所「相隔甚近，晨夕過從。」是年冬，麥孺博先生和梁先生兄弟等三人，每晚必到馬先生處學習拉丁文。「梁任公年譜長編初稿」所收「時務報時代之梁任公」文中，敍述甚詳；又有一段說：

「馬先生以任兄年尚少，宜習一種歐文，且不宜出世太早，其主張與吳小村先生相同。」

時梁先生只二十四歲。

「年譜初稿」又節錄是年九月十二日，梁先生給夏穗卿先生的信說：

「弟近學拉丁文，已就學十餘日，馬眉叔自願相授，每日兩點鐘，一年卽可讀各書，可無窒礙云。俟來歲相見時，君聽我演說希臘七賢之宏旨也。」

四年後，眉叔去世，相伯先生至爲哀痛。而光緒二十一年沈太夫人臨終時，拒不接見先生，說：

「我的兒子是神父，你既不再是神父，我也再不見你。」尤使先生悲慟，乃向教會懺悔，在靑浦佘山聖母堂，作一年退省，由沈容齋神父則寬督導。

兩年後，先生卽隱居徐家滙土山灣，蔡孑民先生元培、張菊生先生元濟、汪穰卿先生康年、胡炳生先生敦復、貝季眉先生壽同等，又向先生求教拉丁文。學生中以蔡先生最勤，時在南洋公學任教，每晨必步行四五里路而來，到土山灣時往往不到五點鐘。

五　初期震旦學院

徐景賢編「馬相伯先生國難言論集」記先生自己說：

「想當年創辦震旦，我因遊歷歐美回國，決心想辦新式的中國大學，和歐美大學教育並駕齊驅。這是理想。事實是這樣開始的，蔡孑民先生介紹了二十四名青年，從這第一班學生，逐漸增加，形成學院。」

蔡先生介紹二十四名青年，實卽因他自己向馬先生求教拉丁文而引起的。王瑞霖「一日一談」記先生自云：

「孑民先生每天早上五點鐘就來敲門，我有時還未醒，便被他從夢中叫醒；但是事情總不能如人意，我每天早上要祈禱，這是我們教會每日的常課，沒有辦法可以更改。因爲這兩種理由，我就向孑民先生提議，最好由他在學校中，選擇一些比較優秀一點的青年學生，到我這兒來學，更爲有益而切於實際。孑民先生深以爲然，於是就派了二十四個學生來學。」

可見蔡先生當年求學之勤。

「震旦學院雜誌」第一年第一期「緒言」云：

「自庚子拳亂後，海內志士有鑒於歐美之強盛，我國之孱弱，遂幡然省悟，非灌輸泰西各國新知識，爲我國補救之方針，維新之基礎，不足與列強頡頏於世界。時丹徒馬公相伯，以通達耆儒，熱心教育，方旅居於滬西土山灣，瑞安項君偉人，因於癸卯春，糾合同志，負笈造廬，願爲門下士。馬公遂爲之擘畫經營，商之天主教會，權借徐家滙老天文臺爲校舍，定名爲震旦學院。」

上文將辦學的宗旨說得很淸楚。癸卯爲光緒二十九年（一九〇三）；項偉人又作微塵，名驤，亦蔡先生介紹而來，助馬先生最力。當時上海天主教會，大多爲法國耶穌會士，震旦學院借老天文臺爲校舍，一開始卽寄人籬下，可以預料其不能合作到底也。

震旦學院成立與蔡孑民先生讀拉丁文的關係，錢智修撰「馬相伯先生九十八歲年譜」亦云：「先是，蔡孑民先生等，以求西學必先通其語言文學，而西人敎會學校及國人自辦之學校，但爲蒙童設法，因襲成規，經過迂緩，不合成年人求學之用。乃邀約同志胡敦復炳全、貝季眉壽同諸君，請先生講拉丁文。至是，先生以來求學者衆，乃就徐家滙天文臺餘屋，設震旦學院。」可見當時敎會學校已遭人詬病。所以馬先生辦震旦學院，專爲已有一點基礎的成年人，授以較高深的學術；無疑的，他是受了好學的梁、蔡諸先生的影響。

震旦學院成立時，梁先生在日本主辦「新民叢報」。癸卯年該報彙編時評欄第八一八頁至八二三頁，刊有震旦學院章程及功課預算表；梁先生且特撰「祝震旦學院之前途」一文，以爲祝賀，有云：「敎育議興已兩年，而至今無一稍完備之私立學校，不得不謂國民之恥也。……吾聞上海有震旦學院之設，吾喜欲狂，吾今乃始見我祖國得一完備有條理之私立學校，吾喜欲狂。該學院總敎習爲誰？則馬相伯先生，最精希臘、拉丁、英、法、意文字者也，所在地則徐家滙也。士生今日，不通歐洲任一國語言文字者，幾不可以人類齒。……而先習拉丁，然後及其他，則事半功倍，而學益有根底焉。此馬相伯、眉叔兄弟所素持之論也。眉叔之歿，士林痛惜，此學院卽相伯獨力所創也。其願力洵宏偉，其裨益於我學界前途者，豈可限量？（略）我青年諸君，今後固不能不廣求新知識於世界，非遊學歐洲，殆不足以佔優勝也。苟在此院兩年，以其所學得者爲基礎，然後外遊焉以附益之，則學有本而成自易矣。吾祝震旦學院萬歲。」

可見當時國人對馬先生敬仰之深，亦可見國人對震旦期望之切。「新民叢報」影響甚大，梁先生之言論，尤富感情，此文一出，震旦身價十倍，亦可見彼時一般國民藉新知識以求國家富強之熱望。

六　震旦學院的特色

初期的震旦學院，不但校舍不能不向法國耶穌會商借；即在人事方面，馬先生雖早年受過耶穌會的壓抑與歧視，但因孤掌難鳴，他不能不向他們求援。

「震旦大學二十五年小史」記曰：

「相伯先生允之，且爲請於耶穌會，於是諸司鐸偕來贊助，此新校遂以成立，命名曰震旦，時千九百零三年二月之杪，即清光緒二十九年也。」

震旦大學乃國民政府成立後，該校申請立案時所改用之名，原稱學院。有高於一般大學之意。成立二十五年乃在民國十七年（一九二八），故此小史乃撰於耶穌會主辦者之手中。當時震旦新址已遷於法租界，校徽爲旭日自東方升起，一公鷄迎日長鳴。蓋法國之拉丁名爲 Gallia，意爲雄鷄；旭日上升乃象徵震旦，隱含有「中法」之義，且接受法國政府津貼，殖民地之色彩極濃，已失馬先生創辦之初意。

馬先生所注重的課目，見於上引錢智修撰「年譜」曰：

「所定課目，大別爲四：曰語文學、曰象數學、曰格物學、曰致知學。語文一科，以拉丁文溯其源，仍分習英、法、德諸現代語以應世用，但求能譯書閱報章，不求爲舌人，故其教授法亦特異，挈舉綱領，不屑屑於辨語音、認生字。其餘各科目，亦但開示門徑，啓學者自由研究之風，蓋斟酌遠西 Academy 之制，而變通以適吾國之用者也。」

馬先生辦大學的另一特色，是學生自治。張若谷「馬師相伯先生創辦震旦學院之特種精神」曰：

「先生自任監院，院內各部事務，在先生監督之下，悉歸學生管理，稱爲幹事。除項微塵君任總幹事，鄭子漁君任會計幹事，爲固定職務外，其餘幹事，於學期開始，由學生互推，分別擔任，其職務在學期之終爲止，執掌權限，悉遵學生自治規程。」

馬先生當時尙有一新主張，卽學生必須接受軍訓，各授以槍枝，經常練習打靶。因中國在屢敗之後，列強環伺，時倡瓜分之議，非如此不足以圖強。

七　復旦公學的創辦

馬先生許多的辦學方法，自非爲當時優越感極強的法國耶穌會士所能接受；而年譜所謂拉丁文外，仍分習英、法、德文字；實際，在法國耶穌會士控制下，震旦早已成爲一純法文大學，國文亦不受重視。先生不得已，爲顧全大局，乃託病離去，但風潮終於爆發。

錢智修「年譜」云：

「震旦學院之創立也，外籍傳教士，擔任義務講座，學校行政，則學生任之，養成自治之風。是年（光緒三十一年乙巳）春，先生微疾養痾，外籍教員改革校政，別定規制，違創辦時初意；先生爲避免師生衝突計，乃率全體學生離徐家滙舊址，謀另覓新校舍。侯官嚴又陵先生復、南昌熊季廉先生師復、寶山袁觀瀾先生希濤聞其事，咸來相會。維時校址未定，而報端忽發現徐滙震旦學院招生廣告，先生因與嚴、熊、袁三先生聯名啓事，更名爲復旦公學。」

「擔任義務講座」云云，則因耶穌會士有絕財誓願，例不能取薪，並可窺其旨在攬權。會中人一貫主張爲「唯我獨尊」，絕不與他人合作，或名爲合作，而必有利於該會。馬先生以創辦人，而終被排擠，無足奇也。

「震旦大學二十五年小史」亦云：

「千九百零四年歲首，相伯先生請耶穌會盡力相助，安徽傳教司鐸南從周被召至滬，而爲震旦之教務長。南公盡改舊章，學生抗不從命。相伯先生恐以己故，阻南公之施設，辭職而去。學生大譁，相率離校，震旦遂暫行停辦，而離校學生於吳淞復創一校曰復旦。」

南從周「盡改舊章」，究竟改了些什麼呢？「二十五年小史」旣成於耶穌會掌管學校時期，自不願明言。趙聚鈺「與于右老談復旦」一文（收入「于右任先生紀念集」），實際乃等於于先生自述。

略謂：

「遜清癸卯年，卽公曆一九〇三年，上海震旦學院因宗教課程關係，發生學潮，校長馬相伯先生維護學生備至，慮其失學，勉其深造，於是震旦退學諸君，乃決議籌組一相等之學校，以繼續其課業，而爲中國開風氣。公推沈步洲、張軼歐、王公俠、葉仲裕及予（右公自稱）等七人爲籌備委員。當時社會閉塞，困難百出，奔走一年有餘，而籌備工作殊鮮成就。……予與葉君原擬出國研習，乃以興學之故，寧犧牲負笈國外之時機，而願見此新學府之成立。盡力圖謀，卒底於成。乙巳年開學，同學思及脫離震旦時之痛苦，予乃建議命名『復旦』，中涵意義甚深。並公推馬相伯先生爲校長。」

至於馬先生收于先生在震旦就讀一事，則可一聽于先生自述，見「神州日報」三十週年紀念特刊詞：

「紀元前八年，余在三原，以半哭半笑樓詩譏切時政，爲清廷命捕。時予在開封，襆被間關走海上，肄業於震旦學院丹徒馬相伯先生之門。同學諸友，多卓犖負材之志士，而山陰邵××、仁和葉仲裕、平湖金懷秋，尤與余暱。逾年，震旦與外籍教員齟齬散學，諸同學別創復旦公學於吳淞。」

八　上教宗求爲中國興學書

馬　良

此書發於民國元年九月二十日，乃馬先生與北平英斂之先生所共同署名，收入拙編「馬相伯先生文集」，時教宗為庇護第十世 (St. Pius X)。

時教中文風低落，上海震旦學院已成為法國政府的附庸物，失去先生創辦之初的宗旨。全國基督教大學先後已設立十餘所；英馬二先生，目擊教會腐敗之狀，乃聯名上書教宗，節錄若干段如下：

「明末之傳佈福音，則奔走後先，專藉學問，……則仿利、艾、湯、南，用學問為誘掖之具，斷不可無。」

「在我華提倡學問，而開大學堂者，英、德、美之耶穌教人都有，獨我羅馬聖教尚付闕如，豈不痛哉！即以北京而論，我聖教不獨無大學也，無中學也，並高等小學而無之，只有一法文小學，學費之鉅，只可招教外人求學而已，學成之後，只可依法國人謀生而已！」

「前清亦嘗以京師大學託我傳教士矣，詎竟辭不受，致使耶穌教人代之；由是該教生徒，自舊清已躋政府，於今更盛，而我教獨見擯焉。非見擯也，蓋來華傳教士喜用學問誘掖者有幾？祇觀在會與不在會之修道生，其肯遣往羅馬攻書者有幾？」

「稍明時局者，亦漸知民德歸厚，舍宗教無由；以故誠得我至聖父師大發慈憫，多遣教中明達熱切諸博士，于通都大邑如北京者，創一大學，廣收教內外之學生，以樹通國中之模範，庶使教中可因學問輔持社會，教外可因學問迎受眞光。」

足見馬先生早歲縱受教中外籍高級員司的嫉視，甚至被逼脫離神職，但由於出身三百年老教友家庭，信心堅固，民國元年上書時，先生已高齡七十有三，仍不忘爲教會出力；而由於一度叛教，故晚年懺悔之心更爲深切。

九　對輔仁大學的意見

民國十四年三月，美國本篤會士在北平購定校址，發表宣言。原爲英文，似由英千里先生譯爲中文，經其父斂之先生潤色，馬先生則據之另擬一稿，時取名「公教大學」，此一宣言乃成爲馬先生對輔仁大學的一個構思藍圖，曾收入拙編「馬相伯先生文集續編」，他說：

「本會之來，惟期中國博愛高尚者流，羣策羣力，而得所皈依，形上形下之道德事功，不難合志同力，見聞有助矣。」

「最可惜者，粗解旁行，浮慕西法之輩，皮毛是襲；所有家珍，徒供他人之考古，亦可謂不善變矣。本會之來，第欲以效忠於歐者，效忠於亞，矢與有心人共挽此狂瀾耳。」

「今之所創，一本斯旨，凡歐美新科，最精最確者，則以介紹於中華；中華舊有之文學、道學、美術等，莫不善善從長，無敢偏棄，持此物此志以周旋而已矣。」

「今此大學初創之人，雖皆美產，但來華之意，非仿殖民，吸取人才，造成附屬品也。本會在一國，便爲一國之會士，極願同志之人，同力合作，數十年後，會士爲中國之會士，公教爲中國之公教，大學爲中國之大學，懿歟休哉！而本會之志願方告成。」

可見馬先生不反對外國傳教士在中國辦學，但必須合乎中國國情，合乎中國需要。

公教大學目的既在提高教內文風，故最初乃由學校當局分函全國各教區主教，請保送優秀子弟；英斂之先生深恐諸青年國文程度太低，乃於十四年秋成立國學專修部，又名輔仁社，自任主任。不幸於十五年一月十日逝世。十三日，先生自上海致函英千里先生，有云：

「奧圖（按原名 O' Tool）言公教大學亦收教外生，然大學而冠以公教，公教二字應指所授之科，似非兼招教外生之道也。平心而論，自受雍正艱難後，教中讀書子弟不多，不得教外之切磨，教育難望猛進，故不如改爲本篤大學之爲愈也。」

以上爲對校名及是否兼收教內外學生之意見。以下則針對斂之先生所主持之輔仁社而言：

「輔仁社當如師範之類，經書塾南京日見其多，漢文自然以經書爲最，而史漢次之，三國及南北史又次之。來學者不必限年齡，惟由司牧保薦者，可略減膳費足矣。」

此爲先生對國學專修部提出應修課目；以下批評過去外國傳教士辦大學之弊，主要乃對震旦而言，曰：

「大抵洋人辦學，輒有二弊：一不重漢文，或重而不得其道；一所授西文，程度太淺，蓋視十五六歲華生等於五六歲者而授之；或所授非淺，而不知選擇華人所喜者。即以科學論，亦鮮能徹底；或雖深而在華人理想反易明者，往往靳授焉。」

先生對當時之公教大學即後來之輔仁大學，殷望甚切，故函末又曰：

「究竟公教大學內容何如？能否以公教之精神、公教之捐款，辦一華生眼前所需要者否？倘亦如已往所辦者，則雖大學其名，竊不敢贊同也。」

所謂「已往所辦者」，當時只震旦大學一座，可見馬先生對後來完全爲法國耶穌會士攫奪而去之震旦大學，頗不滿意，認爲只有「大學其名」；其內心之悲痛，可想而知。

十 附言

我謁見馬先生，乃在民國二十七年抗日戰爭最激烈之時，南昌早已失守，廣州危在旦夕。時先生避居桂林風洞山。當時尙流行「人生七十古來稀」之語，先生正長我七十歲；換言之，我乃以二十九歲的青年，去拜訪九十九歲卽晉期頤之年的老翁。在桂林盤桓十日，每晨必登山爲先生奉獻彌撒聖祭，聖祭後共進早餐，並請敎一二學術上或宗敎上的問題。其時先生的高足，散居各地的尙屈指可數。

三十六年三月，我所編「馬相伯先生文集」在北平出版；三十七年一月，又出版「續編」。于右任先生曾來函說：

「編著之富，體例之嚴，至爲佩感！先師體上帝之德，爲聖人之文，時以至顯發至隱，至簡演至賾，而益見其博大精深。右任從遊多年，而集中所收，猶多未經見者，有深媿矣！」

來臺後，訪得高平子先生爲馬先生碩果僅存的一位學生。五十二年十二月，高先生在「新時代」

三卷十二期發表「馬相伯先生印象的片段」說：

「馬相伯先生爲中國近代史上新舊絕續之際的一個不朽人物。他是宗教徒，他做過幕僚，他當過外交官，他是哲學家，他是政論家，他是偉大的演說家，但他最特出的一個角度是教育家。」

這最後一句話，是高先生全篇文章中最着重的一點，同時也是本書編者要我寫這篇文字的用意所在。

高先生以曾經列門牆，沐受春風化雨的資格，眞摯地說：

「他雖然傳世的著述不多，而所予弟子們的印象久而彌深。自古哲人有不以博學多能而使人自化者，其風格之超羣，民無能名焉，馬師殆其流亞乎？平子不佞，亦嘗受業於馬師之門，親承教誨，當時雖爲同門最小之弟子，然在學離校期間皆常受到馬師之關注，追念往事於今六十年矣！」

於是高先生說到爲何要進震旦學院？要從馬先生受業？他說：

「是時，我讀書家塾，足跡不出里閈，然受變法拳亂之震動，先君亦與友好有試辦鄉里小學（定名實枚學校）之計劃，我則負笈遊學之念已如春草之萌生不可遏止。適於此時獲見震旦學院招生章程，所謂語文、象數、格物、致知之學，如振聾發聵，如撥雲霧而見新天地。尤其使我感奮者，爲吐棄當時租界學校之通事舌人的洋奴教育，而一以學術爲依歸。」

馬先生主張學生自由選課，高平子先生繼說：

「第二學期起拉丁已非必修，今文可以選擇。猶記當時馬師與幾位外國教授坐八角廳耳房中，學生一一進見，個別認排主修何種文字。我所選的是法文。」

高先生記馬先生的儀容說：

「我初謁馬師時即見師鬚眉疏白，神情朗照，爲之心折。然我時年十七，而諸大弟子有長我十餘歲者，故自視爲小學生，不敢向師多所問難。」

關於馬先生所倡導的學生自治和軍訓，高平子先生以親身經驗所得，尙有可以補我上文之不足者。他說：

「馬師辦學之精神在於使學生習於自治。故自任監院而以院務分任諸生。如項驤爲總幹事，鄭子漁爲會計幹事，有固定任務，其餘幹事於學期開始由學生互推分別擔任。……我所能記憶的，管理學生遊玩用具者爲葛子壽及王勵君二人。葛爲松江人，王爲蕭山人，與我年齡相若，課餘常同遊或長談，故最相稔。葛已早作古人，王出校後即無音問。體育方面有軍操一課，居然備有槍支及劍器（方形鋼條作鬪劍用者），請一法國排長任敎練，由一姚姓學生招待，因其略能法語。」

對於馬先生的授課方法與講學情形，高先生亦記曰：

「我入學後於拉丁文可謂一無成績，此外物理及幾何二門由馬師親授。物理馬師稱爲『形憲』，幾何則從徐光啓之舊譯。……此二門功課皆有油印講義。除此二門功課外，每逢星期，馬師常在八角廳中演講哲學之類的問題。馬師設座中坐，諸生環之聽講。師出生丹徒，故語帶鎭江口音。我初離鄉，不習他鄉語，故頗不易聽懂。然聽其抑揚頓挫之節，觀其從容顧盼之姿，不期神往。

其後每逢馬師公開演說，得參末座，常覺其析理、辨證、取譬、解嘲、舉手、瞻視、疾徐、俯仰、或引經史、或涉俗諺、莫不自然中節。近人常推胡適之演說第一，然胡先生以縱橫勝，而馬師以自然勝。以書法爲喻，則胡先生可比蘇黃，而馬師則幾乎羲之也。」

馬先生任復旦校長後，仍親自授課。高先生記曰：

「（復旦）以是年（光緒三十一年）中秋節開學。其時法文班學生漸少，敎師更不易得。馬師乃自上堂親授法文，間或以邵仲輝爲助敎，此時于右任先生及遲一學期入學之平湖人金懷秋等皆在同班，但他們二人國學極有根基，常幫助馬師辦些文墨，可算是師的私人秘書。」

高平子先生之於馬老先生，有一事爲近世所罕見的師生美談。卽馬先生脫離震旦後，高平子先生雖仍回震旦繼續攻讀，畢業後，曾從事翻譯馬克斯威爾論光波的小冊子，因受嚴復影響，譯名力求古雅，但仍請馬先生爲之訂閱。他說：

「此譯本約三四萬字，題名卽用『燿能論』。完稿後卽往土山灣孤兒院樓上向馬師呈閱。馬師看過之後，大爲激賞。因他自己譯書亦多自我作古，力求古雅，故謂孺子可敎也。自此我常乘便拜謁馬師。」

其他如先生於民國元年八月任總統府高等顧問；十月十八日代理北京大學校長，十二月廿七日辭。次年，與章炳麟、梁啓超、嚴復等發起函夏考文苑，其宗旨略與中央研究院同，未成。又主持憲法起草委員會。袁世凱稱帝，先生乃退出政壇，專意於倡導宗敎。新會陳援菴先生所撰著或校刊之書籍，一一序而行之。歷年宦囊所得，仍悉數捐助上海之震旦與啓明、北平之培根。九一八後，國難日深，先生屢促國人實施民治，實行憲法。二十六年三月，任國民政府委員，二十八年，壽臻百齡，政府頒令褒嘉；十一月四日，在諒山逝世。凡此種種，與先生所最重視之教育事業無關者，概從闕略。

臺北市上所重印張若谷著「馬相伯先生年譜」，乃二十八年出版，時拙編「馬相伯先生文集」正續編尚未刊行，因此闕遺甚多。近文海出版社已將先生文集重爲影印，我又加入幾篇。欲窺先生生平重要事蹟者，或可稍彌遺憾。而先生年譜，亦亟待重編。

又「國史館館刊」第一卷第二號（三十七年三月出版）有夏敬觀撰「馬良傳」，頗多亥豕之誤，如：所居綠野堂誤緣野堂；所著「靈心小史」誤心靈小史；「民國民照心鏡」誤「國民照心鏡」。深恐後人引書，以誤傳誤，乘便特爲更正。　方　豪附記

胡元倓（西元一八七二—一九四〇）

黃中

一　家世與學養

胡元倓先生，字子靖，號耐庵，湖南湘潭人。生於清同治十一年八月初七日（西元一八七二年九月九日）。他家是書香門第，祖父和父親，都在廣東做過知縣，所以有機會跟廣東的著名學者陳澧讀書。當時他們所讀的書，主要的是詩經和資治通鑑等，不但都學有心得，而且有所著述。

胡先生兄弟很多，長兄叫元儀，對於詩經和荀子有研究，他著的書，都由經學家王先謙，採入其所主編的「皇清經解續編」及「荀子集解」中。六兄叫元玉，跟隨長兄讀書，又因爲是湘綺老人王闓運的女壻，請教方便，造詣更深。所著有關春秋的研究，也經王先謙採入「皇清經解續編」。

胡先生排行第九，人稱九先生而不名，因其在兄弟輩中最小，故能充分享受家學的成就。他一面有父親和兄長的教導，一面又有親戚王闓運的啓示，從「湘綺樓日記」看，胡先生是常向王請教的。胡先生在學術思想方面，最喜歡姚江學派，他服膺王陽明的學說，以「存誠」爲立身治事的根本，晚年且自號爲「樂誠老人」。

胡先生生長的時代，正當我國大變動的時代，他生前的十年（一八六二，同治元年），淸廷設立同文館，是「新敎育」的開始。他誕生的那年（一八七二），曾國藩、李鴻章奏准選派幼童詹天佑等三十人赴美肄業，是「留學敎育」的開始。且自甲午中日戰爭（一八九四）、戊戌變法（一八九八）、庚子八國聯軍（一九〇〇）等一連串的政治、軍事失敗後，有志靑年，熱血沸騰，淸廷也不得不廢科舉，興學校，增派靑年學生出國遊學。胡先生本早已考取秀才，並選爲丁酉科拔貢，因見國難日深，乃亦計畫出國遊學，光緒二十八年（一九〇二），湖南選派公費遊日學生十人，胡先生入選。他在沿江東下時，順道至江蘇泰興，拜訪他富有新思想的表兄龍知縣硯仙（一八五四—一九一八）。龍選派的學生丁文江等二人，與胡先生一同東渡。

到達東京後，依范源廉的安排，在宏文學院習速成師範。半年的講習和參觀，胡先生了解日本明治維新成功的主因，在於敎育的普及；並對福澤諭吉創辦慶應義塾以儲才建國一事，有非常深刻的印象；因此矢志以敎育救國，培養人才，復興民族爲己任。所以他回國後，就與表兄龍硯仙等商量創辦學校的事，嗣獲得他表兄叔父龍侍郎湛霖的贊助，卽在長沙創立明德學校。以後胡先生的一生，卽與明德學校相始終、同休戚。

二　明德學校的創立與發展

明德學校創辦於光緒二十九年（一九〇三），當時新教育雖已醞釀了三四十年，但仍在萌芽時期。公立學堂，因迫於情勢的需要，雖已成立了幾所，而私立的教育場所，仍停滯在書院、私塾的階段。當時在湖南，固然還沒有私立學堂，就是在全國，也沒有幾所至今尚存的私立學校。以後與明德齊名的南開學校，創立於光緒三十年（一九〇四），比明德晚一年。所以明德學堂的創立，在近代教育史上，是一件很重要的事。

明德學校於光緒二十九年三月二十九日開學；這一天極富歷史意義，因爲明德是私立學校的先驅，且八年後的黃花岡之役，恰巧發生在三月二十九日；黃花岡之役的領導人黃興，也是明德學校創辦時的重要人物之一。

明德創辦時，招中學兩班，隨即又招速成師範一班，第二年附設高等小學，以後又增設中學補習科，中學預科，東語、英文、理化、銀行保險、法政等專修科。商業且分本科、預科，並在南京、上海等地設立分校。民國二年，又創設明德大學於北京，民五因抗議袁世凱稱帝停辦，後遷漢口復校，至民國十五年以後，始專辦中學。明德學校雖辦過速成師範，小學、專科、大學，但自始至終以中學爲主，所以通常都稱爲「明德中學」。

明德應事實需要而增班，首先是速成師範班。因中學班投考學生不多，必須發展小學；而當時小學師資缺乏，所以明德開辦時，招中學兩班，學生只有八十人，而秋季招速成師範一班，却有一一八人。其後並在茶陵、攸縣開辦速成師範班；因茶陵是譚翰林延闓的家鄉，攸縣是龍侍郎湛霖的家鄉，而譚、龍都是明德學校的創辦人。這種速成師範班的修業年限，或半年，或一年不等。開設的課程已無從查考。

設師範班的目的，是在造就小學師資，所以在創校後第二年，即附設高等小學；四年後又增設初等小學。已故黨國元勳陳果夫，及現在臺灣之著名學者曾約農先生等，都是明德小學畢業的。此外，並設有中學補習科及中學預科，附於高小部授課，大概是爲年齡較長，欲升中學，而又未修完小學課業者所設置。

至於增設語文及商業等專修科，其目的是針對社會需要，並解決學生出路問題；與增設師範、小學、中學預科之在開闢學生來路者，實異其趣。

語文專修科，開辦於光緒三十二年，首先是日語，以後增設英文。原來我國的新教育，始於同治元年的「京師同文館」，就是爲着學習外國語文，以造就外交翻譯人才而設。而胡先生是留日的，當時留日風氣，較之今日留美更甚。明德開辦的第三年，湖南巡撫端方，見明德成績優異，曾選送甲班全體學生留學日本；乙丙兩班學生，亦多自費東渡。因此首先開設日語專修科，以應學生及社會的需要。至於英文的重要，則始於英國稱霸海上，所以京師同文館首先設英文。明德於開辦之始，即注意外國語文課程，如譚延闓每年捐助英文教員薪金一千元，胡校長親赴杭州聘請華龍來校教英文。又因日語教師李儻徵期，改請陳介。後陳介欲他去，胡先生且長跪挽留。由此可見明德重視外國語文的一斑。

「新教育」的另一特點，是重視理化等自然科學。明德於開辦東語專科之同時，復開辦理化專科。原來明德在開辦時，即自日本聘請理化、博物教員二人，並購置儀器標本一批，以後又從德國購置，繼續充實自然科教學設備。

明德開始辦高等商業科，本爲學生出路計，時在光緒三十四年冬。後應時勢需要，並得端方及趙爾巽之助，復在南京創辦銀行專科，且改私立爲官立，定名爲「官立南京高等商業學堂」。這是我國官立學校特設商業專科的嚆矢，也是胡先生認識西洋「商戰」力量強大，積極部署應戰之實際行動的第一步。以後復在上海、漢口設立分校，長沙本校也招收銀行專修科學生，並增設銀行保險科。

至明德大學，則於民國二年創設於北京。一年以後，教育部視學報告：北京私立四大學中，明德辦理最優，「專門部商科，不用講義，由教員口授，學生筆記，均能純熟，尤爲特色。」特令褒獎。四年春，教育部舉辦全國專門學校成績展覽會，審查結果，明德大學得七七·八分，實居全國私立大學之首。

明德開學不到一月，上海「蘇報」即刊載：「湘潭胡子靖孝廉，自東歸與龍侍郎之子萸溪，創辦明德學堂，教員得人，規模又甚整齊，其主義在養成軍國民之資格，現已開辦，將來必有成效可睹。」因此，明德的名聲很快的就傳開了。在湖南，因爲巡撫俞廉三的贊助，龍侍郎湛霖父子叔姪的支持，黃興、譚延闓的參與校務，更是望重一時。但是樹大招風，明德的聲譽雀起，引起湖南守舊的士紳和官吏的歧視；尤其黃興志在革命，陰集校中同志，從事革命活動，明德更爲各方所矚目。所以在開辦明德之同年，卽另立經正學堂於西園，以防萬一明德因事被封，尙有經正可以繼續開學。

惟明德與經正兩校分班時，部分學生感到不滿，因而離校創立「修業中學」。光緒三十二年，常德府中學堂起學潮，全體解散，學生又分別轉入明德與經正，入經正者三十餘人；經正舊生不服，大半離校，創設惟一英語專科，後更名「廣益中學堂」。民國成立後，經正併入明德，原賃周氏花園改建之西園校舍贈與周南女校。以後明德與周南，地址相連，成爲兄妹學校。

三　籌款艱辛

辦理私立學校，最困難的就是經費的籌措。明德開辦之初，賴龍侍郎捐助二千元，租長沙城北左文襄祠爲校舍。越三月，茶陵譚翰林延闓來校參觀，慨捐千金爲學校經費，並年助英文教員薪金一千元。所以明德學校的創立，除胡氏外，龍家與譚家亦有重要的貢獻。

在經費方面，另一個有重大貢獻的人，就是當時任上海道的湘潭袁樹勳（海觀）。袁氏曾捐款壹萬元；不過這筆錢得來不易，是胡先生屈膝求來的。

胡先生爲明德捐款，眞是艱苦備嘗。冒風雪、犯寒暑，跋涉險阻，自是意中事，而忍辱含垢，如向袁海觀屈膝，攜被臥端方門旁求助，實爲人所難能。人稱之爲「胡九叫化」，然先生有其遠大的理想，不以此爲忤。

私人捐款之外，政府也多有補助。明德開辦不久，湘撫趙爾巽來校視察，大爲嘉許，允月給百金爲補助費。兩年後，端方繼任巡撫，見明德成績優良，因註銷其所貸公款四千元，並月增津貼千金。至光緒三十二年，湘撫奉部令，又月增津貼三百金，且撥泰安里官地二千方，作爲明德的校址。

民國二年，在北京創辦明德大學，賃乾麵胡同爲校舍。這時長沙本校學生也大爲增加，校舍不敷，乃以校產向實業銀行抵借銀洋五萬元，並向湖南省銀行貸款兩萬元。收購毗連房屋地產千餘方，建築磚房二十餘間，爲中學宿舍。又於原經正學校餘地，建築磚房四大棟，爲初小宿舍；校地擴充至五千餘方，規模日大。

民國十年，大學部經費困難，幸得服務中國、交通、金城、大陸四銀行諸校友之力，補助常年經費八千元；又哈爾濱戊通航空公司捐助兩千元，稍資挹注。

十一年，胡先生奉教育部令，派往南洋調查各埠華僑教育，並爲明德募捐，備受華僑歡迎。如黃伯經、仲涵兄弟，檳榔嶼領事戴芷汀、叔原兄弟，及曾上苑等，尤竭誠相助，慨捐禮堂建築費貳萬壹千元。又得譚董事長延闓捐助三千五百元，得紓急用。

十二年三月二十九日，適明德成立二十周年，在長沙舉行慶祝大會。胡校長向湘岸淮商捐募一萬五千元，爲中學部建築費。湖南省財政廳又撥給湖南省銀行漢口查家墩地皮，爲大學部校址。

十三年以後，湘政府每月津貼大學部一千元。十五年，中華教育基金委員會開會於北京，津貼明德學校一萬元（南開中學也津貼一萬元）。十七年，大學院月助二千元。十八年，政府撥中俄庚款十五萬元，爲建築校舍之用。二十二年，湖南省政府給獎金八千元。

這些公款的撥助，有些固由於當事人之重視教育，或校友之因母校經費困難而捐助者，但大部分則爲明德學校成績優良，政府所撥給的獎金；其中如中華教育基金會之一萬元，二十二年湖南省政府之獎金八千元等，更是顯而易見的。

民國十五年專辦中學以後，校舍設備，已有基礎，補助捐款日多，經費始稍寬裕。二十六年抗日戰爭發生，翌年初，胡先生受聘爲國民參政員；不幸於是年十一月十二日晚，湖南省政府主席張治中，聞日寇將至長沙，張皇失措，遽命縱火，實行所謂焦土政策，全城屋宇頓成瓦礫，明德校舍自亦不免。此後，因日寇肆虐，明德數度播遷；首遷湘鄉霞嶺，繼遷衡山曉南港；後遷安化藍田，假國立師範學院故址繼續開學。民國三十四年日寇投降，三十五年始復員長沙。惜此時距胡先生二十九（西元一九四〇年）年病逝重慶，已經六易寒暑了。

四　明德學校人才鼎盛

明德學校於開辦之初，得力於龍侍郎叔姪的贊助；稍後又得譚翰林延闓的資助，因以奠立基礎。龍侍郎湛霖，攸縣人，自刑部致仕家居，聞其姪硯仙謂胡子靖赴日留學，回國後將開辦學校，心已默許。故當胡先生回國後與他商量，乃欣然同意，並出任明德學堂總理（相當現在的董事長），胡先生自任監督（即校長），而以龍侍郎子紱瑞（萸溪）副之。後經正學堂成立，龍紱瑞即改任經正學堂監督。

譚延闓（一八七七—一九三〇）字組庵，茶陵人，本以會元望重一時，不免重科舉而輕學校；但自明德創辦那年七月間來校參觀之後，觀念大爲改變。胡先生請他主辦這一新創的學校，他欣然允諾，當即捐款一千元，且允按年補助英文教員薪金；並於次年龍侍郎去世後，繼任明德學堂總理職務。

對於湖南當政人物，胡先生自然都曾請他們贊助。胡氏赴日留學及回國時，湖南巡撫爲俞廉三，對於明德學堂之創辦曾加贊助。其後趙爾巽繼任湖南巡撫，以明德爲湘中正紳所創辦，故多方予以維護。及端方爲湖南巡撫，銳志興學，見明德成績卓著，因註銷其所貸公款四千元，並每月增加津貼一千元，且資送中學甲班全體學生留學日本。其他湖南之在政治上、教育界的重要人物，如熊希齡、范源廉等，亦多予明德以精神與物質的援助。趙爾巽及端方，於離湘之後仍繼續支持明德。

教師是學校的靈魂，胡先生爲明德聘請優良教師，不惜長途跋涉，甚至屈膝以求。明德開辦時，聘劉佐揖、周震麟、陸鴻逵、李步青、許兆魁、張繼、王正廷、王達、陳鳳光、金華祝、蘇玄瑛、翁又拱、秦效魯等主講席，皆一時之選。當時外國語文及理化博物自然科教師最感缺乏，故胡先生赴杭州聘華龍來校教英文，自日本聘請理化教員崛井覺太郎、博物教員永江正直，並購買儀器回來。又以原聘日語教師李儻未到，改聘陳介；後陳急須赴日復學，堅留不允，胡先生情急，竟當衆跪請。陳被感動，復留一年；胡、陳乃訂爲生死之交。胡氏晚年有關明德校事的遺囑，即交由陳介保管。

胡先生於上海聘請教員時，遇到黃軫（興），就約他回長沙主辦速成師範，並教授體育。黃氏志在利用學校作掩護，進行革命工作，故到校不久卽興起軒然大波。原來黃軫與張繼、周震麟等秘密活動，李書城、吳祿貞等亦常自鄂來明德密謀，黃于課餘常至理化實驗室試製炸藥，又刊行陳天華著「猛回頭」諸書；華興會並計畫在長沙起義。事爲長沙知府探悉，因發兵拘人。黃氏聞訊，急自明德逃至龍侍郎家，幸得胡、譚爲之周旋，終在龍侍郎的掩護下，間道轉漢赴滬，始得脫險。

明德開辦時的教員均爲一時之選，其後且經常維持此種水準。如吳芳吉（白屋）執教明德時，與劉永濟、辛樹幟等組織湘君社，並建楚辭亭于校內，詩文唱和，名噪一時。英文教員有留英的謝錫齡，留美的勞啓祥、鄔朝憲等，理化教員有楊開勁及胡安恂、安愷（兩昆弟皆留美博士）等，而現在臺之曾約農、曾省齋、吳相湘等著名學者教授，亦曾先後在明德任教。至於兼課教員，常與一師一中等著名公立學校相共，故文史數理，執教者都是「頭牌教員」。

私立學校，董事會很重要。明德董事常挽請名流學者及校友才俊擔任。如民國十七年所推選的十八人爲：譚延闓、張繼、陳介、陳果夫、李煜瀛、易培基、談荔森、謝霖、史鎰、張育焌、陳嘉佑、方鼎英、彭國鈞、龍紱瑞、袁家普、柳翼謀、胡邁，都是學術、政治、經濟方面的代表人物。

明德開辦之初，多借重地方紳耆及當政顯要，其後，則校友之助力不少。如陳果夫、曾約農、彭國鈞、謝祖堯、劉永濟、周安漢、何經渭、俞愼初、吳相湘等，或爲校董，或任校務，直接間接輔翼明德學校之發展。現在旅臺校友亦多，如曾約農、黃少谷、曹聖芬、吳相湘、龍名登、李子欣、呂俊甫、張亞澐、朱岑樓等，多在教育文化界服務，均能承胡先生志業，努力本位工作；將來光復大陸，對明德學校之整理改進，自當有一番作爲。

五　對教育的貢獻

胡先生矢志于教育事業，以教育始，以教育終，故能有明德學校的成就。他對教育的貢獻，可從樹立教育目的，建立學校制度，研究教學方法等方面，加以說明。

胡先生服膺陽明學說，認爲「誠」是立身治事的根本，故以「堅苦眞誠」爲明德校訓。先由創辦人之一龍璋撰「堅苦眞誠四箴」，復由譚延闓、蔡元培、及胡先生跋後。龍氏四箴中之「誠箴」說：

大學始教，先誠其意，亦曰誠身。中庸所云：擇善固執，中道一致。何以孚遠？信由誠暨；何以前知？明由誠至。其始也，愼退藏于獨居；其終也，參化育而焉依。莘莘學子，篤行惇摯，體立誠正，功成治平。惟明德之學風，道一貫而無貳。

蔡元培先生之跋後說：

惟「堅苦」故對事忠，惟「眞誠」故待人恕，違道不遠，藏諸己者睟然，而樹于世者卓然，任重致遠，于是乎在。明德學校，以「堅苦眞誠」爲校訓，誠哉其知所本矣。立校三十年，非堅苦無是久也，一堂講誦，和藹融怡，非眞誠無是樂也。龍硯仙先生依此四字著爲四箴，並手書以垂久遠。今觀宣勞黨國之同志，出于明德者甚衆，則此四字校訓，謂非陶鑄人才之實訓乎？

非「眞誠」無以盡己之性，非「堅苦」無以任重致遠。胡先生曾對黃克強先生說「公倡革命，乃流血之舉，我爲此事，乃磨血之人。」故嘗署「磨血人」以自勵。此「堅苦眞誠」之校訓，在樹立明德學子遠大的人生目的上，功效是非常宏大的。

爲輔助校訓「堅苦眞誠」，使學生于藏休息遊之際，隨時隨地能領受古今名人之教益，胡先生乃自撰或集古今人名句，請當代名家題寫，懸之校中，勉人且以自勉。其中如王闓運所題「忍耐力、希望心」，「雖九死吾猶未悔」；胡元常所題「誠心實力，有錯無私」；嚴修所題「融異爲同，化小爲大，行之以漸，持之以恆」；吳敬恆所題「樂取與人以爲善，因而不失其所亨」；譚延闓所題「病裏方知勞是藥，老來惟有愛難忘」；都是胡先生自己體認有得，用以勉勵學生者。尤以胡漢民所題「事本無私，欲公諸世；求同乎理，不異于人」，上聯是福澤諭吉的話，下聯是王陽明的話，由此可見胡先生受他們的影響之大，與對學生期望之殷。

學校之以「明德」命名，卽是開宗明義，指示學生學大人之道。大學首篇所云：「大學之道，在明明德，在親民，在止于至善。」朱子訓大學爲大人之學。明德雖以中學爲主，辦大學之時短，但學生一入明德，胡先生卽指示其學「大人」，入「大學」，而不以「中學」自限。要「堅苦眞誠」，「盡心」「盡性」，「成德達材」，「止于至善」。期能由誠正修齊，而至平治天下。

人生之目的既立，卽須發揮體力智力，以求「至乎其極」。明德開辦時，得黃克強先生教體育。

黃先生體格魁梧，英勇豪邁，虎虎有生氣，學生仰慕，乃造成一種愛好體育的精神。

明德因注重體育，故學生愛好運動；球類比賽，常冠羣倫。據明德校史載：「民國十八年，本校球隊，遠征武漢，凱旋而歸。」又：「十九年三月，開第十屆全省運動會，本校參加球賽，得足球、排球、網球、棒球四項錦標，代表全省出席華中運動會，仍獲排球、棒球兩項錦標歸。」由此可知其運動風氣之盛，體育成績之佳。

輔助體育的課程，有童子軍和軍事訓練。明德對童子軍訓練頗為注重。民國二十五年八月，明德學生謝燕生，會選為我國童軍代表隊隊員赴荷蘭參加世界童軍大露營；謝生於翌年冬囘國，而同隊之各省囘國代表竟有六人轉學明德。

軍事訓練，始于「九一八事變」後，據明德校史載：「民國二十年十一月一日，軍訓委員會令派吳芷村駐校為軍訓主任，十二月三十一日，第一屆全省高中以上學校軍訓大檢閱，在協操坪舉行，本校高中學生全體參加，獲得冠軍。」

智育究竟是學校教育的重點，明德自始卽註重語文教育與科學教育。語文方面：本國語文之注重，自不必說；外國語文，如前所述，胡先生親赴杭州聘請英文教員，並為挽留日文教員，當衆跪請。而科學教育，則遠自日本聘請理化及博物教員，並購置儀器標本，以後復從法國購置最新儀器標本。

此外明德注重實用知識，如商業、銀行，保險等，使不升學之畢業生，出校卽能就業。此種不但注重理論，而且注重實用技能，如今日之所謂「綜合中學」者，胡先生能于淸末民初卽付之實施，不能不令人佩服其見識之遠大。

羣育向為我國教育所忽視；明德注重體育、童軍、軍訓等課程，卽為增多團體活動機會。除上課之外，又重視學生課外活動，特別是球類運動，以養成學生團結合作（Team Work）的精神。

綜上所述，可見明德學校，在教育目的方面，樹立了德智體羣四育並進的完整教育。

在學制方面，明德開辦時，正值壬寅、癸卯學制相繼頒布；惟此項學制乃抄襲日本者，修業年限太長，不甚適合國情。所以在實際上，胡先生多以光緒二十三年盛宣懷奏設之南洋公學為依據。南洋公學分四院：一為師範院，相當于師範學校；二為外院，相當于附屬小學；三為中院，相當于中學；四為上院，相當于專門學校。而明德學校則先招中學班，繼招師範班，以後又增設高、初等小學，及語文、商業等專修科。其所設中學班原為四年，自民國十五年起，遵照新學制改為高初中各三年。

明德對于學制的另一貢獻，就是中學六年一貫制的實驗。中學分高初兩級，原為適應不能讀完六年中學的學生而設；若能讀完六年中學，則不分高初，六年一貫，在手續上可免去一次畢業、投考的麻煩，在教學上可免兩次循環，而一直教下去，自然方便得多。國立師範學院附屬中學，在藍田時曾試辦六年一貫制，成績甚佳。明德亦曾試辦六年一貫制，其成績較分初高兩級者優異甚多，只可惜沒有作成具體報告，以致未能推廣。

至於教學法方面，胡先生在開辦明德之初，卽予以注意。傳統的教學方法，多是口頭講演，甚至不顧學生身心狀態，一味注入。胡先生心知其非，所以對於理化、博物等課，特別注重觀察實驗。明德開辦第二年，爲開辦理化博物選科，胡先生親至上海購置理化儀器及博物標本，以後又從德國增購，繼續充實教學設備。

語文科目，在過去，教學上用到的器材較少；但胡先生注重圖書設備，指導學生課外閱讀。筆者在國立師範學院肄業時，曾聽過原任明德教務主任胡少熾先生講授英文。少熾先生的英文教學法是：先將全文念一遍，次用中文述其大意，然後用英文及中文解釋生字難句，分析文法，最後再用英文講述全文大意。因此學生對課文的印象，既完整而又深刻；在過去，可說是很好的英文教學法。

關於教學方法的研究改進，胡先生在國民參政會曾提建議，主張實施「中國新教學法」。該案之決議爲：「李氏卡片教學法確有優點，應積極推行，一面增設實施班校，一面訓練師範生，並應設置卡片教育法研究機關，繼續進行研究，並編輯小學生讀物，以便利卡片教學法之推行。」

六　以校爲家的精神

胡先生辦理明德學校，終身以校爲家，之死靡他，其精神實可爲教育工作者之楷模。胡先生除於民國前一年擔任駐日留學生監督半年，及民國十八年至十九年任湖南大學校長一年外，一直未曾離開過明德學校。其間曾數度有機會可出任教育總長，均辭而不就。民國十九年七月二十七日，共匪攻陷長沙，學生星散，時胡先生剛從南京回來，決心留在長沙，維護他一手創辦的學校，堅不接受離湘逃難的建議。因居赤燄中十日，共軍曾屢次騷擾，胡先生決心以身許校，生死不渝，始終居校園中；以致中外各報，多有載胡先生殉難消息者。

共匪退出長沙後，胡先生至南京，與董事長譚延闓商討學校善後問題；不幸譚於九月二十二日患腦溢血逝世。這對胡先生是一嚴重打擊，因爲胡先生的知友中，黃興之外即爲譚延闓。胡譚二人，相交甚深，義不許假公濟私；故譚四督湘軍，胡未嘗請其利用職權，銷去明德所借公款。而譚歷年致書於胡，均推勉備至，並謂「近益感于國人之無教育，仍不能不望之我明德。」「我輩唯公有職業，不可不勉。」胡敬承其言，益勵前操，於刊行耐庵言志詩第三集時，其自序云：「良友徂逝，邊患日深，三十年前以教育救國之志，未得少酬，而國步迍邅，于茲爲極。往日畏公棄國前數日來書，以『死不難，不死難』六字相勉，及今追念，殊切人亡國瘁之痛。而保種圖存，後死者責益艱鉅，不知藐躬熱血，尚堪更磨十年否也！然身苟幸存，敢忘死友，國猶未破，事尚可爲。」胡先生獻身教育，老而彌篤，由此可以概見。

胡先生與黃克強先生交深，但以身任明德學校監督，不便加入華興會；然以明德學校掩護革命活動，故在整個中國革命運動中，實居於重要地位。胡先生不作官，只是晚年因國家民族遭受空前危難，爲團結全國力量，乃應國民政府延請，受聘爲國民參政員；並於民國二十八年二月十二日第三次大會開幕時，被推代表全體參政員致詞，歡迎議長 蔣中正先生。而南開校長張伯苓先生，則被推爲副議長：南北兩大教育家，桃李滿天下，一言興邦，對於集中吾國人之抗戰力量，實有極重大的影響。

胡先生平時固爲明德校務奔忙，且爲籌經費、請教員傷腦筋，甚至不惜屈膝以求。但亦有其輕鬆詼諧的生活。如民國二十三年除夕，胡先生與全校敎職員數十人，共聚一堂，曾笑語歡譁，莊諧百出，白髮蒼蒼，周旋其間，興趣盎然。陶淵明人稱曠達，晚年自爲祭文。胡先生亦有自輓一聯，頗能道其心境及志趣。聯云：

已過曾求闕逝世之年，心安理得；

願述王陽明良知之學，繼往開來。

先生服膺陽明之學，前已一再述及，而對鄉賢曾國藩之學術事功，人格修養，尤爲敬佩。曾氏本易經「謙受益，滿招損」之旨，名其齋曰「求闕」，甚富哲理，於人生修養，實受用無窮。曾氏逝世時，只六十二歲，胡先生享年六十有九，自輓作于逝世前數年，故覺「心安理得」。

自「九一八事變」後，胡先生以大戰隨時可能爆發，生命失去保障，因恐明德校長繼承乏人，學校蒙受不利，故于民國二十一年起，即預書遺囑，安排繼任校長及董事人選，寄存于陳介（蔗青）處，以防萬一。繼任校長，首定劉永濟（弘度），繼改謝祖堯，後又改爲劉永濟，最後改定爲胡邁。胡邁字彥遠，先生從姪，日本早稻田大學畢業，任行政院會計處長有年，後擔任湖南省政府委員兼財政廳廳長。

先生遺囑，六度更易，其繼任校長，兩度爲劉永濟，終改爲胡邁者，以劉之學識品格自均極好，「但家累甚重」，遠不如彥遠之善於理財，緩急之際調度較爲方便也。此雖不免「家族主義」之嫌，但私立學校校長以籌措經費爲第一，權衡輕重，胡先生乃不得不如此決定。

胡先生晚年任國民參政員，雖常駐重慶，而心實仍繫於明德學校。每念戰時困難重重，輒憂心如焚，乃鐫「暮年烈士」圖記以自勵。不幸先生於民國二十九年五月患腦溢血後，又染惡癖，於十一月二十四日不治逝世。十二月十日，國民政府頒令褒揚。

胡先生逝世時，暫厝重慶歌樂山，後於民國三十七年八月，歸葬于長沙岳麓山。胡先生雖然離開了這個世界，但他的精神則是不朽的。

蔡元培（西元一八六七—一九四〇）

鄭世興

一　仁厚積德的家庭

蔡先生字鶴卿，別號孑民，浙江省紹興縣人。出生在前淸同治六年（西元一八六七年）十二月十七日，於民國二十九年（西元一九四〇年）三月五日逝世，死時七十四歲。

他的先祖以種植山林出售薪木爲業，到蔡先生高祖以下，始改爲經商。祖父名嘉謨，字佳木，做過當舖經理，以公正著名。父親名光普，字耀山，做過錢莊經理，對待朋友極爲寬厚，不僅有貸必應，而且不忍心向人索債，因此死後幾無積蓄。

蔡先生十一歲喪父，兄弟三人全靠母親周氏撫養。母親非常賢能，當蔡先生父親去世的時候，世交朋友以蔡先生兄弟孤苦無依，擬替他們募捐以贍養他們，並供蔡先生讀書，但被周氏婉拒。她時常典押衣飾，克勤克儉，撫養諸兒成立，每以「自立」「不倚賴」勉勵他們，常對他們說：「每有事與人談話，先預想彼將作何語，我宜以何語應之。既畢，又進省彼作何語，我曾作何語，有誤否？以是鮮債事。」蔡先生日後能夠寬宏大量，不苟取，不妄言，都是受家庭教育的影響。

二　貫通中西的學問

蔡先生在童年跟他的叔父銘恩讀書。銘恩是清末廩生；工制藝；並治詩及古文辭，藏書不少；所以蔡先生從小就翻閱史記、漢書、困學紀聞、文史通義、說文通訓定聲各書。十三歲時拜經學名宿王子莊爲師，學八股文及宋儒之學。王師尤服膺明儒劉宗周，故蔡先生對於宋明理學的造詣甚深，對小學、經學、駢體文都有研究。二十歲又跟紹興徐樹蘭學習，並兼校對刻書的工作；徐師藏書極多，因此蔡先生能遍觀他所藏的書，學問大有進步。

蔡先生對於中國舊學曾下過苦功，所以他能連試皆捷，十七歲中秀才，二十三歲中舉人，二十四歲中進士，二十六歲補翰林院庶吉士，二十八歲補翰林院編脩。他在少年時期，已名動公卿，曾被常熟宰相翁同龢譽爲：「年少通經，文極古藻，雋才也。」由此可見蔡先生舊學根基是如何的深厚。

蔡先生不僅對中國舊學有相當的基礎，而對西方的學術也很有研究。他在四十歲未出國以前，曾閱讀西書的翻譯本；又閱讀日文書；四十歲以後曾赴德、法等國留學，他對西方學術的興趣甚爲廣泛，學問相當廣博，舉凡哲學、文學、人類學、文化史、心理學、美學、民族學等都喜歡研究；尤其對於實驗心理學、比較文明史、美學等頗具心得，而在美學方面的造詣尤深。他曾發表有關美育方面的文章多篇，如「美育代宗教說」、「美育實施的方法」、「我的歐戰觀」、「文化運動不要忘了美育」、「與時代畫報記者談話」等；他更將美感教育列入教育宗旨。此外，他對於西方的科學精神和方法也有深切的認識。不過蔡先生對於西方的學術，並非只是一味的吸收，而是於吸收之外並加以消化和批判，而且和中國舊學加以比較，所以他實在是貫通了中西的學問。蔡先生對於中西文化問題的看法最足以說明這點：他一方面推崇中國舊有的文化，一方面又主張對國故以客觀態度、科學方法，重新估價，重新整理；他不諱言中國文化的缺點，但也批評西方文化的弊病；他雖然主張吸收歐美文化，但並非無條件的模仿，而主張有選擇的吸收；他又主張融合中西文化的長處，創造適合時代的新文化。這些言論惟有貫通了中西學問的人，才能見到，才能說出。

三　孜孜不倦的爲學

蔡先生在學問和事業上都有大成就，一方面固然靠他的天資，而另一方面則靠他的勤勉。他從小就勤於讀書，考中秀才以後，更勤研苦讀，博覽羣書。這時他舊學根基已很深厚，然而他並不以此爲滿足，所以在升補翰林以後，又開始閱讀譯本西書，藉以吸收西方文化。他爲閱讀日文書籍，更學習日文；後來他任教南洋公學時，尙指導學生翻譯日文書，可見他的日文程度相當不錯。在前後不過三年的時間，他對日文能有如此的成績，這不能不歸功於他的勤習不懈。

蔡先生一生隨時隨地都在學習中，四十一歲得駐德公使孫寶琦資助學費，和商務印書館訂定每月致送編譯費百元，遂赴德國。到德國後，他首先學習德語；一年以後，進入來比錫大學苦讀，三年之內選讀了哲學、文學、文明史、人類學、心理學、美學等科目，只要時間不衝突，他都盡量選聽。他又進入實驗心理學研究所和世界文明史研究所研讀，並在課餘另請講師到他寓所，為他講授德國文學。蔡先生以翰林之尊，年屆不惑，遠涉重洋，學習如此多的科目，其苦學精神實在值得欽佩。尤其可貴的是民國元年夏天，他辭去了教育總長之後，立刻携帶眷屬再赴德國，再度進入來比錫大學聽講，並又在世界文明史研究所繼續研究；民國二年至五年又赴德、法等國考察，在法國曾習法語，並攻讀哲學；十四年秋又到德國漢堡大學研究民族學。

抗戰爆發以後，蔡先生因年老病足，不良於行，乃避難香港。他在病中仍然時常研究哲學，臨終前猶手抱西洋巨著閱讀。蔡先生眞可說做到了「學而不厭」、「活到老，學到老」的地步。

四　獻身教育的生涯

蔡先生以教育為終生志業。他在十八歲至十九歲，便開始當塾師。二十八歲時，任北平李氏京寓家庭教師半年。三十二歲受聘任紹興中西學堂監督。三十五歲任上海南洋公學特班教授。光緒二十八年和蔣觀雲等創辦愛國女學校，其後兼任愛國女學校長。是年秋冬間，吳稚暉、章太炎等在上海發起組織中國教育會，蔡先生曾被推為會長。同年十一月南洋公學學生反對教員的專制，相率退學，論者歸罪於蔡先生提倡民權的影響，他乃引咎辭職。後循學生的請求，代為籌款成立愛國學社，聘請吳稚暉、章太炎等擔任教師，蔡先生自己則教授倫理學一科；由於愛國學社的成立，遂使南洋公學的退學學生得以維持學業。光緒二十九年曾代理澄衷學堂校務一月。其後，又任紹興學務公所總理，並在京師譯學館教授國文，兼授西洋史，雖然只有幾個月，但頗受學生歡迎。

民國成立後，蔡先生擔任教育總長。六年起，主持北京大學。國民政府奠都南京以後，又主持大學院兩年，中央研究院十餘年。

綜觀蔡先生一生，從十八歲起，即開始教師生活。三十二歲以後，除教書外，更從事教育行政工作。其間除了到國外讀書考察以外，始終沒有離開教育的崗位；這種獻身教育的精神，極值得我們欽佩和效法。

五　救國救民的宏願

蔡先生的一生，雖然辛勤不斷的爲學教人，但他不僅是一位偉大的教育家，同時還是一位救國救民的革命鬭士。在他二十八歲時，已抱着徹底改革政治的決心；光緒二十四年戊戌政變以後，他已經認定滿淸政府的腐敗無能，圖強無望，非徹底革命不能救國。光緒二十八年他創辦「蘇報」，作爲倡言革命的根據地。他還和同志在上海張園舉行演說會，公開攻擊滿淸。由於蔡先生等人的言論鼓吹，使東南人士風起雲湧，紛紛加入國民革命的陣營。也因此引起淸廷官吏的忌恨。首先，由兩江總督滿人恩壽，向上海道指名拿辦爲首之人；其後淸廷又嚴諭繼任兩江總督魏光燾逮捕革命黨人，兩次名單中蔡先生都高居榜首，幸經其兄元堅和朋友們的勸告，避赴青島，得免於難。同年他在南洋公學教書，在批改學生所寫的日記及月課中，也灌輸學生以革命思想。光緒三十年，又和浙江革命同志龔寶銓相携手，參加光復會的組織，蔡先生被推舉爲會長，積極進行革命工作。他們發行「日俄事件警聞」，取代被封閉的蘇報；不久又擴充爲「警鐘日報」，蔡先生以「鍔靑」、「孑民」、「蔡民友」、「蔡亞培」等筆名，發表犀利無比的革命言論，激起熱烈的反響。

蔡先生於光緒三十一年，由楊篤生、何海樵的介紹正式加入同盟會，並參加暗殺團，試製炸藥和彈殼，積極參加革命。他主要的目的是在完成救國救民的宏願，所以他對於當時極端排滿而充滿種族仇恨的意見，並不贊同。他會說：「滿人的血統，久已與漢族混合；其語言及文字，亦已爲漢語漢文所淘汰。所可爲滿人標識者，只有世襲官位，及不營實業而坐食之特權。假使滿人自覺，能放棄這特權，則漢人決無殺盡滿人之必要。」由這段話看，可知他的從事革命是要救國救民，有其遠大的志向，絕不是意氣感情之爭。他會昭示靑年：「讀書不忘救國，救國不忘讀書。」這正是蔡先生自己的寫照。

六　高風亮節的人格

蔡先生對待別人非常寬宏大度，但律己却極嚴格，他對待學生向重身教，以身作則，故能事事光明磊落，時時無所愧怍。他一生的言行取捨，皆以「禮」爲準則，眞是做到孔子所說的「非禮勿視，非禮勿聽，非禮勿言，非禮勿動」的地步。他自奉非常儉約，先後做過三年的部長和大學院院長，做過十年的大學校長，又擔任十餘年的中央研究院院長，但除了幾千冊圖書外，兩袖清風，毫無積蓄。他在上海所住的房子，還是由朋友和學生集款購贈的。他逝世以後，家庭的開支，子女的教育費，還時常靠朋友和學生的接濟。蔡先生持身的廉潔，由此可見。

蔡先生待人和藹，對人有求必應，相信別人，同時更尊重別人的意見；不了解他的人，以爲他是「好好先生」，其實，他一生的出處進退絕不含糊。他在二十四歲時，擔任上虞縣志總纂，因所定條例，不能獲得各分纂贊同而辭職。三十三歲時，他看到戊戌政變失敗，不屑和清廷官僚爲伍而請假離京。他擔任中西學堂監督時，又因袒護新派而和舊派意見不合而辭職。三十五歲時，他任教南洋公學，也因校方無理開除學生，調解無效，憤而離去。民國元年夏天，袁世凱排擠國民黨，他不滿袁的梟雄作風，又和國民黨閣員同進退而辭去教育總長；袁慰留他，他不顧，別人挽勸，也無效。「五四」之後，繼以「六三」，北洋政府濫捕學生，他雖認學生愛國運動有點過分，但他了解學生愛國的出發點，因而不惜以辭職爲保釋學生的條件；學生既獲保釋，他便實踐辭職的諾言。民國十二年間，北方軍閥交閧，他不滿軍閥作風，知道和他們難與共處，因而辭職赴歐。十六年，中國共產黨野心暴露，他和吳稚暉、李石曾、林森、張靜江、張溥泉等各中央監察委員提議淸黨。從這些事情看來，可知蔡先生對於一己的名利榮辱和成敗得失，完全置之度外；對於是非邪正的辨別，卻非常嚴格認眞。抗戰前二年，汪精衛長行政院兼外交部長，已有親日的表現，蔡先生曾義正辭嚴，聲淚俱下的予以勸阻，其耿介眞誠的人格，更加表現無遺。

七　寬宏大度的胸襟

蔡先生對人非常寬宏大度。別人如有長處，他總是公開讚揚；別人如有過錯，他總肯原諒。故臺大校長傅斯年先生曾在「我所景仰的蔡先生之風格」一文中記載說：

「蔡先生第二次遊德國時，大約是在民國十三年吧，那時候我也在柏林。蔡先生到後，我們幾個同學自告奮勇照料先生，凡在我的一份中，無事不辦一個稀糟。我自己自然覺得非常慚愧，但蔡先生從無一毫責備。有一次，一個同學給蔡先生一個電報，說要從萊比錫來看蔡先生，這個同學出名的性情荒謬，一面痛罵，一面要錢，我以爲他此行必是來要錢，而蔡先生正是窮得不得了，所以與三四同學主張去電謝絕他，以此意陳告先生。先生沉吟一下說：論語上有幾句話，人潔己以進，與其潔也，不保其往也，與其進也，不與其退也，唯何甚。你說他無聊，但這樣拒人於千里之外，他能改了他的無聊嗎？於是我又知道讀論語是要這樣讀的。」

由這件事，可以看出蔡先生是如何的寬宏大度，樂於與人爲善。

蔡先生的寬宏大度的胸襟，又可在他主持北大時，對於聘請教授採取兼容並蓄的態度見到；當時北大有提倡白話文的胡適和錢玄同，有極端維護文言文的黃季剛和劉申叔，有拖着長辮子的辜鴻銘，有樸學大師章太炎，有洪憲六君子之一的劉師培，有戊戌維新的梁啓超，有講崑曲的吳梅，蔡先生都讓他們各本所學，盡量地發揮各人特長，在我國大學教育方面留下美談和典範；這固然是由於蔡先生深刻而明智的遠見所使然，但若不是他有寬宏大度的胸襟，實難做到。

八　進步求新的思想

蔡先生的思想是不斷的進步和求新的。他不墨守陳規，不故步自封；只要是時代潮流所趨，他會毫不遲疑地接受而迎頭趕上。

光緒二十四年蔡先生任教中西學堂的時候，喪妻王氏，不久，說媒者紛至沓來。他乃提出下列主張：㈠女子須不纏足者。㈡須識字者。㈢男子不娶妾。㈣男死後，女可再嫁。㈤夫婦如不合，可離婚。這些主張，尤其是後兩項，在當時簡直是駭人聽聞的，難怪無一合格的人。過一年，蔡先生才找到合適的對象黃氏，當他們行婚禮的那天，曾於午後開演說會以代替鬧房。這些雖然是小事，已足以看出蔡先生思想的進步和新穎。

他任教南洋公學的時候，已經開始提倡西方民權、女權等學說；他並於光緒二十八年創辦愛國女學校，成爲我國最早的女校。後來任北大校長，更開風氣之先，不顧教育部的反對，自行決定招收女生。有人問他：「兼收女生是新法，爲什麼不先請教育部核准？」他說：「教育部的大學法令並沒有專收男生的規定；從前女生不來要求，所以沒有女生，現在女生要求，而程度又够得上大學，就沒有拒絕的理由。」這是男女同學的開始；接着各大學也仿行而蔚成風氣，教育部看到大勢所趨，終於默許了。當北大開始實行男女同校的時候，不僅一般頑固守舊的分子反對極烈，就是平日極力主張女權的人，對於這種制度的創行，也不免有幾分疑慮；蔡先生不顧一切，做前人所不敢做的事，不僅可看出他思想的進步，而且可見其高瞻遠矚的眼光以及過人的勇氣。

此外，蔡先生對白話文運動曾力予贊助支持。白話文運動是民國六、七年間胡適先生所倡導的。當時社會流行的文字，原是文言文，多數人都認爲白話文是不能登大雅之堂的，所以白話文運動很受社會各方面的責難。蔡先生證諸古今中外的歷史，看淸時代的潮流，認定今後白話文派必佔優勢，乃極力予以贊助和支持，眞可說是一位「聖之時者」。

九　博大精深的理論

蔡先生不僅是一位教育實行家，而且是一位教育思想家。他的教育思想，博大精深，貫通中外，而其五育並進的理論，實爲蔡先生教育思想的精華。所謂五育卽軍國民教育，實利教育，公民道德教育、美感教育和世界觀教育。

蔡先生鑒於我國近百年來，屢受列強侵略，喪權辱國，割地賠款，爲國家生存計，不能不提倡軍國民教育；又爲防止軍人階級的專權，也以提倡軍國民教育爲最佳的方法。軍國民教育的意義在使全體國民都具有軍事的自衞能力，以求國家的富強。

蔡先生又鑒於我國社會素極貧困，人民失業極多，而且地利未開發，實業不發達，遂採用歐美實利主義的教育以謀補救。實利教育的意義在使全體國民都具有生產的能力，以求國家的富裕。不過，軍國民教育和實利教育雖爲當時救國所必需，惟若若提倡不得其法，則極易發生流弊。前者如提倡不當，易驅使國民趨於私鬬，甚至造成一批供帝國主義利用的侵略工具；後者如提倡不當，易造成貧富懸殊的現象，甚至引起資本家和勞動者衝突的慘劇。於是蔡先生又提出公民道德教育以資補救。公民道德爲一切教育的根本。公民道德教育就是法國革命時的「自由、平等、博愛」三者，在我國就是「義、恕、仁」。所謂自由（義），是指內心的絕對自由，只要是義之所在，雖威脅利誘，也決不爲所動；而且自由不僅在求個人的自由，還要尊重他人的自由。所謂平等（恕），就是施諸己而不願；此是消極的恕；同樣我不以不平等待人，也不允許他人以不平等待我。所謂博愛（仁），就是「己欲立而立人，己欲達而達人。」也可說是一種積極的恕。

蔡先生最高的教育理想在求世界觀教育的實現。他以爲公民道德教育雖爲一切教育的中心，但仍然是隸屬於政治的教育。政治的目的，在求最大多數人的最大幸福；政治的理想，在達到大同的境界，但這些仍然不超越現象世界的幸福；教育家不僅要追求現象世界的幸福，還要懸一更高的理想，以追求實體世界的幸福爲鵠的。蔡先生以爲現象世界和實體世界如一紙的表裏，不可強分爲二。政治家致力於現象世界之事，並以追求現世的幸福爲鵠的，失之過近；宗教家致力於實體世界之事，並以擺脫現世幸福爲作用，失之過遠。唯有教育家始能認清彼此的關係，立於現象世界而有事於實體世界，亦即以實體世界之觀念爲其究竟之目的，而以現象世界之幸福爲其達到於實體觀念的作用。

此外，蔡先生更以美感教育爲實行世界觀教育的方法。他認爲唯有藉美感教育爲津梁，才能達到實體世界。因美感教育雖以現象世界的種種現象爲資料（現象世界有創造，也有破壞；有可喜可樂，也有可駭可怖），可是一入圖畫詩歌，則完全不同，它却能予人以美的感受，使人渾然忘我，破利害，忘悲歡，而達到與造物爲友的境界，此種境界實已接觸到實體世界的觀念。

十　宏大不朽的偉業

蔡先生對於教育文化事業的貢獻至大。民國成立，教育文化方面百端待擧，他苦心擘劃，慘淡經營，尤其他主持北大和創設中央研究院，成爲他宏大不朽的偉業。

蔡先生主持北京大學，首先糾正學生升官發財的求學觀念，要求學生立定正大的宗旨，以研究學術爲天責，組織各種研究會以提高學生的研究興趣，和樹立大學研究學術的風氣。其次，他特別注重道德教育，要求學生敬愛師友，砥礪德行，負起力挽頹風以振興國家的重任。他自己更能以身作則，以偉大人格相感召。所以當五四運動以後，我國社會動盪，政局混亂，青年學年情感衝動或有偏激的行動，然而品行墮落敗壞風氣者却極少，這不能不歸功於蔡先生人格的感化。爲了研究學術，他廣攬積學的教授，強調「學」和「術」的區別，充實理科設備，歸併工、商科於北洋大學，而以北洋大學的法科併北大，完成了大學專研學理的理想，並奠定了科學研究的基礎。他又提倡研究自由，思想自由，鼓舞以科學方法探求眞理的精神。此外，如溝通文理科，創大學分科制，改年級制爲學分制，主張男女同學，注重研究院的功能，創辦北大校役夜班及平民夜校等等，都在高等教育方面留下不可磨滅的功績。民國初年至北伐期間，我國社會充滿了腐舊的思想和勢力，而北大的師生，能夠不斷的向這些惡勢力進攻，摧毀了各種不合理的政治思想和社會思想，提供全國青年以一種新的理想和新的作風，這又不能不歸功於蔡先生的領導和影響。

蔡先生除主持北大爲國育才外，並在民國十六年五月和李石曾、張靜江等先生於中央政治會議提議籌設中央研究院。同年十一月中央研究院成立，從此我國科學和學術的研究與獎勵，才算有了專設機構。

十七年十月蔡先生辭去大學院院長，專任中央研究院院長，聘請專家學者，致力於科學學術的研究，直到二十九年他逝世時止，計前後成立有物理、化學、工程、地質、天文、氣象、歷史語言、心理、社會科學及動植物等十研究所，奠定了我國科學研究的根基，爲國家爭取國際學術上的地位，他的宏偉貢獻，在古今中外的教育家中，堪與比擬的實在不多。

十一　深切遠大的影響

蔡先生不僅是民國初年我國教育界貢獻最大和影響最深的一人，而且也是思想界和學術界貢獻極大和影響極深的一人。

他在中國思想史上和學術史上值得大書特書的，是他所倡導的「學術自由」和「思想自由」。由於他的倡導，遂產生了民六的新文化運動和民八的五四運動。新文化運動雖然不是蔡先生所直接推動的，但若不是他的倡導「學術自由」和「思想自由」，對於各家學說破除門戶之見，採取兼容並蓄的態度，焉能使各種不同的新舊思想冶於一爐，浸漬醞釀，而滙成一浩蕩的思潮？五四運動雖然也不是由蔡先生所直接鼓動的，可是當時的學生，如果沒有了解「思想自由」的意義，沒有受過他平日「思想自由」教育的薰陶，青年學生知識革命的種子，焉能發榮滋長；愛國情緒的激發，又焉能如火如荼的展延。

此兩種運動，後來又結合成一股巨流，激起了學術界的科學化運動，掀起了思想界的解放運動，於是使古代的舊思想大受批評，西洋的新思想大量湧入，造成學術界空前的大波瀾。另方面由於青年嚐過革命的成果，認識革命的效用，再加上思想的改變，更導致政治的革新，五四運動之於民國十三年國民黨的改組、及其後的國民革命軍北伐，也都不無間接的關係。這一連串波瀾壯濶而深切遠大的影響，我們不能不歸功於蔡先生所倡導的「學術自由」和「思想自由」。

梁啓超（西元一八七三—一九二九）

鄭世興

一 管教嚴格的家庭

梁啓超先生字卓如，別號有任公、滄江、中國之新民及飲冰室主人等。廣東省新會人，出生在前清同治十二年（西元一八七三年），民國十八年（西元一九二九年）逝世，死時五十六歲。

梁氏的先祖是由中原向南方逃亡的難民，曾經遭受宋明亡國的痛苦。在他曾祖父以前，世代耕田，勤樸地過日子。他祖父名鏡泉，是一位秀才；祖母名黎。他父親名蓮澗，也是一位秀才，在鄉里教書，平時常爲鄉人排難解紛；母親趙氏，非常賢慧。

梁氏幼年的敎育是在家庭中接受的，他的祖父、父親和母親都曾敎他讀書。父親對他的管教很嚴，他的言語舉動如稍不規矩，卽遭受責罵；當他十二歲考取秀才時，他的父親仍然要他操作勞役。母親生性溫良慈愛，不過對他的督促也很嚴厲，不但敎他讀詩書，而且敎他做人的道理。梁氏在「我之爲童子時」一文中，曾追述他六歲時因說謊被責的情形說：

「……我家之教，凡百罪過皆可饒恕，惟說謊斷不饒恕。我六歲時不知爲何事忽說謊一句，……不久卽爲我母發覺，……當時被母翻伏在膝前，力鞭十數，我母當時教我之言甚多，但記有數語云：『汝若再說謊，將來便成竊盜，便成乞丐。』我母旋又教我曰：『凡人何故說謊，或者有不應爲之事而爲之，畏人之責其不應爲而爲也，則謊言吾未嘗爲。或者有必應爲之事而我不爲，畏人之責其應爲而不爲也，則謊言我已爲之。夫不應爲而爲，應爲而不爲，已成罪過矣，若己不知其罪過，猶可言也，他日或自能知之，或他人告之則改焉不復如此矣。今說謊者則明知其罪過而故犯之也，不惟故犯，且自欺欺人，而自以爲得計也。人若明知罪過而故犯，且欺人而以爲得計，則與竊盜之性質何異，天下萬惡皆起于是矣。然欺人終必爲人所知，將來人人皆指而目之曰，此好說謊話之人也，則無以信之。既無人信，則不至成爲乞丐焉而不止也。』我母此段教訓，我至今常記在心，謂爲千古名言。」

由此可見母教對他影響之深，直到晚年還感念不忘。

梁氏的祖父不僅教他讀書，而且常拿古時聖賢豪傑的言行勉勵他，對於宋明亡國的許多可歌可泣的故事，更是不厭其詳的講解給他聽。像「崖山遺恨」、「揚州十日」、「嘉定屠城」等反淸的歷史，他在很小的時候就已經熟悉了。

二　勤勉不懈的治學

梁氏聰慧過人，求知慾特別強烈，從小便勤讀不懈。他六歲時便讀完四書，八歲讀完五經。年幼的時候，因家貧買不起書，家裏只有史記和綱鑑易知錄兩部書，他幾乎每天都讀，差不多全部可以背誦。光緒二十一年，京師強學會成立，會中購有很多西書，他也幾乎全部都瀏覽過。民國七年他去歐洲考察，在船上五十天看完兩大箱近一百冊的日文書籍，由此可以看出他勤讀的程度。他爲了想看懂西書，曾努力學習英文，在四十多歲漫遊歐洲時還跟好友丁在君學習英語。

他常因講學和著述，廢寢忘食，甚至影響健康；民國七年春夏間，曾屏棄百事，專心於中國通史的著述，數月之間寫成十餘萬字，以致患病吐血多時，通史的著述因此停頓。他到了晚年，仍然致力於著述，毫不懈怠；去世前夕，臥病在北京協和醫院，還在趕寫未完成的著作，其勤勉治學的精神實屬罕見。據估計，他一生一共寫了一千四百多萬字，平均每月寫三萬字左右。他常一夜之間不眠不休地寫上幾千字，由此也可見其才華之卓越超羣。

三　正氣懍然的性格

梁氏受了中國傳統的教育，所以具有中國讀書人的性格，正氣懍然，只要是義之所在，即不畏艱險、不屈不撓的去完成。

光緒二十四年（西元一八九八年）戊戌政變以後，慈禧太后的黨人四處抓人。參加政變的康有溥、楊深秀、林旭、楊銳、劉光第等人皆被斬首；其他牽涉新政的人，不是被充軍，就是被革職，或被監視起來。梁氏當然也是被通緝的要犯，但他在八月六日却出現在日本使館。他到日本使館並不是去避難，而是自動去赴難的：他以犧牲個人生命爲條件，懇求日本公使營救光緒皇帝和康有爲，其悲壯之氣感動了日本公使，不但沒有將他送給清廷，而且還幫助他逃亡日本。他在日本時，吳稚暉等人在日本大倡革命，遭到清廷官吏的猜忌，因此清廷請求日本政府遞解吳稚暉等人回國。梁氏一向對吳氏甚爲尊敬，他知道這件事以後，曾經氣憤地對清廷大加指責。

民國四年五月袁世凱利用美國人古德諾發表文章，力言共和政體不適宜於中國，中國必須實行帝制；又有楊度、劉師培等人在北京發起組織籌安會，極力擁護袁世凱做皇帝。梁氏深知其中陰謀，就發表「異哉所謂國體問題者」一文，痛駡袁世凱一頓。據說，當這篇文章還沒有發表的時候，袁曾派人送二十萬金給梁氏祝壽，這樣厚重的賀禮不但被他拒絕，而且他還把這篇文章錄下來送給袁看。袁又派人告訴他，大意說：「你亡命已經十餘年了，逃亡的苦味也應該嘗够了，何必還要自討苦吃？」他却笑着對來人說：「我過去對逃亡很有經驗，我寧願過逃亡的生活，不願意在混濁的空氣中苟且偷生。」他這種不畏權貴、不受威脅利誘的膽識，多麼令人敬佩！

四　愛國救國的熱忱

梁氏一生熱愛國家民族。他會說：「愛國兩字，近來當做時興口號，到處有人說起，但細按下去，眞能愛國者究有幾人？比起別國人愛國至情，我等眞要愧死。」這是何等感慨！他的愛國不僅溢於言表，而且在行動上表現出來。

他一向被人認爲是維新派，其實在光緒二十九年以前，也就是在他三十歲以前，與其說他是維新派，不如說他是革命派。他推翻滿清的革命救國的行動，雖然不像　國父孫中山先生從事革命的那樣的轟轟烈烈，但也頗足稱述。在革命行動方面，他在光緒二十四年四月以後，曾打算和　國父所領導的革命黨携手合作；初步的合作是辦了一種名叫「中國秘史」的雜誌，刋登宋明亡國和太平天國洪秀全、楊秀清的故事。自此以後，他和中山先生的來往日漸密切，甚至有合作組黨的計劃，只可惜由於康有爲的從中阻撓，未能成功。

光緒二十五年九月間，他在東京創辦了一所高等大同學校，一時有革命思想的人，都集中在這所學校裏。他對學生鼓吹英法自由平等的學說，鼓舞他們努力革命大業。那時留日學生當中主張排滿最激烈的如戢翼翬、沈雲翔等人，也常常來大同學校訪問，由此可以看出他的影響力。

民國成立以後，他爲了國家的生存更表現了無比的愛國救國行動。在民國四年爲了護國討袁曾經好幾次出生入死。這年十二月二十五日當蔡松坡宣佈討伐袁世凱以後，梁氏卽在上海各報發表討袁文字，以等待各省的響應，可是等了三個多月却沒有動靜，他正在焦急萬分的時候，廣西響應的消息來了，陸榮廷派唐紹慧來上海，準備迎接他去廣西；並且說只要梁氏一到，廣西馬上獨立。於是他急着要去廣西，事先和大家約好分途前往，以免被人發覺。他預定先到香港，再由安南偸渡入鎭南關，但不料在上海的住所被偵探包圍，袁世凱捕拿梁氏就地正法的命令早已通行各省。後來他得到日本武官肯木的幫助，才倖免於難。他到香港以後，改乘日本貨船到海防，由日本農場主人深夜以小艇來接，步行了三天，才抵達鎮南關。這次沿途吃盡苦頭，遭遇了許多危險。後來他又冒險前去廣東見龍濟光，終使龍氏就範。護國討袁能夠順利成功，梁氏實在是功不可沒。

民國七年，徐世昌任總統，而大權則操在督辦段祺瑞的手中；段爲了要向日本借款，不惜以山東權益讓給日本作爲交換的條件。梁氏知道這件事的時候，正是以北京政府特使的身分參加巴黎和會，於是堅決反對這喪權辱國的和約，拒絕簽字。他以一個北京政府派去的特使，爲了國家的利益居然敢反對政府的「政策」，這種爲國家的大義而不計犧牲小我的風範，深爲國人所仰慕與讚賞。

五　日新又新的思想

梁氏常受人批評的是他的思想往往前後矛盾，這點他頗有自知之明，不過由此正足以看出他的思想是在不斷的進步和求新之中，他自謂「太無成見」，「不惜以今日之我與昨日之我挑戰」，表現出他始終不落伍而力求趕上時代適應環境。

他的思想可說是一直走在時代的前端，凡西洋各種新思想和學說，只要是合乎時代潮流的，他無不接受而加以提倡。他在光緒二十一年（西元一八九五年），這時他只有二十二歲，就和康有爲的學生麥夢華辦了一種小型雜誌，名叫「中外紀聞」，宣傳民權思想。次年，他又辦了一種刊物，名叫「時務報」，提倡民權的言論較前更加激烈。光緒二十二年，他但任湖南時務學堂總教習，常在批改學生的筆記中提倡民權思想。

他又是清朝末年提倡女權極早的一人，在光緒二十二年就已經鼓吹女子教育；他以爲女子教育是一切教育的根本，而女子有沒有受教育與國家的盛衰有極密切的關係。他極其反對女子纏足，在光緒二十三年，曾經和汪康年、麥夢華等人在上海創辦了一個「不纏足會」，提倡天然脚；這雖然是小事，但在當時全國相習成風的情形下，這種反傳統的主張，正可以看出他思想的新穎。

六　科學求眞的精神

梁氏的感情非常豐富，他的一生行動始終無法完全擺脫他的老師康有爲的影響，原因就在這裏。不過，當他的看法和老師大不相同時，他就既不盲從，也不緘默。例如康有爲是反對革命的，而梁氏在早年則贊成革命，他並不因爲康有爲反對革命就不敢和他爭辯，他常引述希臘哲學家的話：「我愛我的老師，但我更愛眞理。」這種態度實在就是科學求眞的精神。

梁氏雖然不是科學家，但他却深信科學。民國七年，他到歐洲考察，爲了要徹底了解歐洲的實況，在同去的人當中，他還特別物色了一位科學家丁文江（在君）同行。丁氏曾經在英國專攻地質學和動物學，是當時中國第一流的科學家。梁氏對於西方的科學精神和方法都有深切的認識，他本來就長於歷史，後來更用科學方法研究歷史，創下了史學統計的研究方法，這些都足以看出他對科學的篤信不移。

民國十二年春夏之交，丁文江和張君勱兩人爲了人生觀問題而發生爭論，雙方參加的學者達數十人，但由於沒有把討論的前提確定，結果成爲一場混戰。梁氏曾爲此寫了兩篇關於科學玄學論戰的「戰爭國際公法」和「人生觀和科學」的文章，希望能夠藉此促使他們眞正爲眞理而辯論。他在這兩篇文章的結論裏說：

「我把我極粗淺極凡庸的意見總括起來，是人生關涉理智方面的事項，絕對要用科學方法來解決；關於情感方面的事項，絕對的超科學。」

這種客觀謙虛和審愼公允的態度，又是何等的契合科學精神！

最難能可貴的是梁氏最後竟以身殉於科學。原來他在民國十四年曾患小便出血症，一直找西醫治療，最後竟因西醫錯誤的診斷和手術，不但病沒有治好，而且加速了死亡；不過他所遺留下來的對科學的信念，實在令人欽佩。他自住入北平協和醫院以後，直到臨終的最後一刻，他始終相信醫院和醫生，沒有半句埋怨；他在臨終時還遺命將他的屍體捐贈給協和醫院作解剖研究之用。他這種爲科學爲眞理的容忍和犧牲的精神，實在偉大。

七　三育並重的見解

梁氏雖然不是純粹的教育家，但他的教育主張頗多可取的地方，其中三育並重的見解，今天讀起來猶足發人深省。他以爲中國古代的教育，原是「三育並重」、「德術兼修」、「文武合一」的，可是自從倣效外國教育制度以後，不僅使中國固有的精神蕩然無存，而且僅僅襲取了外國的皮毛，連西洋教育的根本精神也未學得；因此，他極力主張恢復我國古代「智仁勇」三者並重的教育。

所謂「智仁勇」三者並重的教育，是和現代「智德體」三者並重的教育相似而不盡相同的。梁氏認爲近代「德育範圍太籠統，體育範圍太狹隘」，不足包括人類整個的心理；而健全的教育應按人類的心理有知、情、意三部分而分爲智育（智）、情育（仁）、意育（勇）三方面，三者並重，才是圓滿的教育。他說：

「人類心理，有知情意三部分，這三部分圓滿發達的狀態，我們先哲名之爲三達德——智、仁、勇，爲什麼叫做『達德』呢？因爲這三件事是人類普通道德的標準，總要三件具備纔能成一個人，三件的完成狀態怎麼樣呢？孔子說：『知者不惑，仁者不憂，勇者不懼。』所以教育應分爲知育情育意育三方面——現在講的智育德育體育，不對，德育範圍太籠統，體育範圍太狹隘——知育要教到人不惑，情育要教到人不憂，意育要教到人不懼，教育家教學生，應該以這三件爲究竟，我們自動的自己教育自己，也應該以這三件爲究竟。」

他這段話是說明圓滿的教育不僅應包括智、情、意三育，而且還要以達到智、仁、勇的完成狀態爲理想，所謂完成狀態，就是：「知者不惑，仁者不憂，勇者不懼。」

如何才能「不惑」、「不憂」、「不懼」？梁氏說：

「怎麼樣才能不惑呢？最要緊是養成我們的判斷力，想要養成判斷力，第一步，最少須有相當的常識，進一步，對於自己要做的事須有專門智識，再進一步，還要有遇事能斷的智慧。」

「怎麼樣才能不憂呢？……大凡憂之所從來，不外兩端，一曰憂成敗，二曰憂得失……『仁者』看透這種道理，信得過只有不做事才算失敗，肯做事便不會失敗，所以易經說：『君子以自強不息』，換一方面來看，他們又信得過凡事不會成功的，幾萬萬里路爬了一兩寸，算成功嗎？所以論語說：『知其不可而爲之』，你想有這種人生觀的人，還有什麼成敗可憂呢？……」

「怎麼樣才能不懼呢？……這是屬於意志方面的事，……意志怎樣才會堅強呢？頭一件需要心地光明，孟子說：『浩然之氣，至大至剛，行有不慊於心，則餒矣。』又說：『自反而不縮，雖褐寬博，吾不惴焉，自反而縮，雖千萬人吾往矣。』……一個人要保持勇氣，須要從一切行爲可以公開做起，這是第一着，第二件要不爲劣等欲望之所牽制，論語說：『子曰：吾未見剛者，或對曰，申棖，子曰：棖也慾，焉得剛。』一被物質上無聊的嗜慾東拉西扯，那麼，百鍊鋼也會變爲繞指柔了。」

他以爲在知育方面，如果能夠具備相當的學識，則能明白事物的條理，辨別是非的標準，這樣自然能夠不惑；在情育方面，如果能夠看透成敗得失的道理，則能體會人己的合一，這樣自然能夠無所疑慮而做到不憂；在意育方面，如果能夠做到心地的光明磊落，不爲劣等的慾望所牽制，則能見義以赴，不避危險，這樣自然能夠不懼。

八　理想國民的塑造

梁氏鑒於我國國民一般的缺點，針對時代和社會的需要，吸收東方和西方道德的特點，塑造了一個理想的國民的標準，他稱之爲「新民」。這個標準不但在當時是有價值的教育，就是在今天，依然值得我們努力去實踐。

梁氏所期望的「新民」有下列的特點：

（一）要有公德心　新民的第一個條件就是公德心。中國一般人一向只注重私德，而缺乏公德心。可是公德心比私德更重要，因爲公德心是維持團體生活不可缺的：如果一個團體的國民缺乏公德心，這個團體的秩序就很難維持；如果一個國家的每一個國民缺乏公德心，這個國家所舉辦的各種公共活動也很難發生效果。

（二）要有國家觀念　中國人對國家的觀念很淡薄，一般人只知道有個人、有家族、有天下，而不知道有國家。其實，國家比個人、家族和天下都重要：如果沒有國家，個人也失去了依附；國家一旦滅亡，個人也無法生存了。所以新民應該愛國家甚於愛個人，愛國家甚於愛家族和愛天下。新民應該有爲了國家雖然犧牲個人的生命也在所不惜的精神。

（三）要有進取冒險的精神　人生原就充滿了困難和憂患，假如沒有進取冒險的精神，就永遠爲困難和憂患所制服；人民進取冒險的精神愈盛，其國家也愈強。

（四）要有權利觀念　權利就是個人有資格享有某些合法的利益。當這些合法的利益受到別人侵犯的時候，我們應該依法力爭，以確保這些利益而不墜。如果大家都有權利觀念，就會各守本份，和尊重別人的合法利益。

（五）要了解自由的眞義　自由不是放縱，也不是不受約束；自由是和秩序、法律相伴而來的。一個人想要得到眞正的自由，首先必須遵守國家的法律，服從團體的規則。遵守國家的法律，服從團體的規則，這些都是自由不可缺少的條件。因爲如果每個人都能够守法，他就不會侵犯別人的自由，這樣個人的自由才能得到保障。

（六）要有規律的生活　新民的生活是自治的。所謂「自治」，就是規律的生活。新民的飲食、起居和作息，都應該有一定的時間。

（七）要認清義務　新民要認淸納稅和服兵役是個人應盡的義務。現代的國家，一方面要靠人民納稅，辦理各種事業，以謀人民的福利；一方面要靠人民服兵役，以鞏固國防而保衞國家的安全。

（八）要能够自尊　所謂自尊，就是新民必須具備有不受威脅、不受利誘的獨立人格。

（九）要有毅力　毅力就是堅毅不撓的精神。個人無論遭遇任何困難，必須不屈不撓，奮鬭到底。

（十）要能够合羣　優勝劣敗爲人類和生物生存的公例，雖然優勝劣敗的原因不止一端，但能否合羣却是重要的原因。人類能够生存到今天，不被其他生物所消滅，也就是合羣的效果。中國人只有個人沒有團體，形同一盤散沙，所以一遇到外來的侵略，就不能團結對外，這種惡習應該趕快改正過來。

（十一）要做社會的生利分子　新民必須是社會的生利分子。所謂生利分子，並不是要每個人直接參加到生產事業裏去，凡是能夠保護生利的人，像官吏、軍人和醫生等，也都是社會的生利分子；凡是能夠增加人類知識，改進人類品質的人，像教育家和文學家等，也莫不是社會的生利分子。

（十二）要有尚武精神　中國國民的體質一向十分文弱，當此列強逼境的時候，尚武精神尤其不能缺少。

（十三）要注重私德　私德和公德並不是相對的名詞，而是相關的名詞。個人必須有私德然後才能有公德，聚有私德的個人，才能組成有公德的團體。私德醇美的個人，雖然並不一定公德完備，但只須推其私德，不難兼具公德；但私德惡劣的個人，必無公德，所以私德可說公德的先決條件。

（十四）要具政治能力　一個政府是否健全，要看這個國家的人民有無行使政治的能力。要建立一個民主有效的政府，人民的政治能力尤其重要。

此外梁氏所論尚多；惟由以上所舉，已可看出他所塑造的理想國民，應該具有的各項人格修養了。

九　講學育才的晚年

梁氏早年從事教育的生涯不多，到了晚年從事講學育才，却極爲辛勤。他自民國九年從歐洲返國後，對於國家問題和個人事業完全改變其舊日的方針和態度，自此以後不再從事政治活動，專心致力於講學育才的工作。

他在民國九年曾爲辦理中國公學捐募基金；又組織共學社，編譯各書；發起講學社，聘名哲講演。

民國十年他應天津南開大學之聘，在該校主講中國文化史。這年十月以後，又應京、津各學校的邀請，曾作公開講演七次。

民國十一年四月起，梁氏應各學校和團體的邀請，曾作學術講演二十餘次。這年春天曾在清華學校講學；八月末旬在南通中國科學社年會講演；十月下旬赴南京東南大學講學，因爲講學過勞，以致患心臟病，但講演仍然沒有停止。此外，他爲了謀求中國公學的發展，仍然不遺餘力地奔走呼號。

民國十二年梁氏發起創辦文化學院於天津，後來因爲經費困難，創校計劃未能實現；他又和同志創辦松坡圖書館；七月主講南開大學暑期學校；九月起在清華學校講學。

民國十三年春，他在南開講學。

民國十四年九月初擔任清華研究院導師；這年就任京師圖書館館長。

民國十五年梁氏就任北京圖書館館長。同時仍在清華講學，並忙於三館館務和學術講演。

民國十六年梁氏就任司法儲才館館長，並擔任人生哲學一課。

綜觀梁氏的晚年，其講學育才的辛勤，較同時代的任何教育家有過之而無不及，梁氏曾說：「戰士死於沙場，學者死於講座。」他可說是如願以償。

十 思想言論的影響

要舉出一個淸末民初在我國學術界思想界盡力最多、貢獻最大和影響最深的人，我們不能不說那就是梁啓超先生了。他在學術思想上的成就，遠較他在敎育上的成就爲多。

梁氏在思想界的最大貢獻，是他所倡導的思想自由。他旣不盲目於新學，也不固執泥古，他對於我國過去思想界各家思想受儒家思想的束縛，極爲不滿；他認爲這種儒家思想所形成的束縛，使我國二千年來殊少傑出的大思想家，卽使有也只能託古而存，毫無獨立精神。所以他一生致力於提倡思想自由，力圖破除這種思想界的痼疾。淸朝末年，我國思想界雖然粗率淺薄，但朝氣蓬勃，這不能不歸功於梁氏的倡導。

其次，梁氏對於新思想的輸入和宣揚，都有不可磨滅的功績。光緒二十二年他主編時務報，數月之間竟銷行達三千份，爲我國自有報紙以來空前未有的現象。光緒二十四年又在日本橫濱創辦淸議報，二十八年創辦新民叢報和新小說雜誌等，這些報紙雜誌對於開民智、振民氣，都有極大的影響。已故德劭學博的蔣夢麟先生曾在他所著的西潮一書中說：

「他（指任公）的『新民叢報』是當時每一位渴求新知識的青年的智慧源泉。」

「我就是千千萬萬受其影響的學生之一。」

新民叢報只刊登和發表梁氏著述的一部分，影響已如此重大，其他可想而知。

梁氏見解新穎，筆鋒銳利，感情豐富。他所發表言論的字裏行間具有一股不可抗拒的魔力，凡讀過他的著作或聽過他議論的人，莫不直接或間接地、自覺或不自覺地深受他的影響。如果說梁氏是使中國思想走上現代化的功臣實不爲過。我國國民革命的成功，他在鼓吹和宣傳上的功勞也不可沒。蕭一山所著的淸代通史中有一段話說：

「……內地之宣傳，人心之趨嚮，大半皆任公之力。當余總角受書時，卽曾讀其家喻戶曉之中國魂，而固不知有民報與革命也。以後再造共和，撲滅復辟，其遺徽更不可磨滅矣。」

世人多以保皇責備梁氏，殊不知革命的思想，尤其是在初期，多賴於梁氏言論的影響而能普遍深入；梁氏的政治思想，固然直接地與起憲政運動，實際上也間接地促成了　國父孫中山先生革命的成功。

張伯苓（西元一八七六—一九五一）

孫彥民

一 前言

張伯苓先生，出身天津世家，因外患刺激而投效海軍，因海軍訓練而識西學，知非徹底改革則國家無以自存，民族無以自保；而改革之道，首在培育新人材，故以興辦新式學校爲志。

伯苓先生獻身教育，凡五十三年。桃李盈門，中外馳譽，樹人之德，可謂不朽。服務黨國，不計毀譽。抱「天下興亡，匹夫有責」之志，懷「先天下之憂而憂」之心，愛國之志可謂堅強。先生立身處世，不走極端，樂觀進取，不偏不倚，深合中庸之道。先生至死不屈，清操厲冰，廉頑立懦，發揮了我國傳統精神。由此觀之，若稱先生爲完人，應不爲過。

在教育上，他替我們樹立了一個理想的學校規範，指示我們辦理教育的南針。在政治上，他認爲救國之道，唯有培育人才。古人有「我願天公齊抖擻，不拘一格降人才」之嘆；但先生告訴我們，人才不是「降」下來的，而是訓練出來的。若要學校辦理完善，不僅學生要受訓練，教員和職員也應接受訓練。若要政治效率提高，公務人員也應當接受訓練。訓練的內容以符合「公」、「能」的標準為主，使每一個公務員均能發揮高度的熱誠，竭盡自己的心智，為國家、為人羣服務。如能這樣，國家自會富強，天下自會太平。

二　生　平

張伯苓先生原名壽春，字伯苓，後以字行。清光緒二年三月十一日（西元一八七六年四月五日）生於天津。其祖先原籍山東，清初移居天津。家道富庶，人口繁衍。先生之父文庵公，酷嗜音樂，不事生產，致家道中落，乃決意使其子女受良好教育，學有專長，俾能發奮自強，重振家聲。

伯苓先生六歲入私塾讀書。每日放學回家，文庵公再教導講解，督促甚嚴。十七歲（光緒十八年，西元一八九二年），考入北洋水師學堂，入航海科（俗稱駕駛班）肄業。水師學堂不僅全部公費，且每生每月尚有零用錢，先生因家計不豐，皆留作家用。當時該校由嚴復、伍光建等留英學生所主持，常介紹西方思想及社會情形，先生深受感動。由於先生天資聰慧，且刻苦用功，故在校三年中，每試必列前茅。光緒二十一年九月（一八九五年）先生以第一名畢業，年二十二歲。

光緒二十年七月，中日甲午戰爭爆發，不數月，北洋海軍幾乎全軍覆沒，甚至未留一艦供海軍學校畢業生實習。伯苓先生雖然畢業，也只好回家等候派遣。次年被派到通濟艦見習。二十四年通濟艦被派往威海衛，先自日軍手中接收海港，次日再移交給英軍。兩日之內，該港換了三次國旗。無知識的商販，不知國恥，競相與英、日軍交易；蓬頭垢面，鶉衣百結，時受欺凌。伯苓先生身臨其境，親自目覩這種現象，痛心疾首；認爲甲午戰爭之失敗，中俄密約之締結，瓜分形勢之造成，無一不是由於朝臣的顢頇。深感國勢之阽危，惟有從事新的教育，培養一代新人物，方有挽救希望；乃決心放棄海軍職務，獻身於教育救國事業。

當伯苓先生決心從事教育救國工作的時候，恰巧天津士紳嚴修（號範孫）先生主張維新，提倡新教育。光緒二十四年禮聘先生在私宅設家塾，以新方法、新教材教其子弟，名爲嚴館。三年後，王奎章先生亦請先生教其子弟，名爲王館。這嚴、王兩館就是日後有名的南開學校的濫觴。嚴、王兩館雖然開始了先生的教育生涯，但這種沒組織、規模小的家塾，自然無法達成先生教育救國的初衷。所以到光緒三十年二月，在淸廷廢科舉、倡辦新教育聲中，先生和嚴範孫及張建塘二位先生到日本考察教育，是年八月返國，在嚴宅偏院創辦一所私立中學，名爲「私立第一中學堂」，是爲南開中學前身。

私立第一中學堂在伯苓先生主持下，不久卽揚名津埠，投考者逐年增加，不得不覓地另建校舍。光緒三十二年（民國前六年）鄭菊如先生捐出靠近天津城西南角的空地一塊，約有十畝，爲學校用地。三十四年新校舍落成，卽遷入上課。因該地名南開窪，故改校名爲「南開中學」。是年先生第一次赴美考察教育，次年返國。

自新校舍落成後，學校發展更爲迅速。但先生並不以此爲滿足。蓋先生認爲中學爲培養建國幹部之場所，欲提高學術水準，迎頭趕上歐美，非辦大學及研究所不可，故興辦高等教育的念頭與日俱增。及中學試驗成功，更增加了先生的此一信心。

民國六年春，上海聖約翰大學授先生名譽文學博士學位。是年秋第二次赴美，入哥倫比亞大學師範學院研究，爲興辦高等教育作準備。次年冬返國，積極籌辦大學。八年春，募得銀元八萬元，於中學部南端空地建教室；秋季，大學開學，招生四十餘人，設文、理、商三科，南開大學正式成立。

其後南開學校逐漸擴展，民國十二年成立女中部，十七年設小學，並改大學部文、理、商三科爲文、理、商三學院，包括政治、數學、財政等十一個學系。二十年成立經濟研究所，二十一年成立化學研究所；於是南開學校成爲一個有學生三千多人，自小學至研究所的完整教育體系了。

民十九年，先生始謁今　總統蔣公，因與領袖接近，更加了解其人格的偉大與謀國之忠誠。自此，其擁護領袖、協助政府的言行更加明顯。以先生在北方學術界的人望，對推行主義、團結全國的貢獻自然很大。伯苓先生是一個赤誠的愛國者。他不僅在教育救國的信念下創辦了南開學校，誠心誠意的擁護政府，擁護　領袖，而且凡於社會、國家有利的事務，無不悉力以赴。

大家都知道伯苓先生對體育提倡甚力。因爲他認爲這是強國、強種的不二法門。他不僅在學校裏提倡體育，在社會上亦然。他早年受基督教的影響，深信基督教實爲勸人爲善的偉大力量，爲實施社會教育的有力組織，所以早在宣統元年（西元一九〇九年）就受洗爲基督徒，時年三十四歲；晚年對基督教信仰更篤，常說：「一切人不幫助你的時候，神仍然幫助你。」我們可說由於宗教的信仰，才使先生有百折不撓，不計毀譽的精神。他那種豁達大度、沈着堅毅的性格，也多少受益於宗教的洗禮。另一方面，宗教信仰也使他獲得苦行者的樂趣，使他高瞻遠矚，淡泊名利，不顧物質享受，不計眼前成敗。

伯苓先生身材魁梧，相貌端莊，聲如洪鐘，精力過人；氣度恢廓豪邁，談笑風生。從先生遊，如坐春風，意趣盎然。他很少穿西服，總是着長袍馬褂，西裝長褲，黑亮皮鞋；留着平頭，頭髮濃密花白。他平常總愛戴一副深褐色的養目眼鏡，逢到要看什麼文件，必從懷裏掏出一副老花眼鏡換上；動作斯文雅靜，令人難忘。他那帶着天津衛口音的國語，初講話時顯得低沈，然後慢慢地昇揚起來，但絕不帶激昂的火氣；聲調穩重，每句話都能深深的打入聽者的心底。他說的話似淺顯而實深刻，不僅是言教，而且更能使人感到他潛移默化的身教功效，與感動人心的無形力量。

伯苓先生的記憶力很強。南開的學生，他多半能叫出姓名，甚至還知道一些學生的家庭情形。先生極精明，善談天，胸襟寬宏；很少談自己，從不批評任何人的缺點，却常稱讚別人的長處；不大談過去，只實實在在的注意現在與未來。他認爲人須要有熱情而頭腦冷靜；在待人處世方面絕不造成僵局，遇有可能陷於爭執的時候，必預留轉圜的餘地。先生演說生動，具有說服力，善於將感情融和於簡單的道德和倫理之中。他常對學生說：要發掘別人的長處，而與人爲善；如只見到別人的壞處，則社會上無可交之人，自己也無可共事的夥伴了。

伯苓先生不抽煙，不打牌，不飲酒。性喜靜，晚上無事常與夫人對坐鬥紙牌。先生常說：中國人先結婚，後戀愛，正是其夫婦愛情甚篤的寫照。先生的生活甚有規律。由於專心辦學，每週必有三、四天住在校內。五時許起床，到飯廳巡視讀書的學生，領首微笑，學生們對他都有和藹可親的感覺。在南開方成立時，每隔兩三週必邀學生到家吃飯；夫人親自下厨，油餅、水餃，大家排齊桌椅，動手端飯，團坐而食，其樂融融，如家人父子。後來學校規模日大，不能請學生來家吃飯，但每節下課後到校園散步，碰到學生就親切的問其生活習慣及家庭情形；這樣，既可了解學生情形，也增加了師生之間的感情。

先生生活簡樸，住家距學校不遠，常步行到校，甚少乘車。工作餘暇，喜聽平劇，欣賞的程度也很高，但很少上戲園子，多半聽收音機或留聲機。總之，先生的生活是平靜的，但平靜中顯出偉大；先生的人格是崇高的，但待人處世却平易近人。南開學校就在這樣一位求新、求實、愛國家、愛青年的校長主持之下漸漸茁壯，創下了中國近代教育史上的一個奇蹟。

伯苓先生的生活習慣和教育事業，正是一個相反的對照。事業方面，先生必求緊跟時代，日新又新，但在私人生活方面，卻是絕對保守而且刻板的。其寡欲的修養，無我的精神是超越的。就在這種似矛盾而實和諧的精神領導之下，南開學校訓練出來一批批的建國幹部及社會上的領導人物。

南開學校成功了。其成功的因素是什麼呢？伯苓先生在南開四十週年校慶時曾說：「南開學校係私人經營之事業。經過四十年之奮鬥，得有今日之發展，推溯原因，實有多端：例如吾人救國目標之正確，公能訓練之適當，與夫學生來源之優秀，校風之純良樸實，皆爲我校發展之重大因素；而尤覺重要者約有三點：一、個人對教育之信心。……二、同仁之負責合作。……三、社會之提携與贊助。……」語云：「得道者多助。」南開學校的成功，伯苓先生雖歸功於同仁及社會，實乃先生的「信心」、「毅力」所致。

不幸，民國二十六年盧溝橋事變起，平津淪陷，南開於七月二十九日及三十日被日本飛機輪番轟炸，校舍全毀。時先生在南京開會，聞訊悲憤異常，不僅因三十餘年的心血毁於一旦，且恨日本軍閥破壞教育文化事業之殘暴不仁。先生說：「敵人能摧毁的只是南開的物質，南開的精神是摧毁不了的。」今　總統蔣公當時爲軍事委員會委員長，特安慰先生說：「南開爲國家而犧牲，有中國必有南開。」先生深受感動，愈加奮勉。

抗戰期間，南開大學部與北大、清華合併爲西南聯合大學，遷至昆明上課。校務由梅貽琦先生，蔣夢麟先生與伯苓先生合組校務委員會，共同負責。事實上，蔣、張兩位先生甚少到校，校務多半由梅先生主持。伯苓先生則將全部精力用在發展民國二十五年秋季開學的重慶南開中學，二十八年復校的經濟研究所，以及擔任國民參政會主席的工作上。

二十七年七月，國民參政會（戰時最高民意機關）第一屆第一次大會在漢口開幕，伯苓先生被任爲副議長。抗戰期間，先生歷任第二屆、第三屆、第四屆各次大會主席團主席；其間對溝通政府與民間的感情，疏通各方面的意見，不遺餘力。每遇有妨礙抗戰建國綱領，不利政府或領袖的言行，先生往往不顧一切盡力排除之，對國家貢獻甚大。

三十四年五月，中國國民黨召開第六次全國代表大會，先生當選為第六屆中央監察委員。八月十四日，日本無條件投降，結束了八年零一個月的戰爭。教育部令自三十五學年度起，南開大學改為國立，伯苓先生仍為校長。這項措施，解決了先生復校後的籌款工作，實現了　蔣委員長「南開為國家而犧牲，有中國卽有南開」的諾言。十月十七日南開校慶日行開學禮。那天伯苓先生異常興奮，對全校師生及在天津的校友誓言：「南開還要長，還要更長。我要繼續為南開再努力幹十五年。……」聞者莫不動容。

民國三十六年，先生當選為天津市行憲國大代表。次年三月二十八日，出席首屆行憲國民大會，被選入主席團。是時，先生一反往日不涉及實際政治的主張，在天津創立「公能學會」，鼓勵南開校友參加政治。

伯苓先生於三十七年六月接受　蔣總統的敦促，出長行憲後第一任考試院長，並電召在美國的何淬廉先生代理南開大學校長職務。是年冬，天津淪陷，先生因身體不佳，赴重慶南開中學休養。及南京不守，四川易幟，先生因血壓高不宜飛行，無法追隨政府來臺，為免共匪利用，上書　總統辭去考試院長職務。

三十九年，先生及夫人被共匪送往北平，十月以後才回到天津，那時先生已七十五歲高齡，國破家亡，孑然一身，表面上雖尚維持平日的鎮靜與安祥，但精神已疲，右腿且不甚靈活，身體已日見其衰了。起初共匪欲加利用，如強迫先生爲所謂「抗美援朝天津分會會長」等，均爲先生所拒；利用不成，乃百般打擊，先生心情之沈重是可想而知的。

四十年（西元一九五一年）二月，先生自知不久人世，乃陸續口述遺囑大意，由其門弟子整理。因懼家人受害，故在極端秘密中進行，僅有家人及門弟子數人參與其事。遺囑全文於二十二日作最後修正，經先生簽字後完成。次日黃昏，先生撒手塵寰，含恨而終。享年七十六歲。

三　教育思想

凡知道伯苓先生的人，無不認爲他是一個教育界的偉大門士，一個偉大的力行者。他有思想——愛國；有抱負——教育青年；能吸收別人的思想——教育理論；能發揮自己的長處——實踐其理論。他從事教育工作五十三年，造就了無數人材，當然可以當「教育家」三字而無愧。可惜由於資料不全，無法得窺先生教育思想的全貌。現在只好僅就南開校友的追憶加以分析，看看先生的見解如何。

一、教育目標

南開學校係因國難而產生，故其辦學目的，旨在痛矯時弊，育才救國。伯苓先生以爲民族之大病，約有五端：首曰「愚」。數百年來，國人深中八股文之毒，民性保守，不求進步：教育不普及，人民多無知，缺乏科學知識，充滿迷信觀念。次曰「弱」。重文輕武，鄙棄勞動，鴉片之毒流行，早婚之害未除，因之民族體魄衰弱，民族志氣消沈。三曰「貧」。科學不興，災荒屢現，生產力弱，生計艱難；加以政治腐敗，貪污流行，民生經濟瀕臨破產。四曰「散」。兩千年來，國人蟄伏於專制淫威之下，不善組織，不能團結。因此個人主義畸形發展，團體觀念極為薄弱。整個中華民族有如一盤散沙，而不悟「聚則力強，散則力弱」，「分則易折，合則難摧」之理。五曰「私」。此為中華民族之最大病根，國人自私心太重，公德心太弱，所見所謀，短小淺近；只顧眼前，忽視將來；只知有個人，不知有團體；其流弊所及，遂致民族思想缺乏，國家觀念薄弱，實令人痛心。

民國十六年，先生召開學校教育討論會，針對右述弱點，制訂訓練目標：

（甲）**重視體育**　強國必先強種。強種必先強身。國民體魄衰弱，精神萎靡，工作效率低落，服務年齡短促，原因固屬多端，要以國人不重體育為其主要原因。南開學校自成立以來，即以重視體育聞名，以期個個學生皆有強健的身體，及充沛的精神。故對於體育設備，運動場地，力求完善；體育組織，運動比賽，力求普遍。民國十年以後，南開體育課程甚嚴，規定學生必須跑百碼、跳遠而達到某種水準方得畢業。每一學生必須能拉鐵槓，跳木馬，這是他校所無的體育考驗。學生先後參加華北、全國及遠東運動會者，均有良好表現。事實上，先生提倡體育的目的，不僅在少數選手而在全體學生；不僅在學校而在社會。學生在學校固應有良好運動習慣；學生離校，亦須能保持這種習慣，並要負起促進社會運動風氣之責。同時認為體育之目的不僅在鍛鍊技術之專長，尤重在體育道德之兼進；體與育並重，庶不致發生流弊；故對於體育道德及運動精神，非常重視。

（乙）**提倡科學**　我國科學不發達，物質文明遠不如人。故先生辦學之初，即竭力提倡科學，其目的在開啟民智，破除迷信，藉以引起國人對於研究科學之興趣，促進物質文明的發達。由於科學與國防發展具有密切關係，無科學即無國防，無國防即無國家；可見先生之卓見。惟科學精神，不重玄想而重觀察，不重講解而重實驗；觀察與實驗又需要充實之設備。故南開學校在成立之初，先生即從日本購買理化儀器多種；其後歷年添置，致學生人人皆能親自實驗。民國初年，美國哈佛大學校長伊利奧（Dr. Elliot）博士到南開參觀，見南開有此設備，深為讚許；因為當時中等學校有如此完備之實驗設施者，在美國也不普遍。

（丙）**團體組織**　先生以國人團結力薄弱，精神渙散，原因在不能合作，與無組織能力。因此，南開學校對於學生課外組織，團體活動，無不協力贊助，切實倡導；使學生有練習做事、參加活動之機會。南開學校的課外活動組織有數十種之多，約可分九類：1.學術研究會、2.講演會、3.出版社、4.話劇社、5.音樂研究會、6.體育活動組織、7.社會活動組織、8.平劇社、9.其他。

（丁）**道德訓練**　教育為改造個人之工具。但教育之範圍，絕不可僅限於書本教育、知識教育；而應着重於人格教育、道德教育。是以先生於每星期三下午，召集學生訓話，名為修身班。闡述行己、處世之方，及求學、愛國之道；語多警惕，學生多能服膺勿失。此可謂近日學校「週會」之由來。有一位南開校友說：「……在學校中所學的物理、化學……知識，早已忘懷，惟老校長在修身班上所說的話，大都能夠記憶。……」可見其影響之深。

先生鑒於民族精神頹廢，個人習慣不良，欲力矯此弊，乃將飲酒、賭博、冶遊、吸煙、早婚等事，懸爲厲禁；犯者退學，絕不寬貸。在校門內立一大鏡，鏡旁鐫有鏡箴，俾學生出入，知所儆戒。箴詞爲：「面必淨，髮必理，衣必整，紐必結；頭容正，肩容平，胸容寬，背容直；氣象：勿傲、勿暴、勿怠；顏色：宜和、宜靜、宜莊。」此與後來　蔣總統所倡新生活運動，若合符節。伊利奧博士到校參觀時，見南開學生的儀態，與在他校所見者不同，特加詢問。伯苓先生引他到鏡旁，將鏡上的箴詞詳加解釋，始了解原因。後伊利奧氏返國，特以此告其邦人；羅氏基金團且派員到南開攝影，寄回美國，刊諸報端，備加讚揚。

（戊）培養救國力量　南開學校係受外侮刺激而產生，故教育目的，旨在雪恥圖存；訓練方法，重在讀書救國。關於國際形勢，世界大事，及中國積弱之由，與夫所以救濟之方，先生時時對學生剴切訓講，藉以灌輸民族意識，及增強國家觀念。但愛國可以出乎熱情，救國必須依靠力量。學生在求學時代，必須充實救國能力；到服務時才能眞切實行救國之志；有愛國之心，兼有救國之力，然後始可實現救國之宏願。在平津陷落以前，華北學生的愛國運動，大半由南開學生領導，先生之心血可謂未曾白費。然南開亦因此遭日人之忌，故七七事變爆發，南開首被破壞；由此亦可見南開之愛國運動，已發生了深遠的影響。

上述五項訓練，一以「公」、「能」二字爲依歸。目的在培養學生愛國、愛羣之公德，以及服務社會之能力；故南開成立之初，即明示訓練方針；三十週年校慶會上，伯苓先生又揭櫫「公」、「能」二字作爲校訓。惟「公」故能化私，化散，愛護團體，有爲公犧牲的精神；惟「能」故能去愚，去弱，團結合作，有爲公服務之能力。上述五項基本訓練，以「公能」校訓爲指導原則；而「公能」校訓，必賴此五項基本訓練，方得實現。合之則「公」「能」二義，分之爲五項訓練；允公、允能，足以治民族之大病，造就建國之人材。四十餘年來，南開學校之訓練目標一貫，方法一致；根據教育理想，制定訓練方案，認眞推行，徹底實施；故能發揮教育功能，實現預期效果。

二、教育原則

(1)**文武合一**　我國在漢唐以前，本是文武不分的，大臣們出將入相者比比皆是。但自宋代重文輕武，明淸八股取士以來，不僅束縛了人們的思想，而且使社會上流行「好男不當兵」的觀念。文人弱不禁風，武人目不識丁。淸季國家多難，文武之分途，未始不是原因之一。先生有鑒於此，乃於全國中等學校實施軍事訓練以前數年，就在南開推行軍訓。南開的軍訓，除了一般軍事技能及知識外，特別注重紀律訓練、國民雪恥圖強意識的加強以及抗暴禦侮的教育。

(2)**自然與人文兼顧**　伯苓先生雖以「提倡科學」爲教育目標之一，但對人文與社會科學並未偏廢。這可從先生特聘駱宏凱、梁啟超、范文瀾、蔣廷黻、徐謨、李濟、樓光來、凌冰、何廉諸先生擔任文學、歷史、政治、經濟、心理等科目得到證明。上述諸先生，皆一時權威學者，無怪南開校友到社會上能在政治、經濟、法商、工礦各界嶄露頭角。

(3)**個人發展與團體相聯**　在中國過去的社會中，一般人認爲讀書是個人的出路，是獲致一己富貴尊榮的不二法門。近代教育上亦有「個人發展」與「團體維持」衝突之說；一般人皆以爲二者似乎是不能兼顧或調和的。但伯苓先生由於深受儒家思想的薰陶，再加上自己敏銳的觀察，把教育的重點，有意識的放在個人發展與團體相聯的關係上。這種鮮明的倡導，在傳統的意識上是革命性的。先生為救國而從事教育，所以有意使南開學生不僅要充實自己，要有為國效勞的能力；而且要發揮濃厚的樂羣精神，要有「能」而不為己的「公」德。這種精神若能散布開來，全國自然團結而富強了。

(4)**重視社會教育**　先生深信教育不僅對個人，而且對社會有改造的功能。故凡與社會教育有關的活動，莫不盡力協助、倡導。如提倡各種運動，發起華北、全國運動會；提倡正當的休閒活動，如話劇、平劇、舞蹈等；鼓勵愛國活動，如參加反內戰大同盟，倡導反日宣傳，協助晏陽初博士辦自治縣等。可見先生辦教育的目的之一是在改進社會，建設社會。

(5)**教育萬能**　伯苓先生是一位實踐理想，注重身教的教育家。他相信教育事業是神聖的；同時，相信教育的影響是無限的。他個人對於教育的信念，啟發了他的學生對教育的興趣。教育果然是萬能的嗎？所謂萬能究竟作何解釋？下面有個故事，可以顯示先生的教育精神，和他對教育的看法。

民國十六年春，北平某校有一個學生因犯過而被開除。有個南開校友認為這個不幸的學生如果能到南開求學，可以遷善向上。如果轉到一個缺乏教育精神的學校去，這個青年或者會失去信心而墮落下去。但是介紹一個受開除處分的學生轉學母校，却不是一件理直氣壯的事。他專誠去拜訪伯苓先生，並請教有關教育萬能的見解。

他請問說：「教育萬能的意思是不是說：教育可以改造個人，使好的更好，壞的改好。還是只能使好的分子更好，壞的分子是無可救藥的，只好屏諸門牆之外呢？」伯苓先生毫不猶豫的回答：「當然是使好的更好，壞的也好。」那個校友立刻陳述來意，希望母校能准那個被別的學校開除的青年來南開受教；因爲南開有良好的教育環境，可以使那個學生改過自新，同時也可以證明教育萬能的眞諦。這位有教無類的教育家，把那個青年受處罰的經過加以詢問之後，立刻予以同情的考慮。其後，那個轉學南開的青年，果然順利完成學業，並出國深造；不僅變成了一個化學工程師，而且還成爲一個造福社會的積極分子。

三、教育方法

(1)**活的教育**　大家都知道南開的「升學率」很高，但這並不是由「惡補」、「讀死書」所得來的成就；而且伯苓先生根本不贊成學生讀死書。他不僅充實設備，增加課外活動項目，使學生從實際工作中學習，而且鼓勵學生到「社會」上去，讓學生把在課堂上所得的知識，與實際的社會情形加以印證；鼓勵學生把在「社會」上所發掘的問題，帶到課堂上去，和師長、同學共同討論，找出問題發生的因果，尋求解決的途徑。

(2)**長的教育**　他常要求他的學生「長」（生長之意）。這個「長」字在先生口裏有許多「形式」。或說：「我們要長！長！長！」或說：「我們要進步！」或說：「我們要自強不息！」形式雖然不同，意義是一樣的。他的教育方法不是注入式的，塡鴨式的，而是自動自發的，使學生各自伸展的。

(3)**身體力行**　語云：「身教者從」。沒有一個從事教育工作者，自身萎靡不振，而能使學生自發自強的。今舉一事爲例：先生本有吸煙的習慣。有一次他發現一個學生吸煙，面加申斥。該生則指着先生桌上的煙袋，而不承認吸煙的錯處。先生自思：自己不能做的事，怎可要求學生？乃將煙袋折斷，從此不再吸煙。由這件事可見先生勵行身敎之一斑。

(4)**貫徹始終**　人人都知道南開校規很嚴。但若校規嚴而不貫徹始終，就不會有效。伯苓先生常說：「吾南開精神，在最後五分鐘。」由這一句話，可以推及一切。

綜觀伯苓先生的一生，無論在敎育上，政治上，社會上，甚至私人生活上，無一不可爲天下後世所師法。玆引前美國駐華大使、燕京大學校長司徒雷登博士在伯苓先生七十壽誕時，發動友好所撰的「另有表現的中國」(There is another China)一書的結語，做爲本文的結束。他說：「自從我第一次認識他，由於他的清逸的風度，敏銳的觀察，永恆不息的熱心，與毫無汙點的完整人格，他的生命就成了我的啟示。」對伯苓先生，眞可說是推崇備至了。

黃建中（西元一八八九—一九五九）

方炳林

黃建中先生，字離明，湖北隨縣人。生於民國紀元前二十三年，即光緒十五年（西元一八八九年）十一月二十四日。先生六歲就讀里塾，十二歲出就外傅，先後入隨縣高等小學、德安府中學、北京明德大學及國立北京大學；民國十年，以鄂省官費，赴英留學，入愛丁堡大學及劍橋大學，研習教育、倫理及哲學。其間民國二年，肄業北京私立明德大學，適章太炎設講學會，先生仰慕名師，潛心聽講，因此得識章氏諸門弟子，而以師禮事黃季剛，使學問之途有所遵循。民國三年，入國立北京大學文科中國哲學門，受瑞安大儒陳介石先生之薰陶獨深，故涉獵經史注疏，並肆力於先秦諸子及宋元明理學，而於浙東之學尤多心得。這可以從先生的著述以及平日講授中，得知先生的學術淵源。

在事功方面，先生先後任教育部高等教育司司長，兼代常務次長，起草大學專校組織法及規程；湖北省政府委員兼教育廳長，試辦會考，選派留學，擴充公共科學館，創設高級中學、教育學院，特揭「由行而知、由做而學、由勞而獲」為師資訓練原則；民國二十三年再長高等教育司，擬定國防教育高等部份五年計劃，連任國民參政會參政員、制憲國民大會代表及湖北省第三區立法委員。先後服官七年，參政立法十數載，舉凡有利國計民生與教育建設者，莫不本其良知與學養有所獻替。

雖然先生主持湖北教育行政與全國高等教育，並從事參政立法，但一生事業，仍以講學著述為主。從民國六年畢業於北京大學，受校長蔡孑民先生特達之知，留校任補習班教員，並介充朝陽大學講師開始，先後任國立女子大學教授、北京大學講師。任國立暨南大學教務長時，訂定道德、科學、軍事、政治與職業五種訓練為教學方針。任國立中央大學教育學院院長時，則主張個性、羣性、民族性應交互調和發展。以後任國立四川大學師範學院院長、中央幹校研究部教授兼教育組主任、國立政治大學教授，以迄渡海來臺，任教臺灣省立師範學院。民國四十四年師大教育研究所成立，遂專門主講於教育研究所，間亦指導政治大學研究生之研究。除作育人才外，更隨時駁斥唯物辯證法與共匪之邪說，以建設人心，端正風氣。

先生倡導人性本位，理性至上，民生中心的教育學說。對於於比較倫理學的研究，尤具心得。從生物、心理、社會和文化各方面闡明行為及道德的演進，詮次衆說，獨倡「和協之人生」，由心身、社會、國家、民族，以至世界人類和宇宙萬物，認定助漸易爭，同復容異，致人生之中和，達宇宙之太和。先生著述，除出版有比較倫理學、教育哲學、中國哲學通論、中國哲學史（上卷）、殷周教育制度及其社會背景、荀子名理與蓋然論等之外，其餘論文講辭等四十篇約三十餘萬言，由師範大學教育研究所全體學生趁先生七秩大壽的機會，於民國四十八年元月刊印為「文教與哲學」，以為祝嘏。

希望「使不知道黃先生的人，能認識黃先生對社會所作的貢獻並承認其價值，而已認識黃先生的人能更進一步地了解黃先生，使我們今日的社會能向更高一層的境界去發展」。（見「文教與哲學」獻詞）至於教育、文化和哲學以外的文章，先生在「文教與哲學」後序中說：「歸國前後未刊之散文、韻文，亦已裒然成帙，或將時有增益，擬名『詩文存』而冠以吾號，十年後再行未晚也。」可惜天不假年，遽於四十八年九月十八日逝世於臺大附屬醫院。稟命不融，微言圯絕，豈僅學生痛失良師，整個國家和社會都哀悼哲人其萎啊！

先生狀貌溫順，志意純潔，平日布衣蔬食，刻苦自勵，從來沒有疾言厲色，可是同學們都由衷地敬愛着先生。特別是冬天，先生在一襲長袍外面，加上一件比長袍短一截的厚大衣，坐在研究所教室裏，諄諄講論，不由得從心底感到溫暖。我想古代的「如坐春風」和「如沐化雨」，大概就是這種感覺。

我第一次接受先生的教誨，是在民國四十一年。那時候是臺灣省立師範學院教育系四年級，先生講授教育哲學。可能是全班人數衆多，先生的聲音比較小，所以當時的印象，是先生的講述沒有其所著述的講義精采。後來在民國四十四年考入教育研究所，朝夕受到先生的教誨和指導，對先生淵博的學識和平易的風範，得以親近受益，對先生不阿不苟的態度和不厭不倦的精神，也幸能體認和受到薰陶。

先生最偉大和最令人敬佩的是「學不厭，教不倦」的精神。先生早年從大儒陳介石習經史，復留學英國劍橋大學和愛丁堡大學習教育、倫理和哲學，可謂學貫中西；而且當年師大教育研究所主任田師伯蒼深以得先生與陳康先生分任中西哲學史的講席而自豪，但先生從未一天稍停研究。每次去看先生，都是看到一卷書，一枝毛筆，正襟危坐，伏案批閱。先生的著述之多，實在與他的好學有關。先生在其七十述懷中還說：「我今年七十，半聾鬢始蒼。著書雖矻矻，多未竟篇章。茲唯日不足，務廣更契遑。年若如皤叟，無待我鷹揚；年若如伏勝，傳經或可方。」可見先生的好學不厭。

先生教學，諄諄善誘，數十年如一日。記得在教育研究所時候，先生授中國哲學史、中國固有教育制度以及程朱、陸王、顏李教育思想等課，往往一連三四節課不休息。我們年輕人坐着已經感到吃不消，先生以七十高齡，却仍然精神奕奕，津津而道，毫無倦容，使我們眞是慚愧，亦使我們敬佩不已。我們第一屆研究所同學五人，其中四個人的畢業論文是先生指導；同時，先生因兼授政治大學研究生課程，亦有兩位同學的論文需要先生指導。從搜集資料、擬訂大綱、編定章節，到潤飾文字，先生無不認眞指導，取捨斟酌，一絲不苟；雖然勞累，亦沒有一點煩倦之心。孔子說：「若聖與仁，則吾豈敢。抑爲之不厭，誨人不倦，則可謂云爾已矣。」子貢說：「學不厭，智也；教不倦，仁也；仁且智，夫子既聖矣！」以先生的學不厭和教不倦的精神而言，則先生已經做到了「仁且智」的「聖」的地步了。

民國五十一年的教師節，我在「新天地」月刊曾經發表「懷黃建中師」以紀念先生的逝世三週年，文中有這樣一段話說：

三年來，無時不在懷念着先生。每次經過先生以前的宿舍，我會憶起向先生請益的情景；平常為學生講課，也會記起先生為自己授課的神情；要是介紹到先生的著述，更是黯然不已。每年還有兩件使我特別懷念先生的事情，一件是學校召開系務會議，一件是申請國家長期發展科學會的擬訂計劃。先生逝世後，教育部為了紀念先生，特在師範大學教育系設立「黃建中先生獎學金」一名，每次在系務會議審查學生成績和討論的時候，我就覺得先生像以前一樣，慈祥的坐在會議席上，可是等我定神找尋時，又那裏有先生呢？

每年暑假以前，申請國家長期發展科學會補助的計劃大綱擬訂好了，我都會拿起計劃，去找先生，想請他給我指導，就像指導我在教育研究所寫畢業論文時一樣，可是想起先生已經仙逝而去，再亦沒有一位如此剴切可親地指教的人，我只能頹然感嘆，我已經痛失良師！

先生之所以如此令人懷念，除了先生的學不厭和教不倦的精神之外，主要是能夠給予學生以深遠的影響和重大的啓示。以我個人而言，在還沒有進入師大教育研究所之前，對於教育只能說有研究的興趣，而缺乏研究的方向；有研究的計劃，而又失諸空泛，當然更談不上研究的途徑和方法。待進了研究所，受所主任田先生以及各教授的指導，始漸能略窺門徑，其中又以受先生之教和得先生之益為最多。先生對中國哲學和教育思想，獨具心得，所以我們同學隨侍左右，所受薰陶亦深。四年之間，先後有二程教育思想、朱子教育思想、陸象山教育思想、陽明教育思想、伊川教育思想、顏習齋教育思想、顧亭林教育思想及張載教育思想等屬於教育思想，以及中國書院教育新論、唐代科舉考試制度、漢代之太學及中國固有大學敎育之演進等屬於敎育制度的論文之作；正如先生所說，這些論文：「雖未能遽入學術著作之林，亦差堪備長編劄記之選。」由於先生的影響，把研究的方向，朝着研究中國固有敎育的發展做去，不僅是我個人，可以說大多數早期師大敎育研究所的同學，都是受先生之益；甚至整個師大敎育研究所之希望在中國敎育方面，能够提供有系統、有價值的貢獻，亦都該感謝先生的指導。

先生對於研究中國敎育之發展，認爲不外敎育制度與敎育思想兩方面，一事一理，相互表裏，均以社會文化爲背景，而彼此又交互影響。有時敎育制度引起敎育思想，理不離乎事；有時敎育思想創發敎育制度，事不離乎理。二者合而治之，事理固可兼賅；分而治之，理事亦得互證。專治敎育制度，當事詳於理，專治敎育思想，則當理詳於事，而社會文化背景均不可忽。先分治，後合治，則一面博徵其事，一面詳說其理；融會貫通，終歸於約，庶幾「博而不雜，約而不漏」。（見師大敎育研究所集刊第二輯弁言）先生在中國哲學之研究途徑方面，主張初步研究在求詁義、定界說；系統研究分縱系與橫系；專精研究則有斷代、專書、專題、某家哲學、某派哲學與某人哲學之研究；以及比較研究之有縱比、橫比、同比、異比與同異交比。（見師大敎育研究所集刊第一輯）在中國敎育制度與敎育思想方面，亦列舉詳細內容，以期深考和窮究這些事理的興廢利病和是非得失。甚至在研究中取材撰文的標準，亦能不厭其詳的臚舉說：

「第一，材料務以原始者爲依據，以轉手者供參考，所謂譬如鑄錢，采銅於山，上也；購銅於市，次也；買舊錢，用廢銅，斯爲下矣。

第二，材料須鑑別眞僞，按時代分先後，所以事果有，理果是，不以書之僞而斷其無；書果眞，不曲解其文，殽亂其事與理。

第三，材料須決定取捨，依內容分門類。所謂記事提其要，纂言鉤其玄；材料當捨者則割愛，可取者則類輯。纂類策括，固未可言學問；但純依原書內容，從客觀方面分別部居，不先從主觀立意以求，亦未足爲病。至徒取材於類書，則偷惰者所爲，不但不足取，而且是可鄙的行爲。

第四，了解先於批評，判斷須有論證。對於教育制度和教育思想，須先有體驗和同情之了解，然後能作洞中肯綮之批評。有判斷而無論證，則是武斷；有論證而無判斷，則爲戲論。證必求其堅碻，斷必期其審愼；論證如未達於十分之見，則判斷寧以蓋然模式出之，毋作必然語氣。」（見師大教育研究所集刊第二輯弁言。）

這些研究的準則、態度以及途徑與內容，都是先生對後學的教導。對於中國教育的發展之研究，先生曾說：「當由若干承學之士，分工合作，積年完成，豈徒期諸一手一足之烈，一朝一夕之功哉？」同時還說：「昔朱文公自註四書，自作詩傳、易本義，復面授作書傳，分授作禮經疏義；其弟子蔡忱黃榦等皆有所成就。自惟學行無似，曷敢望先賢；然後生可畏，安知無出藍而勝焉者，其將旦暮遇之耶？」對於學生們寄以莫大的厚望。

我在「懷黃建中師」短文中曾經說：「如今，同學中有的遠在海外，有的忙於行政工作，能夠承先生遺志，繼續研究的僅存數人，我想如果稍假時日，能把各人所彙集資料，所獲心得，彙成『中國教育思想史』或『中國大教育家』，用來紀念先生教育之恩，當會更有意義。」可惜歲月逝去者又已十年，終未實現。所幸政治大學教育研究所出刊「師道」，爲中外大教育家長留典範，而黃先生的治學、教人，不僅是直接受教的學生們需要繼承遺志，繼續努力，而且是所有從事教育工作的，以及將來願意獻身教育事業的朋友們，所應效法的。

黃建中

梅貽琦（西元一八八九—一九六二）

趙賡颺

從事教育事業四十七年的梅貽琦先生，逝世雖然已經十年，但他對中國學術與文化的影響，却是歷久彌著。國立政治大學教育研究所所長劉眞先生爲發揚師道，決定編輯「師道」一書，選介中外名教育家若干人，梅先生亦被列入，並命筆者屬文。劉先生主持臺灣師範大學和擔任臺灣省教育廳長期間，正是梅先生回國恢復清華大學之時。民國四十七年（一九五八）起，梅先生擔任教育部長，劉先生與梅先生更因公務不時接觸，對梅先生深爲敬佩。筆者在北平清華讀書服務以外，在臺灣協助梅先生復校和承辦公共關係之類事務有七八年之久，曾撰梅先生年譜紀要，並主編清華校友通訊，徵集梅先生行誼及紀念文字約近一百篇，圖版二百餘幅。茲就已有資料，編成此文，扼要報告梅先生生平事蹟。至於他的修養、爲人、事功與對教育的影響，則就梅先生親友門生的作品，擷其精華，作客觀的概述。

一　家世

梅貽琦先生，字月涵，民前廿三年（清光緒十五年己丑，西元一八八九年）十二月廿九日（農曆臘月初八）生於天津。他祖籍江蘇武進，明成祖時由江南遷居北京，後在天津落籍。梅氏自古系出「子」姓，最早始於殷紂時期之梅伯，後來以國爲氏，近代的梅氏祖先，據貽琦先生自書「家世」，則從明太祖長公主的駙馬梅殷說起。民國四十七年他作教育部長，美國一個學術機構要編現代中國重要領袖人物小傳，商請史學教授劉崇鋐先生撰擬梅先生小傳，劉先生早年曾在北平清華學校受教於梅先生，赴美留學歸國後始終在清華任教，直到民國卅七年十二月北平淪陷爲止，和梅先生是師生關係，又是清華與西南聯合大學的多年同事，對梅先生瞭解頗深，祇缺少「家世」的材料，經過劉先生商請，梅先生百忙中曾以中文手寫「家世」的資料：

「關於琦之家世，幼年曾見一本「梅氏家乘」，略有記憶；以後經庚子之亂，遂未再尋得。此家譜起首敍明初一將官名梅殷者，原籍武進，曾尙太祖之大公主，生二男，燕王至南京僭位，爲殷夫婦所反對，一日殷赴燕王宴，歸途落水淹死，大公主哭鬧不休，燕王始允携二子回北京善視之，皆封軍職。此二子之名字及其後代如何遷到天津則全不記得了。

在北京從未遇到過姓梅的，在天津家口亦不多，幼時家常往來的祇不過是七八家，皆屬中產以下人家，多半教書或「做鹽務」（爲鹽商經理之類），偶有做官的不過知縣等級，但經商的甚少，所以梅家人在天津有「窮念書的」雅號，而還有「梅先生拔煙袋——不得已而爲之」的笑話。在清末以詩或書畫稱小名家者頗有數人。（此行爲眉註——筆者）琦幼時考學校報名須默寫三代，故還記得：曾祖名汝鈺，祖茂先，似皆曾中舉貢。琦生時祖父母已去世，稍長聞祖父曾做清豐縣教官（訓導），病歿於任所。先父（名臣，字伯忱——筆者註），爲三兄弟三姊妹中最長者，二十幾歲時考中秀才，以後曾兩次上京趕考皆不第，便未再試，一生職業爲鹽務，擔任鹽商津店賬房，或兼「外事」（與官府交接者），家境非甚寬裕，但對於吾兄弟五人之教育，必盡力成全。琦姊妹亦五人，最小者二人亦能畢業於師範及南開大學。」

梅殷事蹟，經蔣復璁先生（曾任教清華學校）及梅先生好友張福運先生（清華學堂第一班畢業，宣統三年公費留美者）聞梅先生談及，並查明通鑑，先後加以補充，摘錄如下：

「梅殷字伯殷，汝南侯思祖從子，天性恭謹，有謀略，便弓馬，太祖十六女諸駙中尤愛殷。時李文忠以上公典國學，而殷視山東學政，賜勅褒美，謂殷精通經史，堪爲儒宗，當世皆榮之。帝春秋高，諸王強盛，殷嘗受密命輔皇太孫，及燕師日逼，惠帝命殷充總兵官，鎮守淮安，悉心防禦，號令嚴明。燕兵南下後，以進香爲名，遣使假道於殷，殷以皇考禁令拒，燕王大怒，再遣使謂『天命有歸，非人力可阻。』殷割使者耳鼻，縱使回報曰『留汝口，爲殿下言君臣大義』，燕王氣沮。由此可見，殷被害後，帝遣官爲殷治喪，謚「榮定」。尋官殷二子順昌爲中軍都督同知，景福爲旗手衞指揮使……踰月，晉封寧國長公主。」

由以上資料顯示，梅先生先世自明初梅殷駙馬任開國將官，曾官學政，不久卽因皇室政變而受難，但梅駙馬之忠誠正直特性傳之後代。及梅族家道中落，在天津落戶以後，雖無顯宦富豪，但在小康的經濟狀況之下，歷代都注意子女教育，可謂詩禮傳家的寒儒門第。

梅先生昆弟五人，先生居長。二弟貽瑞，字仲符；三弟貽琳，字吟青，清華學校畢業(民國九年)，美國芝加哥大學醫學士，Ruth 醫學院醫學博士（民十四年），約翰霍布金大學公共衛生博士（民十六年），倫敦大學研究熱帶醫藥，曾任軍政部軍醫署副署長、署長，一九五五年在美國車禍逝世；四弟貽璠，字東華，清華學校肄業；幼弟貽寶，清華學校畢業（民十一年），美國歐柏林學士（哲學，民十三年），芝加哥大學哲學博士（民十六年），曾任燕京大學講師、副教授、教授廿年，文學院長四年，代理校長四年，美國各大學客座教授七年，愛我華 Iowa 大學東方學教授兼中國語言文化中心主任六年，現任香港新亞書院院長。先生夫人韓詠華女士（字郁文），出自天津望族；生子女五人，長女公子祖彬適美籍華僑毛文德，三女公子祖杉適鍾安民博士，均居美；次女公子祖彤適英人 Emslie，居倫敦；公子祖彥及幼女公子祖芬均陷大陸。這五位有三位在西南聯大畢業，一位——祖彥——肄業，祖芬肄業北平清華大學，淪陷後情況不詳。

二　求學與服務

梅先生髫年在家受啓蒙教育，民前八年（一九〇四）入張伯苓先生所辦南開學堂（初名敬業中學）。民前四年（一九〇八）以第一名成績自南開畢業，被保送保定高等學堂肄業。先是美國退還部分「庚子賠款」，中美協議用作資遣中國學生留美費用，自民前三年（清宣統元年，一九〇九）起考選第一批留美學生，錄取四十七人，貽琦先生以成績優良被取。同批錄取者有唐悅良、胡剛復、邢契莘、金邦正、秉志、張準（子高）、戴修騊、張福良、李鳴龢等，末兩位尙健在，其餘的或已謝世，或陷大陸。楊錫仁、趙元任、胡適、周象賢、竺可楨、周仁、席德炯、張彭春、陳伯莊等七十人則屬第二批；前兩位——楊、趙兩先生尙健在。

是年十月放洋赴美，因在學期中途，暫在麻省 Groton 中學附讀，宣統二年（一九一〇）進入麻省之吳士脫工科大學 Worcester Polytechnic Institute 攻讀電機工程，民國三年（一九一四）畢業，獲工學士學位，時年廿五歲。回國後首先返里省親，就近在天津青年會服務一年。

民國四年（一九一五）應淸華學校周詒春、寄梅先生之聘，任物理、幾何等課敎授。

民國八年（一九一九）夏六月，與天津「八大家」的韓家詠華小姐結婚。據說是他們兩位都在天津男女青年會服務時認識的。

民國十年（一九二一）八月休假，（時淸華敎師中美人士各半，爲美籍敎師計乃有服務六年（第二次起七年）得休假進修或考察一年的制度，原薪照支，進修或考察費用由學校支付）赴美專修物理。翌年七月回國，即任淸華物理學系主任。

民國十五年（一九二六）春，敎務長張彭春先生辭職，梅先生被推舉繼任——以後便成爲不成文的習慣，淸華敎務長總是由敎授會推舉，校長聘任。

民國十七年（一九二八）北伐成功，中央派羅家倫（志希）先生爲第一任國立淸華大學（自民十四年招考大學部學生，至是正名。又清華原隸屬外交部，自此改由教育部管轄）校長，梅先生改任清華留美學生監督，十一月携眷赴美視事。

民國廿年（一九三一）冬，清華校務方由翁文灝先生代理，十一月教育部長李書華（潤章）先生發表梅先生繼任校長。十二月五日返國到校視事。清華留美學生監督，則由梅先生請趙元任先生繼任。

民國廿六年（一九三七）七月，蘆溝橋中日戰爭爆發，平津先陷，梅校長適出席「廬山會議」，無法北返，清華早於數年前預先在長沙建有校舍，重要圖書儀器亦先運離北平；是時乃與北京、南開兩大學合組國立長沙臨時大學，八月教部令准，梅校長與北大蔣校長夢麟，南開張校長伯苓共任「校務委員會」委員，分別通知三校師生向長沙集中，梅校長常川駐校負責主持，故兼校務委員會「常務委員」。

是年冬，南京失守，武漢緊張，長沙臨大復遷雲南昆明，正式改稱國立西南聯合大學，部分師生徒步由湖南赴雲南，部分由廣州。香港循海路經安南入滇。蔣校長與張校長分別在陪都重慶擔任戰時職務（蔣校長主持紅十字會總會，張校長任國民參政會副議長），梅校長乃以「校務委員會常務委員兼主席」主持校務。

民國廿九年（一九四〇），獲美國吳士脫工科大學榮譽博士學位。

民國卅四年（一九四五）八月日本投降，梅校長一面維持西南聯大校務，一面籌劃復員北平。同年十一月曾飛北平接收清華校舍，約聘專人整理修繕，向平津各機關團體蒐尋已失散之圖書儀器。旋復飛昆明結束西南聯大，直至翌年（一九四六）五月四日舉行結束典禮後，籌劃三校師生數千人北赴平津，復於十月十日趕往北平主持清華開課。

民國卅七年（一九四八）十二月十五日因共匪進兵北平，清華園與市區交通斷絕，梅校長適先一日因公入城，乃以電話囑組「校務委員會」代理校務。十二月廿一日應政府之召，偕少數教授乘政府專機赴南京。政府改組，發表梅先生任教育部長，梅先生堅辭未就任（部務由政務次長陳雪屏先生代理），祗任「南來教授招待委員會」委員。

民國卅八年（一九四九）三月，應政府之邀飛赴廣州，繼續協助招待各地流亡教授，並與繼任教育部長杭立武先生籌商安置學人，保存典籍，遷移並充實國立編譯館於臺灣，聯繫國際學人等大計。是年六月飛巴黎參加聯教組織UNESO科學會議；九月參加聯教組織大會，任中華民國代表團首席代表。會後於十二月由法飛紐約，與「中華文化基金董事會」會商清華基金的保管和運用事宜。

民國卅九年（一九五〇）任華美協進社 China Institute 常務董事，在紐約組設清華大學辦事處。

民國四十年（一九五一），組織「清華大學在美文化事業顧問委員會」及「清華研究與教學獎助金委員會」，以清華基金利息協助在美之中國學人研究出版，並撥款贈送臺灣專科以上學校出版學術書刊。

民國四十二年（一九五三）奉命改任「教育部在美文化事業顧問委員會」主任委員，除繼續前述業務外，並透過中華文化團體，廣泛展開中美文化溝通工作。

民國四十三年（一九五四）三月，由美回國出席第二屆國民大會，與教育部及臺灣大學等機構，商定由清華基金利息撥款招考留美公費生，組設研究單位計劃，四月返美。

民國四十四年（一九五五）春，決定恢復清華學報（Tsing Hua Journal of Chinese Studies），由國內外中國學人編輯（編輯部在美國），在臺灣出版。國內外學術界騰譽不置。

是年冬十一月，奉政府電邀返國，籌備在臺灣恢復清華大學。由行政院組「籌備委員會」，梅校長環島勘察校址後提籌備會決定：先設「原子科學研究所」，校址設於新竹，建築及經常費由政府撥付，圖書設備費由清華基金利息開支。

民國四十五年（一九五六）一月，組織「清華籌備處」於臺北中華路，聘陳可忠先生與賡颺分任正副主任，新竹設工程處，由朱樹恭先生主持基地清理事宜。梅校長二月即飛東京，參加聯教組織分區會議，三月赴美，洽辦約聘教授、籌撥基金利息，參觀美國原子研究機構，訂購圖書設備等事務，七月始返臺北。籌備處結束。

是年秋季因教育部催促甚急，且受預算限制，必須提前招考第一班研究生，在新竹初期校舍未完工以前，暫借臺灣大學上課。七月聘袁家騮博士回國，講學兩週。十一月聘吳大猷博士回國，爲清華及臺大研究生講學一學期。十二月聘鄧昌黎博士回國，爲清華研究生講學三週。國內人士對此新興科學引起極高興趣，士氣民心亦受強烈之鼓舞。

民國四十六年（一九五七），新竹首批校舍（辦公樓附圖書舘，教授住宅，職員宿舍，學生宿舍）

修建完工，研究生秋季開始在新竹上課。聘陳可忠先生爲教務長，借聘李博博士爲專任教授，潘貫，戴運軌先生爲兼任教授。購金華街一百十號房地稍加修建，臺北辦事處於三月間自中華路遷至新址。三月梅校長赴東京及紐約，參加國際原子能展覽及討論會，五月返臺。第二批校舍（物理舘及加速器實驗室，煤氣儲存塔，教授住宅）陸續興工。七月聘小谷正雄博士，十二月聘李德曼博士來臺講學；十一月聘劉易博士自加拿大歸國任教一年。

美國國會早經通過法案，爲推進原子能和平用途，對友邦協助研究並補助建設原子爐經費；是冬十一月梅校長銜政府之命，赴美政府洽商，並定製原子反應爐，除透過我駐美使節與美政府交涉外，復參觀接洽各有關學術研究機構，訪問中外專家，決定原子反應爐類型及經費（我國須自籌半數，而清華基金每年利息不敷支付，乃商請保管清華基金之中華文化教育基金會，預借利息以資應付）。以上多面多種之繁忙工作，並無專任助手，皆由梅校長躬親辦理。延攬師資，更是初期復校中急迫而艱困的課題。梅校長自美國、加拿大、日本洽邀學人數十位，而應聘者寥寥。卽此少數短期來臺講學之專家，仍靠梅校長之資望與多年同事門生廣爲協助，才能辦到。

民國四十七年（一九五八）三月，聘馮彥雄博士來臺講學一月。四月梅校長自美返國，五月廿五日卽舉行物理舘落成及原子爐基地破土典禮，陳副總統蒞臨新竹主持。各國大使，中研院王院長，胡適之先生，五院院長，教育部長，各大學校長及教授等數百人參加，由教育部張部長曉峯及美國大使莊萊德共同破土；極一時之盛。典禮後梅校長會就地向研究生及教職員講述建造計劃及要點約一小時。

六月第一屆原子科學研究所碩士班研究生十五人畢業，梅校長不主張舉行畢業典禮，但盡力推介畢業生出國至有名大學進修，費用不足者由學校貸與。此外凡各大學或軍事學校畢業生進修有關原子科學者（技術人員出國實習者同），皆由清華酌予資助，以期爲國家造就人材，將來回國後在清華或類似機構服務，發展新興科學。

在清華組設「原子爐爐房工程委員會」，十二月開工。原子爐機件雖自美國奇異公司訂購，但爐房工程，梅校長決定完全由國內工程人員承造，以省經費及時間。惟事前曾偕一清華畢業之建築師，赴美作原子爐建築技術之考察訪問，實爲最切實而有用之一着。

七月因政府改組，陳副總統兼任行政院長，約梅校長入閣任教育部長。梅校長再三辭謝不獲，在當局准予兼任清華校長之條件下勉予接受。七月至九月聘請錢家騏博士，十二月聘陳省身博士回國在清華講學。

海外學人發起由清華學報編印特刊，祝賀梅校長七十壽誕，因論文甚多，除特別刊出「科學論文集」（有吳大猷、李卓皓等十餘人屬稿）外，李書華、胡適、趙元任等名學人屬文者都四十人，分兩期刊印。科學集十二月出版。

是年冬季，中央研究院院長改選，由胡適先生當選，梅先生以四十餘年私交極力敦勸其回國，胡先生乃於十二月就任。

行政院組設「原子能委員會」，梅先生以教育部長兼任主任委員。

民國四十八年（一九五九）春，與中央研究院胡院長共同發起科學發展運動，先洽美援機構破例支援大批款項，嗣呈准政府特籌巨額經費配合，組設「國家長期發展科學委員會」，由中研院院長及教育部長共任主席（Co-chairman，但中文名稱則梅先生堅持以教育部長爲副主席）。

民國四十九年（一九六〇）春間，梅先生參加歡迎外國元首國宴受冷氣吹襲腰部，隨又因公數度扶杖勉強赴新竹清華大學，腰疾轉劇。五月六日臥床不能起，仍在金華街寓所力疾核閱公文，接見部屬及約聘客座教授等事。五月底醫師發現攝護腺有癌症嫌疑，移住臺灣大學附設醫院，經全身詳細檢查及各科醫師會診，認爲癌細胞已有擴散現象，雖經攝護腺開刀手術，仍難遏止病症發展，嗣承甚多景仰梅先生之熱心女青年自動前往輸血，危機漸減，而痛苦仍極強烈。

梅先生自病後迭次請辭教育部長，民國五十年（一九六一）二月奉准，仍兼原子能委員會主委。清華原子爐於四月「臨界」，再三試車，操作順利。梅校長屢欲扶病飛往新竹主持落成典禮，終以醫師力阻，延至十二月二日始改於臺北市舉行典禮，請中央研究院胡院長適，行政院王副院長雲五，教育部黃部長季陸三人代爲主持並按鈕。

清華教務長陳可忠先生，八月奉命出席檀香山太平洋科學會議，會後赴美考察，原子科學研究所代理所長孫觀漢先生駐校主持研究及教學事務，期滿回美後由副所長鄭振華先生代攝；重要校務均由鄭副所長向梅校長請示處理。

清華國內外校友爲祝賀梅校長長校三十年，發起致送賀儀捐獻，半年間醵資臺幣六十餘萬元，以部分捐款定製千年樟木根之大屛風一架（一面蒙監察院于故院長右任題清華校訓「自強不息，厚德載物」，另一面承羅志希先生撰書「種子一粒，年輪千紀，敬教勸學，道在斯矣」紀念詞），至今此大屛風仍置清華大學辦公樓上。是年年終清華同學會特在臺北舉行盛大茶會慶祝。該項賀儀，實際原爲治療梅先生癌病所需費用之補助（梅先生終身從事教育，但毫無儲蓄，其本人復絕不願動用公帑），或供其長期療養經費；及翌年一月，筆者將經手賀儀所編「徵信錄」呈送病榻之前，梅先生竟熱淚盈眶，並表示希望：除償醫院欠款及學校借墊費用之外，病愈出院後「這筆錢我想本着諸位對我這個鼓勵的意思，拿來作一點兒於學校於大家都有意義的事情——將來還要同各位委員同仁商量」。（見五十一年清華校慶集會日梅校長自醫院向清華同仁及校友錄音致詞）

民國五十一年二月，中央研究院舉行院士會議，梅先生當選爲該院院士。但院士會議會期之末，胡院長適猝以心臟病在會場逝世，梅先生於醫院中聆聽廣播，悲慟逾恒！

清華教務長陳可忠先生是年二月自美返臺，當即銜命回校，代爲處理校務。三月，梅校長命清華大學邀清華同學會負責人，恢復「清華校友通訊」（民國廿二年由梅校長在北平創刊，抗戰時停刊，民國卅五年復員後仍在北平清華園復刊，民國卅八年春大陸淪陷再停刊；此次聘查良釗、劉崇鋐、陳可忠、朱樹恭、洪同等爲編輯委員，並指定筆者爲總編輯，期作清華校友聯絡之橋梁。）梅校長在「復刊詞」中有云：「希校友源源通信，俾千里有若戶庭，天涯不啻晤對，而吾清華事業之發揚，自可更多協助。」新一期於四月廿九日出版，梅校長在醫院閱及時甚感欣慰。

五月十九日，梅先生病勢轉劇，醫藥失效，上午十一時溘然長逝於臺北市臺大附設醫院。當日卽由政學各界成立治喪委員會，公推行政院王副院長雲五爲主任委員，蔣夢麟、王世杰、黃季陸三先生爲副主任委員；李熙謀、陳可忠二先生爲正副總幹事。五月廿三日上午在極樂殯儀館開弔，先舉行追思禮拜， 總統代表張羣先生，陳副總統伉儷致祭後，九時起各機關團體數十單位公祭；各機關首長、大學校長、軍事首長、外國使節、民意代表、友好門生致祭者二千餘人。下午一時起治喪委員及來賓蔣經國先生等數百人瞻仰遺容後大殮，由查良釗、陳可忠、浦薛鳳、錢思亮四先生覆清華校旗，治喪委員會正副主委四先生覆國旗，於千餘人步行執紼之下，靈車發引，護靈送殯汽車百餘輛送至新竹清華大學內靈堂停放，侯墓園竣工訂期安葬。

七月勘定清華校區內一山坡頂上爲墓地，該地倚山面水，居高臨下，遠眺大陸海天一片，俯視全校歷歷在目。按最初計劃，梅先生原擬建造校長住宅，今改建陰宅，永遠呵護其畢生熱愛之清華。是年十一月十八日安葬，陳副總統及臺灣各地各界首長、學人、親友門生、新竹社團及民衆學生等數千人送葬。墓上刻 總統輓詞「勳昭作育」四大字，墓前廣植梅花松柏，刻石「梅園」，爲于故院長所書。清華海內外校友每到新竹必往謁墓，當地人士每日清晨多往憑弔，十年如一日，儼成新竹一名勝。

三　修養為人與事功

教育上「身教重於言教」，是中外的名言，梅先生雖言必有中，却寡言與愼言。他一生從事教育，受朋儕門生之敬仰欽佩，則由於他個人人格的感召。

他幼年熟讀經史，在南開受新式教育，喜讀科學，在美初習電機工程，任教清華後專研物理。任清華留美學生監督時却又重溫中國經史典籍，於中西文化密切接觸體會中，融合中西學問之精華。他不大從事著作，但喜博覽中外古今各類書刊，一直到住醫院兩年多都是如此；又因為他作系主任、教務長、留美學生監督、校長、教育部長、各學會理事長、中央研究院評議員，特別注意每位成熟學者的專長，深切瞭解各學門之治學程序與方法，實在是這一時代的通才學者。

梅先生的為人與事功，可以從他的親友學生所寫的文章裏烘托反應出來。因為筆者先後所徵集的文字很多，祇能精選摘錄要點：

已故羅家倫先生（曾任清華校長）民五十一年集句，題梅先生象贊云：「顒顒令德，穆穆清風，循循善誘，休休有容。」

已故蔣廷黻先生（曾任清華教授）紀念文略云：「在清華作教授六年，是我一生最愉快的六年。……以後時常注意清華和梅校長的苦心維持，對梅校長的敬佩更增加了。……清華在抗戰前的六年，理、工、文、法學院都有長足進步，那時清華在梅校長領導之下，毫無問題的是够大學界的國際水準。……清華那時是平穩發展的發展，梅校長的作風是多作事少說話的作風。」

已故霍寶樹先生（清華津貼生，曾任中基會董事，開發公司總經理）：「梅先生主持清華卅年，及門弟子數以千計，出長教育部對科學教育的提倡不遺餘力。先生畢生獻身教育事業，平時但事耕耘不問收穫，這種鍥而不舍、貫徹始終的精神，允足爲世代的師表。……我的朋友中清華出身與先生共事的很多，一提到梅校長，他們都肅然起敬，愛戴之情溢於言表。先生所以能始終得大家崇敬愛戴，主要是因他對人處事都是以誠相見。先生處理公務的態度是實事求是，清正不苟，待人接物則謙誠懇切，和藹可親。其個人志趣高尙，嚴峻自持，平日不苟言笑，却極富幽默感和人情味，有時偶發一語，雋永耐人回味。時常與他一起開會，從未聽過他冗長的演說，總是靜坐聽取他人意見；往往在大家意見紛歧爭執不下時，先生能以一二句中肯的話指出癥結所在，使大家捐棄成見，順利解決。先生的民主作風亦值吾人欽佩：他主持清華大學，始終保持教授治校的原則，遇事公開討論集思廣益，擇善而從，絕不堅持己見，獨斷獨行。所以清華在他主持下得以欣欣向榮，人才輩出。在臺創立原子爐，從設計籌劃，一直到建設完成，他夜以繼日無休無止的辛勤工作，集合各方專家的努力，順利完成，而在中國科學史上，樹立了一個新的里程碑。他雖脫離塵世，可是偉大的精神是永恒的，其風範貢獻，值得吾人崇仰與效法，其遺愛將永留霄壤，爲萬千青年的楷模。」

沈宗瀚先生（清華津貼生，現任農復會主任委員）：「抗日戰爭時我代表中央農業試驗所，赴昆明與清華農業研究所洽商合作小麥病害試驗，技術方面毫無問題，經費則極困難。最後與梅校長商洽，他聞悉試驗性質後，就慨允在昆明的試驗經費由清華負擔。……從朋友間聞悉梅校長對西南聯大校務的堅苦支撐，及梅師母自製糕餅出售補助家用，令人敬佩無已！梅校長來臺後任科學協進會理事長及教育部長，有時開會我亦參加，他主持會議，虛懷若谷，博採衆議，作明智的決定。某次學術審議會，有人指責教育部辦事人員，梅先生很從容的解釋承辦人按規章辦理的手續與事實，一點不含糊，其對事之仔細、認眞不苟，與言詞之柔中有剛，大家深爲敬佩。……小兒君山曾在清華原子科學研究所任助教，對梅校長辦事有條不紊，積極週密，敬仰不已；去美進修後對梅校長念念不忘。我去醫院探病，梅先生尚希望君山休假時來臺講學，可見他爲學生與後輩着想，眞是無微不至。」

李書華先生：「民國十一年……我與月涵初次見面，覺得他說話不多，然人極誠懇，留給我很深刻的印象。……民國廿年下半年我任教育部長的時候，正值清華久無正式校長，我急於解決這個問題，當時再三考慮，認爲月涵最爲適當。時月涵正在美國任清華留美學生監督，我電徵其同意後，於九月廿三日提行政院國務會議通過，以月涵任國立清華大學校長。……由民國廿年起，他繼續任清華校長達卅一年之久，是中國國立大學任職最久的校長。他對清華盡力甚多，貢獻甚大。回想我在教育部所做的事令我滿意的並不多；我爲清華選擇了這位校長，却是我最滿意的一件事。……月涵一生服務清華，厥功甚偉。最後他籌辦的原子科學研究所之原子爐，已於民國五十年四月完成，他的生平事蹟可以永垂不朽了。」

葉公超先生（曾任清華及西南聯大教授）：「梅先生之爲人、作事、讀書，都非常謹嚴，他是一個傳統的中國人。他的性格可以拿三個字來描寫，就是：慢、穩、剛。……梅先生的慢，在他的說話上，往往是因爲要得到一個結論後他才說話。因爲說話慢，所以他總是說話最少；因爲說話少，所以他的錯誤也最少。陳寅恪先生有一次對我說：『假使一個政府的法令，可以像梅先生說話那樣謹嚴，那樣少，那個政府就是最理想的。』因爲他說話少而嚴謹，他作人和作事也就特別的嚴謹，天津人叫『吃穩』，梅先生可以當之無愧。當然梅先生是一個保守的人，但在思想上非常之新，在作事的設計方面也非常之新；在個人生活方面他非常之有條理而能接受最新的知識。他有一種非常沉着的責任感，是我最欽佩的。大陸淪陷後他住在美國，我每次到紐約都去看他，都勸他回臺灣，而且把清華的錢用在臺灣。他每次都說『我一定來；不過我對清華的錢，總要想出更好的用法我才回去。』有一次他拿出許多計劃來，他說：『我不願意把清華的錢去蓋大房子，去作表面的工作，一直在想如何拿有限的錢爲國家作長期的研究工作。』他是第一個人想到長期發展科學的，至少胡適之先生是這樣告訴我的。……梅先生是一個外圓內方的人，不得罪人，避免和人摩擦；但是他不願意作的事，罵他打他，他還是不作的。他處世爲人都以和平爲原則，而且任何事總是不爲已甚。我對他的爲人非常敬仰。梅先生歡喜喝酒，酒量也很好，和熟人一起喝酒的時候，他的話比較多，且愛說笑話——可是比歡喜說話的人來仍然是寡言的。他的酒品非常値得懷念：他也喜歡鬧酒，但對自己可絕不客嗇，他那種很輕易流露的豪氣，使他成爲一個極理想的酒友。」

樊際昌先生（曾任敎清華學校及西南聯大）：「梅先生處人處事的方式，可以「無我的精神」一概括之。他畢生的理想是教育，實現這個理想的對象是清華。對教育對清華有益的事，他就會冒寒冒暑任勞任怨的去作，絕不爲個人打算。……梅先生只知有「事」，不知有「我」。爲了他的理想，養成了「無我」的人格；他的澹泊謙冲、不計名利的作風，就是這種人格的表現。因他有無我精神，所以在醫院兩年多期間，除非病痛到十分難受的情況，他總不相信自己有大病。他常說要在幾天以後出院，到教育部或清華大學去辦公；他常責怪醫生爲何不認眞治療使他早日出院；除非極端痛苦，在醫院經常維持規律的生活：閱讀書報、批閱教部與清華的公文及計劃圖樣(原子爐裝置正接近完成)，會商問題，接待朋友。到他病危之際，清華的同仁、校友、甚至家人，很鄭重的考慮是否要問問他對清華將來有什麼叮囑；但梅先生始終不承認其症不治，認爲不久他就會痊愈出院繼續爲清華服務。他們幾次試探，實在不忍使他灰心與傷心，所以梅先生臨終並無遺言遺囑。」又云：「最令我懷念的一件事，是在西南聯大我任教務長時，他給我一個原則性的指示：『凡在教務規則內所規定的事項，你可照章辦理，不必一定要來問我。』某日吳大猷教授偕李政道和他母親到教務處來，吳教授說李生證件不齊，但他成績確實優良。我當時毫不遲疑，准李生入學試讀。……抗戰八年中除因公與梅先生接觸外，也常到西倉坡他住宅去訪問。他常在書桌邊取酒共飲一杯，這是難得的享受。天氣較寒時，他常親到牛肉舖買些牛肉，在院子裏擺出一個大平底鍋和炭爐，幾瓶好酒請朋友們共享。……後來政府要他作教育部長，雖再三推辭終於不得不接受，他體力精神都還健康，但心情漸感苦悶，有一次對我說：『逵羽兄，我有晚睡的習慣，喜歡摸索到深夜。深夜是我覺得最舒適的時間（一堆公文，一些函件，一碟花生米，一個高脚杯）；但現在我必須提早起來，到教育部或行政院出席會議，所以近幾個月來，我常感覺有睡眠不足之苦』。」

毛子水先生（北大及西南聯大教授）：「最初我對月涵先生只有一個恂恂儒雅的印象，……西南聯大的校務，原是由三位校長組成的委員會主持的，但蔣張二位很少在昆明，所以八年多的校務，差不多可以說都是由梅先生始終主持的。西南聯大的學生楊振寧李政道等很多人，無疑的都在學術上有相當的成就；但若着眼於文化的更可貴的一方面，則西南聯大八年中始終都在雍容和睦的氣氛中長成，這非特是我們教育史上的佳話，亦是我們中華民族最有光輝的事情。依我看這比培植有名學者那件事要有意義得多：因爲這是人類精神修養的一種最高貴的表現。這成就雖由於三位校長的德行可觀，但梅先生的不辭勞苦要爲最大的原因。那時我對梅先生有一新印象，就是：他實在是外閑適而內極負責的人。……我嘗獨居深念，我們要在文化上和世界文明民族並駕齊驅，只有努力於教育——所謂「努力」不是宣傳與表面的工作，乃是遵循正直的大道切切實實、一絲不苟的做去。能這樣作的教育家，半世紀來我國爲數極少；而梅先生則是極少數人中的一個。」

蔣復璁先生（曾任教清華學校）：「初識時的印象——梅先生是一個謙謙君子，不多說話，但頗幽默。後來多年往還，他總還是這個風度，和藹而介執，靜默而風趣。……三十八年我與梅先生在巴黎出席聯教組織大會，看了報上大陸淪陷的種種壞消息，梅先生忽然神情激越的說：『慰堂，我們準備全部接受罷！』從他面部表情看，覺得有一種堅毅不屈之色，眞是神聖不可侵犯。中國儒家的大無畏精神，有的殺身成仁決不妥協，有的不屈不撓堅苦卓絕；梅先生的臨難不苟，忍苦負重，就是這種精神的表現。……他生活簡樸，專心教育，對政治毫無興趣（卅七年政府請他作教育部長，未就），四十七年在臺恢復清華辦原子科學研究所稍有頭緒時，中樞借重老成碩望，勉強他擔任教育部長，他秉承忠孝傳家，始終其事的儒家精神與基督教徒的修養，明知是一杯苦爵，他也就接受了。這是他對國家最後的奉獻，虔誠教徒的奉獻——所有年齡及健康，他都不顧了。」「梅先生一向辦學校，人多以爲對公事不大內行，其實不然：據我所知，他批的公事非常妥貼，綜核名實，竟是行政老手，能者固無所不能也。但他太勤勞了，對清華對教育部的事務，親自計劃、起草、打字，深夜工作，因此而病。……」

吳大猷先生(曾任北大及西南聯大教授)：於五十二年三月撰「我想念的梅月涵先生」一文，敍及卅二年春搭乘馬拉的二輛板車去聯大上課，馬驚車覆，後腦受震，暈倒臥床匝月，夫人阮冠世女士連年久病，於憂急侍疾之餘，病倒危殆，恰巧梅先生至鄉下探視，見此情形，即告如需入城請醫可用校長汽車。翌日即由學校派員來看，是否需準備後事。幸而吳夫人掙扎過去。當時雖未借用梅校長汽車，「但他的好意和關心，冠世和我廿年來始終未忘記。現在大家不容易想像到我們孤孤單單的住在鄉下，一個病危，一個憂急無策的情形，所以或者不會懂得爲什麼我們永遠記得梅先生。」「民四十三年夏，我在哥倫比亞大學教書，聽到梅先生在紐約住，爲管理清華基金在華美協進社辦公，月薪極少。我去辦公室看梅先生，想請他吃餐便飯，但他反邀我一同回家。中途又坐地底車，又換公共車，很遠的到他住的公寓，看到梅夫人和他們的一位小姐和外孫女，吃北方涼拌麵。梅先生和梅夫人仍關心問內子的身體。四十四五兩年中，他希望我來淸華的研究所。四十五年秋，我應胡適之先生之邀回臺在臺大教課，梅先生也邀我到淸華新成立的研究所教課。我一家三個人十一月中到基隆，梅先生親自到基隆碼頭來接船。……民四十六年三月，梅先生先離臺去美，那年他親筆寫很長的信，希望我來主持淸華研究所。五十年九月，他在臺大醫院還面向我再說此意，我實因不僅對原子核實驗工作外行，且缺乏處理事務的能力，不敢擔負這樣大的責任，所以婉謝了。但他對我的期望，使我又感激又慚愧。……四十七年秋，梅先生時任教育部長，由胡適之先生處得悉政府已核准發展科學的預算，後來卽成立國家長期發展科學委員會，進行補助研究工作及人員的事。去(五十一)年二月廿四日下午中央研究院的茶話會中，胡先生叫我以由國外返臺的院士說幾句話，我曾說：『科學委員會的成立，可以說是未來國家科學發展上一件大事，但若不是胡適之、梅月涵兩先生的遠見、信心和推動力，假若沒有他們兩位在學術上教育上的資望，絕沒有成功的可能。我代表各院士向胡、梅兩先生致我們敬佩之意。』我從來不當衆、不當面恭維比我年高資深的人，因爲那樣是不合禮的。但那一天我第一次破了例，說了我心裏眞正感到的話。今天想起梅先生，仍然想再說這話一遍。」——筆者按：現在吳先生所任主委的國家安全會議「科學指導委員會」及行政院「國家科學委員會」，就是「國家長期發展科學委員會」的後身。

李濟先生（淸華民七畢業，曾任淸華國學研究院講師）：「我是淸華梅先生所授的三角這門課的學生，那時所留下的印象，保存到現在的是：他是很嚴的老師。……大家均知梅先生酒量很高，但他的酒德更高。他在宴會中飲酒總保持靜穆的態度。我看見他喝醉過，但沒看見他鬧過酒。在這一點我所見當代人中，只有梅先生與蔡孑民先生才有這種「不及亂」的紀錄。梅先生留在一般朋友中另一很深的印象，是他沉默寡言的習慣。並不是他不會或不能說話，他作校長時凡是報告一件事或討論一個問題，總是條理分明，把握重點；在許多人辯論不休時，他常能一言解紛。我實際和梅先生共事，是在他與胡適之先生辦長期發展科會的時候。這事辦了好幾年了，其中經過不少的困難，回想起來，若不是他們兩位共同領導，合作無間，這『會』的最早一段歷史，也許完全兩樣了，或者根本不會產生出來。我在這時期所認識的梅先生，有下列四點值得提及：①他自律很嚴，對錢財尤其是一絲不苟。②他有很高的理想，同時很謹慎；他不唱高調，但一個目標已定的事，無論多麼困難，他總設法使它達到。③他很現實，雖不從事實際政治，但對政治上的潮流却認識得很清楚。④他是一個負責到底的人，對清華的事，一直到臨終還在不斷的關懷。這類的單子大家都可以開，並且可以開得比我長，不過我說的幾點都有確實的事實，做我對這位早期老師這些印象的基礎。」

劉崇鋐先生（民七清華畢業，留美回國後即任教清華以訖大陸淪陷）民國五十年十二月在中美月刊發表「梅校長與母校」一文，要點爲：「十二月二日清華大學舉行原子爐落成典禮，梅校長因病未能參加，但會場來賓，幾無一人不念及獻身清華數十年之老校長，而梅先生在病榻上亦正爲此關心與欣慰。因此一建設乃梅校長從事教育數十年來最近一大成績，且係自由中國從事高深科學研究一極有意義之貢獻。三年前清華校友為梅校長度七十壽時，某記者曾提及『提起梅博士，大家都會聯想到清華大學，彷彿梅校長與清華是不可分的。」一此語誠不虛。今梅先生接任校長已卅年；以任教論，於五十年校史中，梅先生已服務清華四十六年，對清華關係之密切，貢獻之深長，幾無人可比。梅校長自長校以還，增設工學院，增聘教授擴充設備，興建教室工廠，數年內進步極為迅速；對理學院亦特別關心，盡力培植，師生研究結果已獲國內外科學界之重視。於民廿至廿六年期間，因日本侵華日亟，學生激憤共黨分子趁機煽動學潮——於此危難中清華竟有蓬勃氣象與成就，不能不歸功於梅校長之領導有方。抗戰時清華與北大南開三校聯合組西南聯大於昆明，其時經費支絀，物質艱難，師生皆在顛沛流離中，梅校長維持煞費苦心。三校教職員於烽火警報中，不特絃歌不輟，且努力提高學術水準，清華更增設特種研究所，以應戰時需要。乃使昆明在抗戰期中成為學術重鎮。梅先生處世態度謹嚴，守正不阿，堅定不移；治事時善辨輕重，明識大體。長校時持「教授治校」原則，遇事公開討論，擇善而從，主持大要計劃，執行則委諸勝任教職員，鼓勵「放手去做」。梅校長實事求是，誠懇待人，最使人欽佩者乃梅校長之人格感召。其個人志趣高尚，嚴峻自持而富幽默感。自奉儉樸，數十年如一日，對清華巨額基金，絲毫不苟，是以梅夫人居美國時不得不以所居分賃，以維家計。

孟治先生（清華民八畢業，曾任清華留美學生監督及華美協進社董事）：「我在南開中學聽過梅先生幾次講演，聽他的話考入清華，跟他學了兩年數學一年物理。在課堂及私人談話中，他仍常說國人的科學常識太少。四年級時我加入社會服務團，梅先生鼓勵我在星期及假日舉辦通俗講演，並借給我各種儀器作表演日用科學原則的器具。梅先生作清華留美學生監督時，我在美學成後作留美學生靑年會總幹事已經四年，南開張校長要我回南開作事，同時華美協進社 China Institute in America 創立人郭鴻聲先生拉我到該社服務。我考慮時曾向梅先生請教，梅先生說：『兩樣事的比較上我沒意見，全靠你自己志願與預備。近來留學生作事沒常性，教書的想作官，作官的想發財，很少人有成績。你到南開或華美社都好，勸你三思而定；可是拿定主意後，我希望你 Stick-to-it，作出成績來。』我決定應聘到華美社服務，一直 Stick-to-it 三十三年。梅先生的教言，至今在腦海中淸亮如昨日。梅先生同我本是師生，民廿二年他派我代理留美學生監督，代理了十六年，也算梅先生的屬員。大陸淪陷後梅先生來美，被選爲華美協進社董事，他對社務熱心指導，又有十二年之久。所以我這學生受梅先生的影響有四十八年之久。〔筆者按：此文係民五十一年所撰，但孟先生繼續主持華美社，至五十六年退休，總計應爲「五十三年」。〕

關頌韜先生（淸華民七畢業，名腦部外科醫學博士）：「一九一五年淸華從天津請了一位新敎員，細高的身材，黃白方臉，舉動靈敏，面帶笑容，看是一位濁世佳公子——這就是梅先生初到淸華敎高等科的時候。我在民七從他讀立體幾何與三角。我在校的成績不算壞，總分八十分以上，惟獨數學一科實在與我無緣，不論如何努力，數學題總是看不透解不通，若非梅先生循循善誘，不用說學醫不成，怕連『洋』都『出』不去，『學』可能就『流』了。離校十五六年以後，梅先生已做校長多年，那時會面他還沒忘了我，想必是我當年數學太差，給他老人家深刻不忘的印象。他老人家不但沒忘，還肯屈身論交，使我十分欽佩與感激！大陸淪陷前我以北大醫學院外科主任來美考察，在士丹佛大學研究。某日梅校長爲處理淸華基金途經加州，淸華同學在卜克利城趙元任先生家歡迎梅校長，並當場成立淸華同學會，包括聯大同學在內。大家舉趙先生爲會長，趙先生因將赴歐洲堅辭不就，我恰好因事遲到，走進趙家，立刻被舉補上。我極力謙辭，但校長在座，亦不敢過拂同學盛意，答應下來，但提出一條件，梅校長到三藩市才開會，同學亦首肯。如此，數年中開了好幾次淸華聯大同學歡迎校長的會。」「回憶四十餘年來，未再受梅校長薰陶，但他的音容笑貌，儀範與人格，無一不深印腦中。有一次開會歡迎梅校長，飛機誤點，我致歡迎詞戲謂：昔日在北京，梅蘭芳因病退票，次日戲迷仍搶着買票要聽他的戲，時人說是入了『梅迷』。這裏的同學每次聽說梅校長過三藩市，也急不能待要看校長，恐怕這也是『梅迷』。我雖身爲醫師能治許多病，但『梅迷』已深，永遠治不掉，也不想治掉。」

錢昌祚先生（淸華民八畢業，曾任敎淸華，現任石油公司顧問）：「余民六考入淸華高等科三年級，民八年順利出國。此二年內在校所習課程，以梅師任教者爲最多。經其指導鼓勵，成績頗優，得增自信。後赴美習修工程稍有成就，對梅師造就之恩，終身銘感！憶在淸華作高級物理試驗時不愼損壞一電壓計，蒙梅師於週末親自動手修復。此雖瑣事，但其愛學生惜公物之宅心，可見一斑。民十五年余在淸華任敎一年，授大學第一班及留美預備班高四算學。十六年暑假因時局關係未予同學考試，秋季又因他就未回校，致補行考試工作，轉勞系主任善後，此事甚愧對當時教務長梅師，但梅師並未見責。梅師曾以教務長兼訓育委員會主任委員，余亦爲委員之一。廿五年余任航機械學校校長時，曾呈准當局（今　總統蔣公）由清華與機校合作，在南昌設航空工程研究所，商得梅師同意。當時曾聘國際權威教授房卡門及其高徒華登道夫至清華及南昌計劃籌備。翌年抗戰軍興，機校遷蓉，清華航工研究所亦移成都繼續合作。清華爲國培植若干航空人才，莫非梅師培成之力。」

陳可忠先生（民九清華畢業，民四六任清華教務長，梅校長逝世後繼任校長，至五八年退休）於五十二年五月十九日，爲紀念梅先生逝世周年，在清華大學舉行「梅貽琦紀念館」命名典禮，是日發表「梅先生與原子科學——紀念館命名的意義」一文，要義如下：

「梅校長謝世到今天整整的一年了，我們對他的懷念，久而彌篤。一年來我校同仁由於梅先生的精神感應，把追念的悲痛情懷，化爲振奮的意志，在梅先生友好的匡助下，比以往更積極更努力，使學校在穩定中不斷力求充實與發展。在此紀念會中，展望將來，只有用嚴肅沉重的心情，虔誠祈求在他遺留的精神領導下，使清華在學術的研究與服務上，在科學教育的基礎上，可繼承其遺志，爲多難的國家作些有分量的貢獻。梅先生一生盡力提倡科學，遠在抗日戰爭以前，即在西南創辦清華特種研究所；復員前後，已計劃訂製原子加速器；大陸淪陷後赴美，猶念念不忘於國家科學發展，四十三年開始計議與臺灣學術機構合作從事新興科學研究。四十四年在臺灣新竹着手籌備原子科學研究所，以驚人速度——胡適之先生說是『像變魔術一樣的』——完成我國第一座反應器（原子爐），使我國科學邁進了一大步。清華原子爐的順利裝置完成，使許多國際科學家驚異；此固由工作同仁細心努力以及自由中國各界協助合作之結果，但梅先生之策劃督導（從經費籌措、儀器選購、工程設計與施工，人員選拔培養和配備：在在親自董理），應爲最主要的成功因素。現在我們已能生產多種同位素，應用於工農醫各方面，這實在是劃時代的大事！梅先生志行高潔，淸逸絕俗，爲人沉着謙冲，而專一剛毅，待人接物誠篤切實，公爾忘私，盡瘁淸華近五十年，培植出上萬的學生，先後加入社會建設的行列；而絕大多數學生，都能對國家現代化工作產生無限的潛力。有人說梅先生『平凡裏見偉大，沉默中寓神奇』，這話該不是過譽的。其偉大與神奇之處，就正表現在他以全人格全生命的奉獻，耐心而持久的遍撒學術的種子，在敎育與科學園地裏所得到的無言的成就。梅先生一生行誼與志業，影響的範圍很廣，至少整個淸華（從北平、長沙、昆明、到新竹）都可作梅先生的紀念；但我國原子科學研究之開端，則是梅先生最後的事功，原子爐又是這一事功的具體建設。在社會上廣泛的懷念和國內外學術界人士深刻關心之下，本校特別以原子爐實驗館命名爲『梅貽琦紀念館』，作爲這一意思的代表，以期永留紀念。」

浦薛鳳先生（民十淸華畢業，曾任淸華敎授多年，後輔佐梅先生任敎部政務次長）：「人生自古誰無死，留取丹心照汗靑——此詩句實可爲吾師梅先生志節之寫照。蓋以一謙誠勤樸之學者，畢生致力敎育事業，最後兩年臥病時，猶復竭盡可能，指示處理公務，病榻之上語不及私，此種『公爾忘私、國爾忘家』之堅毅精神與忠誠努力，較慷慨從容之志士仁人，絕無遜色。而其躬行實踐以身作則之偉大人格，尤足爲世代師表。梅先生與清華之關係，自考取留學起計有五十三年；自任教起則有四十七年，自其長校起亦十足卅載有餘，此實不可多得之事蹟，所謂惟精惟一，此殆近之。予民三考入清華，梅師曾授予數學，講話特別緩慢，解釋非常明白，練習認眞而態度和藹，此一印象至深，迄今四十餘年猶歷歷一如昨日。其後予參加清華創辦之童子軍，梅先生恰爲吾隊之領導，循循善誘，得益良多。清華之發展進步，歷任校長皆有其貢獻，惟梅師任期最長，故貢獻亦最多。梅師接長清華之後，對於羅聘教師、充實設備、增加建築、擴充院系，而處理校務時又有一特色，即「教授治校」之佳話。舉凡施教方針、預算、規章細則、建築等重要措施，或由教授會議決，或由評議會（由校長、教務長、秘書長、各院長及有一定任期之教授代表組織之）商定。因校長虛懷若谷，儘量聽取同仁意見，各教授乃對校長意見特別尊重。往往會議中爭論甚久，梅師最後歸納結論時，片言立決。清華在臺復校，事無巨細，皆由梅師獨自策劃，極費苦心，往往深夜猶在考量計劃親書函札。原子爐之裝置當時，美國已有此設備者計卅餘所，大抵初裝之後每有欠缺或重作甚至延遲數年者，但清華之原子爐完全由梅師與我國工程師共同研究，指導完成，一經發動卽順利完成，雖事屬幸運，但究由梅師之小心謹愼全力貫注。梅師四十七年就職教育部長之日，卽勉部中同仁『多記着「教育」二字，而少注意「部」字。』意卽實事求是避免推宕拖延之官僚習氣。梅師囑予襄助部務，除以提倡科學爲主旨外，曾詢予意見，當卽陳述宜貫徹教育法令；故梅師在教育部任內，特別着重提倡科學與貫徹法令兩項。第梅師本『爲政不在多言』之旨，不事宣傳，儘量實踐。例一：梅師接長教部後甚少用新人，員額出缺亦不補充。例二：力求撙節公帑，兩年半任期，除補償舊欠外，更有節餘，數共數百萬元。」

梅貽寶先生（貽琦先生幼弟，清華民十一畢業，曾任燕京大學校長，現任香港新亞書院校長）：於五十四年應筆者之請撰文「念五哥」以紀念乃兄逝世三周年，要義云：「月涵在吾五弟兄中居長，但在大家庭中大排行第五，余居末。他是我們大家庭的柱石，也是現代化的樞紐。我家在清末已家道中落，庚子之亂家業被洗刼一空，我是時出生，可謂生不逢辰，兄姊各有乳母，我獨無，母乳不足，以糕乾佐食。月涵方十歲，經常抱我餵糕乾。月涵寡言但常提此事。余出生後十餘年乃吾家最淸苦之時期，但先父於艱苦中仍勉強使子女七人均受教育。原期於月涵畢業保定高等學堂後就業，貼補家用，但他考中留美後，先父却決心命其出洋。月涵深知家貧，時節膏火資美金五元十元寄回。民三月涵回國，家父認爲舊學不合時宜，命諸子惟月涵之命是聽。月涵立即送我入南開中學，因月涵爲張校長得意弟子，准予緩交學費。及民四轉入清華，適月涵亦至清華任教，他乃我物理的業師。我曾參加國語演說比賽（題與歐戰有關），他曾對我的講題指示甚詳，結果得比賽第一，此後每日閱報數十年如一日。月涵對諸弟從未直接敎導，但對學業爲人之種種影響甚大。年長讀書始知儒道諸家『垂拱而治』、『政者正也』、『無爲而無不爲』，及佛理『無言之敎』諸義。月涵爲獨力負擔家計與諸弟學費，遲至卅歲始行結婚。月涵平素節省，抗戰期尤爲艱窘，余經昆明親見舍姪祖彥因警報逃失眼鏡而無力購買，致無法讀書。遍傳校長夫人賣定勝糕貼家用之佳話確屬事實，今思之近乎奇談。大陸淪陷後先兄在美運用清華基金利益，辦理甚多有益學術事業，資助甚多中國學人研究，但自定之薪俸，低至難以維生。……月涵爲吾長兄又爲業師，生平受感染影響無過於彼。今已仙逝，幼年喂糕乾之恩德，已反哺無從！」

閻振興先生（民廿四清大畢業，曾任教育部長清華大學校長，現任臺大校長）：「梅校長主持清華後，由於他謙冲爲懷，實事求是，聘有優良師資，不斷充實設備，加以教學認眞，學風淳樸，我們學生獲益良多。民廿六年我錄取公費留學，謁梅師於南京教育部招待所，請求函薦國外大學，當蒙俯允並親擬信稿，親自打字封發。民卅年在美進修告一段落，在TVA水利委員會工作，又蒙梅師邀往母校任教。梅師對學生之關愛令人感念，永誌弗忘！」

此外，應引述者尚多，但已佔篇幅不少。筆者所知而未爲他人提及者尚有數事，略爲補充：一、儉德——①梅校長初接任時立卽放棄校長特權，住宅工友工資自付，電話費自付，每年學校供應兩噸煤取消。②梅師母談他作留美學生監督時，一切從儉，常至地下室從供全樓煖氣火爐中掏減煤炭。③民四十年在紐約組清華辦事處，只租屋一間，用半時助理一人，自定月薪美金三百元，教育部將「清華在美文化事業顧問委員會」改爲「教育部在美……委員會」時，令改支月薪一千五百元，梅校長未曾照辦。④民四十八年閻振興兄自美回國見告，梅師母在紐約只住一間半公寓（包括厨房客廳），師母除將半間臥室租與一女學生外，每日候餐館電話，以便前往作零工，囑轉陳梅師『最好每月由臺灣滙錢去，或接師母來臺。』⑤清華復校臺灣，無論臺北辦事處或新竹校舍，均無沙發，只用籐椅，梅校長謂：『清華有點兒錢，要撙節着用在圖書、儀器、請敎授上；房子要堅固持久，不要好看舒服。

」⑥他從美國買了兩輛汽車，都是順風牌，一輛還是二手舊貨，絕未想到裝冷煖氣。但是，他以節餘經費恢復「清華學報」，在臺出版；對學生困難時予接濟，毫不遲疑；幫助別人却不肯講：由此證明梅師確是「儉」而非「吝」，爲公家辦事的錢要化得經濟有效、持久。故堪稱儉「德」。二、周詳切實，不尚宣傳——①主持學校或教育部時，公文函札皆親自審閱，常通篇改寫，每日帶教部重要公文晚間批閱，常到深夜。②教部某機關新廈落成，主管司簽請立碑紀念，梅先生在簽呈上親繪一圖，標明尺寸，只在牆上做一小牌刻上興工與完成年月。③楊傳廣，衆皆知爲關頌聲先生所一手培植，但當時高等司鍾健司長見告，實乃梅部長撥部款交關先生辦理；第二年要教育廳與部共同撥款支持，以後請行政院特准予以留學生公費待遇。楊傳廣也只知感激關先生。梅先生却從未宣布教部如何如何。「做了不說」的事例甚多，不勝枚舉。三、容忍——自民廿年接長清華，卅年間幾經播遷與各種學潮，梅校長永遠安詳靜肅、不聲不響的籌劃應付，但仍在困難中力謀發展。後來在臺復校，與教育當局主張不盡相同，梅校長避免爭執，沉默應付。拂意之事無時無之，但梅校長終身不發脾氣，無疾言厲色，只有時閉門默思達二三日之久。辦長期發展科學，遭遇惡意批評及阻礙甚多，梅師皆容忍之，終能開其端。

最後，願以梅校長逝世十周年紀念會中錢思亮先生（民廿年清大畢業，曾任臺大校長，現任中研院院長）代表各界所致紀念詞大意，作爲本文的結束：「梅先生一生在清華服務，其令人敬佩之處，不需要一一枚舉。梅先生忠於國家，敬業不遷，平易近人——雖有崇高學術地位，但對任何人都是那樣平易。梅先生對國家的貢獻很多很大，每一件對別的人說都可稱爲不朽。梅先生是第一批清華留美的，民國四年回清華任教，以後作系主任、教務長、留美學生監督，民國廿年接任清華大學校長。那一時期清華的校長連年更迭，學校很不穩定，校長很少作得長久的，除羅校長作了一年多，有的幾個月，甚至有未能到校的；自從梅先生接長以後，就一直安定下來，就只這件事在教育史上已是不朽。清華自梅校長執掌不久，就已在世界有名大學中奠立學術地位，這貢獻對任何人說都是很大的功績。抗戰時搬到長沙、昆明，與北大、南開合組西南聯大，三大學合作無間，並把學校辦得很好，梅先生事實上對學校行政負責最多。只就此一事也足稱不朽。戰後復員到北平，梅校長重整清華園，兩年多的時間，清華的規模與素質比以前更擴大提高了。大陸淪陷後在新竹重建清華，極節省的、一點一滴的親自打下好的基礎，這件工作給任何人，也足稱不朽。建立了中國第一座原子爐，以最少的人、最少的錢、最短的時間，一次就成功了，這件事功給別人一生中都是不朽的。對梅先生說那一件事值得不朽，簡直很難說。他的爲人作事許多方面，都合中庸之道，平和但有原則，事必躬親，對大事的決定也能果斷。如果開會，爲某件事大家議論紛紛，莫衷一是，梅先生總是耐心的聽着，最後他提出意見，衆人莫不折服。這些事說一說很容易，眞正能作到却很難。他的偉大的地方就是可以作我們讀書人的師表。師表這兩個字常常看到用到，但是眞正能作到爲人師表並不容易，梅先生眞可以作士林的模楷。辦教育很難有赫赫之功；但梅先生有許多成功的地方。要說爲什麼成功，無法說清。我們今天在這裏紀念梅先生，我們就想到梅先生撒播的種子；梅先生在清華四五十年，教導出這麼多學生，都各守崗位工作；作教育部長時改革風氣；倡辦長期科學發展，影響既深且遠。將來再過十年再過二十年，再來紀念梅先生，我們就更覺得梅先生的偉大，認識梅先生比現在更爲深刻。」

艾　偉（西元一八九一——一九五五）

程法泌

先生名偉，字險舟，湖北江陵人，生於民國紀元前二十一年。早歲鑽研國學，兼習數理；十九歲時，前往湖北宜昌，考入美華書院，開始學習英語，進步神速，屢次越級升班，嶄露頭角。後來因為看見清廷腐敗，常常表現革命思想及言行，為書院當局所忌。乃轉往安慶，考進聖保羅高等學堂，就讀三年，畢業時名列第一。免費升入上海聖約翰大學一年級理科，成績卓越，為全校教授及同學所稱讚。民國十年赴美國留學，先入哥倫比亞師範學院得教育碩士學位，後在華盛頓大學得哲學博士學位。民國十四年返國應聘為國立東南大學心理學教授，民國十五年受中華教育文化基金董事會贈與科學講座，從事於中學學科心理的研究，尤注重國語文心理的研究。

民國十六年與范冰心女士在上海結婚，定居於南京傅厚崗。先生在中央大學講學之餘，並致力於各種智力測驗的編製，中小學各科教育測驗，以及英語教學的實驗研究等。民國二十一年利用休假的機會，出國進修一年。二十二年返國接任中央大學教育學院院長。二十三年在南京傅厚崗寓所創立萬青試驗小學，由師母范冰心女士主持，採用智力測驗選拔優秀兒童，每班不超過三十人，重視個別指導的教學，學生表現均極優異，爲當時著名的天才小學。

民國二十六年抗日軍興，先生隨中央大學播遷至重慶沙坪壩。二十八年成立學習心理實驗班，着手研究初中基本學科國、英、算三門學習過程，出版「學習心理實驗教學報告」，爲教育當局所重視，撥款資助先生致力於各項設計與實驗。先生歷年著有教育統計學、教育心理學、漢字問題、國語問題、國語教學心理、英語教學心理等專著，並編製各類測驗統計報告，不下數百萬言。

民國三十四年抗戰勝利後，曾赴北平師範大學講學半年。三十五年應教育學術團體及教育部的邀請，出國講學計三十餘次。三十九年任考試院考試委員，移居臺北近郊溝子口，倡導新法考試，對於考試制度的改進，貢獻甚大。先生由大陸來臺時，即有高血壓現象，由於年事漸高，而研究工作孜孜不輟，耗費心力甚大，至四十四年九月，終以腦溢血不幸逝世於新竹寓所。以上是根據師母范冰心女士所撰「艾險舟先生行述」，（原文載教育與文化週刊第十卷第四期，民國四十四年十二月出版。）簡述先生生平的事蹟，用誌追思。此外更將個人對險舟師所親切體認到的一些感受和印象寫在下面。

在過去幾十年裏，我和險舟師有過三度較長時間的接觸：抗戰前在南京，抗戰時在重慶，抗戰後在臺北。最近教育部爲了改進大專聯招，請來了一位測驗專家——美國教育測驗服務社的郝密克。郝氏作了一週的考察和研究以後，提出了三點建議：第一，試題應採用選擇式；第二，除了考學科測驗以外，還要舉行性向測驗；第三，測驗卷改用機器記分。看了這三點建議，不禁使我再度憶起了我的老師——艾偉博士，一位擇善固執的教育家，早在二十年以前，他就提出過同樣的主張了。由於郝氏的建議，撥動了我心裏頭的開關，往日的印象，像電視樣一幕連一幕地顯現出來。

南高院

在南京中央大學的校區裏，有座古老而莊嚴的建築物——南高院，那是教育學院師生教學和研究的所在。院長辦公室就設在二樓的中央。我在民國二十四年，考進了中大心理學系。那時險舟師是心理學系教授，兼教育學院院長。當我應召作個別談話進入院長辦公室時，發現他是一位中國人，心理覺得非常詫異。因為在我的想像中，他是一個外國人。

我是師範學校畢業的，升學前做過兩年小學教師，對心理學非常感興趣。平時常常閱讀商務印書館出版的教育雜誌。險舟師在當時的教育雜誌上，以「艾偉」的名字發表過許多篇測驗統計的研究報告，像閱讀速率測驗報告，閱讀理解力測驗報告等等。當時國內學者研究測驗統計的很少，這一類的文字大都是從西文翻譯過來的、所以我誤以為「艾偉」和「杜威」一樣是外籍教育大師的譯名。

險舟師教我們統計學。第一學期，心理系學生和教育系學生合班上課，用他寫的高級統計學做教本。那本書共有二十二章，內容很豐富。上課時，他一面用教鞭指着事先畫好的圖表，一面補充說明。進度很快，指定的練習也很多。許多教育系的同學，視統計學為一大難關。我因為知道統計學是研究心理學的基本工具，不得不用心學習。遇到疑難的地方，不敢直接向險舟師詢問，便到心理系圖書室去向他的助教——郭祖超先生請教。郭先生性情溫厚，態度和藹，學識豐富，口齒清楚，是險舟師的得意門生之一。由於他的指點，我得益不少。第二學期的統計學，是爲心理系單獨開的，主要是講曲線配合。那是險舟師在大學裏授課若干年後，又到英國跟統計學大師皮爾遜教授研習的。他一面講，一面指導我們用計算機做各種練習。由於長期練習的結果，所以心理系的同學對於各種統計方法都相當的熟練。

從外表上看，險舟師是道貌岸然難以接近的，其實不然。每學期期中考試以後，他總在他的住宅裏，準備了豐富的茶點，約請選課的學生，舉行一次茶話會。艾師母和艾公子也都參與接待。邊吃邊談，吃完了還有餘興節目。險舟師的長公子國炎兄的踢踏舞，最令人叫絕。當時眞有如坐春風的感覺。

險舟師把他的房屋騰出一部分來，自己出錢辦了一所實驗小學和幼稚園。所收的兒童都是智商很高的；險舟師的二公子國一，是其中之一。由艾師母當主任並教算術；艾師母是北平女子師範大學畢業的，對數學教學很有研究。由教育系畢業同學秦湘蓀女士教國語；秦學長是北平人，講得一口標準國語。險舟師認爲一切的學習都要注意開始的正確，所以才有這樣的安排。

在這所實驗學校裏，險舟師一面按他的教育理想施教，一面對裏面的兒童從事各種觀察和試驗。他曾領導我們詳詳細細地參觀這所實驗學校的各種設備和措施。險舟師說：「每一個教育學家和心理學家，最好有一個屬於他自己的實驗學校。」從那個時候起，我就希望辦一個屬於自己的實驗學校。

可是這一個夢想至今還沒有實現哩！

沙坪壩

抗日戰事發生以後，中央大學就遷到嘉陵江磐溪口對岸的沙坪壩去上課。那時，教育學院改制爲師範學院。險舟師擺脫了院長的職務，專心辦理教育心理研究所。當時對外交通多阻，出國留學的可能性很小，所以有志上進的同學，很多進入研究所，在空襲頻繁之下，接受險舟師的指導，從事研究。

中大教育心理研究所當時所做的研究，有兩個重點：一個是研究學科心理學，一個是編製心理與教育測驗。

過去研究學習心理的人，多半是根據貓、狗和人猿在實驗室控制情況下的行爲表現，歸納成一條一條的定律，然後再把這些定律加以演繹，應用到教學上來。其實，人類的學習過程和動物的學習過程不一定相同；教室裏的情況和實驗室裏的情況也有很大的差別。所以在實驗室裏以動物行爲爲對象所獲得的定律，對於教室裏的兒童，不一定能適用。險舟師指導研究生研究各種學習問題時，都是在教室裏，用眞實的教材做刺激，去引起兒童的行爲表現，從而加以觀察和比較。這實在是研究學習心理學的正確途徑。

在教學之前，教師對於學生的智慧、性向和各種習慣等，應有相當的了解。在教學以後，對於教學的效果，應作一番考核。這是大家都同意的。所謂心理與教育測驗，正是瞭解學生背景和考查教學成績的工具。有了這些工具，我們對於教育範疇裏的各項問題，才可以從事計量的研究。險舟師從在中大任教之日起，卽着手編製各種測驗。中大教育心理研究所全體師生在險舟師的鼓勵之下，大家也都積極從事這種工作。當時，中小學所需要的各種測驗，幾乎應有盡有，實在是莫大的貢獻。最近行為科學，頗受世人重視，大家爭以計量的方法，研究各種行為問題。回顧險舟師此一時期的成就，不得不令人欽佩他的先知先覺。

這一段時間，我正在國防工業設計委員會技工訓練處任職，應用各種機械能力測驗，為重慶各兵工廠甄選藝徒；同時在母校兼授心理學的課程，每星期去沙坪壩一次。課餘之暇，常到研究所去拜謁險舟師。他每次總不憚煩地把各種研究計劃和研究成果一一為我說明。有時因為空襲的關係，我和險舟師在防空洞裏相遇。他便指着手提包對我說：「別人跑警報的時候，手提包裏裝的是金條；我跑警報的時候，手提包裏裝的是統計資料。」

這段時期，教育心理研究所的各種研究結果，大多在「教育心理研究」季刊上發表。每次出版的時候，險舟師都送我一冊。由於後方缺乏白報紙，這些刊物都是用土紙印的。我雖然帶了幾本到臺灣來，可是已經不能翻閱。因為只要翻動一下，紙就成為粉末，眞是可惜得很。

我當時閱讀這些研究報告的時候，隨手做了一點筆記。後來和君約兄為正中書局合編了一本師範學校教育心理學。有關學科心理的幾章，是由我執筆的。許多採用這本書做教本的人都說，學科心理部分的內容很充實，也很適用。其實這幾章都是根據我的閱讀筆記寫成的。和險舟師的全部研究結果相比，那不過是九牛之一毛、滄海之一粟而已。

溝子口

勝利後，我們先後還都。當我回到南京的時候，險舟師已到澳洲去出席國際教育會議。回國後因爲擔任部聘教授，便轉到北師大去任教。所以勝利後我在南京一直沒有機會向險舟師請益。等到大陸情勢逆轉，我隨空軍總部到了臺北。險舟師因爲榮任行憲後第一屆考試委員，也到臺灣來就職。當時考試院在木柵溝子口建了辦公室和委員宿舍，險舟師就在那裏定居下來。

文官考試在中國雖有幾千年的歷史，可是一向側重論文式考試，從未採用新法測驗。險舟師就任考試委員以後，就建議考試院，設置考試技術改進委員會，並在高普考中舉行心理測驗。此項建議，當時有人稱之爲艾偉計劃。每次舉行心理測驗的時候，亮東、邦正、堅厚和我，都應約去協助。中國測驗學會也在險舟師的領導之下，在臺復會。因此我們又常常有機會隨侍在險舟師左右。

空軍總司令部爲了推行分類任職制度，特自三十六年十月起，設置空軍人員心理研究室，從事普通智力測驗、專業性向測驗、教育成就測驗，以及軍職專長測驗的編製。我到空軍任職就是奉命主持這項工作的。因爲辦理尙有績效，當空軍總司令周至柔將軍升任參謀總長的時候，此項制度又推廣到陸海兩軍。君約、正穩、敬婉、古衞諸學長，便在我的推薦之下分別到國防部、陸軍總部和海軍總部去擔任同樣的工作。我們的研究報告，陸續在測驗年刊中發表。當時，險舟師常將我們的成就，向考試院提出報告，藉以顯示考試院行動的遲緩，因而引起更多的反感，遭受更大的阻力。在高普考中，心理測驗的成績，一直僅作錄取的參考，而未正式發生作用。在各種有關會議中，險舟師雖屢次發言主張將智力低劣者淘汰，不但沒有通過，反遭「固執」之譏。險舟師自此乃轉變方向，常常在新生報上發表星期論文，倡導測驗的研究和應用。他對於學校的考試和入學考試也提出許多改進的建議。郝密克來華所作的三項建議，都是險舟師當時所一再強調的。

險舟師任期屆滿以後，新任考試委員爲了研討心理測驗在高普考中是否繼續舉辦，特地邀請在臺的心理學家，舉行座談。當時有人認爲智力測驗着重速度，在空軍方面適用，在文官方面不適用；有人認爲智力測驗裏包括語文材料對於臺灣籍考生不利；有人主張心理測驗在高普考中應繼續舉行作爲試驗，暫時不必列爲錄取的標準。我聽到了這些言論，心裏很不以爲然。爲支持險舟師的主張，便不顧一切地站起來加以反駁。我說：智力測驗有難度測驗和速度測驗兩大類，如果認爲速度測驗不合用，爲何不採用難度測驗？如果認爲臺灣籍考生和大陸籍考生的語文能力不相等，爲什麼不分別訂定常模？考生都知道高普考裏的心理測驗，不計成績，作答時大家都隨便亂劃，這樣繼續下去，不但不能達到選拔人才的目的，也達不到試驗的目的。在我發言以後，會場上的氣氛，居然轉變了過來。事後，我把座談會上的情形，向險舟師報告。險舟師高興的說：「你有這樣的機智和勇氣，測驗在中國不會沒有前途的。」我說：「這不是我的機智和勇氣，這是老師啓發的結果。」

考試院後來便約請侯璠先生去主持心理測驗；考選部史部長旦生，也把我借調到考選部去籌劃學科測驗。在我卜居溝子口的幾年中，我爲考選部編了八十幾種學科測驗，包括國父遺敎、憲法、本國歷史、本國地理、世界歷史、世界地理、物理學、化學、政治學以及民刑法概要等科，每年在檢定考試中應用。侯先生也編了好幾種的智力測驗和性向測驗。這樣便將險舟師的計劃一一實現了起來。

險舟師逝世以後，我寫了兩篇文章紀念他。一篇是「艾偉測驗計劃的推行」，在教育通訊上發表，一篇是「艾險舟先生對於考試問題的意見」，在測驗年刋上發表，都是紀述險舟師在這一段期間的言行及其影響的。

在我的心目中，險舟師仍然健在，他不斷地在指示我研究的方向。

胡適（西元一八九一——一九六二）

呂俊甫

人格與成就

胡適博士是一位近代的聖人、大師和愛國者。他的智慧卓越，胸襟開濶，興趣廣博。他曾說哲學是他的職業，文學是他的娛樂，政治是他的義務。

胡先生的朋友和學生滿天下。他有堅強的理智，也有豐富的感情。他曾說：「做學問要在不疑處有疑，待人要在有疑處不疑。」先談待人，他能從任何人身上看出長處來，能同任何人做明友，不論對方的年齡和職業如何。他常安排時間（例如星期天）接見任何往訪的客人，不論識與不識。當年輕人去看他，他總要說：「你多大了？」「我眞羨慕你！」他與比他小四十歲的好學的蔴餅小販袁瓞先生成了朋友，他曾向與他討論政治問題的袁瓞說：「社會的改革是一點一滴累積起來的，只能有零售，不能有批發，只有共黨政權才相信社會改進是可以批發的。許多人做事，目的熱，方法盲，所以共黨不擇手段。我們過去有許多人失敗的原因，也是犯了有抱負而沒有方法的毛病。」

學貫中西的林語堂博士曾說：「胡適之先生在道德文章上，在人品學問上，都足爲我輩師表。一時的毀譽，他全不在乎。」

據當時擔任臺灣省教育廳長的劉眞教授說，胡先生曾爲南港中央研究院附近的一所小學（舊莊國小）的操場土地和給水設備問題，寫信給劉先生。等到該校操場修好和給水設備竣工的那天，胡先生還在簡單典禮中向小學生們講了許多話。劉先生說：「從這件小事上，可以看出胡先生不僅注意教育方面大的問題，不僅注意大學和研究院，不僅注意發展科學的長期計劃，就連這一所鄉村小學，他也同樣是很關心的。」

胡先生同比他小三十五歲的學人作家陳之藩先生是好朋友，他們經常通信和討論問題。陳先生第一次寫信和去看胡先生時，還是國立北洋大學三年級的學生。胡先生在致陳先生的一封信中，曾再度提出他過去曾經說過的「勤、謹、和、緩」的治學方法，並指出這原是古人論從政（做官）的四字訣。用在治學方面，「勤」就是眼勤和手勤，勤求材料，勤求事實，勤求證據。「謹」就是一絲一毫不苟且，不潦草，舉一例，立一證，下一結論，都不苟且。「和」是心平氣和，虛心體察，平心考查一切不合己意的事實與證據，拋開成見，跟着證據走，服從證據，捨己從人。「緩」是要從容研究，莫急於下結論，證據不足時，姑且涼涼去，姑且懸而不斷。

胡先生在信中曾不客氣地指出陳先生對於「和」與「緩」二字，好像不大注意。其實這豈是陳先生可能沒注意到，恐怕絕大多數的人都沒注意到，尤其是年輕人。胡先生將「訓練」與「性情」分開，他認為：「平日的訓練，一旦偶然放鬆，人的性情或早年先入的成見就無意中流露出來了。」胡先生不是沒有性情（本性和情感），但他的訓練（教養和理智）常能在必要時控制他的性情。

雖然也曾有人誤解胡先生，但凡是瞭解他的都對他有好評。早在民國十一年，梁任公（啓超）就曾說：「他那銳敏的觀察力，緻密的組織力，大膽的創造力，都是『不廢江河萬古流』的。」

思想新穎的國學老教授毛子水先生在哀詞中曾說胡先生是「經師」，也是「人師」；他的忠恕、誠實、謙虛、正直、慷慨、溫和、見義勇為、捨己從人，都是人生德行最上等的模範。毛先生說：「若把胡先生平日的言行來作標準，我竟可以說是一個慣於說謊話的人了，慣於作僞的人了。」他說胡先生在教育上的種種主張，在學術上的種種提倡，在政治上的種種希望，他的一生努力，都是要使我國成為現代世界上第一等的文明國家。無論在政治上或風俗上的改革，他只贊成用和平的方法，而不贊成用激烈的方法。

兼長文藝和外交的葉公超博士追懷胡先生說：「我常說文明的人類可分為笑與不笑的兩類。適之無疑的是屬於常笑的。」歷史學者黎東方教授說：「他善談，善笑。有時候，他也會生氣。然而，別人一氣，可以氣上幾天，甚至氣一輩子。他氣了不到半分鐘，話鋒便轉到愉快的題目。他是一個眞誠而純摯的學者，同時也是一個極民主而平民化的大師。」

立法委員胡秋原先生說胡先生有三大貢獻：「一是白話文學之鼓吹，二是自由主義之堅持，三是科學方法與批評精神之提倡。」史學家兼外交家蔣廷黻博士說：「保守主義者忠於中國的過去，胡先生則忠於中國的現在和未來。他要求現代和後代的中國人向前看，不要向後看。他希望中國人達到新的崇高成就，而不是自滿於古人已經做過的事情。因此，他的思想是啓示我們以新的更大的努力，去發展一個比過去更輝煌的中國文化。」

中央日報董事長陶希聖先生追述民國三十七年　蔣總統邀請胡先生入京組閣，全體閣員都由他全權提名，但胡先生以健康原因婉謝了。當時胡先生說：「我不做一件事則已，要做就要負責任。我的心臟病不許我擔任那樣繁重的職務。」

曾任教育部長的程天放先生，曾經追述他在復旦大學三年級時，聽胡先生陪杜威來華演講的往事：「當時適之先生在『新青年』上鼓吹文學革命，批評舊傳統、舊習慣，上海一般知識青年都震於他的大名，都沒見過他，也沒有看過他的照片。在電車上我們就想像胡適是怎樣一個人物，大家以爲他一定西裝筆挺，神氣十足，是一個典型的留學生。等到他陪杜威走上講臺時，穿的是一件長衫，態度謙恭和藹，不像一般留學生，而像中國傳統的學者，大出我們意料之外。」程先生又說胡先生對母親非常孝順，他和江冬秀女士的婚姻完全是家長作主的，可是他對夫人終身敬愛，到老不渝。

據與胡先生十分接近的胡頌平先生說：胡先生有天才，又努力；看書很快，記憶力又強，他沒有什麼消遣，讀書就是他唯一的消遣。因爲白天忙，他常在夜深人靜時讀書，忘了睡眠。胡先生的學生蔣復璁先生追憶他的老師說：「他的講演是有訓練的，所以他的聲浪，姿勢都有講究。」「他無論何事，都用心研究，全力以赴，決不馬虎。　總統說，現在中國的教育家是國家之寶，則胡先生實是寶中之實。」

曾經擔任外交部長的王世杰博士說：「胡適先生是一個最進步的愛國主義者，他最關心政治問題，他的關心高於一般實際從事政治工作的人。但是他却不願意做官或從事實際政治活動。他評論政治或參加政治工作，最富於責任心，也最有勇氣。恬淡不一定是偉大，恬淡而有極大的勇氣和責任心，才是偉大。」王先生說胡先生在臨危受命的駐美大使任內，非常成功，因此：「在現代的外交工作上，使節的人格與信望，究竟重於使節的外交技能。」

據美國時代雜誌報導：胡先生在駐美大使任內，曾收到中國政府給他六萬美元作為宣傳費用，結果他將這筆錢退還政府，並附信說：「我的演說是足够的宣傳，而不需花你們的任何錢。」

胡先生身後沒有留下什麽財物，他的主要遺產是離開北平時所留下的一百零二箱書籍。

從胡先生一生的事蹟看，他不僅是一位舉世敬仰的學者和思想家，也是我國近代的聖人。他一生獲得世界各國著名大學頒贈榮譽博士學位三十五個之多，恐怕世界上沒有一位其他的偉人在生時曾經享受如此崇高而普遍的國際聲望。

家世與生平

胡適先生，原名洪騂，字適之，安徽績溪（即徽州）人，西元一八九一年（清光緒十七年）十二月十七日生於上海大東門寓所，一九六二年（中華民國五十一年）二月二十四日因心臟病逝於臺北南港中央研究院。他的父親胡傳（西元一八四一——一八九五），字鐵花，兼長文武，曾在家經商，後來出外做官，晚年並曾奉調臺灣服務；當時家住臺南和臺東，胡先生約三歲，在父母教導下開始識字。不久胡父病逝，曾在遺囑中指出胡適聰明，應努力讀書。

胡先生的母親馮氏，對他幼時的影響最大。胡母是胡傳的繼室，于歸時（一八八九年）僅十六歲。婚後六年多，便遭喪夫之痛，在經濟上必須依靠同父異母的三位哥哥。胡先生的嫂子脾氣很壞，使胡母在極度的忍耐和寬容中過活，只希望將惟一的親生兒子教養成人。據胡先生描述他的母親說：「她是慈母兼任嚴父。但她從來不在別人面前罵我一句，打我一下。我做錯了事，她只對我一望，我看見了她的嚴厲眼光，就嚇住了。」胡母十分敬愛她的先夫，有時會對胡適訴說他父親的種種好處，要他學父親的榜樣，不要丟父親的臉。說到傷心處，胡母往往會掉下淚來。

胡母對胡先生讀書和做人方面都有重大的啓發，曾在他幼時以頗高的代價，請人爲他「講書」，書中的一字一句，都要加以講解；後來胡先生所撰的自述認爲這對他的幫助很大。他還說：「如果我學得了一絲一毫的好脾氣，如果我學得了一點點待人接物的和氣，如果我能寬恕人、體諒人——我都得感謝我的慈母。」

胡母早就有意使胡先生到外地讀書，一九〇四年他才獲機會隨他的三哥到上海，進入一為父執所主持的梅溪學堂低年級就讀。他已鄉居苦讀九年，國文有基礎，受老師賞識，「一天之中升了四班」，被改編在高年級。此時讀梁啓超的著作「新民說」和「中國學術思想變遷之大勢」，在思想和見解方面得到了新的啓示。

胡先生在一九〇六年入中國公學，參加競業學會；該學會創刊「競業旬報」，以振興教育、提倡民氣、改良社會、主張自治爲宗旨。後來任該刊主編，並經常撰文，倡言革新和愛國；此時他不過十七八歲。

胡先生曾在十里洋場，交友不愼，一度「墮落」；幸能迷途知返，於一九一〇年隨其二哥北上參加留美官費考試，以第五十五名獲得錄取。是年秋季乘輪赴美，他的二哥要他研習與國計民生有關的學科，於是進入康奈爾大學農學院。兩年後（一九一二年春）因感農科與性情不合，便轉入同校文理學院。

在康大期間，胡先生除讀書外，並經常參加課外活動，撰文演講。其時美國若干大學設有世界大同會；康大校長，便是一位大同主義者。一九一二年底，他曾代表康大在世界大同總會的年會中演說，指出世界主義乃是愛國主義與人道主義的結合；翌年當選爲康大世界大同會會長。他在上海時，因生活不安，曾經一度意氣消沉；到美國後，眼界開濶，從此一生都持樂觀主義。

一九一四年胡先生獲文學士，續入康大研究所主修哲學，輔修政治和文學。同年第一次世界大戰爆發，日軍攻佔青島。當時他即已看出日本爲中國之大患，認爲救國的根本大計，首在教育，尤其希望中國有一所可與哈佛、牛津等校相比的第一流大學。

胡先生在康大所在的紐約州綺色佳鎭渡過五年歲月，視爲第二故鄉。一九一五年秋轉赴紐約市哥倫比亞大學研究院，從實驗主義大師約翰‧杜威博士研究哲學。他自稱：「從此以後，實驗主義成了我的生活和思想的一個嚮導，成了我自己的哲學基礎。」翌年初，便感到中國需要以白話代替古文的文學革命。他自認他的文學革命主張，「也是實驗主義的一種表現」。

在杜威的教導下，胡先生學會了思考的方法，隨時顧到當前的問題，將一切學說和理想都看作待證的假設，並且處處顧到思考的結果。一九一七年他提出博士論文「古代中國邏輯（名學）方法之發展的研究」，由杜威等六位教授主試，順利通過。隨即啓程返國，就任蔡元培校長主持的國立北京大學教授，講授中國古代哲學史及中國名學等課，那時年僅二十六歲。同年（民國六年）十二月，回績溪省親，奉母命與江冬秀女士完婚。一年後，胡母病逝，胡先生奔喪回家，自感「深恩未報」十分哀傷。

民國八年五四運動前後，杜威來華講學，由胡先生接待並任翻譯。其時，胡先生曾在上海拜訪孫中山先生，對孫文學說和建國方略表示擁護。同年八月撰文指出「清代學者的治學方法」，是「大膽的假設，小心的求證」。

胡適會與陳獨秀等以文會友，合辦新青年雜誌，推動新文化運動，後因意見不合而分道揚鑣。

民國十七年，胡先生就任上海中國公學校長。在此私立大學爲時約二年，頗多興革，如調整院系，聘請名師，加強課外活動（鼓勵學生寫作及演講，並提倡體育）。民國十九年，北大蔣夢麟校長聘胡先生擔任文學院長。民國二十一年，正值「九一八」和「一二八」日軍侵華之後，國難當頭；胡先生乃與當時在北平的教授們，如丁文江、傅斯年、蔣廷黻等創辦獨立評論，目的在「辦一個刊物來說一般人不肯說或不敢說的老實話」。

民國二十六年七七事變發生，軍事委員會　蔣中正委員長曾約晤胡先生。胡先生主張「大戰之前要作一次最大的和平努力」。接着八一三戰事爆發，和平無望，　蔣委員長宣佈全面對日抗戰。胡先生隨即受命以非正式使節身分赴美、英等國說明日本侵略暴行，翌年被任命爲駐美大使。當時他主張「苦撑待變」，在美外交工作甚爲成功；但因過於勞累而患了心臟病，在民國三十一年辭去大使職務。

民國三十四年，日本無條件投降，胡先生受任爲北大校長。翌年至南京出席制憲國民大會，與朱經農等提出「教育文化應列爲憲法專章」案，經大會修正通過。

民國三十六年，他手擬「爭取學術獨立的十年計劃」，主張用國家最大的力量，培植五個到十個大學，使其成爲「學術研究的大本營」，以期在國際間爭取學術上的獨立地位。他認爲「現行的大學制度應該及早徹底修正，多多減除行政衙門的干涉，多多增加學術機關的自由與責任」。

民國三十七年，胡先生出席行憲後第一屆國民大會第一次會議。國民政府　蔣中正主席曾擬請胡先生爲總統候選人；後來　蔣先生當選總統，又曾請胡先生出任行政院長，胡氏仍然婉辭。當時大局惡化，胡先生表示在國家最危難的時間與　蔣總統站在一起。

民國三十八年，胡先生赴美，不滿美國所發表的中美關係白皮書。翌年，中共在大陸展開「批判胡適思想」運動，陷身大陸的次子胡思杜也被迫與胡先生「脫離父子關係」。

民國四十一年胡先生來臺講學；以後數年，經常奔走於臺灣與美國之間。

民國四十六年，他代表中華民國出席聯合國大會，講述「中國大陸反共抗暴運動」。翌年就任中央研究院院長，在該院三十週年紀念會上講「有證據的知識，才是眞正的知識」。

胡先生自民國二十四年接受第一個名譽博士學位（香港大學所授），至民國四十八年接受最後一個名譽博士學位（夏威夷大學所授），前後二十四年中，共獲哈佛、牛津、巴黎、柏林等大學贈予名譽博士學位三十五個之多。

民國四十八年國家長期發展科學委員會成立，胡先生任主席。民國五十年該會舉行第五次全體委員會議，他在致詞時說：「在這樣很困難的情形之下，我們能夠有一億一千萬臺幣用在長期發展科學與技術的研究的開山工作上面，我們至少可以說科學在自由中國已開始得到重視，開始得到資助了。」

民國五十一年，他在臺北南港中央研究院蔡元培紀念館主持第五次院士會議，吳大猷、吳健雄等皆自美回國參加。他非常興奮，以能作育英才爲樂；他說他對物理學是一竅不通，却有兩個學生是名滿天下的物理學家，一位是當年北大物理系主任饒毓泰，一位是女物理學家吳健雄。而吳大猷却是饒毓泰的學生，楊振寧和李政道又是吳大猷的學生，算起來已是「四代」了，這一件事他認爲是「生平最得意的，也是値得自豪的」。會中他還說了一些別的話，也許太興奮了，散會時心臟病復發，這位偉大的人物頓時倒地不起。胡先生去世後，　蔣總統親筆寫了一幅輓聯：「新文化中舊道德的楷模，舊倫理中新思想的師表。」出殯之日，有三十萬人自動執紼。胡夫人在悲傷中對她的長子說：「祖望，做人做到你爸爸這樣，不容易喲！」
本文參考書：

胡適著：胡適選集（臺北市文星書店，民國五十五年六月初版）。
吳相湘著：民國百人傳（臺北市傳記文學出版社，民國六十年一月初版）。
劉真著：辦學與從政（臺北市商務印書館，民國六十年九月二版）。
徐高阮等著：中西論戰與胡適（臺南市萬象書局，民國五十一年四月增訂本）。
毛子水等著：胡適博士紀念集刊（香港獨立論壇社，民國五十一年四月初版）。
張其昀辦：美哉中華畫刊(臺北市華岡學會，民國六十一年四月號有圖文介紹胡適博士）。

姚從吾（西元一八九四—一九七一）

札奇斯欽

先生原名士鰲，清光緒二十年（一八九四）陰曆九月初九日（十月七日），生於河南襄城縣。父福同公，母黃太夫人。民國三年考入北京中華大學豫科；六年，以優異的成績畢業。同年秋，考入國立北京大學文科史學門。師事張相文、陳漢章、朱希祖等名教授。同學中則有傅斯年、羅家倫、毛子水、田培林、張儐生等，俊彥羣集，砥礪琢磨，學業益爲精進。九年夏，自北京大學史學系畢業，獲文學士學位；秋，考入北京大學文科研究所國學門深造。十一年夏，自北京大學研究所畢業，參加該校赴德國深造之考試，先生以歷史學膺選。同時被錄取的有毛子水先生。

十二年一月，先生乘法輪，自上海經香港、西貢、轉赴歐洲。二月入柏林大學研究，從傅郎克(Otto Franke) 及海尼士 (Erich Haenisch)，專攻蒙古史，及歷史學方法論。此時與先生同在德國留學的學人，有陳寅恪、傅斯年、俞大維、羅家倫、毛子水及維吾爾族的鮑爾漢等人。先生在柏林攻讀史學五年，留心東西洋文化交流互相影響，中國文化對世界之貢獻，及匈奴、突厥以至蒙古等北方民族向西發展，使東西兩個世界藉以打通史實之研究。十八年，先生應波恩（Bonn）大學之聘，任該校東方研究所中文講師。同年，先生譯蒙古史發凡，寄國內發表，期於在國內喚起對北亞研究的注意。十九年，先生赴匈牙利、奧地利及捷克等國旅行，實地觀察蒙古西征之古戰場，以增進對蒙古西征當時歷史的瞭解。二十年，先生任柏林大學漢學研究所講師。十九年秋，日本侵佔東北，華北情勢嚴重；先生報國心切，乃於二十三年夏，辭去柏林大學教職，束裝返國。

這時北京大學校長蔣夢麟，文學院長胡適之兩先生，以先生飽學歸國，立卽延聘爲北京大學的史學系教授，擔任史學方法、遼金元史及蒙古史研究等課。二十五年夏，史學系主任陳受頤休假，先生受兼系主任之聘，對於全系學生教誨的勤愼，尤過往昔。此際正値日本軍閥侵略日亟，陰謀「華北自治」。十月，先生及徐炳昶、孟森、顧頡剛、錢玄同、錢穆等，百餘教授聯名，條陳上下集中力量，一致對外，不喪權，不辱國；公開外交；反對日本干涉內政，設置特務機關；或任何特殊地位；制止走私；出兵討伐與外力有關之任何叛匪等七項，促請中樞速定大計。

二十六年七月七日，蘆溝橋事變爆發，此時北大校長蔣夢麟先生已去江西參加廬山談話會。先生和北大各院系教授集會決議，通電擁護國家立場。二十九日，日軍佔領北京，先生與北大同仁集會，主張鎭靜應變。嗣後又經再度秘密集會，決定分批離京南下。先生與友人等先至天津，再經青島、濟南、武漢，轉至長沙。這時北京、淸華、南開三大學之學生也輾轉南下，政府合併三校，在長沙成立臨時大學。文學院暫設衡山，先生仍受聘爲史學系主任，同時發起組織「中日戰爭史料徵輯委員會」

，徵輯戰爭史料。

二十七年，江南戰局逆轉，臨時大學奉命遷往昆明，命名爲國立西南聯合大學。先生又經香港，轉赴雲南，在困苦之環境中，繼續教學研究工作不輟。全面抗戰以來，軍事委員會委員長　蔣公中正號召全國青年團結，於二十七年秋，成立三民主義青年團。同年先生奉命在西南聯大成立支團部，組織中國國民黨西南聯大黨部，在極複雜之政治環境中，與陳雪屏先生等共同策動，擁護政府國策，鼓勵學生勤學報國。太平洋戰事爆發，盟軍來華助戰，亟需通譯人員，三十二年冬，先生建議校方鼓勵四年級學生應徵，經常務委員梅貽琦先生之同意，及全體學生擁護，相率從軍，服務時間長達二年之久。際此國難戰火之中，先生仍治史不輟，發表論文。

三十四年八月十四日，日本投降，抗戰勝利。三十五年，西南聯大結束，北京大學復校，先生復返故都，仍任史學系教授兼主任。同年十一月，受命出長故鄉的河南大學，時値戰後，校舍圖書殘損，尤乏師資，先生百方擘劃，廣求人才，校務漸有起色。

三十六年，國家實行憲政，先生當選爲全國教育團體出席國民大會的代表。三十七年三月，先生自開封前往南京，出席行憲第一屆國民大會。　蔣公中正當選爲中華民國行憲後第一任總統。六月，共匪流竄河南，開封陷落，先生與河大學生數人步行出城，歷盡險苦，始達歸德。先生抵京後，河大學生來者日增，教育部命在蘇州收容。先生復轉至蘇州，主持復校上課。先生辛勞過度，血壓日增，始懇辭河大校長職務。

三十八年一月，首都危急，先生及家屬自南京經上海抵達臺灣，暫居臺中。先生素無積蓄，生活清苦，賴夫人變賣僅有之飾物為生。二月間，夫人受臺灣省立彰化中學之聘，全家遷居彰化，生活暫告安定。這時傅斯年出任臺灣大學校長，聘先生為該校教授，講授史學方法論及遼金元史。三十九年，先生舉家遷居臺北。就在這一年的冬天，傅斯年突然病逝。三十年故友，一旦永訣，先生不勝哀痛。

三十九年，受教育部之聘，為學術審議委員會委員。四十三年三月，中國歷史學會成立，先生與胡適之、沈剛伯、張其昀諸先生當選為常務理事。四十四年，先生受聘為中央研究院歷史語言研究所通信研究員。先生為擴大研究領域，並得到臺大文學院長沈剛伯先生的贊助，延聘滿洲學人廣祿先生，開滿洲語文課程。兩年後，又增開蒙古語文一課，使臺大對中國邊疆文史的研究向前邁進一步。

四十七年，中央研究院在臺灣恢復院士選舉，先生被提名為人文組院士候選人。四月十日，於院士會議中，當選為人文組院士。這一學術界的最高榮銜，先生得之，絕非偶然。不久先生與蔣復璁、方豪、趙鐵寒等友人共同發起「宋史研究會」。又與廣祿、余凌雲、阿不都拉等先生發起「中國邊疆歷史語文學會」，作純學術上對宋遼金元史及邊疆民族歷史語文之集體研究與探討。四十九年，先生受聘為國家長期發展科學委員會研究講座教授。五十年四月，中國歷史學會第二屆會員大會在臺北舉行，先生以最高票當選為理事，嗣由理事會推為理事長。

五十一年二月二十四日，中央研究院第五次院士會議開會，院長胡適之先生於會場中，以心臟病發，突然長逝。先生輓以：「數萬里聲名遠播，靖獻宗邦，碩畫良圖成往事；四十年教誨親承，勤劬學問，考經論史泣遺文。」哀痛逾恆之情，溢於言表。

五十七年三月，中國歷史學會在臺北舉行年會，依先生之主張，除大會及專題演講外，設復興中華文化，歷史教學，史學研究等分組會，宣讀論文，嗣後分組會及宣讀論文，成爲定例。

五十八年三月末，中國國民黨第十次全國代表大會開會，　蔣總裁親自主持，先生爲出席代表。總裁以先生多年來爲知識青年黨部熱誠服務的勳勞，和在學術上的成就，特聘爲中央評議委員。八月，第三屆東亞阿爾泰學會在臺北舉行，出席中、日、韓三國學者二十餘人。先生提倡阿爾泰學之研究多年，故以前輩學人資格擔任顧問。同年受聘爲國家科學會研究教授。

六十年三月，國民黨十屆二中全會在臺北開會，先生以評議委員與會。四月十二日應臺南成功大學之邀，前往講學三日，十四日北返，未假休息，翌（十五日）晨仍照常赴臺大研究室工作，正午心臟病突發，倒於椅上，雖送醫院急救，終以心力衰竭，與世長辭。先生畢生致力史學，最後卒於研究室中，崗位之上，眞可謂死得其所。六月二日安葬於臺北陽明公墓。

同年九月三日　總統蔣公特明令褒揚，其文曰：「第一屆國民大會代表、中央研究院院士姚從吾，性行誠篤，文史淹通，執教北京大學、西南聯大、臺灣大學三十餘載，其間並任河南大學校長，近年由國家科學會聘爲研究教授，誨人不倦，足式士林，著作專精，貢獻宏遠，復倡研邊疆語文，開治學之新域，見愛國之深衷。綜其生平，洵爲儒林彥宿，史學名家，國步多艱，時聞讜論，詎意溘逝，悼惜殊深，應予明令褒揚，用示政府篤念耆賢之至意，此令。」

先生忠黨愛國，勤儉自持，不求名利，不畏權勢，治學嚴謹有恆，雖年逾七十餘歲，仍然奮勉不息。晚年曾自題座右銘，懸掛在居室之內。其文爲：「飯吃八分飽，睡覺十分好，按部就班幹，聽其自然老。」先生以這四句極平凡的話，來自慰自勉，可見他是一位怎樣淡泊自如的人了。

先生平生終日埋頭史冊，勤於寫作，從不停止，生前已經發表的著述約八十多種，尙有未完成的初稿多件。早年在讀大學的時候，就有志於史學，買了一部二十四史，每天用心研究，時常讀到夜深方止。因此在畢業的時候，僅讀史筆記一項就有數百冊之多，這是他讀書有恆，工作勤勉的果實。到臺灣之後，臺大的研究室是先生耕耘二十餘年的場所，每天無論風雨，或是假期，有時甚至連星期天，都要到這裏工作。在午飯時候也每每捨不得離去，總是要遲半小時才去。晚間離開的時候總是在六點鐘以後，在冬天這時已經是一片漆黑了。回家之後還是讀書。所以毛子水先生在一篇紀念他的文章裏說：「十多年來，我和從吾寓所只隔一戶。因從吾用功著作，我每想趨談輒中止。」因此先生常以「不怕慢、只怕站」來教誨學生勤勉讀書。

記得二十三年，先生剛從德國回來，在北大開蒙古史一課，我剛剛大學二年級去旁聽。有一天先生講到成吉思可汗幼年的故事，說：「阿布爾嘎希書說，他的母親曾改嫁給受過託孤之臣蒙力克。可能這是十二、三世紀當時蒙古人的習俗。」其實對於一個歷史故事多引些不同的記載，向學生說明是應該的；但那時我在北大是第一個用蒙古姓名入學的學生。許多同學都用奇異可笑的眼光看了我一眼，使我覺得不大自然。於是立刻就舉起手來，說：「我對先生所說的有疑問。先生何不把其他的史料的記載也一一詳述，而過於強調這一本書，而且又以一個孤例，來概括當時一般的社會制度呢？我們北大的蔣校長與陶女士剛剛結婚，是否也可以用這一個例子，說明今天北平的社會，凡是受託孤之人，就要娶那人的寡妻爲太太呢？」當時在北京大學，學生向老師問難質疑是常有的事，並不爲奇。先生對於一個剛剛十九歲的半大孩子如此不懂事的發問，並沒有一點生氣的樣子，反而心平氣和的把這一個問題與多數史料的記載，又向全班同學說明一下。在下課之後，他找我談話，發現我是蒙古學生，就特別的鼓勵我，叫我對本族的歷史多多用心學習。那以後一直到今天，我之所以從事蒙古史研究，都是由於這一次的鼓勵。假如先生不是一個有涵養，而是胸襟窄小的人，當場對這一個不禮貌而無知的學生，予以嚴厲的苛責，恐怕從那一天起，我再不來旁聽他的課，也再不研究蒙古史了。所以一個老師對於一個學生的正直培育，處處都要用盡苦心。先生這種出於衷心愛青年、愛學生的心腸，實在是爲人師表的楷模，也是使我畢生難忘的一件大事。

在作學問方面，先生對每一史實，每一年代，甚至每一句，每一字都要謹愼將事，常說：「把一篇論文寫好，應該把它擱過一段時期之後，再拿出來詳細校讀改謬，不可輕心，然後纔可以拿出去發表。」在付印的時候，有時會校對達八、九次之多。可見先生治學是怎樣的嚴謹。因此也時常鼓勵學生說：「方法在工作裏，只要你不停的工作，自然會領悟到正確的方法。正像游泳的人一樣，必須把自己放在水中，纔會游泳，常游自然會游好一樣。」

先生教學認眞，平日極少缺課，雖對經常所授的課目，講義也是常有更改，而與舊的不同。讀書甚至看雜誌，也要圈點，有時還加眉批。

先生對於青年一向是諄諄善誘的。在他讀書或寫作之時，最怕有人打擾，因此連先生的老友毛子水教授也不願過戶訪問，攪他的清思；但是有人來談學問，或是學生們來請益，他卻是永無倦容的反覆解答和釋明。記得當年先生在北大執教的時候，學生們就常去他家，問東問西，他從沒有厭煩過。話談長了，甚至還會叫點飯來與學生們邊吃邊談。飯後再從書架上拿下書來，詳加指導，一點一滴的教給學生們怎樣去作研究。對於來訪的學生，從沒有表示過一點的「討厭」。

在看學生們的讀書報告時，他絕不「走馬觀花」，一向是逐字的詳讀，並加批註。有時也畫上圈點。前幾年他審查某一位青年教授的論文，在評語一項就寫了幾達兩萬字的一篇長文，可見是怎樣用心的讀了這一篇文章，又怎樣熱心而認眞的寫下了他的意見，絲毫沒有馬馬虎虎的地方。其實這樣的審查，普通在評語一欄內不過寫上一、二百字也就差不多了。

先生對所參加的各種學會，如中國歷史學會、中國邊疆歷史語文學會、宋史研究會等等，總是一向熱誠支持的。倘若自己演講，一定作十分完善的準備。倘若聽他人的報告，也是自始至終的悉心聽講，並作筆記。就是他的學生講演，也是一樣，從無例外。這樣無形中給青年一代不少的鼓勵。

先生樸實木訥，從不以「才子派」自居，作學問必要踏實，從不以創一個新說，或用「出奇致勝」的方法來顯耀。寧可死板一點的去作費力而不討好的考證工作。然後再在他考證的成果上，建立他的看法或是解釋。先生一向謙稱：「我對語文沒有天才。」但是在學術界中對於邊疆各民族語文教學的提倡，他却是一位最有功勞的人。譬如：臺灣大學設立滿洲文一課，就完全是由先生推動的。甚至爲了鼓勵學生學習，在開始的第一年中，曾親自參加作一名老「旁聽生」。這不是一般年老的教授們所能做到的。

先生作研究，極力求新。對於國際間學術研究的概況，極爲注意。他稱這是「行情」，免得落於他人之後。在他所授的史學方法論一課，更是不斷的要求友人們在國外代爲蒐集新出的名作。對於學生經常是深入淺出用極通俗的話語，教導怎樣去從事史學的研究。例如：「實事求是，注重證據，不可因循」，「畫我須是像我」，「不可以不知爲知」，「轉手的資料，不及原來的文獻」，「親見親聞的史料，最爲重要」，「同時人的記載，超過後人的著述」，以及「研究的態度，要以漢還漢，以唐還唐」等等，都是先生常說的話，而這都是一個治史者，必須具備的基本條件。

先生以「從吾」自號，還在一顆私章上刻了「從吾所好」四個字。這正是他品格的一個縮寫。先生處世光明磊落，羣而不黨，淡泊寡欲，自然是「無慾則剛」。對於同輩學人從不批評，有仁者的風度。對於後輩盡力提携，有長者的慈懷。先生愛才，從不以年青一輩後學們，對自己不同的意見爲忤，且有助其發展的雅量。

先生平生勤儉，不事生產，也沒有所謂儲蓄；在臺北的住所，不過是臺大失修的日式小屋一座，因書籍堆滿，甚至連旋轉的地方都不够。先生衣着從不考究，飲食也以極普通的北方粗茶淡飯爲滿足，但是對於友人或學生的資助却是從不吝惜的；這也是先生的美德之一。

傅斯年（西元一八九六—一九五〇）

李緒武

民國七年北京大學一羣愛好文學的青年學生，組織成一個「新潮社」，並編印「新潮」月刊，鼓吹文學革命。次年上半年，文學革命運動即發展爲新文化運動。等到五四運動發生，這新文化運動的思潮更是洶湧澎湃地擴展到全國的每一角落。五四運動的主力是學生羣衆；五四運動的精神，是一個自由主義極濃厚的社會思想運動；五四運動的人物，多半是崇高自由主義者。傅斯年先生便是五四運動的中堅，急進的自由主義者，損着大旗子，衝到趙家樓，打進曹汝霖的住宅。自由主義的色彩便是尊重個人，發揮個人人格、注重人性，充滿正義觀念，這是中國文化傳統與西洋基督文明所共有的特點。傅先生的係山東聊城人，清光緒二十二年（西元一八九六）生於邑之北城內祖宅，他家世，是純粹的士大夫家庭。祖父是一位拔貢，父親是一位舉人。他在進大學以前，對中國的經史已極有根底，而且對中國的學術源流，也有明確的認識（註一）。民國二年夏天，考入北京大學預科。民國五年，卒業於北大預科，同年秋，升入北大本科中國文學系。民國八年夏畢業，同年秋，考取山東官費，赴英留學。他在北京大學讀書的時候，雖習中國文學系，但於文學、史學、哲學各方面，都有很濃厚的興趣；他心中以爲治科學是治哲學的基礎，所以赴英以後，卽進入倫敦大學研究院，從史培曼（Spearman）教授研究實驗心理學，打算從生理學以通心理學而進於哲學（註二）。那時候一般人對自然科學非常傾倒，除了想從自然科學裏面得到所謂可靠的知識而外，而且想從那裏面得到科學方法的訓練，認爲這種訓練在某種科學以內固然可以應用，就是換了方向而來治另外一種學問，也還可以應用。傅先生留英期間，除了研究實驗心理學以外，還兼研究物理學、化學及高深的數學。他對於數學的興趣比較濃厚，因爲他在國內的時候就喜歡看邏輯的書，研究皮爾生（Karl Person）的科學規律（Grammar of Science）和或然律（Law of Probability）；後來像金斯（T.M. Keynes）所著的「或然律研究」（Treatise on Probability）一類的書，他都是欣賞的（註三）。民國十二年由英倫轉歐陸進入德國柏林大學哲學研究院研究。當時德國學術界有兩種風氣最盛，一是近代物理學如愛因斯坦的相對論、勃朗克的量子論，都是震動一時的學說；一是德國一向著名的語言文字比較考據學。傅先生受此風氣以及在柏林的朋友，如陳寅恪、兪大維各位的影響，在柏林既聽相對論，又聽比較語言學。他有了許多科學的方法和理論及其極爲豐富的中國歷史及語文的知識，由此便可另闢新天地。這便是他後來做中央研究院歷史語言研究所所長的由來。

傅先生資質聰明過人。胡適之先生曾說：「孟眞的天才，眞是朋友之中最傑出的。他的記憶力最強，而不妨害他的判斷力之過人。他能做第一流的學術研究，同時又最能辦事。他辦的四件大事：一是廣州中山大學文學院（最早期），二是中央研究院的史語所，三是北大的復員時期，四是臺大，都有很大成績。這樣的 Combination 世間希有。我每想起領袖人才的缺乏，想起世界領袖人才的缺乏，不能不想孟眞的膽大心細，能做領袖，又能細心周密的辦事，眞不可及！」胡適之先生所謂傅先生所做的四件大事，除了中央研究院歷史語言研究所是傅先生手創，且經營較久，並有空前成就以外，其餘三件大事，只是做了奠基工作便離開了。

民國十五年，朱家驊先生任廣州中山大學校長，爲了充實文學院，想找一位對新文學有創造力，並對治新史學負有時譽的學者，來主持國文系和歷史學系。那時傅斯年先生三十一歲，從德國柏林大學學成歸國，便應聘爲中山大學文學院院長，兼中國文學系及歷史系兩系主任。傅先生延聘學者名流到中山大學教課，其本人擔任的功課也很多，爲中山大學文學院奠下良好基礎；第二年便在中山大學創立了一個語言歷史研究所，招考研究生。

自然科學家，甚至社會科學家們不承認歷史爲科學。因自然科學研究的途徑，主要是觀察和實驗；自然科學家係以其所要研究的對象，做直接觀察和實驗，並且可以控制研究環境，對一種現象或現象的變化，做多次的反覆的實驗和觀察，以求眞實；這些在一個歷史學者的研究工作中是不可能的。傅先生設立歷史語言研究所的目的，便是使不可能成爲可能，決心要在中國建設起歷史學和語言學兩種科學；換言之，要把歷史學、語言學建設成和生物學、地質學同等樣的科學。他在民國十七年的年度報告書中說：「中央研究院設置之意義，本爲發達近代科學，非爲提倡所謂固有學術。故如以歷史語言之學承固有之遺訓，不欲新其工具，益其觀念，以成與各自然科學同列之事業，卽不應於中央研究院中設置歷史語言研究所，使之與天文、地質、物理、化學等同論。今者決意設置，正以自然科學看待歷史語言之學。」並且要以科學的方法治歷史語言之學。他在報告中寫得很明白：「此雖舊域；其命維新。材料與時增加，工具與時擴充，觀點與時推進，近代在歐洲之歷史語言學，其受自然科學之刺激與補助，昭然若揭。以我國此項材料之富，歐人為之羨慕無似者，果能改從新路，將來發展，正有未艾。故當確定旨趣，以為祈嚮，以為工作之徑，以吸收同好之人。此項旨趣，約而言之，即擴充工具，以工具之使用，成材料之整理，乃得問題之解決；並以問題之解決，引出新問題，更要求材料與工具之擴充；如是伸張，乃向科學成就之路」。他不贊成整理「國故」，研究「國學」或「中國學」等字樣，用老法子囫圇吞棗讀古書。反對把些傳說的或自造的「仁義禮智」和其他主觀事物，同歷史學和語言學混在一起。他主張的是要能從中國採集的原料裏面，製造出歷史語言科學，並且特別強調要用新的工具、新的材料，研究新的問題。所謂新的工具，便是和歷史學相關的各種知識；所謂新的材料便是史籍材料以外的材料；所謂新的問題，便是重新批判歷史材料所找出來的問題。並指出三個治學標準：一，凡能直接研究材料，便進步；凡間接研究前人所研究或前人所創造之系統，而不繁細豐富的參照所包含的事實，便退步。二，凡一種學問能擴張他所研究的材料，便進步；不能，便退步。三，凡一種學問能擴充他所研究時應用的工具的，則進步；不能的，便退步(註四)。

那時候他早已發現科學的研究工作，不是個人孤立的工作能有所成就，必須集合衆人的智慧，利用社會資源，從事集體研究才有意義。「歷史和語言學發展到現在，已經不容易由個人孤立的研究了，他既靠圖書館或學會供給他材料，靠團體為他尋材料，並且須得在一個研究的環境中，才能大家互相補其所不能，互相引會，互相訂正，於是乎孤立的製作漸漸的難，漸漸的無意謂，集眾的工作漸漸的成一切工作的樣式了。」（註五）在態度上避免主見和偏見，力求客觀，在蒐集材料方面，「要上窮碧落下黃泉，動手動脚找東西」。因為「須得在一個研究的環境中，才能大家互相補其所不能，互相引會，互相訂正」，乃立意成立歷史語言研究所。因為要上窮碧落下黃泉，動手動脚去找材料，乃於民國十七年策劃並開始河南安陽殷墟之發掘，直到民國二十六年，十年間凡發掘十五次，先後由董作賓、李濟主持其事，發現大量殷代銅器、墓穴及甲骨文。此類銅器、甲骨，經董、李二氏及其他學者之研究，遂使商代史事，由隱晦而日趨顯明，中國之信史因此向前推進了數百年。

民國十八年春，歷史語言研究所遷往北平。傅先生自十五年冬應朱家驊之邀，任廣州中山大學文學院院長兼歷史及中國文學兩系主任，至史語所遷至北平止，在中山大學先後約兩年有奇。十八年至二十六年「七七事變」，抗戰軍興，史語所南遷長沙的八年間，一直任史語所所長，並在北京大學教課。三十四年秋天抗戰勝利後，任北京大學代理校長。先是政府擬任命傅先生為北大校長，傅氏堅辭，並上書　蔣主席極力推薦胡適：「……適之先生經師人師，士林所宗，在國內既負盛名，在英美則聲譽之隆，尤為前所未有。今如以為北京大學校長，不特校內仰感俯順輿情之美；即全國教育界，亦必以為清時佳話而歡欣；在我盟邦，更感興奮，將以為政府選賢任能者如此，乃以中國政府走上新方向之證明；所謂一舉而數得者也。」那年，胡適尚在美國。北京大學是傅氏的母校，胡適又是他的老師，所以在胡氏未返國的一段時期，由傅先生代理校長，到第二年九月胡氏才返國就任。

當時傅先生代理北京大學校長，有兩大困難必須克服。第一個困難是復員問題。抗戰開始後，北平天津幾所有名的大學，紛紛南遷到大後方，成立聯合大學，繼續上課。北京大學、清華大學、南開大學遷到後方後，在雲南昆明成立西南聯合大學。抗戰勝利之後，西南聯大解散，要辦理復員工作，各大學各自遷回原校。聯合時固不容易，分離時更不簡單，加以數千員生和龐大校產的長途遷移，其困難自可想見，傅先生曾爲此費了不少心思。另一個困難是處理僞北大教職員問題。抗戰開始後，平津淪陷期間，敵僞在北平的北大舊址另設立了一個僞北大；抗戰勝利後，僞北大尚有員生數千人，無法安置。教育部乃在北大設立補習班，收容僞北大學生，並徵調一批僞北大教職員暫時維持課業，徐謀解決的辦法。但這批僞教職員，組成團體，到處請願，要求北大復員後繼續留用。傅先生爲了保持北大的清潔，以及維護北大的光榮傳統，三十四年十月、十二月在重慶先後發表聲明：北京大學決不錄用僞北大的教職員。並且一再強調：「專科以上學校，必須要在禮義廉恥四字上，做一個不折不扣的榜樣，給學生們、下一代的青年們看看。」「學校是陶冶培植後一代青年的地方，必須要能首先正是非、辨忠奸。否則下一代的青年不知所取，今天負教育責任的人豈不都成了國家的罪人？」(註六)他的兩次聲明，在北平引起了很大的騷動。僞教職員以罷課爲要挾，並向北平行轅當局請願。當時若干中央要員，對僞校教職員往往濫示同情以市惠，更增加了他們的氣燄，鬧得烏煙瘴氣。在這種情形下要想貫徹他的主張，自然不是一件容易的事；但憑他的勇氣和毅力，加以政府的堅決支持，終能使北大在北平順利復課。

他任臺灣大學校長將近兩年，做了幾件大事，爲臺大奠定了良好基礎，使臺大成了中外知名的高等學府：

第一、興建校舍，擴充設備。臺大前身爲日據時代的「臺北帝大」，圖書儀器設備，不敷應用。臺灣光復後，學生人數激增，教室及學生宿舍均極感不敷分配。傅先生接長後，便從百般艱苦中購置圖書儀器，興建大批校舍，解決了教學上極端嚴重的問題。

第二、成立教員聘任資格審查委員會。傅先生是個讀書人，也最敬愛讀書人，對於聘請教員非常愼重嚴格。對於好的教授一定想盡法子聘請其來校教課，經資格審查會通過，給予相當的名義；資格不合的，不管是什麼有力人物，想在臺大求一教席是絕不可能的；由此樹立了教員聘任制度，也提高了教員身分。在臺大的兩年當中，他聘請了不少的名教授，也得罪了不少人。

第三、釐訂嚴格考試制度。傅先生一向對於學生的學業極爲重視，而對於招收學生之認眞可說是無以復加。他接長臺大的第三件大事，便是首創考試印題「入闈」制度。三十八年臺大所用考試「入闈」印題，和現在大不相同，那時候的「闈場」只是借用臺大圖書館一隅之地，封得嚴嚴的，既無紗窗，更談不上冷氣設備，在七月溽暑的天氣，實在有些不好受。窗外崗警密佈，如臨大敵（註七）。今日大專新生入學以及各種考試入闈印題之成功，不知減少多少無謂的人情麻煩、不能不歸功於當時的創始者。他對於學生平時的功課也很注意，考試制度之嚴格，爲他校所罕見；考試要編號，集中考試，無形中提高了學生的程度。

傅先生是個道道地地的讀書人，熱愛研究工作，對於教育又有深刻的認識。他對於當時的教育設施、教育制度、學校制度，極表不滿，力主改革；他批評現在的學校教育是層層過渡的教育，是游民教育，是資格教育，是階級教育（註八）。因爲是層層過渡的教育，所以每種學校都沒有旣定的目的，學生入學都是以升學爲目的，不是以求學爲目的。改革之道便是使每種學校有其自身的目的，學生畢業之後就業而不升學者應佔多數，升學而不就業者應佔少數，才算成功。因爲一切學校都是過渡學校，一切的教育便成了資格教育，這種學校教育越發達，游民也越多。畢業之後，升學旣無能力，就業又無一技之長，只有過其斯文的游民生活，而怨天尤人。因此他主張：針對這個毛病，學生應受能力的訓練；所謂能力的訓練，就是生產訓練。

所謂資格教育，是說學生入學的目的，在混個資格，取得畢業文憑。所以入學的第一件事是升級畢業，先生不好無所謂，設備不好無所謂，只有畢業文憑乃眞是要緊的。「記得三十年前吳稚暉先生有個妙比喻，就是『麵筋學生，油鍋學堂』，學生的資料本只那麼大，然一入某一種學堂，一『炸』之後，變得奇大，外表很有可觀，內容空空洞洞。」（註九）這一段話是傅先生在民國三十九年說的。所以他主張改資格教育爲求學教育和做人教育，陶冶學生的性情，變化學生的氣質；要達到這個目的，學校裏必須有好的教師，必須有好的設備，必須有合理的課本。

他說現在的學校教育是階級教育，應當改爲機會均等教育。所謂機會均等教育，並不是使天賦不同的人，接受齊一的教育；而是不要因貧富的差別，或者既得利益的關係，使天賦能力能够升學的不得升學，不能升學的反而升學了，這是非常不公道的，而且在近代社會中必是亂源。爲達到教育機會均等，「必須由地方、社會或學校，廣設獎學金，使貧苦人家的才華子弟能升學，一方面嚴格限制胡亂升學，使有錢有勢的人而不够程度的不得升學」。當他任臺大校長的時候，一方面爲大陸來臺無依無靠的好學生爭取救濟金，一方面撙節學校經費，爲臺灣省籍貧寒學生設置獎學金；其用意便是幫助貧寒無力升學的青年，得以繼續學業。

他認爲要辦好學校，必須做到下列四點：第一，政府應盡政府所當盡的責任。政府所當盡的責任，主要的是設法調整教職員待遇，人人足以仰事俯畜，然後才能用心教學；其次是準備充足的經費，充實學校設備，不致誤人子弟。第二，學校當局應盡學校當局的責任。學校當盡的責任，是校長及教職員們必須拿出爲青年爲人類服務的熱心來，爲青年學生解決生活上、學業上各種困難問題。第三，學校必須有合理的紀律，使學生有一個寧靜的讀書環境。第四，學校必須有良好的學風。「這個良好的學風，包括自由的思想，規律的行動，求學的志願，求眞的信心，師生相愛的誠意，愛校愛國愛人的心願。」他認爲：「沒有自由的思想，便沒有學術的進步；沒有規律的生活，便沒有學校的安寧；沒有求學的志願（包括師生），便是一個死症；沒有求眞的信心，一切學問皆無安頓處；沒有師生相愛的誠意，那裏還會發生任何作用？寬博的胸襟，愛人的氣度，堅貞的風節，樂善疾惡的習慣，都是造成良好的學風所必需要的。」（註一〇）

愛校愛國愛人，是傅先生辦學的主要目的；他要學生愛校愛國愛人，而他自己早已做到了。他的愛國情緒之高昂，爲時人所熟悉。「九一八」事變的時候他在北大教書，並擔任中央研究院歷史語言研究所所長，及北大歷史學系主任；「九一八」事變發生，北平圖書館開了一個會，他在會中慷慨陳詞，提出一個問題：「書生何以報國？」大家討論的結果之一，是編一部中國通史，由北大史學家主持其事。嗣後冀察自治及華北特殊化的陰謀出現，親日派橫行，愛國份子隨時都有性命危險；他仍毫不畏懼，挺身而起，鼓吹抗日，反對華北特殊化。他的悲憤而壯烈的號召，震動了北平的教育界，發起了「一二九」的示威運動；北京大學同人在激昂慷慨的氣氛中，開了大會，共同宣言不南遷，不屈服，只要在北平一天，仍然做二十年的打算，堅持到最後一分鐘。(註一一)他在每當國家極端危急的時候，絕不離開自己的國家，且每有殉國的念頭。徐蚌會戰失利之後，他便準備了若干安眠藥，對陶希聖先生說：「現在沒有話說，準備一死。」卅八年世界局勢對臺灣極端不利的時候，有辦法的人都紛紛「逃難」，有一天，他到機場送一位親戚赴美，臨別時那位親戚隨便的對他說：「希望不久能在美國相見。」他立刻正色答道：「我要留在臺灣，我是絕對不到美國去的。」弄得那位親戚很難爲情(註一二)。像這樣的事實很多，這裏所說不過是幾個例子而已。

傅先生是一位人情味很濃的學者，他崇尚自由主義，注重平等的觀念，尊重一切人的存在及其生存的價值。他愛所有的人，尤其喜愛「人才」，凡是一個在他認爲可以稱得上「人才」的人，他必定設法扶植他，同情他，鼓勵他。例如，三十九年臺灣大學新生入學考試的榜首洪慶章，數學成績極佳，如果在數學方面繼續研究必有相當成就，傅先生便會極力設法幫助他、勉勵他。在他死前的那天下午，出席臺灣省參議會第五次會議，準備答覆參議員教育詢問之中有關臺大的問題，還高呼：「我對有才能、有智力而貧窮的學生，絕對要扶植他們。」(註一三)

附註：

一：新聞天地一五六期，程滄波：記傅孟眞。
二：三十九年十二月三十一日，中央日報副刊，羅家倫：「元氣淋漓的傅孟眞。」
三：同註二。
四：民國十七年五月，「歷史語言研究所工作之旨趣」。
五：同註四。
六：民國三十四年北平世界日報。
七：民國五十八年十二月，傳記文學第十五卷第六期。
八：民國三十九年十一月二十九日中央日報副刊，傅斯年：「一個問題——中國的學校制度」。
九：民國三十九年十二月十五日、三十一日，大陸雜誌第一卷第十一期、十二期，進續刊出傅斯年：「中國學校制度之批評」。傅氏死於十二月二十日，所以下篇登出生未及見。
十：同註九。
十一：民國三十九年十二月二十三日，中央日報，陶希聖：「傅孟眞先生」。
十二：文星書局，臺北出版，傅樂成著：「傅孟眞先生年譜」。
十三：民國三十九年十二月二十一日，中央日報記載傅先生之逝世情形。

王鳳喈（西元一八九六—一九六五）

李正富

一　生平事蹟

王鳳喈先生原名雍，字珂生，又字鳳喈，後以字行。系出太原王氏，祖籍江西安福。元至治間，遠祖泰輔公以舉人官湖南善化教諭，卒於官。子汝礪卜居湘潭南鄉的泉沖，遂世爲湘潭人，稱泉沖王氏。至府君懋修公，始由泉沖遷居高塘，以教讀爲生。鳳喈先生生於民國前十六年（西元一八九六年，清光緒二十二年）十月初十日，爲懋修公獨子，自幼體弱多病。年六歲，從懋修公受啓蒙教育，習四子書。越三年，懋修公任族立養正學堂堂長，先生又從而受業。翌年，學堂停辦，先生遂輟學。但自行研讀鳳洲綱鑑，深感興趣。偶論前代興革，頗知利弊得失，懋修公益加寵愛。於是將先生送入黃羅兩大族合立之菱谿小學就讀，編入最高班，在學成績優異。兩族子弟以先生爲異姓，頗加歧視。先生雖盡量容忍，但其內心甚苦，遂轉入昭潭小學。小學畢業後，再升入湘潭中學。年二十一，畢業潭中。時北京高等師範學校在湘招生，先生以國文系第一名錄取。到京後，請求改習英語，亦經覆試錄取，遂入英語系。

民國九年，先生年二十五，畢業於北京高師，離京返湘，受聘爲湖南私立明德學校英語講席。民國十一年，轉任湖南省立第一師範教育學科講席。民國十四年，先生與友人在長沙創辦湖南私立晨光大學，後因經費困難停辦，改辦一小學，繼續維持至民國二十七年長沙大火之夕被燬爲止。

先生早於民國八年五四運動之時卽加入中國國民黨，民國十五年秋，國民革命軍北伐入湘，始參與黨務工作，不久當選長沙市黨部執行委員。次年春，因受黨內共黨分子排斥，被開除黨籍，並受通緝。先生秘密離湘，由武漢轉上海，與匡互生等追隨吳稚暉、蔡元培、李石曾諸先生，籌設國立勞働大學於江灣。是年秋，正式招生，先生受聘爲教務主任。民國十七年四月，先生復奉命回湘，擔任湖南省黨務指導委員。至民國十九年底，辭職赴美，入芝加哥大學教育學院，研究教育心理學，爲時三年，獲哲學博士學位。

民國二十三年春，先生自美返國，任國立中央大學教育系教授兼註冊主任。民國二十四年七月，轉任中央政治學校教育學教授兼教務副主任；民國二十八年七月，改任教育系主任，先後在職八年。其間，又曾於民國二十七年被選爲湖南省參議員；民國三十一年，被選爲國民參政會參政員。民國三十二年，奉命任湘省教育廳廳長，歷時六年。民國三十八年四月，因見湘省當局意志動搖，乃辭職赴廣州，任教育部聘任督學。旋因西北三院校員生避難成都者生活困苦，發生糾紛，先生奉命前往處理，公畢返廣州報告經過。不久廣州陷匪，先生隻身赴香港，在私立輔人書院任英文歷史教員。

民國三十九年九月，先生應教育部程天放部長之邀來臺，任國立編譯館館長，歷時十六年。民國四十一年十一月，奉派赴巴黎出席聯合國教科文組織第七屆大會。會後復以三個月時間考察各國教育，所到之地，在義大利爲羅馬、佛羅倫斯；在瑞士爲日內瓦、沮利克；在西德爲法蘭克福；在美國爲紐約、華盛頓、舊金山、洛杉磯；在日本爲東京。每到一處，卽訪問當地教育界人士，參觀學校、博物院，同時蒐集中小學教科書，以供參考。由於時間短促，故考察採取重點主義，只就幾個問題尋求解答，卽教育的基本理論問題、中等教育的課程與職業訓練問題、大學教育的生活指導問題、社會教育的功能問題等。返國後，在各報刊發表專文多篇，報導考察的結果與感想。

先生在此一階段中，除主持國立編譯館館務外，仍繼續擔任教學工作。民國三十九年，在臺灣省立行政專修班社會教育科講授教育原理；同時在臺灣省立師範大學教育系講授教育研究法，歷時十年；民國四十四年起，又在國立政治大學教育研究所講授現代教育思潮；在教育系講授中國教育史，爲時七年。此外，又參加各種社團活動。在各種學術團體中，先生始終其事且出力最多者爲中國測驗學會。該會在南京成立時，先生卽爲發起人之一。民國四十年在臺復會後，被推爲常務理事。民國四十四年該會理事長艾險舟逝世後，繼任理事長，迄於逝世爲止。先生在中國測驗學會的貢獻有三：一是鼓勵研究，故不僅使測驗年刊維持發行，並能逐年增加篇幅；二是籌措經費，爭取許多機關對學會給予經濟支援；三是推廣應用，使社會逐漸了解測驗的價值而樂於採用。中華民國孔孟學會自民國五十一年九月起發行孔孟月刊，每年由大專院校及學術機關輪流主編一期，國立編譯館負責主編第五期，先生均親任召集人，凡聘請編審人員、撰稿人及決定撰寫題目等，均親自主持。稿件彙齊後，除請編審委員審查外，最後必親自檢閱一遍，定其次第，然後付排。

國立編譯館於民國二十一年六月成立於南京，直隸教育部，掌理關於學術文化書籍及教科圖書之編、譯與審查事宜，負責整理國故，介紹新知，及會通中西文化，故在學術研究與教育發展方面，具有雙重使命。民國三十八年四月，南京失守，因事起倉卒，全部文物，均未遷出。是年六月，教育部為維持學術文化事業、加強自由民主的領導計，特將館務恢復。七月一日，設館於臺北市。先生於復館後一年餘繼任館長，一切均須從頭作起。由於緊縮編制，人員僅存五分之一，經費尤少，業務無法開展。但在此十六年間，先生領導全館同仁以繼續不斷的努力，終使館務逐漸推進。如釐訂科學名詞、編著大學用書、編印中華叢書、翻譯及研究世界名著、編輯自然科學叢書、編譯辭典、輔助發行反共刊物、編輯及修訂國民學校教科書與中學標準教科書、編輯中小學各科補充教材及教育專著、審查各書局送審之中小學教科書及教具、辦理中小學教科書限價、編印國民學校常用字彙、舉辦小學各科研究座談會、研究及展覽中小學教科書等，均已獲致相當成就。又因館舍狹隘，業務擴大之後，不敷使用，先生屢欲更新，均因格於經費，未能如願。其後教育部因監察機構之建議，核撥專款，始得興建。惟計畫方畢，經費方有著落，先生尚未及見新廈完成而溘然逝世了。

先生身體強健，向少疾病，唯因攝護腺腫大，於民國五十四年（西元一九六五年）十二月初進入空軍總醫院治療。手術後先因流血不止，繼而胃出血，最後因細菌進入血管，菌毒流散全身，終於十二月三十一日逝世，享年七十歲。

二　生活情形

先生出身農村，先世以耕讀傳家，府君懋修公以教讀爲生，先生於儒家修齊治平的一貫大道，涵泳已久。故在家庭方面，事父母至孝。懋修公逝世後，奉養太夫人益謹，務盡其歡。抗戰時期，先生任教中央政治學校。太夫人患半身不遂，先生常坐牀頭，親進飲食；夜間或背負太夫人，繞行室內外。

至於夫婦之間，感情極篤，自不待言。惟因求學、服務之故，離別時多。尤其在湘省教育廳長任內，先生隨戰局轉徙各地，夫人居重慶近郊。民國三十八年冬，先生避難香港，夫人及子女均陷長沙，先生感傷亂離，常有吟咏寄夫人，以訴離情。其後夫人攜子女來臺團聚，但不久夫人忽患乳癌，經手術後仍時愈時發。先生恐夫人知悉，諉稱特別風濕，使夫人減少精神上的負擔。先生本身公務及講學原已極爲繁忙，每日公餘，又須調理醫藥，看護疾病；或拜訪名醫，或研讀論癌症書刊；又不惜高價尋求海內外治癌新藥。夫人雖終告不治，但能延續十年，實乃先生照顧周到的效果。此種精神與毅力，實非常人所能及。甚至在夫人病勢垂危之時，先生日守病榻，始終不露憂色，惟暗中準備喪葬費。聞夫人在最後一次進醫院時，似自知不起，也暗中將逝後應穿衣服準備周全。由此可見先生夫婦間相敬相諒及精神上相契合之境界爲何如。

先生對子女備極慈愛，平日教誨，固無疾言厲色；即或偶有過失，亦只從容告誡。惟一向督教甚嚴，又能多方啓發，故子女均能刻苦力學，奮發有爲，在學業上各有所成。先生女公子理璜婚後赴美，常以稚女情況稟告；先生後以國立編譯館所編之國校教科書全套寄美，作爲贈送外孫女的禮物。先生欲兒孫輩不忘鄉國的用意，已十分明顯；其平日的教誨何如，不言可知。

在經濟生活方面，先生寬裕日少，困難日多。幼年時代，因家境清寒，小學畢業後，欲赴省投考省立第一中學，即未能如願。在未入湘潭中學前，曾在該校旁聽功課，晚間住廚房閣樓上。一次，因在閣樓洗澡，浴水下滴，曾遭廚丁痛罵，於此可見其幼年生活情況。在北京高師求學時期，仰賴公費待遇，經濟自然不會寬裕。高師畢業後，服務社會，頗有十數年之安定生活。然抗戰時期，全國皆苦，公教人員尤甚，先生自不例外。大陸淪陷後，初先生隻身在港，任輔人書院教員，勉維個人衣食；其後夫人携子女至，生活困難情形，當可想見。任國立編譯館館長時，雖復有十五六年的安定，但月入並不豐厚，子女教育費及夫人醫藥費，有賴兼課鐘點費及報刊稿費補貼，每爲趕寫文稿，至深夜不寢。甚至先生去世之日，所餘僅中國教育史版稅及稿費兩筆，共新臺幣七千餘元，此外一無所有。

先生平生不事積聚，其安貧樂道、不爲物累的精神，正足以表現中國傳統的師道。先生逝後，文化界人士爲紀念其畢生從事教育，作育人才，特捐集奬學基金，組基金會管理，在其最後任教的政大師大兩校教育系，設置奬學金五名，奬勵品學兼優而家境清寒的學生。先生出身清寒之家，以刻苦力學而有成，一生心力均貢獻於教育學術，逝世後，復能加惠清寒學子，可謂不虛此生。

先生除讀書外無他嗜好。所讀書，範圍至廣，要以教育爲主。又好讀詩，所喜爲古詩與唐詩，尤好杜詩，幾乎無不成誦。先生自夫人逝後，因形體上的勞累減少，故面目紅潤，精神煥發。嘗對友好說：「到現在爲止，我對國家、對社會、對家庭、對自己，一切責任已了，精神上感到無比的輕鬆。尤其我有足够時間讀書寫作，神遊宇宙之間，與中外古人在精神上契合。這種樂趣，眞是南面王不易！」先生內心所感受的，不正是孔、顏的樂處嗎？

先生服務，以教育學術方面爲主，行政次之。言治學，則好學深思，又能持之以恒；言治事，則負責盡職，絕不分心旁騖。先生少時讀綱鑑，卽知論前代興革之得失。中學時代，文史數理均有優異成績。在湖南私立明德學校任英語講席時，首採用直接教學法；其後接任高年級一班，又遵循成規，兼用翻譯法，兩者均獲得成功。先生能斟酌環境，因時制宜，絕不驕矜自滿，固執一端。在湖南省立第一師範任教育史講席之教學方法，是講演與討論並重。講演前恒先預備一大綱；其標題之選擇，務求顯明扼要；教材之組織，務期合乎論理。故講詞雖不依據所編講義，仍然有條理系統。至於討論，通常分三種方式：一是由學生提出問題；二是由教師提出問題；三是指定學生作專題報告，然後據以討論。有時並舉行辯論會，以提高學習興趣，訓練語言思考能力。在班上辯論成績優良者，每每出而組織全校辯論會或校際辯論會。該校學生在長沙中等學校中，常處於領導地位，新文化運動、學生運動均發端於該校。先生自言：「當時教師提倡討論，注重思考啓發，對此或不無影響。」由於教學有方，故深受學生愛戴。先生採行此種教學法三年，成中國教育史大綱一書，於民國十四年整理完畢，由商務印書館出版。此書似爲我國出版最早之中國教育史，當時全國各校多採爲教本。十年之後，先生任中央政治學校教育學教授時，又蒐集資料，將大綱一書重新編寫，歷時八年，完成中國教育史。此書經教育部大學用書委員會審定為部定大學用書，初版於民國三十四年在重慶發行，民國四十六年又予修訂一次，迄今仍為各大學所採用。其教學與治學的態度，及不斷鑽研以期於至善的研究精神，可以概見。

在行政方面，以在湖南省教育廳長任內所受考驗最大。受任之時，正抗戰最艱苦時期。不僅須為一省教育作長遠打算，且須隨時準備應變。勝利之後，復員工作尤為千頭萬緒，不僅要求於廢墟中圖恢復，且須積極於恢復中求發展。在前一階段，先生循前任朱經農廳長之成規，首先完成分區設學計畫，並竭力扶助私立學校之擴充；在後一階段，則擬訂分期復興計畫，籌措經費，給予補助。三年之內，不僅公私學校，盡復舊觀，而且多所改進。當教育廳因戰局轉徙湘南之時，先生安置職員眷屬於湘西，並疏散老弱，簡選精壯者四十餘人隨行；重要案卷，均經整理摘抄，以備隨時查考；原件則封存鄉間，以策安全。先生本人率廳中人員轉徙各地，非常靈活，雖跋涉山水，冒犯風露，不以為苦。每到一處，即假中心國民學校辦公，以無線電報與各校聯絡，指示應變方法。因敵後教育大都隱蔽於深山密林中，故教學未曾中輟。民國三十八年春，因見湘省當局意志動搖，先生知不可為，即毅然辭廳長職，去就之際，足見先生之忠貞大節。後赴廣州任部督學，因時局動盪，同仁中大都不安於位，先生仍按時上下班，不改常度。先生在國立編譯館任內，平日恒為下班最遲者。

先生從公，一向公私分明。在國立編輯館時，對所編書籍，除分請專家審查外，凡屬人文學科，莫不每冊校閱，如支領校閱費或審查費，亦非不合法，但先生從不支領分文。即就使用公款而論，由於業務費不多，故在編輯方面，選書選人，莫不再三考慮。有時獲外來經費編譯某類書籍，亦必盡力撙節開支，然後將該項撙節所得，合併使用，以便再多出該類書一本。

先生用人，一向謹慎，雖不求全責備，但頗重平勻，通觀整體，取中庸、和平與穩健，不輕信，不輕用，不輕疑，事權不輕假人，得人則專任重任，對學者專家則極爲尊重優禮。由於編譯業務範圍甚廣，科目極繁，而專家學者之個性、作風與臨事態度，不免彼此懸殊，先生除以禮相接而外，復具有極高的涵養功夫。又由於性格內向，不善交際，不喜應酬，在其四十年服務生活中，從不送往迎來。他認爲：迎送太多，費時害事；有送有不送，反而得罪人。故朋友無論親疏，官位無分高下，一律摒絕迎送之禮。然而此非謂先生不交朋友，不與人往還。先生對人誠信，存心寬厚，樂於助人；凡力所能及，無不如其所望。而至交深誼，尤長久不渝。鄧萃英老先生爲先生北京高等師範學校老師，每歲元旦，必首赴鄧府參拜，年年如是，從無間斷，北高師在臺校友常於此時相遇。民國五十五年元旦，校友至鄧府者怪其遲誤，及見報，始知先生已於除夕去世。先生對老師之誠敬，在同學朋友間之信義，昭著如此。

先生晚年，每日早起，必掃除庭院。公餘返家，常安步當車，以散步爲日課。先生臺北住宅在師大附近，辦公地址在臺大附近，故兩大學之校園，爲其經常流連之處。雖偶爾看電影、聽平劇，但每年不過三數次而已。家中設備簡單，夫人去世後始有電視。先生眞正持久的興趣，只是讀書和寫作。

一方面對現象世界持盈保泰，以無爲爲治；一方面時時神交古人，不斷提高精神境界，顯有使心靈超越現象世界而達於實體世界之傾向。先生終身從事教育，對教育理想自然特別關切，雖重視儒家的大同理想，亦提倡西方科學教育；而個人之人生態度，則服膺道家自然主義的人生哲學，欣賞民初蔡元培氏所主張之美感教育；故晚年淡於名利，凡事取保守態度，不圖事業開展，只求心安理得，自我完足。

先生自夫人逝世後，安葬方畢，未及旬日，即草擬自傳一篇，述生平事蹟，存於積稿之中。此不僅表現其對國家、社會及家庭責任已了的輕鬆心情，亦可視爲對自己作檢討、作交代，有預備身後之用意。先生至此時，可謂已完全摒除憂患得失、毀譽榮辱，達於忘我的境界；此後讀書寫作，要皆爲人生樂趣之享受，不復爲塵世俗務所苦。夫人既逝，子女又遠適異國，三年之間，孑然一身，縱不免時有悼亡傷離之情，然就一般而言，應爲其精神生活最安適、最完滿的時期。

三　敎師典型

先生的敎書生活，逾三十年，始終保持學不厭敎不倦的精神，堪稱敎師的典範。初在湖南私立明德學校敎英語，採新課本，用新敎學法，完全破除傳統；又能斟酌環境，不固執一端，所以敎學非常成功。先生自言：「第一學年結束，兩班成績都很好。其中有兩個學生考入北京清華學校，後均留美，一個研究文學，現任大學敎授；一個研究外交，現任外交部高級職員。當時在校其他各班，對這種敎學方法也感興趣，暑假中自動組織補習班請我教授英文。試教的成功，給我無上的快慰，也增加我的自信心，鼓勵我更加努力。」後來改任湖南省立第一師範教育學科講席。當時明德教學環境極佳，教員待遇亦高，而第一師範學風甚劣，學生多桀驁不馴，時常鬧風潮，而且教員薪俸，時有拖欠。先生毅然應約，認爲可以學習許多辦事的機智。先生爲教學寫大綱，編講義，由於繼續不斷的補充，三年之後，遂完成中國教育史大綱；其後在中央政治學校任教，又以八年時間撰寫中國教育史；晚年在政治大學任教，又續爲修訂。其餘各科如現代教育思潮、教育原理、教育心理、教育研究法、心理學概論等，雖僅充講稿，仍時時修改補充。先生教學，無論在中學或大學，在訓練班或研究所，其教材內容雖有深淺的不同，而教學的熱忱與負責態度，始終無二。平日對學生的讀書報告，一向認眞閱讀；指導學生撰寫研究論文時，對於論文大綱、題材取捨、組織條理、文詞運用等，莫不細心斟酌，認眞批改；尤其在立論方面，極端謹愼，務求穩妥，不許作過當之語。對於離校學生，若有問題請教，亦必詳細解答。如民國四十五年，有在臺東師範服務的學生，因國校課程改革，奉派擔任公民訓練的德目研究。問卷擬訂之後，先寄請先生指示；先生接到後，卽予詳加修改，並且迅速寄還，使在外地服務學生大爲振奮。又如民國五十年七月，美國哥倫比亞大學歷史系研究生林鶴年（Allen B. Linden），爲研究民國十六至二十六年中國大學教育，提出問卷一套，請求先生解答。先生不僅逐一解答該項問卷，並因其問題之一詢問民國二十一年國際聯盟所發表「中國教育之改進」一報告，其後卽徧訪是書，並設法影印問世。其從事教育的熱忱及對學術的忠誠，於此可見。

至於先生對教師的期望如何，從民國二十九年八月先生在新政治第四卷第四期所發表的「中等學校師資訓練問題之檢討」一文，可以窺見　先生談到訓練方針時，認爲訂定師範教育方針，應根據國家教育宗旨。其方針有四：一是加強精神訓練：卽培養民族的國家觀，培養民主的政治觀，發展民生的社會觀，養成服務的人生觀，把握創造的宇宙觀。二是加強生活訓練：卽生活軍事化，生活生產化，生活藝術化。三是加強科學訓練：卽以最適當之科學教育及嚴格之身心訓練，養成健全之師資：重實驗，講正確，求專一，重功效。四是加強專業訓練：在知識方面，應了解教育原理、教育心理、教育制度及現代教育實況，同時對基本學科及所期教學之學科，亦應當徹底了解；在技術方面，亦應有學科教授、活動指導及事務管理之能力。先生認爲理想的教師，必須人格高尙、多才多藝，又有學不厭、教不倦的精神，及循循善誘的技術。此種期望，原不算高，有志者均能若是，但合乎要求者恐亦不多，要可見先生的平實態度。

四　結　語

先生出身寒素，力學有成，獻身教育學術，安貧樂道，終身不渝。論立身則克勤克儉；論待人則崇禮尙義；論教學則不厭不倦；論治事則負責盡職。終身淸廉自守，甘於澹泊，不競名位，不爭權利。其生活簡單樸素，有似墨家之苦行；其心志持盈保泰，有似道家之謙退；其待人處世，忠恕而行，完全本乎儒家中庸之道；而事無鉅細，注重條理系統，則又純然合乎西方科學精神。故先生具有中國傳統文化及西方新文化之特質，對於此短暫之七十年歲月，業已盡心、盡性、盡意、盡力，保持其內無矛盾、外無衝突、表裏一致及始終如一之生活。

鳳喈先生一生，除短期從事黨務工作外，其餘完全獻身教育文化工作。曾任中學教員、大學教授、教育廳長、國立編譯館館長等職。任教乃爲人之師，直接教導青年進德修業。教育廳長主管全省教育行政，尤爲一省青少年的精神領導，教育工作者之良師益友。國立編譯館館長的任務更大，不僅編審全國大中小學的教本及參考用書，直接貢獻於學校教育；而且編譯中華叢書、世界名著、科學名詞等，多有裨於學術研究。先生於世雖無赫赫之名，實有昭昭之德。其功雖不顯於當世，其業宜能傳之久遠；平地起高樓，屹立風雨中，先生可謂不虛此生。先生雖不是偉人，並無多采多姿之表現，但平凡中有偉大，施予多過領受，與古今偉人同屬創造價値者。先生不是聖賢豪傑，但有眞的人生，善的人生，乃典型之敎師，也是芸芸衆生所可效法之人。

周厚樞（西元一八九九—一九六七）

李祖壽

一　略傳

周厚樞先生字星北，江蘇省江都縣人，生於民國紀元前十三年（西元一八九九年）三月十日，秉賦優異，兒童時代即非常好學，民國五年畢業於江蘇省立第八中學，民國九年畢業於國立南京高等師範數理化科。初在江蘇省立鎮江第九師範任教，旋即考取南洋兄弟煙草公司獎學金赴美深造。但是，根據公司的規定，他必須在美國研習農工商方面的應用科學，當時恰好馬玉山正在上海籌設製糖公司，馬氏乃特約他在美專習製糖工程，相期回國以後共同建立中國製糖工業。

周氏在美初讀路易斯安那州立大學(L. S. U.)製糖工程科，該科係當時美國唯一之製糖工程科。後來又讀麻州理工學院(M. I. T.)化工科，獲碩士學位。為了獲取實際經驗，他曾在甘蔗與甜菜糖廠及精煉糖廠實習四年。

民國十三年周氏自美遊歐返滬，適逢京滬間齊燮元與盧永祥混戰方酣，而馬玉山又不知何往，先生滿懷抱負，一時竟成泡影，在無可如何的情況下，乃擔任大學教職。最初在廣州國立廣東大學（即國立中山大學前身）教製糖及化工，後又在河南中州大學（即河南大學前身）及南京國立東南大學（即國立中央大學前身）教化學及化工，前後爲時三年，在此期間，國內軍閥割據，烽火遍地，先生不辭勞瘁，南北奔馳，希望能將其所學傳授給青年。

民國十六年北伐完成，全國統一，江蘇省政府邀請先生擔任江蘇省立揚州中學校長，先生非常高興，因爲他研究過中等教育，而且這也是爲故鄉父老服務的最好機會。

可是當時江蘇南京上海一帶公私立中學校長中有很多教育專家，像歐元懷、汪懋祖、邰爽秋、廖茂如、章益、鄭通和、沈履、王克仁、江學珠等，都很負盛名。因此先生就任揚中校長後常兢兢業業，不敢稍有懈怠。然而在一般人的心目中認爲先生是在美國學製糖的，以學製糖的人來辦理學校，未免南轅北轍。因此竟遭「教育外行」之譏。

同時，揚州這個地方文風素盛，揚州中學前身的校長也都是聲譽卓著的教育家，像謝遐齡、李更生、葉貽穀、居懋第、任誠等，均名噪一時。而周氏在當時地方人士心目中則尚未充分樹立信譽。因此社會人士對於周氏，難免有觀望的心情。先生說：「在此種環境中，我只有抱着戒愼恐懼的心情，淬厲奮發，虛心實做，舉凡一切興革，皆本臨事而懼、好謀而成的精神，先定正確之目標及合理之計劃，然後踐履篤實，不厭平凡。」先生用這種精神，孜孜不倦，十年未懈，以迄抗戰。先生在此十年中曾爲中國造就數千有爲有守的青年，使江蘇省立揚州中學成爲全國最享盛名的學校。民國廿五年日本人調查我國中等教育設施情形，也盛讚先生領導下之揚中。抗戰前在江蘇省擔任省立中學校長連續十年者僅有鄭通和、江學珠及先生三人。先生頗以此自慰，在此期間先生曾率領江蘇省教育考察團赴日考察。

民國廿六年日本人謀我日亟，先生奉召赴廬山受訓。迨抗日戰起，先生追隨政府舉家入川，初奉教育部令在合川創辦國立四川中學，不久該校易名爲國立第二中學。依教育部指示，該校專負責收容從江蘇、安徽、浙江、南京及上海各省市流亡入川之忠貞耐苦的各中學的師生。周氏艱難建校，一面安定全體師生的生活，一面弦歌不輟使青年繼續受教。民國廿八年先生復奉令在嘉定出長國立中央技藝專科學校，爲國家培養各項技術方面的專門人才。但是這兩所學校均係成立於抗戰最艱苦的時期，由於經費的短絀及交通的不便，校舍、設備、師資在在都感覺困難。尤其是技專分科較多，更難羅致學術兼備的優良教師。對於這兩所學校，先生總以未能如在揚中十年承平期間之得心應手爲憾。可是這兩所學校仍然爲國家造就了不少人才。先生任中央技專校長期間曾兼任中英庚款董事會專家委員及教育部工業教育委員會委員。民國卅三年先生改任中央設計局設計委員，參與復員後全國教育及糖業之設計，貢獻甚多。

民國卅四年抗戰勝利，臺灣重回祖國懷抱，政府以先生爲全國少數製糖專家之一，乃派先生於十一月間飛臺接收日本明治製糖會社所屬八廠。不料當時在接受糖業同輩中有曾在四川、廣東從事糖業的，竟說先生係教育專家，而非製糖人才，於是又一度被譏爲「糖業外行」。

在先生來臺初期，臺灣省行政長官公署教育處處長趙迺傳氏曾力邀先生擔任臺南工學院（國立成功大學前身）院長，先生認爲製糖報國，機會難再，未允前往。

接收完畢後，先生最初擔任南靖糖廠廠長兼烏樹林糖廠廠長。當時到處是戰爭痕跡，眞可謂瘡痍滿目。先生夙興夜寐，殫精竭慮，排除萬難，不到一年，即完成各項復舊工作，而使工廠順利開工。從而進一步講求工作效率，減低生產成本，加強員工福利，增進廠農關係，績效昭彰。其後曾擔任溪湖糖廠廠長，溪州糖廠廠長，臺中糖廠總廠長，虎尾糖廠總廠長。民國四十七年任臺灣糖業公司協理兼虎尾糖廠總廠長。民國五十六年七月自請退休，改任公司監察人。先生對臺灣糖業之最大貢獻是首倡農場加倍生產，用以穩定臺灣糖業，而先生更踐履篤實，親自在虎尾農場苦心實驗三年，終獲完全成功。臺灣對糖業有了解的人認爲此種實驗可以功垂糖史。

綜觀先生一生，所研習的是教育與製糖，所貢獻於社會國家的也是教育與製糖，爲時各廿餘年，可以說得償所願。但是時局顚倒人生，竟有兩度爲人誤會爲外行之趣事。先生治學，能博能約，辦事有見識，有重點，能深入問題。最難能可貴的，是先生能識人，能信任人，更能用人，能教人。他用人的條件全以品德與才識爲準。他教人要務實務本。他喜歡幫助別人，有時超越於常人所能做到的境界。他對一切工作總是鍥而不舍，總要做成功。他做事的最基本原則是必須符合國家社會的利益，至於個人的顯達榮通，他是不遑計較的。

先生有一個極美滿的家庭。夫人鍾杏城女士係南京省立第一女子師範畢業，曾在南京高等師範研習敎育，相夫教子，督勞備至。長公子大維係鍋爐工程專家，次公子大經係機械工程師，三公子大紀習工商管理，女公子佀雲係美國耶魯大學理論化學博士。

民國五十六年（西元一九六七年）九月四日先生病逝於虎尾任所，卜葬於臺北極樂公墓。

二　周氏領導下之揚中

揚中爲江蘇省立揚州中學之簡稱，在民國十六年至廿六年間，全國聞名。揚中雖然僻處江北，但是學生有遠從全國各地來就讀的。其基本原因是校風淳樸，師資優良，而周氏領導有方，厥功尤偉。畢業生考入理想大學的極多。當時最難投考的大學如交通大學、淸華大學、中央大學、浙江大學、武漢大學等校，只要是揚中學生前往投考，大率每考必中。

揚中學生不僅學業優異，而且具有獨特的品格與氣質。當時各大學入學考試主持口試的人員常係大學校長。他們認爲揚中畢業生在行止應對之間，均有一種與衆不同的風格，一望即知。周氏曾用「質實剛健」四個字來概括其學生的氣質。其進入社會服務的學生，也隨在表現這四個字的精神。揚中畢業生無論治事治學都能脚踏實地，獨立奮鬪，不苟且，不炫耀，勝不驕，敗不餒，只知爲國家盡忠，爲事業學術盡其所能。此外，揚中學生更有歷久彌堅，爲人樂道的尊師風尚。

在揚中名噪全國的時候，湖南名敎育家長沙明德中學創辦人胡子靖氏每年暑假都要來揚中參觀。當時周氏僅卅餘歲，而胡氏已七十餘高齡，他們成爲忘年之交。他們經常共同研究辦學的方法，胡氏爲了發展明德中學，常常商請周氏介紹教師，並請周氏協助充實各項圖書儀器。當時各省教育界人士前往江蘇參觀教育的很多，他們到了江蘇以後，總要慕名參觀揚州中學。

抗戰期間周氏在四川八年，常常遇見不少川籍的揚中校友以及曾經到揚中參觀過的川籍教育界人士。他們都非常懷念揚中，卽是一般青少年也都知道揚中是全國一個有名的學校。

以區區僻處蘇北揚州的一個中學，竟然能爲全國青少年學生所嚮往，以及爲全國教育界所稱許，實非偶然。茲分述其重要措施如下：

（一）教師素質及導師制

周氏在揚中所聘請的教師多係一時的俊彥，揚中教師不僅對所教學科有專門研究，而其品格亦足爲青年楷模。同時絕大多數均有極豐富之教學經驗。像汪桂榮、陳廣沅、徐公美、鮑勤士、黃泰、萬彝香、紀子仙、范耕硯、張煦侯、陸靜蓀、薛天遊、金崇如、相菊潭、周紹成、王恩泉、唐壽、徐瑞祥、余信符、李崇祜、歐淑貞諸先生都是品學兼優的人師。周氏確認教師是決定教育成敗的重要因素，確認有怎樣的教師便有怎樣的學生，確認教師對於學生的聲薰氣染，對於學生的求學、做人、治事都必有深遠的影響。

揚中教師平日都喜歡著書。當時全國高初中所採用的教科書及參考書，有數十種是揚中教師所編撰的。而京滬各大書局也最喜歡出版揚中教師所編撰的書。抗戰期間以及抗戰以後，揚中教師多爲各大學所遴聘，也有轉任教育行政工作，甚至擔任教育廳長的。

揚中教師在教學上有強烈的責任感與榮譽感，凡是學生考不及格的時候，教師總必深自反省，尋找原因之所在。通常教師在學生不十分理解的時候，總要反覆講解，務使每一學生能夠充分領悟。對於品性較差的學生，一般教師也能保持耐心，發揮愛心，反覆訓導，務使學生自己覺悟，心悅誠服，改過遷善，入於常軌。因而揚中很少有留級或開除的情事，亦無目前在課外開班補習的辦法。

導師制是民國十八年周氏在揚中所首創的。當時每班分爲若干組，每組約二十名學生，由一位導師負責領導，經常與學生保持接觸。揚中師生極大多數均在校住宿，各導師與學生共同生活，同寢同食。此種制度足以在藏修息游之間增進師生間的了解與感情，從而發揮導師對於學生之薰陶功能。

當時全校學生一千多人，大家雍雍熙熙，弦歌不輟，是一個學府，也是一個大家庭。

民國廿一年春，周氏曾經率領江蘇省教育考察團前往日本考察教育一個多月，他認爲當時日本一味的實施軍國民教育，實在遠離教育的常軌。而揚中的導師制，重視青少年的進德修業，重視潛移默化，重視涵養豐富的人生，才是眞正的現代化的教育。

(二) 教師之延聘與任使

周氏曾說：「學校求良師，較國家求才尤難」。周氏深信一個學校決非靠校長一個人的力量便可辦好，他認爲校長必須虛心訪求賢能共同合作，方於事有濟。他爲了延聘教師不知費了多少心血。爲了要聘請某一教師，常親自拜訪或函電商洽若干次。也有親訪十數次，結果並未應聘的。可是一旦他所要聘請的教師竟然給他請到了，他眞是如獲至寶，有時興奮得廢寢忘食。

同時周氏認爲校長對於教師必須以禮相待，然後教師才能樂爲所用，而且才不致見異思遷。爲了加強校長與教師間之瞭解，並共同研討校務發展方針，周氏經常利用晚上的時間，約請教職員在他家中會談，動輒談到深夜。周夫人也係揚中教師，善於烹調，周氏每禮拜總要邀請一部份同仁到家中便餐，每次所邀請的都是任教科目相同而且是彼此談得投機的。周夫人親自採買，親手烹調，來賓們倍感親切與溫暖。此種措施持續十年，未嘗間斷。周氏家中偶有佳餚美酒也必臨時邀約數位同仁，來家共享。無論是餐敍或者是普通的晤談，其所談內容均是有關學生品德及學業方面的，或是有關教材教法改進的，或是有關學校行政興革的。在談話間周氏總是虛懷若谷，集思廣益。

在此種誠摯親密的關係中，教職員們都願傾其全力，努力於本身的工作，教職員們不僅資質優秀，而且忠於所事，久於其任。

揚中教師雖然極大部份是飽學資深的人士，但是爲了新陳代謝，也有大學剛畢業的。這些剛畢業的大學生，由於缺乏經驗，其教學表現有時自不能盡如理想，但是周氏從不對他們失望。周氏認爲每一個人總有他的長處，總有他潛在的能力，問題是校長要能發掘每一教師的長處而予以獎勵，並給予發揮的機會。因此周氏對於大學剛畢業的教師特別多所接觸，以求了解，並特別將他們介紹給資深的教師，希望他們能向資深的教師多所學習。事實證明，這些大學剛畢業的教師，在這種氣氛中，很快的便成了一個很够格的教師。教育之道就在變化氣質，揚中不但是一個造就良好青年的學校，也是一個磨練良好教師的場所。周氏常說，校長延聘教師固須愼重選擇，但是既聘以後，也須不斷協助輔導。

（三）科學教育與設備

周氏是提倡科學教育的先驅者。當他辦理揚中的時候，就認爲新中國之教育重點應在於發展科學。若與其他中學相比，揚中顯得非常重視數學、物理及化學之教學。揚中高中部理化實驗均係二人一組，實驗報告須當堂繳閱；初中部理化教學也有分組實驗。在當時之全國中等學校中，就科學設備而論，甚少能有與揚中相比擬的。而且揚中尙有雄偉之科學館，稱爲樹人堂，這是師生共同捐款建築的。揚州陳含光先生在旅臺初期曾寫了一付對聯稱頌周氏。上聯是「適口深知飴味美」，這是指周氏當時正從事糖業；下聯是「樹人猶記學風淳」，這是追念周氏辦理揚中之成就。揚中圖書館藏書之豐富也令人非常讚賞。前安徽教育廳廳長程天放先生參觀揚中時，曾對全體師生盛讚揚中的優良。他說揚中教師素質的良好，教學與訓導的認眞，圖書儀器以及體育設備的充實，不僅是一般中學無法相比，就是安徽及上海一般的大學恐怕也趕不上。

（四）課程的均衡發展

揚中的課程在實際上是均衡發展的，數學與自然學科固然受到重視，但語文學科及社會學科也沒有被忽視。學生對於國文、英文的造詣都很高，揚中畢業生大都能背誦國文、英文名著數十篇甚至百篇以上，而且也能隨手下筆成文。揚中的課程不僅注重課內教學，也注重課外閱讀。各科教師常叮囑學生多多利用課餘從事各種閱讀，尤其要學生利用寒暑假精讀各種巨著，如資治通鑑、科學大綱、中外史綱、論語、孟子、荀子等書。其他凡是教師所指定的讀物，也都要做劄記，等到開學的時候繳給教師核閱。有時候還要把那些寫得好的劄記陳列出來讓大家共同觀摩欣賞。這種課外閱讀的風氣非常重要，可是目前臺灣的中學都缺少這種風氣。周氏曾經感嘆地說：「我實在不知道爲什麼當時的學生會沒有惡補的威脅，而能有時間從事課外閱讀，這也許是教師熱忱教學和教學方法良好的緣故吧。」前鹽業公司故總經理何維凝在揚中高中求學時期卽對鹽業發生興趣，他曾利用揚中圖書館中豐富的資料研究鹽產運銷及鹽政發展的歷史，後來終於成了國家鹽業的權威。

(五) 成績展覽會與複習考試

爲了鼓勵師生努力教學，揚中每年都要舉行一次成績展覽會。陳列的資料包括各科的筆記、練習、作文、讀書劄記、實驗報告、生活週記、圖表及工藝品，也包括教師所編的講義、補充教材及習題。爲了加強社會對學校的了解以及獲取社會人士的指導起見，每逢展覽會並特別邀請省教育廳廳長、科長、督學、省縣市私立中等學校校長、教師，本校教職員學生、家長及地方人士前來參觀批評。這不是炫耀辦學的成績，而是藉此刺激全體師生共同努力，更求進步，並藉以互相觀摩，提高水準。

周氏對各項展出作業均親自詳細核閱，白天看不完，晚間繼續看。經過分析、比較，便知道全校教學的實際成績。展覽完畢，周氏要利用機會作綜合性之講評，我國中等學校此種性質之展覽會，實揚中所創始，極能增進平日教學的效果。

複習考試制度也是揚中所創導的。周氏在擔任揚中校長的時候，認爲寒暑假爲期甚長，若不給予學生適當的假期作業，學生很容易將寶貴的時間作無謂的消耗，因此乃於每學期結束的時候由學校指定學科令學生利用假期在家溫習，到了新學期開學的時候給予測驗，而將測驗成績作爲上學期成績的一部份，對於上學期不及格的學生有補救的作用。此種測驗卽稱爲複習考試。此種複習對於平時讀書未求甚解的學生，給予又一次反覆研討仔細溫習的機會。

（六）藝能學科與課外活動

周氏對體育、藝術、音樂等科也不偏廢。揚中高初中均有大體育場及室內健身館，此種健身館卽今日所謂體育館，館內有各種裝置、器械及籃球場。學校規定不論寒暑每一學生每天必須運動一小時，同時對於游泳的提倡也不遺餘力。爲了考查學生體育進步的情形，每學期終了都要舉行嚴格的測驗。

對於音樂與舞蹈的教學則經常舉行表演會，藉以激勵學生平時的努力。

課外活動，包括各種遊藝會，經常受到提倡。而一切課外活動都極重視合作與組織能力之培養。因此揚中畢業生不僅品學兼優，風度良好，而且體格健壯，精神活潑，善於治事處人，堪爲新青年之模範。此種學風曾有形無形影響整個大江南北。其畢業生無論升學或就業，所至之處均能形成一種特殊氣質。此種氣質之變化、養成，以及保持的深遠，誠非朝夕之功。

（七）綜合中學實驗

揚中是一個試驗綜合中學制度具有成效的學校。在民國十六年的時候，高中部有準備升大學的普通科，也有培養小學師資的師範科及鄉村師範科，兩個師範科並各附設實驗小學一所。在師範科停辦以後，又設立了工科。此科之增設係周氏個人之一種教育構想，最初僅設土木工程科，專門造就江蘇省所需中等土木人才。有關課程編配，教材選擇及學生實習，都曾樹立極良好的制度。而儀器設備方面，包括從美國及德國購入的，更是異常充實，足以充分發揮教學的效能。工科學生每到畢業的時候，各方面爭相聘請，常常供不應求。其在江蘇建設廳、水利局、及各縣建設機構服務的都極受各機構主管人員的歡迎與器重。這些工科畢業生不僅具備中級工程人員之知能，而且具備一般工程人員應有之品格與修養。後來爲了適應機械及電機事業的發展，又增設了機械電機工程科。周氏認爲普通科與職業科並設，不但不相妨害，而且相互觀摩，相互刺激，有相互促進之作用。周氏說，普通科學生看到職業科學生勤勤懇懇，實事求是，努力學習，興起了職業平等之觀念；職業科學生看到普通科學生孜孜矻矻，埋頭研究，準備深造，也增加了學術研究的興趣。

(八) 女子生活學級

揚中設有女子生活學級或稱爲女子生活部，乃周氏教育理想之一種大膽的嘗試。周氏在揚中期間對於此種實驗曾耗費甚多的心血。他對於此種實驗每天都有構想，而一有構想便立即實行。按此種女子生活部之設置，是以培養家庭中賢能主婦爲主要目的，入學資格爲小學畢業年齡較長的女生，修業期限爲三年，課程除普通教育外，仍須教學家庭管理必備之科學化的技能，以及在家庭中可以從事之現代化的謀生技術。至品格陶冶方面注重應對進退，敬老慈幼、待客持家以及家庭經濟的處理。整個女子生活部，除教師外不設任何員工，所有事務、繕寫、洒掃、烹調、洗滌均由學生分擔。學生全部住校，每十人爲一家，互推家長一人，負管理全家經濟及指揮全家事務之責任。每天早晨有早操一小時，包括舞蹈、舞劍、拳術等，不另設體育課，希望學生將來結婚後也能在家繼續鍛鍊身體，或教導子女。

在謀生技能方面設下列七科：一、縫級，二、紡織，三、食品製造，四、園藝，五、畜養，六、商業，七、保育。爲便於實習起見，設有工廠、農廠、商店、醫療所、幼稚園等。由具有熟練技能之專門人員擔任指導。第一年全爲必修。所有各生對於七科均須稍加學習，以獲得必須之基礎訓練，且用以測驗性向。第二年開始分科選習，注重專精，各生均須依據自己興趣選習一科作較專門之學習。第三年除繼續第二年所選科別學習外，得增選一科作爲副科，以擴充其專門技能。每家均託育一嬰兒，由學生輪流負責保育。各生並輪流實習幼稚園助理教師、店員及護士。二年級女生並利用暑假赴校外省立醫院及西人教會醫院實習護士，整個課程注重實際，遠近聞名。

當時江蘇省政府主席陳果夫氏最欣賞此種生活訓練，他常常利用星期天輕車簡從，到揚中參觀。到時都由女子生活部學生烹調接待，陳氏至感欣慰。後來京滬一帶大學教授及社會名流，也紛紛前往參觀，而且也有前往物色子媳的，相傳爲教界盛事。周氏說此種情況非常令人興奮，實在是意料不到的成功。民國三十二年陳氏任職中央政治學校期間，曾囑周氏專文報導揚中女子生活學級概況，刊登中央政治學校校刊，以示提倡。

（九）童子軍與德文班

揚中初中部的童子軍團是全國聞名的，揚中童子軍於民國十八年正式向中國國民黨童子軍司令部履行團部登記，經核准爲直轄第六十團。平時訓練認眞，服務熱心，遠近馳名，曾在歷屆全國及全省童子軍檢閱中均榮獲第一名。當時中國童子軍第六十團直如一沙場宿將，百戰英雄，無人不知。高中部的德文班也是一項特殊的措施。該班是在民國廿四年應同濟大學的請求而設立的，它是專爲同濟大學訓練具有德文基礎之高中學生的，因爲同濟大學非常信任揚中學生之素質，更非常信任揚中教師之教育效果。此種德文班的一般課程是與普通科的學生相同的，所不同的是德文班的學生必須學習德文，並由德籍以德語爲母語的教師教學。學生畢業以後全部免試直升同濟大學，合作的結果異常良好。

（十）教師自省

揚中每一位教師都注重自身的修養。學生們最崇敬的數學教師之一汪桂榮先生曾經在揚中十週年紀念刋上用自勉勉人的態度，說明教師應有的修養。茲摘述其要點如下：

1. **確立人生觀** 教師須首認責任重大，更須抱己立立人，己達達人，知必求眞，情必求美、意必求善，時時進步，不達至善不止之精神。

2. **提高服務興趣** 教師志趣要高，興趣要濃，青年學生在求學與做人方面偶有不盡如理想之處，須能耐心指導、熱心訓練、精誠感格、收效定宏，教育英才而收效，至樂也。

3. **不斷自求進步** 教學上問題極多，要在精心研究試驗，而求得解決。解決一次困難，自得一次進步，卽增加一分樂趣。故教育首在不斷地悉心研究與試驗，還須不斷閱讀新書及新雜誌，以保持不致落伍於時代之後。

4.保持專業精神　教師絕不可見異思遷，必須長期在一線上努力，使熟能生巧。且一校有一校之特點與環境，苟能久於其位，更可駕輕就熟。朝斯夕斯，死心踏地，力減應酬，不分心二用，自能專精及易達於理想境地。

5.注意身心健康　生活要規律化，要節飲食，愼寒暖，少思慮，充分睡眠，身要多動，心要多靜，可以却病延年，至少可以辦到永不缺課，教師缺課，爲學生莫大之損失。

6.培養高尚品格　精誠所至，金石爲開，教師如富有同情心與熱烈之感情，則活潑之青年雖好變好動，亦極易受良師之感動與鼓勵，不待責罰自能改過遷善。故教師一切言行如能自重而格高，其影響於學生之求知慾與向上心者必至深切。

7.研究教學方法　教師對所教之學科內容固須不斷進修，卽對於教學方法亦須隨時代以求進步。傳授知識必須按照教育心理，否則浪費徒勞。高深理論必須用實例引導，始能事半功倍。何者須令學生記憶，何者須令學生思考，何者須令學生養成良好習慣，均係教師應時時研究的問題。

8.時時反躬自省　教然後知困，教師心情須時時在戒懼緊張中反省。尤其揚中高中學生，幾乎百分之百需要進大學，而大學爲其所希望進入者不足十所，且青年知識、能力、程度不相上下，教師如何能使學生無一落第，實應戰戰兢兢，不能稍有懈怠。必如此，才能盡開極美麗之花，盡結極甜蜜之果。

由以上汪氏的說明，可以窺知揚中教師講求修養與反省的一般情況。教師們如能時時自勉，互相敦品勵行，學生們如坐春風，如沾化雨，那有不欣欣向榮的道理呢？

（十一）事務管理的精簡

辦學的重點在聘請優良教師，在充實教學設備，而不在有衆多之事務人員。揚中的事務人員極為精簡，全校分高初中兩部，但僅有事務員二人，會計一人，文書一人，教務訓育之助理二人，合計為六人。校工不足十人，而當時有極大多數之師生住宿校內，也賴此等工友服務。學校中如有特別繁雜之事務需要處理時，則由全體師生及校長共同分擔。工友之工作限於學校事務，沒有用學校工友為校長或教師的家庭工作的。校長也不用公家經費送禮或修理住宅。所有因公出差人員均實報實銷，無浮濫情事。校長因公偶赴京滬，均乘三等火車，住三等旅館，出門則乘電車或公共汽車。校長宴請教師，無論規模大小，亦均自出費用。由此亦可概見周氏治事之謹嚴。

三 總結

綜上所述，周氏一生曾貢獻於兩大事業，一為教育，一為製糖。其早年從事教育之精神，特別是揚中十年期間對教育所作之貢獻，在我國中等教育發展史上，實有其不可磨滅者在。茲總括周氏在揚中十年期間所給予吾人之重要啓示分述如下：

一、學校之良窳貴在領導得人，而尤在能盡力羅致良師，使能忠於所事，久於其任。

二、揚州中學開我國中等教育界積極提倡科學教育之先河。

三、揚州中學爲一均衡發展之學校，不僅重視理科，亦重視文科，不僅重視學術，亦重視品德陶冶、體格鍛鍊及藝術、音樂等。故其學生非僅具有良好之學識基礎，且能獲得完美人格之發展。

四、揚州中學在我國中等教育史上曾首創導師制，複習考試制及成績展覽制度。

五、理想之學校需要充實之設備，如圖書、儀器、標本、模型等，及專門之場所，如圖書館、科學館、工程館、體育館等，而揚州中學實首創其端。

六、敎師需要校長之協助與輔導，其於大學甫畢業之敎師尤然。揚中之所以有名師輩出者，周氏實大有力。

七、揚州中學爲綜合中學之良好示範，其職業科別之設置，以及職業課程之安排，均能切合地方之眞正需要，此殆職業教育之基本要求。

八、揚州中學女子生活教育制度，可供女子家事教育之參考。

下編

蘇格拉底（西元前四六九—前三九九）

高廣孚

古代，世界上有兩個偉大的教育家，在中國是孔子，在希臘是蘇格拉底（Socrates），兩人至今尙爲世人稱頌不已。

一　一個歷史上的巧合

有人說，蘇格拉底和我國的孔子有若干相似的地方，甚至有人將他比做希臘的孔子，將他的學生柏拉圖（Plato）比做希臘的孟子。因爲從若干的事實對照起來看，蘇氏和孔子確有多少類似之處。第一、他們倆出生的時代很接近。蘇格拉底生於

西元前四六九年（我國周元王七年），恰當中國孔子死後十年的光景，兩人活的歲數幾乎相同，孔子享年七十三歲，死於周敬王四十一年（卽西元前四七九年）；蘇氏於西元前三九九年（我國周安王三年），七十歲的時候被迫服毒而死。第二、他們的容貌都談不上好看。我國的孔子名丘，因爲他生來就有一個高聳突出的前額而得名，這一個不大相稱的面龐，談不上英俊和瀟灑；至於蘇格拉底的相貌，可能比孔子更醜。據威爾杜蘭在其所著「西洋哲學史話」（The Story of Philosophy）裏的記載，說他有光禿的頭，大大的圓臉，深陷的眼眶，寬濶而朝天的鼻子，活像一個挑夫（註一）。有的書上更說

他有一個便便的大腹，如此這般的一幅古怪相，再配上蹣跚的脚步，自然是够難看的了。第三、他們生的時代也很相似。孔子適在周室式微的春秋時代，五霸跋扈，諸侯兼併，動亂頻仍，民不聊生，他寢不安蓆，栖栖遑遑，周遊列國，思所以行其道。蘇格拉底出生在雅典，當時的希臘半島，也是城邦(City-States) 紛立的時代，較強的是雅典和斯巴達，如果沒有外侮的入侵，各城邦間的紛爭總是繼續不斷。第四、他們都是偉大教師的典型。孔子那種憂道不憂貧的精神，和正人心闢邪說的毅力，深印在每個中國人的心中。蘇格拉底在世時，經常批評政治，攻擊詭辯學派，那種至死不屈的精神，同樣深爲世人所景仰。孔子的「學不厭，教不倦」的精神，蘇格拉底終日苦口婆心教導雅典青年的熱誠，都不愧是古今教師的楷模！

二　幽默風趣的性格

蘇格拉底的家庭並不富裕，父親的職業是雕刻，母親是一個產婆。少年時期他曾抱着繼承父業的理想，一度學習雕刻，終因沒有興趣而中止。但喜歡研究哲學、天文和幾何。蘇氏的妻子名叫燦蒂柏(Xanthippe)，頗有悍名。夫妻的感情並不和睦，因爲這位大師終日坐在雅典的大街上，或在神廟前，和一般青年講學論道，既不要束脩，也沒有其他謀生的職業，從不關心自己的妻小。所以在妻子的眼光中，蘇格拉底是一個游手好閑，無所事事的人，是一個只帶回麻煩而不帶回麵包的懶蟲。蘇氏常自稱爲「牛虻」，他的妻子也這樣叫他。牛虻是吸牛血的蠅子，她竟將丈夫比做家中的吸血鬼，平時夫妻間勃谿常起；可是每當燦蒂柏大發雷霆的時候，這位大哲學家總是默默的抗議，使強悍的妻子常感到英雄無用武之地。據說有一次，在蘇氏仍作無言的抗議時，他的妻子氣悶不過，在盛怒之下，將一桶水潑澆在丈夫的頭上，這位大師只微笑着說：「我知道在陣雷之後，一定會有疾雨的。」

其實，他們夫妻的感情並不如想像的那樣壞，平時雖不免常有勃谿，但一到緊要關頭，夫妻的眞情便會自然的流露出來。當蘇格拉底被判死刑的消息傳到他妻子的耳朵裏，燦蒂柏便痛哭不已，淚流滿面。到這個時候，這位哲人仍然很輕鬆的對他的弟子們說：「你們勸她回家吧！我一生最怕見女人流眼淚了。」她的妻子哭着說：「蘇格拉底，你是寃枉的呀！你不能無罪而死啊！」却想不到他回答說：「我無罪而死，死得很光明磊落啊！難道要我有罪而死嗎？」

蘇格拉底是天生的幽默大師，無論在甚麼時候，他都能保持輕鬆愉快的心情。當他面臨死亡的一剎那，他的弟子們都痛哭失聲，他仍然是妙語如珠，冲淡了不少的悲哀氣氛。有一位弟子勸他在臨死前換下那件破舊的長袍，他堅持不肯，同時說：「我生前卽穿着這件破舊的衣服，難道穿着它，死後不能見上帝嗎？」他死前的最後一句話，是對克雷多（Crito）說的：「克雷多，我還欠阿克勤比斯（Asclepius）一隻雄鷄，請別忘記還給他。」

三　勇者的畫像

蘇格拉底生時，雅典的思想界，詭辯學派（Sophists）的學說正在風行。他們對知識持徹底懷疑的觀點，對任何事物的眞實性都不相信，而謂世界上沒有確實的知識；僅教人如何從事辯論，如何贏得辯論，但決定辯論的關鍵，恆不以眞理爲依據。詭辯學派在評斷知識時，常說吾人只有主觀的意見，而無客觀的眞理。普羅泰格拉斯（Protagoras）是此派最重要的代表之一，他曾說：「人爲萬物的權衡（Man is the measure of all things）。」該派的理論要點，可綜括爲三：㈠以感官爲知識的來源；㈡以個人爲眞理判斷的標準；㈢以懷疑爲知識尋求的目的。他們對知識所持的觀點，可以說是非不明，眞僞不分，對青年們的不良影響極大。

蘇格拉底對詭辯學派的攻擊不遺餘力，他曾批評說，詭辯派之領導青年，有如盲者引領盲者，焉得不同歸於盡呢？我國有一句俗話：「盲人騎瞎馬。」蘇氏的批評，可以說是一針見血。他要挽救墮落的人心，慨然以教導青年爲己任，不怕危險，不顧譏辱，每天照例走到十字街頭或衆人聚集的地方，和一般青年人討論人生的種種問題。他痛詆社會的黑暗，政治的腐敗，嘲罵貴紳與強豪，終於招致小人的忌怨。蘇氏崇奉貴族政治，和民主派的當權者阿乃德也極不相能；他信奉一神論，和雅典的多神思想也大相逕庭。在多種原因的湊合下，這位偉大的哲人終於鬪不過黑暗和罪惡而倒下去了。首先米烈多士（Meletus）控告他三種罪名：㈠侮慢本國的神，㈡信奉異端的神，㈢假藉教育手段以蠱惑青年。按雅典的法律規定，對於侮蔑本國的神，而信奉異端的神，應處死刑。可是在雅典，被判死刑的人，如果有機會逃出國外，就不予追究；也可以出錢贖罪。有的弟子勸他藉機逃走；有的弟子和朋友願意代他贖罪，都被他拒絕了。爲了維護眞理和正義，他表示不能這樣做，潛逃和贖罪等於向邪惡屈服。臨刑前說：「服從國法，是市民的義務。」於是這位七十高齡的大哲學家，為眞理而殉難，在弟子們的嗚咽聲中與世長辭了。

蘇氏是西方智慧的代表，終生爲維護眞理而奮鬪，爲敎育青年而努力，和邪惡對抗，抱着寧死不屈的決心。我國孟子曾說：「富貴不能淫，貧賤不能移，威武不能屈，此之謂大丈夫。」這些話蘇格拉底可當之無愧了。他堅持着正確的理想，勇敢奮鬪，不受威脅，不爲利誘。雖不幸遭遇到悲慘的下場，而他的人格已光耀後世，他的聲譽已永垂千古。

四　思想和言論

古代希臘的哲學研究，可以說蘇格拉底是一個分水嶺。在他以前，從泰利士(Thales)開始，到赫拉克利特(Haraclitus)、巴門尼第斯(Parmenides)、畢泰格拉斯(Pythagoras)和恩庇道格拉斯(Empe-docles)等人，都偏重宇宙和自然的研究，探討宇宙的根源，尋求萬物的本體，對於人生問題多未注意。到了蘇格拉底，才擴大了哲學的研究領域，開始注意到人類本身的一些重要的問題。他曾說，研究物質世界的構造和法則，探索外界事物的本質，不能說沒有意義，但對於哲學家來說，該有比樹木、石頭和星辰更有價値的問題。這是些什麼問題？是心靈問題，是人生問題，是道德問題，是知識問題。這些問題和我們的生活息息相關，片刻也不能分離的。蘇格拉底就這樣開創了人生哲學的新領域。

我們現在平心靜氣的想一想，哲學是人所發明創造的，最重要的任務應該是研究和解決人生的問題，但是幾千年來的知識發展，我們「知物」而「不知人」。目前，物質文明突飛猛進，住有摩天大廈，穿有呢絨綢緞，行有飛機汽車，並可到其他星球探險，到海底遊歷，新的發明創造，日新月異，光怪陸離，目不暇給。但相反地，人類的道德墮落，世風日下，物欲橫流，戰亂頻仍。科學支配了人性，邪惡湮沒了良心，所以羅素 (B. Russell) 說，人類仍受陳腐觀念的作祟，因而有種族的歧視和競爭。我們眼看着人類對本身問題的愚昧無知，徬徨失措，面對着三千多年前這位大哲學家的過人智慧，能不羞愧嗎？蘇格拉底常引用德爾斐廟 (Temple of Delphi) 所鐫的一句名言「知汝自己 (Know thyself)」來告誡世人，實可爲現代人類愚昧行爲的箴規，陳腐觀念的藥石。

（一）知卽德說

蘇格拉底一生沒有著作，他的言行和思想是靠他的弟子柏拉圖和齊諾芬替他記述流傳下來的。其中與教育最有關係的，是他的倫理思想。在道德理論方面，他屬於幸福主義者，也是哲學思想中最崇高的一部分。在倫理學中，他將「幸福」(Happiness) 和「德」(Virtue) 的概念分析得很詳盡，構成一個完整的體系。

蘇氏謂幸福卽至善 (The highest good)。但他所指的幸福，不專指快樂。他認爲人類要獲得幸福，生活必須有節制，因爲中庸之道 (Moderation) 爲一切道德的基礎。從柏拉圖的「對話錄」(Dialogues) 中證明，蘇格拉底的中庸理論並不是禁慾主義 (Asceticism)。他所謂的幸福，並不是指物質生活的快樂，而是特別強調袪除心靈中的憂慮，和致力於知識的獲得。

蘇氏以智慧（Wisdom）統攝諸德，以「知卽德說」（Knowledge is virtue）爲其倫理學理論的主旨。他認爲明智之人，能明是非，別善惡，在平時的行爲實踐中，就知道爲善去惡。沒有人會故意作惡的，因爲故意作惡，可使他本身感覺不快。凡人的作惡，皆由於愚昧無知，所以智慧爲唯一之德，愚昧是唯一之惡。這就是蘇格拉底「知德合一」的理論張本，他把知識和道德二者，看作是一而二、二而一的事了。

在他的「知卽德」的理論下，他常認爲：如果人們能够徹底了解自己眞正利益之所在，洞察自己行爲的未來後果，批評並調和自己的欲望，針對更遠大的目標，將之從渾沌中導入更富於創造的和諧境界，那麼對受過教育而富有社會經驗的人，這種反省也許可給予他們以理想的道德標準；但對於那些愚昧無知的人，無法建立起他們的道德反省的意識，唯有用教育的力量，使他們不斷的追求知識，增加他們對是非善惡的判斷力，才能實踐善的行爲。

他一生引導青年走上較大範圍的人生眞理之路，以此眞理來衡量一個眞正人的生活。所以他說，良好生活的藝術，乃是藝術中的最高藝術。他以鍥而不舍的精神，探求正確的個人思想以及正確的知識，重視日常道德上的各種問題。他坦白承認舊教育的變遷乃是不可避免之事；他探索着在教育上建立個人道德的新基礎，以代替爲國家服務而訓練的老觀念。

我們了解，「知德」是道德教學的範疇；「行德」是道德實踐的範疇，道德重在實踐，只知德而不行德，等於不知。知德者可能行德，也可能不行德，若干學者倡導「知行合一」，事實上這是一個希望達成的目標，少數有高尙道德修養的人才能做得到，要求人人都如此，那只是一個理想。有人批評蘇格拉底的理想根本不能實現，蘇格拉底便說：「因爲不能實現就壞嗎？假若一幅圖畫，畫着一個盡美盡善的美人，你能說因爲並非實有其人，那張圖畫就是壞的嗎？最完美的理想，是批評實際的標準。」

(二) 教育目的和方法

蘇格拉底是偉大的哲學家，也是偉大的教育家。他認爲教育的目的在求至善和品德的培養及心理能力的發展；並以爲教育的目的就是人生的目的：人生的目的在求得至善，人類之所以能達到至善的境界，則在致力於道德的修養，以完成理想的人格。蘇氏承認客觀眞理之存在，同時又主張自我努力的必要；前者爲知，後者爲德；知德合一乃蘇格拉底理想中的人格。他的用意在以道德爲具體的間架，以知識爲抽象的內容，而建立一表裏兼賅的體系。他以「友誼」、「勇敢」、「謙遜」等爲道德之概念，而人格的擴大，卽繫於觀念知識的充實。而「知汝自己」或內省(Insight)，則爲達到此教育目的之不二法門。

蘇格拉底和人討論有關問題時，常用詰問法，又稱爲蘇格拉底法(The socratic method)。這種方法有下列的幾種特點：㈠懷疑的，蘇格拉底認爲一切知識，均從疑難中產生，愈求進步疑難愈多，疑難愈多進步愈大。由懷疑而引出問題，這不是表示蘇格拉底傲慢自大，或自命爲智者；事實上恰好相反，蘇氏本是非常謙虛的。他常說：「我知道自己的愚昧，我非智者，而是一個愛智的人。」此外，蘇氏所謂「懷疑」是研究學問和討論問題的方法，別於古代希臘懷疑論者之所謂的「懷疑」；前者以懷疑爲方法，作爲探求眞知的手段；後者以懷疑爲目的，始於懷疑，而終於懷疑，結果則毫無所得。

㈡是談話方式的，這是詰問法的第二特點。在討論時，採用談話的方法，以辯論爲技術，而尋求眞理和概念的正確定義。其眞理的發現，是在討論和問答法中進行，所以有人叫這種方法爲「產婆法」，爲知識接生的藝術（The art of intellectual midwifery），以爲知識原存於對方的心靈內，不過他自己因受其他錯誤的觀念所蔽，而沒有發現罷了。蘇氏自比產婆，從談話中用剝繭抽絲的方法，使對方逐漸了解自己的無知，而發現自己的錯誤，建立正確的知識觀念。這種談話也有幾個特點：第一、談話是藉助於問答，以弄清對方的思路，使其自己發現眞理。唯在談話進行中，蘇氏則偏重於問，他不輕易回答對方的問題。他只要求對方回答他所提出的問題，他以謙和的態度發問，由對方回答中而導引出其他問題的資料，直至最後由於不斷的詰詢，使青年承認他的無知。在發問的過程中，蘇氏給予學生以最高的智慧，此即有名的蘇格拉底反詰法（Socratic irony）。第二、青年們要想學習，必與交談，由交談而建立友誼，由於友誼建立在雙方的情感基礎之上，這樣才有助於問答的進行。於是愛求知識和增進友誼二者，構成蘇格拉底方法進行中的基本要素。㈢是概念的和定義的；他在問答中，想把許多模糊的概念找出正確的定義來。他常問：「何謂正義？」「何謂名譽。」「何謂德性？」「何謂道德？」「何謂愛國？」「何謂你自己？」蘇氏所最關心的，便是諸如此類的道德和心理學的問題。他這種堅持精確的定義，清晰的思想，及精細的分析態度，給雅典青年不少的助益。他之所以如此苦口婆心的教導，無非認爲知識之目的是使概念獲得正確的定義。

蘇格拉底的整個方法，是啓發的（Heuristic），又可叫探求法（A method of finding）。經過歸納過程而歸結到一個定義。亞里士多德（Aristatle）曾說：「歸納和定義二者，恰可歸功於蘇格拉底。」（註二）羅素則稱之爲辯證法（Dialectic method）。不過他說，這種以問答尋求知識的方法，不是蘇格拉底發明的，巴門尼第斯（Parmenides）的弟子齊諾（Zeno）似乎早已用過了。（註三）即使如此，在古代希臘運用辯證法較爲成功的人，**則推蘇格拉底和柏拉圖**，而後者顯然是受前者的影響。

五　蘇格拉底思想的影響

蘇格拉底爲古代希臘思想界開創了一個新紀元，如果沒有蘇格拉底的出現，柏拉圖和亞里士多德之相繼成爲希臘偉大的哲學家，實在大成問題。他三人在哲學上的成就，造成希臘文化的黃金時期。此時的希臘，和中國的春秋戰國時代很相似。在我國先秦時代，諸子百家相繼出現，也構成了我國古代哲學的黃金時代。在其中儒家的思想是主流，由於儒家孔、孟、荀的繼起，奠定了儒家在中國數千年永傳不墜的學術基礎。

蘇格拉底的思想，對當時混亂的雅典思想界，有振聾發聵的作用；蘇格拉底的人格，對於一般趨炎附勢的雅典公民，也有使「貪夫廉」「懦夫立」的啓示作用。

在哲學方面，他對於柏拉圖和亞里士多德的思想體系影響至鉅。他對後世的貢獻大致有三：

（一）**對哲學方法的改進**——建立歸納法 (Inductive method) 的初步基礎；

（二）**是有系統研究知識條件的第一人**——建立認識論 (Epistemology) 的體系；

（三）**構成倫理學的體系**——建立道德科學。

關於歸納法的發展歷史，在近代雖經培根(Francis Bacon)的倡導，始成爲研究科學的重要方法，但不是說在培根以前就沒有人用過；相反地，這種方法早在希臘古代已經有人在注意和使用它了。蘇格拉底就常用這種方法。事實上蘇氏的詰問法，是「綜合」和「分析」相互爲用的方法，本質上就是辯證法。這種方法對柏拉圖的影響很大，在他的對話錄中到處可以看得出來。柏氏以辯證法爲建設概念知識的方法，而爲思想的藝術，嘗稱辯證法包括兩個步驟：㈠綜合特殊而爲一個概念；㈡分析概念而用於特殊。在思考的過程中，前者卽是類化(Generalization)，後者就是分類 (Classification)。很明顯的，這是得自師門謫傳。

在認識論方面，蘇格拉底應屬於理性主義(Rationalism)。在古代，認識論之派別的劃分雖不比近代明顯，但從各哲學家們的主張中，可以找出其理論的淵源。例如蘇格拉底和柏拉圖是理性主義者；伊壁鳩魯(Epicurus)和斯多噶學派(Stoics)應屬於經驗主義 (Empiricism)；亞里士多德雖師事柏拉圖，但他在認識論上的主張，是走折衷理性主義和經驗主義的路線的。蘇格拉底認爲知識的來源是理性(Reason)，眞實的知識是普遍的而非特殊的，是形式的而非偶然的，是永恆的而非變動的。他在這方面的理論，近則影響柏拉圖；遠則對近代的理性主義者如笛卡兒（Descartes）、斯賓諾莎（Spinoza）和萊勃尼茲（Leibnitz）等人均有莫大的啓導作用。

至於蘇格拉底的倫理學思想，對柏拉圖的影響更大，兩人都屬於倫理的幸福主義，柏氏在主觀上認爲至善卽幸福，在客觀上將善的概念看作和上帝相一致；認爲人類行爲的目的，應使靈魂擺脫肉體的束縛，藉德性與智慧之助，變得和上帝相似，以道德和智慧爲幸福的主要因素。在這一點上，他與蘇格拉底的見解頗相契合。蘇氏以智慧統攝諸德，柏氏則將德目列爲最高的四種——智慧、勇敢、節制和正義，不過他特別指出智慧在德性中佔最高的地位。但在實用方面，兩人的主張則稍異：蘇格拉底將實踐道德建基於功利主義或權宜主義（Expediency）之上；柏拉圖則放棄功利的觀點，認爲道德應有其獨立的價值。

另外，蘇格拉底在倫理學上所持「中庸」的看法，對亞里士多德的啓示很大。亞氏認爲人是理性動物，過着理性生活，追求至善的價值。至善的生活才有幸福，但幸福不等於快樂，快樂可隨着道德行爲而來，而是道德行爲的次要結果。這和蘇氏的觀點頗爲一致。亞氏更認爲良好的生活必須有道德的修養，對於道德的評價須賴合理的態度。所謂合理的態度，就是道德的中庸觀點，中立不倚，不趨極端，無過與不及（Excess and deficiency）之弊。例如勇敢在粗魯和怯懦之間，慷慨在奢侈和吝嗇之間，謙遜在羞怯和傲慢之間。所謂勇敢、慷慨、謙遜等均是美德，本身有其適中性和調和性，既不失之於偏激，又不失之於迂緩。因過猶不及，均與中道不合。顯然亞氏的中庸說，是導源於蘇格拉底的。

筆者認爲蘇格拉底對後世的最大貢獻，是他首先樹立了西方偉大敎師的風範。自西方歷史中看，敎師工作從開始就不受人重視，雅典叫一部分從事敎師工作的人爲「敎僕」。他們之中有的雖具有很好的學識，但却屬奴隸的身分，平時伴送主人的子女到校讀書，回家後陪讀；即是自名爲智者的詭辯學派者，也不過是到處流浪，全賴出售知識以餬口，根本不受人尊重。當前歐美的社會裏，仍視敎師爲敎書匠，和其他的木匠、鎖匠一樣，敎師和學生之間似乎純粹是一種金錢與知識的交易，一點也看不出像我國那種「尊師重道」的精神。但蘇格拉底則是例外：他很受青年們的敬仰。他的智慧，照亮了學生的心靈；他的勇敢殉道精神，爲青年們樹立了守正不阿的楷模。

柏拉圖自二十歲起師事蘇氏，前後八年。蘇格拉底亡故時，柏氏才二十八歲，對於老師的死，由於愛莫能助，感到非常傷心。最後懷着一顆破碎的心，開始到各地遊歷。蘇氏的死，使他受刺激很大，因此他蔑視雅典的民主，憎恨無知的羣衆，增強其對實現貴族政治的決心；他的名著「共和國」(Republic) 的構想，可能在此時已開始在其心中孕育着了。柏氏因受蘇格拉底的陶冶，變成一個酷愛智慧的青年，他非常敬愛他的老師。他常說：「我感謝上帝賜我生命，成爲希臘人而不是異邦人；賦我以自由民的身分而不是奴隸；使我生爲男人而不是女人；但是我尤其要感謝上帝賜我生在蘇格拉底的時代。」柏氏這種尊師重道的熱誠，完全是受蘇格拉底的精神感召所致。因爲蘇氏出身平民，生活刻苦，而且平易近人，熱情洋溢，加之幽默風趣，妙語如珠，故能使受敎者如坐春風，自然潛移默化。

附註：

(一) Will Durant, The Story of Philosophy, chapt. 1.

(二) Cf. Grote, Histary of Greece, Chapt VIII, p.5 78.

(三) B. Russell, History of Wsetern Philosophy, p. 109.

柏拉圖（西元前四二八—三四八）

趙雅博

柏拉圖並不是他的眞實姓名，只是一個綽號，由於他的肩膀寬大，他的體育老師，遂用柏拉圖來稱呼他：意思是寬寬大大的人。

這位以寬大著稱的人，不但是人寬大，並且影響也極寬大。在西方哲學方面，他佔了最高的位置，與他的青出於藍的徒弟亞利斯多德平分秋色；在聲名上，可以說有過其弟子亞氏而無不及。雖然在思想的深度與系統上，他有不如亞氏之處，但是在情趣的美妙方面，他却又凌駕於亞氏之上。

他的影響，直到今日，不但弗衰弗替，並且可以說還在蒸蒸日上。自古迄今在哲學思想的大流派方面：柏拉圖永遠和亞利斯多德一樣的，作一個或多個大流派的祖師和領袖。從他死時開始，在西方世界，他便成了祖師與領袖了。他在西方的天才人物當中，一直佔有並保持着這個榮銜。在他以後，在歐洲的思想家，那一個不是有些柏拉圖化呢？

首先，是領袖西方哲學實在論與經驗論兩大流派的亞利斯多德，這青出於藍而又與老師敵對的人，表面上看是反對着柏氏的思想，可是骨子裏乃是補足柏氏，使柏氏思想昇華而更爲具體化的功臣。

新柏拉圖派，則給予了基督主義以神秘的言語，而使聖奧古斯定皈依了眞教。從奧氏開始一直到馬雷勃朗士：康德則將柏拉圖的觀念世界代之以人智有限界；孔德在很多方面，重視了柏拉圖的政治學；尼采洋溢着柏拉圖思想却反對柏拉圖；柏格森是從柏拉圖的神秘思想得到靈感；虎塞爾本人在他的語言之中也柏拉圖化了；海德格則重現了柏拉圖、巴爾羅尼德。新起的哲人之中，也不乏柏拉圖化的哲學，柏拉圖將是個永恆生存的人。

幼年環境

柏拉圖生在西元前四二八年。白洛波愛塞戰爭是起自西元前四三一年。這兩個基本的事實，將爲我們解釋柏氏的爲人與工作。

自紀元前四七一年以後，民主政治逐漸走向帝國主義，雅典當時將盟友變成屬下，對城邦來說乃是「是可忍而孰不可忍」的！

「三歲知老，從小看大」，兒時的印象，旣強且久，並且還指導着他的一生：柏拉圖十二歲便遇到了長征西西利島的事件發生。而這次事件是史無前例的失敗，他聽到了有關雅典俘虜所受的種種虐待，很氣憤不平。他在這時候，接受的是與他年齡和身分適合的教育。彈琴、誦詩、角技，這正是貴族靑年當時應學習的課題；因爲柏拉圖是當時的貴族，他自然要接受這種貴族的教育與禮儀。我們說他是貴族，是由於他的父系可上溯到雅典最後的國王高德勞（他爲國家犧牲了性命）；他的母親柏利克其約納，則是七賢之一梭倫的後裔，自然也是光輝的貴族世家。在他那個時候，希臘人最重門楣，認爲奴隸和貴族都是天生的。柏拉圖的眞名叫亞利斯多克來，原是他祖父的名字；他的父親名亞利斯東。他悲抑於雅典的式微，也愁悶於詭辯者的猖狂：我們從他的對話錄可以充分看到這種反應。

柏拉圖是一位天生奇才，他不滿於詭辯者的相對知識論，他本能的認爲應該有一個更堅定更實在的基石存在。同時柏拉圖也不滿於傳統的神秘說法，熱情而不說理，信仰而不追根。他想自己來解決問題，他苦思不得門徑，他向外界追尋。好了，這時正值蘇格拉底的出現，這位智者對於任何事理，一定要追本溯源，盤詰到底，這正合於柏拉圖的口味。也由於柏拉圖的幸遇蘇格拉底，希臘甚至西方的思想史才有今天的新貌。

蘇格拉底是一位奇特、古怪與神秘的人物；有賴於柏拉圖，我們才知道蘇格拉底。柏拉圖對蘇氏的崇拜、欽仰以及感戴，實在不是今天不講究尊師重道的世界所能想像的。他的一切——無論是柏拉圖化，也無論是眞實化，都寫在柏拉圖的對話錄裏；或者更可以說，柏拉圖乃是以他的全部對話錄，算作蘇氏的語言，甚至幾乎不承認有他自己的觀念思想存在！

根據柏拉圖的敍述，他大約是在西元前四〇七年遇到蘇格拉底。在這以前，十八歲的時候，他接受的是海拉克立特的中才弟子克拉弄羅的哲學思想，當然這是不能滿足柏拉圖的求知欲的。

在柏氏遇到了蘇格拉底之後，不用說他是多末滿意了。以前他在詩歌與戲劇上已經有了相當深湛的造詣，並且也完成了若干著作；至此他興奮的將一切作品統統焚燒，而專心致志攻讀哲學，追隨着蘇格拉底，一直八年之久，不，最好說他追隨着蘇氏一直到逝世爲止。如果蘇氏不是被殺的話，他將會追隨蘇氏更久；他不但是蘇氏的門弟子，並且也是蘇氏的好朋友！

蘇格拉底不合正義地被處死，可以說把柏拉圖整個的人都震撼了，他對雅典城邦整個的失望了。過去他曾想從事政治，以便改革社會，使人民得到富強安樂的生活；在蘇氏死後，他對雅典邦國再也不作這樣的打算了。

在雅典當時的三十人執政團中，有柏氏的親戚克利斯雅與賈爾米德。照理他們應該信任柏拉圖。但權力之下無父子之情，他們對柏氏反而更爲不利。柏氏與蘇格拉底的一些弟子，離開了雅典，逃往梅加拉，而爲歐克立德所收容；柏氏有些時候並在那裏聽歐氏的講課。

西元前三九六年，他又重新回到雅典。他大概是爲服從國法，服役於馬隊，並參加了格林多之戰；這一戰是雅典人敗北，斯巴達人勝利。對這次戰爭，柏拉圖極爲不滿，於是柏氏乃排除萬難，作了一次長途旅行。

兩次旅行

柏氏一生共有三次長途旅行。他的旅行並不是爲了好奇，也不是爲了參觀名山大川，而是爲了求得眞理，求得學識，也可以說是爲自己的理想奠基石。

西元前三九六年雅典戰敗後，柏拉圖很快的就離開了希臘，到埃及去旅行。這在當時一位希臘人來說，並沒有什麼值得特殊提出或注意之點。柏氏此行，携帶了一些橄欖油，以便善價沽售，作爲他在埃及停留期間的必需費用。

他首先停脚在西來奈，在那裏他與德阿德羅研討着數學，後來大概是西元前三九〇年，他才到了埃及。他居留在哀利的波利，在那裏他攻研了天文。在埃及，他又看到他們的宗教、制度、憲法、習俗，這些正是柏氏反省的好材料。在柏氏的著作中，我們看到很多有關這些東西的痕跡。這期間，他大概完成了下列的幾部著作：Apologia, Criton, Laques, Hippias Menor (II), Gorgias, Alcibiades I, Menon, Ion, Hippias Mayor I, Cratilo, Eutifrón, Republica I.

西元前三九〇年以後，他又赴大希臘旅行，這是他的第二次旅行，在這次旅行當中，他與畢達哥拉中心建立了關係；並在達蘭多認識了亞爾西達，也結成了好友。亞爾西達是一位哲學家並且也是一國的元首，在達蘭多成立了一個以科學與哲學爲基礎的國家政府；這個對柏拉圖的影響太大了，我們簡直可以說，柏拉圖「哲學王」的主張，就是從這裏孕育成功的。

在老德尼削王朝

柏拉圖是一位哲學家，但他並不想只成爲一位空有其名的理論家。他願意參加實際政治，他願意在一個國家政府內實行他的理想；然而在他的生地雅典，這是沒有任何希望的，因爲在那裏只有政黨政治，黨高於一切，政治只是政黨的奴隸，官商勾結，陰謀陷害。但是在西西利却有一個新希臘在形成着，在那裏有一位強有力的國王在統制着，那便是西拉古匝的國王德尼削。

柏拉圖在這時，已經薄有聲名，爲鄰邦所知了。同時他又頗有意用世，而德尼削又雄心勃勃，銳意治國，在知道柏拉圖有意協助他的時候，便立刻邀請他前來。柏拉圖在認爲德尼削有可能接受他的意見後，便欣然命駕前往；然而在事實上，柏拉圖是錯了。他與德尼削的相見，是有了一個他沒有預料得到的結果，他誠懇而太過誠實的語言，並不爲西拉古匝的國王所喜。柏拉圖在國王面前，保護自己基本的觀念，這個觀念是柏氏接受自蘇格拉底的，可以作爲國王終身奉行勿失的箴規；柏氏以這觀念爲至寶一樣的傳給國王，也傳給世人。這個觀念是什麼呢？簡截的說：乃是正義；只有正義的人才是有福的。德尼削國王，在他一生之中，所作不正義的行爲，又豈止一件？他如何能忍受得了這個教訓呢？

這位殘暴的國王，對於柏氏的勸告，不但無動於衷，並且恨之入骨；但是他却絲毫不動聲色，要看看柏氏的究竟。柏拉圖鍥而不舍，一直在敦勸他，不改書生本色。我們知道，在這時候雅典正在與斯巴達交兵。斯巴達人竭力與西拉古匝拉攏，並派遣代表前來，德尼削乘此機會逮捕了柏拉圖，將他交給斯巴達人，斯巴達人將他視爲戰俘，送他到愛日島上，在距離雅典很近的地方把他在奴隸市場上拍賣了。

這件事情的發生是在西元前三八八年，那時柏拉圖已經四十歲了。在他被邀到德尼國王前時，他已是中年，並且已經成爲思想與語言的一大宗師了。德尼削這樣對待柏拉圖，簡直是荒唐之極。柏拉圖原屬於貴族世家，他有很多朋友。賣作奴隸的事，並不能長久的加害柏拉圖，他的朋友們是會贖回他來的。不過德氏認爲：反正總能够讓柏拉圖有一段不愉快的日子，用來教訓他對自己的不智勸言的懲戒就够了。

柏拉圖的親友們並不會干預這件事。西元前三八八年那年，正値奧林比克運動大會，整個希臘的人都參加這個大典，修辭家前來朗誦他們的新著，體育家前來競技，以便獲得不朽的榮冠；賽車運動更爲豪華。這次有一位西來奈的居民阿尼克里，帶來他的駿馬，參加比賽。因爲這時柏拉圖已經名噪希臘，阿尼克里曉得了柏拉圖被賣爲奴役，就火速將柏氏贖出來，還給他自由。阿氏此舉並不是對柏氏同情或者要接受他的教訓：一位賽車主，絕不會重視哲學的；他之所以如此，是要人們重視他、認識他、提起他，而獲得榮譽，如此而已。

柏拉圖回到了雅典，正是戰爭結束的時候。他仿效蘇格拉底的其他門徒，教授哲學與科學。在果羅納附近，距離雅典有三公里的地方，柏氏利用阿尼克里所拒收的歸還他對柏氏贖身的費用的那筆錢，在阿加德英雄廟近旁，買得了一塊土地，建築了一間學校，稱之爲阿加德米學術院；這是西文到現在仍然稱學術院爲阿加德米的緣故。這間學校的建立，是西元前三八七年的事，成績很好，很多人從各地方前來受教；亞利斯多德就是在這期間進入了學術院（西元前三六八年），一直二十年之久。這一學校，我們可以稱之爲大學。在這個學校畢業出來的學生，不但在科學哲學方面有所造就，而且更可對政事的管理有所精通。柏氏關於行政教育的唯一指導原則，便是「正義公道」。

柏拉圖在這裏一直逗留了二十年之久。在這二十年內，他的生活細節我們一點也不知道。他除了教書之外，大約還留下了下列的著作：Protogoras, Eulidemus, Lisis, Carmides, Clitophon, Banquet, Phedon, Republic 11-X, Menexene, Phedro, Teeter, Parmenides.

與狄雍的友誼

西元前三六七年，德尼削老王去世了，他的兒子新王德尼削二世繼任。德尼削二世聽從他舅父狄雍的話，又邀請柏拉圖前來參政。

狄雍是何許人也？他爲什麼要國王邀請柏拉圖呢？他與柏拉圖的關係又怎末樣呢？他們又是如何結識的呢？

前面已經說過柏拉圖在德尼削老王那裏逗留和失敗的種種事實，却沒有提及另一件事情，就是征服了狄雍之心的故事。

狄雍爲柏拉圖所征服的故事，足够使我們領取「只問耕耘」的大道理；同時也要我們警惕：言語行事要如何兢兢業業。柏拉圖在德尼削王朝中，一直在傳播着他的思想種子。有一位二十歲的青年，在人醉獨醒之中聽從了柏氏的教訓，這人便是狄雍。狄雍是德尼削皇后的弟弟。德尼削有兩個皇后，另一位是外邦人名叫多麗，多麗的兒子與狄雍姊姊（皇后）的女兒結婚，而狄雍則與德尼削的另一個女兒聯姻。狄雍於是成了老王的舅子，新王的舅父和姊夫。狄雍對德尼削忠心耿耿，並且也獲得多忌善疑的老王的完全信任。

狄雍在聽過柏拉圖的教訓之後，對他同事們放縱、沈緬酒色的所謂幸福生活，視為可厭，他接受柏拉圖的指示而棄絕酒色之途，進入一種世界不能給予的快樂境界。柏拉圖對這位青年，感到興奮，並對他慈愛有加，因為在這個青年身上，他看到了崇高靈魂的反映。我們試讀柏氏在他第七封信中所寫：「狄雍秉賦很高，對一切事都取開放態度，特別對我講述給他的語言更是這樣。他很快速而精深的瞭解，他比我所遇到的一切青年都好。他此後願意度一個與其他意大利與西西利人不同的生活，更看重道德超過世俗快樂與放縱肉慾。」

在狄雍本人那裏，我們確確實實的看到了改變。他與柏拉圖很快的就變成柏氏與蘇格拉底一樣的師生關係。良師良友良徒，柏拉圖對上對下，都可以永垂青史！

雖然狄雍的生活有了完全的改變，但是老德尼削王對他還是依然信任如初。

在德尼削王於西元前三八七年，享壽六十三歲逝世後，由一位聰明而毫無行政經驗（老王避免大權旁落，一直不讓兒子參政）的德尼削，三十歲的青年，繼承了大統。新王第一件事給予了人民更多的自由，減輕了賦稅。這乃是狄雍主張的實行，同時也可以說是柏拉圖觀念的勝利。在當時的王朝中，另有歷史家斐俚斯多，則主張嚴刑峻法，獨裁專制。

德尼削二世在卽位之初，對狄雍言聽計從。狄氏不但在智慧與持重方面使德王敬畏，並且在慷慨財富方面也讓他心服；加之又是長輩（舅父）又是平輩（姊丈），他對狄氏可以說是極度信任。

狄氏是善與人同的人。他建議國王將柏拉圖請來，以便使國王從柏拉圖接受與他所接受的同樣的影響，而改變他的生活。國王聽從了狄氏的建議，正式邀請柏拉圖；這是西元前三六六年的事。

侍君如侍虎

其實德尼削二世邀請柏拉圖，是一件很自然的事。任何一位國王與掌大權者，總願意自己身邊有些大學問、大專長的人，並不是爲了供給諮詢，而乃是爲了炫耀，爲了盜名。柏拉圖這時已經是六十二歲的老人，聲名之大，整個希臘幾乎是無人不知，無人不曉。誰不願有這樣的一位智者在自己的身邊呢？

柏拉圖對着這樣的邀請，接受不接受呢？人生七十古來稀，他年事已高，而旅途的跋涉又苦，原有不答允邀請的足够理由。然而柏拉圖是淑人救世的聖者，他願意將自己研習出來的一套政治理論見諸實施，來造福人羣。他於是幾經考慮，至少是爲了可以加強狄雍對國王的影響力，而欣然接受了邀請。在他第七封信中，他描寫了這件事。他不大願意離開雅典，因爲他的學校極爲興盛，青年學子都非常愛慕他的崇高觀念，以及研究學識的神聖熱火；同時他也知道他前途的危險。不過由於對狄雍的友誼與篤愛，使他毅然接受了這個邀請。柏氏在第七封信裏說：「如果狄雍遭到了不幸，如果他被德尼削或其他的仇人所驅逐了，他可能到達我這裏，並用這樣的話問我說：『柏拉圖，看，現在我如同充軍似的到了你跟前，這並不是士兵不聽我的指揮去驅逐我的敵人，而乃是由於我的理論與說服不能打動他們的緣故。我知道你能好好的引導青年，走向道德與正義，在每種事上，可以在他們中建立起友誼。』……」柏氏在考慮這一切之後，再加上他在第七封信內所提出的另一個理由，即將理論付諸實現：「現在是我作實驗的時候，因爲如果我只要說服了一個人，一切便算勝利了。」柏氏於是才毅然就道了。

不用說，柏氏的推理是錯誤了。他認爲他可以說服國王，實施他的觀念，而使全西拉古匝改造；他沒有想到一個受了四十年專橫統制的百姓，是不能乍然實施自由民主的。柏拉圖罔顧事實，只管理想的實施，那只有將西國引入無政府或新的暴君政治而已。

柏拉圖爲德尼削國王所熱烈歡迎，狄雍則認爲柏拉圖的前來乃是西國最幸福的大事。不久之後，王朝內掀起一陣讀書熱，然而却不曾有像柏拉圖所預期的結果，反而造成了分裂的局面。

在權力衝突中，有時父子都不能成爲父子了；從古代歷史之中，我們可以看到許多證據。德尼削與狄雍二人，也自然不會沒有這樣的情形，至少含有這樣的猜忌。人們說狄雍想擁立他親姊所生的兒子，德尼削國王心中也不能不有這樣的恐懼。而柏拉圖乃是狄氏的朋友，又是狄氏要他前來的，在這種情形下，柏氏最難獲得國王的信任。並且柏氏處境微妙，適足以促成狄雍與國王反目的機會。

事情由於狄雍的不智而終於爆發了；原因是他寫了一封致迦太基人的信，由於迦太基人的詭計，使信落在德尼削國王手內。國王不待狄雍解釋，便將狄氏全部財產沒收，並把他充軍到白洛波乃地方。

柏拉圖仍然留在王朝，國王對他優禮有加，並請他住在宮內，好似是一隻金絲鳥一樣。在表面上看，國王與柏氏的關係很好；實際上只是敷衍，並沒有眞正的友誼。國王對柏氏的優禮，並不是對柏氏的欽服；柏拉圖在他的第七封信中，對此有很淸楚的表示。不錯，德尼削願意在柏拉圖的心中，代替狄氏所佔的位置；他只是用優禮的辦法，並不喜歡柏氏的道理與智慧；同時對柏氏也沒有眞正的信任，反而聽信宵小的讒言：說柏拉圖與狄雍結黨營私，謀圖王位。

柏拉圖實在可以說是一位知其不可爲而爲之的聖者，他想將神聖之火，點燃在國王心內，而讓他獲得內心的和諧；然而一個滿腔世俗觀念的國王，如何能聽信這樣的語言呢？這對他來說是太過崇高了。柏氏所呼吸的空氣，實在是太過淸潔，使他無法呼吸。以後在德尼削國王失敗之後，他曾表示：如果聽從柏氏的教訓與對他有完全的信任，他是不會有這種結果的。

柏拉圖在這種氣氛下，當然也活不下去；他要求返回雅典。這時正値西國與意大利發生戰爭，在德尼削獲得了柏氏答允再回來的時候，他也答允了在戰事結束之後將狄雍召回，柏拉圖這才在西元前三六五年，暫時離開了西拉古匝。

在這期間，柏氏大概完成了他的對話：Sophist, Politic 另外有哲人一篇，則始終沒有完成。

以上是他第三次旅行的結果。

在西元前三六五年時，柏氏又回到了他的故鄉。他在那裏又看到了他的學生，朋友，他的學校，也看到了他的亦徒亦友的狄雍。狄雍，特地來到雅典，以便與老師建立更緊密的關係。

無可懷疑，柏氏這次是失敗了。但是也有很大的好處，那便是他與意大利南部的畢達哥拉派發生更密切的接觸。在很多畢氏信徒之中，如前所說，柏拉圖結識了阿爾其達。阿氏指導着達蘭多的命運，他與柏拉圖找到一個共同的理想，並且共同的下工夫作研究！

西元前三百六十一年，柏拉圖在德尼削的堅邀下，又回到了西拉古匝。前此柏氏離開了國王，聲望更增，整個希臘對於學術院都極爲注意；而狄雍也長期居留雅典，以便加深自己的受教。在這裏，柏氏讓狄雍認識了斯卜西，斯氏對改善狄雍的性格，出力很多。德尼削對這一切自然不無知曉，他頗感惶急，於是自派樓船，前往迎接柏氏；柏氏以有言在前，不能不答允他的要求。

柏氏這次受到的歡迎，較前此的更大。尤其是婦女們，對這位白髮老人的智慧更是崇拜之至，紛紛來學習聖潔與眞理！

柏拉圖這次的前來，得到的仍然是失望！因爲國王並不能眞誠的追求智慧，只願意學些漂亮的詭辯，而不願意完美的改變。柏氏在他的第七封信內，對於這一次的事跡，寫得旣詳細又生動；限於篇幅，我們只得從略。總之，柏氏對德尼削是完全失望了，他就連自己曾許諾狄雍還朝的話，也是食言而肥了。

柏拉圖在這種情形下，自然不要再待下去。可是愛面子的德尼削國王認爲柏氏離去是使他難堪的事，於是想了個談判的辦法，等於要求柏拉圖變成國王的工具。照理柏氏自然應該拒絕的，然而由於國王的詭計，於是柏拉圖再度留下，而表演國王與他之間友誼的假面劇。

不久之後，因爲一次叛變，德尼削國王借着柏拉圖的勸說弭平了；然而國王却違背了他的諾言，而想懲治領導人，柏拉圖向他建議不聽，於是二人終於結束了假面劇的友誼，將柏拉圖趕出宮去，並進而想對他加害。柏拉圖潛住在傭兵營內，以求自保。但國王並不因此而放過他。於是柏氏寫信給鼓勵並要他來西國的亞其達，報告情況；亞其達立刻派遣使團乘艦前往，向國王索回柏拉圖。國王懾於亞其達的勢力，並且也害怕全希臘人的反對，遂同意柏氏的離開，行前還給付了少許的旅費。

最後的勝利

柏拉圖離開了西拉古匝的白牆，踏上了孤舟，懷着夢醒後的破滅與失望，看着大海裏的波浪汹湧：他本想帶給這片土地自由，幸福與秩序，然而最後終歸失敗了！由於一個人的錯誤，滿盤皆輸了！但是他的信念並沒有動搖。他認爲遲早他的希望總會成功，縱使不是他自己成功，他的學生或後世總會成功的。他再度回到雅典，重新在學生心中注入他的思想。讓他們對最基本的問題加以更深的思考。

柏拉圖離開了西拉古匝之後，德尼削國王對狄雍的態度變本加厲。他希望將狄雍在西拉古匝所能有的一切影響完全拔除，乃進而將狄雍的夫人，也就是德尼削國王的姊姊，搶來配給了別人；在這種情形下，狄雍以及他的同黨當然忍無可忍了，於是與柏拉圖商量革命，爲柏拉圖所拒絕。柏氏的理由是不要以暴易暴，以怨報怨。不用說，柏拉圖已領悟到掌權者的心理與行徑，而不肯爲虎作倀。柏拉圖在第七封信裏曾說：「狄雍，如果你用我為和睦與友誼，我常常是準備停當；如果你用我為你作惡，那末請你另找他人。」一個思想家絕不會助人作惡，包括為國為友為門弟子在內；因為從惡到善，畢竟是不易改變了惡的本質！

狄雍終於不肯聽從柏拉圖的指導，而聯合了很多德尼削國王的仇人，其中也有柏拉圖的弟子，將德尼削王朝推翻，而且也大開了殺戒，結果正與德尼削統制的情形相似。

在協助狄雍革命的人羣中，有加利薄其人者，他是柏拉圖的弟子之一。他滿懷忠義，想將狄雍王朝納入哲人王朝，但是他失敗了；於是他決心將狄雍殺死。

柏拉圖在他的第七封信上，對狄雍悼念良深。對德尼削也斥責不已，但在斥責中也有憐惜，對他們的為德不終都很失望！狄雍被殺的時間是西元前三五四年。

柏拉圖在狄雍被殺之後，又活了六年；在這期間他完成了廸買，裴來博，克里西與法律四部對話集。

柏拉圖從西元前三六一年開始，所有學術院的事務，統統交給海拉克利·杜朋。柏氏大約是西元前三四八年逝世，享壽八十一歲。他死在寫書的工作中，也正是他過生日那天。他沒有留下子女，因為他未曾結過婚。他一直在不盡不休的工作，為他的理想而奮鬪。他一直宣傳着「正義」，堅信只有正義才是救國救民的良方；這是眞理，他熱愛着眞理，自然也熱愛着正義。他在第七封信的末尾，很愉快的說出他的思想，但是也不無慨歎；因為愛眞理愛正義的大人物並不多，不過他也堅決相信：不合正義一定失敗，而正義才眞正能够永存不朽：卽使在世界上得不到勝利，然而現世不過是觀念世界的反射，外面是內心的反射，現世不成功有來世，外面雖失敗而內心則勝利。

實在，從上述的簡史，我們看到了柏拉圖的悲劇與偉大：外面失敗了，內在却成功了！他在現世沒有實現他夢想的理想國，然而他在內心之中眞正建築了他的理想國。正如歌德所說：「最有能力的人類子孫啊，在你們的胸臆中，你們更輝煌的建築成功，建築成功。」這個內心的建築在他的時代禁止下矗立起來，這個建築比起大理石與鋼鐵的建築還更久遠，屹立於世世代代，充分顯示了柏拉圖的眞正勝利，也顯示了教育的偉大力量！

亞利斯多德

（西元前三八五—三二二）

趙雅博

一位馬其頓的青年，在從畢爾地方下岸之後，進入了雅典城。他十八歲了，衣着很漂亮，炯炯有光的兩隻小眼睛，在好奇的注視着下船登岸的商人與熙來攘往的卸貨工人。他有一點遲疑，探問着他該走的道路，別人告訴了他：一條接連並通到雅典的大路，是沿着高農所建築的蜿蜒着的長垣而前進。他挪動着他的兩條短腿，健步的前進，奔往雅典。不用說，這是一個學生，他並沒有很多的行李，但是他並不缺少什麼；他的旅行與讀書，都已付過了錢。他是誰？他是柏拉圖最了不起的弟子亞利斯多德。

簡歷、教育與超越

亞利斯多德赴雅典深造的那年，乃是西元前三六七或三六六年，他生於斯達吉拉，在今天人們稱這個地方是斯達倭勞，是沿着愛琴北部的一個小地方，是由希臘的殖民所建築的一座城堡。

亞利斯多德生於西元前三八五年（我國周安王十七年），自幼便失去了嚴父，父親的名字是尼高馬各，是馬其頓王阿敏達二世的御醫，名噪遐邇。他的祖父是艾斯古拉白，其原始家族是來自買塞尼亞與費斯狄——或費地德，是由嘉爾其（歐白雅）而來。關於他的母親，除了一件傳說之外，我們別無所知：據說在亞利斯多德某次要應召出仕的時候，他母親曾說：「你去爲官或好或歹，爲官歹，好人罵你，爲官好，歹人罵你，在此情形下皆爲人罵，何苦出仕呢？」（這個傳說，並不可靠，因爲他在少年便失恃了。）

亞利斯多德的童年，大約是生活在柏拉地方，這是馬其頓王朝的所在地，在失恃以後，大約是在監護人卜落塞的管教下，在柏拉受了初等和中等的教育。

他的監護人，爲了他的深造，在亞氏十七歲的那年，派遣他到雅典受教育，雅典在當時是以文化教育著稱。亞利斯多德所進入的學校，是當初雅典兩個出名學校之一的衣索克拉的學校；這個學校是修辭學校，教授的是修辭學。另外一個出名的學校是柏拉圖的學校，教授的是科學。這兩個都是貴族學校。亞利斯多德是生於富有的家庭，財產頗爲可觀，自然要進入貴族學校。他首先進入的修辭學校，大概是他的監護人代他選擇的。一年以後，他所進的柏拉圖的學校，則是他自己的決定。柏拉圖的學校是培植救世淑人以及政治領袖人才的學校，這一方面是因爲與西拉古匝的往還，另一方面則是由於和馬其頓的關係，甚至有人說：「斐理（亞利山大的父親）的能成爲馬其頓王，乃是由於柏拉圖的緣故！」

衣索克拉在修辭學的名義下，教授的是當時一般人稱之爲哲學的一般文化。他在這個學校，所教授的，是作爲一個演說家，特別是政治演說家，所應說與應表現或應知道的事情。讓受教者感到這大概是對他們有利的事，因此在衣氏學校中的人，彷彿都認爲柏拉圖所教的並無益處。

柏拉圖不教「大概有利」的事，而是專教「眞理」。他要受教者獲得科學知識，而不願他們只知道通常事情和有關的意見。他要他的學生都具有眞、善、美的知識，爲救國救民努力，用正義管理天下。

亞利斯多德是愛好眞理的人，他本人也更像一個希臘人，超過他是馬其頓人。他不但由於母族是嘉爾其人，說希臘語，因此他自己說希臘語，並且也是像希臘人一樣的思想；但希臘人都嫉視他，以他爲馬其頓人，有害於希臘！

亞利斯多德也許在到達雅典之後，便願意立刻進入柏拉圖的學校。但我們知道，這時柏拉圖剛好不在，他已由於狄雍的建議而爲德尼削幼主所請去。爲此亞氏遲疑了一個時候，等到有消息說柏拉圖已回來了的時候，他才轉入了柏拉圖的學校：在這之先，亞氏曾爲歐多斯所接待。歐氏是當時的數學家與天文學家，他雖然不是柏拉圖派的人士，但是却對柏拉圖很好。柏拉圖在離開此地一年之後回來了，由於道不行而又不得意，他比以前更老了，但是他的思想却不斷的更新。這時他已經六十三歲了，他又主持了學校，更新計劃。在柏拉圖回來的當晚，歐多斯就將亞氏介紹給他。

青年的亞利斯多德與柏拉圖相遇了：這不僅是二人的相識：我們可以說這乃是兩個或三個思想的相遇，而彼此更加豐富了。柏拉圖這位雅典人，具有一種實踐的思想，他想作好事，說美言，是特別重行的。

亞利斯多德具有伊和寧派的思想，他父親是醫生，他的舅父也是，傳說他的母親從幼就敎他繼承家風；從這種行業中汲取的精神就是思想、瞭解。我們可以用三句話來說明亞氏的思想：信仰是爲默觀，默觀是爲工作，工作是爲瞭解。

亞利斯多德在柏拉圖的學校中，一直留了二十年，在曹其武的哲學史中，傳說亞利斯多德在柏拉圖那裏呆了幾年以後，便與柏氏由於思想不合而斷了關係，柏拉圖責罵他好似小鷄用利距踢打母鷄一樣的用脚踢他。這種說法，古今來都認爲只是一個故事。當然，我們知道亞利斯多德的思想並不與柏拉圖一樣，但是我們却很多次看到他對老師的敬重以及對他保留着知恩之心，正好似柏拉圖對蘇格拉底一樣。且看他寫給他兒子的倫理學中的一段話：「無可懷疑，我們更喜歡對一般的善加以考察，並注意知道它是何在的問題。不錯，這樣的研討是困難的。應該爲了挽救眞理，犧牲我們個人的意見。我們對朋友與眞理皆愛；然而眞理則寧超越情理。」這便是「吾愛吾師，吾尤愛眞理」名句的由來。從這裏，我們可以看出他對師友的愛，始終不懈。踢打師傅，只不過是一種傳說而已！

其次是我們從學術院的檔案中，看到保留下來的靑年時代亞利斯多德的作品，很多題目都與柏拉圖的對話同名，可見他也很喜歡柏氏寫作的方式，並且也與柏氏思想相似，我們從政治，盛宴與詭辯者中都可以看得出來。

柏拉圖對這位徒弟，也非常誇讚，他稱之爲「學者」，稱之爲「學校的智力」。

亞利斯多德年齡長大以後，他的個人的作品出現了；他一面是延長了柏拉圖的思想，一面也是加深並修改他的老師的學說，而完全獨立，並且可以說是對老師的眞正「超越」。

亞利斯多德的長征

西元前三百四十八年，對亞利斯多德來說，是一個不吉利的年份，這一年雅典的戰火已燒到亞利斯多德的脚跟了。這一年，馬其頓人佔領了奧林特，並且殘暴逾恒，人們於是以另眼看待這位曾在馬其頓王朝服過務的醫生之子。德毛斯德艾在演講中，曾三次提到奧林特，亞利斯多德這位大哲人是不會不瞭解其中意義的，這時亞利斯多德已經是四十歲的人了，他確定的知道：如果離開他的名師柏拉圖，已經不會爲人說閒話了。他二十年來在雅典作了什麼呢？是雙重身分？他的哲學亦是一個遮眼法嗎？

另外，西元前三四八至三四七年，乃是柏拉圖逝世的年份，柏拉圖的學校還依舊繼續，應該有一個主持人，亞利斯多德是不是在被考慮之列？他是不是愼重的考慮過：在思想上既然已經與老師分道了，是否還在事業上作他的繼續者？他是不能長時間如此打算的，因爲柏拉圖的姪子斯白西比，已獲得了這個權利。大概這時亞利斯多德在雅典也建立了一個修辭學校，而且他已經是名噪雅典和希臘全國的人了。

西元前三四八年，一些小氣的雅典人，多多少少的控告亞利斯多德在作間諜工作；這是爲奧林特的事，可是人們忘了同年馬其頓人也洗刼了斯達吉利城。

人們又控告他違背了師說，這種無理的控告，一直延長到了現代。末世謠言多，人們也最愛聽信。亞氏的人格實在是光風霽月，不僅當時造謠中傷者無可奈何，而且後世的人也是看得淸楚的。

亞利斯多德於是與好友栽諾克拉於西元前三四八年離開了雅典，根據希臘哲學專家耶哥爾的說法：亞氏離開雅典並不是與柏氏的精神分開，而更是對他那恩師思想的忠實，對被斯白西比所汚辱了的柏拉圖主義的忠實。旨哉言乎，亞氏眞可謂忠於師、忠於眞理了。

哲學史家克羅松認爲：亞利斯多德這次的出走，是要去馬其頓，會見國王斐理（當時他剛剛作了馬其頓國王），因爲斐理幾乎可以說是他的朋友。但是在事實上，他從西元前三四七—三四四年間便與柏拉圖的另些弟子，曾接受着艾爾米亞的招待！艾氏是亞達爾諾的國王，原是太監出身，原籍比地尼亞，係亞達爾諾一位大銀行主的奴隸。艾爾米亞到最後繼承了他的一切，不但是有日益加多的金銀，並且還成了這個地方的領袖與佔領者，而作了國王。

然而這個冒險家的國王，竟而放下詭謀，轉向哲學，而與學術院發生了關係。他曾親赴雅典以便認識柏拉圖與亞利斯多德，並與他們相互通訊；現在我們還可以看到柏拉圖寫給他的信（第六封信），從這封信內我們知道柏拉圖給他派遣了兩位徒弟：艾拉斯哥與高利斯高，負責建立一個傳播柏拉圖主義的中心。

亞利斯多德此次到了亞達爾諾——今天的來斯勃島，受到了艾氏的熱烈歡迎，亞氏在那裏與其他三位同學建立了一個忠於柏拉圖學說的中心，來輔導艾爾米亞國王。在這裏有一件値得我們注意的事；就是柏拉圖在西拉古匝所夢想而沒有成功的事，亞利斯多德却在亞達爾諾國成功了。艾爾米亞成了他們四個人的朋友，並安排他們住在他那裏，而且也成了他們的徒弟，並送給他們很多禮物；也有意的將專制變成了一個推行仁政的政府。因爲艾氏的施行仁政，天下歸心，近悅遠來，他的國土擴展到鄰近各地，直到阿掃地方。

艾爾米亞對亞利斯多德更是言聽計從：「在許多人中，特別是與亞利斯多德成了朋友，並與他達到了密友的地步」，亞利斯多德在這裏用全力推行着他老師共和國的理想，國民的生活也可以說到了理想幸福的地步。

我們從歷史上知道，當時波斯是一個強大的國家，他不但反對希臘，他也反對馬其頓，有呑併愛琴海沿岸各國的雄心。艾氏在這種情形下，爲了求得繼續生存與保持強大，由亞利斯多德的牽線，與馬其頓秘密結爲聯盟，來對付強大的波斯這個共同的敵人。艾爾米亞在邊界上有士兵戍守，而波斯自然對這種措施是不滿意的。他們用金錢買通了希臘人，花錢傭僱了一位希臘將軍芒銲爾，設下陷阱，誘引艾爾米亞上鈎。他請艾爾米亞國王來與他談談，艾氏宅心仁厚，赤誠待人，不疑有他，欣然前往；芒氏不顧一切禮法、犯天下之大不韙，逮捕了艾氏，並將他交給波斯國王亞爾達克塞斯。亞氏要艾氏吐露秘密，以便對付馬其頓，艾氏始終拒絕，堅不吐露一字，這深深引起了波斯國王的驚奇；但是殘忍成性的國王並不因驚奇而寬恕艾氏的生命，他下令將艾氏釘死在十字架上。艾氏臨刑時只向波斯國王要求了一個恩惠：就是要他傳信給自己的朋友：「請你告訴他們，我並沒有作任何對不起哲學的事。」

艾氏這樣悲慘的死亡，引起了亞利斯多德的無限悲傷，他寫了一首哀歌來悼念艾爾米亞，並盛讚他的德行。這首哀歌，成爲希臘人日後控告並斥責亞氏的張本。另外，亞利斯多德還給艾氏寫了一個墓誌銘。

艾爾米亞留下了一個姪女而兼義女的斐廸亞，亞利斯多德與她締結了鴛盟，並生了一個女兒，給她起了她母親的名字。他們結婚的時間是西元前三四〇年。

亞利斯多德在艾爾米亞國王那裏服務時，並沒有中止了他的研究工作。他在這個小島上，研究生物，特別是觀察海裏的動物；並且也與他的另一位徒弟阿弗拉斯特，對植物方面更作精深的研究。

亞利斯多德的工作能力，實在令人驚奇，從今天他遺留下來的著作，我們便可以看得到。他爲了減少自己睡眠的時間，加多自己的工作效果，在睡眠的時候，手中持有一個銅球，下面放着一個鐵盆，球一跌下，響聲激起，便會驚醒他讀書了。

在艾爾米亞逝世後，亞利斯多德先攜斐廸亞到了米廸雷納，後來他獲得了亞利山大父親斐理的邀請，去作亞利山大的教師。這時亞利山大方才十三歲，在米也匝王宮內，與其他年齡相仿的貴族青年，坐在同樣的櫈子上，來聽取亞利斯多德的教訓；當時所講的乃是荷馬詩。亞利斯多德，以一位名噪全國的大哲學家，來教這些少年，你能說不委屈嗎？然而亞氏不作如此想，他循循善誘，盡心盡力，並且還出版了（當然是描寫）一部考證批判荷馬所著衣里亞德詩的作品；這部詩，亞利山大一直在千軍萬馬中，都沒有忘了携帶在身。在這三年的教學中，亞氏又寫了一部詩人對話以及一部論王權，現在都亡失了。

學院的成立與逃亡

從西元前三四〇年起，亞利山大繼父爲王，他對這位老師，可以說是終身敬仰，並且對他老師的研究工作方面協助了很多很多。

亞利斯多德在結束了對亞利山大的教育之後，就回到雅典一個時期，在這之先，他回到了他的故鄉斯達吉拉一年，大概是西元前三三六至三三五之間，也有人說是西元前三三五到三三四年。他在亞利山大王朝時，曾要求亞王重建由他父親所毀掉的斯城；亞利斯多德的愛國熱忱，在這裏充分表現出來：他不但完成了重建斯城的志願，他還爲這個城邦立了法律，使它能長久繁榮！

在這期間，大概有兩件重大事情發生在亞利斯多德身邊。一件是他的太太斐廸亞逝世了，人們推測是在他的愛女斐廸亞降生的時候難產而死的。亞利斯多德在他的遺囑內，要求人們要將他太太的骨骸與他合葬在一起，「如她所要求的」，無疑的這是斐廸亞對先生的愛戀以及亞氏對她的信實。亞氏爲了在稚齡時就好好教育他這個愛女，才決定了續絃；但是爲了表現他對前妻斐廸亞的忠實，他只是用合法的方式，將後妻接過來，並沒有舉行民法規定的儀式，他後妻的芳名是愛爾斐麗，根據雷其武的說法，她不過只是亞氏的女主人而已！

第二件大事，對亞利斯多德來說，也是很重要的。亞利山大從西元前三三六年，他的父親斐理逝世登極以後，在西元前三三八年敉平了希臘的叛亂，雅典也臣服了。這樣亞利斯多德才獲得去雅典的自由。亞氏要在雅典定居乃是一件很微妙的事。他不願意接受統治階層的協助，可是沒有協助的力量也不能成功：他想在雅典建立一間學校，他選定了立加伯山與衣麗索河之間的一塊地方，大概是藉着政府的協助，他才取得這塊土地。另外還有建築的經費問題，也不會沒有政府的協助：因爲當時統治希臘的人，正是亞利山大的將領安地巴德，也是亞利斯多德的一位好友。

亞利斯多德建立的學院，稱爲里賽（現在西方稱學士爲里賽就是由此而然），是一種學校的建築，有講授的課程，也有自動的研究。亞利斯多德在這個學院裏，改了他一向從事文學寫作的習慣，而專門在作科學的研究；他的風格變了，樸實無華，句子精短，不舖張，不誇耀，只是將觀念說出，說得明白就好了。他爲哲學的明晰文筆，爲說理的清楚無誤，建立了一個萬世不朽的楷模。

亞利斯多德在這個學院內，通常都是在散步中，完成他的教學，說明他的思想。因此，人們才稱他們爲逍遙學派。亞氏的教學分爲兩種，上午只是討論學理，稱爲秘傳的，這只是爲入室弟子而設。下午則是對大衆的教學、討論的是較容易的問題：比如修辭學，在這裏便佔有很重要的位置，稱爲外學。亞利斯多德一共有十二年之久，這樣的在這裏教着學生。

他在這裏不特收了很多新的學生，就連過去的老學生也來了不少，他們大多成了亞利斯多德的合作人，作出了很驚人的集體創作。對於當時所有的各科如地理，醫藥，數學，植物，物理，哲學史等等，他都指定了專人去研究，也都有了可觀的成就；可惜這類著作大多遺失，我們今天從零篇斷簡一言一字之中，還可以看出當時的精華來。

亞利斯多德這個龐大工作機構與這樣多的學生，不是需要很多很多的錢嗎？但經費何來？這是一個謎，也是一個應該探索解答的疑問。有人說是靠了亞利山大的協助，這樣的說法的確很順理成章，却缺乏歷史文字記載的根據。

我們只好從各種跡象，作一個推測的敍述。首先，人們都說亞利山大對亞利斯多德很知恩。在經濟上援助他，是非常合理的，根據蒲利尼與亞德那的記載，亞利山大最少在亞利斯多德學院開始時，曾用自己的金錢與自己的權力，支持他的科學研究。後來亞利山大又下令一切漁夫、獵戶、捕鳥人與獸園長，供給亞利斯多德所需的動物，而讓亞利斯多德完成了他的論動物本性的著作。總之，在當時亞利山大對亞利斯多德，一定會有許多協助的。

亞利斯多德在這一段時間，完成了不少的著作：除去前面所說的動物史以外，論靈魂、尼高馬克的倫理學、政治學、經濟學、憲法、詩與修辭學、形上學、物理學、哲學、動物生死等書，都是在這個期間完成的。

亞利斯多德由於一件事，與亞利山大完全斷絕了關係，他一直沒有寬恕他。原因是：亞利山大野心勃勃，從母親那裏，他認為他是神的兒子；他上過埃及的祭壇，他自認是神，他的武力驚人，他攻佔了亞洲部分，武力遠達印度；這時希臘對他只是一個微不足道的小地區了！他要希臘人像亞洲人一樣的尊敬他，向他跪拜，希臘人對此是極爲反對的。

在亞利山大遠征亞洲時，亞利斯多德認爲他對國王的使命是結束了，他要他的姪子嘉利斯德納伴隨皇帝作他的參議，但勸他要明智。

在長征中，在西元前三二四年，亞利山大要與波斯國王的公主聯姻，他讓他的士兵們要用敬神的禮儀恭敬他們；士兵們不願意，嘉利斯德對他不客氣的說了實話，這個自居爲神的人自然不肯聽從，而將嘉氏下獄，病死獄中。從此以後，亞利山大和亞利斯多德師生的情誼斷絕了，完全的斷絕了！

亞利斯多德儘管與亞利山大斷絕了情誼，但是雅典人依然猜忌亞利斯多德。有一位國家宗教的司祭歐利德東，他是德置特利的司祭，反對亞氏最烈，他給亞氏揑造了不敬神的罪名，誣指他誇奬了他的好友艾爾米亞，爲他寫了詩，將神的光榮給了人。其實這是無根的謠言，而雅典人竟不察而輕信了。

亞利斯多德因爲他姪子的關係，是反對亞利山大的。但是雅典人不管這些，對所有的馬其頓人都是痛恨的，控告亞利斯多德的人也很多，尤其是德毛斯德艾，更以馬其頓主義的罪名與不敬控告亞氏；還有柏拉圖學院與衣索克拉學院，大概也都加入了這一戰團。亞利斯多德曾對雅典人說：「梨子是從梨樹生的，無花果是在無花果樹上。」這是亞利斯多德在暗示這些控告者說的。

西元前三二三年六月十三日，亞利山大去世了。他被刺殺的消息傳到雅典，亞利斯多德知道人們一定要定他的罪，這樣的死亡是沒有價值的，他便携妻帶子先到嘉爾其地方，那裏有母親給他遺下的一座別墅。亞利斯多德在出城之後，諷刺的說：「我不願意雅典人再犯殺死哲人的罪過了。」在西元前三二二年時，亞利斯多德因長期的胃病逝世了，享年六十三歲。在亞利斯多德逝世前，曾看到雅典再被安地巴德的兵士所征服，而德毛斯德艾也仰藥自殺了：可憐那些造謠生事，無端控告人的，他們的下場就是這樣！

亞利斯多德遺下一子一女，在他的遺囑上，他要給一切奴隸以自由。他的屍體與斐廸亞埋在一起。一代哲人的生命結束了，然而他的芳名，他的影響，却是永遠不朽的！

耶穌基督（約西元前六至八—西元三一或三二）

房志榮

孔子是一位偉大的教育家，他所教導出來的一批弟子把他的教誨傳之後世，兩千五百多年以來，成爲中國人立身處世的規範，倫理道德的準繩。時至今日，我們仍稱孔子爲萬世師表。有人把希臘的蘇格拉底與我國的孔子相比，但以二人對後世的影響來說，蘇氏顯然大有遜色。要想在西方找一位能與孔夫子相埒的大師，恐怕只有耶穌基督罷？這位生於孔子後五百多年的納匝肋人（註一）又是怎樣教導他的弟子呢？

一　身教先於言教

耶穌出生的眞實年代是西元前六年至八年（註二）。西元二十七年，即我國後漢光武帝建武三年左右，他出來宣講，約三年後，他爲了自己所講的道被人害死而棄世歸天。可見耶穌一生三十多年的歲月，用了三十年來身體力行，只花費三年的時間講他所實踐過的道，這就是耶穌先以身教後以言教來施行他的教育的事實。我們怎樣知道這一事實呢？記載着他所言所行的四部書（註三）給我們作了這樣的報導。其中有一部說（註四）：耶穌十二歲時曾陪着父母進京過節，在京城的聖殿裏和裡面的人發生了一點小誤會；不過誤會很容易便消解了，一家三口平安愉快地回了納匝肋故鄉。從此耶穌一直做着孝順的兒子，直至他出外宣講的年齡。在這二十多年的悠悠歲月裏，耶穌的生活與任何一個村民無異，以致日後他成名返歸故鄉時，同鄉們禁不住要問：「他從那裏學來這些本事？誰給他那麼大的智慧，居然能行這樣的奇事？他不是那木匠嗎？」（註五）。

身教先於言教的結果是，耶穌講道說話特別有分量和說服力，這是聽過他講道的人所讚不絕口的。他們說他的教訓有權威，不像其他一般的教師那樣（註六）。耶穌自己也很淸楚：說和做是兩回事，有許多教師只說不做（註七），那又如何能享有威信呢？耶穌在南北奔波，各處宣講時，是一面說，一面做。他宣講時，態度溫良謙恭（註八），他更特別愛護兒童（註九），同情墮落的婦女（註一〇）。他勸人不要爲財富所累（註一一），他自己果然是無枕首之地（註一二）。他勸弟子們要機警如蛇，純樸如鴿（註一三），他自己就提防不入敵人的圈套（註一四）。有錢有勢的人如果肯受教，他也能有教無類地和他侃侃而談（註一五）；但像比拉多，黑落得之流要想以權勢或利誘來屈服他，他也會在他們面前擺出威武不能屈的樣子（註一六）。總之，耶穌在施言教以前，先之以身教；在言教開始以後，仍以身教與之配合。他的確做到了言行一致、表裏如一的地步，這是耶穌教育法的第一個特徵，但並不是最大的，下面還有更大的特徵。

二　言教闡釋身教

我國有兩句意義深長的成語：舌爲心之苗，言爲心之聲。要明瞭耶穌這位導師的所作所爲有何深義，最好是聽聽他所說的話，及他所設的比喻。最能代表耶穌思想的言論是所謂山中聖訓(註一七)。從這些言論中可以看出耶穌的抱負爲何，他的胸襟如何寬大，他看事看人的深度，以及他所體驗、所重視的天人交往的密度。還有很多有關人生及世界的隱情至理，耶穌覺得非一般言詞所能道出，他不得不借重於比喻。於是用比喻講大道理，成了耶穌施教的一大特色。自古以來，沒有一位導師用那麼多淺顯易懂、尋常親切的比喻，說出了那樣博大精深的人生大道理。

耶穌一開始施教，就給人宣講「天國」，稱自己的道理是福音或佳音或喜訊(註一八)。天國兩字本身就是一個包羅甚廣、意境甚高的說法或比喻，大體係指個人及團體有意無意中所追求的一種境界。如今耶穌給人指出，這一理想、這一境界業已逼近。那是怎樣一個理想，怎樣一個境界呢？耶穌繼續用很多比喻來闡明這個天國的大比喻(註一九)。天國好像一顆種耔，落在不同的心田裏，結出多寡不均的耔粒，或根本就不結耔粒。天國的好種耔和惡草一同生長，一同存在，直至收割的時刻，方見分曉。天國開始時是一粒很小的種耔，但後來會長成一棵枝葉茂盛的大樹；因爲天國有一股內在的生命力，像酵母一樣地使整盆的麵團發酵。天國是無價的珍寶，爲爭取它，人可變賣一切，犧牲一切。

聽到這些比喻之後，可能有人視耶穌爲天國的夢想家。爲避免這種誤會，消除這類幻覺，不妨看看耶穌所說的其他比喻；那就是些脚踏實地，在日常生活中追求天國實現的好例子。你覺得遠近親疏不易分，施捨的對象不好找嗎？請看看慈善的撒瑪利亞人的比喻(註二〇)。家中失和，父子兄弟間發生磨擦怎樣？請一讀蕩子回頭，哥哥見怪的比喻（註二一）。至於那個酒醉飯飽的富翁，與滿身瘡痍的乞丐所形成的對比（註二二），恰巧是「朱門酒肉臭，路有餓死骨」兩句成語的寫照，同樣是抗議社會缺乏正義的呼聲。所不同的，是除此以外，耶穌還指明了今世享樂及受苦的後果：將有一天，乞丐和富翁要掉換地位。連對神的禱告上，耶穌也用比喻說出人應該有的謙虛態度：那個自鳴得意的法利塞人並沒有得到神的欣賞，倒是那個搥着胸膛的收稅員邀得了至上神的青睞（註二三）。

耶穌還說了很多其他的言論和比喻，對那些愛學習，肯受教的人，這些言論比喻是一股生命的活泉，常有流不盡的水源來滋潤他們的心田。這的確也是耶穌親口說過的：「誰口渴，到我這裏來喝罷！誰信我的話，就遇到了流着活水的江河（註二四）。」耶穌又說過：「來罷，你們背負重擔的人！我要使你們得休息。背着我的擔子，跟着我學，就會得到休息，因爲我的內性仁慈謙和。我給你們的擔子是輕而易舉的，我所給你們挑的是省力的（註二五）。」說出這一類話的人該是怎樣的一位老師、怎樣的一個人呢？我們不得不繼續追究下去。

三　身教言教合一：愛的教育

無論是身教也好，言教也好，爲懂得耶穌的教育法，還須知道他施教的動機是什麼；他爲了教導別人，自己吃了什麼苦，做了怎樣的犧牲。這裏我們越來越逼近問題的核心，並且慢慢發現耶穌不是一位普通的教師，也不僅是一個超人。信仰他的人說他是人又是神，天主教的信徒說他是天主的兒子或獨子。這話又怎講呢？這是不大好懂的一點，但耶穌教育的新穎處和獨到處也正在這一點。他說他有一個父親，這父親也是世人的天父。「天父這樣愛世人，以致把自己的獨子賜給了人，使得凡信他的人不致喪亡，却要獲得永生(註二六)。」可見耶穌的來世施教，是出自天父的愛，愛是他施教的動機。這個愛又如何推動他去施教呢？這裏含有耶穌教育法的最大特徵，就是他來不是爲受人服事，而是爲服事人，並且爲犧牲自己，給世人做賠償(註二七)。

有一次耶穌向他的弟子訓話說：「這是我的命令：你們該彼此相愛，如同我愛你們一樣(註二八)。」耶穌又怎樣去愛他的弟子呢？他爲他們捨了性命，因爲他覺得沒有比爲朋友捨掉性命是更大的愛的表現，而這正是他所要實行的。以上這些爲人服役、爲人捨生的話，並不是耶穌口中的一些豪語，而是確切的事實。他同代的人沒有人起來反駁，而與他交往很深的門徒弟子，莫不覺得他說的頭頭是道，合乎眞情。

耶穌爲愛人，爲施教於人而捨生取義的事實，又是如何發生的呢？這已不是本文所能盡述的；翻開四部福音的任何一部，閱讀其中的最後幾章，便可得知梗概。我們由常識知道，耶穌是被釘死在十字架上的。從那一刻以後，這一刑具成了基督徒的標誌，成了耶穌一生立德、立功、立言、立永生的有力象徵。十字架橫的一條好似張開的雙臂，要將整個人類抱在懷中。豎的一條由地達天，要將人類引歸天父之家。耶穌一生施教的目的不過如此。成就呢？十字架遍佈了全球的每一角落，伴着這十字架的有一個熱愛世人的神，由內心推動着每一個基督徒，去效法他老師愛世上的每一個人。

四　結論

本文由孔子及耶穌基督開始，現在也要以這兩位萬世師表來結束。孔子說過：「朝聞道，夕死可矣。」全部論語裏很少有幾句話能像這兩句更能顯示孔子的偉大。爲什麼？近代語言學研究的結果都認爲：一個人的聽話能力，或消化吸收的能力，是造成人的偉大的一個不可或缺的條件。否則人只關閉在自己的小天地裏，沒有什麼偉大可言。孔子信而好古，善於聽話，十五而好學，勤於吸收，而他夢寐以思的就是想有一天能聽到那個「道」。這是何等的胸懷，這是多麼眞實的人！孔子藉這兩句話，說出了全人類的希望，不論東方西方，任何人都可從孔子那裏學習做一個眞眞實實的人。

耶穌基督又怎樣呢？認識他最深的一位弟子若望說他就是道。先是道生萬物，後是道成人身，在人世間搭起了他的帳幕，來和世人接觸傾談（註二九）。耶穌自己也說：「我是道路、眞理、生命（註三〇）。」由前文所說的種種，我們至少可以總結說：耶穌的話和孔子的話一樣足以取信於人。那麼從耶穌這句話裏可以看出，原來他不是一個凡人，也不僅是世間的任何一位偉人，而是另有來路，另有淵源。既然如此，他教育的動機、方式，和目的，自然也不會和世間的教育全同，或僅僅較某一教育法、某一教育家略勝一籌，而是有他完全獨到的地方。站在師道的立場只能講到這裏，要更進一步地去認識耶穌，甚至去體驗耶穌，就非有信仰不可了；那實在是另外一個大千世界。

附註：

(一) 納匝肋是巴勒斯坦北部加利利省的一座小城，耶穌在此度過三十年的家居生活，因此被人稱爲納匝肋人耶穌。「基督」是他的尊號，特指與基督徒同在的耶穌，因爲根據他們的信仰，耶穌還在他們之間活着。

(二) 目前的公元紀年是根據第六世紀的一位隱士的計算而來，此計算略有錯誤。近代研究確知黑落得(希祿)大帝於公元前四年逝世，其時耶穌出生至少已經兩年。故云耶穌出生的眞實年代是公元前六至八年。

(三) 這四部書就是由不同人執筆的四部福音：瑪竇（馬太），馬爾谷（馬可），路加（仝），若望（約翰）。爲簡便起見，下文將用簡寫：瑪（太）爲瑪竇福音；谷（可）爲馬爾谷福音；路爲路加福音，若（約）爲若望福音。如路二41—52指路加福音二章41—52節。書名前有一「見」字指引徵書中大意，無「見」字者謂引用該段經文。

(四) 見路二41—52

(五) 谷六2—3

(六) 見谷一22

(七) 見瑪廿三1—3

(八) 見瑪五5、8

(九) 見谷十13—16

(十) 見若八1—11

(十一) 見谷十21

(十二) 見路九58

(十三) 瑪十16

(十四) 見瑪卅二15—22

(十五) 見若三

(十六) 見若十九11；路廿三9

(十七) 見瑪五1—七29；路六17—47

(十八) 見谷一14—15

(十九) 見瑪十三

(二十) 見路十25—37

(二十一) 見路十五11—32

(二十二) 見路十六19—31

(二十三) 見路十八9—14

(二十四) 若七37—38

(二十五) 瑪十一28—30

(二十六) 若三16

(二十七) 見瑪廿28

(二十八) 若十五12

(二十九) 見若一1—18

(三十) 若十四6

柯美紐斯（西元一五九二—一六七〇）

林來發

一 求學經過

柯美紐斯（德文爲 Johann Amos Comenius 其祖國的捷克文爲 Jan Amos Komensky）於西元一五九二年三月二十八日，出生於現在捷克摩拉比亞（Moravia）東部恩格里西・普羅德（Ungarish-Brod）的近郊尼布尼茲（Nivnitz）。這一年正是西歐近世科學家伽利略（Galileo Galilei 1564-1642）發明溫度計的一年，亦是被稱爲近世哲學之父的笛卡爾（René Descartes 1596-1650）誕生的前四年。

柯美紐斯的父親馬丁・柯美紐斯（Martin Comenius）是屬於摩拉比亞一致兄弟教會的虔誠教徒，在尼布尼茲經營麵粉商業，家境尚屬小康；子女除了柯美紐斯外，還有兩個女兒。

柯美紐斯出生不久，因爲商業上的需要而舉家遷居於恩格里西・普羅德。不幸其父於一六〇二年留下十歲的柯美紐斯去世。不到兩年其母及兩個姊妹亦相繼去世，使柯美紐斯成爲缺少家庭溫暖的孤究。其後五年，不得不依靠修特勞尼茲 (Strassnitz) 的伯母照顧，並接受初步的一般學校教育。

一六〇八年（十六歲），進入摩拉比亞兄弟會所辦，爲培養教會牧師及領導階級的普雷勞(Prerau)拉丁學校，正式接受中等教育。兩年之後轉入德國拿騷(Nassau)的黑爾本(Herborn)大學，在校肄業期間，不僅決心從事教會牧師工作，同時對教育方法的研究亦發生濃厚興趣。當時黑爾本大學適有一位新進教授，在該大學任教，對年輕學徒柯美紐斯有莫大的影響；這位教授就是後來於一六三〇年編著出版百科全書的博學多才的學者阿爾斯德多 (Johann Heinrich Alsted 1588-1638)。據說柯美紐斯名著「大教授學」的許多重要觀念，均導源於阿爾斯德多的主張。一六一二年柯美紐斯尚在黑爾本大學就讀的時候，拉德格(Wolfgang Ratke 1571-1635)曾發表其聞名的學校教育改革論，受到耶拿(Jena)及基森 (Giessen) 等著名大學的重視；據說柯美紐斯亦從基森大學的教授處獲得該項文獻，閱讀之後深受感動。

一六一三年，柯美紐斯又轉學海德堡(Heidelberg)大學繼續學業，但不知何故僅僅一年即束裝回國，年僅二十二歲。

二　禍不單行

柯美紐斯回國之後，因年齡過輕而不能參加神職工作，不得已前往其母校普雷勞拉丁學校任教。柯美紐斯在黑爾本大學求學時期對教育方法已有研究，尤其非常同情拉德格的學校教育改革，現在既有機會參與實際工作，從經驗中引證其理論，於是着手研究拉丁語教學，親自試編教材，改進教學方法。兩年之後（一六一六年）出版拉丁語入門一書，這是柯美紐斯的第一本著作。

一六一六年，柯美紐斯正式受命摩拉比亞兄弟會牧師，派赴歐爾米茲（Olmütz）從事神職工作，任職兩年後調至福祿涅克（Fulneck），並兼學校的視導。在這一年（一六一八年）舉行婚禮，對象爲匈牙利籍。當時因宗教衝突而引起的三十年戰爭雖已爆發，但戰火尙未蔓延至福祿涅克，因此直至一六二〇年的約三年之間，可說是柯美紐斯一生中最爲安定與幸福的時期。他一方面專心於神職的傳道工作及參與學校教育改革，同時爲提高及充實附近居民的生活，曾特地派人至匈牙利輸入蜜蜂，普及養蜂事業。

一六二〇年的年底，波希米亞新教徒大敗，西班牙軍入侵福祿涅克，柯美紐斯不能不携眷跟隨兄弟會教徒避難。逃難中不幸將私財及教學法有關的研究資料遺失殆盡。此後五年，幾乎都在動亂的國內到處奔波，過着不安定的生活；尤其不幸的是：戰亂期中瘟疫侵襲摩拉比亞，其愛妻及兩個兒子染病相繼去世，眞是禍不單行。

三　流亡生活

一六二五年，兄弟會爲顧慮教徒的安全，特指派柯美紐斯及同伴二人，前往波蘭及其他各地，預作教會聖職者集體逃亡的安排，兩年後始返摩拉比亞。翌年得到新教者必須逃離摩拉比亞的命令，立即帶其續絃夫人（一六二四年結婚）及岳父（前宗教法院院長）隨同教會同事逃往波蘭的里薩(Lissa)。

柯美紐斯到達里薩，即在當地的一所中學任教；一六三六年升爲校長，直到一六四一年應聘前往倫敦之前，約有十二年過着比較安定的教學生活，同時陸續發表其論著，名聲亦日漸增高；尤其所著「語學入門」及「大教授學」，更是教育史上不可多得的重要著作。「語學入門」完成於一六三一年，當年印行，成爲劃時代的拉丁文教科書，四十年代幾乎被翻譯成全歐洲各種不同語文，被廣泛採用爲學校教科書。「大教授學」是用捷克文寫的，完成於一六三二年，原稿一直等到二百餘年之後的一八四九年才被發現而公開出版；另有其自行翻譯成拉丁文的稿子，完成於一六三九年，亦被棄於箱底，直到一六五七年才列入其自編教育學全集的第一卷而發表。

四　晚年生活

一六四一年，柯美紐斯應英國友人哈爾特利布的邀請，離波赴英。他本想在英國提倡其汎智體系(Pansophia)，並與朋友合作建立普及中心；但當時英國的國情遽然轉變，動盪不安，已達內亂邊緣，他的理想無法實現，遂於翌年（四二年）接受瑞典富商戴格爾（Ludgig de Geer）的邀請，前往瑞典。

他在瑞典滯留約七年，雖仍念念不忘其汎智體系的研究，但由於戴格爾有約在先，盼能對教科書之編輯提供具體改革意見，故除修訂「語學入門」外，僅於一六四七年又完成其次於「大教授學」的名著「最新語言教授法」。

一六四八年，里薩的首席牧師逝世，柯美紐斯被任命為繼任人選，於是兼程趕回有第二故鄉之稱的里薩。

一六五〇年春天，他又應匈牙利領主勒克齊(Rákóczi)之聘請，前往薩諸士、帕達克設立新式學校。為博取市民的瞭解與支持，他曾連續發表數次的公開演講，頗為轟動；並於第二年(一六五一年)完成一本書，以新學校的辦學方針和具體辦法為內容，書名「汎智學校的輪廓」。一六五四年由於教會堅請他回里薩，故不得已離開匈牙利。

一六五五年，瑞典與波蘭交戰，翌年波軍襲擊駐有瑞典軍的里薩，柯美紐斯又再度遭到戰亂之災，他的家財、手稿、藏書均付之一炬。一六五七年輾轉逃抵荷蘭的阿姆斯特丹，在戴格爾之子的接濟下，獲得暫時的安定；這時柯美紐斯仍未放棄研究新教學法的工作，終於在一六五八年完成世人所稱頌又被公認為教科書最早採用圖畫的「世界圖繪」(Orbis Pictus)。此書出版後先後被歐洲國家譯成十二種語文，少數亞洲國家也有譯本流行，並且流傳幾達二百年之久，直到一八一〇年紐約市尚有美國版發行，可見其受歡迎的程度及影響之大。

一六七〇年十一月十五日，柯美紐斯以七十八歲的高齡客死異邦。

五　大教授學

柯美紐斯的教育理論完全可從「大教授學」獲得其梗概。玆僅介紹其封面的副標題及目錄，藉以窺見其一斑。

副標題的全文如下：

給所有的人，對所有的事物，指示教授普遍妥當的技術書。

或者

所有男女青年都不能例外，
迅速、愉快、並且澈底的，
發展其知識，純化其德性，厚植其信仰，
具備現世以及來世生活所必需的。
一切事物都能教學的學校，
提案設置於基督教國的所有教區、所有村莊。
而且這裏所敍述的道理是
所有的根本原理均導源於事物的自然性，
其眞實性由相對技藝之中的實例獲得證明，
其組織（學校組織）明確的分別年、月、日至時。

最後

以深入淺出而且確實愉悅的方法實現其原理。

上述副標題，所欲闡明的約有：㈠以全民爲對象的所有民衆都能入學的學校制度；㈡不偏於讀書識字、特殊職業技術，或偏於拉丁語的古典教養，而強調「所有的事物」的廣泛而統一的教育課程；㈢提倡新方法，創設新學校，使兒童感到快適有效。

全書目錄共分爲三十三章，一至六章敍述教育的目的，七至十二章闡述學校教育的需要及改革的重要，十三至十九章說明教育技術學的一般原則，二十至二十六章分述科學、技術、語言等的各科教學法，二十七至三十一章論學校體系及各階段的學校組織和管理，最後兩章爲結論。

從以上的副標題及目錄內容，不難發現這一部完成於三百多年前的著作，已完全具備學校制度論、課程論、方法論等的近代教育學體系；因此史學家稱此一大著作爲教育史上最早最有體系的教育學，的確名副其實。

六　教育目的

柯美紐斯的教育目的論完全基於其宗教的人生觀而來。他認爲宇宙萬物之中最優秀的人類，必然的應具備人生的最高目的。而人生的最高目的就是教育的終極目的，亦卽存在人與神合而爲一的永遠至高的幸福之中。爲此，人類在世界必須是：㈠理性的創造者；㈡萬物的支配者；㈢造物主所塑造的神的寫像。爲配合上項需要所產生教育上的要求，卽第一，理性的創造者必須對所有的事物具備正確的知識（知的陶冶）。第二，爲達到萬物的支配者，不僅應支配其他的事物，同時亦必須具備支配自己本身的道德心（道德的陶冶）。第三、要使自身成爲神的寫像，必須保持神聖與完全，並將自己及其他一切事物歸根於神（宗教的陶冶）。以上三項就是教育的任務。

上列三項陶冶素質（知識、道德、信仰的基礎），完全存於人類先天本性之中，這是柯美紐斯所稱人類的自然性。所以教育不是從人類以外輸進任何的事物，而只須順其自然，將人類生而具有的內在素質加以啓發或發展，卽已盡教育之能事。

惟上述善良無瑕且生而具有的素質，僅僅是一種可能性；尤其現實社會中充滿損害善性的惡習橫行，因此必須依賴教育提供純正的文化，使先天的這種可能性得以實現。又知識、道德和宗教，必須在親自學習與活動之中才能眞正獲得，這就是教育。亦卽由此，人類在地上才能達到最大的幸福。這種內在的自然觀及自發性的理論，奠定了柯美紐斯在近世教育史上佔有主流的先導地位，也是他對教育的主要貢獻。

七　教育方法

柯美紐斯的教育方法，仍然導源於其自然概念，並將教育方法的根本原理求之於自然的秩序之中。例如：「隨時觀察自然之運行，並模仿其運行而進行其教學。」這種以自然概念爲基礎的方法論，實在是和柯美紐斯的宗教思想有密切關係。因爲自然和神對他而言是無法區分的：有秩序的自然現象是基於神的意志，因此自然的法則就是神的法則。在這種自然概念的觀點之下，柯美紐斯曾經提出許多教育方法的原則，茲列舉數項比較基本的原則如下：

㈠在自然現象之中，必然的有其比較適當的時期，學習時亦應選擇其適當的時機，例如草木之發芽、鳥卵的孵化必定有其一定的時期。因此在教育的過程中，不可飛躍，而應依照其一定的過程循序進行；學習時亦不能操之過急，必須由淺入深，由近及遠。

㈡自然界之中必定先有物（材料），然後才有形（形式）。換句話說，即實質和內容先於形式。因此教育的實施，必須從具體到抽象，切忌僅灌輸空洞的語言和觀念。柯美紐斯編著的「世界圖繪」教科書，就是基於這種直觀的思想而教學語文的具體方式。

㈢所有自然的事物，都從其根本開始發生。因此人類的知識也應儘量避免得自書本，而應從自然之中獲得。學習者應自行觀察，並從事物之不能動搖的根源求知，千萬不可依賴於權威，而應基於自己的知覺及理性。

㈣自然不從無用之事物開始。因此學校對現在及未來的生活，若不能得到眞正價值者，不可教學。並且要使學習者領悟其所學對日常生活的重要及其如何運用。

㈤自然界之中，一切事物均保持連繫與統一。因此所有教學材料應構成一個完整的陶冶領域，使所有材料均能發自共同的根源，並保持其各自適當的地位。

㈥訓練的方法也應順從自然的啓示；猶如太陽氣象對於萬物一樣，不僅只給陽光與熱，同時亦有時下雨起風，甚至雷電交作。教師經常應以慈愛之心，以身作則與兒童相處，但必要時也應採取忠告或叱責。

以上是柯美紐斯將教育方法歸結於自然的類化。但人類的性質不一定從外在自然的類化就能解釋一切，因而此項理論發生許多不可避免的缺陷。雖然如此，上舉原則仍然包括許多眞理。時至今日，新教育的許多原則，仍未能完全脫離其範圍，如直觀主義、經驗主義及生活教育等。

八　教育內容

由於柯美紐斯認教育爲實現人類自然存在的本性，所以「兒童必須普遍接受相同的教育，故應廣設學校」，「所有兒童不分男女、貴賤、貧富或鄉村與城市必須送其入學」，這種以衆人爲對象的理想，教育內容當然已不可能保持原來僅爲少數特權階級或經選拔者所設，偏於某方面的課程，而應以「學校所教授的事物必須是普遍的內容」爲原則。此項普遍的或一般陶冶的理念，也就是近代普通教育基本觀念公式化的發端。

柯美紐斯所謂的普通教育，並非使所有的兒童都達到通曉任何學問，這不僅無益，且亦不可能。而是使每一兒童都能熟練或通曉其中的一項即可。惟無論是否已取得專門知識，任何人均須瞭解人生的意義及生存的道理，以免在人生的旅途上，遭遇由於完全無知或無能力做適切的判斷，而引起重大錯誤的結果。換句話說，給與衆人的日常生活共同所需及人生旅途上正確目標的資質，就是普通教育的使命，因此教育內容也應以這種完成使命爲主。

柯美紐斯又站在其實學主義的立場，提出汎智的主張，認爲學校教育的主要內容應儘量包含文化的五大領域，即科學、技藝、語言、道德、宗教等廣泛的知識內容。因此使一向幾乎僅附屬於語言課程的實質知識，能够自成體系，與語言之課程並行而立，同時使語言學的教學從偏重古語而轉向於國語或現代外國語，以及自編教材（世界圖繪），採用直觀的方法，使語言與事物連結，以普及一般民衆等，都是教育內容的新改革。

九 教育組織

柯美紐斯既提倡全民教育，使所有兒童不分性別、貴賤、貧富均須就學，而且規定在學六年。這種二十世紀才有若干先進國家實現的理想，三百年前要付諸實施，當然必須先行考慮經費和大量學童的收容問題。因此他就潛心設計，集合一百個兒童組成一班，由一位教師任教而且還要合理有效的進行教學，這就是最新的團體教學方式。

他說：「先將一百個學生分成十個組，每一組指定組長一人，在組長上面再設置監督學生以便監視。教師僅僅負責團體的一般教學，不必走到每一個學生處，學生亦不用個別的來請教教師。教師在自己的席位上就如陽光照耀全體學生，而學生應用自己的耳、眼、思想集中於教師，並且注意教師的語言、手勢、圖解說明。……講壇應略爲提高以便觀察全體學生，所有的學生除注視教師而外，不應有別的活動。……有時應停止說明，指名答問，若有學生未曾留意，即應當場給予適當的處罰。第一個學生若不能回答，應即指定第二個，第三個，……第十個等，但絕對不可再重複所質詢的問題，這樣才能使學生注意教師所提出的問題。」這種團體教學方式，就成爲百數十年之後英國的培爾（Andrew Bell 1753-1832）及朗卡斯塔（Joseph Lancaster 1778-1838）所倡導的班級助教法的先驅。

此外，爲使所有兒童不分性別、貴賤、貧富都能入學，當然必須設置單線的統一的學校系統。這個系統由幼兒期一直到二十四歲的成年期，共分設四個階段，每一階段六年，並設置四種不同學校。這四種學校「並非教學不同事物，而是以不同的方式教學相同的事物而已」，以強調其課程的一貫性。惟四種學校亦有其差異之處。第一，下級學校着重實施一般教育，上級學校實施比較精細的教育。第二，母親學校強調感召的訓練，國語學校強調想像力、記憶力、語言等訓練，拉丁學校強調悟性與判斷力的訓練，大學強調意志的訓練。第三，前二階段的教育不分男女一律接受相同教育；第三階段的拉丁學校即應從事於筋肉勞動以上職業的人爲對象，大學即應以專門培養教師及學者爲主要目的。茲分別介紹如下：

（一）**母親學校**（幼兒期）：母親學校完全指家庭教育而言，由父母擔任教育責任。母親學校的主要目的，在於養育健康的身體、練習刺激其感覺，並且給與有關外界的基本知識。再從雙親的模範行爲獲得正確的啓示和信仰。

（二）**國語學校**（六歲至十二歲）：超越階級的統一學校，普設於各鄉鎮地區，基本學科包括國語、筆算、測量、音樂、教義問答、道德、歷史、宇宙誌、家庭及有關國家知識，普通技術等。

(三) 拉丁學校（十二歲至十八歲）：設置於各市區，打破母親學校及國語學校百科全書式的課程組織，而採學科單進法。如第一學年文法級，第二學年自然科學級，第三學年數學級，第四學年倫理學級，第五學年辯證法級，第六學年修辭學級等；並輔以音樂、歷史等其他學科，以充實較深的知識。

(四) 大學（十八歲至二十四歲）：各州或各邦至少應設置一所。其課程包括學問的全部領域，網羅各方面最優秀教授，充實及公開圖書館，使其成爲一所名副其實的學術最高學府，必要時尚可頒發證書。

這種整齊統一的學校系統，確已具備了近代學校組織的規模。

十　結　語

柯美紐斯在教育史上所佔的地位極爲重要，不僅在實踐方面留下許多的偉蹟，同時在思想方面也奠定十八、九世紀新教育的理論基礎。比以前任何人及以後兩個世紀的任何人，更能將新觀念、新方法介紹於學校之中。

然柯美紐斯一生顚沛流離，又遇到晦暗的三十年戰爭，社會動盪不定，使其遠大的抱負未能完全施展，新的教育理論亦未受到應得的評價，尤其用捷克文撰述的「大教授學」，竟被埋沒達二百多年之久，否則十八世紀的教育改革，必當大放異彩，殊屬可惜。

雖然如此，但他對後世的教育仍有不少貢獻，茲列舉幾項如下：

1. 改良拉丁文教科書，使此等教科書滲入科學的新觀念。
2. 提倡直觀教學，使兒童用自己的眼、耳、手直接分析判斷，養成獨立思考的能力。
3. 強調平等的教育機會，主張兒童應不分性別、貴賤、貧富都受單線統一的學校教育。
4. 編印插圖教科書，使十七世紀以後的初等教科書完全改觀。
5. 創立團體教學制度，解決學生容量問題。
6. 提倡汎智學體系，強調學科內容的重要。

本文參考書：

(一) Ellwood P. Cubberley：「西洋教育史」　協志工業叢書　民國五十四年
楊　亮　功　譯
(二) 山田榮等編：「新西洋教育史」　協同出版株式會社　一九六一年
(三) 長田新監修：「西洋教育史」　御茶の水書房　一九六四年（五版）
(四) 石山修平著：「西洋近代教育史」　有斐閣　一九五三年
(五) 梅根悟著：「コメニウス」　牧書店　一九五六年

洛　克（西元一六三二—一七〇四）

歐陽教

謙謙紳士，彬彬君子，
既不自高，也不自卑。

一　生平

他是
鄉下律師的兒子；
牛頓與波義耳的知音。
他是
近世經驗主義的泰斗；
民主哲學的泉源。
他是
平民教育的保姆；
紳士教育的導師典範。
還有，他是
沒有開業的牛津醫生，
自撰墓誌銘的獨身漢。

約翰洛克 (John Locke, 1632-1704)，於一六三二年生於英格蘭西部桑麻夏的林敦 (Wrington in Somerset) 村的中產家庭；父親曾業鄉下律師，內戰期間充任議會 (民) 軍的騎兵上尉以對抗皇軍。後因民軍得勢，小洛克得父親朋友的推薦，入當時倫敦市中心的一座西敏公學 (Westminster School) 肄業，不然洛克以後恐無緣進入牛津大學，更難被教育成一個大學者、大哲學家了。

洛克的父親長母親十歲，信仰嚴肅的清教。父親對小洛克及其幼弟的管教甚嚴，這與日後他在有濃厚清教氣氛的西敏公學所受的嚴格 (幾近不人道) 的教育，非常相似；再加之日後進牛津大學基督學院 (Christ Church)，接受一種中古式的教育，遂養成了他的嚴肅的性格。由這一點我們就不難想像到，他如何要求其「英國的愛彌兒」(小克拉克)，接受一種斯巴達式的嚴格的品格陶冶與身體訓練了。

一六五二年，洛克以優異的成績從西敏公學畢業，被保送到牛津大學最優秀的基督學院念書，修習文哲有關課程；四年後得學士學位，又過兩年得碩士學位。在一六五九年又當選高級研究生；翌年起先後任母校希臘文講師，修辭學副教授 (Reader)，及道德哲學高級學監；並一直擔任導師之職，關心學生學課及生活，無微不至，眞是一位非常稱職的「人師」。

洛克曾於一六六五年因出任駐外使館秘書，中止教職；但是翌年再回到母校習醫，頗有成就。他本想藉此尋找一條較穩定的謀生之道，可是他一生並未懸壺濟世，一展其精湛的醫術。不料因爲習醫，日後卻做了當時的大法官兼司法部長及上議院議長沙夫次伯里伯爵 (First Earl of Shaftesbury) 的政治秘書、私人醫生、及家庭教師。在道德哲學上提倡道德感，而影響康德的道德哲學的沙夫次伯里，就是這位伯爵的孫兒；沙氏一家三代，在民主政治思想、宗教思想、及一般道德見解上，頗受這位家庭教師的影響。賢師出高徒，此其一例。

洛克的成就，得力於良師益友者頗多。尤其是數學家物理學家牛頓、化學家波義耳、及臨床醫學的泰斗奚丁漢（Thomas Sydenham 1624-1689）等經驗科學家，都是這位大哲學家的知音；經年累月互相切磋琢磨，使洛克能摒棄中古以前的玄思方法，側重嚴謹的理性推論與細密的經驗實證，以建立其系統的經驗主義哲學思想。這使他在教育課程的設計上，非常重視數學、自然科學、及一般經驗實證方法的訓練，這多少是受了牛頓這輩科學朋友的影響。

洛克因其主人沙伯爵政治上的失勢，王政復辟，及其本人健康關係（洛克患有氣喘），曾兩次流浪到歐洲大陸（一六七五—七九；及一六八三—八九）法國與荷蘭等地。到一六八八年威廉三世由荷蘭入英繼承王位，洛克才結束了政治流亡的生涯，回到倫敦，避居東北郊外，寄宿在其早年女友馬山爵士(Sir Francis Masham) 夫婦家，過着半官與半著作的生涯；並再次當家庭教師，教育主人家及早年愛人的子女，以度其晚年。

一七〇四年十月廿八日，洛克死於馬山爵士家裏，葬於奧茨(Oates) 的高盆 (High Laver) 教堂墓地；死前以拉丁文自撰墓誌銘，今日我們仍可在教堂內看到。其內容大要如下：

他自認滿足於平凡的一生，是勤學有成的學者，一生奉獻於學術眞理的研究。自謙其美德微不足道，不足爲後人的榜樣」，並願其平生罪行，隨其軀殼長埋泉下。如果讀者願知其人，請讀他的書，更能洞悉他是怎麼樣的一個人。……（註一）

由上面的撮述，我們知道洛克是一位教授、哲學家、醫生，他有多方面的成就。今天在大英博物館圖書室裏，我們可以借閱到他的十大冊全集的各種版本；可是他死後二六九年的今天，他的大部份遺稿仍未整理出來。其中大部分寄存於其牛津母校圖書館；一部分由倫敦大英博物館收藏；一部分流落到美國。所以，我們在這裏談洛克的教育思想或其「師道」精神，儘可能就筆者遊學英倫時對洛克的比較完整的了解作介紹，而非如一般人僅就洛克「教育漫話」等書下判斷。尤其是其遺稿「工讀學校案」（直譯「勞動學校」Working Schools for (the poor) Children），可修正我們一般教育史家對洛克的誤解：以爲洛克的教育思想有點貴族化的氣味，未兼顧一般平民，尤其是貧民的子弟；足見這個民主哲學的導師，也是「有教無類」的師道典範。

二　哲學思想

在這裏我們不預備把洛克的哲學思想作全面的介紹。我們只就其較合於「師道」修養的一些論點，作扼要的敍述：

（一）**心靈如白紙**：洛克是一個精於經驗實證的醫生、哲學家、科學家，他非常反對理性主義哲學家，如笛卡兒等所倡導的「天賦觀念或先天原則」(Innate ideas or principles) 的說法。他認爲我們並未天生各種觀念或原理原則，不管是有關認知的、道德判斷的、或宗教方面的。我們的心靈生來如一張白紙，或一個空櫥子，空無一物，沒有任何的記號特性，沒有任何的觀念。這一點是在強調後天的經驗與學習乃是一切知識的來源，使教育的功能發揮到最大的限度，這是作爲教師的同道應該辨明的。(註二)

(二) **經驗是知識的源泉**：洛克認爲一切知識來自經驗。經驗是指感覺與思考 (Sensation and reflexion) 而言，也就是說由外在的感官知覺與內在的反省思考，而形成觀念；由各種各樣的單純或複合的觀念，而分析比較其一致性或歧異性，亦卽有了判斷；再用語言表達由觀念組成的判斷，因而有了可供共同討論的認知媒介，卽命題；釐淸命題 (或判斷) 的眞假，卽形成知識。洛克的名著人類悟性論，就是這麼樣一系列地探索知識的形成過程。這樣一共花了他十九年的青春來開創這個近代認識論研究的典範，並奠立經驗主義的理論基礎，實在難得。

(三) **人是講理的動物**：從另一個角度來看，洛克承受了亞里斯多德的說法，認爲「人是理性的動物」(Man is a rational being.)。人旣具有這種得天獨厚的高級的心智能力，就應好好地運用其理性，學學講理的精神，所以洛克敎人：「凡事要以理性作爲最後的決斷與指導。」(Reason must be our last judge and guide in everything.) (註三) 這裏所謂理性，在洛克來說，有兩種意思：一種是狹義的理性演繹；一種是較廣義的講理精神 (Reasonableness)，亦卽凡事要合理 (Reasonable)。如果取前者，則有悖於其經驗主義的精神；如果取後者，則較合於其「理性的經驗主義」的味道。

（四）**自由不是無律**：洛克是近世民主政治哲學的開山祖師。他提倡自由平等，崇尚政治與宗教上的容忍（可惜洛克不能容忍與信任無神論者）。他認爲人民有自己選擇其到天國之路的自由，就是說各人要信什麼派的宗教，不能藉政府或宗教的力量來干涉。其提倡宗教信仰的自由及容忍，不能普及不信宗教的人或無神論者，是其民主哲學的一大缺點，我們在此也不能爲賢者諱。不過其明白宣示：「沒有一個政府允許絕對的自由。」（No government allows absolute liberty.）（註四）這可說是一切民主哲學，或自由哲學的圭臬。因爲這句話本身是一個分析命題（An analytic proposition），亦即不談組織政府則已，一提政府，就牽涉到管理衆人之事，因而不得不循着公意訂下法律憲章，用以約束衆人的行爲；這些規範的存在，就相對地降低了個人自由權的無限制的存在與運用。所以政府的存在與絕對的自由（亦即無政府的混亂狀態）是不能相容的。由此可見，洛克講自由，是合於道德理性的自律的自由，而非無規範或無律的自由。

以上扼要地敘述了洛克的幾點哲學見解，都可作爲辦學設教的參考，也可作爲師道修養的南針。

三　教育思想

其次，我們再簡單介紹洛克有關教育及師道修養的意見。

洛克論教育大致不悖於其經驗主義與民主哲學的大原則。在這裏我們不準備把他的教育思想作全面的介紹，只就其與師道修養較有關係的幾點提一提：

（一）**紳士教育的目的**：紳士教育不是貴族教育，不是貧民教育，也不是造就專家學者的教育。在十七世紀的英國，教育還不普及，一般貧民子女，既無恒產也無恒心，國家政府沒安排他們的教育機會；而一般貴族子弟，則有就讀公學(Public School)與大學的特權。至於站在貴族與貧民中間地位的平民紳士，他們有恒產，是中產階級，是推動民主政治的中堅份子，除了極少數人（如洛克本人），因政治因緣可得進入公學及大學就讀的特權以外，大都是求學無門，大家雖有求知上進的心，也只有望公學及大學的門牆興歎；至於貧民子弟，那連想都不敢想了。因之，想要就學的平民紳士之子弟，只好自請家庭教師來教育。洛克的「教育漫話」這本書，就爲這個紳士教育的目的而寫的。

他認爲紳士教育的目的在於培養彬彬有禮、處事精明的紳士或君子。是以紳士教育應注意四點：品德、智慧、教養、及智識 (Virtue, Wisdom, breeding, and learning)。洛克認爲一個紳士的教育，應以品德的陶冶爲第一；一般知識的傳授是較次要的，它只是作爲輔佐品德教育的工具而已。洛克反對把「紳士」教育成書呆子，或當專家學者來訓練；一個紳士要接受讀寫算，音樂體育、史地宗教、及園藝簿記等學科，更要旅行參觀，以廣見聞；這些都是一個紳士的基本知識涵養，而且爲的是要幫助一個紳士能有開廓的心胸，忠誠信實、愛人如己、及尊敬別人等品德及教養；而且一方面也可以培養一個紳士「精明能幹與洞察世事的智慧」(A man's managing his business ably and with foresight in this world.)。這樣的一個紳士，應該是能自愛而愛人，「既不自卑也不自高」(Not to think meanly of ourselves and not to think meanly of others.)，這才是眞正有好敎養的紳士，也正是民主社會的中堅份子。這是洛克一心一意要把紳士子弟從中古式的不仁道的「公學」領出來，請一個優良的家庭導師，來諄諄善誘，培養成民主社會的主人，而非公學敎鞭打出來的奴隸順民，好作帝王的奴役工具。洛克的這一層苦衷，很少人能體察出來。(註五)

至於那些無恒產而又無恒心的貧苦大衆，作爲一個民主哲學導師的洛克，也以悲天憫人的心懷，向當時政府提出一個「貧民法案」，建議政府及地方敎區當局，聯合創辦大衆化的半工半讀的貧民學校。這就是他的貧兒「勞動學校」(Working Schools for the Children, i.e. for the poor children)，收容三歲到十四歲的貧苦兒童或工廠裏的男女童工，給與半工半讀的敎育機會，大的學生養小的；等小的長大，又可養新進的更小的學生。可惜這個非常有意義的普及敎育的法案，未被當時的政府所採納。大概民主化的敎育制度，或國營的義務敎育的美意，只有這個大哲學家才能想到；當政者却認爲要維持敎育機會平等，是一種極大的浪費。(註六)

總之，中產階級及勞動階級的子弟，如能好好地加以敎育成人，使人人有紳士的涵養與謀生的專長，那麼，要對抗少數的特權貴族，建立民治社會，就易如反掌了。這是洛克對整個敎育制度的構想，所以他極力呼籲普天下的敎師，要切切實實的當一個民治社會的導師，而不要成爲奴隸社會的保姆。

如今，是二十世紀後半葉的民主盛世，與十七世紀的君權時代有霄壤之別。我們各級敎師，可說是名符其實的民主教育制度的執行人；如何把社會大衆教育成有獨立人格的謙謙君子，洛克的話就是我們的一面鏡子。

（二）**教師是講理的動物**：人既是講理的動物，好爲人師者，更應當是理智的或講理的動物。如果處處不講理，言行舉止不合理，那就不配爲人師表了。教師究竟要講什麼「理」？對誰講理？根據洛克的理性的經驗論，要講的理當然是一切有證有據的「理」，或合乎道德良心的「理」。教師對任何人，尤其對學生要講理：不能違反經驗實證，也不能悖離邏輯推理，更不能背叛道德常規；若此，則學生也會久而習慣於講理了。

所以，洛克的名言，「理性是一切言行舉止的最後裁判與指南」，處處講理，時時講理，這正是一個起碼的教師的座右銘。上有好講理的教師，一切以眞理及至善至美爲準則，是是非非，善善惡惡；那麼風行草偃，學生講理的精神也不難蔚然成風。

那麼，教師對誰講理？如何講理？教師所教的學生年齡不一，是不是從五歲的幼兒期就要曉之以理，敎之以道？洛克認爲不然。他以爲多少要根據身心發展的原則，理性與經驗要相當成熟才能曉之以理，學生也才能與教師站在同等的地位講理論難。洛克曾舉一例說明如下：

例如，兒童在不明白「財物或所有」(Property or possession) 的意義之前，他們是不太懂得什麼是不公道 (Injustice) 的。(註七) 洛克在其名著人類悟性論中曾說：「沒有財物，則沒有不公道。」(Where there is no property, there is no injustice.) (註八) 意思是說：從邏輯的觀點來看，「不公道」

的概念必然地涵蘊着「財物」或「所有」的概念。反之，從這個邏輯的涵蘊關係，我們可推知，從發展心理學的觀點來看，兒童應先懂得什麼是「我的與你的」(Meum and tuum, i.e. mine and yours)（註九）等概念，才懂得公正或不公正，或偷竊的行爲意義。一個還沒有文法上所謂所有格的概念的小孩，亦卽還分不清人我之別的小孩，他絕不能了解「偷竊」的意義；他卽使「不告而取」，我們也邏輯地不能判定他「偷竊」。這就是當今瑞士兒童心理學家皮亞傑 (Jean Piaget, 1896-) 所謂「自我中心」期的兒童，卽「我與非我」還混淆不淸的兒童（卽三五歲左右），使用講理式的道德教學是無效果的。恰好，這一點在洛克的一些著作當中也講得很淸楚。

那麼，在兒童理智與經驗還淺，還不能與教師講理論道時，作教師的人，應重合理的管理與指導，使他們能直道而行；待日後其理智漸成熟，要問明理由時，才向他說明眞正的理由；這才是開明的好教師。否則就是獨斷灌輸了；獨斷灌輸的教師，是洛克所最不齒的。

（三）教師權威與學生自由：洛克在教育漫話一書中，似乎給傳統教育史家一個惡劣的印象，以爲他提倡一種斯巴達式的品格訓練，體能訓練，及心智的形式陶冶；這種嚴格的德智體三育的訓練措施，只崇尚教師的無上權威，而完全忽視兒童學生的自由權與興趣。其實這種了解不完全正確。在提及小克拉克的紳士教育時，他在開始時曾提倡斯巴達式的體能訓練，又提倡品格教育第一；可是我們曉得，在一六九九年五月三日洛克答覆克拉克夫婦的信中，洛克認爲小克拉克大致因生理上的疾病而患了心理上的疾患，意氣消沈，記憶力減退，不熱心向學，這與年紀小的時候的勤敏好學，完全是兩個人（小克拉克這種病，今日已有美國的羣醫集體證明爲急性腦炎，高燒毀損了其腦神經功能），所以洛克建議其父母改採一種較溫和的管教的方式，讓他自自由由地來學。

而且，從「教育漫話」裏面來看，洛克也是鄙棄鞭笞體罰學生，以爲這樣會養成奴隸氣質。(Such a sort of slavish discipline makes a slavish temper.)這種「破壞身心健康」的「反教育」措施，洛克認爲除非萬不得已，應當少用爲妙。這與昆體良 (Quintilian, Institutio Oratoria, I, iii, 14) 及康德 (I. Kant, Ueber Pädagogik) 的看法，完全一致。

由此可見，洛克在管教學生方面，絕不是窮凶極惡，絕非不可理喻的；也不是故意要濫用教師權威的一些公學教師可比。因爲洛克是公學的過來人，身受其害，所以他才主張要把小紳士留在家裏，請一個優良的導師來作個別指導，造就能獨立自尊的民主國家的主人翁。(註一〇)

爲了要每個教師能正用其權威，洛克認爲教師應有基本的紳士教養。他仍然認爲教師的品格涵養比知識訓練重要。他堅持教育歷程的重點絕不在於傳授知識，而是在於師生人格理想的濡染默化。因此，洛克強調師生的關係，在知識眞理的追求上，或道德感化的發展過程，應盡量使其成爲同等的伴侶；亦即人格平等，亦師亦友，敬人者人恒敬之。教師與學生學課的進行，盡可能採用討論詰難的方法，而少用演講的形式教學。教師不應常作口頭訓誨 (No magisterially dictating)，也不要一味地將學生訓練成呆頭鵝(A silent, negligent, sleepy audience to his tutor's lectures)，而應與學生自由討論。這樣教師既能維持其學術尊嚴，學生也能運用其學習的自由權，運用理智去學習，教學相長。這正是教師權威與學生自由權，能相容並用、相輔相成的最佳途徑。不然的話，教師濫用其權威，作威作福，非是是非，學生也就無心向學，或反抗教師權威，造成兩敗俱傷，這就不合教育的意義了。（註一二）

總之，洛克的教育見解，有很多值得我們參考的；當然其中也有些自相矛盾之處，亦有不合今日時代潮流者。在此我們只擧其犖犖大端，作爲教師修養的參考，而無暇申辨其他瑕疵細節。讀者如有興趣，可細閱其有關著作，自作評論，較能了解洛克的哲學及教育思想的全貌。

附　註：

一：Cranston, M., *John Locke, a Bibliography*, MacMillan, N.Y., 1957, p. 482.

二：Locke, John, *An Essay Concerning Human Understanding*, A.C. Fraser's edition, Dover Publications, Inc., N.Y, 1959, Book II, Chapter 1, Section 2. (II, 1:2)

三：Ibidem, IV, 19:14.

四：Ibidem, IV, 3:18.

五：Locke, John, *Some Thoughts Concerning Education*, 及中譯本，洛克著，傅任敢譯，教育漫話，商務，人人文庫，五十七年，第一三四節——一四七節 (Secc. 134–147.)

六：Locke, John, "Working Schools for Chidren," in H.R. Fox Bourne, *The Life of John Locke*, 2 Vols., Henry S. King and Co., London, 1876, vol. II, pp. 383–386.

七：同註五，第一一〇節。

八：同註二，II, 3:18.

九：同註五，第一一〇節。又參閱拙作 O.J. Ouyang, Locke's Theory of Ethical Demonstration and

Its Bearing on Moral Education, University of London Library, 1969.

十：同註五，第四七、四八、四九、五〇、五一、七七、七八、八十及八一節。

十一：同註五，第八八及九八節。

康德（西元一七二四—一八〇四）

歐陽教

「如果一個人要做哲學家，
他先要作一個康德的門徒；
如果一個人不懂康德，
他還算是一個小孩子。」（註一）

前面這四句話，是集西洋哲學史上兩位哲學家杜蘭與叔本華對康德所下的評語。他們都在歌頌康德在西洋哲學史上的崇高地位。

不錯，康德在哲學史上自有其地位，用不着我們在這裏頌揚。可是，從教育史的角度或師道的立場來看，這位哲學界的泰斗，却常被一般教育學者有意或無意地疏忽過去。這與他在哲學上的崇高地位實在非常不相稱。我們在這裡並無意要歌頌康德在教育史上如何偉大，只是想還給他在教育史上的一個眞面目，和朋友們閒談康德在教育或師道上所留下的典範。

一　平凡的身世

大哲學家康德出身寒微。或許因其平凡的身世，使他平易近人，沒變成一個象牙塔裏面的哲學怪物。爲了我們能「知其人，而後讀其書」，就從幾個角度替康德作個剪影，看看他是怎樣的一個人。

家庭身世

伊曼努耶爾・康德（Immanuel Kant, 1724—1804）於一七二四年四月二十二日生於東普魯士的首府科尼斯堡（Königsberg, 二次大戰後，易名 Kaliningrad）。雙親早逝，遺下康德及弟妹等五個子女。

康德幼年家境不裕，父母篤信虔信派，這對康德日後的宗教信仰及嚴肅的道德生活與學說，不無影響。康德一生念念不忘其慈母，他在晚年回憶說：「……啊！我實在忘不了慈母的恩惠，母親在我的心田裏最先種下了『善』的根芽，並加以培育；開啓我感應大自然奧秘的心扉。母親撫醒並開拓我的心智，她的教誨非常有益地影響了我的一生。」（註一）可惜其慈母在康德十三歲時就逝世了。

學生時代

康德於一七四〇年，卽菲特烈大帝繼承王位那一年，以第二名畢業於地方上的菲特烈中學，然後進入科尼斯堡大學。他在大學攻讀神學，旁及自然科學、哲學、及牛頓力學。一七四六年以「活力測定考」一文結束其大學生涯。他的父親是一個馬鞍工人，不幸也正在這一年逝世，沒遺留給他一筆財產，於是他三個妹妹與一個幼弟的生活負擔，就落在他的肩上。

康德在大學裏也是一位高才生，勤敏好學，記憶力過人，舉凡語文、科學、哲學、數學等都奠下了他日後成爲大哲學家的深厚根基。

教學生涯

康德在大學畢業後，爲維持三妹一弟的家計，一口氣作了七年的家庭教師。難得的是他於一七五五年夏以「論火」一文得哲學博士學位，從這年秋天起任母校講師，一直任教十五年，却無緣升遷。後來在一七七〇年遞補爲邏輯與形而上學的正教授。以後又繼續在此教了二十六年書，其間曾二度被選爲大學校長，至一七九七年正式退休，結束了他四十九年的教學生涯，眞可說是「鞠躬盡瘁」的偉大教師！

康德一生「學不厭，教不倦」。他在大學裏所教的科目，從哲學、自然科學、至社會科學，可說應有盡有。他的講課，眞是循循善誘，風趣生動，使學生如沐春風，如沾化雨。他常以多數中等資質的學生能否了解他的講課爲念，更希望學生能作獨立思考與判斷爲第一要義。所以他常勉勵門生說：「我不是敎給你們哲學（Philosophy），而是教給你們如何作哲學思考（Philosophizing）。」這比起塡鴨式的灌輸教育來說，實在是非常珍貴的師道的典範。

在此值得一提的是，康德可說是使近代教育學科學化的開創功臣之一。他除了屢次爲文贊助當時的「汎愛學校」運動以外，從一七七六年至一七八七年間，曾先後四次在科尼斯堡大學擔任教育學講座，力倡教育研究之科學化，及設立實驗學校之重要性。其教育學講義，後由其門生林克整理編印爲「教育論」(Immanuel Kant ueber Paedagogik, 1803)。康德死後，由海爾巴特繼任其哲學教授的空位，並循康德的理想，設立全世界第一所教育研究所，附設實驗學校，全力開拓教育學的理論；這不能說不受康德的影響。我們學習教育史的人，絕不可抹殺這段教育史實。

閒暇樂趣及社交生活

康德身材矮小，不滿五尺，胸部微凹，先天體質不佳，一生未娶，長年過着老學士式的生活，因攝生有道，所以能頤養天年。

康德的日常起居作息非常有規律，德國大詩人海涅 (Heinrish Heine 1797-1856)，曾以其生花妙筆對康德的機械式的生活繪出一個剪影說：「我不相信城裏大教堂的自鳴鐘，每日無情趣有紀律的轉動，能勝過它的市民伊曼努耶爾‧康德。每日起床、喝咖啡、寫作、講課、吃午飯和散步，每一件事都有固定的時間；而他的鄰居當見康德教授穿灰色大衣携着手杖步出家門，走向小菩提樹路時，就知道是四點半鐘了；這條路，在他死後，人們把它叫做『哲學家之路』。他每天在這條路來往八次，一年四季從不間斷。……居民遇他依時散步經過，就親切地向他問安——並撥準他們的鐘錶。」(註三)

康德的日常生活嚴肅守時，可是他也有輕鬆的社交生活。他每天約三、五友好共進午餐，賓客名單包括各階層與各行業的人，不分男女、年齡、宗教信仰及政治見解；這樣他有較廣濶的談話對象，以增進他的知識的深度與廣度。康德眞是一個「不出戶，知天下」的學者，除了自己的勤敏好學以外，其樂與人遊及不恥下問的治學精神，是一個重要的因素。好爲人師者，如想避免孤陋寡聞，怎麼可以獨學而無友呢？

巨星的隕落

康德可說是哲學家中的幸運者。他生於一個鼓勵啓蒙思想的開明君王——菲特烈大帝——的王朝，所以能自由發表思想，著書立說，暢所欲言，開創其豐偉的哲學境界。可是一七八六年菲特烈大帝駕崩，威廉第二大帝嗣位，頒佈嚴峻的出版檢查令，限制康德的自由思想，這可能是康德一生平淡的生活中較不愉快的一件事。等到一七九七年威廉第二大帝崩殂，康德與其朋友又得重見自由的天日。康德於一八〇三年十月十八日罹染重病，這位在學術上及教育崗位上奮鬪半世紀的老學人，至此可說已心枯力竭，一病不起。一八〇四年二月十二日，距其八十歲生日還差兩個月零十天，這位哲人就與世長辭了。他遺留給人間一部二十二大本的思想巨著，與後人的無限景仰與追懷。

康德死後，遺體安葬於大學的墓窖中；在一八八〇年十一月廿一日改葬時，人們取其「實踐理性批判」一書結論裏的兩句話作爲其墓誌銘：「有兩件事充滿心靈中，如果持續地加以思索，便覺得不斷的驚異，卽是：

天上的繁星；

人間的良心。」

到了一九二四年慶祝康德二百週年生辰紀念時，康德遺骸又曾遷出別葬，豎碑紀念。

二　偉大的哲理

康德的著作繁富，用字又艱澀，其哲學眞如一座冰山，我們較難窺其堂奧。玆撮述其哲學要點如次。

著作及思想發展

康德的全集有二十二大巨册，英譯及中譯本迄今不全；日譯精裝十八大册（岩波版）。我們這裏就其與教育及師道修養較有關係的幾種列述如下：

(1) **三大批判**：卽純理性批判；實踐理性批判；及判斷力批判。第一批判論人如何「知」？第二批判論人如何「行」？第三批判論美感與目的論。這三大批判是康德的代表作，把人生知意情三個問題作了深入的探討，期能整合出諧和的人生。

(2) **道德哲學原論**：這本書是其第二批判的理論基礎，所謂自律的道德原理，或無上命令的理論，皆建立在這本小書；對教育價値及道德教育的原理原則的建立，很有作用，也可說是師道修養必備的一本書。

(3) **道德哲學**（一七九七）：這本小書成於晚年，是實際的道德問答教材的舉例。

(4) **純理性限度內的宗教**：明辨宗教信仰生活的眞正意義，力斥迷信、妄信、狂信、奇蹟、巫術、幻想等怪誕的宗教外衣。亦曾論及人性惡、人性善、及人性亦善亦惡等假設的非是，而自己提出較合理的人性非善非惡的假設。這可作為訓育方面假設上的參考。

(5)永久和平論：在這個短短的篇章裏，康德以悲天憫人的心懷，為協和萬邦，開萬世太平，訂定一套走上大同理想的計劃；今日聯合國及其教育科學與文化組織，有點像循着他的設計而組織，可是其功能與他的理想還有很大的距離。

(6)教育論：是康德在大學教書時的教育學講稿，小小的冊子，不成體系之作，不能與其三大批判相比。但其中的一些教育見解頗值得參考（有中英日等譯本）。

其他如「人類學」，或「康德傳」，多少可助我們了解其哲學及教育思想。

其次談到康德的思想發展，因他生逢近代歐洲啓蒙思潮的高峯時代，洛克、牛頓、休姆、及盧梭等人的哲學、科學、及民主政治思想，對康德的影響很深，所以康德的一般著作，可以說是極富啓蒙思想的色彩，崇尚理智分析、經驗實證、自由自律、平等博愛、及道德神學等，打破獨斷、獨裁、神怪的作風。這種開明的思想正是教育原理及師道修養的典範。

提倡分析批判的哲學方法

康德的批判主義，既不流於無理的獨斷，也不墮入盲目的懷疑。獨斷論的神秘玄思，與極端懷疑論的懷疑破壞，都無濟於精確性的哲學之建設。康德的批判主義所採用的方法，是一種理性的分析與經驗實證的綜合運用；可是康德却往往創用一些晦澀難解的術語，徒增讀者對其批判方法的誤解。

康德刻意劃分理性分析、經驗實證、及形而上設證等方法的領域，使其配合其適用的範疇，以免造成「範疇的失誤」，這是其最大的貢獻。雖然有時他也免不了有一些方法上的範疇倒錯現象，如「物如」之設立，但是大體上其崇尚邏輯分析與經驗實證的批判方法，足可爲教育學術之研究的良法，也可說是教育方法的根本原理。

明辨知識與信念

因爲採用嚴謹的批判分析，與經驗實證，所以康德能夠釐清了客觀的知識眞理，與主觀的信念題材，使其意義層次分明，各不相混，以免在認知的題材內涵上，造成「範疇失誤」，誤認「信念」爲知識。這種批判的分析方法論的另一個貢獻，就是非常重視知識的邏輯造型或結構。即是說：以分析批判的方法，從大處着眼，嚴格判別「知識」與「信念」之後，再進一步分析「知識」本身的層次，嚴謹地分析知識的精確性：什麼知識是屬於絕對必然的「先驗眞理」(a priori truth)，什麼是相對的「後驗眞理」(a posteriori truth)？這樣知識結構的層次釐然。我們在教育理論上，對課程的安排，就知道如何將人類的教育活動，循其邏輯認知的結構判定爲先驗的、經驗的、或超驗的，然後才能洞察各思想範疇所代表的意義，而不至於倒錯範疇。

崇尚自由自律的道德良心

康德由於早年的家庭教育，教會中學教育、及其宗教信仰，養成一種嚴肅主義的道德態度。認為道德是至高無上的，只能出於善意、或義務。亦即道德判斷一定要出於意志的自律，不能出於他律，這樣才有眞正的道德價值。由意志的自由自律所發出的道德判斷，就是所謂「絕對(無上)的命令」

(Categorical imperative)，反之，由意志的他律，只能產生「假言的命令」(Hypothetical imperative)。嚴格地說，出於假言命令的行爲，沒有道德價值。康德認爲「無上的命令」只有一個，即個人在選取主觀的行爲箴規時，一定要有「普遍的適用性」。這種「道德的可欲性或可普遍性」(Moral desirability or universalizability)，就是一切善行的形式規準。

重視「吾——汝」的人際關係

康德爲進一步解釋其精短的「無上命令」的道德律，他類推地說：道德的可普遍性，要像自然律那樣的普遍化，才有價值。他並以人際關係爲例，闡釋互相尊敬 (Mutual respect, or respect for persons) 是一切道德原則的建立基礎。每個人都是一個「目的本體」(End-in-himself)，應受尊重，視人如人；敬人者，人恒敬之。「要善待人性，包括你我任何他人在內，常同時當作目的，而不僅僅當作手段來使用。」這眞是一種曠世的金科玉律，把人與人的關係平等化——人格平等。把每個人當作有人格功能的主體，而不是當作無人格的或無生命的「物」或「工具」。這是當代存在主義神學家及教育家布巴 (Martin Buber 1875—1965) 所崇尚的「吾——汝」，而非「吾——它」的人際關係的道德原則。這是師道的一切原理的原理。在教學或訓導上，教師應把學生當作「汝」而非「它」。

稱頌美感的人生

康德認爲人的知意情，各有其內在的建立規準。這樣，才能整合眞理的認知、自律的道德、及純粹的美感，創造諧和的人生。就個人來說，這三者都能完美發展出來，就是一個健全的人格。康德以爲美是一種趣味的判斷，其形式的內在規準爲無關心的滿足，主觀的普遍性，無目的的目的性(Zweckmaessigkeit ohne Zweck, i.e. purposiveness without purpose)，及範例的必然性。這是一般所謂「爲美而美」，或「爲藝術而藝術」的純美判斷的規準。康德又從美的感情性區分爲優美與壯美，即我國所謂陰柔之美與陽剛之美。壯美之特性在於「力」與「數」的壓倒性或無限量的表現，是以有力學的與數學的壯美。他又認爲美是出於天才的創造，不管是言語藝術、或造型藝術等等，都要有不斷的創新，才有美感。總之，要美化人生，提高藝術的水準，須先顧到純美的批判與創造，而後及於應用藝術。這在教育歷程上的重點，也應該如此，不可本末倒置。

促進大同世界的理想

綜觀康德的批判哲學，在認知上，崇尙「是是非非」的原則，絕不主觀獨斷，盲目懷疑破壞；在道德判斷上，注重自由自律的道德價値，不囿於任何一種外在的或特殊的價値判斷；然後在美感的創造上，又強調自由美或純美。這些觀點，都強烈地顯示出一種客觀、自由、廓然大公、及諧和美滿的人生。他曾應用這種哲學原理，爲人類釐訂「永久和平」的大計(見「論永久和平」)，其苦口婆心、及悲天憫人的大智大哲的襟懷，在在溢於言表。他更希望人類能藉教育文化的力量，漸漸濡化人生，以達於大同理想的境界，這可說與孔子協和萬邦的大同理想，心同此理。我們好爲人師者，應師此美意爲辦學設教的崇高理想。

以上所述，並非認爲康德的整個哲學毫無瑕疵可議，而只是大致列述康德的一些哲學原則，省略了其次要或周到的部分，論及其在師道上較可應用的一些原理而已。

三　珍貴的師道

從康德的教育論一書及一般哲學原理的論著中，我們可以整合出下列幾項，迄今仍不失其時代意義或學術價值的教育原則，可作為師道修養的參考。

教育理論應學術化

康德生當十八世紀歐洲啓蒙思潮的頂峯，一切學術門類，正在加速發展，分化專精。所以他極力提倡「教育是一種藝術」。意爲教育學應有其系統的原理原則，應該科學化，一如藝術應有其創發性的學術基礎，不能一直停滯在人云亦云的常識層次，否則，教育學將沒有成爲一門學術的一日。這一點，與其提倡實驗學校的設立，贊助當時的泛愛學校的教育實驗，都可說是他對師道原理的特別關懷。他大學哲學教授講席的繼任者海爾巴特之創設教育研究所，設立實驗學校，開創教育學的積極研究，不無原因。康德倡之於前，海氏繼之於後。今日教育學及師範教育理論的點滴成就，這些前輩哲人的篳路藍縷之功，實不可泯。

教育目的應以大同爲理想

康德認爲：「人是唯一需要教育的被造物」。「訓練使動物性變爲人性。」「人由於教育始能成爲人。」(Man can only become man by education.)這三句話指出教育的需要、功能、與目的。教育就是要使人成為「人」(Person)，有人味兒的人，或有人的格調（亦卽人格）的人。這個「人」是具有是是非非、自由自律、及和諧美感等綜合的人格特質的人。這就是教育最根本的內在目的，屬於一種「無目的的目的性」。這是一種可普遍化的目的，循此理想就易達到大同的教育理想。所以康德說：「父母只為家庭，王侯只是為其王國。二者都沒有把普遍的善與完美……當作終極目的。但是教育計劃的建立非大同的不可……好教育卽是世界上一切善的源泉。」（註四）這可說是一種「世界觀」(Weltanschauung)的教育理想。當然康德並不反對教育之俗世的或實利的等外在價值或目的，不過這些都應朝着大同的理想去適應，不然就易使教育越辦越悖離教育的常道。

教學方法應重啓發創造

康德的批判哲學的精義在於不盲目的獨斷與懷疑，應是是非非，切不可非是是非。教學應切切實實的是「教學」(Teaching that such and such is the case)，而非灌輸(Indoctrination)。應該明辨「知識與信念」(Knowledge and beliefs)之別，不可倒錯範疇。「什麼是什麼」。(What is, is.)一分證據說一分話。基於這種眞理認知的態度，引導學生自由討論，啓發其分析思考與創造的能力，這才是眞正合於批判哲學之精義的教育方法。

學習方法應重愼思求精

從學習者的立場來說，為配合啟發與創造的教學方法，學生應該學思並重，對原理原則應加以分析批判，期能洞察了解其精義。切不可流於膚淺的雞零狗碎的事實的死記。教材的組織須有一定的認知結構，應重視其邏輯結構的意義，循序漸進，不可粗濫，不求甚解。康德屢次表示反對「活字典」與「三角猫」。因爲「一個人只有良好的記憶力而無判斷力，那麽他只是一個活字典(Walking dictionary)吧了！」至於學習上：「博而不精好呢？還是精而不博好呢？最好是懂得一點，而懂得徹底，這樣比博而不精好。」(註五)。康德以爲只能人云亦云的「活字典」，及庸俗的「三角猫」，都不是一種可貴的學習成果。如果只是死記或生吞活剝，學習不徹底，咀嚼不細，則眞知與知識廢料混雜在一起，難有學習上的創新出現，這是「教」「學」上應特別留意的。

德育方法應由無律、他律、到自律

德育或訓育方法，爲顧到兒童道德判斷的發展序列，不能不注意幼兒期的養護；及至學齡期的兒童，漸漸由幼兒期的道德價值的中立或零規範的意識，進入他律的道德意識，可加強約束與訓練；然後發展到青少年期的良心的自律。這種切合「發展道德心理學」的德育設計，在康德的教育論，已可粗見其論點，可是這與其嚴肅的自律的道德理論不相符。這就是實際的道德教育或訓育活動，一定要經過他律期的約束訓練，使學生養成良好的行爲習慣，然後才能較順利地進入自律的理想。這一點，我想康德是心裏有數的。根據當代發展心理學家皮亞傑 (J. Piaget, 1896–) 等人的研究，大概八、九歲的兒童已漸漸學習自律的道德判斷，所以我們對兒童行爲的訓練與指導，多少可藉此爲他律與自律的分水嶺。他律的道德行爲必須過渡到自律的理想，這才合乎道德教育的目的，也才符合康德的道德哲學的理想。

獎懲應避免或少用

根據康德的嚴肅主義的道德哲學，道德之所以爲道德是至高無上的，不能完全憑藉功利主義式的獎賞或懲罰(Instrumental rewards and punishments)來推動道德教育。他認爲懲罰，尤其是體罰應絕對禁止，這容易養成一種奴隸氣質(Indoles servilis; a slavish disposition)；至於「對兒童的獎賞，也是沒有什麼成效的；反足以養成其自私心理，會使他產生出一種傭工的氣質(Indoles mercenaria; the disposition of a hireling)。」(註六)。可見康德絕對不贊成一種奴性的道德教育；也不贊成道德賄賂。這是一種嚴肅主義的理想。不過，他爲了適應他律期的行爲訓練，他認爲「道德懲罰」(有如盧梭式的「自然懲罰」)是可以採行的；例如，不理兒童的無理要求，將犯過者暫時隔離等等。

總之，康德的教育見解，如作爲一種啓示性的教育智慧來說，迄今仍有頗多可採行者。新時代的教師同道，因教育專業的訓練，當可藉新知印證康德之說。(註七)

四　哲人的呼喚

我們粗枝大葉地把康德的哲理與師道原則檢討過後，發現今日的思想界及世界教育的動向，與康德的時代相比，實有了長足的進步。一般哲學方面，大家更重視精確的知識眞理，因經驗科學的飛躍進步，使哲學不得不漸漸捨棄獨斷的色彩，期能成爲一門精確的學問。至於道德哲學方面，雖然理論上大家認可自律、良心、正義、自由、平等、公益等等概念，可是今日的國際社會，爾虞我詐，價値判斷混亂，功利的他律道德，仍是一般國際社會的普遍現象。至於教育方面雖有很多哲學家從教育哲學的立場闡揚內在價值，或內在規準，如杜威與皮德思(R.S. Peters, 1919–)等，期能使教育設計，更接近於康德或孔子的大同理想，而且實際上也由國際教科文組織推動這種教育理想，可是事實上成績還不顯著。想要藉教育的力量來建設大同世界，協和萬邦爲一家，恐怕還有待全世界的教師們，從心底深處接受東西哲人的呼喚，從今起重新教育下一代爲將來的世界國民。只有這樣，我們才能把這個紛亂的新戰國社會，往大同的境界邁前一步。(註八)

附註：

一：請參考歐陽教著，康德的哲學與教育思想，第一章，臺灣師範大學教育研究所集刊，第七集，民國五十三年，頁一六三。這四句話，前兩句出自美國哲學家 Will Durant; 後兩句出自叔本華。見杜蘭著，西洋哲學史話，中譯本（協志），頁二三八。

二：加藤將之譯「カントの日常生活」，東京第一書房，昭和十四（一九三九）年，頁十七。本書爲康德三個門生助手，對其恩師的追懷文字，非常輕鬆有趣，可助我們了解「有人味兒」的康德。

三：杜蘭，前書，英文原本，頁二八八及三〇〇。

四：Kant, *Education*, A. Churton (trans), The University of Michigan Press, 1960, p. 15

五：Ibidem, p. 98.

六：Ibidem, p. 88.

七：詳細請參考同註一拙著。

八：本文論點大致摘錄自拙作康德的哲學與教育思想（見註一）；讀者如作進一步了解，請予參閱。又康德著作及其他參考書目從略，亦可參閱上述拙著所開參考書目。

裴斯塔洛齊（西元一七四六—一八二七）

劉焜輝

裴斯塔洛齊長眠於此。
一七四六年一月十二日生於沮利希，
一八二七年二月十七日於卜孤多福逝世；
在新莊為貧民的救濟者，
以「廖德與葛妹」教誨民衆，
在斯丹茲為孤兒之父，
於卜孤多福創辦國民學校，
在伊佛登則為人類的教育家；
他是：
一個眞正的人、眞正的基督徒、眞正的公民，
犧牲自己，一切為人。
願上帝祝福他！

※　※　※

以上是刻在裴斯塔洛齊墓碑上的字句。在西洋教育史上，裴斯塔洛齊的多彩多姿，可以說是空前

的。我們說：近代教育的基本概念，賴盧梭、裴斯塔洛齊、福祿貝爾三大教育思想家才能建立，這誠非過言。盧梭以一個「夢幻者」預言教育應循的途徑，裴斯塔洛齊却以八十一年的生涯，在新莊、斯丹茲、卜孤多福、墨恆布西、伊佛登等地親自實驗盧梭的預言，且加以修正，樹立了教育愛的楷模。

早年喪父

裴斯塔洛齊(Johann Heinrich Pestalozzi) 的遠祖，在十六世紀中葉從北部意大利遷到瑞士。父親是外科醫生，尤精於眼科手術。一七四六年一月十二日，裴斯塔洛齊誕生，五歲時，父親因病逝世。家裏有比他大一歲的哥哥和剛出生的小妹妹。他的母親蘇珊娜從一九四二年結婚到一七五一年之間，共生了七個小孩，可是，其中的四個人都在四、五歲時夭折了。

裴斯塔洛齊的父親去世的時候，母親才三十多歲，因爲子女接二連三地夭折，使她在精神上受到很大的打擊，健康情形欠佳，並且也沒有什麼遺產。父親臨終時，要求女傭巴貝莉(Babeli) 在他過世後繼續幫忙蘇珊娜養護子女，巴貝莉答應終生爲裴斯塔洛齊一家服務。裴斯塔洛齊晚年所著「鴻鵠歌」(Die Schwanengesang) 卽是回憶當時的情形。他寫道：「當父親聽到巴貝莉已答應要幫忙到底，眼睛一亮，內心感到安慰而逝世了。」

蘇珊娜的身體雖然孱弱，却在丈夫逝世之後憑着堅強的信仰，勇敢地承擔了這個重擔，在巴貝莉協助之下，專心一意地養育子女。裴斯塔洛齊描寫他的母親說：「我的母親完全忘了自己，摒棄她的年齡與境遇可能遭遇到的一切誘惑，專心一意教育三個小孩。」巴貝莉在最艱苦的環境中忠實工作，以愛心侍候蘇珊娜和孩子們。裴斯塔洛齊筆下的巴貝莉有這麼一段：「她的行爲、她的忠實、她的一切品德乃是崇高、單純而虔敬的信仰所賜。」

貧窮可能使人墮落，然而有信仰的家庭、瀰漫愛情的家庭，却可以克服家境的窮困。裴斯塔洛齊幼年喪父，像許多偉人一般，他在母愛的滋潤裏長大。

確立終生的目標

裴斯塔洛齊進入三年課程的德語學校，又經過三年課程的拉丁語學校，從一七六一年到一七六三年(十五歲至十七歲)，他在文科專門學校修完兩年的課程。他小時候受到祖父的感化，立志做牧師，進入喀羅利那大學研究神學。可是，後來認爲自己並不適合做一個牧師，並且喜讀盧梭的「民約論」與「愛彌兒」，養成批判社會的眼光。他向來厭惡貪污與不當的壓迫，覺得以宗教的溫和而間接的方法已無從直接救濟社會，乃改變志願，做一個窮苦人民的保護者；於是改修法律。可是後來他研究法律的志願也因爲健康及其他理由而中斷。

比裴斯塔洛齊大四歲的友人布倫朱利，見識廣博，思慮周密，臨終時曾經告訴裴斯塔洛齊說：「你應該避免選擇因自己的善良與眞實而吃虧的路，應該選擇不陷於任何危險的寧靜的生活。除非你的身邊有一個對於人、事具有冷靜的判斷與知識，並且可以信賴的誠實的人，他能夠保護你可能遭遇到的危險，否則你最好不要參與重要的謀略。」這個忠告證之裴斯塔洛齊的一生，堪稱「知己之言」。裴斯塔洛齊爲了憧憬「寧靜的生活」，把有關政治、法律、社會問題的論文付之一炬。一七六七年他放棄在大學進修的念頭，累積了兩年的從事農業的經驗，一七六九年秋與安娜結婚，一七七一年春在新莊（Neuhof）定居，從事農業。他那多多姿彩的教育家的活動也就從此展開了。

貧民的救濟者

裴斯塔洛齊婚後住進一棟平房，稱爲新莊，可能用來表示他一家踏進新生活的「新住宅」。儘管「新莊」這個名稱很動聽，實際情形却名不符實。他原想利用瑞士的不毛之地，導入新的農業技術，實施農業改良，以實現救濟貧農、改革社會的願望；可是他却缺乏農業管理的才幹，資金週轉不靈，未滿五年就歸於失敗。

然而他絕不是遭遇挫折就氣餒的人；相反地，從這一次的失敗，裴斯塔洛齊深深地領略到只是改變外在的條件仍然不能救濟貧民，必須藉教育的力量才能收效。換言之，裴斯塔洛齊是受了事業失敗的刺激才對於人生的使命恍然大悟。裴斯塔洛齊最關懷孤兒和貧苦兒童的命運。爲了教育貧苦兒童，他認爲必須使教育與勞動結合起來；每天的勞動可以帶給他們麵包，每天的學習可以教給他們如何有效地賺得麵包並增進德性。

裴斯塔洛齊爲了這個目的，下決心開放自己的土地和紡織機。他在「隱者夜話」(Abendstunde eines Einsiedlers) 中曾經描寫當時的情況說：「我們的處境給妻子帶來了很大的痛苦，然而我們想把時間、精力與剩餘的財產獻給貧民教育和家庭教育的決心，却未曾動搖。」

一七七四年冬，勞動學校開辦了。最初只收留二十名學生，他們在晴天隨着裴斯塔洛齊耕種，雨天紡織，上課時間很短，可是收效很大。新莊的這項新計劃後來傳遍遐邇，有心人也開始瞭解社會事業的意義，對裴斯塔洛齊深表敬意。他在一七七七年收容貧童達三十七名之多，並計劃將來能增加到一百名。他認爲教育不是給予，乃是個人自由去得到的。

然而他的事業規模初奠之後，各地的貧苦兒童湧來，一度增加到八十名，經濟上的困難壓迫着裴斯塔洛齊。他後來在「葛妹如何教其子？」(Wie Gertrud ihre Kinder lehrt) 中說：「我爲了想讓乞丐過着像『人』的生活，把麵包分給五十名乞丐的子女，連我都過着乞丐一般的生活。」其艱苦可見一斑。

一七八〇年，裴斯塔洛齊付出了所有的財產，學校却被迫停辦了。他在新莊的事業——無論是農業也好，教育也好——都歸於失敗。可是他的精神却遍及全瑞士，他的教育精神對於農村教育有很好的啓示。誠如他自己所說：「如果知道量力而爲，不要把規模擴充太大，可能就不會失敗。」然而他却無法拒絕那些站在門口的貧苦兒童，他的失敗乃是由於愛的精神所致。從失敗的經驗中，他對人類內心的尊嚴和教育的力量得到深刻的信念。

在他潦倒的日子裏，裴斯塔洛齊先後完成了隱者夜話、廖德與葛妹（Lienhard und Gertrud,）等代表著作。

孤兒之父

法國革命波及瑞士，動亂產生了許多孤兒。爲了孤兒而獻身孤兒教育，這就是斯丹茲時代的裴斯塔洛齊。一七九八年十二月，他欣然赴斯丹茲主持孤兒院，翌年一月四日起開始收容兒童，共收容了從四歲到八歲的幼兒八十名，其情況可以說是「生產勞動實驗學校」的翻版。他所接觸到的是多疑、厚臉皮、怠惰、固執、粗暴、膽怯的孤兒，裴斯塔洛齊都需要完全接納他們。他說：「我並不掛意學校教育的匱乏。我相信：不管怎樣貧窮、怎樣不良的兒童，總是具有神所授予的人性。」因此他深信：「就像春天的陽光普照冬季的大地一樣，兒童的情況將會迅速改變。」

裴斯塔洛齊在斯丹茲的活動雖然不足六個月，其教育效果却非常顯著，對於當時歐洲的幼兒教育與初等教育均有影響。裴斯塔洛齊致友人凱斯納(Gesner)的「斯丹茲書簡」(Über den Aufenthalt in Stanz)裏，對於當時的情形有詳細的描述，令人對於這位人道主義的教育家肅然起敬。

裴斯塔洛齊教育孤兒的方針是「捨棄人爲的方法，以環繞兒童的自然以及兒童們日常的要求、活潑的天性，做教育的手段。」所謂「人爲的」方法，卽預先組織規則、秩序、教材等，使兒童就範，他認爲這種學校教育只能令人性「萎縮」。他所強調的是「家庭氣氛的學校」，在自然的氣氛裏建立人際關係。

裴斯塔洛齊遇到兒童有頑固、粗暴的情形，就以嚴格的態度糾正他，有時候甚至不惜施以體罰。他也知道從教育的原理來說，體罰應該避免，然而他「實施懲罰後，立刻與兒童握手，去吻他們，兒童們也就非常高興」。可見只要以純粹的愛爲出發點，並不會給兒童們壞的印象，也不致引起他們的誤解。他說：「教育家如果想要指導兒童，這種善不應該是動搖不定的，必須在本質上是善的，並且要讓兒童知道善的存在。」這是値得洗耳恭聽的。裴斯塔洛齊在斯丹茲書簡中敍述：「我和他們一起哭、一起笑。他們把世界置諸腦後，也忘却了斯丹茲，只知和我在一起，我也跟他們生活在一起。他們的飲食就是我的飲食，我是一無所有，沒有家庭、沒有朋友、沒有僕人；有的，只是兒童。無論他們是健康的時候或是疾病的時候，我都跟他們在一起。我睡在他們的中間，最遲上牀，却起得最早。我順應他們的要求，在他們就寢以前，在牀上一起禱告，並且教育他們。」當時裴斯塔洛齊是五十三歲，他說：「我想我是這個社會上最不適宜做這個工作的人。……然而我却貫徹地去做了，我所憑藉的就是愛。有眞實的愛，並且不怕背負十字架的時候，愛就具有神的力量。」

難道還有比這種眞摯的教育愛更崇高的境界嗎？

創辦新學校

一七九九年七月，斯丹茲的孤兒院被收回做野戰醫院，裴斯塔洛齊赴卜孤多福(Burgdorf)當小學教師。他在卜孤多福停留四年，初任公立學校教師，後來在卜孤多福古城創設私立小學。這期間是裴斯塔洛齊在學校教育方面最幸福的時期。他說：「我的事業在卜孤多福開始，也在卜孤多福完成。」可見創辦這所學校是他最得意的傑作。

在學校裏每天朝夕有兩次集會，兒童們在上午六時和下午十時要集合在講堂，他們稱他爲：「爸爸：裴斯塔洛齊」，爲了想最先和裴斯塔洛齊打招呼，有的兒童竟偸偸早起。他與每一個兒童一一握手，就像父親對待子女一樣充滿慈祥與信仰。因此，裴斯塔洛齊的每一句話都能深深打動兒童們的內心。

裴斯塔洛齊常整日想着自己在早晨禱告時對兒童們所說的話，希望能影響兒童的行爲。

有教無類

裴斯塔洛齊一生中最後的事業以伊佛登（Iferten）爲舞臺。一八〇四年八月，裴斯塔洛齊把學校的一部分從墨恒布西（Münchenbuchsee）遷到伊佛登，該地是使用法語地區。但是裴斯塔洛齊及其同伴都是德語地區的人。對法語並不熟練，因此他們希望有一天能搬到使用德語的地區去。

然而伊佛登市當局却非常感謝他把這所名震全球的學校搬到該市，給予最大的援助，提供了一座古城。裴斯塔洛齊與安娜夫人生活在學校內，每天早晨兩點鐘就起牀，勤於著作；教職員也都在三、四點鐘的時候就起床，過着很有規律的生活。當時七歲到十二歲的兒童約七十名住在宿舍裏，由國內及德國北部前來進修的教師也住在一起。鎮上的走讀生約二十名，教師有八名，他們與兒童起居同室，共同進餐，學校充滿了溫和、親切、信賴、快活、秩序與規律。裴斯塔洛齊與教師們等到兒童們就寢之後，才討論當天所發生的事情和教學成果。星期六晚上則開討論會，互相研究。

日後成為著名史學教授的魏曼，從一八〇五年起曾在該校就讀兩年，那時他是八歲至九歲，他敍述當時的情況說：「當我們看不到裴斯塔洛齊爸爸的時候，大家都愁眉不展，由此可見大家是多麼尊敬他。他再出現了，我們都盯着他不放。約有一百五十名到兩百名來自各國的年輕人聚集於此，共同學習，共同遊戲，過着快樂的生活。」

在該校服務的教師都很信賴裴斯塔洛齊。教師的日常生活有保障，但是並不支領薪俸。兒童們的學費存放在裴斯塔洛齊房裏的金庫中；教師如果需要買東西，可以逕自金庫中取去所需要之款。

裴斯塔洛齊常常收容繳不起學費的兒童，使學校財政陷於困難。當時有一個木匠的徒弟因求知心切，又無法入學，每天上課時都在教室外聚精會神地聽講，裴斯塔洛齊設法讓他聽課。這位少年長大後創辦一所女學校，頗有成就。裴斯塔洛齊的慈愛，由此可見。

裴斯塔洛齊原先在新莊遭遇挫折的時候，毫不灰心；然而後來正當伊佛登的名聲遠播，他反而感到學校的缺陷。一八〇八年元旦，他集合了全校師生，前面放着一具棺材，發表沉重的訓話，感歎學校生活已逐漸失去了愛。他置身於順境而能警惕反省，確是裴斯塔洛齊的偉大人格之表現。

一八一八年一月十二日，裴斯塔洛齊七十三歲的誕辰紀念日，他發表演說，特別強調藉教育拯救人類之重要。這一年他在伊佛登郊外的一個小鎮克蘭地(Clindy)收容三十名左右的兒童，創辦了一所小學校，又一次展露出熱愛兒童的慈父裴斯塔洛齊的眞面目，這是値得大書特書的。

安娜之死

安娜是裴斯塔洛齊的「糟糠之妻」。她出嫁的時候，媽媽說：「你一輩子要啃麵包，喝白開水過日子了。」婚後四十六年的生活確是如此。她在一連串的艱苦生活中，始終是裴斯塔洛齊的支持者、忠告者與安慰者，無論處境如何惡劣，她對於愈挫愈奮的丈夫更加信賴，更加敬愛。

一八一五年十二月十一日，安娜結束了她七十七歲的生涯。裴斯塔洛齊的悲傷非筆墨所能形容。

安娜死後，墓碑上刻着：

做貧者之友、人民保護者、教育改革家——

裴斯塔洛齊的妻子，她當之無愧；

四十六年間，她是丈夫事業上的幕後協力者，

她已留下令人祝福、値得尊敬的紀念。

一八二五年，裴斯塔洛齊以八十歲的高齡離開了伊佛登，回到新莊。兩年後，這位偉大的教育家也結束了他的生涯。

精神永存

裴斯塔洛齊是教育史上的偉大人物，他的教育思想對於世界教育界有很大的影響。在教育實踐方面，德國、英國、美國、法國、日本等國都深深受其啓導。

裴斯塔洛齊之眞正偉大處，在於他有一顆純粹的愛心。他之所以能置身於窮困之中而不忘救濟貧苦兒童，傾家蕩產在所不惜，歷盡艱險亦不動搖，這都是由於愛心使然。

裴斯塔洛齊並不是教育理論及方法上的教育家，他是生活實踐上的教育家。不佩服他的學說與方法的人，只要目覩他的生活、瞭解其心情與教育熱忱，無不由衷欽敬。他一生努力的事蹟將永垂史冊，爲後世從事教育工作者的楷模，也是鼓舞教育工作者精神力量的泉源。

菲希特（西元一七六二——一八一四）

謝廣全

聰穎的放鵝童

偉大的德國哲學家菲希特(Johann Gottlieb Fichte)，於一七六二年五月十九日生於德意志撒克遜邦蘭梅諾一個貧困的鄉村，父親是個織繩工人。他是八個兄妹中的長兄。由於寒微的家境，迫使他放鵝以助家計。他自幼即以聰穎聞於鄉里，常到附近教堂聽教，過耳成誦。八歲的某日，貴族米爾梯茲因故遲到教堂，不及盡聽牧師傳教，乃詢問這放鵝童；小菲希特侃侃而談，使米氏異常賞識，將他送到吉本愛琿城受小學教育；又在他十二歲時，資助他到休福塔學校繼續受中學教育。

米氏原想訓練他成為一位牧師，但由於他不慣校中繁瑣的宗教生活，曾一度計劃逃走。一七八○年他進了耶拿大學，專攻神學，修習法律與哲學，並涉獵自然主義教育學者盧梭的著作，一度想參加法官考試。米氏對於他這種態度甚不諒解，乃斷絕對他的資助；於是菲氏為生活所迫，不得不兼授生徒維生。

一七八一年他爲了想取得撒克遜邦政府的補助金，轉入來比錫大學，可惜事與願違，只得重兼家庭教師以資餬口。一七八八年，菲氏連一個家庭教師的職務都找不到，生活陷於絕境，遂起厭世之心。後來得到一位友人相助，擔任秋里希市一位富翁的家庭教師，生活獲得了轉機，並結識了女友約翰娜。

對康德哲學思想的共鳴

自生活有了轉機之後，菲氏興趣開始轉向哲學，研究人類精神自由與必然關係的問題，由於他傾向必然論，得不到滿意的結論而感到苦悶。一七九〇年返來比錫，爲了謀職而到處請人推薦，但無人賞識他的才華，生活又陷於困窘。當時剛好有人以康德哲學來求教，他爲生活所迫而接受這項工作。

直到此時，菲氏對康德哲學尙一無所知，爲了授課而開始研究康氏之哲學思想，結果他對康德哲學起了極大的共鳴。由於康氏自我自律概念的啓示，解除了他在精神自由與必然論方面百思不解的疑問，於是他衝出了黑暗的必然論，奔向自由的原野。

他在精神上旣充滿了希望，遂在一九七一年重返秋里希市，準備向約翰娜求婚，不幸好事多磨，因爲約翰娜的家庭破產而未如所願。

毛遂自薦

非氏在求婚失望之餘，轉赴康德故居哥尼斯堡，拜訪他心目中所崇拜的哲人；出乎意料之外的，年邁的康氏對於他的拜訪甚爲冷漠。菲氏氣憤之下，爲了證明他拜訪康氏，並非出諸對名人的好奇或慕名，乃是由於學問上的傾慕，於是費了一個月的工夫，埋首寫了一篇「天啓的批判」論文送呈康德。在這篇論文的最後，菲氏附了一函：

「我是爲了拜謁舉世景仰的，尤其是我自己最崇拜的大哲學家而來，但仔細一想，對於自己本身是否具有此種資格來拜訪這位偉人，竟未審愼地考慮而冒昧造訪，感到萬分抱歉。當然我也可以索求名人函介，但我却決心毛遂自薦。這篇論文就是我自己的介紹函。」

康氏受到菲氏附函的影響而讀了那篇「天啓的批判」，自覺吾道不孤，大爲欣賞菲氏的才華。數日後菲氏再去拜訪，便受到康氏的殷勤招待。

好景不常，菲氏不久又告經濟拮据，甚至於連返家的旅費都成問題，在告貸無門的情況下只好求助於康氏。康氏並未慨助川資，而勸他將「天啓的批判」出版，同時把他介紹給一位出版商，於是菲氏的處女作獲得了出版的機會。但是由於書局的疏忽，漏印了作者的姓名，而該書出版後暢銷一時，讀者誤以爲是康氏所著；後經康德鄭重否認，聲言這是青年哲學家菲希特的創作，於是菲氏聲名大噪。

無神論的煩惱

一七九三年菲氏在秋里希市終於與約翰娜結成連理，並在此時寫了兩篇論文：「思想自由退還的要求」與「有關法國革命公衆判斷的更正」。他醉心於轟動全歐的法國革命之研究，讚佩法人廢王政，爭自由，法人乃贈予「自由人」的稱號。他在一七九四年應耶拿大學之聘，講授「知識學概念」，從此「知識學」一名遂初次爲人所聞。

菲氏在耶大講學，深受學生歡迎。當時舉世聞名的歌德、馮博特諸文學界大師，齊集於耶大。是年他出版「全部科學理論之基礎」，一七九六年出版「自然法論」，一七九八年又出版「道德論」。他秉性剛直，又富於進步的精神，當別人懷疑其自認爲正確之立論時，易與人爭論，以致開罪了許多人。

他在一七九九年所著的「無神論爭辨」中，認爲人們把上帝視爲專制君主，操生殺予奪之權，此種觀念荒謬無稽；他這項議論引起掀然大波，不但有人著文予以駁斥，且引起鄰境撒克遮邦的抗議。底林根邦政府本欲息事寧人，希望菲氏保持緘默，使無神論之爭議煙消雲散；不料菲氏認爲大學教授有言論之自由，不應受到干涉，乃致函底林根邦政府，謂政府如認爲其言論偏激而要譴責他，他只有辭職以謝國人；於是政府認爲菲氏之函類似恫嚇，而免其教職。菲氏既無法在耶大立足，只得捲起行李隻身前往柏林。

柏林政府聽說無神論者菲希特入境，恐妨害治安而把他列爲危險分子，想設法將他驅逐出境。事聞於普王威廉三世，普王認爲：菲氏係安分守法之良民，應准予入境，至於他反對上帝的事，應由上帝與他去解決，與世人無關。於是菲氏獲得了柏林的居住權。

著述、講學、報效國家

菲氏自居住於柏林後，卽從事著述及私人講學，一八〇〇年出版「人生之職責」及「封鎖的商業國」，一八〇一年又陸續出版「新哲學本質明快的敍述」、「知識學新論」、「尼古萊學說」等著作。一八〇四年在柏林演講「現代的特點」。一八〇五年重任愛朗格大學教授，僅一個學期，普法戰爭起，菲氏之教授生涯又告中斷。

法軍節節進逼，普政府遁至哥尼斯堡，菲氏與軍隊同行，爲激勵士氣，自請從軍，想在軍中演講以鼓勵敗軍之鬪志，報效國家，但普政府不許。後來法軍又攻佔哥尼斯堡，菲氏不得已逃至丹麥的哥本哈根。一八〇七年普法戰爭結束，普魯士戰敗，訂立「鐵爾雪特和約」，普國割地、賠款、裁軍，菲氏重返柏林，在法軍鐵蹄蹂躪與嚴密監視下，自一八〇七年十二月十三日至一八〇八年一月二十四日，舉行其舉世聞名的「告德意志國民」公開演講，並倡議設立柏林大學。

一八一〇年柏林大學成立，菲氏先任教授，繼被推選爲首任校長；一八一二年因與學生代表團意見不合，憤而辭去校長職務。

一八一三年自由戰爭又起，菲氏又請纓從軍，仍爲政府所阻。翌年其妻約翰娜爲看護傷兵而感染傷寒，情況危殆，但菲氏仍未減其對知識學之狂熱，在可能與愛妻訣別的情況下，仍赴校授課；當他返家時，約翰娜已脫離險境，不禁欣喜若狂擁抱其妻，可是自己却因而染上傷寒症。一八一四年一月二十七日，這位舉世敬仰的愛國哲人，於欣聞德軍已渡過萊因河乘勝追擊法軍的捷報聲中，含笑與世長辭，享年五十二歲。菲氏雖未效命沙場，但其愛國熱誠實與爲國捐軀並無二致。

純理性的認識論

菲氏自生至死，幾無一日不是在艱難刻苦勇猛精進之中。其思想學說，深受理性主義者康德的影響。

康氏自當前的世界出發，由外而推及於內，以爲人類所能夠認識者是現象。而所以能認識現象，最先是感覺，其次是範疇，最後才是統覺；這是由於人類具有理性的緣故，但人類的理性，無法超越物的自體。菲氏的哲學，從分析人類的自覺性下手，認爲實在的認識係出於純理性，由於純理性的認知而使人深信不疑，此種純理性就是自我的思考。

菲氏認爲由於此種自我的思考而形成自我的動作與行爲，萬事萬物的本源均在自我的動作與行爲之內。人類所能感覺的自然界——卽實體，這不過是跟人類行動相抵抗的一種工具，由於外界有了抵抗，人類本身的行爲動作才能發抒出來。簡而言之，人之所以能夠生存，係由於自我能夠作理性之思考，但必須有非自我——自然界的抵抗才能產生行動，此種自我可說是精神；非自我，卽物質。

菲氏僅注重自我之行動，蔑視外在之自然界，彼所謂之行動，卽哲學家思想之出發點，最先乃意志之決定或意志之行爲。我們所欲研究的知識，非僅外在之反映，須是本身所決定所創造，才能眞知。

出自良心的道德論與廣義的自由論

菲氏以爲道德之目的，在脫離感官所接觸的外界物質之引誘——即物欲，發抒爲良心上自主的動作。人立於天地之間，最寶貴者厥爲實現道德的目的，軀體僅係實現道德目的之工具，因此良心最爲重要。

康德認爲道德之要件在於善意，而菲氏以爲徒有善意而無實際的行爲，不能成爲完全的道德：人類生活無法脫離自然界而獨立，因之良心與物欲時常交戰，所表現出來的行爲，必須與知識相輔相成，無知識則無法應付環境，但知識之應用須合乎道德，否則爲害必烈。

菲氏又以爲人類均享有自由之權利，但人類之自由係由於人與人相處才能彰顯人類之意義，既有個人之自由，須同時承認並尊重他人之自由，因之個人之自由必須加以限制。國家是個人的集合體，國家爲了保障個人生命財產之自由，應享有絕對之自由；而個人僅應享受有限制之自由。

精神眼與原初民族淺釋

菲氏以爲人類之眼睛可分爲肉眼與精神眼。肉眼是有形的，能及於自然界之現象，它雖能見及自然界之紛亂汚濁，因與肉體無關，故不以爲意。精神眼是無形的，能及於自然界之本質，見國家社會紛擾紊亂，即起一種去之而後快的感覺，亦即良心之自覺。此種精神或良心之自覺，須賴教育力量培養，因之兒童教育之目的，在培養其健全的人格。

菲氏所謂原初民族，就是一個民族具有活的語言文字，具有改造自己的能力，具有與其他民族不同的感覺，因之雖散布世界各地，亦能不受其他語言文字之同化，其精神永遠與祖國相感應。由於民族具有活的語言文字與精神，國家和民族才能屹立不衰，撥亂反正，而不致亡國滅種。

沉痛呼籲的十四講

自一八〇七年普法訂立「鐵爾雪特和約」，限制普國軍隊只能保有四萬二千人；在賠款未清之前，法軍佔領普國各大要塞。普魯士各邦人民本身既有階級上之不平等，復受法國種種限制，其民族信心喪失泰半；於是有識之士如斯太因、馮博特、哈登堡、謝隆荷斯特等，激起愛國的熱忱，紛紛要求廢除佃奴制度，確立地權自由，特許都市自治，奠立法制基礎，整頓軍隊訓練及組織，並重視教育問題。菲氏在此種激流冲擊下，本其愛國血忱，遂不顧自身安危，在柏林公開發表十四次演講——「告德意志國民」，指陳普國積弊，欲以新教育的方法，重整民族道德，恢復國民信心，以期振衰起弊，挽救危亡。

以下就是這十四次演講的內容要旨：

普魯士所以受到戰敗割地賠款的奇恥大辱，實是由於整個國民過分自私自利。目前國家失去自立自由，在人爲刀俎我爲魚肉的情況下，如果不能加以改善，終將被外國箝制併吞；要想復興國家，必須開闢一個新世界，使國家能獨立自主。目前各人不重視名譽、獨立與自由，國家永遠沉淪在痛苦的深淵；只求保全自己生命，在肉體上不受痛苦卽感心滿意足，這是國民麻木不仁的結果。我們的人民不知認淸此種慘痛教訓而加以抵抗，文官愛財，武官怕死，將失敗的罪過歸咎到政府或少數人身上，此種不負責的態度實叫人痛心疾首。國家陷入這種奴隸狀態，人人有責。自救之法，惟有改造現行教育制度，重整民族舊道德，培養民族的自信心與自尊心，以新教育革除醉生夢死之生活，奮發起蓬勃之朝氣，消滅自私自利之觀念。

新教育之宗旨，在造成堅貞強固之品性；因之，養成純潔之意志，爲新教育之第一目的。將人類本性之精神活動使其循序發展，使兒童受愛之感動而努力自動地學習，且培養其團體觀念，袪除往昔之功利主義，代之以道德之眞理，不可強將兒童塑造成現代成人之模式，因現代的成人利欲薰心。我們要造成學生健全的人格，養成生氣蓬勃與意志純潔、忠貞愛國的下一代。

德意志民族具有活的語言，活的文字，不致被他族所同化，雖散居各地，仍能與祖國息息相通。雖然我們目前處境如此艱難，但我們具有日耳曼民族的優良傳統；雖團結國民的紐索被人狙斷，但我們不必灰心，起死復甦之風仍在吹拂，挽救亡國滅種之手段尙未絕跡，我們必須恢復民族信心，將悲憤化爲行動與力量，前途無可限量。世上沒有不勞而穫的奇跡，依賴上帝保佑是靠不住的；天國遙遠無期，惟有面對現實，挺身而出，將天國之永恒推進及於各種事業中。犧牲小我，將這高尙的道德種子播種，成爲子孫的最好遺產。前人種樹，後人得蔭，子孫必不辜負祖先厚望。

我們堅信日耳曼民族具有自由，亦承認他人有完全之自由；但在目前情況下，必須將個人自由捐獻給國家，使我們國家享有絕對之自由，才能保障人民之生命財產。具有原初民族之國家，必須尊重自己國民，保愛自己國民，發揮祖國愛之精神，為民族服大務，為國家盡大忠。在國家危急時，主政者如確認具有必要，得不必考慮個人是否贊同，一切國家至上，民族至上，此即祖國愛之最高表現。凡眞正的德意志國民，應以生為德國人而感到驕傲。戰爭之勝利，不靠軍隊強大，亦不靠砲火犀利，所恃者厥為精神力量，亦即偉大的祖國愛。

時至今日，德意志國民已失去獨立自由之權利，淪為奴隸之地位。欲想恢復民族地位，恢復國家獨立，須將祖國愛之精神送到人民手中，惟有此種新教育方法才能挽救德國之命運。在敵人虎視眈眈下，無法作積極反抗，必須將它隱藏，涵養自身，刻苦自勵，待時機成熟，一舉却敵救國。從前教育僅教學生認識外在自然界之物質，必須另起爐灶，培養學生祖國愛之精神，使其認清本身應擔荷祖國未來之重責大任。我們不僅應注意平民教育，更應建立並重視國民教育；剷除社會上之階級制度，養成健全國民，具有崇高之道德精神，豐富之知識，健全之體魄，手腦並用，文武合一；新國民教育之特點在學習與勞動並重。往昔以教育為父母之私事，達其望子成龍之願而已；為國家民族前途着想，新國民教育計劃應由國家承擔，訓練國民能忍受任何艱辛之任務，具有愛國血忱，此種教育方法將不會招致敵人猜疑。因之強迫教育與服兵役之義務並行不悖，德意志諸聯邦，須堅信此信念，不容置疑。

同胞們，我們所以陷於冥頑不靈之地步，茫然自私之狀態，實乃因循苟且之結果。從前種種譬如昨日死，黑暗即將過去，黎明即將來臨，今後我們歷經艱辛的旅程後，必能踏上坦途大道，如仍不知即時醒悟，災禍即將來臨。

青年們，我本身已不配做你們的一分子，然而我確信你們都能出人頭地、賦有不受束縛的能力。你們要保持旺盛想像力的火焰、進取的態度、堅貞強固的品性，把握機會。死有重於泰山，有輕如鴻毛，當國家需要你們的時候，必須發揮你們的潛能，爲往聖繼絕學，爲萬世開太平。爲德意志捐軀的列祖列宗，其在天之靈與我一般地向你們呼籲，切勿辱沒祖先的光榮歷史，使祖先的熱血白流。

諸位老朋友們，此次國難，你們要授予青年人一個保證力量與支援，他們將會以敬仰的眼光歡迎你們，只要你們不加以阻撓，勿將醜惡的一代加諸青年身上，認識你們眞正的價値，保持善意的緘默即可。具有偉大壯麗而奴顏婢膝之舊世界，已因自己自承無價値與父祖們之不爭氣而滅亡，將愛國種子播種下去，期其萌芽茁壯。我是國民的一分子，作這十四次冗長演講呼喚之目的，是欲喚起德意志國民的覺醒，希望全國同胞能深切體會我的一番苦心。外在情勢雖然惡劣，只要每個人都能恢復信心與勇氣，發揮我民族固有的美德，將命運操在自己手中，團結一致，共同爲救國而努力，我個人卽使因此犧牲也是求仁得仁。

永垂不朽的愛國哲人

菲希特眞是英雄豪傑。他出身寒微而刻苦自勵，眼見國家卽將破滅淪亡，鑒於同胞遭受異族的欺凌宰割，不因書商巴姆爾印行「奇辱中之德國」被拿翁處死而有所畏懼，欲以人生數十年必死之生命，建國家億萬年不死之根基，在法軍嚴密監視下，毅然舉行「告德意志國民」演講，這種視死如歸的大無畏精神，誠如其在日記上所載：「余所求者，乃德人之奮發有為，個人之安危毫不足慮。設余因演講而死，則我家族、我子女，可得殉國之人為父，此乃無上之光榮；人生之歸宿如此，可謂大得其所。」

菲氏以爲欲挽救亡國滅種之危機，必先恢復民族自信心，實施新教育。其演講對於慘敗者鼓其希望，對於愁苦者予以慰藉；使各個人不因慘痛而抑鬱無聊，有追求事物眞理之熱忱，且有應付當前疑難問題之勇氣。由於菲氏堅苦卓絕不屈不撓之精神，及其對德意志祖國熾烈之愛戀，此種精神感召，使全德國民重新恢復已喪失之民族信心，實施國民教育，不數年間，德意志諸邦組成一強固之聯邦國，終於在一八一四年四月將拿破崙放逐到地中海，一雪七年前戰敗之恥辱；這不能不說是菲氏演講鼓勵與啓示的結果。

赫爾巴特（西元一七七六—一八四一）

葉學志

一　生平

偉大教育家的生平故事，往往對人有兩種不同的影響。第一種是使人感到無比的激勵，增進了從事教育工作的熱忱；第二種是使人對教育理論淵源，獲得深刻的認識。裴斯塔洛齊(Pestalozzi)和福祿培爾(Froaebel)的一生就是前一種的例子，他們一生遭受無數的失敗和打擊，但其奉獻教育的崇高理想和其堅忍奮鬪的精神，頗令人欽佩與奮發。而赫爾巴特（John Frederick Herbart）的一生却是後一種的例子，他一生充滿着榮譽和順利的成就，他的經歷使我們對教育思想得到更深刻的瞭解，對於他的卓越天才和獨特的見解更有特別的領會。

赫爾巴特是在西元一七七六年出生在德國西北部奧登堡（Olderberg）。祖父是醫生，父親先是律師，後來升爲樞密院顧問官，母親是一位美麗聰慧而且具有深厚文學修養的婦人。赫氏是獨生子，家庭溫暖，使他感到無比幸福；但不幸有一天他不愼跌進沸水桶中，遭到灼傷，使得一輩子身材瘦小，無法健壯。

赫爾巴特的求學和事業成就受他母親的影響最深。在他從小念書的時候，他的母親每天陪伴着他，督促他念書，連上課都在他身邊，甚至陪伴他一起研究希臘文。當他進入任納(Jena)大學時，他母親仍舊跟着他，並設法讓他認識當時著名哲學家施勒(Schiller)，使有機會去領受其美學思想。大學畢業後去做家庭教師，也是出於他母親的建議，這次擔任家教的教學經驗，對他日後的教學理論影響很大。

赫氏最早受教於幽羅錦(Ulzen)牧師獲益甚多，幽氏的教育哲學，認爲：「教育主要目的是培養思想的純潔、果斷和有恆」，這種理論對他的教育思想，有深鉅的影響。

赫氏十二歲到十八歲進入一所德國中學讀書，此時已顯出其天才。學校對他的評語是：「表現優異，守秩序，品德優良，對自己天賦才能已懂得力求發展和改進。」他多才多藝，不但具有數學、語言和哲學的才能，而且是天才音樂家和文學家。

他的思想成熟很早，十一歲就研究理則學，十二歲研究形而上學，十四歲寫了一篇論文稱爲「意志自由」。十六歲就開始研究康德(Kant)的思想，十九歲他就批評當時著名哲學家薛陵(Schilling)和非希特(Fichete)的思想。他攻擊非希特所謂「自創自己世界」的觀念，因爲他認爲學生本身不可能創造自己世界，而是依賴着教師教導和外在世界的影響，才能形成自己的世界。顯然此時他的思想已能深悉自己心理過程；而且具有獨特的見解。

他的父親送他到任納(Jena)去學習法律，但是他沒有興趣。十八歲到廿一歲進入任納大學，當時有許多著名哲學家和文學家都在這所大學；由於他母親的幫助，他認識了哲學家施勒，奠定了他從事教育和研究哲學的基礎。

廿一歲他接受母親的建議，到瑞士恩得拉琴（Interlaken, Switzerland）州長家，擔任其三個兒子的家庭教師。在教學三年中，每個月他要寫給家長關於他教學的方法和成就的報告，這段教學經驗深深地影響了他的教學理論。

一八〇二年，他到哥得經大學（University of Gottinger）教書，所寫的作品主要是關於教育方面的。一八〇九年，他應聘到東普魯士擔任康爾士貝大學（University of Konigsberg）哲學講座。因哲學家康德曾以擔任此講座而成名，故當他受聘時，感到非常榮幸。他說：「我受聘這最榮譽的哲學講座是非常的快樂，小時候當我研究這偉大的哲學家（康德）時，我就像夢中祈求似地嚮往着這一所大學。」他在這所大學一共廿五年，主要著作都是心理學方面的：一八一六年寫了一本「心理學教科書」（Text-Book in Psychology），一八二四年寫了一本「心理學是一種科學」（Psychology as a Science），此外還有其他一些有系統的哲學作品。

他對黑格爾（Hegel）的思想非常崇敬。他曾感到不能親自聽到黑格爾的演說，是很大的遺憾。當黑格爾去世的時候，他希望能到柏林大學擔任講座，接任其位置，可惜沒有成功。再過二年之後，他回到哥得經大學教書，一直到一八四一年去世，這時期作品比較少；他寫了一本最實用的書稱為「教育學說大綱」（The Outline of Educatoinal Doctrine），被稱為「近代心理學之父」和「近代教育科學之父」。

二　教育目的

赫氏認爲教育科學第一步工作是先發現教育的最高目的，而後尋求達成這種教育目的的工具。他以所研究出的心理學、倫理學以及形而上學，來指導其教育理論，並以倫理學爲其教育目的的理論基礎。

他主張教育的目的是個人品格和社會道德。他說：「人的最高目的是道德，因而教育目的也應是道德；我們普遍地承認道德的重要性，如果有人否認的話，那末他就不瞭解道德眞正的意義。」他又說：「品德可解釋爲教育的整個目的。」

他不贊成裴斯塔洛齊對教育目的的見解，裴氏認爲教育的目的是培養兒童各種能力，和官能(Faculty)調和的發展，但他則認爲官能是不能分開多種的，心靈本身作用是統一的，用不着求其調和的發展。同時他又反對盧梭(Rousseau)對教育目的的見解，盧梭認爲教育目的是促進兒童個人自然的發展，而他則認爲教育目的應顧及社會的適應。赫氏主張個人品格與社會道德，兩者並重而不衝突，譬如善良意志、社會合作的行爲、正義以及適當地服從權威等，都是他所謂品德的含義。

赫氏以爲品德是「內在自由的觀念，成爲心靈持久的意識狀態」(The idea of inner freedom as a constant state of mind)。所謂內在自由觀念，是一種自願的意志。心靈持久的意識狀態，是觀念持久地存留在意識中，而且支配着心靈。品德具有自願而持久的意志，可以控制個人的行爲。因此教育最重要的任務是建設心靈，使品德的觀念成爲最強的觀念，這種品德的觀念，是靠着正確知識的判斷和領悟而來的。他說：「當意志和教育領悟相符合的時候，品德便得到了。」換言之，品德是靠着後天的教育而得到的。固然未受教育的人，不是不能爲善，但是其爲善可能是由於習慣或模仿，缺乏正確知識的判斷，與領悟觀念的選擇，無法知受教育者具有自願而持久的善良意志。

三　教育內容

赫氏教學理論是基於他的心理學，稱之爲「觀念聯合論」。他認爲心靈原始是一無所有，只是接受外界印象的受容器。我們內省瞭解的，只是一些感覺、願望和觀念。心靈作用首先靠與外界接觸，而後產生種種觀念；各種觀念聯合方成心靈作用的種種範疇，這些觀念的互相聯合或排斥，有一定的機械性。他甚至用數學公式來說明心靈作用的現象，奠定近代教育科學化的基礎。

教育是建設心靈或培養品德的過程。建設心靈的原料是教材與課程：何種教材或課程產生何種觀念，何種觀念產生何種心靈，其間有密切的關係。

他主張教材應包括兩種知識：第一種知識是與外界事物接觸的知識，從物體本身、力量性質和自然法則推理而來的實證知識；第二種知識是從人性、人與人之間的關係、道德以及宗教的瞭解推理而來的知識，他稱之爲「諒解」(Sympathy)。

第一種知識是從與事物接觸的感官感覺，就像未進學校的兒童累積了許多感官得來的具體經驗；但是這些經驗進入學校後就會發現有許多錯誤，因爲這些知識太偏狹，缺乏有系統的推理。教師要補救這種缺點，應運用兩種方法：一是提示學生接觸廣泛事物，使得到完整而廣泛的見識；二是教導學生從這些感官得來的具體經驗，經思考和判斷的推理，使得到實證的知識。

第二種知識是來自社會關係交互作用的體會。他認爲比第一種知識更重要，因爲這是所有智力和道德發展的基礎。這是從個人與個人間的諒解和判斷，擴大到對整個社會的廣泛諒解，最後到個人和社會共同與神的交互關係。從歷史、文學、語言、宗教以及藝術方面的教材可以獲得這種知識；他特別強調歷史和文學的重要，他主張和文化時代理論(Culture Epoch Theory)相配合。他認爲人類經過不同文化的時代，一個時代比上一時代更進步而且更複雜。如果要使當代文化更成熟，必須先瞭解過去的經驗。他說：「歷史是人類的老師。」而且他認爲當代成人社會和倫理關係、道德目的和其判斷，往往太複雜，與學生生活實際經驗脫節。因此他主張最好讓學生閱讀歷史和過去的文學，比較更簡明，而且更能引起學生的興趣。閱讀過去英雄生平的故事，其生活、行爲、和思想都含有啓發學生倫理領悟和培養品格的效果。他當家庭教師的時候，使用荷馬的「奧得賽」(Homer's Odysay)爲教本，發現希臘原始英雄品格、簡單生活以及道德情況，都很適合其學生的倫理水準。後來他的門徒依照其文化時代理論，設計一套教材，從神仙故事、呆鵝媽媽故事 (Mother Goose Stories) 聖經舊約，到希臘文學和聖經新約，最後則爲近代文學。

他主張課程組織應有兩種原則：第一種是集中原則，是將學生注意力集中在單一的觀念，將意識集中在單一的思想。他的門徒根據這種原則將課程組織爲「核心課程」，即在課程中將所有研究集中在一共同中心科目；譬如他的門徒戚勒（Ziller）選擇歷史爲中心科目，美國赫氏學派學者墨格牟爾(McMurrys)佛蘭克(Frank)等選擇地理爲中心科目。採用集中原則的理由有三：一是課程中所有學科研究範圍太廣，無法全部均衡顧及；二是心靈作用統一，因而個人知識也應統一；三是倫理觀念是基於心靈作用統一原則。

第二種是相關原則，卽使中心科目的每個部分都包括相關科目充分的資料；譬如以研究發現美國新大陸爲中心科目，那麼有關的歷史、地理、繪畫、地圖、自然、文學和數學等方面均須適當的配合，成爲完整的教材。因爲有關教材的配合，使學習更易體會。

四　教學方法

赫氏既強調教育目的在建設心靈、培養品德。不但建設心靈的原料——教材內容和課程組織——非常重要，而且建設心靈的程序和方法——教學方法——也同樣重要。他認爲許多學生知識的獲得是死記，對學生需要和經驗毫無關聯，這是錯誤的。他所設計的啓發式教學法，是建立一個生動活潑的心靈，嚴格地配合着人類思考的基本原則。

他主張教學方法有兩大基本原則：第一原則是學生的興趣。他認爲教學必須先引起學生興趣，所謂興趣有其特別的意義，他解釋興趣是一種內心的願望，要使所獲得的觀念能保留在意識中，而且將以前所得觀念恢復到意識中。依照他的見解，心靈是如溪流似的意識狀態，凡與外界接觸所產生的觀念進入心靈，並不是長久保留在意識中；不久前得到的觀念，瞬間在意識中卽消失，另有新觀念出現；而舊觀念並非永遠忘記，只是移入非意識領域，一有機會仍然可以回復到意識中，心靈意識狀態就是如此不斷變動的現象。但是觀念一旦存在意識中，就想長久保留下去；這種傾向往往因心理學的兩項法則而增加：第一法則是常數法則(Law of Frequency)，卽一個觀念愈常進入意識中，其雖已移入非意識領域，但仍愈易回到意識中，愈有更大力量控制心靈；第二法則是聯想法則 (Law of Association)，卽如果許多觀念聯合起來形成一團組合力量，這力量可以決定何種觀念可以進入意識中。因此興趣是在心靈中的一種積極的力量，決定何種觀念和經驗會引起注意。

如果學生缺乏自然的興趣，敎師應引導其產生自願的興趣。引導產生自願的興趣，不是用強制或人爲的方法，如用分數、獎勵或競爭等的方式，而是用聯想的方式。譬如學生對算術和測量沒有興趣，敎師要想辦法讓其瞭解算術和測量是其已具有興趣的科學、設計、建築或其他方面知識學習的基礎，引起其產生自願學習算術和測量的興趣。因爲所有知識有交互關係，形成觀念圈 (Idea of circle)。敎師總可能找出一條路從已經知道的來引導，使不知道的與之發生關聯，而產生自願的興趣。所以敎師不但要引導學生從有關舊觀念基礎趨向特定新觀念的興趣，而且最好要建立組合已有觀念的思想圈，足以控制學生一生中的興趣。

第二原則是類化作用（Apperception）。類化作用是以舊經驗爲吸收新知識的基礎。一種新觀念的體會必須用舊有的其他觀念來解釋，譬如「海灣」這個詞，是靠我們已有「水」、「顏色」和「聲音」一的舊觀念來體會其含義。醫生對於人類健康和疾病有研究的經驗或知識，因此對病人發生的類似病況可以正確地加以診斷，而一般人便不懂診斷病情，因爲缺乏專門知識。同樣的，一個原始野蠻人看到日蝕，以爲是黑暗的力量和魔鬼征服了日光、神和人生的現象；而科學家看到日蝕，却認爲是天體運行之中的機械的現象。同一日蝕的現象，而所瞭解的不同，是因爲其舊有知識與經驗背景的不同。這些舊觀念可能是許多觀念的組合，成爲類化團（Apperceptive mass），其影響力更大。所以教師不但要利用學生的舊觀念以吸收新教材，同時應該使新舊觀念類化的結果，經過推理過程，獲得有系統的原則或思想團，足以影響未來的學習，甚至品德的形成。上述興趣原則也可說是類化團的功能，有吸收特定新觀念的注意力。

配合他的教學原則，他曾設計教學的個四步驟，亦即將教學過程分爲明瞭、聯合、系統和方法四個階段。後來其門徒加以修改補充，成爲著名的五段教學法。其全部教學過程如下：

（一）**預備**　先使學生回憶過去事實和經驗，爲學習新教材的準備，並且說明學習目的，引起學生興趣或動機。

（二）**提示**　提示新教材，使學生切實瞭解，通常提供實物觀察的具體經驗，或用淺易的事實說明。

（三）**聯合或比較**　提示新教材與學生舊經驗相比較，分析其異同之點。

（四）**總括**　經過推理的過程，獲得抽象的觀念和結論。

（五）**應用**　將所得的結論作爲解釋及吸收新觀念的基礎。

福祿貝爾（西元一七八二——一八五二）

楊極東

福祿貝爾（Friedrich Froebel）德國人，生於西元一七八二年，死於一八五二年，是幼稚教育的創始人，對幼稚教育的理論和實際均有極大的貢獻，世人尊稱他爲「幼兒之友」。

早年生活不幸

福祿貝爾的學說雖蔚爲重要的教育思潮，其貢獻亦備受後人推崇，但他早年的生活却非常的不幸。他於西元一七八二年生於德國中部杜林根（Thuringen）山區的一個小村落上，他的父親是一教區的牧師，終日忙於教務，對他並沒有什麼父愛的表現；而他的母親則在他生後九個月卽去世。在他的自傳裏曾經這樣寫道：「母親的死給我很大的打擊，影響我整個生命的環境和發展；我認爲母親的死，多少決定了我整個人生的外在環境。」其實並不是他母親的死對他有多麼重大的不良影響，倒是他繼母對他的虐待，使他的身心受了很大的傷害。當時他父母根本不注意他的教育，完全讓他自生自長，其幼年生活可謂不幸。

然而，在福祿貝爾十歲到十四歲的這幾年裏，却是他童年生活中最幸福的日子。這段日子裏，他被他舅父母接去同住，舅父母給他慈愛，也送他到教區的學校去受正規教育，這是他一生中所受的唯一系統教育。但好景不常，十五歲的那年，他離開了舅父母家而跟隨一位林務官當學徒學習林務，而他的老師並不會給他眞正適當的教育。所幸他還能本着平日宗教的精神，常和自然界接近，而熟識各種植物，增長一些有關森林方面的學問。爲求對自然科學有更深的了解，他遂於一七九九年設法進了耶那大學（University of Jena）。當時的耶那大學自詡擁有近代日爾曼大學最負盛名的教授，可惜正當他如醉如痴的潛心於眞理的探究之際，竟因學費無着，而嗒然喪氣的離開學校了。

一生事業的轉捩點

離開大學後的福祿貝爾，一時無法決定其去向，只好回家。回家之後，有時從事林業的經營，有時擔任農場的管理，生活極爲困苦，際遇着實可憐，然而他對惡劣環境一點不低頭，反而增強他濟世救人的偉大抱負。

一八〇五年，他轉徙到佛蘭克府（Frankfurt）。正當他準備開始研究建築之際，他遇到了格魯納博士（Herr Gruner）。格博士是裴斯塔洛齊的信徒，這時正擔任一所模範學校的校長，他對福祿貝爾的才幹和氣質極爲賞識，鼓勵福氏改志教育，並給予他一個學校教師的職位。由於得到格氏的指導，福祿貝爾對實際教育工作有了接觸，對裴斯塔洛齊的學說也有了研究，他開始覺得教育工作是唯一符合他自己願望，適合他自己興趣和才幹的工作。這時他的教育才能已逐漸顯露，他開始傾心於教育，並決定以教育作爲他的終身事業。

好學不倦

福祿貝爾確定以教育爲其終身事業後，一面從事實際教學工作，獻身幼稚教育；一面潛心於裴斯塔洛齊教學原理和方法的研究，致力於裴氏學說的闡揚與修正。由於實際教學與研究的結果，越來越覺得自己學力不够，應該再努力進修，於是他懷着無比的求知熱情，暫時離開工作，先入哥廷頓大學，後入柏林大學，繼續其大學學業，鑽研各部門科學，尤其是礦學。在柏林大學，他受業於當時最負盛名的礦學家及自然史學家威士教授(Christian S. Weiss)，同時也聽當時最負盛名的哲學家非希特講課。威士深爲其好學精神所感動；不久被威士升爲其礦學助理研究員，後又獲得礦學教授資格，足見其科學造詣之深。其一生學說主要在此時期發軔完成。

投筆從戎

一八一四年德法兩國掀起了戰爭，當時福祿貝爾正在柏林工作，他立刻中止工作而毅然投筆從戎。他以爲一個身爲教育工作者，不能不爲國家的安全而參與戰爭。他認爲：假如教育家正是一個能爲國出力的青年，而竟然貪生怕死，不能用他的熱血乃至於他的生命來捍衛國家，則其非但要受到學生的恥笑，更不能以身作則的激發學生的愛國情操。福祿貝爾這種愛國情操是何等的偉大；事實上福祿貝爾的身體和性格並不適於軍旅生活，他的毅然從軍純粹是爲了作爲靑年學生的榜樣，激發靑年學生的愛國心，其志行實堪敬佩與效法。

創立幼稚園

福祿貝爾是幼稚園的創始人，因創立幼稚園而享大名於世界。福氏創辦幼稚園雖濫觴於全德教育院(The Universal German Institue of Education)，該學院係由福氏與其友人米頓道夫 (Middentovf) 和郎格泰爾(Langethal)於一八一六年在德國開荷 (Keiehau) 所設立。其教育目的，在使兒童所有各方面的能力都能獲得平均發展；其教育方法，則在藉遊戲以引導兒童自我活動、自我發展與社會參與；其教育內容，則特重學科間相互的關係，和學科與實際生活間的關係。但第一所幼稚園則是福祿貝爾於一八三七年在離開荷不到二哩的一個風景極爲美麗的布蘭根堡 (Blackenberg)所開設。幼稚園(Kindergarten) 一詞曾使福氏深思甚久，最後因在林中散步，目睹草木花鳥自然的生趣，乃有所悟，而決定取用者。他創設的幼稚園，專收七歲以下三歲以上的兒童，利用兒童遊戲的本能，教以各種遊戲；至於知識的傳授，雖偶而有之，但並非幼稚園的眞正目的。幼稚園每天的活動，大概有三：一是表現，二是唱歌，三是手工。上課專用口語不用文字。至於其教學所用之材料亦有三種：一爲慈母遊戲及保姆歌 (Mather play and Nursery Songs)，二爲恩物 (Gifts)，三爲手工材料。慈母遊戲及保姆歌是福氏所作的一本小書，內有歌曲五十首，每首附有圖畫和註釋，歌詞內容大半都是故事。恩物係長輩賜給兒童的玩物，故名恩物，共二十類。至於手工材料則有粘土、竹、木、厚紙、金屬、絲線等。這些都是福氏用以促進兒童自我活動、自我發展的重要工具。

福祿貝爾的幼稚園運動，在開始的時候並不怎麼順利。布蘭根堡的幼稚園因受德國政府的干涉而於一八四四年宣告停辦。但他並不灰心，同時他認爲兒童的幼年教育應由母親負責，乃決意轉向婦女講述他的觀念。由於福氏的努力以及得着女弟子白太男爵夫人（Baroness Berthe von Marenholtz-Biilow）的大力贊助，幼稚園運動很快的就有了顯著的發展。白太男爵夫人因受他的偉大教育精神所感動，不獨對人盡力介紹福氏的工作，並引得一些在政治界及教育界的名人去參觀福氏的事業，而且在比鄰馬利恩達(Marienthal）地產上劃定一塊極大的土地，獻給福氏作爲將來設立幼稚園之用。此時福氏對他的教育事業充滿着信心與希望。但不幸得很，一八五一年有人將他的學說與其姪迦爾的社會主義學說誤混在一起，說他提倡社會主義，於是當時的普魯士教育部長因懷疑其思想含有革命色彩，立卽下令禁止轄境以內幼稚園的設立。福氏遭此橫逆，觸景心傷，侘傺無聊，不能自遣，終於一八五二年六月廿一日溘然逝世了。

福祿貝爾逝世後，其友人米頓道夫，其孀妻路易黎文（Louis Levin），其女弟子白太男爵夫人，便成了他精神遺產的繼承人。但米頓道夫不久亦繼之逝世，其孀妻因所受的教育不够，對他的學說與精神的發揚無甚特別助益。惟有白太男爵夫人因受過高等教育，精通多國語言文字，兼有崇高的社會地位，又是最受他精神感召的女弟子，遂變成傳播福氏學說、發揚福氏精神的最大使徒。最初白太男爵夫人極力請求普魯士內閣及國王收回以前所頒禁設幼稚園的命令，但未蒙接納而出遊。男爵夫人遍歷歐洲各國，宣揚福氏幼稚園的理論與實際，直至一八六〇年普魯士收回禁令，才返回舊居繼續爲幼稚教育運動而努力。我們在這裏可以這麼說：福祿貝爾表明了關注幼兒的愛心，創立了幼稚園的觀念，倡導了幼稚教育的運動；到目前爲止，幼稚教育運動已經有百餘年的歷史，創造這歷史光榮的，自然應該歸屬於福祿貝爾。然而，爲幼稚教育運動建立穩固基礎的，則是深受他教育所感召的女弟子——白太男爵夫人，亦屬功不可沒。

人的教育

福祿貝爾爲傳播其幼稚教育起見，特於一八二六年發表其重要著作——人的教育(Die menschen-erziehung Biilow The Education of man)，此書是福氏最完全的著作，其教育思想具見於此。茲簡介其內容大要如後：

第一，福祿貝爾認爲教育的目的是發展(Development)，是指導兒童發展神性的、自由的人格。他說：「兒童的全部在於兒童自身，無論如何輕微的徵象，過去的在於兒童，未來改變的仍在於兒童，而且整個兒童只由從內向外的發展而獲得。」至於發展的型態，他認爲是遵照既定的設計而發展，猶如種子之於植物：種子雖小，却包含有整個植物的完美型態於縮影之內，植物日後之發展，乃循此種子既存的內蘊而成。他說：「種子蘊藏着整棵樹的本性。」又說：「每一存在物之未來生活的發展和形成，早含於其存在之開端。」再者福祿貝爾認爲個體發展的途徑與其種族發展的途徑是相平行的，故其發展也是賡續的歷程。他說：「個人內在生活的發展，重演種族的精神發展。」又說：「人的發展該由一點出發，然後繼續不斷地演進。」福祿貝爾和盧梭一樣，也有兒童天生而善的觀念。他認爲：人的本性確實是善的，教育的本質在於喚醒個體內在的精神本性，發展個體內蘊的神性。

第二，福祿貝爾認爲發展兒童天稟的方法是自我活動的表現，亦即自動或筋肉的活動。依福氏看來，兒童的自我活動表現以遊戲爲顯著，兒童藉遊戲以表現其內在心理歷程於外顯行爲上。他把這種遊戲的自我活動的價值看得非常重大。他說：「它是兒童期發展的最高階段，是人類當此時期的最高發展；因爲遊戲是內在自我活動的代表，是內在需要與衝動的表現。遊戲是個體兒童期最純潔、最高精神性的活動；是人生全程的典型活動，是蘊藏在人及一切事物之自然生活的典型。因此遊戲給予兒童歡樂、自由、滿足，以及外在和內在的休息，使他平和處世。它把握了一切善的泉源。」遊戲的教育價值因得着福祿貝爾的特別強調，而使其在教育上有了適當的地位。然而他並不認爲所有遊戲都具有教育價值；他認爲兒童的遊戲若要有教育價值，則不可漫無目的，其遊戲材料必須要加以確定，並善加指導，俾使兒童所從事的遊戲活動，及在遊戲活動中所流露出來的情感，都有秩序、層次，並合乎中節。他說：「兒童的活動，若缺乏合理的而有意識的指導，則可能淪爲茫無目的的遊戲，如此非但無助於其發展，而且亦不能準備其日後應有的工作。」至於遊戲的材料，他設計有「恩物」及手工材料，這是福氏藉以喚起兒童自我活動表現的兩種重要媒介。

第三，福祿貝爾認爲發展兒童的方法是讓兒童參與社會活動，俾使完全的羣性儘量獲得發展。福氏看重教育的社會價值，認爲人是社會的動物，不能離羣而獨立生存；人必須與人合作，始能有所發展。因此他主張學校應該是一個雛型的社會，教室應該就是一種社會活動情境，教師應配合社會實際情境而設計各種戲劇化的遊戲及系統化的活動，使兒童在自我活動中，培養其禮讓、互助，互愛，互敬和團結合作的精神。福祿貝爾這種看重教育之社會價值的觀念與赫爾巴特一樣。

貢獻與影響

福祿貝爾是幼稚園的創始人，不僅對於幼稚教育的理論與實際均有極大的貢獻，而且對於整個教育的影響亦極爲深遠。他深信兒童的生活，從幼稚時期一直向上是賡續不斷的，是具有連續性的，而且他比前人特別認清了兒童世界蘊藏着有待開發的豐富資源。因此他強調：教育的實施斷不能將幼稚時期予以忽略。福氏一生重視幼稚教育，致力幼稚教育，其理由卽在此，而其貢獻與影響亦以此爲最大。他這種對兒童的垂愛與關懷，使全世界的兒童深受其惠；故世人尊稱他爲「幼兒之友」。時至今日，幼稚教育已被公認爲整個教育中不可缺少的一環，並且也已成爲絕大部份兒童幼年的必經教育階段。

其次，福祿貝爾特別強調兒童遊戲的教育價值，認為遊戲乃是兒童自我活動的表現，它除開對於兒童身體健康有關係外，並具有眞正社會的、道德的和教育的目的。時至今日，遊戲的價值已爲全世界教育家所公認，並已列為學校的正規課程。

再次，福祿貝爾看重教育的社會價值，認為人是社會的動物，因此學校應是一個雛形的社會，應具有社會的功能；學校的一切設施都應顧及兒童羣性的發展，使其日後能有良好的社會適應。福氏這種觀念對於其後學校教育重視兒童羣性發展的影響更為深遠。

此外，福祿貝爾提倡手工教育，企圖以手工來啓發兒童內部的創造力，因此主張在學校課程內加列手工教學。他認為手工是學生人格實現的必要條件，學生可藉手工而接觸自己的眞實存在。福氏這種觀念，早在一八五〇至一八六〇年時，就為許多教育家所接納，並在教育上蔚成一種很有價值的潮流，今日各中小學的手工勞作教育卽由此而來。

斯賓塞（西元一八二〇——一九〇三）

徐宗林

一　生平事略

斯賓塞（Herbert Spencer 1820–1903）是英國晚近的一位思想家。他的論著範圍很廣：有討論社會學的，有研究生物學的，有以教育問題爲主的，也有以哲學思想爲中心題材的；他的著作都是體系龐大的鉅著，很難精確地說出他的研究旨趣究竟以那一科目爲主。

斯賓塞出生在所謂維多利亞時代（1819–1901）。這一歷史背景，啓示了他不少新的見解。就社會科學方面來說，一七七六年的亞當斯密斯（Adam Smith 1723–1790）之「國富論」，及一七九八年馬爾薩斯（Thomas Malthas 1766–1834）的「人口論」，都引起了巨大的變化；這些社會及思想上的變遷，在維多利亞的時代就顯現出其衝擊力量了。

就社會環境及政治情況而論，維多利亞時代是一個尊崇上流社會階級、愛好形式文化的社會，但是由於英國資本主義在產業革命以後逐漸形成，建造了英國社會結構的新面貌，中產階級乃脫穎而出。在新的社會力量的形成下，以中產階級爲主的維多利亞時代的人士，面對着科學力量對人類生活型態之改變所發生的影響，具有強烈的信心，難免對於未來社會的遠景產生強烈的渴望，對於科學之崇尙、珍惜，以及對科學價値之估量過高，形成一股研究社會改良以及充實人類生活的思想。這可以拿英國狄更斯 (Charles Dickens 1812-1870) 的小說來說明：他以優雅的文筆，細膩的手法，來喚醒人們注意於工廠、社會、學校、以及舊有各種社會制度之改善，他所寫作的題材，證驗了當時中產階級的思想傾向。

斯賓塞所處的時代背景，不僅是社會改革的思想浪潮逐漸形成發展的時代，而且是科學知識具體應用於人類生活方式而使之改變的一個時代。科學上的發明，以及科學知識之應用於日常生活的事例，諸如一八〇二年發明了汽船，一八〇三年發明了火車的蒸汽機車，一八三七年發明了電報，一八四二年有了海底電報，一八四三年農業上有了收穫機的發明，一八四六年有了縫紉機，一八四七年痲醉品開始應用於醫療方面，一八六七年的防腐劑，一八七六年的電話，以及一八九九年的無線電報的出現，在在都使人類的生活面貌起了變化。這就難怪在斯賓塞的思想中，我們可以淸晰地發現到他對科學知識的極度偏愛。

斯賓塞的父親，名叫喬治斯賓塞 (George Spencer)；母親爲赫爾特、歐姆氏 (Harriet Holmes)。他們先後生了九個孩子，只有斯賓塞免於夭折，得幸長大成人，所以對這個愛子的敎育，從小就不太嚴厲或苛求。斯賓塞的父親是一位從事實際敎學多年的敎師，稟性耿直而不尙浮誇。母親是一位面貌端莊、甚具耐心、屬於賢妻良母型的女子。

小時候，斯賓塞是一個身材修長，面目俊秀的孩子。斯賓塞全家人都不信仰英國國教，在思想氣質上較爲自由；斯賓塞有四位叔父，常常來他家閒談，因此他在幼年受家庭環境的浸染至爲深厚。他從小就對正規的學校課程以及呆板、單調、重複的事情不感覺興趣，所以斯賓塞並沒有接受長期正規的學校教育，完全是自學而成。

斯賓塞從小就比較偏向自由，不願受制於他人，尤其喜歡獨自思考。一八三〇年他的祖父過世，他的叔父威廉斯賓塞接替了他祖父所開設的一所學校的校務。斯賓塞曾入這所學校接受了短期的正規教育，但是他對古典語文，由衷的感到厭煩，反而對物理學、繪圖、科學實驗非常偏好，成爲他後來一度擔任工程工作的一個直接原因。

斯賓塞在一八三七年曾在鐵路工程界任職，那時他才十七歲，年薪僅僅八十英磅。他負責一些書記方面以及監工方面的工作，一直到一八四一年爲止。一八四六年以後，逐漸由工程的興趣，轉變到對社會、政治、經濟、倫理各方面問題的探究。一八五〇年，他當時年方三十歲，出版了「社會靜學」(Social statics)，佳評湧至，他從此就決心以著述爲職業。

一八五三年起，他開始寫心理學原理，並間歇地寫些有關教育方面的文章，刊登於 The Westminister Review The North British Review, The British Quarterly Review 等雜誌上，成爲他論教育的專著。

一八九二年，是他得償宿願的一年。經過了三十年的漫長歲月，在孤苦而貧賤的生活中，到這一年他寫完了他「綜合哲學」一系列著述中的最後一冊。

斯賓塞可以說是一位多產的作家，其主要著作計有：心理學原理(Principles of Psychology 1855)，第一原理(First Principles 1862)，生物學原理(Principles of Biology 1864)，倫理學原理(Principles of Ethics 1892)，社會學原理(Principles of Sociology 1876)等，篇幅都很龐大。可是，這樣一位博學多能，刻苦自勵，終生獻身於學術研究，而獨身自處的偉人，却沒有一點點正式學校的資歷。他的智慧、見識都是自我學習的結晶，正如斯賓塞所說的：「在我整個一生當中，我一直就是一個思想家，而不是一個讀者；如讀得和別人一樣多，我會知道的很少。」不過，他父親對他却另有看法，認爲：「如果他讀得多些，毫無疑問的他會寫得少些，也會謙虛些。」

二 崇拜科學

斯賓塞出生在一個科學知識突飛猛晉的時代，出生在受科學文化洗禮而爲工業革命誕生地的英國。在他提出「什麼知識最有價值」(一八五四)之前，英國學術界對科學的研究業已積極着手：例如一七九九年皇家學社(The Royal Institution)成立，對科學知識的傳播不遺餘力，提倡「科學之福音」(The gospel of science)，憧憬着科學將予人類以幸福生活；一八三一年，又成立了不列顛科學促進社(The British Association for the Advancement of Science)；因此科學之受人注意，蔚成時尚。斯賓塞對科學知識之偏愛，可說是時代孕育的結果。

從斯賓塞治學發展而論，他是一位深信「綜合哲學」(Synethic philosophy) 的思想家。從他對知識效用和價值的鼓吹上來看，他是一位科學主義的忠誠信徒；他對科學的看法，蘊藏着哲學的、浪漫的 (Romatic) 氣息。他以爲：「最低等的知識，是不統一的知識；科學是部分統一的知識，而哲學是完全統一的知識。」他說：「科學乃是一種有組織的知識，是有先知、先覺和預測性的，能夠應用於推理，使概念爲之推廣。」「科學有一種預知性，能使得吾人避免壞的，得到好的。」

斯賓塞對於科學知識的見地，並不像吾人現在所認爲的科學知識是極其深奧、不可捉摸而難予理解的東西。科學知識，實際上就是從普通知識中產生的；若從生物學的見地，人類所獲得的科學知識，莫不是從有機體與環境之交互活動中產生，而有機體之與環境作相互交往的活動，完全是爲了有機體的生存問題，所以「自我保存」(Self-maintenance) 是獵取一切知識的一種目的。但是，在十九世紀的英國社會，傳統的教育形式，是偏重在文雅教育 (Liberal education) 上，古典語文和文學知識最受到社會人士的重視，也是當時知識分子追求的價值所在：一般人對知識價值的評量，在其考慮時，不是那些知識對自我生存活動有所裨益，而是以滿足虛榮心、符合社會的要求、且涉及到個人社會地位及其影響，爲衡量知識的尺碼。這也就是說，當時的人對知識的評量標準，是建立在一個不着邊際的、虛飾的基礎上。

在科學爲文化的基礎而形成的社會裏，按照斯賓塞的意見，知識的價值，應該建立在兩個基本的衡量標準上。一個是「知識的用處是什麼」？(Of what use is it?)另一個是「如何生存」？(How to live?) 斯賓塞覺得：當時英國的社會對於知識的評價，並不是根據知識的效用來論斷，而是依照傳統的知識價值觀，以語文之精習、文化知識之裝飾爲主，從不探究知識的功用，及是否有助於完全達成生活的要求；雖然間或有人以爲，個人知識之獲取是爲了道德生活上之趨善避惡，却純粹是以消極的態度來衡量知識的價值。斯賓塞對於知識的價值觀，是採取了自然主義的尺度，站在功利主義的見地，來推斷知識的價值，無非是協助個人改善其生活，適應其環境，以達到一個理想的、完美的生活境界。

斯賓塞所認爲的完美生活，是一種理想的境界，但也是他從當時生活的內容上，所作的一種概括性的分析結果。生活是一個極其抽象的名辭，是由許多的個人，或人際，或與環境之交互的活動所組成的。從人類社會生活，文化生活，經濟生活，生物生活等方面分析來看，完美的人類生活是由五大類活動所構成，就是：

甲、對於自我生存的直接活動；
乙、對於自我生存的間接活動；
丙、對於生育和教養子女的活動；
丁、參加社會或政治關係的各種活動；
戊、休閒娛樂的活動。

斯賓塞認爲：一切知識是否具有任何實用的價值，就應該以這五項活動爲尺度而加以衡量。自我生存的直接活動（自我生活）是一切生存活動的中心，因爲捨棄了自我生存的直接活動，就談不到其他四項活動。從生活所需要的知識而論，個人(有機體)爲了謀求自我的生存，就必須了解如何去維護個人的健康，如何利用科學的知識來改進生活，如何滿足物質欲望，以及其他的有關生存的活動，莫不依賴於科學知識之協助。因此，在他影響後世最重要的一篇論文卽「什麼知識最有價値？」（What knowledge is of most worth?）他直接了當地說：

「什麼知識最有價値呢？一致的答案是科學。這是一切論證的裁決。爲了直接自我生存的活動，或者生命與健康之維持，最重要的知識是科學。爲了間接生存，卽吾人所謂之獲得生計的活動，最有價値的知識也是科學。爲了作人父母，最妥切的知識只有科學。爲了對現在與過去民族生活之瞭解，據以正確地使公民的行爲有所遵循，最主要的莫過於科學。藝術的完美作品，和其最高之欣賞，不論是任何一種形式，最迫切需要的準備，就是科學。其他各種訓練，舉凡智力的、道德的、宗教的、最有效的學習，又是科學。」

由此可見斯賓塞的偏愛科學，乃是由於堅信知識是爲了實用，而非爲求個人的裝飾。

三　教育思想

斯賓塞所揭示的完美生活，實際上就是他的教育鵠的。本着自然主義的見地，教育的對象是個人，是生物界中的有機體。本質上，受教育的人還是脫離不了他的生物特性，因此在基本上：教育的最低層，或者說教育活動的中心活動，還是着重於一個生物有機體的健全要求。人的本性上的動物性是一項既存的事實，任何教育之實施或活動都不能忽視此一不容否認的事實。教育不過是將此一賦有自然本性的有機體，引導進入一個文明的社會而已。

在斯賓塞的觀點中，教育乃是培養一個健全的個人，一個富於活動的、均衡的生命現象。如果教育完全忽視人的動物性的本性，無疑的會使教育走向迷途，走向一個虛飾的歧路。教育的目的是爲了實現一個完美的生活，對生存的重視乃是理當如此，而且，因爲教育之實施，本着生物的需求爲其抉擇，教育自然要順應有機體個人的身心發展；這種發展，不可受外力而強予改變；對於興趣之重視，以及個人天賦能力——特別是個人的感官訓練，尤爲需要。斯賓塞的理想個人，乃是一個富有身心均衡的個體；是一個不但動作敏捷，反應迅速，思考周詳，而且體魄雄健，生存能力極強的個人。故斯賓塞的教育思想，先是肯定了一個定型的、理想化了的個人，然後期求從教育的實施上，使個人具備此項要求，教育無形中，是一種預備的階段，教育的學說，也就是「預備說」了。

斯賓塞談論到教育，跟以往的一般教育思想家一樣，把教育分成爲三部分，卽智育、德育、體育；而且，他討論教育的實施，甚少涉及到教育與社會、教育與文化諸問題，而把整個教育的重心置諸於個人的發展與其適應外在環境方面，認爲教育純粹是個人的事。他的「教育論」顯現出個人主義的教育色彩。

智育

智育的實施，是斯賓塞談論教育實施的首項問題。對於智育還是秉持「智能訓練說」，以爲個人的心靈是由各種能力，諸如記憶能力、思考能力、推理能力等所組成，知識之獲得完全是希望其轉變成爲智能（Faculties），知識成爲促進或發展智能的工具。

在智育實施方面，傳統的方式不外利用個人的記憶能力，作記誦學習（Learning by rote），由於記誦的學習違背了心靈發展的自然順序，使個體對於知識之獲取並未參與直接經驗，個體感官也未曾對所獲之知識有所銜接認知，於是學習的材料僅成爲形式化的一種模仿的行爲模式。其次，受人譏評的學習方法尙有規條學習（Teaching by rules），但以學習的發展而論，規條乃是由於許多具體的個別事實引伸而來，如果以規條爲學習的指針，自然而然地會使學習者感受到規條的孤立性，難於掌握其關聯性所在。另外，在傳統教學的型態下，學習的活動過程中往往須承受其隨之俱來的痛苦，學習發生困難卽受到譴責與懲罰，學習活動對個人並不能產生愉快的心情，當然不能得到較佳的學習效果。

斯賓塞有鑑於上述種種，就摒棄了傳統的教育方式，而以自我觀察、自我教育及訓練以及「智慧方面的同情贊慰」，作爲其教育的主要方式。

自我觀察可說是個體獲取知識的最便捷的途徑，但是在傳統教育上，常不知善加利用以補助個人智力的發展。自我觀察必須在成人鼓勵讚許之下，促使兒童觀察其周遭環境，對於兒童所觀察到的任何事物，一物一景，一樹一木，都應該詳細地，謹慎地，實實在在地，用簡易而明白的語言加以講述，以廣其見聞，從而培養其敏銳的觀察能力，養成其對於自然環境熱心探究的精神，促使智力發展，以獲致科學的知識。

自我教育或訓練，由斯賓塞自身經歷所獲得的成效足資證驗，因此乃成爲他奉守不渝的教育方式之一。自我教育或訓練，可以肯定顯示出自我在學習情境中所佔地位的重要。個人在受正式教育之前，即已由於自我教育而獲得了知識；一個人固不能永遠跟從教師在一起學習不已，所以教育必須使個人有能力不依賴他人而獲得知識。

在知識的形成上，斯賓塞非常重視的乃是他對「智慧方面的同情贊慰」(Intellectual sympathy)的主張。兒童在成長過程中，從無知發展至於有知，其所受好奇心的驅使，對事物認知之後有所滿足的心理感受，以及偶有領悟而獲得贊賞鼓勵，都是促成其對外界探討知識的力量。兒童的智慧發展，不但需要成人的耐心指點，熱忱糾正，誠意指示，以及公正的評判，尤其需要成人寄予同情贊慰，以富於耐心及容忍的態度，對待兒童煩瑣的、接二連三層出不窮的發問，解決疑惑，滿足其求知欲望。教師在人格的特質上，必須具備這種「智慧方面的同情贊慰」的條件，才能有助於兒童智慧的成長。

德　育

在德育實施方面，雖然斯賓塞在其論德育的著述中並未有十分明顯的道德理論，却曾在他的「倫理學」一書中對道德理論作有系統的說明。斯賓塞對道德的生活主張道德的均衡。他以爲人類的行爲必然會引起一種結果，而行爲所產生的結果對個人爲苦痛或快慰，其間有一種不均衡的現象。人類道德行爲的要求，在於趨善避惡，增進幸福而減少痛苦；幸福的生活是由於快樂多於痛苦的起伏不斷的生命浪潮所形成，個人的生命活力因快樂而增強，因痛苦而減弱；完滿的道德生活卽在於尋求快樂與痛苦之間的均衡。斯賓塞的道德理論，是屬於西洋所謂的快樂主義（Hedonism），認定行爲的目的在求善，行爲結果的價值建立於個人的苦樂感受，愈是引起個人快樂的愈具有行爲的價値，所以他對於道德教育的實施，贊成盧騷的自然懲罰說。

道德教育的自然懲罰說，就是建立在行爲的結果必定會對個人產生痛苦或快樂的信念上。所謂自然懲罰，乃是兒童的行爲所受到的評判，最好是聽由他去發現出自己行爲結果的價値，外界不必給他一個衡量的標準。例如一個兒童不小心，摔壞了茶杯，於是沒有茶杯可用就是他的行爲的一種結果，也是他行爲結果的價值評判的規準之一。不過，斯賓塞對於自然懲罰的實施，主張應該有所限制，否則，假如一個三歲大的小孩，手裏拿着刀而不加禁止，那麼這個小孩的行爲所可能產生的後果，就實在過於危險了。

應用自然懲罰，必須是經常不斷地，使行爲與結果之間產生一種密切的關係，而且在行爲的實現方面務期行爲的結果明顯化。當然，斯賓塞的道德教育，是認定建立個人道德應用自然懲罰的教育方式，比較完全經由大人的權威、恐嚇與武斷等方式爲佳，一個理想的「道德個人」才是他道德教育的最終目的。斯賓塞所認可的「道德個人」，乃是一個具有自主（Self-direction）、自決（Self-will）與自我管理（Self-governing）的人，是一個有自我節制、自我獨立的人格，而不是一個受人支配，被人掌握的個人。

體　育

體育是斯賓塞「論教育」一書的完結篇，這一篇的陳述，說明了自然主義的信仰者必然重視體育；斯賓塞又是一位研究生物學的學者，他對體育的價値，還是像傳統的西洋教育思想家一樣，把體育視爲培養一個具有健全身心的個人之手段。對於從體育活動所能孕育出來的人格特徵，諸如互助、合作、競爭、耐力等，遠不如他所認爲的維護健康來得重要，因爲自我生存的活動原本是以維護健康爲其前提的。

從社會進化的觀點，以及從人類文化演進的生活型態來觀察，文明程度較低的社會，其組成份子所需的體力，遠較一個文明程度較高的社會組成份子的需要爲多。斯賓塞不主張將體育活動的要求，完全着重在個人體力的促進。簡言之，斯賓塞的體育目標，還是個人主義的理想：一個健全個人的養成，並沒有察覺到，體育活動的價値在促進個人的身心發展以外，尙具有培養團體精神、公民精神及國家觀念等方面的效能。

維多利亞時代的英國社會，對兒童的照顧尙存在着一些不太合理的要求。諸如以兒童爲成人的縮影，使兒童成了一個小大人，沒有獨立自主的人格，是大人的一項附屬品，衣服寬大而不合身，飲食單調而甚少變化，再加以父母嚴格地履行禁欲主義，對兒童的生活諸多限制。斯賓塞對這些情形都加以批評，而認爲體育活動的實施尚需在兒童生活各方面加以關注，諸如食、衣、住等方面，都應該是體育所附帶留意的事情。

斯賓塞的自然主義的體育思想，自然免不了對生理學加以推崇，主張飲食之需應該與身體的結構組織謀求均衡，不主張濫用個人的體力；其次，在體育活動上，他不贊成當時一般人競相使用機械運動器具，而逐漸捨棄自然的活動（Spontaneous exercise）。人爲的機械運動，多半是身體局部的鍛鍊，使個人體力消耗過大，容易引起不正當的發展，何況也不易培養成純正的愛好情趣；所以斯賓塞所稱道的乃是在於人的本身順乎自然，不使用機械器具就能達到體育目的的各項活動。

教學歷程與內容

斯賓塞對於教學歷程也有他個人獨特的見解。他認爲學習的第一原則，是從簡單至於複雜。他說：「如像其他事物一樣，心靈的成長是從相似到相異。」心靈是一種成長的過程，而「由簡至繁」是一種進化的原則，學習的歷程就應該配合這種成長的過程而進化。例如：兒童學習種種概念，完全是從簡單而至複雜，知識的獲得也是順着這種歷程而發展。兒童熟稔於具體事物，從具體事物的觀察、比較、分析以及綜合的理解，才能得到具體事實的抽象規則。此外，不可否認的，先學習經驗的事實，再進而學習推理，這也是一種進化的過程；特別是兒童學習語文，先期了解文法，往往會形成以既有的法則來解釋約定成俗而不完全符合邏輯的一些語文規則。

再者，快樂主義的教學原則也是斯賓塞所提倡的。他認爲學習活動在兒童階段應顧及到學習的結果是否能使兒童滿足期望，獲得樂趣，切忌在學習活動之中有使兒童遭受痛苦之處。另外，斯賓塞特別注意自我教導與學習的原則，看看他數十年努力撰述的十大册「綜合哲學」的巨著，竟是出自一位毫無正式高等教育學歷者之手，就是自我教導與學習而有成就的實例，委實不能不令人肅然起敬。

斯賓塞可以說是第一位分析人類生活活動內容的思想家。他使教育的內容以人類生活活動的內容爲依據，奠定了課程分析的範圍與方向。他使教育的內容透過課程的形式，而與人類實際生活的活動更爲接近，不至於過分隔離。他對知識價值的衡量，是確認科學知識是爲了實用，而文化知識——亦即語文、歷史等則是爲了修飾；這樣，使知識的價值不再囿於傳統的評量標準。

然而嚴格的講，在斯賓塞的著作中，對於科學意義，似乎並未充分應用科學的研究方法以及經驗的研究態度；而他所謂的科學還多半帶着浪漫的色彩，其論證的基礎並不太堅實。不過他提倡科學知識的價值，在他那時候的英國，恐怕除了赫胥黎（T. Huxley）以外找不出第二人堪與匹比。

斯賓塞可以說是近代西洋積極提倡科學價值，期求人類生活改變，以實現其完滿生活的思想家；也是希冀從根本上來改變學校教材價值觀念的教育家之一。

福澤諭吉（西元一八三五—一九〇一）

鄭瑞澤

一　童年

福澤諭吉是日本明治維新前後一位西方近代文明的啓蒙者和偉大的教育家。他於天保五年十二月十二日（西元一八三五年一月十日），出生在大阪的藩邸。父親福澤百助，是豐前中津（現今九州大分縣）奧平藩的士族。母親是同藩士族橋本濱右衞門的長女，名叫阿順。他的父母一共生了兩男三女，諭吉是最後一個兒子。

當時，各藩都在金融中心地大阪和江戶（東京），設置「藏屋敷」，銷售藩地生產的糧穀雜物。百助受藩命，在大阪中津藩的「藏屋敷」，擔任會計的工作。他雖是一個俸祿微薄的低級藩士，但却是一位廉潔自持、才學俊秀、德望頗高的漢學者。他最喜歡蒐藏中國的古書，恰巧在諭吉誕生那一天，得償夙願，購到了中國清代的上諭條例六十餘冊；晚上又逢麟兒出世，喜事重重，歡欣無比，於是給新生兒子取名「諭吉」。

但不幸終於降臨這個和樂的家庭。當諭吉十八個月大的時候，年僅四十五歲的父親就因病亡故。三十三歲的母親，不得不帶五個孩子，回到了背離十數年之久的故鄉中津。此地的語言風俗和大阪有些不同。孩子們無形中和故鄉的小朋友們起了一層隔閡，只好自家成爲一個小天地，生活在其中。他們雖然過着寂寞窮苦的生活，家風倒是純直而和平的。

幼小時候的諭吉，飽受身分差別的屈辱，備嘗家計貧困的痛苦。但這些絲毫無損於他天生豁達的個性。舉例說：諭吉要上街購買酒、油、醬油時，不像其他小士族的子弟用手巾遮掩頭臉，在夜間出去購買。他不但不蒙面，腰間還帶着兩把刀，提着酒壺，白晝也昂然上街去買，而不以爲恥。他認爲一個人光明正大用自己的錢買東西，沒有甚麼不該，也沒有甚麼羞辱可說。從這個小地方，我們可以窺見他日後倔強的精神。

再說，諭吉十二三歲的時候，有一天，走進屋裏，無意中踩住了他的大哥平鋪在室內的廢紙，引起大哥勃然大怒，挨受一頓教訓。原來廢紙上寫有藩主「奧平大膳太夫」的名字；殘踏主君的名字，有悖家臣之道。諭吉爲了息事寧人，連忙謝罪，心裏却頗不釋然。他暗忖着：臣民不小心踩踏了藩主的姓名是罪惡，必有果報；那麼殘踏寫有神名的神符，又當如何？爲了試驗有甚麼報應發生，他居然暗自踩踏神符，也拿到洗手間去。此外，他也暗中掉換神社供祭的神體，竊笑善男信女膜拜的無知，揭穿天譴冥罰的騙局。他對於迷信的厭惡，以及不關心神佛的態度，似乎受了母親的影響。他後來由對門閥制度的反感發展成爲批判諸事的態度，絕不是偶然的。當他追念他的先父有生之年懷才不遇，慘作封建制度下的犧牲品，默默無聞終其一生，飲恨於九泉之下時，往往不禁黯然淚下。他認爲「門閥制度是父親的仇敵」。由此可見，他對封建門閥制度痛心疾首的一斑。

二 少年

諭吉年少時居家，常製作手工藝品，換得餬口之資，貼補家用，無暇讀書識字。一直到了十四五歲，纔開始學習漢書（中文書籍）。從此以後，才華漸露，進步神速。

他具有豪邁不羈的性格，愛好自由的生活，對事物的觀察又細密入微。他自幼生長在門閥觀念極爲濃厚的社會環境裏，十分厭惡這種生活，希望早日離開中津，擺脫門閥制度的枷鎖，另謀發展。二十一歲時，他如願以償，到長崎學習蘭學（荷蘭語文及學術）。

他去長崎的那一年（安政元年，一八五四年），日本與美國締結了和約。在前一年（嘉永六年），美國海軍軍官柏里（M.C. Perry）率領艦隊，駛進日本的浦賀港，不但驚醒了德川幕府二百餘年的鎖國美夢，也啓開了明治維新王政復古的端倪。日本在厲行閉關自守政策的時代，只有長崎一地可和荷蘭通商。當時學習醫學或礮術，都需要研讀蘭學原著。蘭學可說是日本人接觸西學、吸收西方文化的一個發端。

諭吉在長崎修業期間，寄居於礮術家山本物次郎的家裏做食客，半工半讀，勤勉苦幹，學習蘭學也頗有心得，深獲山本的器重；山本甚至想收他做爲養子。這是諭吉畢生事業活動的開端。

但這樣一來，反而引起在那裏共同修業的同藩「家老」（家老是家臣之長，是日本封建時代的一個較高門閥階級）之子奧平壹岐的嫉妒。逼得諭吉不得不離開長崎。但諭吉並不因此而意氣用事，經過三思之後，決心到江戶去創天下。在旅途中，他吃盡了千辛萬苦才抵達大阪。那時，諭吉的大哥三之助承襲他先父的職司，在大阪中津藩的「藏屋敷」工作。諭吉向他的大哥表白遊學江戶的心迹，但終於聽從三之助的勸導，決定留在大阪，拜緒方洪庵為師，研習蘭學。

當時，緒方洪庵（一八一〇—一八六三）是一位蘭學大家，也被尊為荷蘭醫學的專家，懸壺於大阪。他開設的家塾叫做適適齋塾（簡稱適塾），是當時日本首屈一指的蘭學塾。塾裏經常有學生一百人左右，前後就讀於該塾的已超出千人以上。門生人才輩出，多有建樹。

諭吉於安政二年（一八五五）三月，進入適塾就讀。這是他按部就班，正式從師學習蘭學的頭一遭。在這以前，從沒有固定的業師，多半單靠自己的努力，偶然獲得別人的指點而已。從此以後，一直到安政五年受聘到江戶擔任教職之前，焚膏繼晷，潛心鑽研，自不在話下。不久，他被擢升為塾長。

在緒方塾，學問上的切磋，使得諭吉大放異采，嶄露頭角。同時，在待人接物方面，他也得到磨鍊的大好機會。安政三年初春，諭吉因為看護一個學友，自己也不幸感染了傷寒。多虧洪庵先生親自按脈診病，另一位醫師處方，悉心照拂，始得很快的康復如初。據說醫師診治自己子女的重病，往往拿不定主意。洪庵先生當時邀請另一位醫師會診，就是這種父母心腸的表露。洪庵先生對學生像父母對子女般的愛護和照顧，使諭吉深爲感動，所以他日後開辦私塾時，也深愛他的門生，常以金錢物品接濟家境貧困的學生。遇到學生久病初癒回到學塾，其歡慰逾常的神態，有如迎接生還的己子一般。

諭吉侍奉恩師和師母，始終如一；洪庵夫婦作古之後也是如此。明治十九年（一八八六）他到大阪掃墓，一抵達大阪，便匆忙上緒方府的墓園，捲起褲脚，用草繩當作刷箒，婉謝隨行人員的幫忙，親手把墓碑洗刷乾淨才叩拜。從這一則小故事，我們可以知道洪庵先生爲人師表的偉大，同時也可以看出福澤先生做人的態度。他祭掃父母的墳墓也一樣，從淸掃到上香，完全親自料理，不假人手；在家裏，開啓佛龕的門扉和奉獻供物種種，都自己做：這就是否定宗教的諭吉本人的行爲；只有注意到這一層，我們才能確切了解不關心宗教的他的生活。

三 放洋

諭吉在適塾修業期間，德川幕府的封建體制，急轉直下，搖搖欲墜；列強的勢力步步緊逼；地方上的各藩也紛紛以大藩爲中心，斥責幕府的專政。他們認爲政治的動搖，啓端於外國問題。這個問題是迫使時代變遷的基本動力。各藩爲了自衛，爲了準備應變，爲了研究礮術和了解中外情勢，在在需要獎勵洋學的研究。江戶奧平藩也不例外。

安政五年（一八五八），諭吉二十五歲那一年，他接受奧平藩的徵聘，到江戶教授蘭學。江戶是幕府政治財經的樞要所在；處身其境，自然能够密切觀察社會輿論的動向，注視局勢的演變。這對於諭吉的一生，具有劃時期的重要意義。這所粗具規模的蘭學塾，設在江戶築地的鐵砲洲地方。它就是後來諭吉所創的慶應義塾的嚆矢。

諭吉認為大阪的書生在學問方面，所向無敵。這一次自己是以教師的身份來到江戶執教的，因此頗為自負。事實上，他曾經利用機會，試探過當地蘭學大家的學識，證實了平日所信的並不虛妄。誰知道，第二年（安政六年），他到橫濱觀光的體驗，對他無疑是一次慘酷的當頭棒喝，使他從自我陶醉中醒悟過來。當時橫濱依據日本與列強訂立的五國條約（安政六年），開闢為通商口岸之一，與外國人交易。他走遍街上各個角落所看到所聽到的，商店的招牌也好，瓶上的商標也好，或和別人交談也好，語言一竅不通。這對他好像是青天的霹靂，覺得數年來苦讀蘭學的努力，盡付東流。他即刻省到，蘭學已不能迎合時代的潮流。此時要補偏救弊，唯有立志勤學英語的一途而已。於是，他又開始廢寢忘餐，讀起英語來。因為多方求教適當的老師未果，不得不依靠僅有的蘭英對譯字典和蘭英會話等書，跟另一個朋友埋頭共讀。這樣開始學習之後僅歷半載，他有第一次極好的機會，隨幕府的使節前往美國。

安政六年冬，德川幕府依據日美通商條約的規定，決定派遣軍艦咸臨號，護送使節到美國華盛頓，交換商約。這是日本開國以來空前的壯舉。諭吉經過朋友的推介，獲得艦長木村攝津守的准許，做為一個隨員，終於能夠成行，到了舊金山和夏威夷等地。但這一次放洋，隨員的職務繁忙，除對美國外表的文明感到愕然之外，沒有太多見聞的機會，未能引起思想上重大的變化，僅僅携帶一部韋伯斯特大辭典回國而已。這是日本人輸入這種辭典的開始。

回國之後，諭吉接受木村攝津守的推薦，受雇於幕府「外國方」（卽外交部），充任譯員，翻譯與外國往來的公文。當時，外國機關送達日本政府的公文，有添附荷蘭文的慣例，因此常有機會對照學習英蘭兩國文字，頗利於英文的研究。不久，諭吉廢除了家塾的蘭學，改授英文。學生人數與日俱增，但充爲一所英文學塾，仍然微不足道。

在這裏，爲了便於了解諭吉的爲人起見，諭吉對木村所持的態度，値得一述。這一次赴美，木村在名義上把諭吉當作一名隨員，要他隨從到美國；但除了公務之外，都以朋友對待諭吉。諭吉却爲了報答他的恩情，終生以從者的禮貌侍候他。例如，木村曾經請諭吉爲他的著作寫序文。但諭吉在序文中，甚至謙稱自己爲「木村前艦長的僕從福澤諭吉」。此外，呈函給木村，始終顧到文體是否得體。每逢年節，必定端正衣冠，親往致賀。由此可見，他崇敬尊長、重視禮節的態度，不失爲世人的表率。

四　倡導西學

諭吉從美國回來之後第二年（文久元年，一八六一），和藩士的女兒錦女士結縭。

同年十二月，諭吉又得到了一次遊歐的機會。當時日本的國內情勢，搖撼不定；因此，依據五國條約開闢港市的規定，有些部分無法實施。爲了要和各國直接交涉，幕府決定派遣使節到歐洲。諭吉被任爲一名譯員，參加此行。

這一次旅歐，對諭吉的思想生活具有重大的意義。他所以能够洞察文明和國家社會的關係，固然得力於平日的學習，但更有賴於這次旅遊的經驗。貫徹他的思想的愛國精神，似乎也淵源於此。這一次赴歐，他對於社會經濟各種問題，諸如醫院的經營、銀行的業務、郵政、徵兵法規、政黨、輿論或選舉等問題，都能做比較深入的了解。旅行一年期間，所見所聞，沒有一樣不是新奇的。和上一次在美國只觀察到表面壯觀的情形不同，這一次諭吉已能留意到歐陸各國內部的觀察，並作詳盡的筆錄。這次幕府派遣使節訪歐，並沒有甚麼收穫，但一行中偶然有諭吉參加，這對日本後來的發展，却有非同小可的影響。回國之後，他根據這些筆記資料，另參考原書，撰寫了西洋事情初編（慶應二年，一八六六）。這部書好比一座警鐘，敲醒了民衆的矇瞶，啓迪了無知的社會對先進文明國家的認識，甚至深刻地影響維新政府的政策。這部「西洋事情」共十卷（一八六六—一八七〇），發行部數約有二十五萬之譜。憂國愛民的人士，幾乎人人一部，把它當作金科玉律一般看待。但它的價値，不只在介紹歐西文物而已。此書是第一部諭吉嘔心的傑作，充滿着睿智的表現，顯示諭吉的思想體系初告成立。

諭吉自歐洲歸國後，國內的情勢丕變，主張攘夷論者日趨猖獗。倡導開港論者被目爲「神州的盜賊」，暗遭襲擊的事件，迭出不窮。爲了避免惹禍，諭吉只好埋首於譯著工作。同時因時勢所趨，一般人對英語的需求日益殷切；諭吉所辦的家塾是江戶唯一的英文學塾，學生與日俱增。爲了整頓蘭學塾紊亂的舊態，把它改設爲學生的「修養所」，諭吉從故鄉邀請小幡篤次郎等數位青年到江戶，共同經營塾務；諭吉又不忍心讓這幾位青年虛擲寶貴的求學時光去抄錄蘭書以獲得生活的需要，只好自己勉爲其難，用自己從事譯述所得的稿費養活他們。從這裏我們也可看到諭吉的爲人。

慶應三年（一八六七），諭吉隨從幕府的軍艦採購委員，再度赴美，考察了美國東部各州的都市。這前後三次的國外旅行，使諭吉深切體認到日本在國際社會上所處的地位，痛斥當時幕府的壓制政策和陳腐的門閥制度。這種體驗，決定了他於幕府末期到明治維新的一段轉捩期，在日本的文教舞臺上扮演的角色。回國之後，他更致力於從事教學和譯著工作，積極倡導西學，作育英才。

五　慶應義塾

諭吉的家塾原設在鐵砲洲。在慶應四年（一八六八）四月，遷到新錢座，同時取當時的年號，定名爲慶應義塾。這是諭吉平生最偉大的事業的開端。

他仿效歐西私立學校的常例，訂定塾則，規定學費，確立課程內容，設立財團法人，銳意革新塾務。

諭吉主張義塾的教育方針應有兩方面：有形方面，以「數」「理」爲基礎；無形方面，以培養「獨立心」爲旨趣。易言之，論事以合理爲準繩，言道德則以獨立自尊爲立身行事的基本。如以東方的儒教主義和西洋的文明主義相比，這兩者都是日本所缺乏的：欲使日本能够迎頭趕上歐美各強國，除鼓吹獨立精神及提倡實學之外，別無他途。

塾裏所用的教本，多數是諭吉從美國買囘來的西書。除各種辭典、地理、歷史等書以外，還有法律、經濟、數學等書，分發給學生研讀。這是日本其他學塾望塵莫及的措施。

諭吉的教學精神，很令人敬佩。明治元年五月，上野發生戰爭，江戶頓時陷入混亂的狀態之中，市內的一切公共遊藝場所，全都收市，居民也紛紛避難。義塾所在地新錢座，距離上野約八公里，沒有飛來礮彈的危險。諭吉在遙聞礮聲而遠望礮煙的緊急情況下，依然從容地講授美國威氏的經濟學，一時傳爲佳話。在兵慌馬亂當中，唯一能够獨立其間，扶持泰西新學的命脈於不墜的，只有慶應義塾。諭吉堅忍不拔的辦學精神，於此可見。

當時，諭吉曾有一段勉勵塾生們的話，十分動人。他說：

「從前拿破崙稱霸於歐陸時，荷蘭國的命運，有如風前的殘燭，岌岌可危，不特自己的本國，連印度地方的屬地都被佔據，沒有一個地方可容它升揚國旗。但在世界上，還留着僅有的一個地方，那就是日本長崎的出島。出島是多年來荷蘭人在日本居留的地方。歐洲的兵亂影響不到日本。懸掛在出島的荷蘭國旗，常在百尺竿頭迎風飄揚，象徵着荷蘭王國從沒有淪亡過，這是荷蘭人一向引以自豪的。以此比喻慶應義塾提倡日本的西學，正如荷蘭的出島一樣，從沒有因爲世間的任何騷動或變亂，而斷絕過西學的命脈！我們的慶應義塾沒有停歇過一天。只要這所學塾存在一天，日本就是世界的文明國家！……」這是何等偉大的胸襟！他的高風亮節，誠足令人肅然起敬。

諭吉對於塾生品行的陶冶，也很用心。戰亂平定後，塾生人數急遽增加，但多數是身歷戰役，剛丟棄鎗械退伍下來的青年；他們性情暴躁，面目猙獰，行爲狂妄，時有拔刀相向的情事發生。爲了要整頓學塾的風紀，變化他們的氣質，諭吉制定了簡單的塾則，一面要求他們嚴守，一面自己也以身作則，躬行實踐，期以導納他們的生活於正軌。經過一番苦心，費盡了九牛二虎之力，學塾纔歸於井然有序，蔚爲學術氣息濃郁的學園。

明治四年（一八七一），義塾遷到景色秀麗的三田（今東京都港區三田），學塾地基比新錢座設塾時代，已擴充到三十倍之多；學校的諸般事業也一日千里，欣欣向榮。今天享譽於國際的慶應義塾大學，就是諭吉當年草創的家塾，經過積年累月慘澹經營所換來的輝煌成果。

六 各種著作

福澤不僅是一位偉大的教育家，也是一位偉大的著作家。他的多產的著譯作品，和他創辦的義塾教育事業，兩相輝映，成爲啓發日本民智的兩大法寳。他的大量的著述，在啓導一般國民的新知和建設日本新文化方面，都已發揮到了極致。

諭吉的著作浩瀚。他以犀銳的直觀，論述當時的日本國民熱中追求的新知，加上文體平易、內容通俗，字裏行間洋溢着俠骨稜稜的氣概，使當時饑渴的知識份子如獲佳餚甘泉，爭相閱讀。這種平易通俗的文體，豪氣縱橫的筆調，正是諭吉文章的特色。

他有這樣的造詣，固然由於辛勤耕耘而然，但他的老師緒方洪庵的翻譯法和蓮如上人的筆路，對他都有深邃的影響。洪庵逐譯蘭文原書，很少一字一句毫不苟且地直譯。他憑着豪放的氣質，常取原書裏的要旨來繙譯，省去晦澀難解的詞句，行文以淺近暢達爲主，期能達到翻譯的目的。同時諭吉也十分欽仰蓮如上人平易的文章，以及揷用「假名」（日語字母）的文體；諭吉的文章也夾雜着「片假名」，以收醒目易讀和加強語意的效果，創造了獨特的風格。

諭吉的處女作華英通語，出版於萬延元年（一八六〇）。這是一本英語的單字和會話的書，用「假名」註音，漢字釋義。接著出版西洋事情一書，介紹西方的文物制度、權利義務觀念、和文教政經的實況。此外，影響力比西洋事情有過之而無不及的，便是小冊子「勸學論」，共十七篇，在明治五年到九年（一八七二—七六）之間陸續出版。它闡釋人權平等的精義，新學問的眞諦，以及法治國家的國民應盡的職分等等。這部書開宗明義宣稱：「天未在人之上造人，亦未在人之下造人。」這句話好比神的啓示一樣，給封建桎梏下的大多數日本人，帶來無比的振奮。很多人因受這部書的啓導，恍然大悟個人的尊嚴，能在獨立自由的新天地間，獲得精神的解放。這部書，如以每篇銷行量二十萬冊計算，大約有三百四十萬冊傳布於日本民間。如此盛況，誠可用「洛陽紙貴」一詞來形容。

在明治八年（一八七五）和十二年相繼問世的兩本書，文明論之概略和民情一新，探尋古今中外文明發展的原因和變遷，闡述日後日本國民處在文明世界之中應有的生活方式和昌隆國運之道。這些書是最適合於了解諭吉的哲學、思想、歷史觀和國家觀的名著。

到明治十五年（一八八二），諭吉興辦了一種不偏不黨的日刊報紙，稱爲「時事新報」。他親自撰寫社論，竭盡了領導輿論的天職。時事新報的社論，有下列數種特色：針對當時的國際情勢，倡言「東洋政略論」；關於國內政治，主張「官民調和論」；以提高婦女的社會地位為主題，鼓吹「婦人論」等。他撰寫這些社論，都是站在公正的立場，以一個民權運動理論的領袖，積極推展啓蒙運動。他在晚年發表的「福翁自傳」和「福翁百話」，可說是他平生的閱歷和思想的總結算。

除此以外，他著譯的書不勝枚舉，前後共有六十餘部，論冊數，計達一百數十冊。諸如政治經濟、軍事外交、歷史地理、制度風俗等固不待說；就是天文、物理、化學，或是兒童讀物、習字範本、修養叢書等，甚至連簿記法、兵器操作法或攻城野戰法等，都包括在內，範圍之廣，有如百科全書。在今天，這些絕不可能是出於一個人之手的。

七　學者雁奴

福澤諭吉生為日本的一個國民，無限地熱愛他的祖國。他遭遇到歷史上罕見的激變時期，本乎一己的忠貞與愛國的熱忱，挺身而出，肩負起時代的使命，企望完成書生報國捨我其誰的宿志。可是，他樂意做國民的一分子，和大衆同生活，在大衆中活動，對世上庸俗的榮華富貴却不屑於一顧。維新政府為要借重他超倫的才識，曾再三請他出任政府的職位，但他淡泊名利，置若無聞，從不改變以一個平民終其一生的初衷。此外，為要表揚他畢生的豐功偉業，常有頒贈給他學位、勳章或爵位的倡議，但他總設法婉辭，始終沒有接受過。明治三十三年，日本朝廷特旨嘉獎，並賞金幣五萬元。諭吉把這筆款項，悉數轉贈給慶應義塾充作基金。他是何等徹底堅守獨立自由的精神，於此可見一斑。

剖視諭吉的一生，他眞不愧爲一位典型的學者，終生不失教育家的本色。引用他自己的譬喻，說他是一隻忠心耿耿的「雁奴」，絕非言過其實。他曾經倡導「學者雁奴論」，認爲學者是雁奴。羣雁夜宿於江湖沙渚中的時候，動輒有千百隻聚集在一起。其中較大的安居中央，較小的在外圍司掌警戒的工作，防禦狐或人類前來捕獲牠們。這些從事警備的，稱爲「雁奴」。學者也是如此。獨有學者能够瞻前顧後，留神今生，展望來世；察人之所未察，言人之所未言；擇善而固執，爲眞理，絕不肯折腰；不因時勢的演變，隨波逐流，與世浮沈。其所發的言論，雖是逆耳的忠言多，却有警世的餘韻縈廻。衡以諭吉生前的行誼，他似乎以一隻雁奴自任，引此以爲榮。

諭吉畢生對於日本文化，有不可磨滅的貢獻：第一，以著述敎導全體社會；第二，創設學塾，造就人才；第三，創刊新報，普及新知，擁護公論；第四，提倡演說和辯論，鞏固民權政治。這些事業，諭吉莫不營運自如，一帆風順。

明治三十四年（一九〇一）二月三日，諭吉終因宿疾——腦溢血症復發，與世長辭，享年六十八。噩耗流傳所及，日本全國上下，不問識與不識，都惋悼這顆巨星的殞落。他的逝世，確是日本最大的損失；全國的報刊雜誌，齊聲哀痛不已。衆議院也破例對諭吉發佈弔詞，使他身後備享哀榮。

福澤諭吉是日本幕府末期到明治時代，一位新思想的先驅，領導日本文化的大功臣。他的英名在日本文化史上有口皆碑，流芳萬世。

一位卓異的日本教師，在明治維新前後，日本史上空前的動盪顛簸時期，如何竟其生涯？他的生活態度怎樣影響那個時代？時代的變遷又怎樣影響他的成長？時代和個人有甚麼相互關係？能不能夠靈犀一點通，從這位人物畢生的言行中，領悟到我們個人應該有的作爲和生活方式？這是一個很值得世人深思的重要問題。

本文參考書：

福澤諭吉著『福翁自傳』（富田正文校注解說）昭和三十三年　慶應通信
石河幹明著『福澤諭吉』昭和十年初版　岩波書店
石河幹明著『福澤諭吉傳』昭和七年初版　岩波書店
高橋誠一郎著『福澤諭吉』昭和二十二年初版　實業之日本社刊
伏見猛彌、阿部仁三共著『福澤諭吉』（日本教育家文庫第四十卷）昭和十二年　北海出版社
『福澤全集』　大正十五年　國民圖書會社
『續福澤全集』　昭和八年　岩波書店

華德（西元一八四一—一九一三）

林清江

華德(Lester F. Ward)身高六尺，肩寬體健，頭髮濃密，皮膚呈金銅色，神態凝重，頗有深思明辨的風采。及至晚年，仍然健步如飛，平日喜穿黑色長外套，戴着低垂的帽子。他一生奮鬪的經過，具有無窮的教育意義；他擔任教師及教授的時日，爲人稱道；他的主要思想，使人瞭解教育有它的社會目的及功能。

生活背景

華德於一八四一年六月十八日生於美國伊利諾州，父親爲磨坊工匠，同時從事一般性的機械工作；母親是一牧師的女兒，秉性善良。華德生長在一個流浪的環境中；他的雙親帶着八個兒女，從紐約西向印第安那州拓荒的旅途中，生了第九及第十個孩子，其中第十個便是本文描述的華德。

華德幼年生長在卡斯(Cass)地方，九歲時才在該地就學。由於本身家境清寒，學校中如有任何競賽，他都希望較貧窮的子弟能夠獲勝。這種態度至其成年時，多少仍然存在，影響其思想。由於當時學校簡陋，教材簡單，華德在此一階段所接受者，大都是與大自然接觸的非正式教育。他觀察磨坊及農田的工作，增進自己的知能。這就是華德接受教育的開端。

一八五二年華德年屆十一歲時，他的家庭遷往一個叫做聖·查爾斯(St. Charles)的地方。在這裏，華德的雙親獲得較多宗教及社會活動的機會，華德和他的哥哥也能共同就學，接受比以前稍好的教育。就在這一階段中，華德開始喜好詩歌及文學，同時對於語言的學習，也發生濃厚的興趣。也就在這一時期，華德的父親在住地附近購買了磨坊及土地，華德對於磨坊及農田的接觸又加深了一層。華德在這個地方學習溜冰、游泳、釣魚、逐鳥，整日面對大自然，徜徉於山水之間，對於大自然產生了深厚的感情；同時由於接觸自然環境及各種動植物，他體悟到：大自然是可以被控制的。這是華德以後主張人類利用知識控制自然現象的思想根源。

一八五五年，華德的家庭又往西部遷移，他們利用蓬車跋涉旅途長達兩月，父母夜宿蓬車，華德兄弟則露宿地下。華德在旅途中奔跑運動，携槍射擊禽鳥野兔。他喜愛風雨、大雪、陽光，並且隨身帶着小冊子，記錄他所接觸的動植物。當時華德並沒有動物學、鳥類學、昆蟲學、及生物學的知識，但是他喜愛大自然的一切。華德回憶當時的情況說：「我想我是一個天生愛好自然的人，但是使我成爲科學家的機會却相當少，主要的原因是沒有老師及書籍。」這不僅是華德自己的回憶或感嘆，同時也是他教育背景的最好寫照。他早年所接受的教育，是仰賴自習及自己奮鬪的學習，是一種眞正的自我教育。

華德的父親辭世以後，他的母親再率家人遷往伊利諾州。在新地方，華德受僱於農田工作。他的僱主會居留於加拿大法語區，能說法語，華德從他那裏借得法文書籍，夜間由同事協助閱讀。其後華德又獲得就學機會，正式學習代數、幾何、文法課程，同時又自習其他學科。

一八五八年，華德年屆十七歲時，偕其兄伊拉斯塔斯赴賓州會晤其另一兄長奧斯本（Cyrenus Osborn），並在其兄長所擁有之工廠擔任技師，暇時則進修生理學、德文、法文及拉丁文。

一八六〇年至一八六一年間，華德曾在學校任教，其後又再度就學。就學期間，華德發現自己希臘文和拉丁文的程度冠於全班，由此再進一步，深入研究古典文學及詩歌。

稍後華德本擬就讀學院，但因美國內戰發生，應召服役，在軍中前後二十七個月，受傷兩次，一八六四年十一月因三處槍傷未癒，獲准離開軍旅。

次年華德結束奔勞的生活，在華盛頓定居，並擔任政府公職。爲了彌補自己不完整的教育，華德在服公職期間半工半讀，至一八六九年獲學士學位，當時年已二十八歲。兩年後華德再獲得法學士學位，並取得律師資格。一八七二年，華德獲得碩士學位及醫學文憑。他自己說，良知不允許他從事法律及醫學工作，而要求自己從事社會學研究及教學工作。

華德於一八八三年出版「社會動學」，一八九二年出版「文明的精神因素」，一八九七年出版「社會學大綱」，一九〇三年出版「純理社會學」，一九〇六年出版「應用社會學」。一九〇六年華德受聘執教於布朗大學（Brown University），擔任社會學講座教授，同時擔任美國社會學會第一任主席，有美國社會學之父的尊稱。華德以後即受聘爲社會學講座教授，並著述「宇宙大觀」一書，將其社會學以外的論著蒐錄其中，該書各卷從一九一三年起先後出版。華德死於一九一三年，但其「宇宙大觀」至一九一八年始完全出版，這本書是他自幼接觸及喜愛大自然的結晶。

從磨坊工匠之子到大學教授，華德在清寒流浪的環境中刻苦奮鬥，他的成果是兩方面的：一是對於社會學及教育的貢獻；二是對大自然現象的研究與記錄。這兩方面的貢獻使華德名垂後世。

教學生涯

華德在一八六〇至一八六一年間曾擔任學校教師；及至成爲著名的社會學家之後，即先後在各高等教育機構執教。他曾在哈特福特學社 (Hartfard Society) 的社會學學院擔任推廣課程講師，曾任哥倫布大學 (Columbian University) 的植物學及社會學講師，並曾在利蘭斯坦福大學 (Leland Stanford)、西維吉尼亞大學 (West Virginia University)、威斯康辛大學 (University of Wisconsin)、及哥倫比亞大學(Columbia University) 執教。一九〇六年以後，他受聘擔任布朗大學社會學講座，直至一九一三年去世爲止。

在課室中，華德的外表，並不特別能啓發學生的靈機，但是他的年齡、尊嚴、及廣博的知識，却極有影響力量。學生在不知不覺中受到潛移默化，喜愛他，並受他人格的影響。他在布朗大學講授五種課程，其中之一爲「教育的社會面」。該大學的學生大部份都選修華德的課程；華德在講課中反對自由放任的哲學，強調宇宙知識的整體綜合性。

華德的實際教學行爲是其人格特徵的反映，而他生活中的軼事正是他人格特徵的說明。由於生活背景的影響，華德喜愛大自然中的事物，他甚至喜愛狂風、暴雨、及閃電，以為壯觀的宇宙事物值得推崇及描述。但是矯飾的事物失去本性或本質者，他就不喜愛。例如他喜愛植物及花，却不喜重瓣花，因爲他認爲重瓣花已失去單純的本貌。他喜歡運動，但是反對任何具有暴力性質的運動，因爲它失去了運動的和諧本質。

華德極少抽煙飲酒，平日工作及教學富於責任感，性情隨和，寬宏大量。他在演講及教學時，因爲學識淵博而口若懸河，下筆也如行雲流水，但是一離正式場合却無此才能，並拙於言談。

不分性別、種族、及地位，人人平等，人人參與工作，這是華德生活的準則，也是他教學的一項基本態度。他經常提着行李擠公共汽車，自己做事而無他人代勞。華德從小就生長在貧困的環境中，因此他沒有不良的社會階級觀念。

華德喜歡接觸的朋友和學生，都是熱愛知識的。他經常說：知識是世界上最有用的事物；雖然不同種族的人在智力方面有其差別，但是人人都能發展知識，享用社會遺產，並對人類社會有其貢獻。他以爲一個人的家庭及社會背景不能限制其發展及成就，只要充實知識，任何人在社會上的成就機會都是平等的。

一九一〇年華德寫信給他的朋友說：「我喜歡工作；工作是使我幸福的主要源泉。工作產生了知識上的快樂、家庭生活的快樂、以及情緒上的快樂。」華德的生活史，事實上就是一部勤奮工作的歷史。他的毅力是驚人的，從十九歲他開始寫日記，直到去世爲止，從未間斷；他的日記內容包括他所有的思想、觀念、及生活細節。他很注意細節，甚至對於自己所用鉛筆的種類及數目，都有所記載。

寫作是華德生命中最重要的一部分工作，在他晚年教學的生涯中，他仍然繼續不斷的寫作。他的教學工作永遠與研究工作協調融貫。他在晚年，計劃將他社會學以外的著作，全部整理蒐錄於「宇宙大觀」一書中。在他去世的前夕，「宇宙大觀」的第一卷才正式出版，使他得償宿願。

華德一生不好虛名，曾多次拒絕接受他人所授與的榮譽，但是却很喜歡學生和其他學者對他的尊敬。華德一生窮困，凡事力求節儉，但是却希望有一完美及設備良好的居所，以便與其他學者聚談。同時，在他教學生涯中，學生所給他的尊敬，增加了他無窮的生活樂趣。他記錄了下面幾件事情：一八九七年在芝加哥大學任教，學生送他一根金柄的手杖；一八九八年在西維吉尼亞大學任教，全班學生簽名，公開宣讀一份富麗堂皇的感謝狀，然後呈送給他；一八九九年在利蘭．斯坦福大學任教，學生送他名貴漂亮的手提包；在布朗大學任教，研究所全班同學送他一個極美麗的愛杯（卽有兩個杯柄，以便輪飲的大銀酒杯）。華德拒絕接受較高的榮譽，却不厭其煩地記錄這些師生間的瑣事，正表示他注重師生之間的感情。從這些事例中也可看出，華德的學生如何尊敬他。

思想影響

華德的社會學思想對於教育理論與實際的影響，極爲深遠。他在「社會動學」一書中論社會的進化，以爲人類利用「社會力量」，可以控制自然勢力，達成各種社會目的及理想。華德強調，人類社會力量中最重要者爲慾望；慾望是人類各種活動的基礎。而人類的基本慾望包括三類：一爲維持生命，二爲延續生命，三爲社會創生。人類爲了維持生命，不斷勞動及發明，拓廣知識及理性；但也有很多人基於此種慾望，從事欺詐等不軌行爲。人類爲了延續生命，作育後嗣以傳宗接代，增強了社會意識；但也有很多人因此形成利己排他的觀念。至於人類的創生慾望，包括道德、審美、及知識，直接促成社會進步。在道德、審美、及知識三方面，華德又特別強調知識的功能與重要性。

他認爲有了知識，一切社會的動力便可用諸建設性及系統性的活動，以達成良好的社會目的。華德強調：人類的知識及思想能够克服自然勢力，並加以控制及使用，而增加人類的幸福；同時，知識又能使社會上的種種靡費，減至最低限度。教育普及了知識，事實上就是一切社會進步的主要推動力量。

華德主張用教育力量導致社會進步，這種理論通常被稱爲社會導進論 (Social telesis)。他認爲人類奮鬪的終極目標，是滿足慾望，獲得幸福。而達到幸福境界的途徑，共分爲五個階層：進步、動力行爲、動力思想、知識、及教育。換句話說，人類接受教育才能得到知識；有了知識才能發生動力思想；當動力思想化爲動力行動的時候，才能形成社會的進步；由於社會進步，人類才能獲致幸福。華德明確的指出：教育是形成社會進步、滿足個人慾望、促致人類幸福的最根本途徑。

社會導進論，將社會進步與教育的關係解釋得相當詳細與合適。華德開創了現代社會學與教育學關係的研究，使探討教育理論者，不僅重視教育的心理基礎及哲學基礎，同時也重視教育的社會基礎。雖然以後研究社會及教育之間關係者，不完全同意華德的理論，但是大家都同意他是此一研究領域的先導者。現在教育社會學非常發達，華德就是研究這門學問的始祖。

一般人對於教育的社會影響力量，常常有所爭論。有些人以爲教育只能反應社會現況，因應調適，而無法改變社會現貌；形成變遷；華德則不以爲然。他極力主張，教育力量能够形成社會變遷，促成社會進步。這種思想以後經過杜威（John Dewey）的推崇，影響教育實際，形成所謂「社會中心教育」運動。這種運動首先在美國部分文化較落後的地區推展，以後則普遍實施。不僅美國推展此一教育運動，西歐國家及很多開發中的國家也普遍推展此一運動。

強調社會中心教育的學校，與社區保持了密切的關係。學校的教師以社區爲教育環境，一方面以社區資源作爲教學材料，另一方面則以改善社區生活作爲本身的職責。社會中心學校的教師，不認爲教育變遷是可有可無的需要，而將其視爲教育過程中重要的一部分，因此深入社區生活，以便瞭解、調查、並研究社區的實際需要。在這種環境中，教師不是社區中的孤立者，而是社區關係的協調者。在社會中心學校中，教師的權威並不是培養學生公民能力的根據，相反地學生能從社區生活中學習公民所應具備的各種知識及能力。教師不僅是一個單純受人尊崇的人物，同時還是一個領導學生參與社區生活及社區行動的導師。

華德的思想強調教育促成社會進步的功能，開始了現代教育社會學的研究。同時在教育實際方面，他的思想普遍爲人接受之後，形成社會中心教育運動，使教師改變了他在社會中擔當的角色，不將自己孤立在學校教室之中，而使自己領導學生參與社會生活，改造社會環境。華德這種貢獻，對促進教育與社會的關係，影響力量極爲深遠。

結　語

如果把華德的生活史作一個人格化的觀察，他從工匠之子到大學教授的奮鬬過程，就是一個最好的「教師」。華德珍惜他的教學生涯，重視師生之間的關係；在他的教學生涯中，可以看出他喜愛自然、勤奮工作、及改造社會的各種人格特徵。華德開始從教育的社會基礎方面加以研究，並賦予教師的角色一個新的定義，使教師從教室走向社會。教師不僅應該是傳道、授業、解惑的人，同時還應該是社會進步的解釋者及推動者。換言之，現代的教師不僅是經師、人師，同時還是社會的導師，這是華德的生活與思想，給予我們的一個明確的啓示。

手島精一（西元一八四九—一九一八）

徐南號

日本有今天的輝煌成就，有人歸功於它的教育發展，有人歸功於它的工業建設，當然還有許多其他的因素，也是不可缺少的條件。不過，假如沒有良好的工業教育，日本是不可能成爲今日的經濟大國的。本文所介紹的手島精一，對日本工業教育之創辦與發展，具有極大的貢獻，日人現尊稱他爲日本工業教育的始祖。

武士留學

手島精一於西元一八四九年（明治前十九年）出生於一個武士家庭。他的父親係田邊四友，對於子弟的教育十分嚴格，每天早晨天還沒亮就叫醒孩子起來練武，晚上又要他們學習四書五經，一直到很晚才能睡覺。

依照日本古老的習俗，一個家庭只有長子才能繼承家產，其餘子弟都得出去另謀出路。精一在原來的家庭是次子，從小就被手島家收養爲養子，因此他就改姓手島。

一八五三年美國海軍提督柏里，率領艦隊來日本要求門戶開放，那時候，他只有五歲。在德川幕府統治時代，他住在水野忠誠的領地。他從小就顯得特別聰明，十二歲時卽被水野選爲家中的侍童。水野是幕府中有力的臺柱，眼光遠大，曾親自參與日美貿易條約的會談，對於當時的國際局勢比其他藩侯瞭解得更清楚。精一在那種環境裏長大，耳濡目染，領悟到四方知識的重要，所以很早就加入「明親堂洋學局同社」接受英文及西方新知。

一八五八年幕府瓦解，明治天皇親政，這是日本現代化的一個重要起點。明治天皇在登極的誓文中，曾標榜「廣求知識於世界」，作爲文教的基本國策，因此全國都熱烈響應，吸收西方文化。精一在這種風氣之下，想探求西方學術的欲望比過去更爲強烈。恰好一八七〇年明治政府爲作育人才，決定派一批學生赴美留學，精一認爲這是夢寐以求的良機，懇切要求以自費身分一起到美國求學。他的苦心奔走並沒有白費，政府當局核准他同船赴美。但是他因無法自籌旅費及學費，曾請求水野氏貸款千兩分期滙出。此次放洋是他一生當中最重要的轉捩點。

這批武士或貴族出身的放洋青年，身穿和服，腰間還佩兩把武士刀，在太平洋上足足航行了二十三天才到達舊金山。他們以好奇的眼光踏上新大陸，發覺自己所想像的美國與親眼看到的美國有很大的差別。手島精一最初希望在美國學法律，上岸以後看到美國宏偉壯觀的大理石建築物，及富麗堂皇的設備，印象特別深刻，他很快地意會到美國的主要發展是形而下方面，不是形而上方面。他考慮到日本固然亟需軍艦大砲，也需要法律知識，但是理工方面也許更爲欠缺；因此他在費城一個美國家庭學習了一年多的英語，直到自認可以應付學校的課業，才入當地一所大學，攻讀建築學。

當他稍爲安定下來的時候，日本國內宣佈「廢藩置縣」，他的生活費頓告中斷，使他進退維谷，走投無路。恰在這時候，以岩倉具視爲首率領了七十幾名維新要員來到美國，考察各種文物制度。手島本想去求他們想辦法，沒想到他們因缺少翻譯人員，遂主動要求他同行。他們到各處參觀完畢，想轉赴英國，仍要求他一起隨行，他無可奈何，終於放棄了學業。到達英國之後，訪問了許多地方，私下也閱讀了不少新書。後來他曾打算留在英國念大學，但種種困難都無法克服，就在一八七四年很失望地回到本國。從留學的觀點來評量，他是失敗了；但是從增加見聞經驗方面來說，他的收穫却比預期豐富而且有價值。

他從英國回來以後，文部省（教育部）就請他到東京大學的前身「東京開成學校」服務一段時間。在那裏他結識了兩位好友，一爲濱尾新，一爲瓦格納（Gottfried Wagner）；前者後來曾任東京大學校長及文部大臣，後者是德國的工業化學教授。手島回國一開始就從事工業教育有關的工作，因文部省接受了瓦格納的建議，在開成學校附設了「製作學敎場」，那是一所實驗性的工業學校。

啓發民智的敎育博物館

一八七六年，美國在費城舉辦盛大的獨立一百週年博覽會，日本政府乃派文部省次官及手島精一前往費城展示日本產品。在此國際性的展覽會場，他進一步認識了工業發展與敎育人民的重要。當博覽會結束時，他就把所有的日本產品與美國交換特殊敎育及理化敎育的器材，準備仔細介紹給日本國民。從美國回來後，他果然被任命爲「東京教育博物館」的副館長。根據他的考察，當時除日本之外，只有俄國有教育博物館，其他國家都在以後才開始創設。他非常喜歡此一工作，因爲藉此他能夠把他的構想與希望充分表現出來。實際上館裏的巨細事務都由他籌劃負責，館長對他很信任而且非常欣賞他的見解。他在那裏很有計劃地陳列了外國各級學校的教材、教具、圖書以及盲聾教育的器材。他認爲教育博物館不可僅提供靜態的展示，應該設法舉辦各種活動以教育國民，啓發他們的科學知能。爲此，他經常邀請東京一帶的製造廠商參加講習會，親自講解說明外國的發展情況及日本最需要的東西。

有一次明治天皇夫婦來參觀，他就特別詳細介紹歐美盲聾教育之設施，使他們瞭解外國不但注重普通教育，連特殊教育也開始重視。這件事給天皇的印象極爲深刻。由於他的倡導，後來教育界的人士對特殊教育才漸加注意。

從這些地方可以說明他對於外國的科學文明有深刻的認識，而且對於教育之熱忱是非凡的。日本教育界在他的鼓勵之下，不但自己設計了許多教具，連日文盲人點字也很快就發明了。

由於他的觀念新穎，表現優異，卅六歲就被任命文部省書記官，兼任教育博物館館長及東京圖書館館長。以他的性格而言，他最不喜歡做官，他比較喜歡置身於教育文化工作。東京圖書館在他努力經營之下，業務蒸蒸日上，後來不斷充實，今日已成全國規模最大的「國會圖書館」。

他對於教育博物館的功能，曾經說明下列幾點意見：

首先，他認爲教育博物館不是僅供觀賞的場所，欲使一國的文化水準提高，必須能够自己生產各種科學儀器或教學用具，以極廉價的方式推廣始能達成。依賴外國高價的成品，是教育上極大的浪費。教育博物館應在這方面多作示範。

其次，他認爲教育博物館應該喚起教育行政當局及社會人士，注意於教育環境的改善。因爲校舍的興建、課桌椅的設計以及書籍的編印，直接影響着學生身心的健康。

第三，他認爲教育博物館也應該編製日漢洋書籍目錄並指導民衆讀書，以培養國民好學的風氣。

第四，他自認本國的工業技術落後，應該由教育博物館有系統的介紹外國新發明的東西，以刺激國民研究創造的欲望。

他心目中的教育博物館，並不是古董陳列所，而是科學資料的中心，也是教育民衆的活動中心。

獻身工業教育

手島精一雖把教育博物館辦得有聲有色，但是當具有軍國主義思想的森有禮就任文部大臣以後，却不太喜歡這一種社會教育活動，準備把該館關閉。手島精一聞訊非常憤慨，要求文部大臣免他的職；當然森氏沒有理由這樣做，於是他就自動辭却一切公職。

這時候他才四十一歲，在事業上正是大有可爲的時候，却處於一種逆境。住友公司（日本三大財閥之一）求才孔急，立卽聘他爲顧問，並請他到歐美考察一年，他趁機也到巴黎參觀了世界博覽會。

像他這樣有才幹的人，如果想在住友公司施展抱負，必然很快就變成企業鉅子，但是他對於個人的錢財和前途看得很淡。在外國考察期間，他始終惦念着的是日本工業教育的前途。

後人讚揚他是日本工業教育的始祖，這一點他的確可以當之無愧。從一八七四年到一八九〇年，他雖然未直接擔任工業教育工作，但是他藉種種文化活動，鼓吹工業教育。例如一八八一年文部省創設「東京職工學校」主要就是受他的影響。由於他喜愛教育事業，剛從外國考察回到公司以後，政府就邀他接長東京職工學校。

在民情守舊的時代，農工商的職業地位甚為卑賤，過去他費了十幾年的工夫呼籲朝野重視工業教育，可是一般家庭對於這種不能當官的黑手職業還是敬而遠之。他不責怪社會觀念的陳腐，一心一意想把這一所學校辦好，做為全國的示範學校。一切事業開始最難，工業學校不能沒有師資，新興的工業不能沒有幹部，為此首先他就專心培養工業師資及幹部，希望由點而面形成一種體系，將來學生在社會上有成就，自然可以改變社會觀念。教育事業不可操之過急，必須日積月累蔚為一種風氣。他認為工業教育必須從基層做起，從事工業者不能沒有知識，不能沒有健全的常識。他把普通教育解釋為常識教育，工業教育應注重常識，將來畢業生才能獨立應付事業上各種複雜的問題。

他接長東京職工學校以前，該校不敢要求學生實習，過分偏重書本上的理論。他就任以後把「職工學校」改為「工業學校」，同時修改學則，標榜學理與實習相結合，要求每一個學生都要跟工人一樣從勞動中提高工作技能，因此全部課程的三分之二屬於工場實習。為了興建實習工場，他到處奔走，廢寢忘食，把一切阻礙都一一克服。因社會上還沒有像樣的工廠，學校裏非有够水準的實習設備不可。實際上他當時所設的實習工場，就是社會所需要的模範工廠。

當時有很多人擔心日本社會還沒有足够的工業，建議把那些實習工場廉價賣給民間經營，工業學校只要培養勞作教師就行，否則畢業生無出路。的確，初期的畢業生在社會上遭遇了許多困難。但是手島毫不氣餒，他認爲方針正確就應堅持到底。他以爲工業教育不是安揷職業的教育，應該是開創工業的教育；不能坐待工廠需要人時，才來辦工業教育。他鼓勵畢業生在社會上必須獨立創業，自己當工人，一切自己承擔，不可高高在上假手於別人；怕雙手汚黑的，永遠不能成業。

在他的人格陶冶之下，每一個學生都能脚踏實地獨當一面。他所栽培的學生六千多人，有的經營工廠，有的在地方辦工業學校，果然在幾年之後社會觀念也開始改變。有些社會人士，不是他昔日的門徒，也都來請教他如何興辦工廠。全日本無人不知手島校長是提倡工業教育以發展工業而功績卓著的人物。擧目瞭望，凡是有煙囪的地方，必定有手島的學生，這時候大家才瞭解他的遠見與卓識。

日本工業教育能順利發展，除手島校長的領導有方外，井上毅文部大臣於一八九四年制訂「實業教育經費國庫補助法」，由中央補助經費給各校，對工業的發展也有極大的貢獻。

一九〇一年東京工業學校的一切設施及教師素質已經達到高等教育的水準，一方面日本工業社會也亟需大量的高級技術人才，所以將該校升格爲「東京高等工業學校」。歷任文部大臣都一致公認手島校長能善盡職責，政府需要他來領導全國的工業教育，故始終沒有更換校長。文部省有關工業教育的措施，經常都請教他，因此大家都把他看作政府的教育顧問。

一九〇六年他五十八歲時，正值該校成立廿五週年，明治天皇特地召見他，嘉許他多年獻身工業教育之功績，並賜他一套珍貴的紀念杯。首相、各大臣及朝野士紳也爲他舉辦慶祝會。各界贈送給他的紀念品，他都贈給學校，所收到的禮金都作爲奬學基金，懇切勉勵學子不可辜負國家社會對於他們的期望。

一九一六年，手島校長已經六十八歲，因積勞成疾，身體愈來愈衰弱，自認不堪擔負如此重大的責任，故堅決請辭。明治天皇因鑑其功業卓著又賜他「一等瑞寶勳章」，朝野名士七十餘人爲了紀念他對於國家的貢獻，募捐十三萬餘元，成立「財團法人手島工業教育資金團」，使其餘澤永遠流傳下去。該校師生皆捨不得他離開，故依然敦請他擔任學校的名譽教授，以便時常能聆受他的教益。

照顧中國留學生

手島校長不僅對於日本的工業教育非常熱心，對於我國及其他亞洲國家的工業教育也曾經奉獻一些力量。他認爲亞洲國家的工業，應該普遍發展，始能使亞洲地區繁榮，只有日本一國工業興盛是不行的。照一般膚淺的看法，日本一馬當先最有利，幫助中國發展工業會造成不利的競爭。他認爲那是多餘的顧慮，只要互相合作謀求發展，雙方都有更多益處，不必要的競爭或衝突是可以設法避免的。只有亞洲的國民接受良好的教育，能夠開發本國的資源，才能防衛外來的侵佔。基於這種觀點，他歡迎中印等外國學生到日本求學。

一九〇四年，清廷因鑑於日本教育相當發達，曾派各省提學使赴日考察教育。他們一行十七人到東京高等工業學校參觀，手島校長一再強調工業教育必須有深厚的數理化教育做基礎。他們在該校印象極佳，其中有一位南京提學使陳伯陶非常熱心，在考察期間一再往訪，希望中國學生能入該校就讀。因爲這是意義深長的文化交流，雙方政府乃以外交途徑會商，決定由中國政府每年選派青年，以公費生身分，分別入東京高等師範學校、東京高等工業學校、第一高等學校、山口高等商業學校及千葉醫學專門學校就讀。這些留學生雖受駐日公使館監督，實際上日常生活都在學校裏受日方的照顧。

手島的學校自一九〇五年起，每年招收六十名中國學生，先讓他們在特別預科充實基礎課程及日語，然後進本科受專業教育。這些中國學生一年比一年增加，到手島校長告老退休時已經有兩百多名畢業生，而在校肄業者竟達全校學生的六分之一。這些青年以江蘇、江西及浙江三省籍貫者居多，他們因希望締造民主自由的中華民國，也多曾參與革命事業。民國初年，中華民國政府曾以「二等嘉禾勳章」贈與手島，以感謝他對中日文化交流的貢獻。當他宣佈退休時，大部分中國校友亦不遠千里跑回母校看老校長，並推派代表致感人的謝辭。即此一端，也可以了解眞正的師生愛是可以超越國境的。可惜在日本像手島那樣有遠見的大人物不太多，假如他能多活幾年或有千百個手島先生，中日的關係也許不致於轉惡，至少弱肉強食的欺壓鄰邦的論調，也許不致於像後來那樣的囂張。

日本有些政客會以責備的口吻說：「留學日本的中國青年，後來都變成了抗日的幹部！」這句話，非常奇異而玄妙。假如日本政府及軍部的想法與昔日手島先生的胸懷一樣，那就不至於發生中日之戰。既然日本政府禁不住要打我們，留日學生就會「以子之矛攻子之盾」，那是理所當然的。

提倡女子職業教育

手島先生因先後十幾次到歐美考察或參與博覽會展出，故對於先進國家的婦女教育十分淸楚。他認爲日本婦女所缺乏的是職業教育。

一八八六年他在文部省供職的時候，一位熱心於婦女教育的宮川保全氏想設一所社會所需要的女子學校，他就積極鼓勵他辦職業學校，各種困難都由他協助解決，於是在東京創立了一所「共立女子職業學校」。這是日本創設女子職業學校的先河。第一任校長由他推薦服部一三氏擔任，他自己則兼任副校長。不久服部校長轉任岩手縣縣長，以後就一直請他兼任校長，到退休爲止，前後二十七年之久。

該校最初成立時不易招生，經營頗爲困難。但在他誠懇的領導之下逐漸發展，校譽日隆，婦女對於職業的觀念也慢慢改變。

手島先生提倡女子職業教育是有原因的，他有鑑於日本婦女都沒有學習過謀生技能，也沒有就業的習慣，一旦家庭發生重大變故，生活失去依靠，即完全陷於絕境。在那種情況下爲生活所逼迫，致有不少婦女墮入賤業而不能自拔。誰無妻女，誰願自甘淪落？人世間之慘痛莫此爲甚！這也是社會道德敗壞之源。在日本各城市乃至於上海、香港、新嘉坡及美國城市，當時到處都有出賣靈肉的日本婦女，這是國民的恥辱。手島先生看到這種情形，非常痛心。他認爲無知婦女不能明辨是非，一味因循陋習；無職業能力的婦女無法立身自救，心有餘而力不足，主要原因就是沒有接受職業教育的緣故。因此他認爲婦女接受謀生技藝是非常神聖的，無論裁縫也好，商業也好，農業也好；不能獨立維持生計的婦女，不能成爲賢妻良母。足見他提倡女子職業教育，純粹是爲了提高婦女的人格尊嚴，這種心境是極其崇高的。

他所兼辦的女子職業學校，後來果然變成全國的模範學府，各府縣熱心教育者都競相倣設，蔚爲風尚。皇后聞此消息，曾親臨該校參觀，並以重金購買學生的製品。手島先生的見解與做法是正確的；今天日本的婦女幾乎都受過教育，每位婦女幾乎都有獨立謀生的能力。手島先生生前所引以爲辱的賤業已被法律禁止了。

人格修養

手島先生的面前時常有幾種工作機會讓他選擇，可是他始終不肯放棄自己最喜歡的教育工作。一八九四年，農商務大臣金子堅太郎爲發展工業會一再請他當工務司的司長，他說自己的性格不適合於做官，沒有答應。澁澤榮一曾邀他出任大公司的總經理，也被他以同樣的理由拒絕了。一八九九年文部省次長請他擔任實業教育司的司長，他認爲岡田良平較合適，就推薦岡田擔任。從這些地方，可以說明他是有所爲、有所不爲的人。

手島校長對於學生非常愛護，他認爲好的，必定愛護到底，不好的絕不放縱。有些品行不良的學生時常犯規，教授們都主張開除，但是每次他都不輕易批准。他常常向老師們說：「我們的努力還不够，我們有責任教好不良的學生。」在他的號召之下，不知拯救了多少青年。

有一個北海道來的新生，家庭很富有，衣着特別時髦。校長看到了就告訴他：「本校不是培養明星的，你應該跟別的同學穿一樣的衣服。」從此以後該生就變得非常樸素。

日俄戰爭結束，海軍大將東鄉氏凱旋而歸，東京各學校都自動停課參加歡迎活動，只有東京高等工業學校沒有宣佈停課，各班學生代表一起到校長室請求停課，他非常不高興，對學生說：「不要忘記自己的本分。東鄉大將凱旋雖然是國家的一件大喜事，但不可把重要的課業放在一邊去湊熱鬧。」學生瞭解他的心意，都安安靜靜回到教室上課。

手島先生有一個很好的學生畢業後在東京一所工業學校擔任校長。有一天突然回來找他，說有一個新創立的學校想聘他去，待遇特別優厚。話還沒說完，就被老校長痛斥一頓，罵他見財眼紅，沒出息；結果還是回到原校工作，而且表現更加積極。

日俄戰爭之勝利，使日本人得意忘形，社會上浮華奢侈的風氣愈來愈盛，手島先生乃召集青年組織「修養團」，提倡「愛汗主義」，鼓勵他們勤勉工作。從這些地方也可以看出他是先天下之憂而憂的了。

他對於學生要求嚴格，對於自己更爲嚴格。他曾列出他的座右銘如下：
一、利用厚生之道，首在工業。
二、居安思危。
三、君子愼於小事而無大敗。
四、好名者多敗。
五、眞理制百事。
六、富貴必驕。
其實這裏面大部分都是中國的倫理思想。他雖然一生都在提倡西洋工業教育，但對他人格的修養，還是沒有拋棄東方的道統。
手島先生活到七十歲，西元一九一八年逝世。他去世以後，故舊門生在校園裏爲他建銅像，並用漢文撰刻下列文句：
「先生名精一，菊間藩士，明治初遊學歐美。研鑽多年，歸來首唱富國之基在於工業。明治二十三年任本校校長，經營拮据，念有七年，不求名利，以養人材興工業爲樂，功績昭著，世推爲斯界泰斗，學徒之視先生如其父母。今茲故舊門生胥謀鑄模懿範，建之校庭，略存典型，以傳不朽。」
他所喜愛的學校於一九二九年再度升格爲「東京工業大學」，他的工業立國的精神在日本人的心目中，將永垂不朽。

杜威（西元一八五九—一九五二）

徐宗林

一　生平與經歷

近代美國教育思想家，恐怕沒有一個能够比得上杜威對美國及世界教育思想與實施，有其深遠的影響及無比的貢獻。杜威不僅是廿世紀中的一位哲學家，教育家，心理學家，而且在美國國內，也是一位積極推動社會改革，倡言民主政治理想的所謂自由主義派人士，同時也是一位致力於民本主義教育思想的實踐者。他的思想，不僅形成了美國繼實用主義之後而起的實驗主義(Experimentalism)哲學體系，而且也是間接影響到新教育——所謂進步主義教育——實施與理論的一位教育哲學家。由於他畢生從事著作、教學，受業學生分居世界各地，故其影響是他人所不能匹敵的。

杜威(John Dewey)出生於西元一八五九年的十月二十日。這一年也是英國進化論的提倡者達爾文(Charles Darwin 1809–1882) 發表其「物種原始」(Origin of Species) 鉅著的一年。杜威誕生在一個中產社會階級的雜貨商家中。由於杜威的家鄉，是新英格蘭 (New England) 的維蒙特 (Vermont) 州的貝林頓（Burlington），人民生活習慣，嫺習於自治，崇尙自由，篤信民主制度，這些可以說是新英格蘭殖民區的傳統精神。

杜威小時候，就顯得有點害羞，天資並不聰慧，但是，却好學深思，手不釋卷，喜愛閱讀，是大家所共認的一位書蟲。他十五歲從貝林頓當地的中學畢業，因爲居家離維蒙特大學很近，加以父母的鼓勵，就進入維蒙特大學就讀，在一八七九年完成學業。當時的維蒙特大學規模很小，那年跟杜威一起畢業的學生僅僅十八人。

凡是在維蒙特大學就讀的學生，都得研修古典語文。他們都要學習希臘文，而且每個學生都要跟維大的每一位教授學習，因爲除了工科的教授之外，當時全校只有八位教授。杜威在大學的前兩年修讀希臘文及拉丁文，西洋古代史，解析幾何及微積分。第三年開始涉獵自然科學的課程，包括地質學，動物學，進化理論；他尤其從當時英國生物學家赫胥黎（T.H. Huxley 1825-1895）的生理學教本中，獲得不少的啓示，特別是關於進化的理論、生物與環境的理論，在在都使他有不少心智上的激動。在大學課程的第四年，他才更爲廣泛地接觸到人類智慧的領域；當時擔任講課的以哲學傳授爲主的泰銳（H.A.P. Torrey）教授，對杜威初期哲學思想的探究頗有助益。

一八七九年，杜威從維蒙特大學畢業後，極想謀得中學教職，以發展他的志趣。但因他年紀輕，加以毫無教學經驗，到秋季各校已經上課，而他的職業尙毫無端倪。正在一籌莫展的時候，接到他一位在賓州南油城（South Oil City）擔任中學校長的表兄來電報，請他前往任教，當時的月薪是美金四十元；一年之後轉往貝林頓自己家鄉的一所鄉村學校任教，並繼續研讀哲學史，這時他認識了哈銳士教授 (W.T. Harris)。

一八八〇年以後，美國當時僅有的一本哲學雜誌是「思辨哲學」(Speculative philosophy) 哈銳士教授是該雜誌的主編人。哈氏受德國哲學的影響頗深，是德國哲人黑格爾 (Hegel 1770-1831) 的信徒。在一八八二年，哈銳士接受了杜威第一篇哲學性的論文「唯物主義之形而上的假設」(The metaphysical Assumpations of Materialism)。稍後，杜威又寫了兩篇論文，交由哈銳士發表。這三篇文章的組織及系統化的技巧很好，並不以內容見長；但是對一位青年哲學家而言，自己的論文能夠刊登在全國唯一哲學學術論文的雜誌上，是多麼大的一種興奮和鼓舞呢！

一八八二年的秋天，杜威向約翰霍布金斯大學 (The Johns Hopkins) 申請教學獎助金，先後兩次被拒，於是經由他大學時的泰銳教授以及哈銳士的鼓勵，向他的姑姑借了五百元美金，開始了以哲學爲主的研習生涯。當時約翰霍布金斯大學校長吉爾曼 (Gilman) 聘請了不少哲學上卓有成就的學者；他本人對每一位研究生的學習都寄以關切，時時給予指導；而且上課時採取討論的方法，富於思辨的氣息，注重自由運思的精神，不受傳統思想的約束，舉行公開的辯論，凡此種種，使杜威有發展哲學見解的機會與環境。在杜威完成其博士學位後，吉爾曼曾親自在辦公室召見杜威，加以鼓勵，並勸勉杜威不可過分手不釋卷地孤獨自處，並且給杜威留學歐洲的一筆補助費用。

此後，杜威在密西根大學 (The University of Michigan) 擔任哲學講師。在教學期間，有一位以前曾在約翰霍布金斯大學教過杜威半年的毛爾斯（G.S. Morris）教授讓出房子給杜威夫婦居住。杜威爲了感念這位恩師，把他後來所生第三個兒子取名爲毛爾斯；這個孩子聰穎過人，是杜威六個子女之中最具天賦的一個，不幸却因病夭折。喪子之痛對杜威夫婦的打擊很重。

一八九四年，杜威出任支加哥大學的哲學、心理學、教育系主任。在這裏，他跟他的妻子創立了名聞遐邇的實驗小學；並從心理發展的見地，來勾畫出教育的各項理論。一九〇四年，因爲實驗學校的歸併問題，杜威不表同意，遂辭職離去。他離開支加哥大學時，不知何去何從。他寫信給當時心理學界權威詹姆士（William James），敍述事情發生的經過，並希望獲得一個教學的位置。經由詹姆士及杜威老友卡特爾（J. Mckeenl Cattel）在哥倫比亞大學的協助，爲他在哥大師範學院謀得一職。

在哥倫比亞大學擔任教職，是杜威的教學生涯中最長的一段時期，其間由於接觸外籍學生的緣故，使他將教育的思想也能影響到世界其他各地。尾野教授是一位日本的留美學生，曾受教於杜威，獲得博士學位後返回日本，擔任東京帝大教授，促成了一九一八年杜威在日本東京帝大的講學。一九一九年，杜威講學完畢之後來華講學。我國學人蔣夢麟先生也曾在美國受教於杜威，就近邀請杜威於日本講學完畢之後來華講學。一九一九年，杜威曾先後在北京、南京、杭州、上海、廣州等地講學，由胡適先生擔任講學的翻譯，把民主與科學的思想直接播種在中國。一九二八年，杜威曾經去了蘇聯；並到過土耳其，協助土國教育之改革；又到過南非、墨西哥等地。杜威在哥倫比亞大學任教廿六年才退休，退休之後仍從事著作，並熱心於民本主義之闡揚。在他七十八歲時，還一度到墨西哥爲蘇聯托洛斯基（Leon Trotsky）辯護，駁斥史大林對托氏的指控。

杜威是一個比較傾向於自由派的教育家，不希望向權威低頭。在他的鼓勵下，美國大學教師於一九一四年組織了全美大學教授聯合會（The American Association of University Professors），四年之後又在紐約組織了紐約教師聯合會(The New York Teachers Union)，作爲維護教師權益的一個有力組織，不僅消極地維護了教師的權利，而且積極地爭取教育專業化的實現。

杜威曾在八十七歲時再婚一次。他與人合著的「認知與所知」(Knowing and the Known)在他九十歲的時候出版。他一生孜孜不倦的爲學精神委實令人敬佩。他九十三歲時（西元一九五二年）因肺炎去世，當時身體並不孱弱，心智情況尚佳。

二　著作及哲學思想

杜威一生著述至爲豐富。他的早年著作偏重於「心理學」(1887)及「應用心理學」(1889)，後來漸漸轉而對教育有興趣，如「思維術」(1910)，「民本主義與教育」(1916)，「經驗與教育」(1938)。以後的作品，就比較重在純粹哲學問題的討論了，如「哲學之重建」(1920)，「穩定性的追求」(Quest for Certainty 1929)，「經驗與自然」(1925)，「藝術卽經驗」(1934)，「邏輯——探究之理論」(1938)，「認知與所知」(1949)等。其他著作尚多，於此不再一一列擧。

杜威的著作，顯現了一個事實，卽他是一位致力於寫作的學人，他在維蒙特大學求學的時候，就顯示出是一個專心致志的好學生，但他不擅於口才，文筆亦不精闢，並不是一位善用文思表達意見的人，他的作品是不容易立卽被理解的。

杜威在哲學見解上，早期雖然承襲了黑格爾的部分思想，但是由於生物學及生物學上的進化理論，對他早期思想的一番衝擊，在他一篇「從絕對主義（Absolutism）到實驗主義」的論文中，已經剖析地敍述了他思想改變的來龍去脈，說明他何以捨棄了十九世紀德國黑格爾派的絕對主義。在杜威的哲學思想中，他並不贊成觀念完全是一個固定不變的靜態的說法；觀念自身並不是絕對的，杜威把觀念視之爲一可易的、動態的、具有工具性的指導效能，而使吾人更能適應外在的環境。

跟傳統的經驗論相比，杜威對「經驗」一字的涵義之解釋亦有不同，顯見杜威所謂經驗，並不完全像一般經驗主義者所強調的「純粹是指個人的認知」。從杜威的觀點，經驗的內涵，除了認知的意義以外，尙有其他的性質在內，諸如吾人感受到的喜悅、苦痛、作爲等。經驗是個體在環境中，對某一情境的整體反應；故杜威在經驗的解釋上，拋棄了一般哲學家之誤認經驗是認知的形式。就如同我們送一個至親好友離國遠行，我們對此一情境的經驗感受，不僅僅止於認知到好友的遠行，我們的經驗裏，還包括了諸多的感受與情愫，以及送行過程中的種種行爲；這些經驗特質，不爲一般哲學家注意。杜威的經驗的涵義，因爲附上了生物與環境的彩色，故其立論至爲顯著而特殊。

對「經驗」的概念加以辨識，是瞭解杜威哲學理論的一個必經門路。照杜威的看法，經驗是一個單一、動態、而爲完整的有機整體。經驗並不是可以割裂的，經驗是相關的，不僅與產生經驗的情境相關，而且，經驗自身就是一個綿延不絕的發展歷程。經驗在發生的先後順序上是相關的，不僅是相關，而且是繼續不斷地成長。這種經驗的涵義，乃是因爲杜威認爲個體是存在於環境之中，是對環境加以作爲（Doing）；而環境對於個體所加之作爲，定會有所反應，此一反應，杜威稱之爲「施爲」（Undergoing）。人類在改造環境，或者主動地適應環境時，如築堤開渠，人類不僅對環境有所作爲，同時環境對人類亦提供了可耕之田，或增加了收穫等，這就是環境對吾人的一種施爲。此種作爲與施爲之間的交互活動，就是吾人經驗所由產生的來源。

經驗不只是縱橫相關，綿延發展，而且經驗自身是有機性的。經驗是具有擴張性、生長性、相關性與預測性的。吾人對「水」的經驗，是隨着吾人接觸水的各種情境而不同。水的概念，是從與水的各種交互行動中得知，這些交互行動，有的是直接的參與其中，有的是直接的獲得，這說明了經驗的變動性。

杜威的經驗涵義，不完全是從哲學的觀點來給予界定；他也把生物學的涵義，摻入在經驗裏。從生物與環境的交互行動中，提示吾人：經驗應該是多元性的，即產生經驗的情境、內容、關係，都是來自生活，是個人經驗生活的一個單元。其次，杜威把他工具哲學（Instrumentalism）的知識論看法，也帶給經驗一種新的理論，即經驗是工具性的。經驗自身並不就是價値的所在；經驗之可貴，乃在於能夠替吾人解決生活上的實際問題。從生活的本質上，來增進人類的生活經驗，提供人類更進一步、更有效的與自然直接交往的憑藉。

「歷程」(Process)也是杜威哲學上的一個重要概念。從生物的演變來看，個體是在一個發展的歷程中，自發展本身來看，生物個體之發展就是它自身的目的。歷程是發展的各個階段之延續性的結合。生物自身發展以外，似乎是不應該再給它加上一個外在的目的。因爲，由於不同的環境，而有不同的交互活動，經驗與生長的發展，是不可能預立一個固定目的的。

杜威討論到：傳統上一般人說到一個名辭，往往誤認名辭自身是固定的，殊不知從一個變動的歷程上來看，實際上名辭是一種活動的過程。例如：「健康」並不是一個靜態的、固定的名辭，而是具有發展與變動成分的名辭。要健康，就得從事各種的活動：健康檢查，熟讀有關健康的書籍，培養健康有關的各種習慣，實踐各種健康的活動，攝取營養的食物，選購食物等等，這些都是活動，是一個歷程，不只是一個靜止的、認知的健康名詞而已。它實際上是串連成一個發展的歷程，吾人對健康的認知與理解，實應掌握其動的歷程或各種活動，才更能落實而具體。

杜威以經驗與歷程作爲他哲學思想的兩個基本的概念，他對於知識的看法，自然就落在工具主義的解釋上。他不贊成傳統上對知識的「旁觀論」(The Spectator Theory of Knowledge)的說法；也就是說，他不認爲吾人之獲取知識在於知識本身完全是客觀性的外界存在物，從而誤認知識可以脫離認知者；知識如果從這種「旁觀論」的觀點而論，就好像是置身於認知者之外，而知識本身是絕對地客觀存在着；這種說法完全忽視了認知者與知識之關係的建立，罔視知識與認知者之間產生的相互作爲。

若以生物的立場來說明知識之所由來，則更能貼切於眞正的事實。生活本身就是一個充滿了衝突、疑慮、不安、不確定的情境。個體設身處地於這樣的一個情境，自然有待於認知來祛除不安、疑慮、衝突，而欲使該一情境趨向於確定與和諧。這就是個體認知的所由來，及探究之所以產生。是故，知識僅是解決這些疑慮問題的一種工具而已。因而知識之發生，必定是個體對某一情境所引起的疑惑所使然，或者從實際的、偶然的作爲中產生。若以邏輯過程而獲得的知識來說，杜威以爲是有幾個步驟的。

知識——從邏輯思維過程而來的——是首先來自一個不確定的情境。個體內心能够感覺出一種迫待解答的困惑，心情緊張，亟欲知曉實際的情形。從困難情境的感受上，個體亟欲確定出此一困難的情境爲何，以便釐清與該一困難問題不相連的各項事務，如此才能確立一個可資解釋的假設來。根據此一假設，再擬訂一個可能的解決途徑，從此一可能的解決途徑，決定可以採取的方法或步驟。最後試驗這些方法或步驟之可行性及其預期的結果。

知識雖然是此一邏輯運思的預期結果，但不是運思探究的終極目的，也並不是說，在獲得知識之後，探究就完全終止了。知識的工具效能，就在於顯露知識是以後再獲取進一步知識的一種工具。是故，知識是不能看成爲一個預先建立的絕對眞理，因爲知識是個體與環境的情境交互作用的結果，不同的情境會產生出不同的結果。因此，知識僅能作爲一種參考，無法完全套在任何一種情境之內。所以，不論是在知識這一範疇之下的觀念、規則、規範等，只能作爲有限的、條件的確定，而不能視作是一成不變解決問題的固定方式。

三　教育思想

杜威的哲學思想，既然是以實驗主義哲學爲其基幹，所以，在教育的理論上，也就有了不同的看法。教育在本質上，就是社會維繫其存在與發展的一種歷程，但是，教育在形式上，却不應孤立於社會生存與發展的環境之外，這一基本的認識，可以概括了杜威整個教育與社會之間關係的確定。教育是跟社會一併發展的，是不能離開社會的情境的。而一個社會具體存在的特徵，乃是顯現在社會生活的歷程上。社會的生活，是一種發展的歷程，是一種綿延不絕的歷程；在杜威的基本信念中，一個理想的社會，就是一個民主政治制度的社會；充分的思想自由，不加限制地溝通觀念，公意的形成與確定，實是一個民主政治社會的基本精神所在。在「民本主義與教育」一書中，杜威雖然從教育的歷程上，否定教育歷程之外在的教育目的，但是，民主社會却是杜威討論其教育思想時，一個內涵的教育目的，也是他談論教育思想的一個先決條件，這一點是不容有所懷疑的。

教育是一個社會在其發展與存在之中，所不可或缺的一種歷程；教育自身就是一種歷程，而不能把教育當作一種方式或把教育當作一種獲得的成果。從存在於社會環境中的個人來論，個人始終是與其所處的環境交互活動的一個有機體；個體經驗的成長與發展，是不能離開社會環境的。不過就教育的定義來說，杜威還是偏重在個人方面，因爲他認爲教育是經驗的重組過程，經由漸增的個人效能的媒介，而賦予更多的社會化價值。

杜威不給教育加上一些外在的目的，乃是確認教育所產生的經驗情境是一個不確定的、變動的經驗情境，由個體與環境連續不斷交互作用的一種歷程；外在、預定的目的，不一定就符合了現實經驗情境的需求，也不一定就能貼切於當時的經驗情境。所以杜威曾一度提出「教育無目的論」，他以爲教育除了自身的情境是產生目的的必要條件之外，經驗的成長本身或經驗的重組本身，就是教育的目的。

杜威所詬病的傳統教育，乃是錯把教育的歷程看成爲一種結果，誤認教育乃是爲了準備未來的生活所需，使教育的意義——經驗的成長——成爲越級的生長，對受教者的個人毫無切膚之感，於是教育的方式、內容、以及所謂的目的都是虛懸着的，教育成爲生活之預備乃是極其自然而然的結果。不過，杜威在主張教育是經驗的生長與重組時，並沒有完全忽略了經驗發展的指導原則；如果沒有原則加以指導，經驗的生長是盲目的；如果沒有指導經驗發展的原則，則經驗之發展是毫無實質的意義的。在後期杜威的教育著作中，都主張經驗發展的道德原則，及民主社會制度之規範原則。

教育是經驗成長及重組的歷程，此一歷程有兩個基本的因素——形成此一歷程的兩個不可或缺的單元。一個就是個人的心理因素，另一個就是圍繞在個人周遭的社會因素。從個人的心理因素來說：個體是經驗生長與重組的主體，其心理的因素也就是個人的能力、興趣、習慣，是了解與解釋個人經驗生長意義所不可缺少的。個人的興趣、能力、習慣是在形成與發展中的，是隨着經驗的活動而變動的，尤其個體天賦而具有的一些對外界事物探求的興趣，更是教育的心理基礎。如兒童的談話的興趣（也就是觀念的溝通），探究的興趣（也就是發現事物的興趣），製造事物以及藝術化表達的興趣，都是教育上所能加以應用的個人基本心理能力的資源，爲個人經驗成長與重組所依賴者。教育絕不是完全忽略了兒童既有的能力或經驗，而把一些外在的、不相干的經驗，烙印在兒童心靈中；教育亦絕非是一種強制的，加諸於個人經驗之外在的成長。教育完全是偏重在兒童既有能力——包括學習的之應用，完全是從教育「爲發展而非鑄造」、「爲引伸而非堵塞」、「爲隨經驗內在的成長爲準，而非自外界強加條件以及依外在條件而生長」的一種歷程；兒童心理的條件，是教育發展上必須顧及的一項基本因素。

從社會的因素來論，個體經驗的生長是浸潤在社會的環境之中。個體並不是孤立於社會之外；組成社會的個體並不都是各自孤立的實體存在，而是相互關聯，形成相互結合的一個機體。學校在杜威看來，並不是專門去學習知識或技能的一個場所；學校自身就是社會的一類，也可以說就是社會生活的縮影。「學校卽社會」，「教育卽生活」是兩個不可分離的杜威教育哲學中的警語。

杜威對於「學校卽社會」的認識，乃是基於「教育卽生活歷程，而學校卽社會生活的一種型式」而來。學校是助長兒童經驗成長的場所；是把社會經驗澄清而賦予價值觀的一個場所；是兒童現實生活經驗的地方。同時學校也是一個促進社會進步的機構。學校不僅僅在於維持文化傳統，而且是締造、創新文化的搖籃，更是促進社會進步的社會組織。這種觀念，根據杜威的女兒，在爲其父親所寫的傳記中，曾言及杜威在中國五四運動時期，親眼看到了青年學生對政治改革之深遠的影響力，啓發了杜威對教育之社會功效，而給予一個新的估量。

四　傳統教育與進步教育

在杜威對教育哲學的諸項影響中，恐怕沒有一項比對教育思潮上形成了所謂進步教育 (Progressive Education) 運動來得更大了。杜威的教育思想，是傾向於反傳統教育 (Traditional Education) 的，特別對於傳統教育中的形式主義的空泛、嚴格的特性加以攻擊。傳統教育與進步教育，如果依照杜威自己在他的「經驗與教育」一書的內容來分析，傳統教育似乎忽略了學習者原有的能力，同時以外在的、含有壓制性的習慣取代學生內在而自然的稟賦。這種教育在方式上，是由外而形成 (Formation from without)，非由內而發展 (Development from within)。杜威在教育思想上，並不完全贊同進步教育的過分放任政策；杜威也不是一位創設該派的標奇立異者。杜威不過是一位脫離傳統教育的形式與枷鎖，而對傳統教育加以反省性的批判，另以個體心理及其社會環境爲出發點的教育思想家而已。但是進步教育的鼓吹，以及形成一些有組織的團體來積極加以推展，並不能完全由杜威來負責的；杜威只是新教育的思想淵源，但過分的濫用教育的自由，其咎却非杜威所應擔當；是故一切進步教育的弊病，以及對杜威教育思想的濫用與誤用，是不能責怪杜威的。杜威的教育思想，在美國教育思想上，形成了所謂進步主義(Progressivism) 之後，杜威於一九三八年就曾經提到：在推進教育改革上，最好是以教育本身來衡量教育，而不要以什麼主義爲之；而且他對進步教育之偏失也有直接的批評。

前面提過，傳統教育的方式，認爲教育是由外而形成，有外在的教育目的與原則去指導學生的學習及教師的教學，有外在的道德目標而有待於學生去形成；學習的材料，事先已經編製妥當，組織嚴密，過程井然，教育就是將有組織的知識，從上一代傳授給下一代；教育完全是爲了將來生活的預備，而罔顧學習者的興趣、需要、慾望及目的；學習和教學的目的完全是爲了將來，而非爲了現在。從教學和學習的方法上來論，傳統教育是偏重在如何有效地把知識或技能傳授給學生，而對於學生人格之發展以及理想與信仰之建立，就顧不到了；所以在整個學習上，知識的內容是比學習的方法爲着重，學習的活動幾乎都是學習活動之前就已決定的，學校在社會上是處於孤立、脫節的狀況。

從進步教育的觀點來看，教育是由內而外的一種發展，是顧及到學習主體的心理條件的，對於學習者的興趣、能力、慾求是兼顧的，而不是把教育看成爲社會要求而準備的一種過程。學習的活動；儘量給兒童創造、表現的機會，所以在課程上，兒童有其自創的活動；在學習上，方法就較內容爲重要。傳統教育偏重教學的內容或學習的成果，使知識成爲學習的主要目的，複誦成爲唯一的學習方法，教科書也就成爲唯一具有權威知識的所在了。這些都是進步教育，以方法爲學習的主要目的所不會有的缺點。其次，進步教育對於學校的估量，也不同於傳統教育的思想：進步教育者認爲學校應該培養學生不滿於現實社會環境的態度，如此才能對未來的社會環境加以改進。

五　道德教育

杜威在知識的理論上，提出了實用哲學的知識觀點，卽：眞就是有用的，知識是試驗性的，能够有用的就是眞的知識；在其關於倫理學及有關價値的問題上，杜威贊成所謂「結果的理論」(Doctrine of Consequences)，把價値的問題視作爲認知的一部份。

杜威不贊成有固定的價値。他認爲價値不是外鑠的，而是產生在一個價値的情境之中；隨着價値情境的不同，價値的標準也就不同；在吾人行爲的標準上，就無法確定出一些不變的行爲規則而永遠作爲指導人類行爲的準則。價値是表達了吾人對事物的善惡、愛好的一種判斷，行爲的取捨往往取決於當時行爲產生的情境、個人的觀點、以及個人如何安排及認知此一價値的情境，而對價値的取捨有一更爲明智的抉擇。價値不能預先於價値情境發生之前而決定；價値的評定是要隨價値情境之變易而不斷的予以估價 (Valuing)。

在道德教學實施上，價値教學並不完全是將某些特定的社會價値觀，移植給靑年或兒童，也不是把道德、價値當作一種知識，傳授給靑年或兒童。在民主制度的社會裏，價値是個人漸次經歷各種價値經驗而形成的；價値的教學，可以說是偏向於啓發，誘導靑少年的價値發展。而且這種價値觀的發展，應該是自由的而非強制的；應該是理智的認知的結果，而非盲從的無知所形成。

六　結　語

美國近代教育思想家，到目前爲止，可以說尚找不出一位比杜威對於美國及世界教育思想，更具有影響力的人物。杜威從美國教育的極端形式主義與嚴格主義的影響下，在維蒙特州新英格蘭的城鎮，具有民主氣息的環境之中，孕育了他對當時教育實施的批判能力；同時，在後日接受生物學與心理學的洗禮後，而對教育上的種種弊端，發出了深沉的呼籲，創立了新的哲學思想，作爲教育理論的基礎，演成了一九三〇年代的所謂進步教育運動。

許多杜威常常提出的，簡潔而明白的標語，都形成爲進步教育推行時的目標所在。諸如：「教育即生長」，「教育即生活」，「教育即經驗之生長與重組」，「學校即社會」，「從做中學」等等，不僅成爲美國國內提倡進步教育的口號，也成爲宣揚杜威教育思想於世界的口頭禪。杜威的民本主義教育思想，不僅是西方世界教育與政治理想的基本綱領，而且也逐漸的波及到採取他的教育思想的各個國家。

杜威的教育思想，從初等教育一階段來論，不難發現到他的理論之深具價值，這也就說明了杜威對於初等、中等教育階段之學校設施，是產生了不少的影響。教育目的、方法、課程內容、道德教育之方法等等的變遷，都是有鑒於傳統教育實施上的缺陷，經由杜威的實驗主義教育哲學之提倡與實行而成爲事實；教育之成爲社會基本效能的認識，又重新爲人所重視，使教育不再誤蹈過去偏重形式的覆轍。從教育上的教學實施之重視行的問題及實際生活問題的解決，不僅充實了教育的內容，而且也顧及到受教者的需求及其興趣與能力，並從民主社會生活的理想鵠的上，引導學生經驗之成長，趨向於道德的需求，突破了傳統的教育型態，可以說這是杜威對美國教育最偉大的貢獻。

克伯屈（西元一八七一——一九六五）

世界教師們的教師

黃昆輝

近代教育思潮派別紛繁，爭奇鬪異，其中影響我國教育最大者，首推實驗主義哲學。此一哲學體系的建立，杜威（John Dewey）貢獻最大；至將其發揚光大，由理論而見之於具體的方法與實際者，則克伯屈（William Heard Kilpatrick, 1871-1965）居功最偉。（註一）

克伯屈博士是美國名聞遐邇的教育家與哲學家，也是二十世紀教育的復興者。他承繼杜威的衣缽，擔任美國哥倫比亞大學師範學院（Teachers College, Columkia University）的教育哲學講座，致力於闡釋杜威學說的精微論旨，並建立其自身的獨立創見。

克氏能言善辯，講演生動，教學得法，儀態溫恭。學生對於他的講課趨之若鶩，上課人數通常不下五，六百人，教育學院竟無一間正式教室可以容納，常不得不上課於霍里斯曼大會堂（Horace Mann Auditorium）或大學劇院（McMillam Theatre），學生亦往往因限於名額而無法參加受教。根據統計，學校所收學生修習克氏「教育哲學」的選課費每達百萬美元以上，故克氏有「百萬美金教授」之雅號。他的學生約有三萬五千人，分別來自美國各州及其他六十多個國家。這些畢業後分布於全球的學生皆能廣闡師說，傳播克伯屈理論；因此，克氏被譽為「世界教師們的教師」。

父嚴母慈、美滿家庭

西元一八七一年十一月二十日克伯屈博士誕生於美國喬治亞州(Geogia)的白原村(White Plains)，該村人口不滿五百，民風淳樸，他的家庭溫馨美滿，克氏在充滿着父母之愛的陽光中長大。

他的父親老克伯屈(James Hines Kilpatrick, 1833-1903)是美以美教會的牧師，振興教育，提倡公益，言行一致，德高望重，深受村民的敬仰。他的名字曾列入美國名人錄。克伯屈對父親非常尊敬，尤其由衷欽仰父親所具有之優越的心智與慎言敏行的特性。他的父親常對他說：「兒子！你必須深思遠慮，留意你的言行，凡事要善加考慮。」(註二)克伯屈自己承認他的重視思考作用，係得自父親的薰陶。老克伯屈態度嚴肅，言行莊重，不苟言笑；父啓子承，克伯屈在許多方面，諸如注意細節、遵守時間、意志堅決、及表情肅穆，都很像他的父親。

他的母親荷德女士(Edna Perin Heard)溫和仁慈，富同情心，熱誠親切。克伯屈曾屢次提到：他從他的母親那裏獲得了從屬感、安全感、與滿足感。她對克伯屈雖甚慈愛，却不放縱，母子關係一向和諧美好，可說是母慈子孝。在他們母子相互往來的大約一百封信裏，字句間深深表露了自然的關懷與密切的親情。一九一二年，他守寡的母親給他一封信，信上這麼寫着：「當我寫這封信時，我聽到鄰居公寓有位守寡的母親與其成年的兒子吵架，我甚至聽到兒子的褻瀆惡語。……但當我回想你幼時犯過受罰，而導至我倆短暫的疏遠之時，那的確是一件樂事。在我們三十年的談話之中，關於任何程度的厲聲疾語，我却一無印象。」（註三）另一信又說：「我確信世上沒有太多的母親能像我一樣，從兒子的身上獲得這麼少的悲痛與憂慮。」（註四）克氏自己認爲他的成功主要歸功於他母親對他那種循循善誘的教育。他在其大作「教育方法原論」(Foundations of Method)一書的首頁寫着：「敬以此書獻給我的母親——我的啓蒙師，也是最好的一位老師。」（註五）克伯屈偉大的人格就是在這種良好的家庭環境中培育長成的。

天賦既厚、學殖又佳

克伯屈既聰明，又努力，因此在求學過程中，成績總是非常優越。在小學時，克伯屈曾有個終生難忘的經驗。某日，他無意踩到一個小女孩的脚，女孩子哭了，老師卽斥責他說：「你傷害一個女孩，還不引以爲恥嗎？」後來他回憶此事說：「我並不是有意的。對我的粗心大意，我很抱憾；但我一點也不感到慚愧，我沒有做錯，我憎恨那種說法。此事直到我開始敎書時仍未忘記，我立下決心，永不用那種方式對待孩子，我要先瞭解事實之後再予處理。」（註六）後來他很重視敎師態度對學生品格之影響。

克伯屈原先希望能做牧師，十四歲即開始參加教堂的活動。西元一八八八年，他進入秣塞大學(Mercer University)之後，在物理學一科表現了優越的才智，數學的成績更是出類拔萃，因而默默地選定工程師或教師作爲努力的目標。在這個學校，他讀到了達爾文的「物種原始」一書，開拓了他人生與理想的新天地。自此之後，他的思想靜靜地改變，漸漸從教會的桎梏束縛之中企求解放。畢業之後，旋卽進入霍布金斯大學繼續深造。此時他眞正體會到了自由的與好奇的批判精神，以及反對傳統與追求眞理的勇氣，同時亦接受了「眞理並無絕對」的信念。該校數學系主任柯萊(Prof. Craig)對他的影響很大。柯氏認爲教學的要務在於適應學生的需要，協助其解決問題，而並非在於管理與壓制；克氏接受了此種信念。在這段求學過程中，他所表現的是：品學兼優，誠實負責。

教學及行政的經歷

克氏自霍布金斯大學畢業之後，開始在布拉克利 (Blakely) 學校教授數學並兼任副校長；一年後又任校長。在此校服務期間，由於未曾學過有關教育方面的課程，便參加了暑期學校，聽了不少有關學生興趣，以及裴斯塔洛齊(Johann Heinrich Pestalozzi, 1746-1827)的放棄體罰、引導學生致志於有意義的經驗之主張。他的教育觀念漸漸有了改變，開始採取自動負責的原則，以及有意義有興趣的經驗，以爲學習活動之基礎。一八九五年克氏重返霍布金斯，繼續進修。後以該校已面目全非，於翌年就到撒凡拿(Savannah)地方擔任安德遜小學校長，實驗其教育的新觀念。一八九七年，他應聘至秣塞大學任數學及天文學教授。此時他研讀了許多教育名著，加深了他對教育的興趣。

一八九八年夏季，克氏到芝加哥大學進修，得有機會親聆杜威博士的講課，並讀了杜氏所寫「意志與興趣」與「我的教育信條」兩書，對於杜威的人格及才華，甚表尊敬與推崇。這年他與葛吞(Marie Beman Guyton) 結為夫婦，生活幸福快樂。兩年後，他因平日工作熱心與才能卓越而受聘為秣塞大學副校長。同年夏季，他又參加哥倫比亞及康奈爾成立的暑期學校。此時他讀了杜威的「意志與教育」與「興趣與努力」兩書，尤其是後一本書為他開闢了一個全新的世界，影響之大幾無其他書籍能與之相比。克伯屈承認他之對教育具有高度的熱誠，與其成功的教學技術，並能激起學生精神的饑渴，該書貢獻最大。後來他又於諾克斯維 (Knoxville) 的教師暑期學校，遇到了羅斯 (Wyckliffe Ròse) 和霍爾 (G. Stanley Hall) 兩位著名教育大師，思想更受到啓廸。一九〇三年擔任代理校長，綜理校務；翌年正式接任校長之職，這時他才三十三歲。後因學校經費拮据，同時在教育問題上與美以美教派的領袖及校董之間發生了很大的歧見，乃於一九〇六年辭職，離開了秣塞大學。

重作學生、觀念不變

離開秣塞大學之後，克伯屈開始了一段鬱鬱寡歡的生活；其間曾幾度尋覓教席，均未償所願。加以克夫人亦於斯時與世長辭，更增加他的悲痛。後來在喬治亞州哥倫布地方一個中學擔任校長之職，並於諾克斯維(Knoxville)暑期學校教授數學方法論；這時他見到了來自哥倫比亞大學的桑代克 (E.L.

Thorndike）以及柯爾（Percival R. Cole）兩位名教授，受益非淺。

一九〇七年，在桑代克等教授的建議下，他以三十六歲的年紀踏入哥倫比亞大學師範學院，又變爲一個學生，這是他一生的轉捩點。在此以前，他的志趣與目標總是在變動不定之中。他雖具數學才華，却認爲數學無用；他教起數學來頭頭是道，但並不感到快樂。現在他發現了自己眞正的興趣，穩住了自己努力的方向，追隨名師，勤研教育，此後一路順風，終於名聲大噪。

進入哥大之後，在杜威的指導下，他放棄了新黑格爾哲學（Neo-Hegelian Philosophy），而採取了實驗主義的觀點。從此他就沿着杜威思想的路線而加以充實發展，終成爲實驗主義的闡揚者。一九〇八年，他再與出身望族的蘋克妮（Margaret Pinckney）小姐結婚。婚後伉儷情深，生活美滿。一九一一年初任該校助理教授，四年後升任副教授；一九一八年升爲教授，自克氏擔任教育哲學講座之後，由於他的優良教學法，使他成爲一位最負聲望的偉大教師（註七）。他的學說不僅傳播到全美國的學校，同時影響及於世界多數國家。

克氏於一九三八年自哥倫比亞大學退休之後，一本初衷從事著書立說，繼續發揮其影響力。「一九六五年二月十四日，不幸巨星殞落，這位畢生致力於教育革新的大師竟然與世長辭，享年九十有三。修齡碩學，立德立言，氏當之無愧矣。」（註八）

教育意義的觀點

教育是什麼？古今中外，見仁見智，聚訟紛紜。克伯屈持實驗主義的觀點，認爲教育就是生活，就是生長，也就是經驗的繼續改造。

他認爲任何良好的教育，無不以生活爲先。教育是生活的教育，爲生活而教育，由生活而教育。兒童的教育不僅得之學校，同時亦得之家庭、鄰里、社區與一般生活。他反對以書本教育來代表教育的全部，反對以學校爲唯一的教育場所，他認爲教育係指影響人類身心的一切活動而言；俗語說「活到老，學到老」，即是此意。一個人在社會中生活，隨時都在受教育，教育無所不在；在社會，稱爲社會教育；在家庭，稱爲家庭教育；在學校，稱爲學校教育。

在克伯屈的觀念裏，教育即是生活，但生活並不一定都是教育。富於意義、變化與創造性的生活，才是眞教育。因爲一切生活不可均爲教育的資料。如「醉生夢死的生活，萎靡不振的生活，漫無紀律的生活，強盜娼妓的生活，都是教育所不能接受的。教育對於生活須經審愼的選擇。拿經過選擇的生活來教育青年是可以的；但拿一切生活都當作教育，便是誤解。」(註九)。職是之故，「學校必是一個生活的場所。換言之，是一個令我們瞭解如何發展完善生活的機構；學校須儘量能於兒童生活的每一連續階級中，提供至富的生活經驗。」(註一〇)

教育即是生活，但是教育富有發展爲將來生活的可能性。「生活是一種發展，兒童生活是向成人生活發展的。」(註一一)因此，只要把握兒童現在的生活，充分運用兒童現在的生活，使兒童於每一階段的生活都過得有意義、有價值；那麼，將來的生活也就被準備了。所以克氏不厭其煩地強調：教育工作者應特重學生滿意的生活經驗之連續性，以及從一個活動導向另一個活動的觀念。

克伯屈又認爲教育卽是生長。人類身體與精神是時時在生長，繼續不斷地生長。但是身體的生長，猶如樹木的生長一樣，有其一定的限度；而意識與經驗的生長繼續不息，永無止境。因此，教育不該預懸一個渺茫的、固定的目的，當然也談不上有什麼「完成」。其目的只在保持兒童有價值的經驗之連續性，使受教者繼續生長，並改造其經驗。故教育也就是經驗的繼續改造。他所稱的生長是指比較豐富的思想，比較充足的意義，比較細密的計劃，比較優良的行爲，比較高超的技能，比較廣泛的興趣，以及比較寬濶而完備的組織而言。(註一二)

他認爲有利於生長的條件，乃是：㈠鼓勵學生健全的興趣，以引起他們強烈的心向；㈡進而超出其已知已能的活動之上。(註一三)氏又以「知」「能」「願」三者爲生長的途徑。「知」是指眼光與見識的生長；「能」是指制馭方法的生長；「願」則指態度與欣賞的生長。由此看來，一種圓滿的生長，不僅是在於知能與習慣的獲得，同時還在於態度與理想的養成。這與後面要討論的克氏「完整學習」概念若合符節，可互爲印證。

他又提出了以下良好生長的特徵：卽㈠具有一種範圍日益增廣的健全興趣；以及㈡具有一種日益生長的能力與傾向。第一項包括個人與團體福利之一致，以創造人生全程的理想；並提供有效的標準，以及提高生活的品質。第二項包括維持個人人格適當的統整；行爲合乎道德；明智的決定與審愼的行動；及有效的計劃之實現。總之，教育是生活，是繼續生長的歷程，亦是經驗繼續改造的歷程。

教育目的的見解

關於教育目的之主張，克伯屈大體仍本實驗主義的基本立場，認爲教育的目的在於動的品格的養成、生活品質的提高、以及自覺觀念的培育。他反對並批判他稱之爲亞歷山大里亞學派（Alexandrian School）的舊式教育。他認爲舊式教育的目的在求知識之獲得；而新式教育則在於養成預期之完整的品格，尤其是動的品格。他說：「教育並非使人變成文雅而理想的享樂者，只是希望改變其行爲，預期於個人及社會中，養成自動服務的精神。因此，一個人善於運用智慧，便是個人適應生活問題的主要憑藉。」（註一四）在這瞬息萬變的社會裏，動的品格之養成至爲重要。他繼而又指出：教育並非僅爲遙遠的不可知的將來作準備，而是積極應付當前的需要；倘若教育目的是在確估兒童目前所學習的，至成人時仍能保持明晰而有系統，那與絲毫不差地測量破桶中一加侖水，在走完一里路之後可餘多少，是一樣的可笑。教育應把握學生目前的生活，繼續提高生活的品質，而臻於理想的最高的生活型態。我們應從生活中學習，也應從學習中生活。

先就動的品格的培養言之，克伯屈認爲社會是變動的，世事是無常的；爲肆應這個變動不定的世界，我們必須養成學生一種動的智慧的品格，使學生在決定某種活動之前，能運用適當的思考，以採取適宜的行動，進而獲得完滿的進步。因此，我們必須爲年青人建立動的觀點，見解、習慣與態度，使他們在變動的世界中，穩住自己的方向。（註一五）

次就生活品質的提高言之，克伯屈認爲教育目的應分三種：卽較近的、中間的與較遠的。中間的目的，係指習慣、態度、知能以及其他個人的品質而言。此一目的，如果教學良好，不須直接追求卽可達到。較近的目的，卽指生活，指兒童現在的生活，使兒童有眞切而困難的經驗，足使生活上進。較遠的目的，亦是生活，由現在經驗中已學得各種品質，使將來的生活臻於更高的程度。換言之，教育應以現在的生活爲起點，再以由生活中所得的知能、習慣與態度爲橋樑，從而改進生活。

最後就自覺觀念的培育言之，克伯屈認爲兒童在學習的歷程中，在生活改造的過程中，如果沒有自覺的觀念，我們一切的努力均歸枉然。因爲有了自覺的經驗與觀念，個人才能主動地參與學習，比較新舊經驗，去腐生新，有意的控制生活的歷程，瞭解事物的因果與問題的關鍵，才能於變動的環境中處理特殊的事例。教育無法培養兒童處理一切事物的萬全方法，只能重視培育自覺的觀念，以增強其處理特殊事例的適當方法與責任感。

總之，克氏認爲教育的目的在於動的品格的養成，生活品質的提高，以及自覺觀念的培育。

學習理論的要旨

克伯屈的學習理論，係建立在如下三種基本觀點之上。第一，根據實驗主義生物進化的觀點，經驗乃是有機體與環境的交互作用，在此一經驗的歷程中，行是主要的，知是次要的。惟在解決個人與環境交互作用，所生的問題當中，知與行必須是合一的（亦卽在行動中求得知識，知識亦賴行動而完成）。第二，依其生活哲學之見地，教育不僅要重視現在的生活，同時亦能瞻望未來。第三，再據其心理學關於心智機能的看法，認爲個體的活動是整體的，學習的活動是多方面的。(註一六)就第一點言之，在解決問題的活動中，個人應注重目的的指引，思考的反省，與自覺的批判。就第二點言之，注重現在生活，則必須強調目的的自由(Freedom to purpose)以及參與生活；顧及未來，則勢必把握一個活動導至另一個活動 (One activity leading to a further activity)，使現在的生活漸成爲下一階段有效生活的延續。至於第三點，則指出個體的學習結果不是單一的，而是多元的。

克伯屈不滿意傳統的舊式的學習理論。因爲舊式學習理論過分注重課本的學習，採用注入教學法，重視抽象與無意義的細節，及忽視類化作用。他提出了新式的學習理論，主要觀點如下：

一、行爲才是學習歷程的主要部份；

二、在具體的個人生活情境中，學習的進行才能順利，效果也較大；

三、學習來自行爲，並非來自他人所敍述的語言；

四、學習結果的首次應用，通常是於開始學習相同的經驗。事實上，學習的結果主要在於實行此種經驗。(註一七)

根據這些觀點，新式學習理論注重品格的養成，採用學習者生活動境教學法，珍視行爲的效果，及注重學習遷移的要件，比舊式學習理論進步、正確。

同時學習原則

克氏堅信，不論任何刺激，不管任何情況，兒童除顯而易見的動作以及直接的、立卽的反應之外，還學習了許多其他的事物。學習上的某一動作都含有整個機體的一切反應；學生學習某事時，總以「整個的人對整個的情境」加以反應。基於此種心理與生理機能的看法，他將學習分爲兩大類：第一類是「直接的」(Direct)、「有意的」(Intentional)或基本的(Primary)學習；第二類是「伴隨的」(Attendent)、「關聯的」(Associate)或「附帶的」(Concomitant)學習。上述第一類卽是通常所稱的「主學習」(Primary learning)，第二類包括「副學習」(Associate learning)與附學習(Concomitant learning)。此三種學習構成了克伯屈的「同時學習」(Simultaneous learning)的全部內容。

主學習係指教學時所要達到的教學目的而言。就以學習「鴉片戰爭與江寧條約」一單元爲例，要學生知道中英鴉片戰爭的史實，就是主學習。主學習的內容，可能是某種知識，或是某種技能，或是某種理想，視單元的性質與教學的目的而定。副學習係指功課有關的思想和觀念而言。就以上例來說，同時學到了許多有關的地理知識。附學習係指學習時所養成的理想態度而言。如上例中，學生所養成的敵愾同仇的心理，與發奮圖強的精神卽是附學習。

克伯屈認爲一個完整的學習應包括主學習、副學習、及附學習三部份。他特別強調附學習的重要性，因爲它常爲一般人所忽視；而且教育的目的在改變人類的行爲，培養完善的品格，而附學習又是

興趣原則

克伯屈接受杜威之調和的興趣理論，反對極端興趣主義者的觀點，那種觀點以為一切學習材料都是不符合學生的興趣，故必須加糖衣予以甘解引誘，兒童才有興趣學習；同時也不贊成訓練主義者的見解，那種見解認為有效的學習一定要建立在強迫的方法上。克氏認為興趣與努力不但不相互衝突，同時還相輔相成。

所謂興趣，克氏認為是指一個人在做一件事情的時候，全神貫注，專心致志，勇往直前，不遑他顧的意思。例如詩人絞盡腦汁尋求靈感，以清新之詞，發抒對人生之觀感。此種興趣，足以激發全意的活動。凡兒童對於事物有了興趣，則必沈浸其中，努力以赴，把自我與活動化成一體，即所謂「我與物俱化」。「自我」與物俱化，則「自我」願承受有興趣之工作，那麼「自我」便沈浸於活動之中，興趣的要義，即是自我的活動與全心工作。有了此種興趣，學生才有學習的心向與準備，也才有注意與努力。因此他說：「興趣與努力者，乃一定心向的活動之兩種說法。吾人指人心之所向，如何熱烈，如何感覺，如何重視而言，名之曰興趣；指心向之雖遇困阻，仍能奮進而言，則名之曰努力。」〔註一八〕

興趣有如一種利器，運用得法，則效果必佳；相反地，如果運用不當，非但效果全非，而且弊害養生。克伯屈對於冒興趣之名以放縱學生的做法，甚爲不滿。他提出「爲所願爲」與「爲所當爲」兩種觀念的不同。兒童如僅知滿足個人欲望，各種活動，一任己意，則易放縱兒童，而養成兒童自私的習慣。我們所希求的，是「爲所當爲」，而不是「爲所欲爲」。

克氏認爲一種良好的興趣，必須具備下述三個條件：第一，它必是能引起學生強烈之「對目的之心向」，亦即能激發其「達到目的之內在的動力」，使個體能付出最大的努力。第二，它必是逾越學生現有的見識、態度、與能力之範圍，並常有成功之可能，使學生在整個學習過程中，永遠滿懷興趣與熱衷。第三，它必須符合倫理與社會的標準。(註一九)換句話說，衡量興趣良莠的標準，即視興趣有無有效的生長；有興趣而無生長，是放縱而不是興趣。

至於強化興趣的方法，克氏認爲最重要的是要基於生活的觀點，將學習與生活打成一片。爲培養學生的興趣，克氏提出「直接興趣」與「間接興趣」的問題。他說，雖然學生原對於教材本身沒有興趣，僅以之爲實現另一本身有興趣之事的手段而學習。只須兒童所學習的教材，成爲實現兒童所感興趣的活動之必要手段，那麼，兒童因爲對於目的有興趣，也就自願學習爲求達到目的所採用的手段。興趣的培養可分爲兩個階段：首先由間接興趣而增廣興趣之範圍，以培養更多的新興趣；其次把各種間接興趣發展爲直接興趣，使學生對於達成目的的手段，亦能直接發生興趣，不能讓興趣的生長僅停滯於間接興趣的階段。除此之外，我們應了解學生興趣的範圍與興趣的久暫，並善加利用。

設計教學法

克伯屈的設計教學法 (Project Method) 給教育史上留下彌足珍貴的一頁。它拆除了學校課程與實際生活間的藩籬，溝通了學校與社會，使過去過分重視記憶、背誦「書本」知識，枯燥無味，毫無生氣的傳統教育，變成新鮮活潑的生活。(註二〇)

克氏認爲設計是社會情境中之一種「全神貫注的有目的的活動」(A whole-hearted purposeful activity)。他說：「設計是一個有目的的經驗單元，或有目的的活動。在此項活動中，學生內心爲此項目的所驅策，進而：㈠決定其活動的目標；㈡指導其進行的步驟；㈢供給其學習的動機。」(註二一)

設計教學，依設計的目的來分，克伯屈認爲應有下述四類：

㈠目的是包含着一個觀念與一種計劃；亦即以實現某一觀念或計劃爲目的，如造一隻船，寫一封信，或演一齣戲。

㈡目的是享受某種美的經驗；亦即以享樂爲目的。如聽一個故事，或一種音樂，與欣賞一幅畫。

㈢目的是訓練智慧上的能力去解決某種問題；即以解決某一問題爲目的，如尋出露水是否係自天上落下。

㈣目的是在使知識或技能達到某種程度；即以獲得知識、技能爲目的，如寫字希望達到書法量尺的第十四級之類。(註二二)

第一類又稱爲生產者之設計 (Producer's project)，其目的在生產；第二類稱爲「消費者之設計」(Consumer's project)，其目的在消費；第三類爲「問題設計」(Problem project)，其目的在解答智能上的困難；第四類爲「熟練設計」(Drill project)，目的在獲得某種知識或技能。

設計教學的過程，可分爲決定目的 (Purposing)，擬訂計劃 (Planning)，實施工作 (Executing) 及批評結果 (Evaluating) 等四個步驟。就決定目的而言，一件理想的設計工作，最好能由學生自己確定並提出。工作的目的，經由他們自己提出，就變成他們自己的問題，他們才會格外地努力去完成它。教師宜善盡輔導責任，協助學生選定適宜的設計。就擬訂計劃而言，擬訂計劃的責任，應由學生來擔負，教師切勿越俎代庖。計劃項目常包括材料的問題，工作分配的問題，施行的步驟問題，以及進行的方法問題等等；教師立於輔導的立場，協助他們。就實施工作而言，教師負有暗示、建議、鼓勵及指導的責任。暗示學生注意所需材料是否齊備，建議學生選用正確的方法，鼓勵學生克服困難。就批評的結果而言，教師只提供其批評的標準，說明批評的方法。最好由同學共同批評，教師從旁指導。

設計教學頗具價值，在美國及我國均曾試行，盛極一時。此法注重推理思考與實踐應用，可糾正以書本爲中心、以背誦爲方法的舊式教學；惟實施以來，受到指責不少。因爲設計教學不易使學生獲得系統的知識，學生所學的常是東鱗西爪；同時設計教學要求的師資條件頗高，理想的師資難求。此外，設計教學的實施，設備要特別完善，財力上常有困難。近年來，教育家都寧願採用設計教學的精神，注重學生的參與及興趣，而不拘泥於固定的形式。設計教學因不能使教材成爲論理的組織，故較適用於幼稚園和小學低年級，而不適用於小學中高年級。至技能科如勞作、美術、木工等，則可實施分科設計教學。

此外，克伯屈對於課程編制及教材組織亦論述甚詳。克伯屈認爲課程的編制必須依循知識在經驗中發展的順序，課程不能離開兒童的經驗、活動、及生活。教育須以兒童的經驗爲起點，而非以成人世界中現成的教材爲起點。因此，他主張放棄固定的課程與學科。至教材的組織，一般說來，共有兩種型態，一是心理的組織，另一是論理的組織。前者係根據經驗的發展順序、興趣的引發、以及學習和動機來組織教材；後者悉依教材自身的系統作邏輯的排列。克氏主張應從心理的組織到論理的組織。因爲他認爲知識發展的順序正是由心理到論理；而教材的組織一定要根據知識發展的順序。

實驗主義哲學之大師、「進步教育」運動之巨擘

克伯屈承繼了一項源遠流長的教育改革運動，此一運動始於文藝復興時期，從孟登 (Montaigne) 經盧梭 (J. J. Rousseau)、裴斯塔洛齊 (J. H. Pestalozzi)、福祿貝爾 (F. Froebel)，直到杜威 (John Dewey) 以及以其爲首的所謂「進步教育」(Progressive Education) 運動，乃是一脈相承的；克氏即是繼承並闡揚此一運動之奇才。在此一運動中，他反對傳統教育抹殺學生之興趣，桎梏兒童之心靈，以及僵化學生之主動性與創造力。他批判並校正了「傳統教育的學究主義、形式主義和嚴格主義，而在

現代學校中引發了更多的生氣、更多的自由，和更多的實際經驗。」（註二三）他主要的貢獻在於創立設計教學法，揭櫫同時學習的原則，提倡動態的人生哲學，以及闡揚杜威學說。紐約大學梅爾白院長(Dean Mebby)作了一個很公允的評價。他說：「克伯屈影響教師與兒童之生活，比起同時代的任何人都爲廣大與深遠。簡直沒有一位兒童不受其影響，即使是不屬於進步主義派的教師，他們的行爲、教學及其思想，莫不因克氏的存在而大爲改變。」（註二四）

克伯屈對於教育復興與學校改革之貢獻，主要乃是透過他範圍廣泛、種類繁多、並且深具影響力之種種活動，而成爲一位教育的復興者。克氏著作豐富，撰述的專書約有十九種，論文三百七十五篇，五十五本小冊子，三十五篇著作評論，二十一篇報載文章，及三十二篇著作序文；其論著被譯爲多種文字，理論清新，文章通達，深爲讀者所愛好。克氏能言善辯，教學得法，極受學生崇敬。杜威近乎晦澀難解的學說，即是經由他之「豐富的著作」與「生動的講演」而發揮了他的影響力。其學生分別來自美國各州及其他六十多個國家，畢業後皆能闡揚師說，而且克氏旅行國外，廣植其教育思想的種子。因此，在我國、美國及其他許多國家的所有小學及大部份中學，比起五十多年前，顯然有「較多的生趣與愉快的氣氛，有較多的自由與獨創的精神，師生之間有較多的合作，有較多的實際的創造性的活動，有較多的思維，在團體生活中有較多的民主方式。」（註二五）這不能不說是克伯屈闡揚杜威學說致力自身創見所作之貢獻。克伯屈的教育學說，雖理想過高，實行起來不免有其困難，同時也忽視了教材的論理組織。惟克氏與杜威共同發展的實驗主義哲學，對美國與世界教育的現代化與人道化之趨勢，則影響至大。我們可以說克氏與杜威的思想，爲現代教育指出了正確的方向。

附註：

一：拙著：「克伯屈教育思想之研究」，收於國立臺灣師範大學教育研究所集刊第十輯，民國五七年，頁一七七。

二：Samuel Tenebaum, William Heard Kilpatrick, Harper & Brothers, N.Y., 1951, p. 8.

三：同註二，頁五。

四：同註二。

五：William Heard Kilpatrick, Foundations of Method, MacMillan, N.Y. 1925, p.1.

六：William van Tie, "On William Heard Kilpatrick," Educational Theory, vol. xvi, Jan, 1966, p. 1.

七：見同註一，頁六—八。

八：同註一，頁九。

九：朱經農著：教育思想，商務，民國卅六年，頁四二。

十：William Heard Kilpatrick著，雷國鼎譯：教育學原理，中華文化出版委員會，民國五十年，頁六十一。

十一：吳俊升：「杜威教育思想的再詳價」，教育與文化，第二五一期，頁卅九。

十二：同註五，頁十一。

十三：同註五，頁十六—十七。

十四：William Heard Kilpatrick, Philosophy of Education, MacMillan, N.Y., 1951. p. 229.

十五：參 William Heard Kilpatrick, Education for a Changing Civilization, MacMillan, N.Y., 1926, p. 84-85.

十六：參同註一，頁二二八。

十七：同註十四，頁二三八。

十八：同註五，頁三十。

十九：同註一，頁二四一。

二十：同註一，頁二五一。

二十一：孫邦正：怎樣運用設計教學法，復興書局，民國四十三年，頁六。

二十二：William Heard Kilpatrick, The Project Method in Education, The Gorham Press, Brston 1919, p.115.

二十三：同註十一，頁二十八。

二十四：同註二，頁一一〇。

二十五：同註十一，頁二十八。

義律（西元一八七四—一九六〇）

徐宗林

一　早年

美國的教育家，雖然可以稱道的並不算少，不過，像義律(Edward Charles Elliott 1874-1960)這樣一位具有卓越的教育行政才幹的教育人員，却爲數不多。美國是一個實行民主政治的國家，教育行政的實施是屬於州政府的事，聯邦政府毫無權力加以干涉。這種規定載明於美國的憲法上。由於教育是隸屬於地方政府的一項職能，教育的發展，在有限的法令約束下，就能够儘量自由地發展；而教育制度之建立，課程之更新，教學法之變動，都在推陳出新的局面下，帶給美國教育一片蓬勃的氣象，尤其是在美國二十世紀開始的那段日子裏。

義律可以說是許多卓越的美國教育行政人員的一種典型。他的才華展露在教育制度之確定，教育實際問題的解決，以及把教育看成爲推動人民福祉的信仰與精神上。義律並不是一位諄諄教誨的教學工作者；他也不是一位追隨世俗衆人意見的教育行政人員。誨人不倦的教學精神，雖然能對受教者的思想，態度，行為，為人處世的種種，提供指示的方針，但總不及把教育看成是一種事業，當作是個人理想實現的一種途徑，來得有意義。義律就是一位謀求實現教育理想的教育行政人員。

義律的父親是英國的移民，沒有接受過正規的教育。在英國時，從師學藝，練習做鐵匠。一八七〇年來到美國，常在美國中西部及東部一帶謀生。八年以後，移居愛荷華州(Iowa)，時值美國西部鐵路建築的黃金時期，遂定居在愛荷華州的Cedar Rapids鎮。一八八一年，遷至那不拉斯加(Nebraska)州的North Platte，任職於聯合太平洋鐵路公司(Union Pacific)，初任鐵匠，後來升任工頭。就在這樣一個家庭背景下，義律先後擔任過中學教師，督學，教育局長，大學校長，尤其難得的是他在美國中西部的普渡大學，先後擔任了二十餘年的校長。貧賤的家庭，艱苦的童年，半工半讀的大學生活，在在證明了環境並沒有限制住他；相反的，惡劣的境遇，倒是激勵了他，成為使他出人頭地的一股力量。成功不是偶然的，因為他有許多特殊的人格特質，才使得他走向成功，邁向坦途。

義律出生於支加哥(Chicago)，時值一八七四年，大部份的童年生活，都消磨在North Platte。幼年時，義律是一位非常好動的兒童，幹家務事，玩球，溜冰，作印地安人打仗的遊戲，這些都帶有美國邊疆墾荒的味道；不過，雖然兒童時，遊戲佔去了不少的時間，但是，義律非常熱衷於知識的追求，酷愛閱讀，凡是他能夠找到的書，他都把它讀完，他自認在他上大學時，他的英文，要比他的兒女完成高中教育時為好。

一八九〇年，義律讀完了三年制的高中，後來，因為當地教育董事會通過高中延長為四年，他又返回 North Platte 的高中，多讀了一年，次年，才正式畢業。就在一八九一年的秋天，義律到了那不拉斯加大學繼續深造。在他讀高中時，由於對化學老師非常欽佩，大學一年的課程，就偏重在化學。故在四年後，他獲得了理學士的學位。

爲了維持大學的費用，義律曾在他父親的朋友漢第 (Charles Hendy) 開設的農場工作；工作單調而辛苦，在夏天要把牛羣冬天吃的草割好，頭頂着大太陽，汗流浹背，但是，工資却微薄的很；不過，義律在後來，還是懷念着那段苦日子。

大學的第四年，義律加入了當時大學本部的軍官訓練團 (The Cadet Corps)，因而，認識了波幸 (John J. Pershing) 軍訓教官。他跟波幸的友誼，維持了很久；在波辛歡渡其七十誕辰時，義律和他曾在華盛頓再度相遇。波幸對他的影響，乃是嚴格的體操訓練，爾後義律在餐桌上，如果看見他的子女坐的姿勢不對，總是訓誡地說：「坐直，肩膀縮回去，否則我拿一個柱子，來撑起你們的腰」。

在義律從那不拉斯加大學畢業的時候，他很想在高中擔任教學的工作，而他所熟稔的老師，也在協助他，向各學校推薦，但是，希望都落了空，他只好在大學繼續讀下去，以助教的名義，獲得了獎學金，而於一八九七年，獲得理學碩士的學位。這時，他還是喜歡在中學擔任教職，四處託人，在他知道了歐梅哈(Omaha)的中學，有一個空位時，他趕緊申請，初步的答覆是令他滿意的，然而，就在他準備去的時候，一位剛從德國獲得博士學位的 Dr. Senter，捷足先登，義律的夢，又給打破了。直至這一年的秋天，他才受聘去了科羅拉多州(Colorado)的利德維爾(Leadoille)中學任教，算是實現了他初期對教育工作的心願。

利德維爾中學是礦業城鎮的唯一中學，義律爲了工作，個人的名望，孜孜矻矻地工作着，一切理科教學的簡易設備，都出自他的手。一八九八年的五月，作爲當地教育董事會一員的勞蘭 (Nowland) 的女兒，宴請義律參加盛會。那天下午義律正在自己設計的暗房裏，陪一位學生作實驗，宴會的時間快到了，義律才匆匆赴會，留下學生一人繼續作實驗。第二天一早，他才知道自己設計而裝設的暗房，已在無情的火焰下，燒得一乾二淨。內心餘悸猶存，靜待免職的通知，誰知這場風波，却在無聲無息的不安中過去了。事後，他覺得那一個星期，實在過得太慢。不久，當地教育董事會宣佈聘他當學校督學時，他簡直不敢相信。當時年薪一五〇〇元，他欣然接受聘請，展開了他教育行政的生涯，而且就在燒毀他自己設計的暗房那一天的宴會上，他才認識的勞蘭小姐，後來竟成爲他的妻子。

任職利德維爾中學督學期間，他極力提高學校設備的水準，特別是幾百個學童飲水的事；水瓢僅有幾隻，水桶有限，他大聲疾呼，學童的衛生應該加以注意，雖然，那個時候「衛生」(Sanitation) 這個字眼，許多人都茫然無知。他建議提高教師待遇，不能再以年薪一〇〇〇元作爲教師的最高薪，因爲那遠不及一位礦工的收入。他排好了會見教師的時間，期求溝通教師與教育行政人員的意見。他鼓勵教師閱讀當時盛行的詹姆士 (William James) 的心理學，希望教師們應用心理學於教學上。他並且發出信件，呼籲家長儘量約制子女外出參加一些不必要的聚會，因而沒有時間去預習功課。

義律在利德維爾工作了六年，的確想到自己需要再進一步的研究，一八九八年，哥倫比亞大學師範學院成立，次年，該院教授羅素（James E. Russell）曾邀義律前來從事研究工作。一九〇一年杜威（John Dewey）在支加哥大學成立了教育系後，也曾物色義律前往，無奈都因經濟的問題，使他沒有成行。直到一九〇三年，他才又經哥倫比亞大學師範學院的邀請，至哥倫比亞大學深造，並得機會至德國耶拿（Jena）大學留學，加強語文能力。在哥倫比亞大學這段時間裏，義律受業於心理學家桑戴克（Thorndike），研究在教育上如何利用科學的方法，去瞭解教育事實，制訂教育上的各項設施問題。義律是在一九〇二—一九〇三年，首先將統計方法，應用在學校行政上的理論家之一。在他得到了博士學位後，出任威斯康辛（Wisconsin）州立大學教育系的副教授。

威斯康辛大學的教育系，是新成立的一個系。威斯康辛州的教育制度，教育系負有培養全州師資的任務，所以，大學與州公共教育局之間的交往是很密切的。但是，當時的大學校長和州教育局長之間，往往相互爭執，互不相讓，在這種局面下，義律擔任了威斯康辛大學中學教師委任委員會的職務。他以靈活的行政幹才，周旋於大學校長與州教育局局長之間，委實不是容易的事。

義律在威斯康辛大學任教期間，對教育的貢獻計有：

（A）當時從事一般學校行政及教育行政的人員，對於教育的現象，莫不採取個人主觀的態度，加以臆測，遽然給予論斷，故有人就不認爲大學的成績和中學的成績會有任何的關聯性。義律則和 Dearborn 合作，以測驗的方法，來證明不能苟同的見解，而且肯定地說明了教育現象，有賴於科學方法的試探與證驗。

(B)一九一二年前後，威斯康辛州的教育主管，是一個名叫卡銳(Cary)的人負責；因爲，他是全州中小學教育的行政長官，但對於當時教育專業人員公認的著名中學學生所受的教育，並不完全瞭解。從他主觀的見地，一個州自治的政治型態下，教育行政是在平等的原則下來發展的，怎麼會有參差的現象存在呢？義律就和當時任教於威斯康辛大學教育系的講師 **Starch** 合作，先以英文的同樣作業二份，分送給一四二位（分成二組）英文老師加以評分，結果是各位教師的評分，在等第上，評分制度上都沒有一個確定的標準；所評的分數，新教師，分數較高；偏僻地區的教師，分數也較高；經驗豐富的老教師，分數平均爲低，而且，城市裏的教師，在分數上評得也較低。事實的發現，否定了當時威斯康辛州高中畢業生成績具有可靠性的說法。

(C)教師訓練的推進，早在義律擔任利德維爾城的督學時，他就甚爲注意在威斯康辛州立大學的教育系，負責全州教師的訓練計劃，義律首先努力於觀念的溝通，故請邁德生市(Madison)（即威斯康辛大學所在地）中學與威大合作，設立實驗性的附屬中學，作爲中小學教學觀摩的場所，由威大的教育系遴選五位教師，擔任教學，作爲示範教學的中心學校；其次；義律在教師證書與教師資格上，積極提高要求，以期齊一教師的水準。

(D)一九一〇年，義律經由研究而制訂出一種測量教師良窳的評鑑量表，稱之爲 **Provisional Plan for the Measure of Merit of Teachers**，藉由學生或其他人員，對教師的教學工作或人格作一評量，演變至今日，一些美國大學學生自治團體，往往在學期結束前，拿出一些類似的測驗或問卷，來衡量一個教師的種種教學活動。

（E）改革鄉村教育，也是當時義律在威斯康辛大學任教以外的興趣之一。他曾建議把教育行政的單位擴大，將地方教育組織，予以調整並加強；提議擔任督學者，應不具備黨派的彩色；確立新教師的典範，並且呼籲重新組織課程；又大聲疾呼，應聘請教育專家，來擔任教育局長或督學。

（F）美國在一九一一年以後，全國掀起了學校調查的浪潮，由於美國教育行政，爲地方政府的一項主要行政措施，往往冀求從調查中發現問題，瞭解現狀，以擬訂各地方的教育行政實施之方針；教育之科學化，既然是當時一股思想界的主流，故於教育上應用統計、測驗、問卷等方法，就表現在一九一一年後的教育界。例如一九一一年至一九一二年的紐約市學校調查；一九一三年的波特蘭市（Portland）的學校調查；同年維蒙州（Vermont）的學校調查；均有義律的參與及貢獻，難怪渥爾泰、愛爾斯（Walter C. Eells）在其「美國高等教育調查」（Surverys of American Higher Education 1937）中讚譽義律對學校調查之貢獻時說：「具有建設性意義的考查與具有虻蟲般引起人們激怒型的調查之不同，主要是由義律在一九一四年倡導的。」

（G）二十世紀初期的美國，州立大學是處在發展的新時代中，州立大學都在致力於擴充與發展，而推動這股發展的力量，是公共教育（Public education）的教育哲學。義律對發展州立大學的實際工作，雖在出任了蒙他拿州（Montana）大學總校長之後，但是，他對美國州立大學基於民主教育哲學見地的發展方向，却在他任教於威斯康辛大學時就形成了。他以爲一般偏重在文雅教育（Liberal arts education) 的學院 (College)，多半是私立的，學習的重心，偏重在傳統性的科目上，與實際生活，個人的職業需求或關係，不太密切；他期望州立大學，在運用全州人民的經費下，發展成爲屬於全體人民的高等教育機構，以期實現民主的政治制度。故他認爲：「現在州立大學，最顯著的問題，就是發現一些方式或方法，以服務於一般人民，而促進其日常生活之改善。」

二　蒙他拿大學校長

一九一六年，義律的生涯，轉換成爲負責一州的高等教育的行政人員；他在同事與師長反對多於贊成的情況下，經過長時期的週詳考慮後，接受了蒙他拿 (Montana) 大學總校長的職務，因而離開了威斯康辛大學，去收拾四分五裂的蒙他拿大學。

蒙他拿是鄰近加拿大而靠美國西北部的一州，以農業及礦產——銅爲主。當時隸屬於蒙他拿大學名義下的一共有四個州立學院：一個學院是以農業爲主，設立在 Bozeman；以礦業爲主的，設立在 Butte；培養中小學教師的師範學院，設立在 Dillon；而蒙他拿州立大學 (The State University) 則設立在 Missoula。四個學院都有着自己的校長，但是，却沒有一位總校長 (Chancellor) 來綜理、協調四所高等教育機構。由於地方派系，本位主義的作祟，四所學校，各顯身手，以爭取經費，擴張各個學院，行政上四所大學毫無關聯，經費上也是各自爲政，利益上相互衝突；大學總校長，處於夾縫中，很難有所作爲。在這樣的客觀環境下，難怪有許多的親朋好友，要勸阻義律去赴任了。

爲了要樹立起他的行政典範，義律首先提出了十項條件，作爲他就任蒙他拿大學總校長的前提。這十項條件的要點爲：全體教育董事會人員及四所學院校長及院長必須一致投票贊同聘任他；任期至少三年；年俸起薪爲八千（是他在威斯康辛大學的二倍）；他的任期始自一九一六年的二月一日。在蒙他拿州求賢若渴的情況下，蒙州教育董事會，都一一欣然接受，義律也就走馬上任了。

在他與蒙州教育當局的相互了解下，義律表示在他任職的前六個月，他不想發表任何公開性的演說，涉及到他的行政方針。他先從了解現況，深入問題着手，專心一意於大學教育行政事務之處理，避免無謂的批評與干擾。

接任蒙他拿大學總校長之後，他首先就制定了預算制度，確立同一形式的會計制度；歸併並裁減重叠的課程，其至連四所學校爲了招收學生所張貼的海報，義律都規定須在同一張海報上，列出四校的招生事項，不許各校單獨刋印及張貼；另外，他把分屬於四校的校友會，聯合成爲蒙他拿大學校友會，並出版校友通訊，處處以蒙他拿大學爲標題，而不再以各學院的名義出面，這樣，一個統一的蒙他拿大學，漸漸就在人們的心目中形成。

其次，在義律服務於蒙他拿州立大學的這段不算短的日子裏——六年——他又致力於大學經費的張羅。他發起勸募運動，希望各個社會階層，踴躍捐獻。另外，他又着手整理蒙他拿大學有關的大學法令，希望能有一整套的法令，來確定大學之目的，大學總校長之職責，大學之體制，教員任用等規定。雖然，在他任期裏，沒有完成，就轉任普渡大學 (Purdue University)；不過，他已奠定了一個起點，功績也不能算小。

就在他任職於蒙他拿大學的日子裏，他漸漸地形成了他個人對大學的一種想法，也可以說是他對美國州立大學的一種期望，反映了他的教育思想及個人的態度。他說：

「作爲蒙他拿大學總校長，我並不認爲我的工作，已經完全達到目的，除非蒙他拿州的人民，不分階級或職業，都認識到他們的州立大學是一個値得的教育機構，即是在想法上，能夠提供給他們獲到幸福的需要，以及他們生活的滿足與理想；在學生與教師之間，堅定地建立起使教育成爲可能的那些原則，以期教育工作眞正成爲可能爲止。」

上面的這段話，成了義律個人終身努力奮鬪的目標，成爲他以後繼續在高等教育行政方面致力的一個旨趣，也就是他的普渡哲學 (Purdue philosophy) 的核心所在。

一九二二年，他在蒙他拿州教育界一片惋惜與懷念的心情下，離開了蒙州，轉任普渡大學的第六任校長。在他任職蒙大五十年後的一九六六年，該校建立了一批宿舍，取名爲「義律村」(Elliott Vilage)，來紀念他對蒙他拿立州大學的貢獻。

三　普渡大學校長

一九二二年的五月十六日，義律在普渡大學董事會歡迎的茶會上，講了一句意義深長的話。他說：「普渡使我感覺到榮耀，我將致力於使普渡大學獲得榮耀。」

普渡大學是美國中西部、印地安那州的一所高等教育機構，以農業教育和工科教育出名。當時除了普渡大學以外，該州尙有在 Bloomington 的印地安那大學及二所師範學校 (Normal Schools)。普渡大學的情況，並不像他接任蒙他拿大學總校長時那樣是一個四分五裂的局面；也沒有像蒙他拿州教育行政受着地方派系的影響；當時的普渡大學與學校董事會之間及州教育局之間，都能和諧相處，實在是一個平靜而可有所作爲的局面。

普渡的校長斯頓 (Winthrop E. Stone)，在一次爬山的意外事件中去世，學校董事會先請馬歇爾 (Marshall) 以副校長的名義，暫時代理，以便從容物色理想的校長。董事會的人員，曾經分別在印地安那州鄰近的各州物色人選，也到美國東部各個大學請求推薦人選，最後，董事會決定聘請義律出任。義律首先提出了十項條件，大體上爲董事會接受，只有薪俸一項，董事會決定以蒙他拿州的同等薪俸爲標準；另外提供宿舍……在雙方諒解的情形下，義律就在九月，就任了普渡大學的校長職務。

義律就任普渡大學校長之後不久，人們對他的印象是親切，精幹，擅於口才，對學生，教師，有時人格或人情 (Humanity) 的考慮多於規則 (Regulation) 的要求，是一位熱衷於推動大學體育活動的領導者；因爲，就在他就任校長的第二月（一九二二年的十月）一次校際足球比賽會上，他捲起了袖子，脫去了上衣，跟學生一起吶喊着加油，在學生們的心目中，他是一位志同道合的運動迷。

「了解情況」是他從事教育行政工作的一項箴言。他認爲當時普渡大學的教育，應該集中注意來處理下列有關的教育問題。在學生方面，爲學生住宿、社交生活、廣泛的體育活動、以及提供發展學生個別差異的各種方法等；在教授方面，爲教授研究與教學上應求更好的協調、減少任教人員擔任學校行政工作等；在行政方面，爲如何更有效地利用教室及設備，尤其要使教學在如何更能有系統有控制的方式下來進行。其次，如何使大學校友們，對母校的發展有所貢獻。另外，在他與學校董事會人員之間，確立了一項原則，即大學董事會，負責大學一般財政原則性問題之決定；有關大學教育政策之決定，是隸屬於大學校長職權範圍之內的，他人不得干涉。

一九二八年前，義律就開始分別訪問普渡大學的畢業校友，該年的五月，他作了二十四天的校友訪問，每到一處，就發表演說，強調校友與大學今後之發展是密切相關的；每次校友會的刊物，他都儘量發表言論，來溝通校友對普渡大學的觀念，難怪普大校友會，曾先後買了二部轎車贈送給他，其中的一部，就是在他退休以後，他都珍藏起來，作爲紀念。校友會與大學之間的結合，也是美國大學教育的特色之一，而校友對大學之發展，眞是出錢出力；尤其，後來一位普大校友當選上了印地安那州的州長，在普渡大學發展上，特別是經費的分配上，更有所協助。

義律擔任普渡大學校長的前六年，其薪俸都是年薪一二〇〇〇元。一九二八年四月的一次大學董事會上，在義律離席外出不久，返回會場時，董事會的董事長羅士(Dave Ross)就宣佈義律校長的薪俸，經過董事會的同意，決定提高到年俸一五〇〇〇元，並且宣佈在下個會計年度就正式生效。在一致的恭賀聲後，義律委婉地拒絕了加薪，因爲，他認爲當時普渡大學的財政情況，並不太理想；事隔一年，他才接受了董事會的加薪決定。

一九二二年，到一九三二年，是義律擔任普渡大學第一個十年；他把普渡大學的發展，引到了一個新的境界。普渡大學與本州及其他工業界領袖之合作；由大學提供工業界各項問題之研究解決途徑；增設研究院；確定頒授名譽學位，增加體育學位；採取教授對學生社會及道德方面所提出的報告；設立普渡基金等，都是在他的理想州立大學的哲學下，一一付諸實現了。在他回憶這十年的任期與工作時，有幾句話眞是肺腑之言，他說：

「從任何一方面來說，我最好的十年，並不就是普渡大學最好的十年。十年當中，我充滿了新鮮事業的嘗試——有幻想的，也有實際的；有成功的，也有失敗的；有豐腴的，也有不足的；有辛苦的，也有快慰的；有滿意的，也有失望的；各種嘗試，有鉤心鬬角的，也有眞誠合作的。」

四　晚　年

在義律擔任普渡大學校長二十三年的漫長歲月中，他面臨到的困難眞是不一而足。特別是一九三〇年代的美國經濟大恐慌，及一九四〇年代的第二次世界大戰，使他愈加了解到普渡大學財政問題的嚴重性。這兩個階段的難關，都在義律堅定的態度和縝密的行政措施下，一一渡過。戰後美國高等教育的發展，在迅速的膨脹下，帶來了更多的問題，有待更年輕的大學校長去解決。服務了二十三年的義律校長，雖已年近古稀，但他充沛的精力，依然對普渡大學有所貢獻。不過，大學董事會恪遵法令的規定，在一九四四年十二月二十九日的一次教授特別聚會上，宣佈了義律退休的聲明。

義律自普渡大學退休以後，在一九四五年夏曾擔任全美藥物調查工作，並出版調查報告；不過大部份的時間是消磨於私人生活。義律從普渡大學退休時，董事會爲了尊敬他的卓越貢獻，曾經決定頒贈他爲普渡大學名譽校長，並專撥一間辦公室供他利用；除了退休金之外，每年給予七千五百元的終身俸。

一九六〇年的六月十六日，這位獻身於美國高等教育行政的專業人員與世長辭，享年八十有五。義律的教育理想，是民治教育的成長與公衆教育理想的實現。他尤其重視到州立大學對促進當地社區發展上所能發揮的功效。大學教育之實行，在義律心目中，特別珍視的乃是「平等」原則，以及大學與社會結合的原則。

當一九四〇年，普渡大學蓋好了第一座音樂廳，義律曾經頒佈祝賀之辭。他說：

「這一座音樂廳，在以後的悠悠歲月裏，將有無數的男男女女，以及兒童，來這裏看、聽、思考，因而能够超越自己、提升自己，漸漸地，一步一步地，經由他們聽、看以及思考，來教育自己。」

大學的教育設施也就是社會施教的場所。學校是推進社會、國家、文化發展的一個不可或缺的重鎮，而不應高高地躲進象牙之塔。同時，一位教育家並非完全跼限於諄諄教誨的教學活動；而製訂教育計劃，建立教育制度，將教育看成爲謀求社會進步與樹人的事業，其對教育之貢獻並不比一般誨人不倦的教育家有何遜色；這也許就是西方文化中，另一種教育家的典範。

斯普朗格（西元一八八二—一九六三）

鄭重信

斯普朗格（註一）是當代鼎鼎大名的德國哲學家、教育學家、與心理學家。他一生從事教育事業，桃李滿天下。不要說在德國，就是在希臘、意大利、英國、印度、日本、以及我國（註二），都遍佈他的學生。斯普朗格的重要著作，大部份都被譯成各國的語文。他的思想尤其影響了希臘、意大利、匈牙利、南美、日本等國家與阿拉伯地區。舉例來說。斯普朗格的學生們就給予希臘的國民教育很大的影響。根據斯普朗格有關師資訓練的建議，希臘設立了「教育學院」。從一九三五年到一九五七年擔任雅典教育學院院長的巴勒奧洛格斯（註三），在他的任期中，又曾經根據斯普朗格的思想編授有關哲學、教育學、與心理學的講義。斯普朗格不但是傑出的思想家，也是德行高超的偉人；不但是舉世聞名的教育學者，也是名符其實的教育家。他的言論著作給二十世紀人類思想史展開了寶貴的、新的一頁。斯普朗格不愧爲人師表，他的高尙品德令人萬分敬仰。

一八八二年斯普朗格生於柏林的郊區。他是獨生子，父親是個玩具商人，因此從小置身於各式各樣的玩偶及玩具世界中，度過了相當富於幻想的童年生活。當時柏林的氣氛——那位威廉老皇帝、鐵血宰相俾斯麥（註四）、穿着花花綠綠的軍服作閱兵行進的部隊、興盛的藝術、以及老式的柏林市民等等——在斯普朗格的小心坎裏，自然留下了深刻難忘的印象。在十二歲的時候，他離開重視現代外國語文科的實科中學，轉入一個僧院附設的、重視古典語文的高級文科中學。青少年們有時難免輕狂：斯普朗格在鋼琴課方面稍有一點進步，而且剛開始學作曲，便立志要成爲音樂家。但是，他終於放棄那種青少年常有的、一時的輕浮的志願，深下決心將來要學哲學。

一九〇〇年進入大學之後，斯普朗格受教於好幾位名師，其中包爾森（註五）給他奠定了良好的學術基礎，而生命哲學家狄爾泰（註六）的思想則引起了他莫大的注意與興趣。當時的大學與現在的大學不大相同，在比較短暫的學程裏，大學生可以直接攻讀博士學位；在第三學期時，狄爾泰給了斯普朗格過份困難的學位論文題目，以致使只十九歲的斯普朗格由於用功過度，心身交瘁，患了嚴重的神經衰弱症。狄爾泰與斯普朗格的關係，便因這不愉快的事件的發生而中斷。加之，家道日衰大大地影響了斯普朗格的情緒。但他終於振作起來，改換了論文題目與指導教授。一九〇五年，在包爾森與史頓富（註七）的指導之下獲得哲學博士學位。

從一九〇六年起，斯普朗格一方面在一所私立女子學校兼課，以維持生活；另一方面開始撰寫學術論文，題目是「洪堡德（註八）與人道理念」，希望取得大學教員資格。由於所撰論文，得到狄爾泰與里爾（註九）的賞識，也促成了斯普朗格與狄爾泰的言歸於好，前嫌盡棄，重新建立起友好的關係。也由於這部著作的成功，斯普朗格才能夠認識里爾。一九〇九年夏天，斯普朗格走馬上任，當了柏林大學的講師。

一九一一年萊比錫大學聘請斯普朗格擔任哲學與教育學的教授。他開了有關文化哲學，以及把重點放置在系統的、歷史的、與青年期心理學的教育課程。授課之餘，他埋頭研究人生的型式問題。一九二〇年春天，斯普朗格回到柏林大學繼任里爾教授的講席。一九二三年，他當了擁有大約七十位教授的大學哲學院的院長。一九二五年，他被選爲普魯士科學院的院士。

在過去，「教育學」這一門科目，雖然在大學裏被講授，但並不是重要學科。回到柏林大學之後，斯普朗格就建立了教育學在學術界的地位。他使「教育學」在哲學院裏成爲獨立的、比其他學科毫無遜色的講座。

在柏林大學教書的第一個階段，斯普朗格完成了轟動世界的兩部著作：「人生之型式」與「青年心理學」（註一〇）。在人生之型式一書中，斯普朗格從文化與人的關聯來了解作爲全體的文化與作爲其一肢體的個人。文化有國家、經濟、學術、藝術、宗教等領域的區分。人有追求各種價值的精神活動，由此相應地可將人分爲理論型、經濟型、審美型、社會型、權力型與宗教型的人。但人與全體文化的關係，並不是完全相應的關係。因爲一方面人的心靈只有與文化接觸且進入文化諸領域的過程中，才能發展，人不能完全由內部自行發展，另一方面，文化只有透過人的接受、參與與負荷，才能被維持、發展、與被創造。在青年心理學一書中，斯普朗格敍述具體的人的心靈如何發展。這本書與人生之型式一書可以相互補充。它告訴我們：青少年的進入精神的、文化的世界與他們心靈發展過程交錯相連着。青少年的心靈發展不是自然科學的法則的生起現象，不是主要受生理或身體的影響或制約，而是與他們的一步步蹈進知識的、社會的、政治的、宗教的世界有內在的關聯。教育的功能在引導他們進入此精神、文化的世界，而使他們的心靈得到適當的發展。斯普朗格不僅關心人的教育問題，同時對文化的問題寄予很大的關懷。所以，他終生不斷研究文化的結構與各種重要問題，而除了教育問題之外，還發表不少有關文化的本質、生成、構造、危機、挽救等問題的著作。

話說回來，從一九三三年納粹黨獲得政權起，斯普朗格被捲入了激烈的公開論爭的旋渦裏。最後，因爲不滿納粹黨政府的高等教育政策，他毅然提出辭呈。他期望許多教授們會同時跟着引退。詎料事與願違，他的希望落空了！當時除了在學術院的刋物裏，他不能發表著作。一九三六年，斯普朗格受前德國駐日大使沙佛的推薦東來日本當交換教授，在日本各大學作巡廻學術演講，到處受到熱烈的歡迎。次年，斯普朗格返回德國。不久，第二次世界大戰爆發，斯普朗格被徵召爲軍中心理學家。一九四四年七月廿日，一些反納粹的份子暗殺希特拉失敗，因爲斯普朗格與一些同謀者同屬於柏林星期三俱樂部的會員，他在同年九月因同謀的嫌疑而被捕入獄。斯普朗格被捕的消息傳出，當時在柏林的他的日籍學生們均大感震驚，並表示莫大的關懷。他們得到素來敬佩斯普朗格的日本駐德大使大島的支持與援助，在斯普朗格危如累卵的生死關頭，總算能够使納粹政府釋放了他。從同年十一月起，斯普朗格開始在大學講授蘇格拉底(註一一)與柏拉圖(註一二)的思想。聯軍的空襲將柏林大學的教室一間間地炸毀了，到了一九四五年二月初，再也沒有教室可供教學之用；在不得已的情況之下，他才停止講課。

一九四五年五月，德國投降，俄軍進駐柏林。斯普朗格拒絕擔任科學院的總裁與柏林教育局長的職位。但因感到有義務協助重建他的老母校，他便義不容辭地擔當了柏林大學的校長。不久，英美法軍也進駐柏林。斯普朗格居住的達仁區成爲美軍的佔領區。由於涉嫌與納粹黨狼狽爲奸，斯普朗格再度被捕入獄，爲美軍所監禁。因爲他的確是無辜的，不久便獲釋出獄。但他的房子被美軍沒收。儘管發生了這種不愉快的事件，斯普朗格終於還是重建了柏林大學的行政組織。他很希望柏林大學能由四強共管，而不願依據俄式大學的榜樣來改造柏林大學。因爲他的構想與俄國佔領軍事當局的想法格格不入，不到四個月，俄國人罷免了他的校長職位。雖然他仍爲大學教授，但沒有開課的自由。以後的九個月間，西德各大學的聘書如雪片飛來，最後，他應聘於杜賓根大學。幸虧法國的佔領軍當局好意供應他車輛，使他能夠舉家遷移到德國南部。

在杜賓根大學，斯普朗格從一九四六年至一九五二年退休爲止，一直擔當哲學講座。但他開課到一九五四年。在這一段時期，他因深感德國的國民教育重建工作刻不容緩，致力於國民教育的研究與著作。他最關切的是國民學校的問題；所以，在此時期發表的很多著作中，最重要的有「國民學校的固有精神」（一九五五年）與「生來的教育者」（一九五八年）兩本書。

斯普朗格不是只顧埋頭看書著書，明哲保身、不問世事的學者。只要有機會、有必要，他會毫無猶豫地獻身於實際的文化、社會、與教育工作。他終生都在注意教育從業人員作爲國民應有的政治與公共的義務。他不斷寫文章，作公開的建議，坦誠地陳述意見。斯普朗格認爲人們如無義務感或責任感，文化將會死滅。第一次世界大戰後不久，斯普朗格早已指責德國知識分子缺乏責任感，而強調政治教育的重要性。自從一九三三年德國納粹黨掌握政權，斯普朗格看到了疏忽可以引起嚴重的後果。他的文化哲學越發傾向於成爲一種文化病理學，特別着重探究文化的病態現象。他萬分關心人類是否還能控制現代的文化過程。他反對文化走上機械主義與野蠻的道路。斯普朗格認爲：只有具備良心、有責任感、肯爲大我盡力的個別的人所發揮的倫理力量，才能使文化走上正途。所以，他一再強調：新的文化責任與產自此文化責任的新教育爲不可缺。

斯普朗格不但想到就說，同時也實踐力行。在第一次世界大戰後，斯普朗格熱心地參加全國教育會議，俾對國民學校教育的改進有所貢獻。他以開明的態度致力於教育制度的重建，大聲疾呼爲新的師資訓練制度而奮鬥，嘗試改革大學教育，重視資賦優異學生的教育，並且幫助促進體育的發展。一九二六年，他與胡立德那、李德(註一三)等共同創辦教育刊物，經常發表文章，就各種教育理論與教育實際的問題，提出重要的見解。一九二七年起，斯普朗格開始着手整理出版裴斯塔洛齊(註一四)文集。在國難當頭之際，他總是當仁不讓地負起了重建工作的重任。第二次大戰結束時，斯普朗格覺得責無旁貸，挺身而出協助重建柏林大學的行政組織。在杜賓根的時期，他犧牲不少寶貴的時間與精神，爲國家與社會而出力。

戰敗的德國，在各方面都面臨重重難題。斯普朗格又感到作爲一個大學教授在學術之外應有的責任。他認眞地發表了許多以廣泛的大衆作爲對象的言論文章。斯普朗格深切地希望教育可以促成顧到個人自由與社會正義的民主社會，實現充滿道德性與宗教性的人道主義的文化。所以，他不遺餘力地、有系統地發表演說與著作，以宣傳他的理想。斯普朗格也致力於有關國民教育與師資訓練的改革，以及創設新大學的顧問工作。他從一九五一年到一九五五年止擔任德國研究協會的副總裁、聯邦內政部所設政黨法令籌備委員會委員、巴登維登堡州第九學年級教育顧問委員會委員等職務。一九五一年從教職引退之後，斯普朗格繼續從事學術研究，並且參加校外各種文化教育建設工作。

斯普朗格在德國文化教育界享有極大的名望。特別是中小學教師非常敬愛他。這種聲望，不是斯普朗格有意造成；而是無意的、自然產生的。斯普朗格從不趨附權勢，以求援引；也不到處拉關係出風頭；他很少利用廣播與報紙，以使自己出名，他也不喜歡別人的歌頌讚美。斯普朗格的早期與中期的著作都是專門性的，而不是針對着廣泛的社會階層。他的有關古典的教育學者如洪堡特、裴斯塔洛齊、福祿貝爾(註一五)等的研究論文，都是一種哲學史的分析，就是大學生也很難完全理解。要想了解他世界有名的著作人生之型式，則非具備高度的理論知識不可。他那同樣出名的青年心理學到現在爲止，已經出版到第二十七版，其暢銷的情形可以想見，可是，其開頭第一章就討論很難懂的方法論，恐怕只有極少數的人才能了解。在晚期，也就是在他享盡了很高的榮譽時，斯普朗格才以深入淺出、通俗簡明的文字，爲一般讀者寫作。那麼，斯普朗格的名氣從那兒來？這固然是由於他的學術思想以及對社會的貢獻，也是他的人格使然。

斯普朗格是很會教書的名教授，到萊比錫大學任教時，年紀還不到三十歲，但已成爲大學內引人注意的焦點。他的課大受學生們的歡迎。每次開課，課堂裏聽課的學生，總是擁擠不堪。第一次大戰後，他在柏林大學接任當時在德國頗有聲譽的講座。果然不負衆望，不僅在學術研究方面，即在教學方面斯普朗格也有驚人的表現。他的教室總是座無虛席。各國的學生陸續慕名而來，擠進教室的窄門。在杜賓根大學時，雖然年事已高，仍然廣泛地受到學生們喜愛與崇拜。課堂上聽課的學生擠得水泄不通，連站着的地位都找不到。關於他上課的情形，有人作過詳細的敍述。斯普朗格的希臘學生巴勒奧洛格斯(註一六)說：「斯普朗格上課時，整個教室內「鴉雀無聲」，學生們聚精會神地聽講，講完之後，深受感動的學生們圍繞着他，跟着他離開教室。」施爾巴(註一七)——一九二〇年代在柏林念過書的女學生——也作了以下的報導：「斯普朗格在課堂上踱來踱去，用一隻手摸摸錶鍊或捻捻鬍鬚，優雅地用另一隻手翻翻講義。他在上課之前作充分的準備，上課時認眞地教書，從不馬虎敷衍了事。他的講義章節分明，內容與結構完整而清楚。必要時，他能隨意而詳細地加以解說。斯普朗格從不鑽牛角尖。他的視野廣濶，他的學問深遠。他所開的課包括蘇格拉底、拍拉圖、康德、黑格爾(註一八)、歷史哲學、教育史、裴斯塔洛齊、福祿貝爾與當代教育問題等等領域。這些課，無一不具有高度的水準。他不但傳授，並且啓發學生的知識。」二十五年後，這位女士訪問杜賓根大學時，看到斯朗普格正在講課。雖然錶鍊換成鋼鐵製的，鬍子也已不見了，但斯普朗格的講義仍如過去一樣完整而無隙可擊，講述清晰如故。

斯普朗格是個好學不倦、治學嚴正、不投機取巧、而「穩紮穩打」的學者。他不是屬於那種才華橫溢、心高氣傲的「天才」典型。雖然身體羸弱，過着嚴謹規律的生活，成爲多產的學者，但也因此得享高年。他有高度的理智、清晰的思考力、以及處變不驚與頭腦冷靜的天性。在他的內心深處，一直隱藏着普魯士的那種獻身的、與履行義務的激情。這種激情就是他當仁不讓的個性與行爲的動力。

斯普朗格不是在平靜安樂中，一帆風順地渡過一生。在學生時代與早期的教書時期，因爲用功過度，神經緊張而損害了身心。在萊比錫與柏林時期，他與對立者及極端分子爭論鬪爭，弄得焦頭爛額。他蒙受兩次坐牢的恥辱，體驗到其他無數的挫折與失望的痛苦；但他沒有心灰意懶、自暴自棄。他總是不屈不撓，保持正直的生活態度與倫理道德的情操，繼續努力奮鬪。

斯普朗格有銳利、發亮的眼睛。他的聲音很輕，但清楚而穩定。雖然乍聽之下似乎有點單調，但有令人舒適、使人引起信賴與新鮮的感覺。學生每有困難，他總是以開朗的態度，帶着和藹的微笑，說出充滿幽默與眞理的話語，使學生精神煥然，決心振作起來解決問題。斯普朗格「誨人不倦」，他認眞地、不敷衍地對待個別的學生。即使談話的次數不多，談話的時間短暫，但能給予學生豐富的啓示，建立了終生的師生關係。

如同在東方，有人具有浮淺的東方文化絕對至上的看法，在西歐也有人具有民族的偏見、驕傲、與優越感，或抱着傾向於歐洲中心的文化觀或世界觀。斯普朗格却有促進國際了解的思想。他是一個眞正想了解外國文化的西方人。他強調東西文化交流的重要性。他認爲東方文化也有長處，而懇切期望東西方文化的接觸能加深西歐文化的合理性。斯普朗格喜歡外國學生，對他們愛護與關照無微不至。很多留德的外國學生，學業上受他的指導，品德上受他的薰陶。在一九二〇年代，在柏林有個留德的印度學生胡塞(註一九)，患了重感冒與絕望的心病。一方面發高燒、身體虛弱，另一方面深覺在英國殖民統治下的印度的個人與國家的前途暗澹，心灰意冷，不知如何是好。在此嚴重的狀態中，他收到了斯普朗格充滿着同情與人情味的一封信，信中他說：「對青年人來說，生病不是災禍，而是一種淨化。它會洗去多年來在身心聚集的毒素。病後，新鮮的血液會衝進血管裏來，可以使人精神煥發。」另一位學生胡生(註二〇)跟斯普朗格學過教育學與哲學。畢業考試日期迫近時，他的神經開始緊張，面露焦慮。斯普朗格非常關心他，勉勵他，並且告訴他如何準備教育學的考試。斯普朗格關切地問他是誰考他的副系哲學，看過那些哲學書，要不要作一番考試演習。斯普朗格開始與胡生作復習的問答，每當胡生答對時，他便和悅地笑笑，表示讚許。有時他以微笑來使胡生鼓起勇氣，答覆新的問題；有時他以笑容來代替對胡生的準備不足與無知所感到的驚訝。斯普朗格的和藹可親與樂於助人的態度，常使胡生銘心鏤骨，留下了終生磨滅不去的回憶與感激。

在斯普朗格的晚年，凡是看到過他，跟他談過話，以及有來往的人，都有口皆碑地說到斯普朗格開明的態度。他的注意與興趣不在於固執與確保過去自己既定的立場或觀點，而一心一意想要繼續研究問題。可能是年事已高的關係，斯普朗格變得安靜，沈默寡言，稍嫌呆板，而且似乎有點繁文縟禮。但他總保持端正的儀容態度，注意禮貌，決不隨便。遇事總是首先想到別人，考慮如何幫助別人。一九六三年，斯普朗格夫人去世，使他悲痛萬分。他覺得生命疲乏，自己已不屬於此世，感到有過够長的時間盡他的義務，現在可以死而無憾。同年，他也步他夫人之後與世長辭，享年八十一歲。

附註：

一：斯普朗格(Eduard Spranger 1882–1963)。德國哲學家、教育學家與心理學家。

二：就斯普朗格的中國學生而言，吳兆棠（已故，曾任國大代表與國立政治大學教育研究所主任），張天麟（著有中國母親底書，民國三十七年八月初版，四十一年十月正中書局臺一版），王文俊（曾任國立臺灣師範大學教授，現任國立政治大學教授）與田培林（國大代表，曾任國立臺灣師範大學教育學院院長與教育研究所主任）等諸位先生，或上過他所開的課程，或曾受他熱心教誨，或承蒙他指導博士論文，都可算是他的門牆桃李。

三：巴勒奧洛格斯(Georg N. Palaeologos)。從一九三五年到一九五七年擔任希臘雅典教育學院院長。

四：俾斯麥(Otta von Bismarck 1815–1898)。德國政治家。

五：包爾森(Friedrich Paulsen 1846–1908)。德國哲學家與教育學家。

六：狄爾泰(Wilhelm Dilthey 1833–1911)。德國哲學家。

七：史頓富(Carl Stumpf 1848–1936)。德國哲學家與心理學家。

八：洪堡德(Wilhelm von Humboldt 1767–1835)。德國政治家，哲學家與語言學家。是十八世紀時期人文主義代表人物之一。

九：里爾(Alois Riehl 1844–1924)。德國哲學家。

一〇：人生之形式 Lebensformen 1921

「人生之形式」　董兆孚譯　民國五六年　臺北商務印書館

青年心理學 Psychologie des Jugendalters 1924

「青年心理學」　王文俊譯　民國四十七年　臺灣省教育廳編審委員會印行

一一：蘇格拉底 (Socrates c. 470–399B.C.)。古希臘的哲學家。

一二：拍拉圖 (Plato c. 427–347B.C.)。蘇格拉底的學生。拍拉圖與他的學生阿里斯多德(Aristotle 384–322 B.C.) 是古希臘最重要的兩大哲學家。

一三：胡立德那 (Wilhelm Flitner 1889–)。教育學家。李德 (Theodor Litt 1880–1962)。哲學家與教育學家。斯普朗格與他們兩位同為狄爾泰學派的重要代表人物，都被稱為文化教育學家。

一四：斐斯塔洛齊 (Johann Heinrich Pestalozzi 1746–1827)。瑞士教育學家與社會改革家。

一五：福祿貝爾 (Friedrich Froebel 1782–1852)。德國教育學家。

一六：同註㈢

一七：施爾巴 (Kaete Silber)。英國艾丁堡大學教授。

一八：黑格爾 (Georg Wilhelm Friedrich Hegel 1770–1831)。德國哲學家。

一九：胡塞 (Syed Abid Husain)。印度人。曾任新德里大學教授。

二〇：胡生 (Zakir Husain)。印度人。曾任新德里大學教授與印度共和國副總統。

小原國芳（西元一八八七—）

林來發

一　求學經過

離東京鬧區約三十餘公里，從新宿乘電車約需四十分鐘路程的郊外，有一所聞名於世界的學校——玉川學園。這所學校的歷史並不長，迄今只有四十幾年，但由於創辦人抱有遠大的理想及堅定的毅力，所以在半世紀不到的時間，未接受外界任何財力的支持，竟從一座無名的小山丘逐漸蛻變，由中小學幼稚園擴展至大學及研究所，今天儼然已成爲日本僅有的典型而具有特色的大學城。

這所學園的主持人，卽是聞名於日本及全世界的小原國芳先生。他於西元一八八七年四月八日，出生在日本九州南端的鹿兒島縣。祖父是寺子屋（私塾）的敎師，頗受附近居民的尊敬。父親曾任村內的區長，原有相當數量的恆產，但由於合夥經營金山失敗，不僅家產全部變賣，甚至一家人的三餐亦無能爲繼；所欠債務，據說經過二十年之後始由其子女全部還淸。

小原十歲時不幸母親就去世，十二歲時父親也相繼去世，使小原的幼年就陷入極爲困苦的境地。

因此十三歲時不得不放棄進中學的機會，而投考公費的通信技士訓練班。報名時年齡未達最低的十五歲標準，幸虧獲得鄉公所幹事的同情與幫忙，在證明書上加多兩年，始得順利報名並通過考試入班受訓。

六個月後結業，他由於成績優異，分發鹿兒島的一等電信局服務。五年之後，偶然間受到借宿房東家庭臨時變故的啓示，立即放棄高於教師兩倍薪水的待遇，投考鹿兒島師範學校。考生競爭非常激烈，二十五人僅錄取一人，他考取名列第一。他在校四年期間，成績始終列於前茅，所以畢業後未曾服務，就順利考取廣島高等師範學校英文科繼續求學。在廣島高師四年，除參與教會活動而外，幾乎全心全意專心向學。因此仍能保持優異成績。臨畢業時，接受教授們的特別推薦，分派香川師範學校任教。

小原從小就是一位抱有理想及熱誠的基督教徒，在香川師範學校，一心一意爲教學而貢獻一切，不僅擔任專門學科的英文，同時還擔任心理學與教育史；並且在課餘之暇爲學生開班，義務補習英文，此外還參與教會的教學活動，因此他每週教學時數有時高達四十小時之多。由此可見年輕的小原是如何的賣力。他在香川師範學校僅僅兩年半時間，幾乎使校風完全改觀，深得學生、同事、家長的尊敬與讚譽；校長的欣喜與對他的器重就更不用說了。

爲了實現自己的更高理想，小原不得不忍痛離開香川師範，而考進有名的國立京都大學哲學科（專攻教育）深造。當時京都大學哲學科擁有全國第一流的學者，如西田幾太郎、波多野精一、朝永三十郎等；他在京都大學三年，據其自傳所述，完全是懷抱感激的心情，接受這些名學者的薰陶。三年裏的後兩年，他幾乎不眠不休的努力用功，最後完成四十餘萬字的「教育根本問題的宗教」的畢業論文；據說完成畢業論文之後，僅僅是送還圖書館的參考書，就裝滿一個拖車；也使審查的教授感到驚訝與吃力，第二年不得不規定限制畢業論文的字數。此書於一九一九年三月正式出版，至今已五十年，再版四十餘次，目前仍在銷售之中。

二　成城學園

京都大學畢業之後，小原受聘爲母校廣島高等師範學校教授，兼附屬小學教導。他赴任之後一本向來的服務精神努力教課，並常在課餘之暇假附屬小學辦公室舉行哲學問題討論會，慕名前來參加者通常保持一、二百人之多，成爲相當受人重視及歡迎的講座。惟公立師範制度有許多的限制，並不能使年輕而具有抱負與理想的小原感到滿意。恰巧當時有一位資深的教育家，曾兩次任帝國大學總長，一度任文部省次官的澤柳政太郎，爲了革新學校教育，特別籌款辦了一所私立成城學園，亟需一位能幹的實際負責人，立即派遣其秘書長田新(世界有數的裴斯塔洛齊研究專家，戰後曾任廣島大學校長)專程前來邀請小原，據小原事後的囘憶，當他見到長田秘書，由於仰慕澤柳政太郎的大名而毫無考慮的立卽答應，並在短期內結束高師教職，前往東京成城學園任教。

小原來到成城學園，已經是該園創立的第三年，當時僅設有小學部，校舍仍借用舊陸軍預備學校破舊建築的一部分。抱着滿腔熱情、渴望着推進新教育改革的小原，並不在乎這些，而完全依照其理想推展新教育的改革運動；同時利用餘暇到處演講，或著書寫作以鼓吹新觀念，並將他個人相當可觀的演講酬金、版稅及稿費等的收入，全部用做學園的經費，促成遷建新校舍的計劃。

不久新校舍在小原的努力與奔走之下，順利遷至郊外的空曠地區，依照理想完成自幼稚園至高等學校的私立新式學園。該園以革新教育爲號召，並實施少數學生一班的自學輔導制；爲貫徹自學輔導，還曾兩次邀請美國道爾頓制主持人巴格斯特（Helen Parkhurst 1887-?）女士親自前來指導。除此以外，該校還強調尊重兒童個性，重視師生間感情，提倡高度效率及尊重自然的教育，成爲日本少數新教育改革的先驅學校之一。

小原在成城學園前後十五年，其主要著作除上述的「教育根本問題的宗教」外，如「結婚論」（一九二〇年），「教育改造論」（一九二〇年），「道德教育革新論」（一九二〇年），「教育根本問題的哲學」（一九二三年），「母親的教育學」（一九二五年）等，都是這一時期所完成。其中最後一本「母親的教育學」，已改寫十三次，再版三百幾十次，現在尙在繼續銷售中；據說早期還有中譯本在上海出版。

小原的第一次婚姻並不美滿，因就讀香川師範學校時受到家庭經濟的壓迫，不得不勉強入贅鄉里有錢人鰺坂家。以後發現夫婦性格完全不合，結婚十年期間有八年半是分居生活。兩人之間雖生有一女，而且小原非常疼愛這個女兒，到了最後還是離婚。他第二次婚姻的對象是一位牧師的女兒，不僅是「郎才女貌」，同時對他的事業也有很大的幫助。當時曾因再婚的理由遭遇許多的阻難與批評，但終於克復困難，在離廣島赴東京之前完成婚禮；他們之間生有一男二女，現在都已成家立業。

三 玉川學園

一九二九年，小原四十二歲，發覺成城學園已逐漸失去原來辦學旨趣，尤其受到部分家長的壓力和無理干涉，幾乎使該園已無法再保持新教育的特色，而淪爲升學帝國大學的預備學校。他於是帶領着少數志同道合的教職員及學生，毅然離開了其一手所經營且已具規模的成城學園，到郊區更遠的天然叢林中開闢新天地，這就是今天的玉川學園。

小原擬定了學園新計劃，但有不少師友提出忠告，認爲地址離市區過遠，招生一定有困難，會成爲將來經營上的致命傷。這時他很自信的說：「只要把學校辦好，就是再遠，學生一定會跟上來；若辦不好，就是在市區，也同樣的會招不到學生。」可見在開辦初期，他就抱着多麼大的信心。

小原前此的演講費、版稅、稿費均已投入於遷建成城學園的事業上，否則其收入積蓄可觀，對創辦玉川學園的經費方面不無小補，但他並不追悔抱怨，只是從頭做起，籌集建校基金。同時他爲了維持其辦學的理想，使新成立的玉川學園不再受家長們的無理干預，免蹈成城之覆轍，於是建校基金完全由自己設法籌集。幸虧他以往遷建成城校舍，對土地的買賣已獲得相當深入的經驗，就利用過去的體驗，在新的電車路線開闢之前的一年，尋找到玉川附近的小山丘，洽得貸款，購地超過建校預定面積的兩倍半，然後等待電車通行之後的自然漲價，再將學校預定地以外的土地分塊出讓，以出讓的地價收入償還貸款及做爲校舍建築之用。初期當然非常困難，加上小原一直主張小班制，而且他從小就受到失學的痛苦，因此主張對貧苦兒童都免收學費，甚至供給書籍及住宿，這樣就使學園的經營更加困難。

經過幾年的艱苦奮鬪之後，玉川學園不得不再謀求自給自足的新辦法，所以附設了各種生產事業機構，除了原設的土地部繼續處理土地分塊割讓事宜外，另附設出版部以出版翻譯各種教育名著、教育家全集、教育叢書、百科大辭典之類；設販賣部以代理販賣鋼琴、打字機、收音機、電視機等等；設建設部以雇用少數技術人員，配合學生需要，協助附近的建築事宜，參與生產工作。這些事業機構的經營收入，再加上音樂演奏會、歌劇欣賞會等門票收入，都一齊納入學園的建設及維持費用之中，以彌補學園經費的不足。

由於經營得法，特別是出版了幾部著名的百科大辭典，銷路之大打破其他各種書籍的出版紀錄，才使學園的經費逐漸充實。二次大戰之後，雖然仍不斷的增科設系，但學園的經營據說已能達到平衡的地步；並且每年還由學園派遣大批教師前往外國留學，同時亦由外國邀請著名學者前來講學，這是一般私立學校所不易做到的。

世人常常舉小原爲日本的裴斯塔洛齊；若從其熱誠的教育愛及爲新教育的理想而奉獻一切而言，確實與瑞士的大教育家裴斯塔洛齊無異。但裴斯塔洛齊一生的理想與奮鬪所辦理的教育事業，却因缺乏經濟觀念，雖然換了幾個地方，最後仍未能避免失敗；而小原則完全不同，不但亟富經濟觀念，同時也有先見之明，尤其創辦玉川學園幾乎是史無前例的奇蹟。

四　教育信條

玉川學園成立之後，小原立即揭櫫其辦學的方針，通稱為玉川學園的十二教育信條，並且全力以赴，貫徹實施。茲介紹如下：

（一）**全人教育**：教育的理想在於創造眞、善、美、聖、健、富的六項價值。亦即學問、道德、藝術、宗教、身體、生活六方面人類文化所溶滙發展的全人格的教育。

（二）**尊重個性的教育**：教育是自我本質的發現與自我的實現。自己的本質完全實現之時，其全人格的陶冶始臻完成。教育非達到個人個性的充分發展、自我發現與自我實現的地步不可。惟有各種不同偉大人才的個性都獲得充分的發揮，國家社會才能眞正得到繁榮。

（三）**自學自律**：學習的本質在於自我思考、自我探求、自我創造或研究等所體驗的自啓自發活動。教育不只是學問知識的傳授，而是啓發其求取眞理的慾望，培養探求的方法及養成發掘問題的習慣。

（四）**提高效率的教育**：所謂提高教育的效率，並非專指教育者方面，而是學習者每個人也能達到合理而不浪費的較高效率。所以學習環境的整理充實，教材的精選，教學法的研究改進，教學器材的活用等，都是提高學習效率、增進學習慾望的良法。

（五）實施具有學術根柢的教育：日本的教育不論戰前或戰後，甚至一直到現在，仍然左右搖幌，把握不定自己的目標，充分的暴露其無定見和自信。教育應先確立其長遠不變的教育理想；不過在理想確立之先，爲配合實際需要，必須反覆論證，蓄積科學的經驗，在堅定的信念之下才能貫徹實施。

（六）尊重自然：有山有水，佔地二十萬餘坪的玉川學園，朝夕能面對這種壯大的自然環境，其本身卽已含有無可代替的偉大教育在內。其實自然的尊重同時也意味着順從人性。一方面具有天眞爛漫、純潔無瑕的心情；一方面具有面對大自然的勇氣，不怕風，不怕雨，和不屈不撓的鬪志。

（七）師生間的溫情：師生之間的關係，應充分互相信賴。溫情並非溺愛，而是教育者的熱誠，也是一種愛的行爲。在求道者的嚴肅過程中，珍重人與人之間的關係，有如「君汲川流我拾薪」的合作無間。

（八）勞作教育：「百聞不如一見」，但百見不如自己一次操作。必須自行思考，自行體驗，自行嘗試，自行實踐，才能眞正完成聖育、知育、德育、美育。實施勞作教育，才有可能養成知行合一的堅強意志和身體力行的良好習慣。

（九）相對的合一：關於一個國民與一個世界公民、個人的立場與社會人的立場、追求理想與現實的生活、自由人與受法律約束的人，這些相對矛盾所成立的兩面，盼能達到靈肉合一、身心一致、天地融合的境地。培育膽大而又心細、能認眞用功而又能痛快遊戲、能賺取大量金錢而又能合理運用等等各方面相對合一的人。

（十）**人生的開拓者**：「人生之中，最爲辛苦、最感厭煩、最爲吃虧的場合，應以微笑率先承擔。」這是玉川學園最爲具體的人生觀。這不是戒律的自我犧牲，而是生活在年青人的夢與憧憬之中，抱着開拓者的精神，不屈不撓地奮鬪和努力。

（十一）**書塾教育**：日本自古以來所保持的以身作則、潛移默化的書塾教育，才是眞正的教育場所。我們堅持這種生活教育的傳統，同時調和西歐近代教育的優點，使其成爲人類教育的理想場所。

（十二）**國際教育**：希望能養成「地球是我們的故鄉」這種廣大心胸的人。積極從事文化的交流與合作，具有豐富的國際感覺。國際理解的教育是一種和平的教育，同時也是培養祖國愛的教育。

五　辦學逸事

玉川學園自從開辦時的一百多位師生，發展到現在，包括兩所高級中學的分校在內，師生已達八千多人。校地除實習用的一百九十萬餘坪外，尙有一百七十餘萬坪，僅僅是校舍建築就佔十二萬餘坪。但是說來奇怪，這麼大的校區與建築物，竟是一個工友都沒雇用過。甚至很多的建築、校園、池塘等；除需要高度的技術臨時雇用技術工人協助外，幾乎都是由師生共同合作所完成。附設的龐大出版部也不例外，只用了少數技術人員，其他如印刷、校對、發行、包裝等都是由工讀生輪流擔任。至於開闢馬路、整理花園、養飼動物，裏裏外外的打掃那就更不用說了。這所學園經常有國內外的人士前往參觀，環境幽美，處處整潔，有口皆碑。

小原辦學一向重視勞作教育。「勞作」二字除解釋爲一般勞動而外，尤其強調第二個字的「作」：並非「作業」的作，而是「創作」的作。因此該園勞作科所製作的許多作品，如雕塑曾數次獲得國家最高榮譽獎，其他利用勞作時間所完成的小提琴、鋼琴等，幾乎都使參觀者不敢相信這些作品竟出自學生之手。但事實證明，不僅學生會製作，同時還攜帶自己所作的小提琴參加交響樂的演奏。該園每年舉行一次的交響樂演奏會，已經聞名於全東京，所演奏的貝多芬第九交響樂，曾使德國來賓都自嘆不如。

小原平時很講究整齊清潔，不僅對自己的要求如此，就是對小學生也不例外。因此爲保持該園的這種特色，特別設計一套制服，作爲全園學生參加盛典時穿用。這套制服與日本一般學校的黑色高領制服完全不同，採用西裝結領款式，並硬性規定穿着時不得有任何理由不結領帶。奇怪的是他最不喜歡看到女孩子塗口紅，不僅對學生如此，對參觀的來賓也是一樣。據說美國大教育家杜威(John Dewey 1859–1952)夫人，於一九五五年爲完成杜威的宿願，特來該園訪問，當她下電車時，有很多人迎接她。曾在早年研究杜威哲學而獲得博士學位，後來寫過十幾本有關杜威教育哲學的永野芳夫也在場，他見到杜夫人塗有濃厚的口紅，立即向前提出忠告，杜威夫人毫無考慮的立即將口紅擦掉，並且拍拍永野的肩膀表示感激之意。現在參觀該園的人，不論中外，幾乎已無人不知必須穿着整齊的衣服以及女性不要擦口紅的這些事。

小原一直主張：小學的兒童每班不得超過三十人，通常應保持二十五人左右，這樣教師才有可能照顧到全體兒童，收到眞正的教育效果。同時他也是主張自學輔導制最徹底的人。因此學校不僅設有完整的兒童圖書舘，而且每班教室均備有大小不同的書橱，自兒童百科全書、辭典、字典一直到兒童科學叢書、兒童文學全集，各種程度的教科書及兒童報章雜誌等，應有盡有。就是學園經濟最困難的時候，也從不增加學生人數，並且照樣添購圖書，絕不改變其初衷。所以這裏的教育活動，很少採用講書抄筆記的方式，大多都能運用實驗、觀察、搜集資料，然後討論、歸納結果等啓發式的方法。同時爲適應個別差異，依照兒童程度訂定進度，甚至進行自由研究，使每一兒童都能獲得眞正學習成功的樂趣。據說杜威生前有人告訴他，他在一九一五年所發表的「明日的學校」(Schools of Tomorrow)早已在玉川學園完全實現，而且可說已成了「昨日的學校」；杜威聽了非常高興，立卽發出宏願，盼在有生之年能够親往參觀。無奈他年紀已大，終未實現心願，所以在杜威逝世之後的第三年，杜威夫人特別有訪問玉川學園之舉。

小原是一位絕對尊師論者，雖然他的演講中常常指責某些人而得罪很多人，但從未說過一次教師的不是；並且有感於教師進修的重要，曾經排除萬難假該園大學部附設日本唯一獲得政府承認的教職課程函授部，以幫助全國教師取得高一級的任用資格。這個制度聘有專家學者編印一百六十種以上不同教科書，分寄各地供選修教師課餘研讀，而且三年至五年之內必須利用暑假期間，前來玉川學園接受六週的面授課程。僅僅是一九七〇年一年的在籍學生，竟高達三萬一千多人，可見對教師進修有多大影響。

小原同時也是一位非常了不起的愛國者。當第二次世界大戰日本戰敗，小原基於其愛國熱誠，一個月中的二十五天都奔波於全國各地的演講旅行，以喚起全國國民的奮發；並引用第一次世界大戰德國戰敗時，宰相馬庫斯的話：「我們引起不幸的戰爭，而遭到悲慘的結果，但從戰敗的結果之中却獲得無從估計的教訓：我們原以爲力量就是正義，其實正義才是眞正的力量。」與全國人民共勉，以期從饑餓貧苦和絕望深淵中求得祖國的重建。他這種行爲，確足與德國菲希特媲美。

小原對於體育運動也非常重視。在玉川學園開辦初期，曾不顧己負債累累的學園經濟，毅然函聘世界第一流的滑雪家奧大利亞籍的修太納，以及由聞名世界的丹麥國民體操學校校長布克親自率領的二十七名體操團到日本來，使日本的滑雪技術一新耳目，把丹麥的體操普及於全國的每一角落。但他却反對體育的競技項目，一直到現在玉川學園雖然每年都舉行盛大的運動大會，可是大會中從不發獎狀或獎品。他認爲獎狀獎品的頒發，有違體育的眞正精神。

玉川學園的音樂教育，也是全日本家喻戶曉實施最徹底的學校之一。雖然尙未達到像西歐國家一個人就獨唱、兩個人就二重唱、三個人就三重唱、四個人就合唱的地步，但自該園創校以來，不論是個人或團體都已不知獲得多少次的全國音樂最高榮譽獎。更難得的是該園非常重視兒童的歌曲創作，上音樂課都可隨時自編自唱，而且音樂教師還認眞的說：「只要穿過玉川學園制服的學生，沒有不會唱歌的。」這句話並非誇大之詞，確實每一個玉川學園的學生從小學到研究所，隨身都携帶一本袖珍型印刷精美的「愛吟集」小手册，與趣一來就可隨時唱一段，工作累了也可隨意歌唱一番。

六 教育意義

小原對教育的意義，也有其特別的見解。一般人認為教育是主體較成熟的人，（教育者），對客體未成熟者，（被教育者），實施一種有意識的、具體的、連續的教導、作用或影響。小原認為這種見解是以教育者立場為主的定義，從方法上說也有其可取之處，但若過於偏重教師，而使兒童完全處於被動的地位，則往往會誤認教師為創造者或傀儡的操縱者，故此種見解無法包括全部的教育意義。因為：第一，若認為具體而有意識的才是教育的話，必然會否定無意識的教育，可是無意識的教育却屬於教育的重要部分，如訓育、感化教育等。第二，若認為教師是教育發動的中心，而使兒童處於被動的地位，則處於被動地位的兒童一定會受到輕視，那麼現代所主張的創作教育、活動教育就無從實施。第三，在教育的過程中，似乎任何人都不能不承認不用教師的自我教育部分，如自我創造、自我創作等，這種不用教師的自我教育機會不僅社會如此，學校教育也不能例外。第四，所謂教育者，不應僅限於單指人而言，而應該廣泛的指包括人以外的更重要的教育，如自然環境的陶冶以及其他因素等。

以上是小原舉例來說明教育的定義之所以有很多不同的見解，是由於其着重點及看法的不同，如有的着重方法，有的着重目的；或從現象來說，或從過程而論；或以社會爲重，或以個人爲主；或從教育者的立場來看，或從被教育者的立場着眼；這樣，自然都各有其長處與短處。小原則試圖保留各方面的長處而避免其短處，並曾經用綜合容納的方法提出其定義如下：

「教育就是人與理想之間的關係。」

所謂「人」，相當於一般人所說的「被教育者」，但小原並不喜用「被教育者」或「未成熟者」等詞語，因爲人一直到老死爲止，都是被教育者。換言之，沒有任何人可從教育之中眞正得到畢業，就是聖賢也不例外。就因爲如此，才能獲得無限的進取和向上。

至於「理想」，就是教育的客體，教育主體的對象。㈠教育者的教育理想，當然不用說；㈡教育者本身對被教育者也是一種理想，如嬰兒對其母親，年輕兒童對其教師，徒弟對其師傅，歸依者對其崇拜者，都是確確實實的一種理想；㈢所使用的教育，當然也是一種理想；㈣圍繞的社會和大自然，也都是理想；㈤更重要的是被教育者本身的理想也應包括在內才能包含自我教育；惟有人在自我之中才能獲得客體的理想。

小原再進一步地分析，教育的意義、過程及現象，極與宗教相似，可分成主觀和客觀兩極。客觀（體）就是教育主體的對象，也就是理想。能夠向此對象努力前進，而促使個體與理想融合，這就是自我教育；指導或協助這種自我教育就是教育者的任務。因此連結這種主觀與客觀之間的過程就是教育過程；連結並促使其與理想達到一致，就是教育的完成（不可能有終極的連結，因爲人的理想不至於停止）。所謂接受教育，只不過表示出與理想取得某種程度的一致而已。例如某人具有某種理想，而在某種情況之下能接近其理想一步，就表示某人已接受某種教育。事實上，絕對的無教育者是不可能存在的。

這個定義由於要補救上述所指摘的四項缺點，所以顯得比較的廣泛；但為避免其缺點，惟有選擇此項比較廣泛的定義。

七　教育理想

談到教育理想，小原最反對時下所流行的偏向於某種主義或某種學說（如個人主義、社會主義、國家主義、國際主義、理想主義、實利主義、宗教主義、主知主義、人文主義、訓練主義等等。），而把教育的理想完全歸諸於「人的教育」或「全人教育」。

他認為人類的文化從六方面所組成，就是學問、道德、藝術、宗教、身體、生活。學問的理想為眞，道德的理想為善，藝術的理想為美，宗教的理想為聖，身體的理想為健，生活的理想為富。教育的理想則在創造實現眞、善、美、聖、健、富六項價值的平衡發展，而不能固執一方或偏向於某一部分。前四項的眞、善、美、聖的價值稱為「絕對價值」，後兩項的健富價值稱為「手段價值」。玆列表如下：

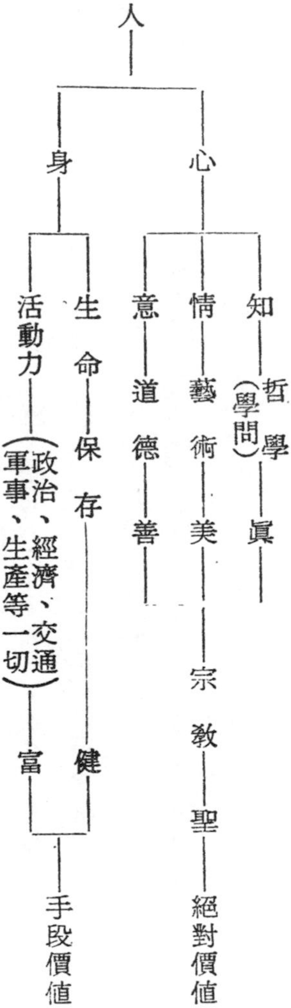

必須先建立上述的價值體系，然後教育的理想才有可能確定，並依照不同理想的需要而選擇及建立各種學科，並進行各種教學活動，這樣方不至於偏向某種主義或某種學說，而達到眞正的全人教育之目的。

從上列價值體系表中，不難知道小原將人類的價值分成身、心兩方面。

在身的方面，爲着保存人的生命和精神活動的源泉，首先必須要求身體的健康，也就是要求「健」的價值。同時人類爲着求生存，不能不有麵包的要求，以維持精神活動的強大力量。爲達到此等目標，自然必須講究許多手段，如發明、研究、交通、政治、外交、產業、軍事、法律等，以求生活之「富」。這些「富」的價值與「健」的價值，只能歸類於不可缺的手段價值，因爲其最大的意義，只不過是在於盡最大的可能供給精神活動的原動力而已，故不能作爲絕對價值的對象。

在心的方面，知、情、意的作用幾乎已包括所有人類的心意活動。但不論學問、道德、藝術的任何一項，如果窮究到底必然會接觸到超世界、超感覺的神秘境界，這種境界就是柏拉圖的「至善」，康德的「神聖性」(Heilikeit)，恩田邦度 (Wilhelm Windelband 1848-1915) 的「聖」(Das Heilige) 等。小原就將這種「至善」、「神聖性」、「聖」歸納爲宗教的價値。這種價値並不是與眞、善、美的普遍價値有何區別；在超感覺的存在關係中，價値本身並無兩樣。一般人常常使學問、道德、藝術三項價値與宗教對立，其實四者之間的關係並非如此，而是追究學問、道德或藝術的深處，也就是價値在超世界、超經驗、超感覺的過程中，宗教的世界才有可能逐漸啓開。這種主張和小原從小就是一位虔誠的基督教徒不無關係，所以他始終認爲聖的價値在絕對價値之中仍然居於上位。

附註：小原國芳的著作已編爲全集，預定出版四十卷，現在已出版三十六卷，每卷從四十萬字至六十萬字不等。

本文參考書：

(一)小原國芳著：「母のための教育學」 玉川大學出版部 一九六九年改訂三九三版

(二)小原國芳著：「教育の根本問題としての宗教」 玉川大學出版部 一九六九年改訂十四版

(三)小原國芳著：「教育の根本問題としての哲學」 玉川大學出版部 一九七一年十七版

(四)小原國芳著：「小原國芳自傳」 玉川大學出版部 一九七一年十一版

(五)小原國芳著：「全人教育論」 玉川大學出版部 一九七一年八版

(六)小原國芳著：「世界教育行脚」 玉川大學出版部 一九五六年

(七)「玉川教育」 一九六〇年版，一九六九年版。

附錄

附錄一

中國的教育思想

劉　眞

一　教育在中國文化傳統中的重要性

世界上任何一個國家的教育，莫不與其民族文化具有密切的關係。因爲教育不僅是文化內涵的一部分；而且也是文化所賴以延續與創新的動力。尤其就中國的歷史來看，教育在我們民族文化傳統中，更居於特別重要的地位。這可用以下兩項最顯著的事實，加以說明：

（一）我們中國是世界上最重視教育的國家

凡對中國文化和西方文化稍有瞭解的人，一定都會承認：西方人以宗教爲精神生活的支柱；而中國人則視教育爲民族生存的命脈。兩者文化的重心，顯有不同。由於我們的先民很早便知道教育的重要，所以遠在三四千年以前，政府便開始負起教育人民的責任。（註一）到了二千多年以前的漢代，我們更有規模相當完備的大學；（註二）政府並且給與學生以極爲優厚的待遇。但在西方國家，不僅政府致力於國民的教育爲時甚晚，卽歐洲幾所最古老的大學，也不過只有千年左右的歷史。（註三）而且多係由教會主辦，與政府之間，甚少直接關係。從以上這些事實看來，可知世界上幾乎沒有一個國家，是像我們中國自古迄今始終如此重視教育的。

（二）我們中國是世界上最尊敬教師的國家

因爲中國的政府特別重視教育，所以教師所從事的教育工作，便被視爲一種最清高最神聖的事業，而與社會上的普通行業有所不同。不僅一般人常將「天、地、君（國）、親、師」五者並列，成爲民間供奉膜拜的對象，即在帝王時代的儲君，對其業師也常侍立聽講，以示崇敬。孔子二千多年以來之所以能受到普遍的信仰，便是由於他生前教育的成功，樹立了萬世師表的典型。現今政府並已明定孔子的生日爲全國共同慶祝的「教師節」，更是紀念孔子與尊敬教師的具體表現。但是反觀西方文化發源地的歐洲，其教師地位向來最爲低下。「希臘時代是以奴隸充當小學教師。到了十八世紀中葉，師資地位並無多大改善。歐洲各國地方學校，仍以裁縫、木匠、理髮匠等人充任教師。」（註四）實則不僅西洋古代視教師爲「教僕」；即時至今日，歐美各國社會上「尊師」的觀念，亦仍極爲薄弱。這與我們中國比較起來，實有顯著的差別。

我們知道：世界文化之所以能進步到今天的程度，乃係人類生活經驗繼續不斷累積的結果。教育的主要功能，即在促成此種生活經驗的傳遞與更新。我們中華民族因爲特別重視教育，故歷代政府與民間，無不力謀教育事業的發展。同時又因特別尊敬教師，故爲教師者亦均能薪火相傳，負起繼往開來的責任。由於我們中華民族具有這種優良的傳統精神，所以五千年來，我們的文化不僅能一脈相承，歷久彌新；而且我們文化的內涵，也較世界上其他古老的民族，更爲充實而光輝。

二　中國教育思想的演進

（一）先秦的教育思想

前面已經說過，中國是世界上最重視教育的國家；所以中國很早便有一種極崇高的教育理想。依據我們現有的「紙上史料」和「地下史料」的推斷，殷代已有相當高度的文化。孟子滕文公篇中曾說：「夏曰校，殷曰序，周曰庠，學則三代共之，皆所以明人倫也。」足見當時不僅有各種學校的設置；而且還以「明人倫」爲設校的主旨。所以我們可以說：中國自三代開始實施一種正式的學校教育以來，我們便樹立了以倫理爲中心的教育思想。

西周繼承殷代的文化，特別注重禮樂的教育。禮記文王世子裏曾說：「凡三王教世子，必以禮樂。樂所以修內也；禮所以修外也。禮樂交錯於中，發形於外。」這種禮樂並重的教育，可以說便是倫理教育思想的實踐。

東周包括春秋戰國兩個時期，是中國學術思想發榮滋長的黃金時代。這一時期雖產生許多不同的思想派別，但其中最重要的當推儒、道、墨三家。就教育思想而言，老子（約與孔子同時）所代表的道家，主張「禁慾」與「絕學」，亦卽反對情欲的生活與主知的教育，強調人類應排除物質的慾望，歸返自然的境界。老子這種忽視人類本性與社會環境的主張，可以說是一種難以實現的理想。墨家的代表是墨子（約爲西元前四九二——四四一年），以教人「法天」與「兼愛」爲其中心思想，提倡

「非樂」與「節用」。惟以墨家思想含有神秘主義的色彩及矯枉過正的偏失，致不易爲世人所理解與接受。所以在春秋戰國時期各學派思想對後世教育影響最大的，只有孔子所代表的儒家。

孔子名丘，字仲尼，魯國人，生於周靈王二十一年，卒於周敬王四十一年（西元前五五一——四七九年）。二千多年以來，一直被稱爲「德配天地、道貫古今」的大教育家。

孔子認爲人生的意義在於「行仁」，而教育的目的，卽係培養「仁者」。怎樣才能成爲仁者呢？孔子說：「夫仁者，己欲立而立人，己欲達而達人，能近取譬，可謂仁之方也已。」所謂能近取譬，亦卽推己及人的意思。要使每個人都有推己及人的善良的動機，就必須重視道德教育。故云：「弟子入則孝，出則悌，謹而信，汎愛衆，而親仁。行有餘力，則以學文。」足見德行比知識更爲重要。

孔子當時教育的內容，據論語所載，爲「文、行、忠、信」的「四教」。分析起來，只是文與行兩教。因爲忠信亦是屬於行的。文的方面係以詩、書、禮、樂四者爲基本學科，行的方面，則係以忠信爲主。可見孔子所實施的教育，包括讀書（文）與修德（行）兩方面，亦卽一種知行並重的教育。

孔子的教學方法，也有很多特色，如：㈠因材施教。嘗云：「求也退，故進之；由也兼人，故退之。」㈡注重啓發。嘗云：「不憤不啓，不悱不發，舉一隅不以三隅反，則不復也。」㈢人格感化。嘗云：「其身正，不令而行；其身不正，雖令不從。」㈣學思並重。嘗云：「學而不思則罔，思而不學則殆。」因爲孔子對弟子能針對各人的個性，施以不同的教育，同時隨時啓發其學習的興趣，培養其思考的能力，並以身作則，潛移默化，所以孔門許多弟子都有很大的成就，成爲當時各方面重要的人物。

此外，孔子在教育思想上具有劃時代影響的，乃是他的「有教無類」的主張。孔子以前，學術集於王官，只有少數貴族可以接受高深的教育，使學術的研究，成爲貴族的專利。自孔子主張有教無類以後，各國有志之士，不論係何出身，皆來問學，相傳孔子的弟子，前後凡三千人。在中國教育史上，由於孔子的杏壇設帳授徒，廣施教化，成材甚衆，遂使民間的私人講學，蔚然成風。也可以說，自孔子以後，中國的學術才漸漸平化民了。這不僅是中國教育上一大革命，而且也是中國政治上一大進步。因爲政治上的平等，實基於教育上的平等，一般平民有了受高深教育的機會，於是透過一種公平的考試制度，「學優則仕」，才逐漸的可以參與政治；而所謂「布衣卿相」，也始有產生的可能。教育權與政治權既然公開於全體人民，貴族與平民便不致永遠成爲固定的對立的階級，西方國家歷史上由於平民與貴族壁壘森嚴所引起的流血革命事件，在中國便很少發生。這也就是孔子在教育思想上的影響，促成了中國政治上的進步。

孔子思想學說的主要繼承者是孟子。孟子名軻，字子輿，生於周烈王四年，卒於周赧王二十六年（西元前三七二——二八九年）。他的教育主張，完全基於其「性善論」，亦卽謂：人類的本性都是善的，其所以尚有爲惡者，乃係由於自暴自棄或環境影響，致天賦的本性（善端）不能發展出來。所以教育的目的，卽在使人對於「養性」「盡心」「尙志」等方面多下功夫，以保存與擴充此天生的善性，使能與禽獸有所區別。在方法上，則在教人發揮自動自律的精神，培養高尙的品格，成爲所謂君子和聖賢。

孟子爲使孔子所說的「仁」更易爲人所理解，特別把孔子常常分開來講的「仁」字和「義」字，併爲「仁義」一詞，加以闡揚。孟子以爲仁係心之本體，義係心之作用，故曰：「仁，人心也；義，人路也。」孔子所說的「仁」，固然可以包括孟子所說的「仁義」，但因有孟子的引伸闡發，遂使孔子仁的中心思想，更爲具體而充實。所以唐代的韓愈曾說：「自孔子後，獨孟軻氏之傳得其宗，故求觀聖人之道者，必自孟子始。」

孟子歿後約五十餘年，儒家出了一位學說與孟子恰恰相反的思想家，那便是主張「性惡論」的荀子。荀子趙人，生卒確實年代，各家說法不一。他認爲人類生來便有「好利」「爭奪」「疾惡」「好聲色」等情慾，故謂「人之性惡，其善者僞也。」不過荀子所說的「僞」，乃是「人爲」的意思，與虛僞之僞不同。因爲人的本性是惡的，所以教育的目的，便是教人以禮義法度，節制情慾。同時，從「積善」、「有恒」、「愼選師資」、「利用環境」、「征服自然」等方面入手，以改變人類惡的本性，發揮「化性起僞」的效能。

從現代教育學的觀點來看，孟子是偏重於先天遺傳的，荀子是偏重於後天環境的。兩人的觀點雖有不同，但對教育的重視並無二致。而且就教育可以變化氣質一點而言，毋寧說荀子更強調了教育的價值。近人常以孟子荀子與孔子的關係，比之於希臘哲人柏拉圖、亞里士多德與蘇格拉底的關係，足見荀子在儒家中所佔地位的重要。

（二）漢唐的教育思想

荀子以後，漢代的董仲舒，對中國的教育思想，也發生了極大的影響。董仲舒生於漢文帝元年，卒於漢武帝太初元年（西元前一七九——一〇四年）。未仕前潛心學術，傳說曾三年目不窺園。武帝時以所進「天人三策」，有聲於時。他在天人三策及所著「春秋繁露」一書中，曾特別強調教育的重要，如云：「漸民以仁，摩民以義，節民以禮，教化行則習俗美。」又謂教育人民爲政府應盡之責任，應設立大學以養士，曾云：「養士之大者，莫大乎太學。太學者，賢士之所關，教化之本原也。」董仲舒對中國教育影響最大者，乃是他罷黜百家獨尊儒術的主張。從此儒家的經典成爲國定的標準教科書，孔孟學說也一躍而居於正統的地位。他的「正其誼不謀其利，明其道不計其功」的名言，更闡明了儒家注重動機的道德論的精義。

董仲舒是西漢儒家一位正統派的人物，到了東漢，却出了另一位高唱革新論調的思想家，那便是王充（西元二七年生，卒年不詳）。充字仲任，所著「論衡」八十五篇，最爲有名。他富有懷疑精神，反對「迷信」與「尊古」。他對人性的看法，比較接近荀子。認爲「人之性善，可變爲惡；惡亦可變爲善。」所以在教育方面，他主張應培養學者創造的精神，嘗謂：「著作者爲大儒，說經者爲世儒。」一切知識應源於觀察，成於思考，決不能憑空虛構。如云：「凡論事者，違實不引效驗，則雖甘義繁說，衆不見信。」他認爲教育的目的，在使惡性變爲善性，而其方法，則有賴於禮樂。他說：「情性者，人治之本，禮樂所由生也。故原情性之極，禮爲之防，樂爲之節。性有卑謙辭退，故制禮以適其宜；情有好惡喜怒哀樂，故作樂以通其敬。」可見王充認爲禮樂可以陶冶情性，制止衝動，導人於善。所以王充雖對當時儒生過度崇信孔孟學說有所批評，然其基本思想，仍未脫離儒家的範疇。

東漢滅亡以後，三國鼎立，繼之則爲魏晉南北朝紛爭擾攘的局面。在此期間，佛教與道家思想因較能滿足厭亂的人心，遂得與儒家思想同時流行於社會。當時一般知識份子多以「淸談」或「玄說」，爲其個人「安時處順」與「全性養生」之道，甚少注意到國家社會的實際問題。在教育思想方面，僅晉朝的傳玄和北齊的顏之推，尙有一些片段的言論（如顏氏家訓之類），但亦並未對教育發生實際的影響。洎隋唐統一天下，當時的儒家爲抵制外來的佛教思想，乃積極提倡儒家的經學。此一時期的主要人物，便是王通與韓愈。

王通生於隋文帝開皇七年（西元五八四——六一八年），字仲淹，門人諡爲文中子。所作王氏六經，未傳於世。其弟子輯其語錄爲「中說」一書。他在教育方面，主張應注重心性修養與勞作教育，嘗謂「化人之道，在正其心。」居常親自耕作以自養，他的重義輕利的思想，與孟子及董仲舒頗爲相近，如云：「君子之學進於道，小人之學進於利。」王通歿於隋大業十年，雖盛年凋謝，然其思想教澤，對當時曾發生很大的影響。也正如「學記」所謂：「善歌者使人繼其聲，善教者使人繼其志」了。

韓愈（西元七六八——八二四年）字退之，因先代爲河北昌黎人，故世稱韓昌黎。他生於唐代佛教極盛之時，起而闢佛，有如孟子之拒楊墨。平生以繼承光大儒家之傳統自任。在教育方面，他認爲教育的目的，在明先王之道，教師的責任，在傳道授業與解惑，將傳道作爲教師的第一任務而置於授業解惑之上，意即謂正確思想的樹立，較知識技能的獲得更爲重要。他又以爲無論上智或下愚，皆可施以教育。嘗謂：「上之性就學而愈明，下之性畏威而寡罪。是故上者可教，而下者可制也。」可見他對教育效能的肯定，更是超過以前的儒家的。

（三）宋明的教育思想

宋代的第一位教育家是胡瑗（西元九九三——一〇五九年），世稱安定先生。瑗字翼之，江蘇如皋人。初任蘇州湖州州學教授，後應聘主講開封國學。曾制定「太學學令」，精密詳備，遠超前代。他將太學分爲經義治事兩齋，太學生「治一事兼攝一事」，對「治民」「講武」「水利」「算歷」等項，分組研習，實爲我國大學兼重通才與專才教育之嚆矢。瑗認爲教育應以明體達用爲主，除經術外，並注意生活及休閒教育。在學時，公私試罷，輒以雅樂詩歌與學生同樂，暇則親率學生習射投壺，遊覽名勝。程伊川對瑗敬禮備至，嘗語人曰：「從安定先生遊，有醇厚和易之氣，一望而知。」其感人之深，由此可見。

宋代較胡瑗稍晚一點的思想家，有周敦頤（西元一〇一七——一〇七三年）張載（西元一〇二〇——一〇七七年）和程顥（西元一〇三二——一〇八五年）程頤（西元一〇三三——一一〇七年）等人。這些被稱爲理學家或新儒學派的思想家中，以張載和二程對以後所發生的影響最大。張載字子厚，世稱橫渠先生。所著「西銘」，言簡義深。在教育方面，他以爲教育的目的在變化氣質，而去惡趨善，有賴乎禮，故學禮最爲重要。人在幼年時，即應養成正當的生活習慣，曾有「蒙以養正」之語。他主張教者必須了解學生的個性，並使學生養成勇於懷疑的精神。如云：「教人者必知至學之難易，知人之善惡……仲尼所以問同而答異者以此。」又云：「在可疑而不疑者不曾學。」他認爲疑乃有思，思則易進，因疑求解，始獲眞理，這與孔子學思並重的主張，完全符合。

程顥和程頤雖係兄弟，然其基本思想，却不相同。兄顥字伯淳，世稱明道先生。弟頤字正叔，世稱伊川先生。明道主忘內外，重自得，以良知良能爲本。伊川主經驗，重窮理，以格物致知爲先。在教育方面，明道以爲教育的目的在教人懂得「仁」的道理（識仁），其方法則爲打破人物界限，內外兩忘（內指己，外指物）。但要忘內外，則須從主敬入手。敬的功夫修養到極處，則心地清明，可與天地萬物同體，達到仁的境界了。伊川以爲教育的目的，在教人學爲聖人。怎樣才能成爲聖人呢？他除和明道一樣，重視主敬的功夫外，並特別強調窮理與寡慾的重要。他認爲窮理始能集義，集義始能處事得當。寡慾則可去昏塞之患，養淸明之氣。二氏在教育上的主張，雖未盡相同，但對知識與道德的同等重視，則是一致的。

二程以後，宋代一位最重要的教育家是朱熹（西元一一三〇——一二〇〇年）。熹字元晦，號晦庵。學宗伊川，自成體系。秦漢以後的儒家學說，到朱熹又完成了一次集大成的工作。他以爲教育的目的，在窮理盡性，學爲聖賢。嘗謂：「凡人須以聖賢爲己任。」至於教育方法，則主張要使學生能立志與力行。如云：「爲學須先立志，志既立則學問可以次第著力。立志不定，終不濟事。」又云：「學之之博，未若知之之要；知之之要，未若行之之實。」同時，又謂人貴能立能創，嘗云：「學貴獨創，守舊無功。」他在白鹿洞書院的教條中，特別指出明五倫的重要，並以博學、審問、愼思、明辨、篤行爲入手門徑。此外，他對小學教育非常注意，曾彙集古代經典有關資料，編成「小學」一書，以爲教育兒童之準則。他在教育方面影響後世最大的，是將論語、孟子、大學、中庸合爲一書，加以註解。「四書」一名，卽自朱熹始。自元明以迄清末，四書成爲全國國民必讀的書籍，政府並規定以朱子四書集註，爲科擧考試命題的依據。近人蔡元培嘗謂「宋之有朱晦庵，猶周之有孔子。」其對朱熹的推崇，可稱允當。

宋代和朱熹同時而思想學說與朱熹分道揚鑣的爲陸九淵（西元一一三九——一一九二年）。九淵字子靜，講學於貴溪之象山，世稱象山先生。象山之學，淵源於明道。他以爲教育的目的在於明理。嘗云：「塞宇宙一理耳。學者之所學，要明此理耳。」至教育方法，則在使學生自立以見其大，靜坐以存本心。並注重思考，以定是非取捨。嘗云：「義理之在人心，實天之所與而不可滅者也。彼其蔽於物，而至於悖理違義，蓋亦勿思焉耳。誠能反而思之，則是非取捨，自有隱然而動，判然而明，決焉而無疑者矣。」朱熹與陸九淵成爲宋代理學兩個不同的重要派別，他們兩派思想的特色，清代黃宗羲曾加以評述謂：「象山之學，以尊德性爲宗，謂先立乎其大，而後天之所爲我者，不爲小者所奪。夫苟本體不明，而徒致力於外索，是無源之水也。紫陽之學則以道問學爲主，謂格物窮理，乃吾人入聖之階梯，夫苟信心自是，而惟從事於覃思，是師心之用也。」朱陸因思想重心不同，故其教育主張，亦自難一致。

元代繼宋之後，中國在蒙古民族將近百年的統治之下，學術思想方面並沒有重要的發展。比較著名的學者僅有許衡（西元一二〇九——一二八一年）吳澄（西元一二四九——一三三三年）鄭玉（西元一二九八——一三五八年）陳苑（西元一二五六——一三三〇年）等人。其中只有許衡曾對教育有所主張，他認爲教育的眞正目的，在教人做人而不在教人做官，學者應以治生爲先務。

明代在學術思想方面居於領導地位的是王陽明（西元一四七二——一五二八年）。陽明原名守仁，字伯安，浙江餘姚人。他的思想比較接近象山，後世遂以陸王並稱。在教育方面，他以爲良知是教育的根本，而致良知則是教育的目的。致良知的方法在誠意格物與知行合一。嘗云：「君子之學，誠意而已矣。」又云：「知是行之始，行是知之成。知外無行，行外無知。」陽明認爲世人不能致良知的主要病根是過重功利。他在所著「拔本塞源論」中曾說：「聖人之學，日遠日晦，而功利之習愈趨愈下。相矜以知，相軋以勢，相爭以利，相高以技能，相取以聲譽。記誦之廣，適以長其傲也。知識之多，適以行其惡也。聞見之博，適以肆其辯也。辭章之富，適以飾其僞也。」所以他以爲教人須使學者先除去自私自利的念頭。可見他之所謂誠意格物，便是動機純潔，爲善去惡。知行合一乃是將知行看成一事，不可分而爲二。陽明對於教學方法，特別注重適應兒童身心的發展。如云：「童蒙之性，樂嬉遊而憚拘束，如草木之萌芽，舒之則生長，撓之則衰萎。故教兒童，鼓舞其趨向，喜悅其中心，則日進而不已。譬如草木之霑時雨春風，則萌動而長；剝落冰霜，則蕭瑟而枯焉。」陽明在當時而能有如此合乎現代教育原理的主張，實不愧爲一位偉大的思想家。

（四）清代以來的教育思想

明末清初之際，在學術思想方面的代表人物，如孫奇逢（西元一五八四——一六七五年）顧炎武（西元一六一三——一六八二年）黃宗羲（西元一六一〇——一六九五年）王夫之（西元一六一九——一六九二年）顏元（西元一六三五——一七〇四年）李塨谷（西元一六五九——一七三三年）戴震（西元一七二三——一七七七年）等人，他們大都不滿宋明理學末流的空疏之弊，起而提倡經世致用之學，其中尤以顏李一派，最爲激烈。在教育方面，奇逢特重做人之道，如云：「古人讀書，取科第猶第二事，全爲明道理，做好人。」又云：「前有千古，以身爲承；後有千古，以身爲垂。」炎武以爲教育應使學者在「博學於文」和「行己有恥」兩方面下功夫，前者屬「知」，後者屬「行」。他所謂「文」，是指宇宙間一切現象。嘗謂：「自一身以至於天下國家，皆學之事也。」他又認爲：爲學最重培養人格，如人格不立，一切學問均屬無用。而培養人格之道，在能先知恥。嘗云：「士不先言恥，則爲無本之人，非好古而多聞，則爲空虛之學；以無本之人而談空虛之學，吾見其日從事於聖而去之彌遠也。」宗羲認爲教育應以致用爲目的，以修德爲根本，以博讀經史爲治學的方法。夫之係從史學的研究中，轉而注意實用之學，他以爲教育應使學者窮理篤行，期能止於至善。顏元及其弟子李塨谷，世稱顏李學派。他們對宋明的理學，漢儒的訓詁，魏晉的玄說，釋老的虛無，一概予以排斥。他們以爲一切學問，離開實用，卽無價值。故反對記誦的教育，輕視書本的知識。顏元更特別強調實習與力行的重要，並名其所居曰「習齋」。顏李這派的教育思想，因過於趨向另一極端，致不易爲一般囿於傳統觀念的知識份子所接受。顏李以後的戴震，對宋明理學家所謂「理」「欲」二元或「理」「欲」對立之說，極爲反對。他認爲情欲與生以俱來，無法加以完全遏止。教育的目的，卽在使人本諸理性，調節情慾，導其歸於正途。關於治學方法，戴震以爲學者必須有獨立思考的精神，善於懷疑，無徵不信。嘗謂：「學者當不以人蔽己，不以己自蔽；不爲一時之名，亦不期後世之名。有名之見，其弊二：非掊擊前人以自表暴，卽依傍昔賢以附驥尾。」他這種客觀的求眞的治學精神，充分表現了清代所謂「樸學」的特色。

戴震以後的清代一班學者，很少在教育方面有其獨特的見解。自清末變法維新以迄今日，在這短短不到一百年的時間，教育思想上却發生了急劇的變化。由「中體西用」到「徹底西化」到「三民主義」的教育思想，便是這一階段歷史發展所經歷的過程。不過「中體西用」與「徹底西化」等教育思想，只是清末民初少數政治人物與知識份子爲雪恥圖強所提出的主張，並未在教育實際上產生重大的影響。只有　國父中山先生（西元一八六六——一九二五年）所創造的三民主義，自清末　國父倡導革命以來，不單是中國政治上最高指導原則，同時也是我們教育方面的中心思想。

我們知道，　國父的三民主義教育思想，一方面有偉大的創造性，另方面還有豐富的綜合性。例如「清末提倡的兵工教育、西藝教育，與民八以後的國家主義教育等思想，卽先後滙流到民族主義的教育思想。……民初的國民教育、全民教育，與民主主義的教育思想，亦都先後滙流到民權主義的教育思想。……民初流行的實利教育、職業教育，及其後的科學教育與生產教育思想，亦都無不滙流到民生主義的教育思想。故三民主義教育思想在實際上不只爲中國今後全部教育的教範，且亦爲中國近代全部教育改造的準繩，意義實爲無比的豐富與深遠。」（註五）

國父教育思想之所以有這樣大的涵蓋性，乃是因爲　國父的三民主義不是憑空造出來的。據　國父自己說：他的思想淵源有三：一是中國的傳統思想；二是歐美的學說事蹟；三是獨自創獲的眞理。（註六）至於何謂中國的傳統思想，　國父在答復第三國際代表馬林時曾說：「中國有一個道統，堯、舜、禹、湯、文、武、周公、孔子相繼不絕，我的思想基礎，就是這個道統，我的革命，就是繼承這個正統思想，來發揚光大。」（註七）不過　國父思想雖與傳統的儒家思想一脈相承，但過去儒家思想僅只着重於倫理道德一方面，而　國父除主張恢復民族固有道德外，更同時提倡民主與科學，亦即國父的三民主義，乃是倫理民主科學三者結合的整體，中西文化的結晶。

從　國父遺教中，我們可以看出　國父一生革命的目的，乃在「平人類之不平。」（註八）　國父認爲要想使人民在政治上有平等的地位，必須先使人民受教育有平等的機會，也可以說，教育機會平等是政治機會平等的基礎。所以在教育方面，　國父最重要的主張，就是要促進國民教育機會的平等。至其具體辦法，則爲「量智施教」與實施公費教育。這種崇高的教育理想，充分表現了　國父革命的與創造的精神。

國父革命大業的繼承者是　蔣總統（西元一八八七——）。　蔣總統在教育方面，不僅積極致力於　國父遺教的實踐，而且他的教育思想，似較　國父更進一步。他認爲三民主義教育的本質，固爲倫理民主科學三者，但「民主與科學的教育，必須以民族倫理教育爲其基礎，爲之中心，而後此二者方能發生學以致用之功效，對國家乃能有其貢獻。這樣民主與科學之教育，方不致落空。」（註九）足見特別對於倫理教育的重視。爲補充　國父民生主義未完成的部分，　蔣總統曾於民國四十一年十一月手著「民生主義育樂兩篇補述」一書，將其個人的教育思想，構成一充實完美的體系。

蔣總統對教育的意義，有一種新的看法，曾謂：「就字義上分開來說，教就是教導，育就是養育，合起來講，教育就是一面教導一面養育，教和育要兼行並施，才合乎教育的本義。」（註十）至於教育的目的，　蔣總統以爲一切都不能不以「人」爲中心，現代化的教育建設，便是以「建人」爲中心的一種國家建設，亦就是培養三民主義新中國的國民。（註十一）此外，在教育方法上，　蔣總統以爲不但要身心平衡、手腦並用、文武合一、術德兼修，而且「教」「學」「做」也應連在一起，不能分離。使學生能由知而行，行以求知，即知即行，即行即知。以求理論與實際結成一體，充分發揮教育的效能。

由上所述，可知　國父和　蔣總統的教育思想，實在是滙集了中國傳統教育精神與西方現代教育理論的精華。就中國數千年來教育思想的發展而言，由專重「倫理」的儒家教育思想演進到兼重「倫理」「民主」「科學」的三民主義教育思想，可謂已臻於「適乎世界潮流，合乎人羣需要」（註十二）的完美境地了。

三　中國教育思想的要義

根據前節所述，我們可知數千年來的中國教育思想是順着一個主要系統不斷充實和開展的。孔子集三代學術思想的大成，奠定了儒家學說的理論基礎。自先秦以迄清末，教育思想始終以儒家學說爲主流。　國父於淸末國勢阽危之際，繼承了中華文化的一貫道統，並吸取西方文化的精華，創造了三民主義，集中西學術思想的大成。從此三民主義便成爲中國現代教育思想的中心。孔子和　國父，可以說是中國歷史上兩位先後媲美的最偉大的聖人。

因爲中國的教育思想，有其一貫的體系，故在數千年來的各種重要教育學說中，不難尋出一些共同的基本要義。茲特加以分析歸納，扼要說明如下：

（一）人性爲本

教育旣係以人爲對象，故不能不先瞭解人性。儒家自孔子開始，便注意到人性問題。孔子主張「性相近」，孟子主張「人性善」，荀子主張「人性惡」。其後歷代儒家也有主張「人性可善可惡」和「人性善惡混」的。到了　國父中山先生，認爲人性是人之所以爲人的本性，係由獸性進化而來。旣係由獸性進化而來，自不同於禽獸，這與孟子所謂人與禽獸相異的看法頗爲相似。因爲中國幾千年來多數思想家均是主張人性善的，所以在教育方面，大都認爲教育的目的，在發展人性，培養人格。例如：中庸首章說：「天命之謂性，率性之謂道，修道之謂敎。」大學開宗明義也說：「大學之道，在明明德，在新民，在止於至善。」可知中國自古以來所謂教育的主要功能，就是要使人類別於禽獸，遠異物種，把天賦善性充分發揮出來，自覺人之所以爲人的道理（卽盡性，止於至善之意）。並進而協助他人，恢復善性（新民）。因此，我們可以說，中國的教育思想係以人性論爲出發點，認爲教育應以人性爲基礎。「而教育的目標，則在率性（以理智支配本能）、修道、明德、新民、以達到人生所企求的「內聖」「外王」的至善境界。」（註十三）論語上所謂「人能弘道，非道弘人，」更說明了「人」的重要性，至於人之所以能够弘道，則有賴於教育。這種以「人」爲中心的教育思想，自然可稱之爲人文主義或人本主義了。

（二）施教以仁

中國歷代的教育家因爲大都認爲人性是善的，所以便主張應以「仁」的精神施教。孔子曾說：「夫仁者，己欲立而立人，己欲達而達人。」孟子亦云：「先知覺後知，先覺覺後覺。」中庸則謂「修道之謂教，」「修道以仁，」這都說明了中國古代儒家便主張實施「仁」的教育，並認定教育工作是一種仁者的工作，也就是儒家以立人極爲基礎的「仁學」在教育方面的實踐。不過儒家所謂「仁」的教育，不僅是在謀求個人的發展，而且要推己及人，愛人如己。所以「孔子所講的『仁的教育』，包括立身、處世、待人和治國。換言之，孔子所講的『仁的教育』，卽是教人做人的教育。這種做人的教育，不僅要修己，推而對於齊家、治國、平天下也要負起責任。」（註十四）從另一方面來看，這種「仁」的教育的出發點，當然是一種「愛人之心」。所以孟子嘗謂：「仁者愛人。」韓愈更明白的說：

「博愛之謂仁。」可見這種「仁」的教育，亦卽「愛」的教育，在一種以仁愛的精神施敎的環境中，學者自會有如浴春風如沾化雨的感受了。

(三) 有敎無類

中國自孔子開始，便提出「有敎無類」的主張。所以孔子的弟子中，有世卿子弟如孟懿子南宮敬叔，賤人子弟如仲弓，大盜如顏涿聚，富裕如子貢，貧窮如顏淵，以及魯鈍如曾參，愚拙如高柴等。孔子所收門徒之衆多，及其品類之不齊，就是他實施「有敎無類」敎育的最好證明。孔子以後，兩漢經師聚徒講學者，申公有弟子千餘人，樓望有弟子九千餘人。又如明代的王陽明，並曾在西南苗夷之區，興學施敎，可見中國自古便有敎育機會平等的思想。到了 國父中山先生，更特別重視敎育機會的平等。曾云：「圓顱方趾，同爲社會之人；生於富貴之家，卽能受敎育，生於貧賤之家，卽不能受敎育，此不平之甚也。」(註十五)所以他主張：「凡爲社會之人，無論貧賤，皆可入公共學校，不特不取學膳等費，卽衣履書籍，公家任其費用。盡其聰明才力，分專各科，卽資質不能受高等敎育者，亦按其性之所近，授以農工商技藝，使有獨立謀生之才。卒業之後，分送各處服務，以盡其能。庶幾敎育之惠，不偏爲富人所獨受。其貧困不能造就者，亦可以免其憾矣。」(註十六) 國父主張敎育機會必須平等的理由與實施辦法，實在非常充分而完善。目前世界上有些國家雖高喊敎育機會平等的口號，但實際上仍有因種族、階級、貧富的差別而不能接受同等敎育的現象。可見孔子和 國父卽在敎育思想這一方面，也足够稱爲人類的先知先覺了。

(四)因材施教

孔子在論語中曾說：「中人以上，可以語上也。中人以下，不可以語上也。」意謂中等資質以上的人，可告以高深的道理；中等資質以下的人，便不必告以高深的道理。這種適應個性因材施教的原則，在論語一書中可以看到很多實例。如孔子學生所問的雖屬同一問題，但孔子的答語却並不相同。禮記學記篇亦云：「學者有四失，教者必知之。人之學也或失則多，或失則寡，或失則易，或失則止，此四者心之莫同也。知其心然後能救其失也。教也者，長善而救其失也。」這也就是說明適應個性因材施教的道理。宋儒朱熹對此亦甚重視，如云：「教人至難，必盡人之才，乃不誤人。觀可及處，然後告之。聖人之明，直若庖丁之解牛，乃知其隙，刄投餘地，無全牛矣。」關於此點， 國父說得尤爲透徹。嘗謂：「質有愚智，非學無以別其才；才有全偏，非學無以成其用。有學校以陶冶之，則智者進焉，愚者止焉，偏才者專焉，全才者普焉。蓋賢才之生，或千百里而見一，或千萬人而有一，若非隨人而施教之，則賢才亦以無學而自廢，以至於湮沒而不彰。」(註十七) 國父這種「量智施教」的主張，與其教育機會平等的主張是有聯帶關係的。因爲 國父所謂教育機會平等，並非人人受完全相同的教育，而是按各人天賦資質的智愚全偏，予以接受「性之所近」的教育之機會。這樣教育上的平等，才是「眞平等」而非「假平等」。可見適應個性因材施教，不僅是一種教學上所應採取的原則，而且也是促進教育機會平等最合理的途徑。

(五)知行一貫

教育的目的不僅在使受教者獲得各種知識，而且要使受教者將已獲得的知識表現於個人的行爲。論語開宗明義卽說：「學而時習之。」中庸亦謂：「博學之，審問之，愼思之，明辨之，篤行之。」這均在說明行的重要與知行一貫的道理。在中國歷代的教育家看來，「行」毋寧較「知」更爲重要。例如孔子嘗謂：「我欲載之空言，不如見之於行事之深切著明也。」又說：「弟子入則孝，出則悌，謹而信，汎愛衆而親仁，行有餘力，則以學文。」又說：「古者言之不出，恥躬之不逮也。」宋儒朱熹也說：「學之之博，未若知之之要，知之之要，未若行之之實」。這都是強調「行」的重要的。至於知與行的關係，明代王陽明說得最爲透徹，嘗謂：「知是行的主意，行是知的工夫；知是行之始，行是知之成，若會得時，只說一個知，已自有行在；只說一個行，已自有知在。」 國父中山先生創立知難行易學說，在實質上與陽明知行合一之說並無衝突，其本意仍在鼓勵國人實踐力行，如在論治學的方法時說：「不去行，便無法可以證明所求的學問是對與不對，不去行，於是所求的學問便沒有用處。」中國數千年來這種「知行一貫」的思想，和現代西方特別注重實驗與求證的科學精神是完全符合的。

（六）學以致用

中國自古以來，教育上便有一種「學以致用」的思想。而教育與政治的關係，亦極爲密切。因爲「爲政在人」，故優良的政治必須以優良的教育爲基礎。歷代政府辦理教育的主旨，亦均在爲國家培養所需要的人材。宋代王安石會云：「所謂教之之道何也？古者天子諸侯，自國至於鄉黨，皆有學…

…士所觀而習者，皆先王之法言德行治天下之意；其材亦可以爲天下國家之用。苟不可以爲天下國家之用，則不教也；苟可以爲天下國家之用者，則無不在於學，此教之之道也。」（註十八）但學校所教育的人材，必須經由政府運用一種公平掄選的方法，始克蔚爲國用，達到政治上「賢者在位，能者在職」的理想。中國隋唐以前，學校與選舉並行（如漢代之選舉賢良方正）；自隋唐以迄清末，學校與科舉並行。現今則實施五權憲法，政府更有完備的考試制度。蓋學校所以培育人材，考試所以掄用人材。中國數千年來對育才與用才二者，均加以同等重視，使之相互配合。在這種有教無類的全民教育與公平競爭的考試制度下，每一國民皆可憑其才智與努力獲得「人盡其材」與「材盡其用」的機會，達到「學用合一」的目的。　國父中山先生在民權主義第六講中曾說：「歷代舉行考試，拔取眞才更是幾千年的特色。外國學者近來考察中國的制度，便極讚美中國考試的獨立制度，也倣效中國的考試制度去拔取眞才，像英國近來舉行文官考試，便是說從中國倣效過去的。」中國數千年來教育制度與考試制度的密切配合，不僅使教育的目的與政治的目的能够一貫；而且也充分顯示了中國教育上和政治上人人平等的精神。

（七）尊師重道

中國自古君師並尊，學術上的導師與政治上的領袖受到社會同等的敬重。故禮記學記篇曾云：「能爲師然後能爲長，能爲長然後能爲君。故師也者，所以學爲君也。是故擇師不可愼也。記曰：『三代四代唯其師』，此之謂乎。」又云：「凡學之道，嚴師爲難。師嚴然後道尊，道尊然後民知敬學。是故君之所不臣於其臣者二：當其爲尸則弗臣也，當其爲師則弗臣也。大學之禮，雖詔於天子，無北面，所以尊師也。」學記上這兩段話主要的意思是說，虞夏殷周四代，對教師的選擇都很愼重。因爲必先教師受到尊敬，然後眞理才能受到重視，所以君主不應以對待屬下的態度對待教師。卽在大學裏，身爲師傅的大臣對天子講學時，也不必北面居於臣位，這都是爲了表示對教師的尊敬。荀子大略亦說：「國將興，必貴師而重傅；貴師而重傅，則法度存。國將衰，必賤師而輕傅，賤師而輕傅，則人有快（卽放肆而輕法度之意），人有快則法度壞」。所以尊師重道，乃是中國傳統的教育精神。唐代的韓愈，曾撰有「師說」一文，闡述教師的重要與責任。而歷代大儒，亦莫不重視師弟的關係。 國父和 蔣總統在其教育言論中，更有「弘揚師道」與「師資第一」的昭示。至於中國之有國定的教師節，或許也是世界其他國家所少見的。數千年來這種尊師重道的傳統精神，實在是我們中國教育思想上的一大特色。

（八）確立宗旨

大體上說，中國教育思想與西方教育思想似乎有一不甚相同的地方，卽中國的教育家比較重視教育的宗旨或目標，而西方的教育家比較重視教育的方法或技術。中國最早一部講述大學教育的著作是「大學」，這本書開宗明義便說：「大學之道，在明明德，在新民，在止於至善。」可見當時的著者在談大學教育時，首先便明確的指出了大學教育的宗旨。又如孟子滕文公篇中說：「設爲庠、序、學校以教之，夏曰校，殷曰序，周曰庠，學則三代共之，皆所以明人倫也。」這也是說明了「明人倫」乃是三代學校的教育宗旨。因爲教育必須先立宗旨，然後才能確定發展方向，使教者學者奉爲圭臬，舉國同風。漢代董仲舒最大的貢獻，卽在向武帝建議，正式制定「罷黜百家獨尊儒術」的教育政策，樹立兩千年來以儒家學說爲中心的教育思想，使中華文化從此有了一種正確的發展方向。其後朝代雖迭經變更，但每一朝代所實施的教育，亦仍然都是儒家傳統的「倫理之教」。自 國父推翻滿清建立民國後，遂以三民主義爲國家的教育宗旨。因爲我們二千多年以來一直有着一種正確的教育宗旨，所以教育能獲得健全的發展。反觀西方歐美等國，因歷史背景與文化傳統關係，不僅不易產生全國一致奉行的教育宗旨，甚至有些教育家高唱教育無目的的論調。而各個學校亦常以人事變更，難有較長時期一貫不變的教育方針。今日歐美各國青年之徬徨苦悶，學校之動盪不安，因素固甚複雜；但教育之缺乏宗旨或方針，實爲其主要原因之一。故近人梁啓超於其所撰「論教育當定宗旨」一文中曾謂：「宗旨一偏，其流弊中於人心，往往有數十年數百年而不能拯其失者。……夫偏猶不可，何況於誤。誤猶不可，何況於無。」(註十九)由此看來，中國重視教育宗旨的思想，是極爲正確的。

（九）均衡發展

中國古代實施的教育，是一種六藝之教。用現代的教育術語來說：六藝中的「禮」，相當於現今的德育和羣育；「樂」，相當於現今的美育；「射御」，相當於現今的體育；「書數」，相當於現今的智育。孔子嘗謂：「志於道，據於德，依於仁，游於藝。」可見自孔子開始實施的，即是一種均衡發展（五育並重）的教育。而「中國古代的大學，亦以「由博返約」與「明體達用」爲其教育理想。也就是現在所謂通才教育與專才教育之兼顧與適當配合。」(註二十)所以中國自古以來，教育的原則一向是知行並重、術德兼修、文武合一的。至於在教育方法上，既不採取絕對的嚴格主義，亦不採取絕對的放任主義，使紀律與自由，相成而不相反。亦卽自由之中有紀律，紀律之下有自由。這與歐美國家教育往往偏向極端主義的情形，頗有不同。他們由於教育上採取了極端主義，也就給國家帶來很多的災難。如二次大戰前的德國與日本，軍國主義的教育幾於導致亡國的悲劇。而現今世界上又有些國家，誤解自由主義的眞諦，造成學校青年的放縱，社會秩序的紊亂，成爲國家很大的隱憂。同時一般國家都只知發展自然科學與技術，不重人文學科與道德教育，更是世界人類文化的危機。中國的傳統思想特重中庸之道，所以教育上一切設施，亦以「不偏不倚」，「無過無不及」爲原則。中國這種均衡發展合乎中道的教育，充分表現了中國文化優良的傳統精神。

（十）促進大同

根據比較教育的研究，我們可以知道，在教育思想上，有的國家傾向個人主義，有的國家傾向國家主義。自然還有其他各種不同的主義或思想。可是却很少像我們中國，從禮運的大同篇到　國父的三民主義，都是以促進世界大同爲教育的終極目標的。因爲中國人對於世界自古便有一種崇高的理想，那便是「大學」一書中所說的「平天下」的觀念。大學把格物、致知、誠意、正心、修身、齊家、治國、平天下等八條目，作爲人生由內到外不斷開展的過程，而在此過程中，修身處於一種關鍵的地位。故云：「自天子以至於庶人，壹是皆以修身爲本。」惟「以言修身之道，則在好學以達於智，力行以達於仁，知恥以達於勇。」(註二十一)　國父亦謂：「要用固有的和平道德做基礎，去統一世界，成一大同之治。」可見歸根結底，還是一個教育問題。所以中國現行的教育宗旨明白指出：「中華民國之教育，根據三民主義，以充實人民生活，扶植社會生存，發展國民生計，延續民族生命爲目的，務期民族獨立，民權普偏，民生發展，以促進世界大同。」這也就是中國國歌上所說「以建民國，以進大同」的道理。由此看來，中國自古迄今，一直認爲教育應以發展人性培養人格爲最初起點，以建設國家促進大同爲終極目標。而此一貫的教育思想，亦卽孔子的「仁的教育」思想。這種教育思想所代表的崇高偉大的精神，是我們應該繼續加以發揚光大的。

四　中國教育思想與世界文化前途

從歷史發展的趨勢來看，人類文化總是不斷向前進步的。但是如果遇着一股阻礙進步的逆流，則文化的發展仍難免不發生一種停滯甚至倒退的現象。歐洲過去所經歷的一段「黑暗時代」，便是一個很顯明的實例。

近代由於自然科學與應用技術的突飛猛進，世界各方面隨着知識的爆發而在迅速改變之中。一方面人類的物質享受可以獲得充分的滿足，另一方面人類的精神生活却感到意外的空虛。這種物質與精神失去平衡的結果，便造成了今日世界文化極大的危機。

要想挽救這種文化的危機，不是單從政治或經濟方面可以找到解決辦法的。必須由思想方面，做一種正本清源的工作。所以英國哲學家羅素（Bertrand Russell）在其所著「世界之新希望」(New Hopes for a Changing World）一書中曾說：「今日世界問題的最大困難在於心理因素，心理因素的改變則有賴於教育。」聯合國教育科學文化組織約章內，亦曾明白宣示：「戰爭既發動於人心，故和平之壁壘，仍須建築於人心。……文化之傳播與交流，及正義自由與和平之教育，爲人類尊嚴所必需。此爲一種神聖之責任，各民族應以關切互助之精神求其完成。」

由此可見，大家都認爲今日的世界問題，在根本上，乃是一個思想問題，而解決人類思想問題，則不能不從教育入手。那麼，今後應該實施怎樣一種教育才能有助於解決世界問題呢？無可諱言的，現在一般人總覺得只有歐美各國的教育才是最進步的教育，因而也以爲只有採行歐美式的教育才是一種最正確的途徑。可是在我個人看來，却並不完全如此。固然歐美各國在教育方法上，因爲利用科學技術的最新工具，可以發揮很大的效能。但也正由於受自然科學研究方法的影響，過度信賴數量的、分析的研究結果，忽略了教育活動本身的特色，陷入機械唯物的窠臼。殊不知教育是一種「人性」的「自覺」的工作，其對象並非同於一般的物質或其他的動物，教育的研究應着重於從統整的、價值的方面，瞭解人性，因材施教。而在另一方面，歐美教育今日還有一種很大的缺點，即過於注意教育方法的研究，而忽略教育目的的肯定。甚至有些教育家提出「教育無目的」的主張。試想一個國家的教育倘若無確定的目的，則其所採用的教育方法不管如何新穎進步，恐亦難收到預期的教育效果。至於我們中國的教育，過去由於只注意到關於「人」的問題的研究，忽略了關於「物」的問題的研究，以致科學技術落後，國力無由發展。今後自須加強科學教育與研究工作，期能迎頭趕上歐美科學發達的國家。同時，在教育方法上，我們自然也應採用歐美各國的新式設備與技術，加以不斷改進。但是思想問題究屬一切問題的根本，而教育思想尤與世界文化前途具有密切關係。就現代各國教育思想的比較觀點來看，我認爲我們中國的教育思想實在是解決今日世界文化問題最爲需要的一種教育思想。玆試加分析說明如下：

㈠中國重視人性的人本主義教育，以及心物合一的哲學思想，對西方偏重功利的實用主義教育以及唯物主義的哲學思想，實具有補偏救弊的效用。

㈡中國傳統的「仁的教育」思想，和「有教無類」的主張，對西方極權國家的階級教育與專講鬪爭不講互助的思想觀念，正是一劑拔本塞源的良藥。而且只有實施這種仁的教育才能使世人眞正了解「有道德始有國家，有道德始成世界」(註二十二)的道理。

㈢中國對教育機會平等的理想，有具體而完善的實施辦法。如　國父所主張的「量智施教」與公費教育，即最爲徹底而合理。今日西方資本主義國家，表面上雖高唱教育機會平等，但實際上貧苦青年並不能與富家子弟有同等進入學費昂貴的大學的機會。近年美國及日本一部份大學學生因繳不起學費而進行罷課運動，即其一例。可見許多資本主義國家所謂的教育機會平等，只是假平等而非眞平等。　國父的教育主張，實在可以補救他們現有的缺點。

㈣中國的教育家認爲教育方針比教育方法更爲重要，因爲教育方法不當，隨時可以糾正或變更。如果教育方針錯誤，則會發生鉅大而久遠的影響。西方國家因多未能確立一定的教育方針，以致近年一般大學學生思想紛歧，學潮迭起，甚至學校變爲共產主義的溫牀。我們中國這種認爲教育應先確立宗旨的主張，似可供西方國家的借鏡。

㈤中國教育方面有一極爲優良的傳統精神，卽是尊師重道。故數千年來，師生之間，一直保持親密的關係。西方國家最初視教師如僕役，現則對待學校教師和對待一般勞工一樣，甚少尊敬之意。因而教師亦如其他勞工，常爲爭取待遇而罷工。至於師生之間，儼如路人，遂致原爲研究學術的學府，逐漸變爲買賣知識的市場。影響所及，自然使社會上重利輕義，富而不安。故歐美若干教育界人士在中國參觀訪問後，大都表示中國此種尊師重道之傳統精神，値得西方國家特別重視。美國加州近曾建議亦以孔子誕辰定爲該國的教師節，當係受中國此一傳統教育思想的影響。

㈥中國教育以促進世界大同爲終極目標，向無狹隘的國家主義思想。第二次世界大戰之發生，卽係德、義、日本等國實施軍國主義教育之結果。今後各國爲消除戰爭的根源，打破弱肉強食的觀念，必須先在教育方面，鼓吹中國傳統的大同思想，加強國際文化交流與學術合作，以增進各民族間之相互瞭解與友誼。只有實施這種以促進大同爲終極目標的教育，才能達到羅素所謂「從人類心理上來解決世界問題」的目的，實現中國儒家「爲萬世開太平」的理想。

總之，中國自　國父倡導國民革命以來，由過去專重倫理的教育思想，演變而爲兼重倫理、民主、科學三者的教育思想，乃是一種很大的進步。因爲這種以三民主義爲中心的教育思想，一方面淵源於中國文化的優良傳統精神，一方面也包涵了西方現代學術思想的精華。也可以說，這是中西文化一種新的綜合。因此，我們應該相信：中國三民主義的教育思想，不僅可以挽救今日世界文化的危機，而且也將有助於促進大同理想的實現。

附註：

註一：據尚書舜典的記載，虞時即設有學官，管理教育事務。如以契爲司徒，敬敷五教；由夔典樂，教導音樂和詩歌；由伯夷任秩宗，主持三禮。

註二：漢武帝時創太學，選聘年高德劭學優者任教授，稱爲博士，招收學生，隨教授學習，稱爲博士弟子。太學的課程，以通經致用爲主。學生分經受業，經考試及格，任用爲政府官吏。詳見吳俊升撰「中國大學教育的特色」一文。

註三：歐洲幾所最早的大學，如意大利之薩列諾大學設於一〇六〇年，波羅尼大學設於一一五六年，英國牛津大學設於一一四〇年，法國巴黎大學設於一二〇〇年，各校自創立迄今，均不足千年。

註四：見楊亮功著「中西教育思想之演進與交流」。

註五：見崔載陽著「現代教育思想」。

註六：見　國父著「中國革命史」。

註七：見　蔣總統講詞「三民主義之體系及其實行程序」。

註八：見　國父手著本「三民主義」。

註九：見　蔣總統「革新教育注意事項」手令。

註十：見　蔣總統講詞「教育救國與救國教育」。

註十一：見　蔣總統講詞「復國建國的方向與實踐」。

註十二：見　國父著「孫文學說」。

註十三：參閱陳立夫講詞「何謂修道之謂教」。

註十四：見楊亮功著「中西教育思想之演進與交流」。
註十五：見　國父講詞「社會主義之派別及批評」。
註十六：見　國父講詞「社會主義之派別及批評」。
註十七：見　國父民國前十八年「上李鴻章書」。
註十八：見王安石臨川集卷卅九。
註十九：見梁啓超飲冰室文集。
註二十：見吳俊升撰「中國大學教育的特色」。
註二十一：見陳立夫著「四書道貫」總論。
註二十二：見　國父講詞「學生須以革命精神努力學問」。

附錄二

中國的師道

劉眞

尊師重道是中國傳統的敎育精神。敎師之受人尊敬，乃是由於做敎師的人，大都有一種崇高的理想與獨特的風格，足以爲人效法，爲世表率。換言之，做敎師的人，必須能善盡其爲師之「道」，卽所謂「師道」。韓愈說：「道之所存，師之所存也。」禮記學記篇說：「師嚴然後道尊。」可見尊師卽所以重道；如果「師」而無「道」，那就根本喪失了爲師的條件而不配受人尊敬了。

敎師所負的責任，至爲重大；做敎師的人，必須具備做敎師所應有的充分條件和深厚修養。周禮地官司徒序中，鄭玄註師氏說：「師，敎人以道者之稱也。」禮記文王世子篇說：「師也者，敎之以事，而喻諸德者也。」學記篇說：「君子既知敎之所由興，又知敎之所由廢，然後可以爲人師。」「君子知至學之難易而知其美惡，然後能博喻，能博喻然後能爲師。」「敎也者，長善而救其失者也。」又說：「記問之學不足以爲人師。」孔子說：「溫故而知新，可以爲師矣。」荀子說：「四海之內若一家，通達之屬，莫不服從，夫是謂之人師。」韓詩外傳說：「智如泉源，行可以爲儀表者，人之師也。」楊雄法言學行篇說：「師者，人之模範也。」韓愈「師說」中說：「師者，所以傳道、授業、解惑也。」由此可見敎師不僅要敎學生如何治事接物，更要敎學生如何立身濟世，必須兼具古人所謂「經師」「人師」的條件，始克善盡敎師的職責。一位敎師能做到中庸上所說：「君子尊德性而道問學，致廣大而盡精微，極高明而道中庸，溫故而知新，敦厚以崇禮」的境地，才能稱爲一位最優良的教師，足見爲師之不易。所以孟子說：「人之患，在好爲人師。」

中國古來所謂「師道」，就字義而言，可以說就是做教師的道理。朱熹解釋中庸「率性之謂道」的「道」字說：「道，猶路也。」又說：「道者，日用事物當行之理。」因此，所謂師道，亦卽教師應走的道路，或教師當行的道理。在中國教育史上，大家都承認創立「師道」的，乃是被尊爲至聖先師的孔子。孔子以後，能弘揚師道的，自當首推孟子。孔孟以降，至於唐之韓愈，宋之朱熹，明之王陽明等，幾乎每一代大儒，也同時就是一代大師。而歷代大儒在教育方面，所懷抱的理想和樹立的風範，也就形成了中國數千年傳統的師道。

至聖先師孔子是我國歷史上最偉大的教育家，也是我國歷史上最偉大的一位典型教師。我們要了解中國傳統的師道，必須先認識中國教育的基本精神，而中國教育的基本精神，自然應以孔子的教育思想學說爲中心。

論語一書，據漢書藝文志說：「論語者，孔子應答弟子時人，及弟子相與言而接聞於夫子之言也。當時弟子各有所記，夫子既卒，門人相與輯而論纂，故謂之論語。」所以論語是記載孔子言行最眞切的一部書，孔子的教育思想學說，以及他當時教學的精神和風範，都可以從這一部書裏很明白的看出來。而孔子在教育方面所表現的崇高人格與偉大精神，便樹立了幾千年來師道的傳統，成爲教師應遵守的典範。爲便於研究起見，我願就個人淺見所及，將所謂師道的主要內容，歸納爲以下幾點，加以說明：

一、仁愛爲本：論語一書，對於「仁」的討論計有五十八章之多，「仁」字出現凡百有五次，可見孔子及其門弟子對「仁」的重視。綜觀論語中對「仁」的討論，我們可以說「仁」是孔子人生哲學的核心。他認爲人生的究竟在於求「仁」，以「仁」爲人格的最高表現，而「仁」之具體實踐即教育之最後目的。所以他說：「求仁而得仁，又何怨？」（述而）「志士仁人，無求生以害仁，有殺身以成仁。」（衛靈公）「君子去仁，惡乎成名？君子無終食之間違仁，造次必於是，顛沛必於是。」（里仁）並勉勵他的學生要「當仁，不讓於師。」（衛靈公）所謂「仁」，簡單的說，就是人的本性，也就是愛人之心，爲人心所固有、所同有。孔子說：「仁者，人也。」（中庸）孟子說：「仁，人心也」（孟子告子篇）又說：「惻隱之心，仁之端也。」（孟子公孫丑篇）論語上說：『樊遲問仁，子曰：「愛人」。』（顏淵）孟子亦云：「仁者愛人。」（孟子離婁篇）韓愈更明白地說：「博愛之謂仁」。（原道）可見「仁」就是人人所固有和所同有的一顆「愛人之心」。所以「仁愛」兩字，經常是被連用在一起的。一個有仁心的人，其表現於社會方面者必爲博愛，而以服務社會、造福人羣爲人生的目的。孔子「老者安之，朋友信之，少者懷之」的宏願，就是一種最好的憧憬；其表現於個人方面者必爲樂觀奮鬪的精神，孔子「發憤忘食，樂以忘憂，不知老之將至」的生活態度，就是這種精神的最好寫照。我們如何才能使日常行事合乎「仁」呢？孔子認爲要分兩方面去做：消極方面，要做到「己所不欲，勿施於人，」也就是大學上所說的「絜矩之道」；積極方面，要做到「己立立人，己達達人。」

所以當仲弓問仁時，他說：「己所不欲，勿施於人。」（顏淵）當子貢問仁時，他說：「夫仁者，己欲立而立人，己欲達而達人，能近取譬，可謂仁之方也已。」（雍也）可見一個人的行事，倘能處處從推己及人着想，便自然可以做到合乎「仁」了。孔子所說的「己所不欲，勿施於人」，和「己欲立而立人，己欲達而達人」，就是孔子「一以貫之」的忠恕之道，也就是仁道。論語說：『子曰「參乎！吾道一以貫之。」曾子曰：「唯。」子出，門人問曰：「何謂也？」曾子曰：「夫子之道，忠恕而已矣！」』（里仁）又『子貢問曰：「有一言可以終身行之者乎？」子曰：「其恕乎！己所不欲，勿施於人。」』（衛靈公）所謂忠恕，據朱熹說：「盡己之謂忠，推己及人之謂恕。」「己立己達」是忠，「立人達人」和「己所不欲，勿施於人」是恕，合而言之爲「仁」，所以我們也可以說孔子之道是以「仁」一以貫之的。（因「仁」爲衆德的總稱，兼具衆德的內容，故可稱孔子之道是以「仁」一以貫之的。）由此可見孔子的一切思想學說都是以仁愛爲本。大學所說的「明明德」和「新民」，中庸所說的「成己」「成物」，以及孟子所說的「先知覺後知，先覺覺後覺」，和「窮則獨善其身，達則兼善天下」；都是由「盡己」而「推己及人」，無不以仁愛爲出發點。孔子爲集我國古代文化學術之大成者，兩千多年來中國的學術思想，可以說都是以孔子的思想學說爲範疇，因此有人認爲中國以往數千年的文化學術，可統名之爲「仁學」。至孔子的教育思想和教育精神，他自己曾明白地說是以仁愛爲本的。他嘗說：「修道以仁」（中庸哀公問政），中庸說：「修道之謂教」，修道就是教育，「修道以仁」，意卽教育以仁愛爲本。我們今天努力倡導的所謂「教育的愛」，是和孔子以仁愛爲本的教育精神完全符合的。

二、有教無類：在孔子以前，我國古代的社會，政教合一，以吏爲師。當時書册均藏於官府，教育權操之王官，只有一部份貴族子弟，才有機會至官府研究高深的學術。到孔子時代，由於官學逐漸衰廢，民間始有私人講學，孔子便是我國歷史上第一個開私人講學風氣的人。孔子的教育思想以仁愛爲本，同時他認爲各人天生的氣質原是很接近的；以後由於環境習染的不同遂有智愚善惡的差異。他以爲除了絕頂聰明的「上智」和自甘暴棄的「下愚」外，教育對一般人都具有很大的功效。所以他說：「性，相近也；習，相遠也。」「唯上知與下愚不移。」（陽貨）在孔子心目中，天下幾無不可教之人，所以他首先提出「有教無類」的教育主張，打破了古代階級性的貴族教育制度，開我國歷史上平民教育之先聲；這也大大的增加了此後一般平民在教育上政治上的機會（所謂布衣卿相）。因爲孔子主張「有教無類」（衞靈公），故謂：「自行束脩以上，吾未嘗無誨焉。」（述而）又說：「有朋自遠方來，不亦樂乎？」（學而）可見孔子當時設壇授徒，凡自願從其學者，無不欣然接納，來者不拒。據史記孔子世家說：「孔子以詩書禮樂教弟子，蓋三千焉，身通六藝者七十二人。」又據史記仲尼弟子列傳說：『孔子曰：「受業身通者，七十七人，皆異能之士也」。』此七十七身通六藝之士，以籍貫論，魯國三十八人，衞國六人，齊國六人，楚國三人，秦國二人，晉國二人，陳國二人，宋國吳國各一人，其餘著籍不可考（見柳詒徵中國文化史）。是著籍弟子，北及齊國，南及吳國，西北及晉、衞，西南達宋、陳、秦、楚諸國，門徒幾遍全國。孔子當年講學之盛，於此可以想見。孔子所謂

「有教無類」的教育，就是不問來學者身世之貴賤，家境之貧富，天資之智愚，均一律收列門牆，悉心教誨。所以孔子的弟子中，有世卿子弟如孟懿子南宮敬叔，賤人子弟如仲弓，大盜如顏涿聚（見呂氏春秋尊師篇），富裕如子貢，貧窮如顏淵，以及魯如曾參，愚如高柴等。有一次，南郭惠子問於子貢曰：「夫子之門何其雜也？」子貢曰：「……良醫之門多病人，檃括之側多枉木，是以雜也。」（見荀子法行篇）孔子所收門徒之衆多，及其品類之不齊，就是他實施「有教無類」教育的最好證明。孔子主張的這種有教無類的教育，正是我們今天所要竭力推行的「教育機會平等」的教育。

三、因材施教：孔子認爲各人的資質、性情、志趣、和能力等既有不同，故必須按其個性施以不同的教育，所以他特別提出「因材施教」的教學原則。他嘗說：「可與言而不與之言，失人；不可與言而與之言，失言。知（智）者不失人，亦不失言。」（衛靈公）又說：「中人以上，可以語上也；中人以下，不可以語上也。」（雍也）這都是說明爲甚麼要因材施教的原因。在論語中，我們可以找出許多孔子「因材施教」的實例來，而最顯著的一個實例，就是先進篇中所記子路、冉有、公西華與孔子之間的一段問答：『子路問：「聞斯行諸？」子曰：「有父兄在，如之何其聞斯行之？」冉有問：「聞斯行諸？」子曰：「聞斯行之。」公西華曰：「由（子路）也問：「聞斯行諸？」子曰：「有父兄在。」求（冉有）也問：「聞斯行諸？」子曰：「聞斯行之。」赤（公西華）也惑，敢問？」子曰：「求也退，故進之。由也兼人，故退之。」』此外，在論語中，我們可以看到孔子學生所問的雖屬同一問題，但孔子的答語却並不相同。這都是根據「因材施教」的原則實施教學的。如同問「孝」，而所答有「無違」、「疾憂」、「敬養」、「色難」等等不同。同是問「仁」，而所答有「愛人」、「克己復禮」、「其言也訒」、「恭寬信敏惠」、「居處恭、執事敬、與人忠」等等不同。同是問政，而所答有「足食、足兵、足信」、「先之、勞之、無倦」、「居之無倦、行之以忠」、「先有司、赦小過、舉賢才」等等不同。同是問君子，而所答有「先行其言、而後從之」、「君子不憂不懼」、「修己以敬」等等不同。同是問士，而所答有「行己有恥」、「切切偲偲，怡怡如也」等等不同。孔子在教學方面，除採取「因材施教」的原則外，並注重應用啓發式的教學方法。他嘗說：「不憤不啓，不悱不發；舉一隅不以三隅反，則不復也。」（述而）朱熹解釋說：「憤者，心求通而未得之意；悱者，口欲言而未能之貌。啓，謂開其意；發，謂達其辭。」意謂學者對某一問題研究未得之時，教者應趁機善爲開導，使能豁然貫通；學者對某一問題，已有所領悟，但不能暢所欲言時，教者應趁機善爲提示，使能達其辭。這樣隨機教學，必可使學者對其所研究之問題留下深刻的印象，獲得徹底的了解。禮記學記篇所說的「進學之道」（「善學者，師逸而功倍，又從而庸之。不善學者，師勤而功半，又從而怨之。善問者，如攻堅木，先其易者，後其節目。及其久也，相說以解。不善問者反此。善待問者，如撞鐘，扣之以小者則小鳴，扣之以大者則大鳴。待其從容，然後盡其聲。不善答問者反此。此皆進學之道也。」），和孟子所說的「成德達材」的方法（「君子之所以教者五：有如時雨化之者，有成德者，有達材者，有答問者，有私淑艾者，此五者，君子之所以教也。」），以及荀子所說的「君子如嚮（同響）矣」的教學方法（荀子勸學篇：「不問而告謂之傲，問一告二謂之囋。傲，非也；嘖，非也；君子如嚮（同響）矣。」），可以說都是一種啓發式的教學方法。孔子最得意的弟子顏淵嘗說：「夫子循循然善誘人，博我以文，約我以禮，欲罷不能。」（子罕）可見孔子所採取的「因材施教」的教學原則，和啓發式的教學方法，曾發揮了極大的教學效果。孔子的弟子中，身通六藝者達七十二人之多，我想與他所採用的這種優良的教學原則和方法，是有很大關係的。他所用的這種原則和方法，在二千多年後的今天看起來仍然具有很大的價值。

四、以身作則：教育可說是一種「己立立人」「己達達人」的精神事業。必須先求己有所「立」，有所「達」，然後始能「立人」「達人」。大學上嘗說：「君子有諸己而后求諸人，無諸己而后非諸人；所藏乎身不恕，而能喻諸人者，未之有也。」所以大學之道，要由「明明德」而「新民」。孔子平日教學最重人格感化，行不言之教，使學者於耳濡目染中，能收潛移默化之功。他嘗說：「其身正，不令而行；其身不正，雖令不從。」（子路）「苟正其身矣，於從政何有？不能正其身，如正人何？」（子路）「子帥以正，孰敢不正？」（顏淵）又說：「君子恥其言而過其行。」（憲問）「君子求諸己。」（衛靈公）「君子不重，則不威，學則不固。」（學而）這些話都是說明「以身作則」在教育上的重要。論語陽貨篇中，有一段記載孔子和子貢的對話，最足以形容孔子以身作則的人格教育。『子曰；「予欲無言。」子貢曰：「子如不言，則小子何述焉？」子曰：「天何言哉？四時行焉，百物生焉。天何言哉？」』孔子人格之偉大及其對學生感化之深刻，我們可以從他學生所說的話中看出來。『顏淵喟然嘆曰：「仰之彌高，鑽之彌堅，瞻之在前，忽焉在後。夫子循循然善誘人，博我以文，約我以禮，欲罷不能，既竭吾才，如有所立卓爾；雖欲從之，末由也已！」』（子罕）『宰我曰：「以予觀於夫子，賢於堯舜遠矣。」子貢曰：「見其禮而知其政，聞其樂而知其德，由百世之後，等百世之王，莫之能違也。自生民以來，未有夫子也。」有若曰：「豈惟民哉！麒麟之於走獸，鳳凰之於飛鳥，太山之於丘垤，河海之於行潦，類也。聖人之於民，亦類也，出於其類，拔乎其萃，自生民以來，未有盛於孔子也。」』（孟子公孫丑）『子曰：「君子道者三，我無能焉！仁者不憂，知者不惑，勇者不懼。」子貢曰：「夫子自道也。」』（憲問）從顏淵、宰我、子貢和有若幾個人所說的話中，可見孔子在他弟子的心目中，是一位兼具智仁勇三達德、賢於堯舜、自生民以來未曾有過的大聖人。孟子也嘗說：「自有生民以來，未有孔子也。」又說：「以德服人者，中心悅而誠服也，如七十子之服孔子也。」（孟子公孫丑）足證七十子之服孔子一語，在戰國時代，社會上已頗爲流行，孔子人格之偉大與感人之深遠，於此可見一斑。孔子不僅使他的門弟子都心悅誠服，如坐春風之中；連只和他見過一次面談過一次話的人，也無不深受感動，而肅然起敬。論語上記載說，有一次，孔子離開魯國到衞國的儀邑地方，『儀封人請見曰：「君子之至於斯也，吾未嘗不得見也。」從者見之，出曰：「二三子何患於喪乎？天下之無道也久矣！天將以夫子爲木鐸。」』（八佾）可見閱人甚多的儀封人，一見孔子，卽大爲仰慕了。這大概便是由於孔子平日實行以身作則的教育，注重個人品德的修養，才能這樣受到當時一般人普遍的崇敬罷。這種「以身作則」的原則，在今日學校教育中，可以說是最應爲一般教師所重視的。

五、教學相長：學無止境，不進則退。以「傳道、授業、解惑」爲職志的教師，自須一面從事教學，一面努力進修。所以禮記學記篇說：「學，然後知不足；教，然後知困。知不足，然後能自反也；知困，然後能自強也。故曰教學相長也。」孔子嘗說：「溫故而知新，可以爲師矣。」（爲政）可見努力進修，吸取新知，爲教師應具備的基本條件。孔子一生除年輕時，爲了仰事俯蓄，曾做過委吏（委積倉庫的官吏）、乘田（繁息牛羊的官吏）等小官，及五十多歲時，在魯定公那裏，做過四五年的事以外（定公九年爲中都宰，越一年升爲司空，後轉爲司寇，並攝行相事，十三年去魯適衛），其餘的時間，大都從事教學工作。相傳他二十三歲時，就已在他的故鄉闕里開始授徒。孔子深知「學」的重要和教師責任的重大，故終身「學而不厭，誨人不倦」。這「學而不厭，誨人不倦」兩句話，實在是「教學相長」四字最好的註釋。孔子對「學」的重視，可以由他對子路說的一段話看出來。『子曰：「由也，女聞六言六蔽矣乎？」對曰：「未也。」「居，吾語女。好仁不好學，其蔽也愚；好知不好學，其蔽也蕩；好信不好學，其蔽也賊；好直不好學，其蔽也絞；好勇不好學，其蔽也亂；好剛不好學，其蔽也狂。」』（陽貨）仁、知、信、直、勇、剛，皆是美德，但徒好之，而不學以明其理，則必各有所蔽，而發生愚、蕩、賊、絞、亂、狂的弊病；「學」的重要，於此可知。孔子嘗說：「學而時習之，不亦說乎？」（學而）「學如不及，猶恐失之。」（泰伯）「十室之邑，必有忠信如丘者，不如丘之好學也。」（公冶長）「默而識之，學而不厭，誨人不倦，何有於我哉？」（述而）「若聖與仁，則吾豈敢，抑爲之不厭，誨人不倦，則可謂云爾已矣。」（述而）又說：「吾十有五而志於學，三十而立，四十而不惑，五十而知天命，六十而耳順，七十而從心所欲，不踰距。」(爲政）他一生好學之篤，與誨人之勤，由此可以想見。更有進者，孔子一生不僅「學而不厭」，且「精於爲學」；不僅「誨人不倦」，且「善於誨人」。孔子爲學的態度，是「知之爲知之，不知爲不知」（爲政），主張爲學先要去掉心理上四種病根，要做到「毋意，毋必，毋固，毋我。」（子罕）（意是成見，必是武斷，固是偏執，我是私心。）他認爲要抱着這種態度和精神治學，才眞正能獲得「眞知」，做到「智者不惑」。孔子治學的方法，是「學」「思」並重，即「實證」與「思維」並重。他嘗說：「學而不思則罔；思而不學則殆。」（爲政）（王引之經義述聞解釋殆字說：「思而不學則事無徵驗，疑而不能定也。」）又說：「吾嘗終日不食，終夜不寢，以思，無益；不如學也！」（衛靈公）這是說治學的方法，不僅要「學思並重」，並要學先於思。思想不根據有徵驗的事實，則是胡思亂想，徒足擾亂神志。中庸上所說的「學、問、思、辨、行」的爲學方法，就是由「學」而「思」而「行」的先後程序。孔子這種「學」「思」並重的治學方法，就是英國哲學家培根所說的「蜜蜂釀蜜」的治學方法，是一種最合乎科學的方法（培根認爲做學問的人有三種：第一種人好比「蜘蛛結網」，其材料不是從外面找來的，而是從肚子裏吐出來的；第二種人好比「螞蟻屯糧」，他們只是將外面的東面，一一搬回去儲藏起來，但並不加一番製造消化的工夫；第三種人好比「蜜蜂釀蜜」，他們採擷百花的精華，加上一番釀造的工夫；做成了又香又甜的糖蜜）。孔子的善於誨人，在本文前述「因材施教」和「以身作則」兩段中，已可充分看出，無庸重敍。孔子不但「精於爲學」和「善於誨人」，更善於利用誨人而增進自己的學問。這可從論語上的兩段記載看出來。其一爲：『子夏問曰：「巧笑倩兮，美目盼兮，素以爲絢兮，何謂也？」子曰：「繪事後素」。曰：「禮後乎？」子曰：「起予者，商也！始可與言詩已矣。」』（八佾）朱熹註：「起，猶發也。起予，猶能起發我之志意。」所謂起予，則亦相長之義也。」依朱子的註釋，孔子之所以嘉許子夏，一由子夏能聞一知二，一由子夏所提出的問題，足以起發孔子的志意，使孔子能收教學相長之益。其另一爲：孔子批評他最得意的高足顏淵說：「回也，非助我者也，於吾言無所不說。」（先進）他的意思是說，顏淵對他所說的話，雖均能默識心通，毫無疑問，心悅誠服，這樣的學生固然很好，但却不能使教師因學生之質疑問難而收教學相長之益。由此，可見孔子一生，實是無時不學，無處不學，眞正做到「學而不厭」了。

六、樂道自得：論語述而篇說：『葉公問孔子於子路，子路不對。子曰：「女奚不曰，其爲人也，發憤忘食，樂以忘憂，不知老之將至云爾。」』孔子所說的這幾句話，不僅充分流露出他樂道自得的神態，也是他一生「學而不厭，誨人不倦」的最好寫照。孔子不但自己樂道自得，並且希望他的門徒們也能臻於樂道自得的境界，故平日多言樂而不云苦。全部論語中，共有四十五個樂字，而未嘗見一苦字，也許就是這種原因。孔子樂道自得的精神（亦即今日所提倡的專業樂業精神），可以從很多地方看出來，論語開宗明義第一章，便是孔子講爲學的樂趣。他說：「學而時習之，不亦說乎？」又嘗說：「知之者，不如好之者，好之者，不如樂之者。」（雍也）「飯疏食，飲水，曲肱而枕之，樂亦在其中矣。不義而富且貴，於我如浮雲。」（述而）「賢哉回也，一簞食，一瓢飲，在陋巷，人不堪其憂，回也，不改其樂，賢哉回也。」（雍也）「富而可求也，雖執鞭之士，吾亦爲之；如不可求，從吾所好。」（述而）「不怨天，不尤人，下學而上達；知我者，其天乎？」（憲問）這些話，都可顯示出孔子樂道自得的精神。論語上還有兩段記載，也可看出孔子這種樂道自得的精神，其一爲：『子在齊，聞韶，三月，不知肉味。曰：「不圖爲樂之至於斯也！」』（述而）其樂道有如此者。其另一爲：有一次，子路、曾皙（曾子父，名點）、冉有、公西華等四個學生侍坐，孔子令各言其志，子路、冉有、公西華三人，均言願從事一國之政治，最後輪到曾皙，時方鼓瑟，乃作而言曰：「莫春者，春服既成，冠者五六人，童子六七人，浴乎沂，風乎舞雩，詠而歸。」孔子喟然歎曰：「吾與點也。」（先進）孔子獨讚美曾皙，是因爲曾皙的治學精神，是藏焉息焉，修焉游焉，已臻於以學爲樂的境界。再孔子嘗說：「志於道，據於德，依於仁，游於藝。」（述而）朱熹註：「游者，玩物適情之謂，藝，則禮樂之文，射御書數之法。」「游於藝」，意卽以娛樂的心情，去學習禮樂之文與射御書數之法。這眞是孔子樂道自得的最好例證。又論語載：「子之燕居，申申如也，夭夭如也。」（述而）朱熹註：「申申，其容舒也，夭夭，其色愉也。」意卽孔子平日閑居之時，總是和顏悅色，怡然自得。孔子嘗說：「知者不惑，仁者不憂，勇者不懼。」（子罕）又說：「君子坦蕩蕩，小人常戚戚。」（述而）人生的最高境界，是不惑、不憂、不懼；坦坦蕩蕩，樂道自得。綜觀孔子的一生，可算是眞正達到這種人生的最高境界了。

以上六點，我認爲是孔子最主要的教育精神和施教原則，也可以說便是中國傳統的師道。我們今天每一個做教師的人，在紀念孔子誕辰和教師節的時候，都應該體認這種傳統的師道，效法孔子偉大的教育精神和崇高的教育風範，不厭不倦，立己立人，切實負起「良師興國」的神聖責任。

（民國四十四年九月二十八日孔子誕辰紀念及教師節作）

附錄三

師道與儒行

劉眞

孔子被尊爲至聖先師，孔子的誕辰並經政府明定爲教師節。我們所以要這樣隆重地紀念孔子誕辰，主要的是我們要弘揚中國傳統的師道。因爲師道的隆替，不僅關係教育的成敗和社會的良窳，甚至影響到國運的盛衰和民族的存亡。我們知道教師在中國社會上，向來居於極重要的地位。教師之所以被人尊重，固然一方面由於教育工作是一種神聖事業，而另一方面也由於教師本身具有特殊的修養。一個優良的教師，必須學識豐富，品德高尚。尤其教師的品德，對於學生的影響最大。我國古代頌揚偉大的教師，不曰學問淵博，才識練達，而曰風月無邊，庭草交翠，其意卽謂人格的感化，尤重於知識的傳授。所以中國歷代的名師大儒，大都具有「爲天地立心，爲生民立命」的懷抱，並以其個人的高風亮節，躬行實踐，對弟子發揮潛移默化的作用，對社會發生移風易俗的影響。

可是晚近以來，一般作教師的人，往往只注重到教室內對學生知識技能的傳授，而忽略了個人品格對學生立身處世的影響。甚至有些研究教育的青年，也往往只知學習西洋一點教育理論和教學方法，對於中國傳統的教育哲學和歷代名師大儒的偉大精神，則認爲陳腐落伍，不屑一顧。這實在是一件很值得憂慮的事情。所以今天我們紀念孔子誕辰和教師節，不僅要弘揚孔子所樹立的「師道」，而且要實踐孔門所倡導的「儒行」。

關於孔子所樹立的師道，我在去年教師節，曾以「中國的師道」為題，撰文有所闡述（見前）。現在，我想再將孔門所倡導的「儒行」略加介紹。

「儒」這個字，可以說是古代一部分靠知識技藝過生活的知識份子的總稱。這種以「儒」為名的知識份子，品類不齊，有的只是解決個人的生活，或竟至以升官發財為目的；有的則努力品德的修養，力求人格的完美，冀對社會國家負起領導的責任。當時孔子也是一個儒者，他所教的學生也都是儒生，他深知道儒的品類不齊，希望自己的學生能成為理想的儒者，所以他說：「汝為君子儒，無為小人儒。」（論語、雍也）孔子在當時所立下的種種修己治人的規範，可以說就是教育「君子儒」的規範。在這裏，我們應該認清孔子當時教育的中心目標是在把一般知識份子（當時稱為儒）培養成能立己立人，淑身淑世的「君子」，去博施濟衆，造福社會。

孔子所樹立的師道，以及孔門所倡導的儒行，散見於論語諸書，而最足以顯示孔子替當時的知識份子所確立修己治人規範的全貌的，似乎莫過於禮記儒行篇的一段紀載。當然，禮記的紀載，在孔子傳記材料的時間上，要後於論語，但禮記儒行篇的要旨，毫無疑問的是孔子的思想。我們現在試略述儒行篇的內容，並窺察孔子對儒者修己治人所確立的規範。

禮記的儒行篇和學記篇，同是研究中國教育史和思想史的重要材料。儒行篇記述魯哀公和孔子的一段談話。這段談話舉行的時間，是在孔子自衛返魯以後。這時候，孔子的思想已經成熟，快到「從心所欲不踰矩」的境界了。依據儒行篇的紀載，可以看出魯哀公原來是很輕視儒者的，直到聽了孔子的一大段談話以後，才開始「不敢以儒爲戲」。他們的談話，是從討論儒服開始，孔子不承認儒者有特別的服裝。然後魯哀公再問儒行，孔子鄭重其事地提出了儒行的梗概，一共提出了十五個項目：

一、自立：「儒有席上之珍以待聘，夙夜強學以待問，懷忠信以待舉，力行以待取，其自立有如此者。」

二、容貌：「儒有衣冠中，動作愼，其大讓如慢，小讓如僞，大則如威，小則如愧。其難進而易退也，粥粥若無能也，其容貌有如此者。」

三、備豫：「儒有居處齊難，其坐起恭敬，言必先信，行必中正，道塗不爭險易之利，冬夏不爭陰陽之和，愛其死以有待也，養其身以有爲也，其備豫有如此者。」

四、近人：「儒有不寶金玉，而忠信以爲寶；不祈土地，立義以爲土地；不祈多積，多文以爲富。難得而易祿也，易祿而難畜也；非時不見，不亦難得乎？非義不合，不亦難畜乎？先勞而後祿，不亦易祿乎？其近人有如此者。」

五、特立：「儒有委之以貨財，淹之以樂好，見利不虧其義。劫之以衆，沮之以兵，見死不更其守。鷙蟲攫搏，不程勇者，引重鼎不程其力。往者不悔，來者不豫，過言不再，流言不極。不斷其威，不習其謀。其特立有如此者。」

六、剛毅：「儒有可親而不可劫也，可近而不可迫也，可殺而不可辱也。其居處不淫，其飲食不溽，其過失可微辭而不可面數也。其剛毅有如此者。」

七、自立：「儒有忠信以爲甲冑，禮義以爲干櫓，戴仁而行，抱義而處，雖有暴政，不更其所。其自立有如此者。」

八、仕：「儒有一畝之宮，環堵之室，篳門圭窬，蓬戶甕牖，易衣而出，並日而食，上答之，不敢以疑，上不答，不敢以諂。其仕有如此者。」

九、憂思：「儒有今人與居，古人與稽，今世行之，後世以爲楷。適弗逢世，上弗援，下弗推，讒諂之民有比黨而危之者，身可危也，而志不可奪也。雖危起居，竟信其志，猶將不忘百姓之病也。其憂思有如此者。」

十、寬裕：「儒有博學而不窮，篤行而不倦，幽居而不淫，上通而不困。禮之以和爲貴，忠信之美，優游之法，舉（十三經注疏本爲舉賢，元陳澔禮記集說爲慕賢）賢而容衆，毀方而瓦合。其寬裕有如此者。」

十一、舉賢援能：「儒有內稱不避親，外舉不避怨，程功積事，推賢而進達之，不望其報。君得其志，苟利國家，不求富貴。其舉賢援能有如此者。」

十二、任舉：「儒有聞善以相告，見善以相示也，爵位相先也，患難相死也，久相待也，遠相致也。其任舉有如此者。」

十三、特立獨行：「儒有澡身而浴德，陳言而伏，靜而正之，上弗知也，麤而翹之，又不急爲也。不臨深而爲高，不加少而爲多，世治不輕，世亂不沮，同弗與，異弗非也。其特立獨行有如此者。」

十四、規爲：「儒有上不臣天子，下不事諸侯，愼靜而尙寬，強毅以與人，博學以知服，近文章，砥礪廉隅，雖分國，如錙銖，不臣不仕。其規爲有如此者。」

十五、交友：「儒有合志同方，營道同術，並立則樂，相下不厭。久不相見，聞流言不信。其行本方立義，同而進不同而退。其交友有如此者。」

孔子提出以上十五項儒行以後，接着又說：

「溫良者，仁之本也；敬愼者，仁之地也；寬裕者，仁之作也；孫接者，仁之能也；禮節者，仁之貌也；言談者，仁之文也；歌樂者，仁之和也；分散者，仁之施也。儒皆兼此而有之，猶且不敢言仁也。其尊讓有如此者。」

這是一種進入「仁」「聖」之境的儒行——一般研究孔學的人都認爲這是孔子的自述。最後，孔子並強調儒是非常注重操守的，有了操守，才配叫做「儒」。他說：

「儒有不隕穫於貧賤，不充詘於富貴，不慁君王，不累長上，不閔有司，故曰儒。」

孔子對於當時一般人根本不曉得甚麼樣子的人才叫儒，甚至看不起儒的現象，很表憤慨。他說：

「今衆人之命儒也妄常，以儒相詬病！」

孔子在當時所以要發表這種談話，其主要的作用，當然是在宣揚儒行，以糾正一般人對於「儒」的不正確觀念，並矯正輕視儒的態度。根據禮記的紀載，孔子這段談話，立刻發生了效用，魯哀公首先改變了「以儒爲戲」的態度。但是，我們要認淸孔子的話所以生效，並不是由於孔子會講話，而是由於孔子的話具有事實的根據，尤其是孔子本身能踐履這些儒行。孔子在當時是以此自勵，並以此教人，所以才能以此等儒行答覆魯哀公的詢問。後代尊奉孔子爲師表的人，也都是以此等儒行作爲修己治人的規範，因而才在中國文化中形成了這種優良的傳統。

孔子所提出的儒行，項目雖然繁多，但是仔細分析起來，實不外對己、對人、和對事三方面。玆就個人淺見所及，略作引申如下：

一、**對己方面**：㈠要努力求知，做到「夙夜強學」，「博學而不窮」，「多文以爲富」。㈡要謹言愼行，做到「言必先信，行必中正」，「戴仁而行，抱義而處」，「篤行而不倦」。㈢要生活簡樸，做到「其居處不淫，其飲食不溽」。㈣要養成剛毅的大無畏精神，即所謂「可親而不可刼，可近而不可迫，可殺而不可辱」，「見利不虧其義，見死不更其守」，「不隕穫於貧賤，不充詘於富貴」，及「身可危，而志不可奪」；亦卽要表現出大丈夫的氣慨。㈤要注意個人的修養，努力做「立己達己」的工夫，因爲欲將來能「有爲」，卽須先善「養其身」，所謂「養其身以有爲也」，以及「備豫」便是此意。㈥要有服務社會造福人羣的抱負，所謂「雖危起居，竟信其志，猶將不忘百姓之病也」，這便由「立己達己」，進而「立人達人」了。

二、**對人方面**：㈠平時對一般人要做到「慕賢而容衆」，容衆卽論語上所說「汎愛衆而親仁」之意。㈡在擔負國家重要責任時，對有才能的人，要做到爲國家「舉賢援能」，不避親怨，天下爲公，因事擇人，盡其在我，不望其報。㈢對朋友要講道義，相互策勉，做到「聞善相告，見善相示，爵位相先，患難相死，久相待，遠相致」。當朋友與自己「合志同方，營道同術」時，應「並立則樂，相下不厭」。朋友相處，則須「同於爲義，則進而從之；不同，則退而避之」（見禮記集說註）。此外，待朋友及一般人，雖應「尙寬」，但不能「苟詭以隨人」（見禮記集說註），即所謂「強毅以與人」，也是孔子所謂「君子和而不同」的道理。

三、對事方面：㈠要明義利之辨，不爲利誘，不爲勢屈，即所謂「委之以貨財，淹之以好樂，見利不虧其義，劫之以衆，沮之以兵，見死不更其守」，「幽居而不淫，上通而不困」，及「治世不輕，亂世不沮，同弗與，異弗非」，要表現出一種特立獨行的義俠精神。㈡要有「知其不可而爲之」的氣魄，即做事要高瞻遠矚，勇往直前，不可目光短淺，畏首畏尾；所謂「鷙蟲攫搏，不程勇者；引重鼎，不程其力」，就是這種氣魄的表現。㈢要不患得患失，即做事應堅持原則，不可有所瞻顧；所謂「非義不合」，及「上答之，不敢以疑；上不答，不敢以諂」，即係此意。㈣要不誇功，不邀賞，所謂「不臨深而爲高，不加少而爲多」，及「君得其志，苟利國家，不求富貴」，就是這種態度。㈤要負責盡職，不辱使命，即在職權範圍以內的事情，要有作爲，有擔當，決不推諉責任，牽累長官，違背原則，遷就權勢；所謂「不慁君王，不畏長上，不閔有司」，其義在此。

孔子所提出的儒行，可以說是我國兩千多年來知識份子立身處世的圭臬。而教師在一般知識份子中，其責任與地位，實最爲重大而崇高。所以一個做教師的人，不僅必須弘揚師道，而且要能實踐儒行。今天紀念孔子誕辰和教師節，我以爲我們每一位教師都應以弘揚師道與實踐儒行相互勉勵，樹立風範，以發揚中國教育上偉大的傳統精神。

附註：關於儒行篇的註釋，除十三經註疏本外，尚有元陳澔所撰禮記集說，後者較爲簡明扼要，易於了解。又：一、七兩項雖同稱自立，而意義不同，蓋前者重在強學力行的自修工夫，後者重在操持忠信仁義的自強態度。

（民國四十五年九月二十八日孔子誕辰紀念及教師節作）

中華史地叢書

師　道

作　　者／劉　真　編
主　　編／劉郁君
美術編輯／鍾　玟

出 版 者／中華書局
發 行 人／張敏君
副總經理／陳又齊
行銷經理／王新君
地　　址／11494 臺北市內湖區舊宗路二段181巷8號5樓
客服專線／02-8797-8396　　傳　　真／02-8797-8909
網　　址／www.chunghwabook.com.tw
匯款帳號／兆豐國際商業銀行　東內湖分行
067-09-036932　中華書局股份有限公司

法律顧問／安侯法律事務所
製版印刷／維中科技有限公司　海瑞印刷品有限公司
出版日期／2018年3月九版
版本備註／據1983年9月八版復刻重製
定　　價／NTD 550

國家圖書館出版品預行編目（CIP）資料

師道 / 劉真編. — 九版.— 臺北市 ： 中華書局, 2018.03
面 ；　公分. — (中華史地叢書)
ISBN 978-957-8595-29-3(平裝)

1.世界傳記

781　　106024812

NO.G2007
ISBN 978-957-8595-29-3（平裝）